世界传世藏书

【图文珍藏版】

世界大百科

马博⊙主编

线装书局

目　录

军事百科

文化百科

世界传世藏书

世界大百科

目 录

一六

世界大百科

军事百科

马博⊙主编

导 读

你知道英国军队神秘失踪事件吗？类似的事件也在中国军队里出现过吗？

你知道二次大战时期世界四大名将除了蒙哥马利、麦克阿瑟以及艾森豪威尔以外，还有一个中国将军是谁吗？

你知道德国名将隆美尔为什么被称为"沙漠之狐"吗？

你知道伦敦上空的鹰——喷火式战斗机为英国立下了怎样的赫赫战功吗？

……

每个国家都有自己的历史，有历史就必定有战争，有战争就必定有胜负。胜了的就被写入历史，来展现着辉煌的一页。负了的也会被写入历史，让后人吸取教训。

生活在和平年代的我们，也许这一生都无法成为一场军事变革的参与者和见证者，或许永远都难以理解并领悟过去时代的悲惨和无奈，也永远难以感同身受世界大战的罪恶和灾难。战争的硝烟早已散尽，但让今天的人们记住，在我们脚下的这块土地，曾经发生过最残酷壮烈的战争，有过侵略者惨绝人寰的血腥屠杀，有过先烈们浴血奋战的惊天壮举，有过"一寸河山一寸血"的悲壮历史，却是无论时光如何流转，都不应当忘记的。

人是不能不懂得历史的，人们不是不明白这个道理。据调查，74.6%的中国民众希望加强关于二战历史的教育，九成的被访者认为类似"九·一八"纪念活动今后应更多地举行。这样的期望让我们反思，在没有庆典的平素往常，《军事百科》可以当作上好的魔方，为了创造了让和平年代的我们走近历史的契机。

全书从丰富的军事知识宝库中，精选了广大读者最需要的基础的、先进的和相对稳定的知识内容，包括兵器史话、军事名人、军事院校、军事著作、世界军种、军事制度、军事战略、军事战役、军事战术、军事训练、军事法制、特种部队等多方面的内容。详细介绍了军事基础知识、欧美各国精锐的特种部队和各国现在的军事实力。通过一条条精彩的条目将人类军事活动真实地展现在你的面前。

战争史话

希波战争

　　波斯是西亚的一个强国,公元前550年由居鲁士大帝(Cyrus the Great)建立。它凭借强大的军事力量,东征西讨,四处扩张。到公元前525年,波斯的疆域已经扩大到东至印度河,西到小亚细亚沿岸,北达兴都库什山脉,南迄埃及,成为一个包括整个中近东地区的奴隶制大帝国。

"希波战争"图

　　波斯的扩张与希腊半岛上的城邦国家发生了碰撞。以雅典和斯巴达为代表的希腊城邦,与波斯帝国之间的矛盾日益加剧。

　　公元前492年,波斯皇帝大流士一世(Darius)委派女婿马多纽斯为统帅,率领一支庞大的陆海军向希腊进发。在阿托斯海角,波斯舰队遭到了飓风袭击,300多艘舰船沉入海底,2万多名海军官兵葬身鱼腹。

　　第一次远征半途而废。大流士一世随即进行更大规模和更加充分的准备。他派出大批使者,向城邦索取"土和水",迫使他们纳贡称臣。雅典和斯巴达表示了坚决的反对。

　　公元前490年,大流士派兵5万,开始了第二次远征。雅典城邦政府立即实行紧急动员,组成一支总数约万人的军队,由陆军统帅卡里玛巧斯和米太亚德等统率。这时,波斯军已经在马拉松登陆了。9月21日,两军在马拉松会战。米太亚德命令部队控制山头,占据有利地形,封锁通向雅典的道路。依山布阵的雅典军首先派出一支部队从高地上猛冲下来,进攻在平原上刚好布成阵势的波斯军,波斯军一时惊慌失措。不过,他们很快便稳住了阵脚,开始反攻。雅典军且战且退,主力部队在从左右两翼完成包围后开始发动凌厉反击。此时,波斯骑兵尚未全部赶到作战地点,而雅典军的长枪密集方阵又有着凌厉的进攻实力。波斯军抵挡不住,突进的重兵部队被迫后退。败退之军一泄不可收拾,纷纷抢着登船,雅典军趁机追杀,波斯军死亡6400人,雅典军只牺牲192人,还缴获了敌船7艘。马拉松从此成了世界知名之地。大流士一世对希腊的第二次入侵又以失败告终。

公元前480年春天,波斯皇帝薛西斯一世(Xerxes)率领百万大军,开始了第三次进军。波斯陆军总数为170万人(其中骑兵8万人),战舰1200艘,但后人估计,实际作战兵力约25万人,战船约1000艘。

这是一支奇形怪状的军队,穿着鳞状护身甲而挂短剑握长矛的米底人,头戴铁盔手拿盾牌木棍的亚述人,穿长袍的印度人,身着紧腰斗篷而右肩挂着长弓的阿拉伯人,披着狮子皮或豹子皮、用红白颜色涂身、使用棕榈树做弓、燧石做箭头的埃塞俄比亚人,构成了这支军队的主体。真正的波斯籍士兵不过数万人。这支庞杂的队伍武器不同,服装各异,语言不通,习惯有别,根本不可能实行统一指挥。

浩大的队伍在赫勒斯滂海峡通过浮桥渡海,据说用了整整7天7夜。随后分为水陆两路,沿色雷斯西进,很快占领了北希腊,迫使一些城邦投降,继而向中希腊进军,来势非常迅猛。

在波斯进军的前一年,即公元前481年,希腊30多个城邦已经在雅典的倡议下集会于科林斯,结成了全希腊同盟,组成希腊联军,拥有强大陆军的斯巴达成为盟主,斯巴达国王为联军统帅。同盟的总兵力大约为重装步兵4万人,轻装步兵7万人,战斗舰船400余艘。

8月中旬,波斯军进抵温泉关城前,希腊联军到达关上的部队约为6000余人。温泉关易守难攻。波斯军依仗优势首先发起猛击,斯巴达国王李奥尼达率领联军勇战迎敌,薛西斯出动了号称无敌的御林军,仍然无济于事。正当薛西斯一筹莫展之际,一个希腊叛徒带领波斯军从山间小路迂回到温泉关背后,向守关部队实施前后夹击。李奥尼达急令其他城邦军队迅速撤退,以便在南希腊选择险要地点组织抵抗,自己亲率斯巴达精兵300人断后阻击,并掩护全军后撤。因为双方兵力过于悬殊,返路又被切断,李奥尼达等全部壮烈牺牲。波斯军经过3天苦战夺得了温泉关,却付出了近2万人的生命为代价。

温泉关失守后,波斯军长驱直入,横扫阿提卡半岛,开进了雅典城。此时的雅典只是一座空城,仅有少数官兵守卫雅典娜神庙。恼羞成怒的薛西斯下令放火烧毁了希腊这座最大、最富庶的城市。但是,沿爱琴海南下的波斯海军却在航行中遇到了飓风,损失舰船近400艘。实力最雄厚的腓尼基舰队遭受了致命的打击,几乎完全丧失了战斗力。

9月23日凌晨,波斯舰队完成了对希腊舰队的包围。海湾西口,200艘埃及战舰按时到达指定位置,堵住了希腊舰队的退路;海湾东口,800多艘波斯战舰排成三列,将海面封锁得严严实实。波斯舰队在数量上占有绝对优势,但因船体硕大,调转不灵,作战很不方便。希腊舰队战船虽少,但船体较小,可以灵活袭击艇舰。

被逼到绝境的希腊舰队在提米斯托克利的指挥下迅速展开了阵形:科林斯舰队开往海湾西口顶住埃及人的冲击;主力舰队分为左、中、右三队,集中在海湾东口,与波斯主力抗衡。

战斗开始后,双方战舰性能优劣很快显示出来。雅典的新式三层战舰长40~45米,170名桨手分别固定在上中下三层甲板上,体积小、速度快、机动性强、吃水浅。波斯的挂帆战船体积大、速度慢、机动性差、吃水深。提米斯托克利发挥自己船小快速的优势,指挥战船不断地向波斯战船作斜线冲击,利用船头一根长约 5 米的包铜横杆,先将敌人的长桨划断,然后调转船头,用镶有铜套的舰首狠狠冲撞波斯战舰的腹部。波斯战舰就这样一艘一艘地被撞沉。一番激战后,波斯前锋舰队抵挡不住,被迫后撤。而正从后面增援的波斯战舰并不知道战况,它们笛鼓齐鸣,猛往前冲。由于正值顺风,鼓成满帆的后援战舰冲人海湾,正好同后撤的前锋舰只迎头相撞,乱成一团。提米斯托克利乘机指挥全军四面出击。波斯舰队被冲撞得七零八落。8 个小时的激战,波斯舰队 200 艘战船被击沉,50 艘被俘获。希腊联军只损失战舰 40 余艘,从此取得了东地中海水域的海上优势。

公元前 479 年 8 月中旬,希波双方陆军在普拉提亚附近进行了一次决定性的会战。波斯军仍占明显优势,但部署不当,队形前后重叠,不能充分发挥优势。全军陷入混乱,招致惨败。入侵的波斯军大部分被消灭在希腊境内,只有少数的残余部队逃回了亚洲。

公元前 449 年,希腊和波斯在苏萨签订了《卡利阿斯和约》,延续了数十年的希波战争正式结束。波斯吞并希腊的梦想彻底破灭,希腊各城邦赢得了独立和自由,获得了加速发展的机会。希腊的奴隶制文明进入了全盛时期。战争使雅典确立了海上霸权,控制了海上的重要战略据点和商路,从而获得了广阔的市场和粮食、原料供应地,促进了奴隶制经济的蓬勃发展,为雅典奴隶制城邦"黄金时代"的到来奠定了基础。

高卢战争

公元前 58~前 51 年,罗马共和国为了征服山北高卢,发动了一连串的征服战争,战争为恺撒壮大实力,战胜对手、确立独裁统治铺平了道路。

盖乌斯·尤利乌斯·恺撒(约前 100~前 44)是罗马共和末期著名的政治家和军事家,出身于古老的名门望族,是著名民主派领袖马略的内侄,18 岁时娶民主派人物秦纳的女儿为妻。当时,罗马的政治舞台上活跃着两个权势人物,一个是腰缠万贯的克拉苏,一个是屡立战功的庞培。公元前 63 年,恺撒当选大祭司长,次年担任行政长官,期满后出任西班牙总督。公元前 60 年,恺撒载誉回到罗马。此时,元老院怀疑庞培有搞军事独裁的野心,迟迟不批准庞培在东方行省实行的各项措施和把份地分配给他的退伍老兵,使庞培大为恼火。他决意支持恺撒当选执政官。恺撒趁机调解庞培与克拉苏的矛盾,以便共同对抗元老院。公元前 60 年,恺撒与克拉苏、庞培组成"前三头同盟"。据此协议,三方促成恺撒当选公元前 59 年的执政官,恺撒在任内须尽量设法批准庞培在东方所实行的各项政策,并通过一些有利于骑士的法案。恺撒不顾元老院的反对,将这些事情一一兑现,政治声望大为提高。作为马略、秦纳事业的继承人,恺撒有意培植他的平民领袖的声誉。他通过土地法,使 2 万个贫穷多子女的公民获得土地,并指使亲信到处为民请命,煽动贫穷公民起来反对元老贵族,并在作保民官期间把粮食无偿分配给 3.2 万公民。

恺撒深知,要超过另外两头,他必须掌握强大的军队和拥有雄厚的资财。他看中高卢总督这一肥缺,决定在执政官任满后前去高卢。

公元前 58 年,恺撒出任山南高卢总督,任期 5 年(前 58~前 54),公元前 56 年再续协议,继任高卢总督 5 年。恺撒出任高卢总督,即以罗马早已占领的山南(阿尔卑斯山以南)高卢为根据地,向山北高卢大举扩张,发起了大规模的高卢战争。高卢战争包括 8 次军事远征。第一次远征发生在公元前58年，在比布拉克特交战中，恺撒军团击败了人数最多的高卢部落之一海尔维第人。同年，恺撒进行第二次远征，击败了各日耳曼部落联军，将其赶过雷努斯河（莱茵河）。公元前57年，恺撒发动第三次远征，征服了比尔及人和其他东北部的高卢部落。萨比斯河战役后，内尔维人的600个长老只幸存下来3人，能持武器作战的6万名士兵中，仅活下来500人，"差不多把内尔维人这个民族连带他们的名字都消灭掉了"。

公元前56年，韦内蒂人和阿奎达尼人发动起义，为镇压起义，恺撒进行了第四次远征，次年，恺撒又第五次远征高卢，袭击了韦内蒂人的同盟军——日耳曼部落的乌西佩特人和滕克特里人，并渡过莱茵河将他们歼灭。公元前55年秋天，恺撒率两个军团在不列颠登陆，遭到当地人的顽强抵抗。经过几次交战，恺撒同不列颠人签订和约，率军返回高卢。公元前54年，他发起了第六次远征。罗马大军渡过拉芒什海峡，试图再次占领不列颠群岛。恺撒军队在战斗中多次获胜，但由于在当地部落中没能找到同盟军，因此未能牢固控制不列颠群岛。第七次远征发生在公元前54～前53年间，目的是镇压埃布龙人、阿杜阿蒂基人、内尔维人、特雷维里人和其他部族的起义。

最后一次远征发生在公元前52年，阿尔韦尼人部落酋长韦桑热托里克斯（Vercinge-torix）领导几乎所有高卢部落发动了起义。为了切断罗马人的给养供应，起义者烧掉了沿大路一带的村庄和20余个不易防守的市镇。在及尔哥维亚战役中，恺撒一天之内就损失了46个百夫长和700名士兵，被迫撤军。但由于恺撒的挑拨离间和各部落之间的纷争，韦桑热托里克斯的主力被罗马军包围在阿莱夏要塞。恺撒军队击溃了韦桑热托里克斯的援军，迫使守军投降。这次失败使恺撒获得了高卢的军事控制权，而聪明的罗马人的管理不仅使高卢人顺从了罗马人的统治，而且使高卢人的语言、文化和情感也逐渐地罗马化了。

恺撒对高卢的战争之所以能够取胜，其一，是因为罗马军队在人员和技术装备上占有优势。罗马经济水平较高，军队多年征战，素质好，经验丰富。而高卢各部族当时处于原始社会末期，没有形成国家，以游牧为主，经济十分落后，军队素质和装备都比较落后。其二，恺撒本人智勇双全，有一条正确的战略战术和谋略计策。他善于周密侦察敌情和地形，能够采用灵活多样的作战方式，行动果断，目的坚决，善于利用有利地形和迅速构筑工事，长于快速机动兵力，实施突然打击，一旦击溃敌人则定要跟踪追击，务求全歼敌人而取胜。另外，恺撒善于施展分化瓦解、各个击破的策略。恺撒在征战的几年间，突击占领了800多个城市，征服了300多个部落，300万高卢人有100万人被歼灭，另100万人当了俘虏。

高卢战争的胜利，给罗马共和国带来深远的影响。大量的财富、奴隶源源不断地流入罗马，刺激了罗马奴隶制经济的发展；丰饶的高卢地区从此归属于罗马的版图。高卢战争为恺撒赢得了极大的声誉和政治资本，不仅拥有了雄厚的物质基础，拥有了高卢这一可靠的战略基地，而且还训练和培养出一支忠顺于他的强大军队，为他在罗马政治舞台上叱咤风云、独揽大权提供一切优势。因此，高卢战争是恺撒一生的转折点，其结果是加速了罗马共和国的解体。

罗马波斯战争

罗马波斯战争是萨珊波斯同罗马帝国为争夺东西方商路和小亚细亚霸权而进行的长达 400 年的征战。它是古代西方势力同东方势力千余年冲突的缩影,也是东西方文明继希波战争以后的第二次较量。

在希波战争中,希腊人取得了胜利。随后崛起的马其顿一鼓作气,在公元 330 年灭了波斯帝国。然而,公元前 247 年建立的安息王国却在迅速崛起,到公元前 1 世纪时已成为可以同罗马帝国抗衡的西亚帝国。公元前 65 年,罗马将领庞培与安息交战,不分胜负,两年后,克拉苏在东侵安息时全军覆灭。罗马东扩势头受到遏制,安息西境基本保持在幼发拉底河以西邻接叙利亚一线。

公元 224 年,安息的波斯地区王公阿达希尔起兵反对阿尔萨息王朝。是年 4 月,阿达希尔与安息王阿塔巴努五世在米底地区奥米尔兹塔干平原会战,安息王战败阵亡。公元 226 年,阿达希尔占领安息首都泰西封,建立萨珊王朝,仍定都泰西封。231 年,阿尔达希尔一世致书罗马皇帝塞维鲁,要求罗马势力退出亚洲,长达 400 年的罗马波斯战争正式开始。公元 243 年,罗马皇帝戈尔迪亚进攻萨珊帝国,在雷塞那附近打败萨珊军队。公元 244 年,双方军队再战于泰西封附近,戈尔迪亚阵亡,罗马付出 50 万金与第纳尔缔结和约,亚美尼亚并入萨珊波斯。公元 259 年,萨珊军队和罗马军队在埃德萨决战,罗马皇帝瓦列里安与大批罗马士兵为波斯军俘虏,被送往胡齐斯坦修筑卡隆河水坝,萨珊王朝在纳克希鲁斯坦建造大型摩崖石刻来纪念这次胜利。在石刻中萨波尔一世骑在战马上,瓦列里安则跪在马前求饶,这块浮雕留存至今。萨珊势力扩张到卡帕多细亚。公元 286 年,罗马皇帝戴克里先扶植亚美尼亚原被萨珊朝处死的国王的王子复位,萨珊军队被赶出亚美尼亚。公元 296 年,萨珊军队进攻亚美尼亚,被罗马军队大败于两河流域的卡雷城。萨珊割出底格里斯河以西地区和米底的一部分。双方获得了 40 年的和平。363 年,罗马皇帝朱里安率军侵入两河流域,在萨马拉附近被流矢所伤而死。萨珊朝获得公元 296 年丧失的地区。375 年以后,罗马帝国忙于应付哥特人等日耳曼蛮族的入侵而无暇东顾,波斯也因抵御匈奴人的侵扰无力继续向罗马挑战。

395 年 1 月 17 日,罗马皇帝狄奥多西逝世。临终前,他将帝国分与两个儿子继承,罗马帝国遂分裂为东、西罗马帝国。东罗马帝国的都城君士坦丁堡,是在希腊古城拜占庭的基础上建立起来的,因此又称拜占庭帝国,其疆域包括巴尔干半岛、小亚细亚、叙利亚、巴勒斯坦、埃及、美索不达米亚及外高加索的一部分,后来扩张为一个横跨三大洲的大帝国。476 年,西罗马帝国为蛮族所灭。在罗马与萨珊波斯的第一回合战斗中,萨珊波斯略占上风。

487 年,萨珊波斯的科巴德一世上台执政。他好大喜功,梦想再现其远祖的辉煌。他指挥由波斯人、匈奴人和阿拉伯人组成的联军从拜占庭帝国手中夺走了上美索不达米亚和亚美尼亚。502 年,联军又围攻阿米达城,经 80 天鏖战攻陷该城,后又连续击败拜占庭军队的反击。505 年,双方媾和,拜占庭以 1000 磅黄金为代价复得阿米达城,双方维持原有边界,处于和平状态 20 年。

527 年,拜占庭皇帝查士丁一世去世,其外甥查士丁尼继位,即有名的查士丁尼一世。查士丁尼一世是东罗马诸帝中最著名的一个,也被尊称为"大帝"。他是一个野蛮农民的儿子,出生于483年,523年与一个声名狼藉的女人特欧多娜结婚,她是君士坦丁堡兽场中一个饲熊人的女儿,也曾在亚历山大城当过妓女和舞女。这个女人有坚强的决断和勇气,对她丈夫具有极大影响。查士丁尼做了皇帝之后即与妻子共治天下。

查士丁尼是一个中央集权主义者,自封为恺撒的继承人,以最高宗教领袖自居。他有两个坚定的信念,其一是重建西罗马帝国,其二是镇压雅利安异教徒。他认为他有领导世人进入基督圣城的使命,因此他进行的战争都具有十字军的意义。这就是查士丁尼一世。在查士丁尼统治拜占庭的38年里,东罗马帝国几乎光复了罗马帝国疆域,西边的哥特人、南边的旺达尔人都不是他的对手,尽管东方并不是查士丁尼的首要战略目标,但还是不可避免地与库斯鲁碰撞出火花。

527年,查士丁尼一世任命22岁的贝利撒留为东征大元帅。528年,波斯先发制人,命大将扎基西斯率3万大军向拜占庭军发动猛烈进攻,在529年的尼亚比斯首次战役中击败贝利撒留,并直扑上美索不达米亚平原上的战略重镇德拉城。当时查士丁尼将进攻重点放在西方,仅留给贝利撒留1万名步兵、500名骑兵及7000名近卫军,步、骑兵主要由游荡于帝国各地的日耳曼和匈奴雇佣兵组成,大部分未经过训练,对军队统帅也不忠诚,随时有倒戈相向的危险。可就在这样的情况下,贝利撒留还是取得了德拉城一战的胜利。波斯大军全军溃败,从叙利亚沙漠方向发动的多次进攻也在贝利撒留的巧妙反击下失败。531年,双方在卡尔基斯会战,波斯打退了贝利撒留的进攻。532年双方媾和,拜占庭撤回德拉城驻军,向波斯支付1000磅黄金。然而所谓永久和平,不过是库斯鲁和查士丁尼三度争雄的序曲而已。540年,库斯鲁一世率大军从首都泰西封出发,对拜占庭的幼发拉底防线发动突然袭击,先后攻下希拉波利斯、卡尔基斯,直捣叙利亚首都安条克。543年,乘拜占庭内讧之机,库斯鲁一世进占亚美尼亚,全歼了前来进攻的3万拜占庭大军。544年,库斯鲁再次亲征上美索不达米亚,围攻首府尼德撒城数月之久,但未果而撤。545年,双方缔结5年停战协定,拜占庭收复波斯占领的全部领土,支付赎金2000磅黄金。

547年,库斯鲁一世率8万大军进占科尔奇斯王国,攻陷庇特拉要塞。549年,查士丁尼一世应科尔奇斯人的邀请,派大军进攻庇特拉要塞。经过3年断断续续的战争,拜占庭军队夺回庇特拉要塞,波斯军伤亡惨重。此战之后,双方在高加索山麓又进行了6年的拉锯战。拜占庭先赢后输,波斯军队连续获胜。555年,法息斯河口一战,拜占庭军队背水一战,大获全胜。562年双方再次媾和,波斯军队撤出了为之浴血奋战了13年的南高加索科尔奇斯王国,拜占庭则每年向波斯支付黄金1.8万磅,有效期50年。

571年,查士丁尼二世停止向波斯支付年金,库斯鲁一世以敌人毁约为名派兵征讨。经过5个月的血战,拜占庭东方重镇、贝利撒留的扬名之地德拉城沦于波斯之手,查士丁尼二世奉上黄金4万磅,换得了波斯的撤军。589年,波斯发生内乱,皇帝被剜去双目囚入监牢,不久后被处死。政变者拥立了他的儿子继位,称库斯鲁二世。591年,拜军在幼发拉底河畔击败波斯军,攻陷泰西封,扶库斯鲁二世登上波斯王位。波斯将亚美尼亚的大部分和伊比利亚的一半割让给拜占庭,并订立"永久和平协定"。

606年,库斯鲁二世乘拜占庭内乱之机率大军西征,战火又起。波斯军经过9个月战斗攻陷德拉城。608年,波斯分两路大军西进,一路攻占卡帕多西亚、比西尼亚、卡拉奇亚,另一路攻占卡尔西顿城,并联合阿瓦尔人和斯拉夫人威胁君士坦丁堡。这时,拜占庭内战方酣。波斯大军长驱直入，609 年攻下叙利亚，611 年再下安条克，613 年攻下耶路撒冷城，抢了当年钉死耶稣的"真十字架"，并把该城洗劫一空。616 年，巴夏·巴尔兹又率波斯大军侵入埃及，攻陷亚历山大里亚，到 619 年征服整个埃及。这是自大流士三世被亚历山大击溃后的近千年来，波斯势力第一次染指非洲，安卡拉、罗得岛望风而降。同时，另一支大军出征小亚细亚，直抵博斯普鲁斯海峡，再次威胁君士坦丁堡。至此，波斯版图达到极点，萨珊的势力达到了空前绝后的顶峰。617 年，波斯军又一次攻占卡尔西顿城，并联合蛮族共同进攻君士坦丁堡。在海上攻势受挫后，双方达成休战协定。这一次休战，拜占庭充分利用了这一宝贵的喘息时机，皇帝希拉克略励行改革，以期重整雄风。

622 年，希拉克略亲率大军出其不意地在小亚细亚的伊索斯港登陆。波斯军措手不及，仓促赶来迎战的部队在卡帕西亚与以逸待劳的拜占庭军遭遇，结果全军覆没。拜占庭军队先后占领了科尔奇斯、亚美尼亚、美地亚。

627 年，已收复了小亚细亚全境和高加索地区的希拉克略挥师南下，攻入波斯本土。这年秋天，波斯拜占庭双方的大军会战于尼尼微，波斯军队再次被打败，战争形势完全逆转。

628 年，希拉克略率军洗劫了库二在达斯特加德的行宫，随后向波斯帝国的首都挺进。库斯鲁二世慌了手脚，打算把作战不力的将领全部杀掉。部将们先下手为强，库斯鲁二世被废，随后被处死。631 年，科巴德二世与拜占庭议和：波斯归还历代侵占的拜占庭领土、释放战俘、归还抢自耶路撒冷的"圣十字架"，归还抢自拜占庭的一切财物，偿还数年军费。波斯两手空空，一无所获。

罗马波斯战争历经 400 年，双方交战数百次，严重消耗了交战双方的力量。拜占庭帝国的军事力量由此大大削弱，后来竟无力抵御蛮族和阿拉伯人的入侵，波斯更是元气大伤，20 年后的 651 年，萨珊波斯被阿拉伯帝国灭亡。

英法百年战争

英王爱德华三世的母亲是法王查理四世的姐姐伊莎贝拉，1325 年，为满足伊莎贝拉的要求，爱德华二世（爱德华三世的父亲）将奥斯坦德公国（位于法国）交给他的儿子统治，查理四世也欣然同意。这样，年轻的王子就变成查理的属臣。1327 年 1 月 13 日，年仅 15 岁的爱德华三世被拥立为英王。一年以后，查理四世逝世，留下妻子和女儿，没有儿子。查理四世的堂兄弟以继承人只应限于男性为由，于 5 月 29 日加冕为法兰西王，就是菲利普六世。消息传到英国之后，伊莎贝拉大感不悦，因为她的儿子在开普坦世系中更有理由获得法王的继承权。

英国派了一个使团从伦敦前往巴黎为爱德华提出继承权要求，并对菲利普的篡位表示抗议。但由于英国宫廷没有贯彻这项要求的实力，所以抗议只是一纸空文。不久，菲利普就以牙还牙，也派出一个使团到伦敦对爱德华说：在菲利普的所有臣子中，只有他还没来朝贺，希望他也能照办。如果爱德华不向法王宣誓效忠，那么奥斯坦德领地将予以没收。威胁面前，爱德华不能不表示臣服。1329 年 6 月 6 日，他如约入朝，在亚眠大教堂中，正式成为菲利普的臣子。英国的国王是法王的臣民，这种复杂的臣属关系构成了百年战争的一个重要原因。

然而,百年战争并不仅限于王朝和封建的问题,而是那个时代中各种条件所造成的。教皇的权威已在消亡之中,帝国的影响趋于湮灭;王国开始兴起,贸易逐渐成为王国之间的主要竞争手段;制海权的问题开始出现了;从十字军时代产生的骑士精神也经演变成了好勇斗狠的风气。最重要的是,西欧太小了,不能供两个强国发展。这一切因素以爱德华的继承权的面目出现,造成所谓百年战争。

英法百年战争

1331年11月,7岁的大卫在斯科尼加冕,成为苏格兰的国王,苏格兰和英格兰随即爆发了战争,法王菲利普给苏格兰提供了资助,后来又收容了大卫。这就使英格兰和法兰西站到了对立面。爱德华决定经过低地国家进攻法兰西,1337年11月11日,英军登上了法国的坎德萨岛。百年战争自此开始。

14世纪的法兰西是一个巨大而繁荣的国家,人口达到了两千万。但在经过了黑死病之后,英国的人口只有370万。然而,中世纪的法国仍然保持着封建制的战争观念,军队以精选人员为基础,而不是依赖广大的人力。法国的骑士在数量上多于英国,但纪律却较差,仍然认为步兵在战场上出现是有辱尊严的,其战术还是设法将敌人挑下马来加以生擒以便勒索赎金,而爱德华却比较注重"杀伤"。在观念上,他的战术要比封建式更为"近代化"一些。

在战争的第一阶段(1337~1360),英法双方围绕争夺佛兰德尔和基恩展开战事。英王忙于扩大同盟,而法王则不声不响忙着对英吉利海岸作战。他利用诺曼底人、西班牙人、不列颠人和热那亚人的舰队扫荡海峡。没有一艘离开英格兰的船只不被抢劫,所有人员不是被杀就是被俘。不过,在1340年的斯鲁伊斯海战中,英国海军重创法国海军夺得了制海权,从而确保战争可以拖延下去。

1346年8月底,英法军队在克勒西会战。英军共有8500余人,包括重装甲兵、弓弩手。据说爱德华还有3门火炮。法国共有重装甲兵8000人,支援他们的是4000名步兵,其中包括一批热那亚十字弩手,法国的骑士(重装甲兵)也分为三个集团。这是一支强大的兵力,在中世纪,从来没有在一个战场上集中过这样多的骑士。

8月26日,菲利普沿着阿伯维利一赫斯丁大路前进,另派莫尼勋爵和三个骑士先去侦察敌情。莫尼说爱德华正在克勒西,建议国王暂停前进,宿营过夜,以便后队可以赶上来,然后在次日上午再用全军进攻。菲利普命令照计行事。然而就在这一过程中,法军发生了很大的意外,结果使会战一败涂地。一位名叫弗罗萨特的人记载道:"前面的人停了,可是后面的却说必须前进到与前排平行的位置再停止;由于后面在推进,所以前排也就停止不了,国王和元帅们都无法使他们停下来。于是他们虽未奉命,还是照样前进,直到看见敌人为止,当最前面的法军看到英军后,马上秩序大乱向后倒退,这又使后面的部队受到惊骇,以为已经发生了战斗。在阿伯维利和克勒匹之间的道路上,到处都挤满了人,虽然距离敌人还有三个'里格'(约等于三英里),他们却拔出刀剑,大声喊杀,好像疯了一样。除非在场的人，否则很难想象其混乱情形。"

黄昏时候，大雨倾盆，雷电交加，发生了非常恐怖的日食现象。大雨过后，法军开始向洼地中央进发。当他们接近英国人时，法军高声大喊，恐吓他们，但英军沉静异常。他们再喊一次，英军还是不动。他们大喊三次之后，开始发射方头箭。英军的弓弩手前进一步，霎时间，箭矢如雪片一样向法军飞去，射穿了他们的手臂和头部，透过了装甲，甚至割断了弓弦。法军纷纷向后奔逃。射到法国骑兵身上的箭，使他们的马匹乱跳乱跑，践踏在那些逃走的步兵身上。骑士们用刀剑在乱军中砍路前进，"弓弩手就把箭向他们中间射去，几乎不需瞄准就可箭无虚发，每一箭都可以射中人或马，射透他们的头、臂或腿并使马发狂。有的站立不动，有的向两边冲，有的回过头来跑，于是秩序大乱"。

在被击败之后，法军第一列并未让出正面好让第二列来进攻。于是当第二列冲锋时发生了极大的混乱。每当法国骑士退却之后，爱德华军中的威尔士人就挺着长刀冲上去杀人，被杀死的有许多公侯贵族。法王菲利普头上受了箭伤，坐骑也中了箭。

在整个会战中，法军完全没有一个具体的计划，每批骑士都只有一个观念，就是接近敌人，自始至终法军一直混乱不堪。而爱德华始终控制着他的部队，整夜严阵以待。到8月27日上午，当最后一批法军被击退之后，爱德华才允许部下解散行列，去搜劫死人身上的财物，这时才发现被杀的人中有波希米亚国王、洛林公爵和10位伯爵以及1542名骑士，普通士兵可能在一万人以上。英军的损失据说非常轻微，只有两位骑士、一位乡绅、40多名士兵和几十名威尔士人。克勒西一战中，法国被打晕了，英格兰却被灌醉了。它成了百年战争的精神基础。

1347年，经过11个月的围攻后，英国占领了海岸要塞加来港。这个要塞保留在英国人手中达200年以上，直到1558年1月8日才被格斯公爵攻陷。9月28日，双方同盟国之间签订了一个休战条约，有效期到1348年7月9日为止。

将近10年的休战之后，1356年，英军在普瓦提埃战役中再次击败法军。在这场战役中，英军弓箭手和马下的武装士兵与法国的骑士对抗，法军的战马很容易受伤，结果被轻易击败。法王和他的一个儿子沦为英军的阶下之囚。1360年，英法签订和约，从卢瓦尔河至比利牛斯以南的法国领土被割让给英国。为了夺回英占领区，法王查理五世改编了军队，整顿了税制。他用雇佣步兵取代部分骑士民团，并建立了野战炮兵和新的舰队。法军采用突袭和游击战术，到70年代末已逐步迫使英军退到沿海一带。英国与法国签订停战协定。

1415年，英国重启战端，在阿金库尔战役中大败法军，迫使法国于1420年5月21日签订丧权辱国的和约，法国沦为英法联合王国的一部分。英王亨利五世宣布自己为法国摄政王，有权在法王查理六世死后继承法国王位。法国遭到侵略者的洗劫和瓜分，处境十分困难。法国民众开始发动大规模的游击战争，其代表人物是圣女贞德。

贞德出生在法国北部香槟与洛林交界处的杜列米村，艰苦的生活使她逐渐成为一个性格坚强、不怕困难的少女。1428年，她3次求见王太子，陈述救国大计。1429年4月27日，王太子授予贞德以"战争总指挥"的头衔。她全身甲胄，腰悬宝剑，捧着一面大旗，上面绣着"耶稣马利亚"字样，跨上战马，率军向奥尔良进发。

4月29日晚8时，贞德进入奥尔良，全城军民燃着火炬来欢迎她。5月8日，被英军包围209天的奥尔良终于解围，战局朝有利于法国的方向发展。凄着，贞德又率军收复了许多北方领土。贞德变成了"天使",受到人们的称颂。但是,宫廷贵族和查理七世的将军们不满意这位"平凡的农民丫头"影响的扩大,他们蓄意谋害贞德。1430年在康边城附近的战斗中,封建主竟然以4万法郎的价格将她卖给了英国人。1431年5月29日上午,在备受酷刑之后,贞德在卢昂城下被活活烧死,骨灰被投到塞纳河中。死时,贞德还不满20岁。

贞德之死激起了法国人民的极大义愤和高度的爱国热情,在人民运动的压力下,法国当局对军队进行了整顿。1437年法军攻取巴黎,1441年收复香槟,1450年夺回曼恩和诺曼底,1453年又收复基恩。1453年10月19日,英军在波尔多投降,战争结束。

百年战争持续了116年,给法国人民带来了深重的灾难,同时也促进了法国民族意识的觉醒,加速了法兰西民族统一国家的形成,法兰西以一个崭新的统一的民族国家进入世界民族国家之林。战后的英国,在经历了一段内部的政治纷争后,也建立起中央集权的君主专制围家。

英西海战

1492年,一个名叫哥伦布的意大利人,率领着3艘百十来吨的破旧小帆船,从西班牙出发向西航行,最后发现了美洲新大陆。这个事件改变了世界历史的进程。从那以后,西方终于走出了黑暗的中世纪,开始以不可阻挡之势崛起于世界,并在之后的几个世纪中成就了海上霸业。

哥伦布的远航计划得到刚刚完成国家统一的西班牙王的支持,他被任命为西班牙海军司令、钦差、总督,因此,直接从哥伦布远航得益的是西班牙。大量的财富源源不断地流入西班牙,而西班牙也出落成一个殖民大国,并成为天主教世界的顶梁柱。

西班牙和葡萄牙通过殖民扩张大发其财,着实让英、法等国家眼红。英国尤其对西班牙在美洲掠夺的金银垂涎三尺。眼看着西班牙满载财宝的船队在大西洋上往来穿梭,英国人妒从心头起,干起了杀人越货的勾当。从1585年到1604年,英国每年有少则一百、多到两百的武装商船出海,专门在大西洋和加勒比海劫掠西班牙运输船队,而每年的掳获平均可达20万英镑。英国政府出于政治目的,竟然给这些海盗船长们颁发了"私掠许可证"。上至女王,下到乡绅,都踊跃资助他们的劫掠行动。英国人为他们的胜利而欢欣鼓舞,为他们的失利而捶胸顿足。

这里面最出名的海盗是弗朗西斯·德雷克。1572年,他怀揣女王签发的"私掠许可证",率领两艘武装商船和73名水手,开始了海盗生涯。1580年9月26日,德雷克船队满载财宝驶进普利茅斯港,受到隆重欢迎。伊丽莎白女王登上德雷克的旗舰"金牝号"(Golden Hind),授予德雷克骑士爵位,任命他为普利茅斯市长。在德雷克身上,女王每投资1英镑,就可获得47英镑的回报。

除了经济上的矛盾外,英西两国在政治、宗教方面也充满矛盾。菲利普二世统治的西班牙是西方世界第一大国,而其时由伊丽莎白一世统治的英格兰却是尚未长成的小家碧玉。西班牙要遏制英国的成长,而英国则要挑战西班牙的霸权。

对英国的海盗行径和叛教行为,菲利普二世一忍再忍。他以为只要他自己或他儿子娶了伊丽莎白,那么英国就不会再与西班牙为敌。为了维持西班牙的霸主地位,菲利普二世与法国的吉斯家族结盟，又梦想使自己的女儿成为法国的王后，与法国联合荡平尼德兰新教徒的反叛，再让流浪苏格兰的苏格兰女王玛丽·斯图亚特成为英格兰国王。此女是菲利普二世在苏格兰布下的一枚棋子，是英王亨利七世的曾孙女，法王弗朗西斯二世的孀妇。按照天主教的眼光来看，她是英国王位的合法继承人，英国的天主教徒也希望同为天主教徒的玛丽女王成为王位继承者。然而，伊丽莎白以谋杀亲夫的罪名，逮捕了玛丽，把她关进恰尔特利城堡，后来又把玛丽处死。

菲利普二世再也忍不住了。他通知教皇，他准备出兵英国，促使伊丽莎白一世下台，要求教皇提供支援。一支庞大的舰队开始建造。其时西班牙拥有无可争议的海上霸权，其海军和战舰是整个欧洲的楷模。西班牙式样的战舰又称"巨舰"（The Great ships），船身宽阔，船艏和船艉建有高大的船楼，可以容纳数百士兵。西班牙巨舰重心高，航速慢，灵活性差，但航行平稳，抗风浪能力很强。西班牙的海战战术仍然是中世纪的接舷战，先用火炮破坏敌舰的风帆和缆绳，使敌舰失去行动能力，然后靠拢上去，由士兵登上敌舰实施攻击。因此，西班牙巨舰其实就是海上的移动堡垒，是陆军的载体而已。海战的主导力量是接舷作战的士兵，而不是火炮。

英国人对海战的设想与西班牙人恰好相反。海军司令霍金斯和他的助手认为，火炮将主宰未来的海战。据此，他们设计的新型战舰又称"快舰"（Race-built ships）。和巨舰相比，快舰体型窄长，船舷较低，完全取消了前船楼，又缩小了后船楼，重心大大降低，可以装备大口径重炮而不至于影响船身的稳定性。快舰的航速高，灵活性好，但是船舷低矮，如果被敌人接舷则必输无疑，但快舰的海战战术建立在机动和炮火的基础上，利用快速灵活的特点和敌舰保持距离，尽量不给敌舰接舷的机会。

1587年4月19日，德雷克率领他的私掠舰队突袭西班牙卡迪兹港（Cadiz），激战12个小时，击沉西班牙舰船24艘，并焚烧了大批军用物资。西班牙的入侵行动因此被推迟一年。经过两年的准备后，西班牙再组无敌舰队，130条船，平均每条445吨，其中半数为战舰，其余的为运输船。共有8050名船员，1.9万名士兵，统帅是梅迪纳公爵西多尼亚（Sidonia，Duke of Medina）。

1588年5月29日，无敌舰队驶离里斯本，西班牙全国均为之祈祷。然而，舰队不久就遭遇风暴，一些船受到损伤，不得不在西班牙北部的科卢那港休整。7月19日上午，英伦海峡峡口发现了西班牙舰队的前锋船只，65艘英国战舰随即冲出普利茅斯港，逆风航行，迅速绕到无敌舰队的侧后方，占据了上风向。西多尼亚看到战机已失，便命令舰队折向东北，同时保持整齐紧凑的队形，打算采取守势，和尼德兰的帕尔马公爵大军会合。

21日，英西两国舰队开始接战。英国战舰以纵列向无敌舰队逼近，依次从西班牙队列旁驶过，一侧舷炮齐发，然后迅速掉转头来，发射另一侧舷炮。西班牙战舰以一侧舷炮和尾炮还击，但由于英国战舰目标小、速度快、吃水线低，许多炮弹都掠过了英国船，只能造成很小的损害。经过一天的激战，西班牙战舰弹创累累，人员伤亡数百，但只有一艘战舰因为事故导致火药库爆炸而沉没。英国炮火奇准无比，摧毁了无敌舰队的士气。

西班牙无敌舰队以两节的速度缓慢向尼德兰前进，而英国舰队每天以相同的方式尾随攻击。27日，无敌舰队来到法国加莱地区下锚停泊。这时西多尼亚发现：无敌舰队大多数战舰吃水太深，根本无法靠近尼德兰海岸。他只得命令舰队在此抛锚，同时派快艇送信给帕尔马公爵，让他尽快前来会合。英国舰队也在西班牙入西南面一海里的地方停驻下来。

英国舰船源源不断地从英国各地汇集而来,总数达到136艘,超过了无敌舰队。激战中,西班牙人的航海技术及操炮技术欠佳,杀伤殊少,而英国战舰则可以集中火力炮轰无敌舰队。许多条舰船被毁,数千西班牙人被杀。

入夜,西班牙巨舰上搭载的士兵从舷窗望出去,可以看到英国战舰上星星点点的灯光像银河一般散布在西南方向。帕尔马公爵的回信终于到了:他需要至少一个星期的时间才能凑够运输船前来会合。西多尼亚明白入侵英国的计划已经流产,现在的问题是如何全身而退。

西多尼亚非常担心英国人火攻,他在无敌舰队和英国舰队之间部署了一条由快艇组成的警戒线,用以拦截英国人的火船。西多尼亚同时告诫各个船长,让他们保持高度警惕,不得擅自起锚脱离大部队。霍华德和德雷克正打算在夜里实施火攻。霍华德挑选了8艘老旧战舰,在船舱里塞满易燃物品,桅杆和风帆上都涂了柏油,火炮装填弹药上了引信,着火后能自动发射。入夜,一些勇士驾船乘着强劲的西南风急速冲向无敌舰队,接近西班牙快艇警戒线时在船上四处点火,然后跳上小艇逃生。西班牙人看见火船冲了过来,立刻惊慌失措,纷纷砍断锚索起航逃生,本来井然有序的阵列乱成一团。

天亮以后,西多尼亚发现他的舰队绝大部分已经离开了锚地,散布在敦刻尔克附近的海面上,而一些战舰在黑夜里慌不择路,冲到岸边搁浅。德雷克看到无敌舰队已经完全丧失队形,立刻指挥复仇号冲了上去,其他的英国战舰紧随其后。西多尼亚率领6艘巨舰挡住英舰去路。德雷克的复仇号从西多尼亚的旗舰旁边擦身而过,舷炮齐射,但并不与之纠缠,而是径直冲向散布在北面的西班牙舰船。这样双方两百多艘战舰在叫作"格雷夫林"(Graveline)的海面展开混战,战斗持续了整整一天。

以德雷克为首的皇家海盗们最擅长这样的混战,他们左冲右突,神出鬼没。英国战舰装备大量十八磅以上的重炮,炮手训练有素,射速极高,给西班牙舰船造成极大的破坏。但西班牙巨舰造得相当结实,往往中弹上百颗依然没有沉没。西多尼亚的旗舰"圣马丁号"(San Martin)被三艘英舰围攻,浑身弹洞累累,仍然能坚持战斗。西班牙战舰按照常规甩出铁抓(Grappler)企图钩住英舰登舷攻击,但英舰行动如风,旋转自如,加之战场上弥漫的硝烟阻挡视线,没有一艘西班牙战舰能够成功接舷。这样战斗到傍晚,英舰队弹药告罄,不得不撤出战场,著名的格雷夫林海战落下帷幕。此战无敌舰队被击沉、俘虏16艘战舰,而英舰无一损失。

现在,对无敌舰队来说,没有比西班牙更近的天堂了:苏格兰对西班牙极为敌视,爱尔兰已经被英国军队占领,受损伤的舰队和饥饿的士兵只能绕过英伦三岛回国。在爱尔兰以西海面,无敌舰队遭遇风暴,海水狂涌,风势狂暴,桅樯倾倒崩毁。有些舰船被冲到岸边触礁沉没,大批水手、士兵溺毙,1100名侥幸游上岸的西班牙人有大半被当地土人杀死。1588年10月,"无敌舰队"仅剩54艘残破船只返回西班牙,2.7万名士兵只有不到一万人安全返回家园。这一惨败成了西班牙全国的梦魇。菲利普二世日日自闭于密室之中,无人敢与其说话,而教皇竟称没有发生海战,拒绝兑现应该支付给菲利普二世的金币。英舰没有损失,阵亡海员水手只有百人左右。

西班牙无敌舰队的覆灭几乎影响了整个欧洲文明。英国夺取了海上霸权,西班牙从此一蹶不振。海战技术有了决定性转变,舰船的机动灵活和火炮优势取代了以往海战的短兵相接、强行登船的肉搏战,海上战争从此呈现出全新的格局。

美国独立战争

　　1775 年 4 月 18 日夜,驻马萨诸塞波士顿城的英军司令盖奇(Thomas Gage)派兵围剿设在城西北郊的反英团体通讯委员会的秘密军火库。争取独立的"自由之子"联盟的成员保罗·瑞沃(Paul Revere)和他的伙伴,从盖奇的情妇那里得到这一消息。他们立即骑着骏马,飞快地穿过寂静的街道,踏着厚厚的积雪,向郊外奔去。每经过一个村落,瑞沃就大声疾呼:英军要来了,英军要来了。房子亮起了灯光,孩子从睡梦中惊醒,猎人的警笛吹响,教堂的钟声鸣起。经过几个小时的疾驰,瑞沃赶到独立运动领袖阿达姆斯(Samuel Adams)和韩考克(John Hancok)的居所。几个小时后,英军在莱克星顿陷人民兵的埋伏。

美国独立战争

　　莱克星顿的枪声宣告北美独立战争的全面爆发。美国著名诗人爱默生写道:莱克星顿的枪声,全世界都听到了。

　　5 月 10 日,第二届大陆会议在费城召开,决定成立大陆军,统一领导反英斗争,乔治·华盛顿被推举为大陆军总司令。持续 8 年之久的美国独立战争正式开始。

　　北美大陆的土著居民是印第安人。1607 年,第一批英国移民乘"五月花"号轮船在弗吉尼亚建立了詹姆士城,从此掀起了奔向北美大陆的移民潮。1733 年,最后一个殖民地佐治亚建立,英国移民先后在北美东海岸建立了 13 个殖民地,这就是美国最初的 13 个州。经过长期的民族融合,北美形成了一个不同于英国的新民族,即美利坚民族。它希望挣脱宗主国的控制独立地发展。英国殖民当局却把北美殖民地当成其廉价的原料基地和商品倾销市场,极力遏制殖民地经济的自由发展。它颁布一系列法令,禁止向阿巴拉契亚山以西迁移,禁止殖民地发行纸币,宣布解散殖民地议会,并对殖民地课以重税,加紧军事控制等等。英政府的所作所为,激起了殖民地各阶层人民的强烈反抗。1773 年 3 月 5 日发生了驻北美英军枪杀波士顿居民的"波士顿惨案",群情为之激愤。1774 年英政府变本加厉,又接连颁布 5 项"不可容忍的法令",使宗主国与殖民地矛盾进一步激化。北美殖民地人民忍无可忍,决心拿起武器与殖民当局抗争。托马斯·杰弗逊大声疾呼:"自由之树必须不断用爱国者与暴君的血来灌溉。"1775 年 12 月 22 日,英国议会通过了派遣 5 万军队赴北美殖民地镇压革命者的决议。约翰·柏高英、威廉·豪和亨利·克林顿等将领随增援部队到达北美指挥作战。

　　对交战双方而言,这是一场不对称的战争。北美人民面对的是有"日不落帝国"之称的世界头号殖民大国,拥有一支训练有素、装备精良、作战经验丰富的陆军和海军。其陆军在北美作战中首次装备和使用了新发明的后膛来复枪。而北美在宣布独立时尚没有正规军,只有分散各地的民兵。大陆军装备简陋,弹药缺乏,给养困难,刚组建时人均仅 9 发子弹,3 个士兵才有 1 支火枪和 1 条被子,炮兵火药只有 1 天的使用量。提康德罗加堡 1.2 万名战士只有 900 双鞋子。交战双方强弱十分悬殊。

战争一开始,战略主动权即掌握在英军手中。1775年6月16日夜,威廉·普雷斯科特上校率1200名民兵占领了波士顿北部制高点查尔斯顿高地的邦克山,在布里德山顶修筑了工事,6月17日清晨,威廉·豪率领2200名英军在舰炮火力的支援下,向北美民兵发起攻击。英军发起3次冲锋,前两次均被民兵击退,北美民兵在弹药耗尽的情况下,被迫撤退。这就是著名的邦克山之战。这是北美民兵与装备精良的英军正规部队的第一次正面交锋。1776年12月,大陆军放弃纽约,独立战争进入困难时期。

1776年12月25日圣诞之夜,华盛顿率部渡过特拉华河,奇袭特伦顿黑森雇佣军兵营,1400名雇佣兵有近1000人被俘,美军仅2人冻死,5人受伤,受伤者中的詹姆斯·门罗后来成为第五届美国总统。在普林斯顿,大陆军再次重创英军。这样,在短短的10天内,大陆军取得两次胜利,虽未能根本上扭转战局,但大大激发了北美人民的革命热情。

1777年7月,英军计划兵分三路,分进击击,会师奥尔巴尼,以尽快实现其切断新英格兰的战略企图。但英军对整个计划的实施没有协调,各路人马各行其是。北路7200余名英军在柏高英的率领下,从蒙特利尔孤军南下,盲目深入,结果陷入新英格兰民兵的汪洋大海之中。英军所到之处,当地民众和民兵纷纷组织起来坚壁清野,切断公路,破坏桥梁,布设路障,围追堵截,迟滞和消耗敌军。柏高英哀叹"不管皇家军队走到哪里,美国人都会在24小时内集结起三、四千民兵"。

英军被迫退守萨拉托加。大陆军和民兵以3倍于英军的优势兵力将英军团团围住,柏高英因弹尽粮绝,孤立无援,被迫于10月17日投降。萨拉托加大捷大大改善了美国的战略态势,成为美国独立战争的重要转折点。战争进入战略相持阶段。

萨拉托加大捷后,法国、西班牙、荷兰等改变了动摇不定的观望态度。1778年2月法美签订军事同盟条约,法国正式承认美国。1778年6月法英开战,西班牙也于1779年6月对英作战。俄国于1780年联合普鲁士、荷兰、丹麦、瑞典等国组成"武装中立同盟",打破英国的海上封锁。1780年12月荷兰进一步加入法国方面对英作战。英国陷入空前孤立的境地。在大陆军和民兵的持久消耗下,英军渐感力量不支。

1781年8月,康沃利斯率7000名英军退守弗吉尼亚半岛顶端的约克敦。此时在整个北美战场英军主要收缩于纽约和约克敦两点上。1781年8月,华盛顿亲率法美联军秘密南下弗吉尼亚,法国舰队在约克敦城外海面击败了来援英舰,完全控制了战区制海权。9月28日,1.7万名法美联军从陆海两面完成了对约克敦的包围。在联军炮火的猛烈轰击之下,10月19日,8000名英军走出约克敦向衣衫褴褛的美军放下武器。军乐队奏响了《地覆天翻,世界倒转过来了》的著名乐章。

1782年11月30日,英美签署《巴黎和约》草案,1783年9月3日,英国正式承认美国独立。

美国独立战争是历史上以小胜大,以劣胜优,以弱胜强的杰出战例。独立战争的胜利,打碎了英国殖民统治的桎梏,实现了北美殖民地政治上的独立,大大解放了北美殖民地的生产力,为美国资本主义和现代文明的迅速发展开辟了广阔的道路。

普法战争

普奥战争确立了普鲁士在德意志的统治地位,但德国的统一还没有最后完成。巴伐利亚、巴登、维尔腾堡和黑森—达姆斯塔德等西南四邦仍保持着独立地位。这四邦紧邻法国,拿破仑三世不愿德国强大,极力施加影响,不让四邦统一于德国。俾斯麦下决心借助武力解决同法国的纷争。因此,普奥战争结束后,普法之间的关系很快便进入一个空前紧张时期。普法两国都在为赢得一场预想中的大规模厮杀而创造条件。

19 世纪中期的法国经济有了重大发展,工业革命处于最后完成阶段,生产能力在资本主义世界居第二位,但拿破仑三世对内独裁,对外扩张。法国对毗连的德国莱茵河地区丰富的天然资源垂涎三尺,60 年代末,法国的国内矛盾空前尖锐,为了转移人民视线,摆脱国内的政治危机,拿破仑三世急于发动一场对外战争。俾斯麦利用西班牙王位继承问题,预设圈套,诱使法皇拿破仑三世走上了宣战道路。1870 年 7 月 19 日,法国向普鲁士宣战,揭开了普法战争的序幕。

法军编成莱茵军团,在法德边境的阿尔萨斯和洛林共集结了 8 个军 22 万人,拿破仑三世亲任总司令,勒布夫为总参谋长。计划在普鲁士未及动员展开之际,先机制敌,集中兵力越过国界,直取法兰克福,切断南北德意志之联系,迫使德国南部诸邦保持中立,全力击败普鲁士。普军在莱茵河中游梅斯和斯特拉斯堡之间集结了 3 个军团,约 47 万人,由威廉一世为总司令,毛奇为总参谋长。计划集中优势兵力,向阿尔萨斯和洛林进攻。力争将法军主力围歼于边境地区或将其驱至法国北方,继而围攻巴黎,迫敌投降。

8 月 2 日,法军在萨尔布吕肯地区发动进攻,拉开了普法战争的序幕。普军进行了预有准备的抗击,攻入法境。8 月上旬,法军在几次会战中接连失利。到 8 月中旬。法军主力部队已被普军割裂。由巴赞元帅率领的左翼和中路的莱茵军团共 17 万人被围困于战略要地麦茨要塞,由拿破仑三世和麦克马洪元帅率领的右翼 3 个军共 12 万余人,在夏龙编成以麦克马洪为司令的夏龙军团。8 月 30 日,法军在博蒙地区与普军激战后退守色当。随即,毛奇命令普军向夏龙军团两侧运动。8 月 31 日,普军第四军团占领麦茨河右岸至法比边界的整个地区,封锁了法军经蒙梅迪东进驰援麦茨的道路。

9 月 1 日至 2 日,普法进行色当会战。9 月 1 日上午,普军第三军团占领符里济、栋舍里等地,切断了法军由色当经梅济埃尔西撤的铁路,进而插到法军侧后的圣芒若和弗累涅一带,堵住了法军向比利时撤退的通路。当天中午,普军完成了对夏龙军团的合围,开始进行猛烈的炮击。下午,法军数次突围失败。法军回天乏力,不得已于下午 4 时半挂起降旗,包括法皇拿破仑三世在内的 8.3 万名官兵成为普军俘虏。此次会战,法军共损失 12.4 万人,其中仅 3000 余人逃到比利时境内,普军损失近 9000 人。

色当惨败加速了拿破仑三世帝国的崩溃。9 月 4 日,法国宣布成立共和国,"国防政府"上台执政。

普法战争后,德意志民族统一的障碍业已消除,德国南部诸邦于 1870 年 11 月顺利并入北德意志联邦,但普鲁士当局并未因此而终止军事行动。9 月中旬,普军向巴黎进军。10 月 27 日,巴赞元帅率 17 万法军在麦茨投降。1871 年 1 月 18 日,普王威廉一世在凡尔赛宣告德意志帝国成立,至此,德国统一终告完成。

1871 年 1 月 28 日,普法在凡尔赛普军大营签订了停战三周的协定,2 月 26 日草签《凡尔赛和约》。3 月 18 日,巴黎人民起义成功,巴黎公社宣告成立。1871 年 5 月 10 日,就在巴黎公社失败前不久,法国外交部长茹尔·法夫尔与德意志帝国首相俾斯麦在德国美因河畔的法兰克福城签订了正式和约。和约规定,法国割让阿尔萨斯和洛林给德国,并赔款 50 亿法郎。

普法战争之后，德法矛盾进一步加剧，两国在这次战争中的结怨，成为后来引发第一次世界大战的主要因素之一。

普法战争的经验表明，实行普遍义务兵役制对于建立庞大的资产阶级军队并使其预先做好周密的战争准备具有重大意义；总参谋部在准备和实施作战方面作用极大；编制动员计划和铁路运输计划，以及在军事上使用电报都具有特殊意义。

日俄战争

在人们的心目中，日本这个东洋小国几乎是在一夜之间长成的。20 年前，它还是一个被压迫、被殖民的对象，但经过 20 年的维新，它已经出落成一个资本主义国家，1894～1895 年的甲午战争，更是让人们对它刮目相看。历史学家哈伯特·乔治·韦尔斯说："1899 年，日本已经是一个完全西方化了民族，同最先进的欧洲列强处于同等水平上，而且比俄国还先进得多。……它使欧洲的一切进步相形之下显得是缓慢的和暂时的。"

日俄战争

不过，日本以为其大国地位还需要得到进一步确认。它是亚洲的最强者，这毫无疑问，可是，比之于欧洲国家，又如何？韦尔斯的话，不过是站在历史的高度进行总结，从某种意义上说，这也是一种事后诸葛亮的判断。如果要欧洲国家承认日本的平起平坐地位，日本还有待表现。

日本迫切地寻找着表现的机会，这种机会很快就来了。

1900 年，中国爆发义和团运动，矛头直指帝国主义。8 个帝国主义国家互相勾结，出兵镇压。俄国以镇压东北义和团运动为名，单独大举入侵中国东北地区。俄国陆军大臣库罗帕特金公然叫嚷："我们将把满洲变成第二个布哈拉。"

当参加八国联军的其他帝国主义侵略军撤出北京后，入侵东北的俄军仍赖着不走，图谋永远独霸中国东北，实现其所谓"黄俄罗斯计划"。1903 年 8 月，俄国悍然成立以旅顺为中心的远东总督区，任命阿列克塞耶夫为总督，实际上把我东北当成了俄国领土，接着又重占奉天(沈阳)，摆出一副独占东北的架势。

俄国在东北的扩张刺激了日本。日俄矛盾进一步激化，战争一触即发。

1904 年 2 月 8 日，日本联合舰队司令官东乡平八郎亲自率领 18 艘战舰，对停泊在旅顺口的俄国舰队发动了突然袭击。

这一天是太平洋舰队斯达尔克将军夫人的命名日，太平洋舰队的军舰都在港外停泊。入夜，军舰上灯火通明，挂满了弦灯，充满了节日气氛。

午夜时分，日本的驱逐舰突然来到旅顺港外，向俄军发射鱼雷和炮弹，俄军三艘铁甲舰被炸坏。沉睡中的士兵从梦中惊起，而正在岸上的军官还沉浸在欢乐之中，他们把炮声当作是向舰队司令夫人祝贺的礼炮。等他们意识到这是战争时，日本的驱逐舰已经没有了影子。

第二天,沙皇对日本宣战,翌日,天皇也颁布了宣战诏书,战争就此展开。

这是一场侵略者之间的战争,其目的是日俄两国重新分配它们在远东特别是中国东北的利益。

战争开始前,双方都进行了扩军备战。就总体实力而言,俄国要强于日本。沙俄正规陆军超过200万,可动员兵力达到500万,海军船只的总吨位也达到80万吨,优于日海军两倍以上。但俄国传统上是一个欧洲国家,其主要兵力集中在欧洲,因此,在亚洲地区日军仍能达到相对优势。

3月8日,沙皇任命马卡洛夫海军上将为太平洋舰队新任司令。马卡洛夫集学者、战略家和发明家于一身,是一个杰出的将才,在海战理论方面有很高的素养。他到任之后,立即提出太平洋舰队的新任务:重新夺回制海权。为此,他决定在辽东半岛沿海布雷,防止日军登陆从后方威胁旅顺,同时派舰队外出活动,袭扰日本的海上交通线。

马卡洛夫的措施很快收到了效果,然而与他对阵的东乡平八郎也不是无名之辈。这位留学于英国皇家海军学院的海军将领,抓住了马卡洛夫急欲雪耻、求战心切的弱点,为马卡洛夫设下了陷阱。

4月12日夜,日本海军借着夜幕的掩护,在俄国舰队经常出没的地方布下水雷,然后又引诱马卡洛夫出战。

马卡洛夫不知是计,带领舰队追赶,当他在海面上发现日本主力舰队时急忙回防,归航途中碰上了日本人布下的水雷。马卡洛夫的旗舰"彼得罗巴甫洛夫斯克号"立即倾斜,军舰上浓烟滚滚。一分钟后,马卡洛夫连同舰上的600余名官兵被汹涌的海浪所吞没。太平洋舰队不仅丧失了自己的旗舰,而且失去了一位能干的司令官。俄军的士气更为低落,基本上躲在港内不敢出战。

陆上的战斗在朝鲜和辽东两地同时进行。日军兵分三路,第一路在朝鲜与俄军激战,而第二路于5月5日在旅顺金州东北百余里处登陆。

5月26日,日俄两军激战于金州半岛最狭窄处南山。俄军在火力上占有明显的优势,7.6毫米的马克沁重机枪,在俄军手里像割草机一样,飞蝗般的子弹扑向进攻的日军,迫不及待地与他们的躯体亲吻。结果,日军在付出四倍于俄军的代价后,拿下金州。

8月28日,日军与俄军大战于辽阳,这一战役日军集中了9个师团共13.3万人,动用大炮480余门,而俄军的兵力则为22万人,大炮592门。战斗持续8天,双方使用炮弹12.4万余发,枪弹857万发,其激烈程度为此前所未见。俄军伤亡1.6万余人,而日军则伤亡2.3万余人。9月4日,辽阳落入日军手中。

辽阳失守后,旅顺已暴露在日军的炮火之下。

俄国在旅顺要塞投资巨万,设炮700门,有机枪42挺,守军人数超过4万,是当时世界上少有的坚固要塞。俄军总司令曾夸口说:"攻陷旅顺,欧洲最强之陆军也需要三年时间。"

8月19日,日军总指挥乃木希典下令对旅顺发动总攻击,主攻方向是203高地。日军出动三个主力师团,企图一举拿下。俄军依托坚固的防御工事,向日军进行猛烈的射击。俄军的大炮对准进攻的日军猛烈开火,子弹旋风所到之处,喊着天皇万岁的日本武士纷纷"玉碎"。

激战6天,5万日军伤亡了三分之一,而战果只是203高地的两个小堡垒。此种情形，令乃木大伤脑筋。

经过短暂的休战之后，乃木调集援兵，接连发动攻击。但除了付出大量的伤亡外，日军进展不大。11月26日，日军发起了第四次攻击，经过连续7天攻击，日军终于以伤亡1.6万人的代价，拿下了203高地。

控制了203高地，就控制了旅顺全港。日军在高地上架起了大炮，向港内猛轰，太平洋舰队的残余船只全部被毁，俄军的城防司令被炸死，俄军士气低落。1905年1月1日，俄军旅顺要塞开城投降。

旅顺口战役历时5个月，日军伤亡6万人，俄军伤亡3万余人，另有2万人当了俘虏。

在这场战争初期，俄国就开始向远东增派海军。波罗的海舰队为太平洋第二舰队，海军军令部长罗日杰斯特文斯基被任命为舰队司令。1904年10月15日，第二太平洋舰队从波罗的海起航，30艘战舰，1.2万余名官兵，开始了漫长的、蜗牛般的航程。列宁曾形容这支舰队"像整个俄罗斯帝国那样庞大，那样笨重、荒唐、无力、怪诞"。

这支舰队最初的任务是援救被困在旅顺港口内的太平洋舰队，夺回制海权，但当它刚绕过好望角，旅顺失守、太平洋舰队全军覆没的消息就传了过来；当它驶过印度洋时，又听说陆军在奉天会战中失利。按理说，沙皇给它规定的任务既已没有完成的前提，也没有去完成的必要了。

但圣命难违。沙皇没有收回成命，罗日杰斯特文斯基也没有勇气去与沙皇抗争。这支已经上了年纪的舰队，只得步履蹒跚，继续上路。

此时东乡平八郎的主要任务已经完成，他就等着再打一仗，结束这劳什子战争。东乡平八郎知道，如果不给俄军一点颜色看看，沙皇是不会同意坐下来谈判的。这第二太平洋舰队是他的救命稻草，在确信它不能救命之前，沙皇是不会放弃的。东乡确信，结束战争的机会在于歼灭第二太平洋舰队。

驶向海参崴的道路有三条：对马海峡、津轻海峡和宗谷海峡。日军不可能在三条道上守候着俄国人，那样兵力分得太散了。东乡认为，俄军必走对马海峡。联合舰队在对马海峡附近设下埋伏，等着俄国舰队的出现。

5月27日，历时半年，航程万里的俄国第二太平洋舰队，终于出现在对马海峡。东乡平八郎立即命令舰队迎击，俄军的旗舰"苏沃洛夫号"和两艘主力舰"奥斯拉比号""亚历山大三世号"遭到日舰的围攻，很快沉入海底。失去指挥的俄军，队形混乱，丧失了抵抗能力。到第二天凌晨，俄国舰队除了一艘战舰逃脱外，其余的或是沉入海底，或成了日军的俘虏。倒霉的罗日杰斯特文斯基只好举起双手向日军投降。

东乡平八郎终于将沙皇押上了谈判席。1905年9月5日，在美国总统西奥多·罗斯福的调停下，日俄双方在朴茨茅斯签订了和约，这就是《朴茨茅斯和约》。俄国承认了日本在朝鲜和中国东北的特权，原从中国手中夺占的库页岛，现在一分为二，南部归日本，而北部仍归俄国。

这场战争虽然名为日俄战争，但没有一仗是在这两个国家打的。中国和朝鲜成了侵略者演兵鏖战的场所。东北人民"陷于枪烟弹雨之中，死于炮林雷阵之上者数万生灵，血飞肉溅，产破家倾，父子兄弟哭于途，夫妇亲朋呼于路，痛心疾首，惨不忍闻"。真是应了一古话："人为刀俎，我为鱼肉。"

日俄战争充分揭示了海上优势或制海权在战争中的重要性。日军之所以突袭旅顺口俄国海军基地,精心准备对马海峡大海战,沙皇俄国之所以在太平洋舰队被歼之后,不惜抽调波罗的海舰队绕道非洲南端开往太平洋,都是为了保持或争夺海上优势。海上斗争对于陆上作战行动有着极其重要的影响。

日俄战争不仅给中国人民带来极大的灾难,也是日本发动全面侵华战争的序幕。与二战有着必然的联系。

巴尔干战争

巴尔干是一个多民族聚居地区,那里生活着大小20多个民族,自14世纪土耳其人入侵巴尔干以来,该地区各民族一直受土耳其的统治。到19世纪,希腊、塞尔维亚、罗马尼亚、保加利亚获得了独立或自治,但仍有一部分土地处在土耳其的统治之下。把土耳其势力赶出巴尔干,是巴尔干各族人民的愿望,它促成巴尔干国家结盟。1911年意土战争的爆发和奥斯曼帝国的腐败,加速了巴尔干各国政府反对土耳其的军事结盟。1912年3月13日,保加利亚和塞尔维亚经过多次谈判,签订了一项反土防奥的军事同盟条约,同年5月29日,保加利亚和希腊签订了《希保防御同盟条约》。至此,以保加利亚为核心的巴尔干同盟形成了。

巴尔干战争

在当时已经形成的两大集团的棋盘上,巴尔干半岛具有特殊的重要性。德国视巴尔干半岛为通向中欧和近东的桥梁,奥匈帝国要确保亚得里亚海、巴尔干半岛、地中海东部和北非的部分地区,俄国则希望获取君士坦丁堡,打通达达尼尔海峡。

1912年8月,阿尔巴尼亚和马其顿先后发生了反对土耳其统治的起义,保加利亚、塞尔维亚等巴尔干同盟国家遂向土耳其发出最后通牒,要求土根据1878年《柏林条约》的规定给予马其顿和色雷斯以自治权,土耳其拒绝了这些要求,同年10月9日,门的内哥罗首先对土耳其采取军事行动。17日,保加利亚和塞尔维亚向土耳其宣战。希腊于18日加入了反土战争的行列,第一次巴尔干战争爆发。

巴尔干同盟为进行这场战争做了较为充分的准备,在兵力和兵器上占有明显的优势,再加上战争顺乎民意,因此开战后进展颇为顺利。而土耳其当时正在与意大利作战。为了集中兵力于一线作战,土耳其向意大利表示让步,以求尽快结束意土战争。1912年10月15日,意土双方在洛桑草签和约。意土战争结束。

10月22日,保加利亚军队在东面向土军发起猛烈进攻,激战5昼夜,保军击溃了土军的主力。10月29日~11月3日,保、土两军在卢累布尔加兹发生激战,土军第4军被击溃,但保军企图突破防线直捣君士坦丁堡的意图没有实现。10月19日,希腊军队向土耳其军队发起进攻。11月1日,希军向土军防线发起进攻,攻破土军防线,9日进占萨洛尼卡。希腊舰队在达达尼尔海峡附近击败了土耳其舰队,封锁了海峡的出海口,完全控制了爱琴海海域。

10月24日,塞尔维亚各集团军向土耳其的防御部队发起总攻:塞第2集团军向西南实施突击,对土军右翼构成威胁;塞第 1 集团军向库马诺沃发起进攻,很快便攻克该城;塞第 3 集团军对斯科普里实施翼侧突击,并于 26 日将其攻占;27 日,塞军切断了比托拉等地土军与君士坦丁堡的联系;11 月 18 日,塞军在希军的配合下攻占了比托拉。与此同时,塞军其他部队攻占阿尔巴尼亚,尔后继续向亚得里亚海沿岸推进,并先后占领了都拉斯、地拉那、爱尔巴桑、培拉特等地。门的内哥罗军队也取得重大进展。11 月 28 日,阿尔巴尼亚宣告独立。

土军寡不敌众,节节败退,失去了在欧洲的绝大部分土地,面临着军事上的全面崩溃,首都君士坦丁堡受到威胁,土耳其被迫请求欧洲列强出面调停。12 月 3 日,土与保、塞、门 3 国签订休战协定,随后在伦敦开始议和谈判。5 月 30 日,土耳其与巴尔干同盟四国签订了《伦敦条约》。土耳其在欧洲只保留君士坦丁堡和海峡沿岸地区。第一次巴尔干战争以巴尔干同盟对土耳其的胜利而告终。

由于列强的干预,巴尔干同盟在分配土耳其在欧洲的属地问题上,产生了不可调和的矛盾。这一矛盾导致了第二次巴尔干战争的爆发。这一次,巴尔干诸国把矛头对准了保加利亚。1913 年 6 月 29 日夜,保加利亚陆军向驻扎在马其顿的塞尔维亚军队实施突然袭击,30 日又向希军发起进攻,由此拉开了第二次巴尔干战争的序幕。

保军的进攻遭到塞、希、门三国军队的有力抵抗,保军前进受阻,被迫转入防御。7 月 10 日,罗马尼亚对保加利亚开战,50 万罗军兵分两路强渡多瑙河,21 日,土耳其政府撕毁了《伦敦条约》,动员 2.5 万人的军队与保军作战,以乘机收复上次巴尔干战争的失地。保军四面楚歌,只得乞和。8 月 10 日,保、希、塞、罗、门 5 国签订了《布加勒斯特条约》。9 月 29 日,保加利亚与土耳其签订了《君士坦丁堡条约》。土耳其从保加利亚手中重新夺回第一次巴尔干战争中失去的包括亚得里亚堡在内的色雷斯东部地区,门的内哥罗的领土也有所扩大,保加利亚不仅丧失了从土耳其手中得到的大部分土地,而且失掉了一部分原有的领土。

两次巴尔干战争是第一次世界大战前夕一场多国参加的国际性战争,第一次巴尔干战争中,巴尔干诸国的矛头指向了长期压迫和奴役该地区各民族的奥斯曼帝国,符合大多数人民的愿望。战争在"摧毁整个东欧的中世纪残余方面"迈出一大步。而第二次巴尔干战争则是巴尔干诸国为争夺土耳其在欧洲的属地而引起的王朝战争,它把巴尔干各族人民拖进了深渊。

战争不仅未能解决巴尔干诸国间旧的矛盾,而且还增加了新矛盾。巴尔干诸国的力量重新组合,原来的巴尔干同盟不复存在,代之而起的是两个集团:塞尔维亚、希腊和罗马尼亚集团与保加利亚、土耳其集团。这两个集团的背后又分别得到协约国和同盟国的支持。

巴尔干战争增加了列强内部的摩擦,加深了协约国与同盟国之间的敌视和对立,刺激了普遍的扩军备战。巴尔干地区成了新的世界大战的火药库。

第一次世界大战:陆战

1914 年 6 月 18 日,奥匈帝国的皇储斐迪南大公在波斯尼亚首都萨拉热窝被一个塞尔维亚民族主义分子暗杀,这一起暗杀事件成为第一次世界大战爆发的导火线。第一次世界大战就此爆发。

各帝国主义国家毫不掩饰自己争夺霸权、重新瓜分世界的野心,充分反映了这次战争的帝国主义性质。德军计划的总设计师是号称天才的战略家史利芬,他计划通过比利时平原入侵法国。这个计划考虑到了德国两线作战的需要,并合理地配置了军队,大部分兵力集中在西线,先消灭法国,再对付俄国。可是,史利芬命不久矣,他死后,毛奇接替了他的职务。

第一次世界大战

毛奇不愿意墨守成规,他在史利芬计划的基础上加加减减,形成了自己的计划。史利芬念念不忘地要求加强右翼,而毛奇则反其道而行之。这个修改,后来被视为败笔,它使德国不能干净利落地消灭法国,从而陷入了两线作战的困境。

德军不愧是有着光荣传统的军队。在所有的交战国军队中,德军的素质、士气、装备、武器都是首屈一指。

由于在1871年的普法战争中遭到了惨败,法军在心理上对德军一直心存恐惧,在战略上,法国一直实行防御战略,它在德法边境修筑了一道坚固的防御工事,以对抗德国可能的进犯。

可是,这种防御学说在1914年却被进攻学说所取代。卢瓦佐·格朗德松上校是这个学说的主要鼓吹者,而其信徒则是1912年升任为法军总参谋长的霞飞将军。后来,法国批准了这个以进攻为特色的第17号作战计划。

大战开始后,法军以19世纪最好的阵形出现在战场上,戴着白手套、修饰得漂漂亮亮的军官走在方队前面60英尺远的地方,而士兵则穿着暗蓝色短上衣和猩红色的裤子,伴随他们的是团旗和军乐队,目的是通过音乐和颜色使敌人胆战心惊。

如果与法军对阵的是一支非洲土著军队,那么法军的打扮很可能会取得心理上的优势。遗憾的是,与法军对垒的是德意志大军,上世纪最富进攻性的军队。由此而造成的灾难是完全可以想象得出的。

一个英国军官曾这样描述他的盟友:"每当法国步兵前进,整个战场就立即完全被弹片所覆盖,倒霉的士兵像兔子般被打翻。他们都很勇敢,不断冒着可怕的炮火冲锋,但毫无用处,没有一个人能在向他们集中射击的炮火中活下来。军官们都是杰出的。他们走在部队前面大约20码,就像行进那样安详,但到目前为止,我没有看见一个人能前进50码以上而不被打翻的。"

这就是第一次世界大战开始时的法国军队。从8月20日到23日,仅仅4天时间,法军伤亡的人数就高达30万,格朗德松自己也在一次冲锋中死在战场上。

8月底,德军统帅部迁到卢森堡。当帝国的列车滚滚向前时,德皇的副官注意到皇帝"因……流血而狂喜",陛下指着6英尺高的尸堆,高兴地评点着战事。巴黎就在眼前了。

可是德皇没有意识到这就是德军所能占领的最远的地方。英法军队在马恩河一线构筑了一条新的防线,决意死守巴黎。德军在马恩河受困,它不断地发动攻击,可是法国炮兵的准确射击使德军的尸体堆积如山,连毛奇自己也被这种屠杀吓呆了,最后只好停止这种自杀性的进攻。这一仗,双方的损失都在25万人上下。

6个星期的战争中,法国人付出了巨大的代价,伤亡总数超过60万,但它守住了巴黎。德军表面上只遭到了一次小小的挫折,但是,所谓德军不败的神话被打破,毛奇因而丢掉了自己的职务。

根据史利芬计划,在战争之初,德军要用重兵首先打垮法国,然后再回过头来对付俄国,这样,德国不至于陷入腹背受敌的境地。开战之初,德军在东线只留下十万余人,其余的全部调到了西线。

表面上看,俄国是一个大国,开战之后,他的军队总数竟然高达600万,然而,考虑到它落后的工业状况,考虑到他的军队士气,那么,史利芬留下10万人对付俄国已经足够了。

俄军的士兵十分勇敢,可是他们大部分是文盲,而且,指挥他们的军官都是些饱食终日的贵族,至于军事知识,他们只知道军刀和剑。更要命的是,俄军的武器特别差,它甚至不能保证每人有一支步枪。大部分后备兵员,等着从他们死亡的同胞手里接过步枪继续战斗。一位上过前线的英国历史学家曾访问过俄军士兵,一个士兵忧愁地对他说:"先生,你知道,我们除了士兵的胸膛外,没有武器。"

另一个士兵马上补充说:"这不是战争,这是屠杀。"

说得不错,把手无寸铁的士兵赶上前线,面对由马克沁机枪和重炮组成的德军,这不是屠杀又是什么?

当西线打起来的时候,作为法国忠诚的盟国,俄军立即出现在东普鲁士,对德军造成很大的威胁。靠替皇帝讲故事而得宠的德国第八集团军统帅普里特维茨,在庞大的俄军面前,显得惊慌失措。他很快被免除了职务,并被勒令退役。接替他的是兴登堡和鲁登道夫。

俄军连年坎普夫率领第一集团军,萨蒙诺索夫率领第二集团军,总共30个步兵师和8个骑兵师,兵分两路向德军进攻。由于俄国边境道路状况极差,泥泞之中行军极为费力,当萨蒙诺索夫的部队到达指定地域时,他已经无力向德军发起攻击,为此,他把自己的处境告诉了连年坎普夫。

俄军的无线电通讯水平极低,两军之间通讯竟然使用明码电报。出于好奇,德军的无线电人员监听了俄军的通讯,结果不费吹灰之力,就获得了俄军的核心机密。

这个情报来得太意外了,兴登堡简直不相信自己的眼睛。决战前夕,俄军竟然用明码发报。8月25日到26日,德军向萨蒙诺索夫发动了第一次进攻,俄军节节败退,几个连的俄军被赶进了伯绍湖淹死了。

27日,总攻开始了,萨蒙诺索夫向连年坎普夫求援,但对方睬都不睬。结果,萨蒙诺索夫全军覆没,自己举起手枪自杀。两个星期后,德军在马祖里湖地区向连年坎普夫发动进攻,大约有15万俄军战死,而德军只损失了1万人。

按鲁登道夫和兴登堡的意思,东线应该成为决定性的战场,只要有足够的兵力,他们完全有可能打垮俄国,迫使它投降,从而结束德国两线作战的处境。但是,德军统帅法尔肯海因不同意。他认为决定性的战场只能是西线,东线的部队不能增加。在这种情况下,鲁登道夫要想在东线取得决定性的胜利,也是妄想。因此,东线又陷入僵持局面。

这一年对俄军来说是灾难性的。5个月的战争中,俄军伤亡了200万,1915年,它又伤亡了200万。据兴登堡说,在战斗中,德军不得不把阵地前成堆的俄军尸体搬走,以肃清射界,对付新的进攻浪潮。

1916年,法尔肯海因决定把进攻重点移到西线,重点是攻击法国。他要选一个在情感上被法国人视为神圣的地方,为了保住这个地区,法国人将不得不投入他们的每一个人。法尔肯海因认为,凡尔登可以担当起这个角色。它是巴黎的西北入口,距巴黎只有35英里。

决战的代号为处决地,预定于1916年2月21日开始。

为了准备这次进攻,德国调集了重兵。在20平方英里的地区,德军集结了27万人。在不到8英里长的战线上,德军排列着1400门大炮,其中有13尊震天动地的420毫米攻城榴弹炮。排列在现场周围的,有542个掷弹筒,它发射的榴霰弹,装有100多磅的高爆炸药和金属碎片。此外,德军还有一种小口径的高速炮,它以步枪子弹的速度发射5.2英寸的榴霰弹,对方还不及发现就已经丧了命。

相形之下,法军的准备就太不充分了。霞飞将军认为凡尔登并不重要,他不仅不去加固凡尔登的防御,反而把那里已有的大炮拆走了。

2月21日清晨,天气奇寒。7点15分,德军炮群以每小时10万发以上的速度向法军阵地发起猛攻,从而掀开了凡尔登战役的序幕。炮击持续了12小时,200多万发的炮弹密密麻麻地落在凡尔登周围14英里左右的三角形地带,把法军的前沿堑壕都炸平了。

面对这突如其来的打击和零度以下的气温,来自阿尔及利亚的法国轻步兵经受不住零下15度的严寒,一营法国兵失去了知觉,其余的人在德军进攻时掉头就逃。25日,占有重要地位的都蒙炮台因无人防守而陷落。法军的防线被切成几段,与后方的交通线全部断绝。凡尔登岌岌可危。

为了挽回败局,法军任命60岁的老将贝当为凡尔登地区的司令官。此前,贝当当过教官和团长,但并未打过仗。战争爆发后,他由团长迅速成为军长、军团司令。此时受命保卫凡尔登,真可谓是"受命于危难之际"。

贝当抵达凡尔登后,一边命令士兵死守,一边抢修公路。几千名士兵和平民一起,修筑了通向后方的道路。每24小时就有6000辆卡车通过这条道路。把补给送到前线,一个星期之内,有19万部队通过这条路开往前线,因此这条路有"圣路"之称。

双方的兵力逐步达到了平衡。炮战中,一个法国炮手无意中击中了存放着45万发大口径炮弹的德国兵工厂,引发了这次大战中最大的一次爆炸。到10月24日,法军又发起大规模的反击,把德军一点点地赶了回去。12月18日,筋疲力尽的德军,终于把凡尔登丢给了法军。

在10个月的战斗中,双方共发射了4000万发的炮弹以及数以百万计的子弹,法国人伤亡在55万人以上,法兰西民族的鲜血,即便没有流尽,也流得差不多了,而德国人的代价也并不比法国人少多少。法尔肯海因到最后才明白,凡尔登不仅会让法国人把血流尽,同样也会让德国人把血流尽,因此他只得辞职,由兴登堡继任。

当德军在凡尔登发动猛攻之时,法军统帅霞飞决定在索姆河向德军发动一次进攻,让德国人也尝尝厉害。

6月24日,协约国军队向德军阵地发动猛烈的炮击,6天时间里,他们发射了150万发炮弹,连绵不断的炮火制造了一个个动人壮观的场面。许多英国兵,包括后来成了英军统帅的蒙哥马利,都爬出战壕观看这一奇景,而德国人,则不得不龟缩在战壕里,怀着忐忑不安的心情等待着进攻的来临。这里面,就有后来成了德国元首、发动第二次世界大战的阿道夫·希特勒,不过,他当时还是一个下士。

炮击停止后,英军士兵英勇地跃出了战壕,向德军阵地冲去,德军的士兵向进攻者进行准确的射击,成千上万个进攻者在敌人的阵地前倒了下来,造成了单日阵亡的最高纪录。协约国付出了伤亡 60 余万人的代价,只获得了一个 7 英里宽、30 英里长的狭长地带,德军也伤亡 60 万人以上,鲁登道夫承认,德军已经是筋疲力尽了。

1917 年底,英军决定在法国北部的康布雷地区对德国实施一次打击。381 辆 M-4 型战斗坦克和 98 辆辅助坦克,编成了三个梯队。直到开战前,除了极少数的高级军官外,没有几个人了解坦克将应用于这次战役。

11 月 20 日,天刚蒙蒙亮,德军还没有起身,一群庞然大物就向德军阵地冲了过来。德军新挖了深达 3.7 米的防坦克壕,但是,由于英军坦克带了一捆木柴,所以防坦克壕不起作用。

受到突然袭击的德军措手不及,只得狼狈逃窜。这一天,英军突破了德军的三道防线,8 万名德国兵,当了俘虏,而英军只伤亡 4000 人,损失了 65 辆坦克。这一仗堪称交战以来协约国损失最小的一次,为了庆祝这一胜利,伦敦所有教堂的钟声齐鸣。

第一次世界大战:海战

第一次世界大战的交战双方虽然有三国同盟、三国协约,但实际上主要是英德矛盾。作为新崛起的大国,德国不满足现有的国际格局,要与英国争夺阳光下的地盘。由于英国主要是一个海洋大国,德国要向英国挑战,势必要在海军上取得突破。战前,两国的海军军备竞赛十分激烈,但总体而言,主动权还是掌握在英国人手里。

1916 年 1 月,德国海军对大洋舰队司令部进行了调整,任命舍尔海军上将为舰队司令。舍尔一到任,就着手制定对英国舰队实施主动进攻的作战计划,企图先以少数战列舰和巡洋舰袭击英国海岸,诱使部分英国舰队前出,然后集中大洋舰队主力进行决战,彻底消灭英国主力舰队。为实现这一目的,舍尔集中部分战舰,用了 4 个月的时间,执行偷袭和骚扰英国的计划。

5 月中旬,舍尔命令希佩尔海军上将率领 5 艘战列巡洋舰、5 艘轻巡洋舰和 30 艘驱逐舰,组成战役佯动舰队,引诱英国舰队出港。舍尔则亲率大洋舰队主力,由 21 艘战列舰、6 艘轻巡洋舰和 31 艘驱逐舰组成的重兵集团,隐蔽在佯动舰队之后 50 海里处,随时准备歼击上钩之敌。另外,一支由 16 艘大型潜艇、6 艘小型潜艇以及 10 艘大型"齐柏林"飞艇组成的侦察保障部队,已预先在英国海域和北海海域展开,严密监视英国海军动向。然而,舍尔怎么也没想到,他自以为天衣无缝的作战计划,早就被英国海军获取。英国海军破译了德国海军的无线电密码,准确地掌握了德国海军的行踪。

英国海军主力舰队司令约翰·杰利科上将根据情报,连夜制定出一个与舍尔如出一辙的作战方案,决定由海军中将贝蒂率领一支前卫舰队,先追击来袭的希佩尔舰队,等舍尔率领的主力前出围歼时,佯败诱敌。杰利科亲率舰队主力随后跟进,对德国大洋舰队形成合围后聚歼该敌。

5 月 30 日夜,贝蒂率领前卫舰队驶离罗赛思港,马上就被德国潜艇发现。德国放出的"诱饵"也早在英国海军的监视之下。双方都认为敌人已经上钩,一场空前规模的大海战就在这无声的航行中拉开了帷幕。

5月31日下午,双方前卫舰队在斯卡格拉克海峡附近海域遭遇,希佩尔按计划转向东南,向大洋舰队的主力狂奔。贝蒂一见到嘴的肥肉要飞,早把预定任务抛到脑后,不顾一切地猛追,致使威力大速度慢的4艘战列舰掉队10多海里。英舰队已无优势可言。15时48分,双方在20公里距离上开始对射。在短短几十分钟内,英舰2沉1伤,损失惨重。贝蒂令整个前卫舰队北撤。舍尔急令全舰队追击,他哪里知道,自己钓上的"鱼",也是他人布下的诱饵。18时许,英前卫舰队与主力舰队会合,舍尔也追了上来。双方在落日余晖的映照下展开了激战。18时20分,英国的2艘老式装甲舰被德国的战列巡洋舰击中,一炸一沉;18时33分,1.7万吨的英国第3战列巡洋舰中队旗舰"无敌"号又被德舰击中,当即炸成两段,舰队司令胡德少将连同全体舰员一同沉入海底。

但英国舰队的损失并没有影响主力舰队在数量上的优势,加之英舰逐渐抢占了有利的攻击阵位,作战形势马上发生了有利于英军的转化,德舰接连受到打击,希佩尔的旗舰"吕措夫"号和另一艘战列巡洋舰被击中,迫使舍尔放弃原来的计划,企图冲出一条血路,返回基地。但几经冲杀也无法逃脱英国舰队猛烈炮火的轰击,当最后一批舰只从乱军中冲杀出来时,屡建战功的"吕措夫"号已千疮百孔,无法继续航行,被迫弃舰沉没。

英军虽然连连得手,但面对落荒而逃的德国舰队,小心谨慎的杰利科却因怕碰上德军后撤时布下的水雷,而下令停止追击。20时,一场混战在夜幕中暂停了,双方指挥员开始酝酿新的较量。杰利科准备天亮在舍尔返回基地的必经航线上彻底消灭德国大洋舰队;舍尔则企图连夜冲出包围,经合恩礁水道返回基地。为此,舍尔把所有能用的驱逐舰都派出去拦截英军主力舰队,掩护大洋舰队突围。整夜里,德军的驱逐舰就像狼群一样,不时地袭击英舰,给英军造成混乱和判断失误,使杰利科摸不清德国舰队在哪个方向。23时30分,大洋舰队和英军担任后卫的驱逐舰遭遇,由此演出了日德兰大海战的最后一幕。双方借助照明弹、探照灯和舰艇中弹的火光进行着漫无目标的射击和冲撞。激战中英国3艘驱逐舰被击沉,德国2艘轻巡洋舰被鱼雷送入了海底。舍尔不顾一切地向东逃窜,于6月1日4时许通过合恩礁水道,杰利科因害怕德军布设的水雷,也匆匆打扫战场后返回了斯卡帕弗洛基地。

这场空前绝后的战列舰舰队决战,就这样草草收场了。英国舰队共损失战列舰3艘、装甲巡洋舰3艘、驱逐舰11艘,战斗吨位11.5万吨,伤亡6700多人;德国舰队共损失战列舰2艘、轻巡洋舰4艘、驱逐舰5艘,战斗吨位6.1万吨,伤亡3000多人。英国舰队虽然比德国舰队损失多了近一倍,但并未伤着筋骨,而且进一步巩固了在北海海域的霸主地位,德国因无法打破英国人的封锁,大洋舰队成了名存实亡的舰队,从此一蹶不振,再也未敢出海作战。

但是,德国人自有秘密武器。军舰不得出港,但英国人却挡不住潜艇。德国最早注意到潜艇在战争中的用途。1914年9月22日,一艘德国潜艇用一枚鱼雷击沉了一艘英国装甲巡洋舰,造成1600人丧生。在大战的大部分时间内,德国潜艇的主要用途是劫掠商船,打击英国的后勤供应线。1915年5月,德国潜艇又击沉邮船"卢西塔尼亚号",导致1198人死亡。

美国人做出了强烈反应。美国总统伍德罗·威尔逊愤怒地向德国递交了一份措辞严厉的照会,说德国人的行动是违反国际法的,也是对人类的犯罪。他还说,美国为了保卫中立国国民自由旅行的权利,是不会省略任何言论或行动的。此后,德国人的行动稍有收敛。但到 1917 年,德国人终于故态复萌,恢复了无限制潜艇战。4 月,威尔逊正式对德国宣战。大批的美国生力军源源不断地开往欧洲战场,欧洲战场上的僵局立即被打破了。同盟国大势已去。

1918 年 10 月底,德国发生了起义,11 月 9 日,德皇宣布退位。11 日,协约国与德国在贡比纳森林签订了停战协定。协约国统帅、法国人福煦将军,坐在他的列车上,接受了德国的投降。对德国人来说,这是一个耻辱的时刻。

历时 4 年零 3 个月的第一次帝国主义国家重分世界的第一次世界大战就这样结束了。31 个国家卷入了战争。在介入大战的 15 亿人口中,有 1000 万人阵亡,2000 万人受伤,另有 350 万人终身残疾。

号称结束一切战争的第一次世界大战,实际上什么问题也没有解决。战胜国嫌分赃不均,战败国感到不公,下一次大战的根源已经潜伏。

第二次世界大战:西线战场

1939 年 8 月 31 日夜晚,一群身着波兰军服的德国党卫军士兵闯进了德国边境城市格莱维茨的广播大楼,在播音器前开了几枪,用波兰语广播了事先拟定的讲话稿,声称波兰对德国开战的时刻到了。接着,这帮党卫军枪毙了一些身着波兰军服的刑事犯,制造了德国军队被迫自卫的假现场。

持续 6 年,世界上 60 多个国家、20 多亿人卷入、消耗 4 万亿美元、牺牲了 5000 万人的第二次世界大战,就这样全面爆发了。

希特勒的第一个目标是波兰。

这是一个不幸的小国。说它不幸,就在于它与德国和苏联两大强国为邻。历史上,它已经被这两个国家三次瓜分。

当风暴乍起之时,统治波兰的一群目光短浅、头脑僵化的"上校们",竟然拒绝了苏联提出的从波兰过境的要求,说什么"如果波兰亡于德国,那不过是丧失了土地,如果波兰亡于俄国,那就要丧失灵魂",从而使第二次世界大战的爆发成为现实。

沉迷在第一次世界大战荣光中的波兰军队墨守成规,他们用骑兵与德军的机械化部队对抗。那手执长枪、腰挎马刀、骑着骏马的骑兵,如果放在上一个世纪,那倒是一支令人生畏的力量,可是,当他们向武装到牙齿的装甲兵团冲去,用他们的马刀猛砍德国人的坦克时,那就只能让人骇异了?仅仅十几天时间,德军就消灭了波兰军队的主力。波兰成了欧洲第一个被法西斯用武力征服的国家。

希特勒的目光转向西线。1940 年 4~5 月间,德军向北欧的挪威和西欧的荷兰、比利时、法国发起了新一轮的攻势。

希特勒的战争机器高速运转,装甲兵司令古德里安发出的命令是:进攻,进攻,24 小时的进攻。德军势如破竹,所到之处摧枯拉朽,它仅用 28 天即征服挪威,用 24 小时征服丹麦,用 5 天时间征服荷兰,用 12 小时征服了卢森堡,短短的 4 个星期内,号称欧洲最强大的法国军队在德军面前俯首称臣。

6月16日晚，第一次世界大战中的英雄、年老的贝当元帅组成新政府。贝当在广播讲话中下令全国军民停止抵抗。在不合适的年龄、不合适的时机，贝当充当了一个他后来才发现不合适的角色，这个角色使他从法兰西的民族英雄变成了法兰西的民族败类。

1940年6月21日，希特勒以一个胜利者的身份，借着风和日丽的天气，前往法国贡比纳森林那块小小的历史性空地。当年，法军统帅福煦就在这个地方，接受了德意志帝国的投降。今天，希特勒作为德意志第三帝国的领袖，为前辈复仇来了。德国工兵奉命于前天拆毁了法国人修建的博物馆的墙壁，并把22年前德国向协约国投降时签署停战协定的福煦元帅的小卧车搬到原来的地方。

下午3点15分，希特勒乘着梅赛德斯牌汽车来了，同行的有最高统帅部参谋长凯特尔、海军总司令雷德尔、外交部长里宾特洛甫、空军总司令戈林。独一无二的帝国元帅戈林还拿着他的元帅节杖，希特勒审视着法国人刻下的、上面写着"1918年11月11日，德意志帝国在此屈膝投降……"的纪念石碑。此时，在他的脸上，气愤、仇恨和恼怒、报复、胜利的感觉兼而有之。

下午3点半，希特勒走进了福煦的旧车厢，坐上了福煦当年坐过的位置。5分钟后，前来投降的法军代表被召了进来。他们不知道战胜者会把他们召到这个地方来，因此开始时很不高兴。

没有敬礼，也没有握手。法国代表立正，但并没有交出武器。这帮战败的法国人，虽然精神颓丧，但看来并没有丧失尊严。他们听凯特尔一本正经地念着投降文书。整个文书充斥着希特勒对历史的理解——德国在第一次世界大战中并没有战败，只是被出卖了，而这次战争的责任，毫无疑问应该归于英国人和法国人。

看着法国人在这个当年曾令他们骄傲的地方签署了停战协定，希特勒这个22年前的波希米亚下士高兴得手舞足蹈，他终于获得了一种复仇之后的快感。

法兰西第三共和国完了，但是，法国并没有完，法兰西民族并没有完。戴高乐在伦敦树起了"自由法国"的旗帜，英国广播公司义务为戴高乐发布广告，要求留在法国的法国人与他联系，法国抵抗的火焰不能熄灭。已经有很多人冒着生命危险前往英国，与法兰西民族的希望之星取得联系，但是，并不是所有的人都有这种条件的，他们还得在屈辱的状态下生存下去。这并不是说他们就安于亡国奴的命运。在今后的日子里，他们会以各种方式表达自己对祖国对自由的感情。

1941年2月19日，在法国南部的港口城市马赛，热爱自由的法国人民举行了向军旗告别仪式。虽然维希法国与德国订有停战协定，但是侵略者的诺言是靠不住的，法国军旗留在国内极不安全。政府决定把它送到阿尔及利亚，那里也是维希法国的领土。前来与军旗告别的人们，涕泪交加，目送着自己的军旗远行。

在法兰西战役进行之际，德军曾有机会将英国远征军和法国军队一起消灭。5月23日，德国大军进抵敦刻尔克孤城之下。此时的敦刻尔克，只有6个营的步兵把守，攻占它易如反掌。这是被困在法比边境的几十万盟军仅有的一个大港口。失去它，几十万盟军将留作德军的俘虏。

可是，冥冥之中似有天意主宰着一切。5月24日，希特勒突然下令德军的装甲部队停止前进。英国人立即抓住这个时机，把英国大大小小的轮船全部动员起来，开赴海峡对面，把被围困在那里的士兵撤了回来。希特勒的爱将、装甲兵专家古德里安，眼睁睁地看着英国人用大大小小的船只把英国兵撤走。

从5月26日到6月4日,英国运输船只顶着德国轰炸机的狂轰滥炸,把33万盟军撤回英国,创下了所谓的"敦刻尔克奇迹"。但实际上,这种奇迹是英国人的自欺欺人:所有的重武器都留在了大陆,远征军几乎是赤手空拳回到英国。当时的英国只有786门野战炮,167门反坦克炮,259辆坦克,外加20个中队的战斗机和一支海军。

8月1日,希特勒签署对英国作战的"海狮"行动计划,帝国元帅、希特勒的法定继承人戈林夸口说,不用德国其他军种出动,仅凭德国空军就可以摧毁英伦三岛。希特勒相信了戈林的保证。

8月13日,戈林的空军出动了1485架次,对英国的9个机场进行狂轰滥炸。在随后的几天里,德国空军每天出动1700架次以上,对英国的各大城市进行轰炸。在一片爆炸声中,英国的城市考文垂成废墟。9月7日晚上,德军首次大规模地袭击伦敦,并在伦敦上空投下了440吨燃烧弹、335吨爆炸弹。伦敦成了一片火海。

1940年9月,希特勒的目光移向了苏联,进攻英国的事情就慢慢地停顿下来,最后完全成了掩护德军东进的一个幌子。此后3年时间内,西线渐渐平息下来,只有一些英国特务和不甘心充当亡国奴的地下抵抗运动偶尔扔扔炸弹外,西线再无战事,几十万德军静静地呆在工事后面,等待着盟军的反攻。

1944年6月5日,以艾森豪威尔为统帅的盟军在法国的诺曼底地区登陆,第二战场的战斗终于打响了。

6月5日黄昏时分,艾森豪威尔一声令下,载运空降部队的运输机和滑翔机,从英国本土的20多个机场同时起飞,在空中编队后,直向法国飞去。6月6日2点,英国空降第6师首先在大西洋墙的后方着落。3点14分,几千架作战飞机开始轰炸德国的海岸防线。

6点半,第一批登陆部队开始上岸抢滩,与德军守备部队交火。英军负责进攻朱诺海滩和剑滩,这一路行动倒算顺利,一切均在预料之中。

布雷德利指挥的美军就惨了,它负责进攻奥马哈海滩和犹他海滩。奥马哈海滩是整个大西洋墙防御设施最完善的地区,训练有素的德军第352师两个月前接管了这个地区,而盟军情报部门对此却茫然不知,因此情况完全出乎意料之外。美军遇到了极为顽强的抵抗,以至于寸步难行。

如果在登陆一发生,德军就集中全部力量对付盟军的登陆,那么,登陆能否成功,还是一个问号。但是,由于盟军的情报部门在事先进行了较为成功的战略欺骗,希特勒一直相信加来是盟军登陆的主攻方向,他迟迟不向诺曼底地区增兵,听任盟军巩固滩头阵地。当希特勒终于意识到诺曼底是盟军的主攻方向,并向诺曼底发动全力进攻时,已经太晚了。希特勒只能眼睁睁地看着艾森豪威尔麾下的一批虎将,如巴顿、蒙哥马利横扫整个法国了。至此,盟军打进德国、与苏军会师易北河,只是一个时间问题了。

第二次世界大战:北非战场

当德军席卷西欧、英国困守英伦之际,意大利"领袖"墨索里尼认为,法国已经投降,英国无暇他顾,意大利控制地中海的良机已到。他决定向非洲扩张,夺取英国在非洲的殖民地。到 1940 年的 7、8 月间,意大利已经将利比亚、厄立特里亚、埃塞俄比亚和索马里连成一片。北非意军的总数达到 40 万人,而英军只有 5 万人。但是,意大利军队的战斗力太弱了。就是这区区 5 万英军,也让意军无法在北非立足。无奈,"领袖"只得向德国元首求救。

1941 年 1 月 11 日,希特勒签发第 22 号指令,强调"由于战略、政治和心理方面的原因,地中海地区的这种局面要求德国提供援助","的黎波里塔尼亚必须坚守"。2 月 3 日,希特勒进一步指出:对德国来说,丢掉北非在军事上是可以接受的,但会对意大利人产生强烈的精神震撼,意大利有可能退出德日意轴心,从而大大损害德国的战略利益。希特勒立即命令第 5 轻型装甲师启程,同时再派一个完整的装甲师前往北非,由欧文·隆美尔为指挥官,全面指挥这次远征。

2 月 12 日,隆美尔抵达的黎波里。两天后,一艘德国运输船躲开英国海军的监视,运来了一个战防营和一个搜索营。隆美尔知道,大败之后的意军士气已经完全崩溃,他们对自己的武器丧失了信心,心中有严重的自卑情结。为增强意军信心,同时也为了不让英军摸清德军的虚实,隆美尔命令坦克在向东驶去之前,要像舞台上的"军队"那样绕着检阅台转上好几圈,同时命令部下用木头和纸板做了几百辆假坦克。这种假坦克装在德国大众汽车的底盘上面,看上去几乎可以乱真。他让卡车和摩托车在这些"坦克"之间绕来绕去,而真正的坦克却避开敌机拍照,悄悄地向东开去。

3 月 31 日,经过精心策划的隆美尔,突然向英军发动了进攻。4 月 6 日,英军前线指挥官尼姆中将和奥康纳中将同时被德军俘虏。2 个星期之内,隆美尔的军队就把英军重新逐回了埃及境内。意军的全部失地只剩下多布鲁克一座孤城仍然掌握在英军手里。

6 月份,英国发动了代号为"战斧作战"的行动。丘吉尔以为,英军这一斧头砍下去,隆美尔的军队即使不被完全消灭,也会处于半瘫痪境地。岂料隆美尔技高一筹,在英军必经之地哈勒法设下埋伏。结果,英军的坦克主力几乎全部被歼,而隆美尔损失甚微。在另一次交战中,隆美尔又击败了代号为"沙漠之鼠"的英军第七装甲师,隆美尔因而获得了"沙漠之狐"的称号。这一仗打得英军心惊肉跳。

1942 年 6 月 21 日,非洲军团攻占了多布鲁克,第二天,希特勒晋升隆美尔为德国陆军元帅。6 月 30 日黄昏,隆美尔的军队到达阿拉曼一线,此时,他距埃及古城亚历山大港只有 60 英里的路程了。隆美尔已经站在开罗的大门口,他决心在 8 月底的月圆时分发动阿拉曼大战,全歼英国第 8 军团,一了百了地解决非洲问题。胜利似乎指日可待。

此时英军的统帅已经换上了蒙哥马利。这是一个谨小慎微的统帅,他决不打无把握之仗。在隆美尔准备阿拉曼战役的时候,蒙哥马利也在打着自己的小算盘。在力量对比方面,英军占有绝对优势,英德坦克数量对比是 760 比 440,空军力量对比是 5 比 1,在火炮数量上,英军也占有很大的优势。他觉得这一仗可以打赢。

蒙哥马利制胜的另一个因素是情报。英国情报人员破译了德军的密码,隆美尔的一举一动,无不让蒙哥马利了解得清清楚楚。他在阿拉曼战线的南端埋设了大量的军团,然后又在阿拉曼·哈勒法山脉周围设下陷阱,将大量的火炮和地雷、装甲车团团密布,只待隆美尔前来上钩。因此,这次战役的胜败可以说是一目了然,除非蒙哥马利是个白痴,否则不可能出现什么意外。

8 月 30 日夜晚,隆美尔带着他的装甲军团开始了新的赌博。他没料到英军的地雷布设得如此稠密,他的工兵尽管在前面拼命地排雷,但似乎总有排不尽的地雷在等着他们。而在这一段时间内,隆美尔和他的装甲部队只得在布雷区等着挨揍。英军的照明弹把沙漠照得如同白昼,在这灼人的光线下,狐狸根本无法藏身。

英军的火力优势充分显示出来了,轰炸机群在隆美尔的非洲军团上空狂轰滥炸,隆美尔的坦克、装甲车和卡车一辆接一辆起火。

第二天早上。隆美尔自己驱车赶往第一线。看着自己赖以打胜仗的坦克一辆一辆被击毁燃烧,他对战斗之艰难感到震惊,开始思谋退路。他下令抛弃那没有汽油的坦克和装甲车辆,开始撤退。

10月23日星期五晚10时,英国1000多门大炮暴风雨般地砸到德意军头上。第一阵炮击就基本摧毁了德意军队的通信网,非洲军代理总指挥施图美将军看不到从前线传回来的报告,决定亲自到前线了解情况,结果在途中心脏病发,死在指挥车中。德军指挥陷入困境。10月25日夜间,隆美尔再次担任全军总指挥。

10月28日下午,隆美尔看到一张缴获的英军地图,证实蒙哥马利的意图是突破北部角落的主要防线,然后长驱直入,打到达巴海岸。晚上10点,英军拉开了总攻的序幕。双方展开了殊死的拼搏,战斗持续到29日早上6点,德军终于遏止了英军的进攻。几小时后,传来载油1459吨的"路易斯安娜"号油轮在托卜鲁克港外葬身海底的消息,使燃料严重短缺的隆美尔又一次受到沉重打击。

隆美尔不可战胜的神话被打破了,占领开罗、与东线德军会晤高加索的幻想终于破灭。阿拉曼一战,成为非洲之战的转折点。

1942年11月4日,隆美尔觉得大势已去。他不顾希特勒不准撤退的命令,命令全军突围。他把东拼西凑搞到的几十辆坦克和装甲车辆,偷偷地分批撤出阵地,自己只留一个团的兵力在前线指挥所与蒙哥马利周旋。

对希特勒来说,非洲之战只是小菜一碟,他的主要战略目标是在欧洲本土,尤其是在苏联战场。因此,非洲战场的成败,对他来说关系并不很大。

当英军在阿拉曼发动反攻的时候,英美盟军在北非的登陆也在紧锣密鼓地进行着。1942年11月8日,盟军在北非顺利登陆。11月9日,轴心国军队大批侵入突尼斯。12月26日,在阿拉曼会战中失利的隆美尔率非洲装甲集团军的7.8万人(其中德军3万人)和130多辆坦克撤退到利比亚与突尼斯南部交界的马雷特防线。1943年2月14日凌晨4点多钟,德、意军发起了代号为"春风"行动的进攻。由于情报失误,盟军错误判断了德军的主攻方向,导致凯瑟林山口战役失利。3月6日凌晨,隆美尔以3个半装甲师的160辆坦克,在200门大炮和1万名步兵的支持下,向盟军发起了最后一次进攻。由于无线电破译,蒙哥马利事先了解了隆美尔行动计划的每一细节。下午5点,隆美尔下令停止进攻。

3月9日,隆美尔心灰意冷地告病回国休假,永远离开了北非。5月13日,德军阿尼姆上将和意军梅塞元帅相继向盟军投降,约10万德军、15万意军被俘,只有633人从海上逃走。突尼斯会战以盟军的胜利而结束。北非战事就此结束。

第二次世界大战：大西洋海战

1939 年 9 月 3 日，英国对德正式宣战。德国 U-30 号潜艇击沉英邮轮"雅典娜"号，持续 6 年之久的大西洋海战拉开了序幕。

大西洋之战是一场后勤绞杀战。英国是一个岛国，大部分物资依靠进口。只要切断英国的供应线，就等于掐住了英国的脖子。希特勒曾说：英国的供应线被切断之日，就是它不得不投降之时。

德国实施这场绞杀战的是潜艇部队。为使潜艇最大限度地发挥作用，德国潜艇司令邓尼茨实施了"狼群"战术，集结有限的潜艇，在某一海域对护航船队集中打击，给护航船队以重创。

"狼群"战术的关键在于发现护航船队。邓尼茨在训练和实战中发现：由于潜艇的瞭望半径十分有限，难以承担起广泛的侦察任务，因此在战术上必须和其他侦察力量结合起来。飞机是潜艇的最佳伙伴，它能在广泛的海域上实施有效的侦察和搜索，并不断为潜艇提供攻击目标，使潜艇攻击更具针对性。但是，德国空军司令戈林反对海军建立独立的航空力量，空军和潜艇的协同作战无法实现。

无线电侦察是发现护航船队的一个可靠手段。1939 年 9 月 11 日，德国海军观察处（XB 机关）破译了一封英国无线电报，获悉了一支英国护航船队的集结地点。德军 31 号潜艇很快发现了这支船队，并击沉了"阿维莫雷"号汽船。此外，XB 机关也破译了英国用来传递作战情报的海军密码，1940 年 4 月英国海军使用海军 1 号密码发送的情报有40%-50%被 XB 机关快速破译。1942 年 1 月，观察处破译了英军的 3 号海军密码（德国代号为"法兰克福"），英军使用该套密码发送的无线电报，几乎有 80%被观察处破译。

大西洋战役初期，英国主要依靠雷达和声呐发现德国潜艇的行踪，护航舰艇装备的1.5 米波长的 286M 型雷达，只能搜索相当狭窄的区域，在正常的气象条件下，发现潜艇的距离不超过 4-5 海里。由于邓尼茨采用了夜间从水面攻击的战术，英国舰艇的声呐失去了作用，致使德国潜艇连连得手。

英国海军情报，作战情报中心负责搜集有关德国海军活动方面的情报。由于德国海军使用的"埃尼格码"要比陆军使用的复杂得多，政府密码学校一开始对这种密码无能为力。1940 年 7 月，英国海军从德军 U-13 号潜艇上获取了一部海军"埃尼格码"密码机和一份使用说明，再加上 2 月份从 U-33 号潜艇上获取的两个密钥轮，政府密码学校对这种密码机有了更多的了解，但还是不能经常破译这种密码。

1941 年 5 月 9 日，英国海军在格陵兰岛南端俘获了一艘 U 型潜艇（U-110），获得了上面所有的电码本、密码文件和用来译成无线电信号的"埃尼格码"密钥。5 月 13 日，这些文件被送到布莱奇利庄园，政府密码学校得以破译出德国潜艇的无线电通信。5 月 28日，政府密码学校从截获无线电报到向作战情报中心提供破译后的电文，中间只相隔了34 个小时，6 月份更缩短到 4 小时左右，情报的时效性大大增强。到 1942 年 1 月底，英国已经可以破译德军使用范围最广的"本土水域"密码的内容，而且破译的速度相当快，最长的仅需 72 小时，最短的只需几个小时。1942 年 2 月，德国潜艇启用了新的密钥"海神"，布莱奇利庄园直到 1942 年 12 月才破译它，而且破译的速度相当慢，有时甚至要延误几天乃至几周,起不了实际作用。

1943 年 1 月,罗斯福和丘吉尔在卡萨布兰卡召开会议,制定了这一年的作战计划。英美参谋长联席会议决定,当务之急是击败德国潜艇。而击败德国潜艇的关键还是及时破译德国海军的密码,掌握德国潜艇的动向。丘吉尔下令,为了彻底摧毁德国潜艇的袭击战,即便失去"超级机密"也在所不惜。布莱奇利庄园投入 6000 人,每天破译 2000 个信号,因而破译速度相当快,几乎所有的电报都能立即被译出。电报中包含了大量作战情报,如德国潜艇出港和返回的日期,在大西洋活动的潜艇类型和数量,潜艇在大西洋上的运动和部署,以及邓尼茨发给它们的作战命令。由于作战情报中心还掌握其他情报来源,英军有时掌握的德国潜艇的情况比邓尼茨还要多。这使得英美两国的海军机构可以制定出最佳反潜方案,配置反潜兵力。

英国进一步改进雷达和声呐的性能,研究出一种新的测定潜艇位置的仪器——"HF/DF"型高频无线电测向仪,这种仪器可以通过地面和潜艇、潜艇与潜艇之间的无线电波,确定潜艇的位置。这种装置于 1942 年 10 月开始装备在水面舰艇上,使英国测定潜艇位置的准确性大大提高。1942 年下半年,首批舰载无线电测向仪(FH3 型)投入使用,装备这种测向仪的舰艇可以测出进行无线电通信的潜艇位置。1943 年又开始改装效率有显著提高的 FH4 型。这两种测向都装有自动寻的目视指示仪。5 月份,英国护航船队更换了密码,并配置了一种新型船用雷达,这种雷达有效范围大,精度很高。它可以有效地标出 12 英里范围内水面上航行的潜艇的方位,对无线电发射的 9～10 厘米之间的波长都能有效地做出反应。这比德国雷达探测仪的 1.5 米准确得多。这样,"超级"一提供德国潜艇活动的情报,作战情报中心立即把德军潜艇的位置通知反潜飞机和护航船队。护航船队借助于新型雷达,即使在夜间也能探测出潜艇的位置,发起攻击。

3 月份,邓尼茨的"狼群"战术达到高潮,上百艘德国潜艇集中于北大西洋中部盟国护航兵力薄弱环节。1943 年 3 月 5 日,SCl22 慢速护航运输队离开纽约港,8 日,速度稍快的 HX229 护航运输队也起航了。德国海军观察处截收并破译了这项命令。邓尼茨命令 28 艘潜艇在护航运输队前面南北一字儿摆成一条纠察线。在三天的战斗中,德国潜艇击沉了 21 艘敌船,自己只损失 1 艘潜艇。这是德国潜艇在大西洋海战中取得的最后一次重大胜利。

1943 年 5 月份,"狼群"又击沉了 34 艘商船,但德国的潜艇损失却高达 41 艘。邓尼茨认为,机载雷达使潜艇完全丧失了水面战斗能力,在航空侦察力非常强大的北大西洋主战区,"狼群"战术无法继续使用,德军无法承受潜艇的损失速度。鉴于此,他不得不承认"在大西洋战役中我们战败了",5 月 24 日,他下令潜艇撤离北大西洋,大西洋潜艇战就此告终。

德国在大西洋海战中失败的主要原因是盟军破译了它的密码,掌握了潜艇的行踪,而德国海军情报机构在破译盟军的密码方面却一无所获。德军对密码安全的漠视,帮助盟军取得了成功。德国历史学家于尔根指出,如果不是盟国破译了德国的密码,那么,大西洋战役的转折点就不会在 1943 年 5 月来临,而会延迟到许多个月以后。

第二次世界大战：苏德战争

1939 年 8 月底，希特勒为了免去两线作战的危险，迫切地向苏联摇动橄榄枝，要求与苏联缔结互不侵犯条约。苏联同意了他的要求。8 月 23 日，《苏德互不侵犯条约》签署，苏联与德国第四次瓜分了波兰，获得了在波罗的海的行动自由，而德国则免除了两线作战的威胁，希特勒得以腾出手来，放心大胆地进攻波兰。此后两年，德军的攻势势如破竹，除英国外，西欧和北欧基本被德国荡平。

时光流进 1941 年，希特勒征服世界的第一个目标已经实现。下一步，他要完成第二个目标：征服苏联。

6 月 22 日，希特勒撕毁了他亲自构建的条约体系。当天凌晨 3 时，德军出动了 2000 余架飞机，袭击了苏联边境地区的 66 个机场和 300 公里纵深范围内的战略目标，击毁了 1200 架苏联飞机。

突如其来的打击，使苏联遭到了重大损失。开战 18 天，苏军被歼灭 28 个师，重创 70 个师，损失了 3500 架飞机和半数以上的军火以及其他战略物资，而德军仅付出了伤亡 10 万人的代价。

德军取得了战略主动权。法西斯铁蹄所到之处，即在当地制造白色恐怖。他们搜捕布尔什维克人员，将无家可归的难民送到集中营，进行强迫劳动。希特勒以为，苏联这次真的完了。他命令德军在 10 月 12 日以前拿下莫斯科。

但是希特勒这次失算了。他原指望在三个月时间内征服苏联，但是，他没有想到，苏联实在太大了，大到德军难以想象的地步。9 月底，苏联已经是一片秋雨，气候也开始变得寒冷。雨雪使得俄罗斯大地上的土质公路变得异常泥泞，除了履带式车辆外，一切轮式车辆的行驶都十分困难。德军赖以取胜的重型武器和摩托化部队，陷入了胶一般的泥淖海洋。正在作战的坦克，不得不停下来去拖曳陷入泥淖的大炮和辎重车辆。

希特勒确信战争将在冬季到来之前结束，他没有为部队准备冬衣。零下二三十度的低温下，德军士兵还身着夏装。为了御寒，他们不得不在夏装外边再套上平时训练穿的衣服。他们没有手套，没有棉衣，连棉背心也没有。挨冻的士兵毫不客气地从苏联俘虏和老百姓身上扒下毡靴和棉衣。在老百姓家里，他们只要看到可以御寒的东西就抢，从窗帘、被褥到帽子。

德军士兵是世界上最守纪律的士兵，原以为这是一点小困难，他们能够克服。可是，这些经受过纳粹主义熏陶的战争机器，却怎么也无法忍受苏联的严寒了。

没有防冻剂，汽车和坦克必须每小时发动一次，否则就无法开动。发动机的燃料变稠了，坦克的炮台转动不了，机枪射不出子弹，无线电台也冻住了。古德里安报告："天冷使得大炮上的瞄准镜失去了效用。发动坦克时，得先在底下点火烤一会儿。燃料常常冻结，汽油也冻得黏糊糊的……由于天冷，连机关枪也打不响。"这位装甲兵专家请求撤销进攻指令，说"冰天雪地，无处避寒，无衣御寒"。

德军每天艰难地向前推进几公里。到 12 月 2 日，德军的一个侦察营突入莫斯科西部郊区希姆基，克里姆林宫的尖顶已经遥遥在望，但是，第二天他们就被苏联工人击退了。这是德军到达的距离莫斯科最近的地方。

德军碰到的不仅是恶劣的天气和泥泞的道路，它还面临着英勇不屈的苏联人民的顽强抵抗。苏联能拿枪的男人全部参军，不能上前线的妇女也参加首都附近防御工事的构筑。在很短的时间里，苏联在莫斯科周围修建了300公里长的坦克障碍、200公里长的步兵障碍和近4000处发射点。

12月3日，没有任何命令，山穷水尽的德军自动停止了进攻。在严寒面前，一切努力都是白费。不过，德军士兵倒是兴高采烈：他们无法发动进攻，敌人也就无法发动进攻。他们可以太平地冬眠了。

可是，12月5日，猛烈的炮击却把德军从幻梦中惊醒过来了。就在德军认为苏联人无法发起进攻的时候，从西伯利亚赶来的、着全副冬装的生力军开上了前线，苏军开始了反击。法西斯的战争机器终于得到了遏制。

台风攻势失败后，希特勒并没有收缩战线，也没有意识到此役的重要意义。春天一过，希特勒又在筹划新的进攻。这一次，德军的进攻目标是斯大林格勒。1942年9月12日，希特勒命令前线指挥官保罗斯在三日之内占领该城。

在以后的两个月内，双方围绕伏尔加河左岸的几小块地区进行拉锯战。苏军拼命死守，德军冒死进攻。双方常常为一幢房子、一个街道、一堵墙面来回冲杀几十个回合，但不分胜负。德军所恃者装甲精良，恨不得要把它所能调集到的每一发炮弹都扔到斯大林格勒。而苏军所恃者是血肉之躯，每一个街道、每一幢废弃的房屋，都是他们抵御德军的支点。

在战火的洗礼下，斯大林格勒成了一座燃烧的城市。白天，该城硝烟弥漫，爆炸声震耳欲聋；晚上，火光冲天，信号弹漫天飞舞。到处是尸体，到处是废墟。

当斯大林格勒在浴血苦战的时候，苏联最高统帅部调集的战略后备队开了上来，胜利的天平开始倾向苏联一边。到11月23日，德军保罗斯集团陷入苏联的重围。希特勒幻想古德里安的装甲兵团能打开一条血路，把保罗斯搭救出来，他命令保罗斯原地死守，从而尽失夺围良机。

1943年1月20日，保罗斯致电希特勒：最后的崩溃不出24小时。希特勒马上给保罗斯复电：晋升他为德国陆军元帅，其他117名军官也得以加官晋爵。希特勒对自己的参谋长约德尔说："在德军的历史上，从来没有一个陆军元帅是被生俘的。"言下之意，他希望保罗斯能舍身成仁，为德军保住荣光。但就在第二天，在重兵围困之下的保罗斯便举起双手投降了。

斯大林格勒保卫战是苏德战争史上的一个转折点。在此之前，战略主动权尽操德国之手，而经过斯大林格勒的会战，希特勒把一半的战争主动权拱手交给了斯大林。半年之后，苏德之间又在库尔斯克发生了历史上最大的坦克会战。

1943年4月24日，希特勒下达第6号作战命令，决定实施"堡垒"战役，对此，苏军早有准备。在长240公里，宽160公里的库尔斯克地区，朱可夫元帅投下了130万名士兵，2万门大炮，3500辆坦克和两千余架飞机，德军也投下了90万名士兵，2700辆坦克和1万门火炮。新式的虎式坦克首次披挂上阵，充当先锋。

战场上炮声隆隆，杀声震天。双方的坦克进行对射，弹尽粮绝后猛烈冲撞。坦克被击中后，侥幸逃生的坦克手拿起步枪继续战斗，有时双方的坦克兵竟然用匕首进行肉搏。战争之惨烈，令阿拉曼战役和以后的诺曼底登陆战黯然失色。在50天的会战中，苏军击溃德军 30 个精锐师,其中有 7 个坦克师,德军总计损失 50 余万人,1500 辆坦克,3000 门火炮及 3700 余架飞机。希特勒夺回战略主动权的企图彻底失败,德国的失败只是一个时间问题。

从 1944 年 1 月中旬开始,苏军从北起巴仑支海,南到黑海大约 4500 公里的防线上,连续对德国和它的仆从国实施了 10 次歼灭性的打击,这就是著名的"十次打击"。苏军在各条战线上都取得了辉煌战果,解放了一大批城市,解除了德军对列宁格勒长达 900 天的封锁。苏军开始越出国境作战,所到之处,法西斯统治土崩瓦解。

斯大林格勒保卫战

1945 年更是苏军凯歌行进的一年。1 月底,朱可夫指挥的苏军进抵奥得河,距柏林只有 150 公里了。2 月,由艾森豪威尔指挥的盟军,也发动了大规模的攻势。3 月初,盟军突破了莱茵河,1 个月后,盟军离柏林也只有 100 英里了。

摧毁第三帝国的最后乐章开始于 1945 年 4 月 16 日。苏军 20 个军、6300 辆坦克和 8500 架飞机对柏林发起了最后的攻势,4 月 24 日,苏军包围了这座城市。在一条又一条的街道、一座又一座的建筑之间,苏联军队向着市中心希特勒的老巢挺进,希特勒四面楚歌。

4 月 29 日,希特勒觉得大限已到,他要准备后事了。他与自己的情妇爱娃举行了纳粹式的婚礼,在口授了自己的政治遗嘱后,他就准备自杀了。1945 年 4 月 30 日 15 点 30 分,希特勒结束了自己的生命。4 月 30 日 21 点,苏军把胜利的红旗插上了国会大厦圆顶。

5 月 7 日 12 点 45 分,德国宣布无条件投降。5 月 8 日 24 点,在柏林城郊的卡尔斯霍尔特苏军司令部,德国正式在无条件投降书上签字。欧洲战场在响了 5 年又 7 个月的隆隆枪炮声后,终于归于宁静。

第二次世界大战:太平洋战争

当希特勒在策划侵苏战争的时候,一个扩大战争的阴谋正在远东酝酿。

自"九一八事变"以来,日本已经通过蚕食的方法,全面发动了对华战争,占领了大半个中国。但是,侵略者预期中的全面胜利仍然遥遥无期。1937 年 9 月到 1941 年 12 月太平洋战争爆发这一阶段的中国抗日战争,在整个反法西斯战争中有重要的地位,它所起的作用要远远超过英法等国家。在这种情况下,日军最高统帅部大本营亟须发动一场新的战争来转移视线。这样,发动太平洋战争就提上了日程。

1941 年 1 月,日本联合舰队司令山本五十六海军大将正式提出了偷袭珍珠港的设想。经过 10 个月的论证和演练,11 月,日本海军特遣舰队终于向珍珠港出发了。预定的攻击时间是 12 月 8 日凌晨 5 点,目标是珍珠港内停泊的太平洋舰队以及设在夏威夷的美国军事基地。结果,偷袭成功了。除了数艘航空母舰外,美国太平洋舰队几乎全军覆没。

日军的攻势势如破竹,菲律宾、泰国、马来西亚、新加坡、新几内亚、关岛等地尽落日军之手。日军几乎控制了大半个太平洋。

日军虽然控制了太平洋十分之一的面积,却已经是强弩之末。从战略角度来看,珍珠港完全是一个败笔。山本五十六在一片欢腾声中,仍能保持清醒的头脑。他告诉自己的姐姐:"战争终于开始了,尽管我们正在吵吵嚷嚷,但我们依然可能在战争中失败。"在写给他同事的信中,他更是指出:"我们在珍珠港取得的胜利算不得什么。我们应该把事情仔细盘算一下,认清我们面临的局势是多么严峻。"

日军的进攻势头也仅仅维持了半年时间,就被美军的反击遏制住了。先是在珊瑚海,美国海军给日军吃了一点苦头,随后在中途岛,双方展开了空前的决战。

山本五十六的意图是首先占领中途岛,控制中太平洋航线,刺激美国海军主力前来与日本海军决战,最后消灭美国海军主力。事先,他经过周密计划,确信此役成功的可能性极大。

美国太平洋舰队司令尼米兹,事先已经风闻日本进攻中途岛的计划。美国海军的无线电情报人员破译了日本的密码,得知中途岛就是日本此战的重心所在。尼米兹将计就计,在太平洋设下了圈套。这样,山本自以为精确严密、运筹高超的作战计划,在尼米兹眼中可谓漏洞百出。

美日海军航空母舰之比是 3 比 10,日本占有极大优势。但由于美国事先已经知道日本的作战计划,尼米兹把美国仅有的 3 艘航空母舰放在一起使用,对付由南云忠一指挥的 4 艘航空母舰,这样,双方的力量对比缩小为 3 比 4。

战役开始后,日本海军对中途岛的轰炸极为顺利,而美国海军对日本海军的进攻却没有效果,美国的鱼雷轰炸机不是日本零式战斗机的对手。没有一枚鱼雷顺利地落到日本的航空母舰上,鱼雷轰炸机全部被敌人的炮火击落。

但是,鱼雷轰炸机并不是在做无谓的牺牲。南云的航空母舰为了规避鱼雷的攻击,不断地做着摇摆运动,以至于舰上的战斗机无法起飞。当南云准备对中途岛进行第二次攻击之时,航空母舰上的轰炸机正忙着把用于对舰攻击的穿甲炸弹和水雷卸下,换上用于对地攻击的燃烧弹和爆破弹。就在这时,侦察机报告,远处出现美国的舰队。惊慌之中的南云命令甲板上的飞机再次改装,以对付美国舰队。忙乱之际,第一批攻击中途岛的轰炸机群又回来了,它们要在航空母舰上降落。

日本海军避开了两次攻击,但在美国第三次攻击发起之时,灾难却降临了。日本的"赤诚"号航空母舰被一枚炸弹命中机库,引爆了储存的鱼雷,另一艘航空母舰"加贺"号,也被命中 4 枚炸弹,堆在甲板上的、刚刚加完油的飞机顿时成了一片火海。"苍龙"号、"飞龙"号也遭到同样的厄运。

中途岛战役的结局基本确定了,在为时两天的激战中,日本损失了 4 艘航空母舰,阵亡 3000 人,而美国只损失了一艘航空母舰。阵亡 307 人。美国海军总算为珍珠港报了一箭之仇。

中途岛海战是太平洋战争的一个转折点。美国海军作战部长金评论说,中途岛海战是 350 年来日本海军所遭受的第一次决定性失败。此后,日本在太平洋上由进攻转为防御。

幸运女神开始垂青于美国人。

1944年2月23日,美军开始攻击日本在大西洋的核心基地马里亚纳群岛。6月13日,美军使用舰炮对马里亚纳群岛进行炮击,联合舰队司令部发布了"阿"号作战预备令,日美海军在马里亚纳海域发生海战。这是太平洋战争以来规模最大也是第二次世界大战中规模最大的海上会战。

交战双方实力悬殊过大,日本在会战中损失了3艘航空母舰,训练有素的飞行员几乎损失殆尽。7月6日,固守在塞班岛的海军中将南云忠一和陆军中将斋藤同时自杀,残存的日军做了一次自杀式冲锋,3万日军无一生还,连岛上的居民也被迫跳海。7月23日,美军开始进攻提尼安岛,一周之内攻占该岛。被誉为"绝对防卫圈"要冲的马里亚纳群岛失陷,西太平洋的制海权和制空权均落入美军手里。太平洋上的攻防态势完全易手。它还使日本国民发生了动摇,对战争的前途感到严重不安。7月15日,东条内阁垮台,小矶国昭组阁。

由麦克阿瑟和尼米兹指挥的美军,从外围逼近日本本土。在战术上,美军采取"蛙跳战术",对日本设防的某些据点弃之不顾,或围而不攻,以减少伤亡,力求在最短的时间内打到日本本土。

但是,这种方法同样有其局限性,因为美军决定攻打的,必定是地理位置十分重要,也是日军固守的。自战争爆发以来,日军就在这些岛屿上苦心经营,其防御工事也极为完善,抵抗极为顽强,以至于麦克阿瑟在日记中也不得不对日本兵的顽强精神表示叹服。他在日记中写道:"没有投降的,每一个日本兵都战斗到死。你必须敲碎他的脑袋,或用刺刀捅他个透亮。"

1944年10月17日,美军先头部队在莱特湾登陆。联合舰队司令官丰田副武立即下达"捷一号作战警戒令",日本海军将残存的作战舰艇编成3支部队来参加"捷"号作战。由小泽治三郎海军中将指挥的机动部队本队,拥有航空母舰4艘,航空战列舰2艘,巡洋舰3艘,驱逐舰10艘。由于在此前的海战中飞行员大量死亡,日本的航空母舰实际上已经失去了战斗力。此次丰田决定以小泽舰队为诱饵,把美军主力从莱特湾引开。充当主力的粟田舰队拥有战列舰7艘,重型巡洋舰11艘,轻型巡洋舰2艘,驱逐舰19艘,负责进入莱特湾消灭盟军登陆力量。但是,由于敌情不明,粟田舰队没有能完成歼敌任务。

1944年10月20日,美军第七舰队在菲律宾南部的雷伊泰岛登陆。此前,日本海军已经在莱特湾海战中消耗殆尽,但是,日军并不准备将菲律宾拱手相让。先进的军舰和战斗机没有了,但是,用于撞击美军舰船、飞机的特攻机、人鱼雷还有的是,这种不要命的神风特攻队一度令美军大为头疼。

1945年2月3日,麦克阿瑟回到了马尼拉,实现了自己对菲律宾人许下的诺言。在圣托马斯和老比利亚德监狱,那些侥幸活下来的战俘亲吻着他、拥抱着他。一个老兵气喘吁吁地说:"你回来了!"麦克阿瑟回答说:"我回来晚了,但我们到底回来了!"

相对于麦克阿瑟的菲律宾战役,尼米兹于1945年2月进行的硫磺岛战役,更是一块难啃的硬骨头。该岛只有8平方英里,但地理位置十分重要,它是通向小笠原群岛的阶梯。美军的B-29重型轰炸机从塞班岛出发可以空袭东京,不过距离刚刚够得上,而且只能带2吨炸弹。如果占领了硫磺岛,那情况就不一样了。硫磺岛距东京只有660英里,B-29可以装上7吨炸弹,从而大大提高轰炸的效果。

日本驻军在硫磺岛的地下构筑了复杂的防御工事,大部分的岩洞上方有35英尺以上的覆盖物,根本不怕美军的炸弹,而守军的火力却可以一直射到海滩上。整个硫磺岛是防御者的天堂,是进攻者的地狱。对此,美军不甚了了。尼米兹的海军对硫磺岛进行了74天的轰炸,大量的钢铁倾倒在这个弹丸小岛上。他以为,这次进攻不会过分艰苦,日本兵说不定已经死伤过半。

刚开始的登陆倒还顺利,似乎印证了尼米兹的预言,但是2个小时后,情况就大为不同了。日军的迫击炮弹,铺天盖地而来,美军伤亡惨重。最要命的是,美军死伤这么多人,还没有看到敌人在哪里。这时美军才明白过来,原来日本兵都成了老鼠,躲到地底下去了。

在接下去的挖老鼠洞的战役里,其艰苦难以想象。守卫硫磺岛的,总共有1.9万名日军。一个月打下来,只有200名日军士兵成了俘虏,其余全部战死。可是,进攻者伤亡的人数竟然超过了2.6万人,其中阵亡的就有6000人,战争之惨烈,世所罕见。此外,不怕死的日本飞行员,驾驶着他们的破飞机,一头向美军的航空母舰撞去。总共有5艘不走运的美国军舰被击中,其中有两艘航空母舰。

2月23日,战役打响第五天,海军陆战队员终于登上了斯利伯奇峰。在此之前,他们已经消灭了几只老鼠,现在,他们安全了,斯利伯奇峰确信无疑是在他们手里了。此时是上午12点15分。

陆战队员们把一面破旧的军旗从旗杆上取了下来,他们要换一面崭新的、亮丽的旗帜,让它在斯利伯奇峰高高飘扬。

根据《波茨坦公告》,苏军于1945年8月8日出兵中国东北,发动这场侵略战争的急先锋关东军土崩瓦解。8月6日,美国把新研制的秘密武器原子弹急急地拿了出来。在杜鲁门总统批准的轰炸名单上,广岛、小仓、新潟、长崎……历历在目。至于哪一座城市有幸中彩,那要看那天的天气如何。8月8日那天,广岛上空的天气又格外晴朗,这就注定广岛在这场由日本自己发动的战争中,只能由悲剧收场了。

广岛消失了,时间定格在8点15分。

第二天,同样的命运轮到了长崎。

战争无法继续了。8月9日午夜,天皇召开御前会议,以"圣谕"的形式通过决议:投降。

1945年9月2日,在美国军舰密苏里号的甲板上,日本外相重光葵、参谋总长梅津梅治郎代表日本天皇和日本政府,在无条件投降书上签字。第二次世界大战终于以法西斯的灭亡而画上圆满的句号。

中东战争

1947年11月底,联合国通过阿拉伯——犹太人分治的决议,在巴勒斯坦这块古老的中东大地上,即将诞生两个国家,这就是巴勒斯坦阿拉伯国和犹太国。亡国两千年。四处漂泊流浪的犹太民族应该有自己的安身立命之所,而重建犹太国,理想之处当然是犹太人最初立国之处——巴勒斯坦。

但是,对这个决议,阿拉伯人却有不同的看法。犹太人虽然最早来到巴勒斯坦,可是，他们的国家早就灭亡了，此后的犹太人大多不定居巴勒斯坦，现在这块土地的真正主人是巴勒斯坦阿拉伯人，他们世世代代居住在这个地区，他们才是巴勒斯坦的真正主人。阿拉伯人决心不让这个所谓的犹太国建立起来。

1948 年 5 月 14 日下午，特拉维夫现代艺术博物馆前面的广场上，站满了密密麻麻的犹太人。以色列的国父本·古里安操着雄浑而略带嘶哑的声音，宣读了以色列的独立文告。一个新的国度诞生了！顿时，广场上欢声雷动。

以色列建国的消息立即通过电波传遍了世界，大部分国家做出了积极的反应。美国人连即将成立的国家叫什么名字都不知道，但是承认它的文告早已拟就。得知成立的国家叫以色列时，美国总统杜鲁门亲自用笔将文告上的"犹太国"划去，添上了"以色列"。白宫的新闻秘书查利·罗斯向记者正式宣布，美国承认以色列临时政府，此时，距本·古里安宣布建国仅仅 16 分钟。17 日，苏联也承认了以色列政府是"犹太人在巴勒斯坦地区的合法政权"。

只有阿拉伯联盟不承认这个刚成立的以色列国，它要按照真主的旨意，发动圣战，把犹太人赶入大海。第二天，埃及、外约旦、伊拉克、叙利亚等国军队果然从四面八方冲进了巴勒斯坦。以色列陷入了阿拉伯人的包围圈。第一次中东战争，也就是所谓巴勒斯坦战争，开始了。

从实力上看，阿拉伯人要把犹太人驱赶到大海里去不存在什么问题。西线，以色列面对的是埃及的 5000 精兵；东线，以色列人不得不与有 7500 人组成的阿拉伯军团相对抗；北线，5000 叙利亚军队也向以色列发动了进攻，而此时的以色列，连正式军队也没有。

但是，以色列始终处于一个极安全的位置，这是谁都没有想到的事情。

表面上看，阿拉伯人的力量是够大的，但实际上，参战各方没有一个把巴勒斯坦阿拉伯人的利益放在心上。那些有权决定巴勒斯坦人命运的国王们，根本不想成立这样一个国家，他们心里真正谋划的是瓜分这块土地。为了达到他们可鄙的目的，他们甚至可以与犹太人达成妥协。

处于劣势的犹太人与阿拉伯人恰好形成了鲜明的对照。犹太人人少，装备差，但是其士气高昂。每个人都知道这是为自己而战。联合国决议只能让犹太人建立一个国家，但这个国家能否站得住脚，那完全是犹太人自己的事情。如果他们被赶入大海，犹太人只好重演 2000 年以来流离失所的一幕。

战争进行到关键时刻，梅厄夫人亲自赴美。在机场上，前来迎接的犹太人一个个热泪盈眶，可是梅厄对他们说："掌声保不住以色列的生存，战争不能靠演讲、宣言或是幸福的泪水取胜，时间是关键，不然，掌声将是空的。"

美国犹太人迅速筹集起 7500 万美元的巨款，这笔款子全部在第一时间内变成了枪支弹药。

阿拉伯人制胜的良机就这样一点点地消逝。以色列通过各个击破的手法，迫使它的敌人一个个停战求和。第一次中东战争，终于以以色列的胜利而告终。

以色列不仅占领了联合国决议中划给犹太人的领土，而且多占了 4850 平方公里。现在，以色列所占有的土地，占整个巴勒斯坦总面积的五分之四。此外，埃及占领了加沙地带，外约旦占领了约旦河西岸，拟议中的巴勒斯坦阿拉伯国胎死腹中，大量的巴勒斯坦人沦为难民。从此，中东问题成了一座随时可能爆炸的活火山。

在战争中遭到惨败的阿拉伯人志在复仇，而以色列还要继续扩张。本·古里安在宣布独立时就表示，以色列的边界没有划定，如果以色列军队能在战场上打败阿拉伯人，那么它占有的地方就可以成为以色列的领土。他还谈道："如果仅仅是为了享有这个小小面积的国家的话，我们就不会承担这场战争了。"

以色列的扩张是志在必得。双方非得在战场上分出高下。几年之后，双方在苏伊士运河问题上重开战端，这一次，战争的主角是埃及人和以色列，此外还搭上了英国和法国这两个殖民大国。

1952 年 7 月 22 日，由纳赛尔领导的"自由军官组织"发动了政变，推翻了法鲁克王朝，埃及成了一个共和国。1956 年 7 月 26 日，埃及革命 4 周年纪念日，纳赛尔在亚历山大港的解放广场向 25 万群众发表重要演说，谴责以英国和法国殖民主义者为代表的敌视埃及革命的势力，指出苏伊士运河是埃及人民用"灵魂、头颅、鲜血和尸骨筑成的"，但运河却掌握在殖民者手中。纳赛尔宣布，埃及决心消除"外国统治的罪恶"，恢复自己被殖民者剥夺了的权利，收复运河，用运河收入来修建阿斯旺水坝。当着 25 万激动的埃及人民的面，纳赛尔签署了运河国有化的法令。

整个埃及沸腾了。埃及这样一个小国，终于放声向世界上最强大的力量提出了挑战。

英国和法国决意用武力消灭纳赛尔，恢复他们被剥夺的权利。但是，经过第二次世界大战，英国和法国都已今非昔比。这两个欧洲的"一等强国"已经无力单独出兵。双方决定邀请以色列出兵。结果，以色列制定了代号为"卡代什"的作战计划，英国和法国则制定了代号为"火枪手"的作战计划。以色列将挑起事端，发动战争，英国和法国将借口维护运河的安全，要求双方停火，从而介入战争。

10 月 29 日，达科他式运输机一架接一架地降落在埃及西奈半岛。由沙龙指挥的一个营的以色列伞兵向运河以东 65 公里处的米特拉山东侧挺进。苏伊士运河战争拉开序幕，埃以两军在米特拉山口展开激战。

英国和法国按照既定方针，向交战双方提出最后通牒，要求双方停火，从运河两岸各撤出 10 英里，由英法军队进驻，以保护运河。他们此时似乎已经把运河国有化的事情抛到了脑后，忘记了自己已经不再是运河的主人了，运河根本无须他们来保护。最后通牒实际上是一出双簧戏，以找到对纳赛尔下手的借口。可纳赛尔对英国人和法国人的诡计却不甚了解，继续在前线与以色列对阵。

31 日下午 5 点 50 分，从马耳他、塞浦路斯和航空母舰上起飞的 240 架轰炸机，在 48 小时内对埃及的机场、兵营和开罗、亚历山大等重要城市进行了轰炸。英法的参战大大出乎纳赛尔的意料之外，战争的进程出现逆转。以军顺利占领了西奈半岛。

11 月 5 日上午 8 点 20 分，英国和法国的伞兵在埃及第二大港口塞得港空降。11 月 6 日，2.2 万名英法海军陆战队员也在塞得港登陆。此前，英国和法国的空军已经对塞得港进行了为时 5 天的轰炸。空袭摧毁了塞得港的供水设施，空袭引起的大火造成大批居民死亡。

螳螂捕蝉，黄雀在后。英国和法国只想尽快消灭纳赛尔，恢复自己对运河的控制权，哪里想到运河战争会给自己的盟友美国提供了机会。美国的眼睛早就在盯着中东，只是苦于没有良机，不便下手罢了。战争正好给它提供了一个借口。

战争一爆发,美国就立即在安理会提议,要求交战双方立即停火,恢复埃以1949年以前的态势。决议特别提到,如果以色列不肯就范,那就不给它援助。对美国来说,这是一个少见的举动。

11月6日晨,艾森豪威尔打电话给艾登,说:"如果你想保持英美团结与和平的话,我要求你立即下令停火,我不能再等下去了。"在给法国政府的电报中,艾森豪威尔威胁说:"如果你们继续执迷不悟,那就不要依靠我们了。"

美国人把话说到这种份上,艾登再也无法可想了。于是,"稻草人"艾登含着眼泪打电话给法国总理居伊·摩勒,对他说:"我不能再坚持了……每一个人都在反对我。英联邦面临分裂的威胁。我不能做王室的掘墓人……我不能在没有美国的情况下再干下去。"

离开了英国,法国更没有勇气干下去。当天午夜,英国和法国宣布停火。第二次中东战争结束。这场战争后,英国和法国作为老一代的殖民者,彻底退出了中东舞台,而美国和苏联则作为新的竞争者,开始粉墨登场。

两个超级大国的介入,不仅没有使中东的局势平静下来,反而变得更复杂了。在运河战争结束10年之后,第三次中东战争又爆发了。

1967年6月5日清晨8点钟,以色列空军186架战机,分三批飞向埃及的各个空军基地。到中午时分,埃及几乎所有的作战飞机都已被摧毁,三分之一的飞行员在空袭中丧生。埃及部署在机场、雷达站附近的防空部队,基本上没有发挥作用。

以色列空军开始行动半小时后,陆军也在地面上采取了行动。以色列军队兵分三路,向西奈的埃军扑去。20分钟时间内,以色列炮兵竟然向埃军阵地倾泻了6000发炮弹。失去制空权的埃及陆军顶不住以色列的狂轰滥炸,埃及士兵几乎是用血肉之躯在对抗着敌人的弹幕。

第二天早晨,埃及的阿密尔元帅觉得大势已去,匆匆向部队发出撤退的命令。成群结队的士兵抛开自己的武器,管它是冲锋枪,还是装甲车或是坦克、大炮,只要能抛开它逃命,埃及士兵不管三七二十一,统统把它们留给了以色列人,他们的指挥官在下达完撤退命令后就先行离去了。未及逃脱的埃及炮兵司令主动向以军投降。真是兵败如山倒。战争开始四天后,以色列军队占领了西奈,直逼苏伊士运河。

当西奈在激烈交战的时刻,以色列军队对约旦的进攻也在有条不紊地进行着。以军几乎没有花费什么代价,就打垮了小小的约旦军队,把在巴勒斯坦战争中被约旦占领的耶路撒冷旧城拿到了手。

对付叙利亚,以色列是在解决了埃及和约旦之后才提上日程的。以色列实在是太小了,它不可能三面树敌,因此尽管它对叙利亚极端仇恨,但在开战时,叙利亚战线却相对平静。叙利亚在战前十分好战,并迫使纳赛尔卷入了这场战争,但它却是一个地地道道的投机分子,当以色列在对付埃及和约旦的时候,它竟然按兵不动。现在,以色列解决了埃及和约旦,下面就该轮到它了。

叙利亚在戈兰高地修筑了坚固的工事,部署了300门大炮、200门高射炮和400辆坦克,其坚固程度似不下于当年法国的马奇诺防线。一个以色列军官这样形容叙利亚的大炮:"他们在这里安放的大炮,差不多就像犹太人在以色列种的树一样。"

尽管戈兰高地的地形对防守有利,尽管叙利亚已经在戈兰高地修筑了坚固的防御工事，可是，在以军眼中，这些东西都不值一哂。灵活机动的以军装甲部队可以得到空军的支持，即便是坦克打光了他们也可以转为步兵，拿起步枪上阵。在特拉法赫尔战斗中，以军伤亡惨重，一个营的坦克全部被消灭，但以军士兵又用拳头、刺刀、枪托和牙齿与敌人搏斗了三个小时，终于拿下了特拉法赫尔。14 时 30 分，以军占领库奈特腊，大马士革的门户洞开，叙利亚不得不宣布停火。

这场后来以"六天战争"为名的战争对阿拉伯国家来说简直是一场灾难。在这场战争的第一天，埃及失去了几乎全部空军。在随后展开的陆地战役中，它又失去了西奈半岛，驻守在西奈的守军，有一万多人在战场上阵亡，几乎同样数目的人受伤，5500 人当了俘虏，其中包括 11 名将军和为数众多的上校。在投入西奈的 1000 辆坦克中，有一半被击毁，另有 100 辆近乎完好无损地被以色列军队俘虏。英国《泰晤士报》记者报道：丢弃在西奈的机动车辆至少有一万辆。有的被完全打坏了，有的则是完好无损。在米特拉山口，各种各样的车辆一辆接着一辆，足足排了两英里长！

约旦军队的命运并不比埃及好多少。空军全军覆没，约旦河西岸落入以色列手中，约有 8000 名士兵伤亡。叙利亚把戈兰高地丢给了以色列，2 个旅全部被歼，3 个旅遭到重创，100 辆坦克、大量的火炮及车辆落入以色列手中。

在第三次中东战争中，以色列打赢了战争，但没有赢得和平。一场以牺牲失败者的自尊为代价的战争，其结局注定不会为失败者所接受。假以时日，它一定会寻找机会为自己雪耻。

1973 年 10 月 6 日 14 时，200 架埃及飞机低空掠过苏伊士运河，飞向西奈半岛上以色列的机场、雷达站、炮兵阵地和指挥所，5 分钟后，集结在运河西岸的 2000 门大炮一齐开火了，急速的炮弹如一阵阵急雨倾泻在运河东岸以军的要塞、地雷场和铁丝网上。第四次中东战争爆发了。

在弹幕的掩护下，第一批士兵开始渡河。半个小时后，第一突击队顺利地登上了东岸。手持高压水枪的士兵，对着以色列用推土机推起来的沙垒，猛烈射击。强力的水龙在沙垒上冲开了一道道缝隙，紧随而上的坦克部队从缝隙中通过，冲向西奈半岛。

到 10 月 7 日 8 时，渡河战斗已经结束，以色列防守巴列夫防线的 3 个装甲旅和一个步兵旅全部被歼灭，而埃及仅损失了 5 架飞机、20 辆坦克和 200 余名士兵。

几乎在同一时刻，叙利亚人也在北线向以色列占领的戈兰高地挺进。叙利亚和以色列的 1500 辆坦克，在戈兰高地展开了第二次世界大战以来最大的一次坦克会战，结果，以色列伤亡惨重，但叙利亚也未能取得彻底胜利，戈兰高地依然掌握在以军手里。

对以色列来说，战争初期的形势是严峻的。阿拉伯国家掌握了战争的主动权，开战之初，以色列赖以自豪的坦克部队在埃及的步兵狙击下损失了 3 个装甲旅。一位在西奈前线的以军士兵痛苦地说道，以色列的士兵"就像南非的祖鲁人朝机枪冲去一样"，埃军在 10 分钟时间内就击毁了 8 辆以色列 M-60 坦克。

阿拉伯国家的错误帮助以色列死里逃生。10 月 10 日，本来正在高速前进的埃及军队突然停止了进攻。埃军没有想到战争会打得如此顺手，根本没有制定占领整个西奈的计划。当战争的结果出乎他们的意料之外时，他们就必须停顿下来，等待最高领导人的决策，从而制定新的作战计划。

以色列在南线获得了至关重要的喘息的时机，得以腾出手来对付北线的叙利亚军队。

10 日,以军在北线集中了 15 个旅和 1000 辆坦克,在空军的掩护下,向叙利亚发动了进攻。叙军占领戈兰高地后,还没有来得及巩固阵地。经过一天战斗,以军重新控制了全部戈兰高地,解除了对本土的威胁。叙军在戈兰高地丢下了 867 辆坦克和成千上万辆汽车、大炮以及各式装备。大马士革处于以军炮火的威胁之下。

打垮了叙利亚,下面轮到了埃及。萨达特在仓促之中制定出的作战计划,毕竟不如原来的计划精雕细琢。没有取得相对优势的埃及军队,出于政治上的需要,渡过了苏伊士运河。

10 月 14 日上午,经过一个小时的炮火准备之后,1000 辆坦克向以军阵地冲了过去,西奈的沙漠上被撑起一阵阵的黄沙烟尘,坦克纵队的后面,则是一股股的黑色烟幕,那情景令人终生难忘。

埃军将大批坦克用于正面进攻,而他们所选择的战场却十分狭窄,不适合坦克运动。在以色列的坦克、大炮和反坦克武器以及空地导弹的打击下,埃及坦克一辆辆起火燃烧。埃军损失了 264 辆坦克,给对手造成了 6 辆坦克的伤亡,最后回到了原地。一天激战,埃军一无所获。

14 日晚上,在沙龙的带领下,一支以色列部队偷偷地从大苦湖以北的地区渡过了苏伊士运河,占领了“中国农场”以及一条 2.5 英里的走廊。埃军发现了这个走廊,可是为时已晚,以军获得了一个桥头堡,并在运河东岸的埃军第 2、第 3 兵团之间打开了一个缺口。战场的形势发生逆转。

以色列士兵通过桥头堡源源不断地渡过了苏伊士运河,并分成小股四处出击。保护埃军坦克部队的萨姆-6 型导弹阵地全部被消灭,失去空中保护的埃军面对以色列的空军,全无反击之力。一批批的以色列战斗轰炸机呼啸而来,扑向埃及的重要城市开罗、苏伊士、伊斯梅利亚,在它们的上空倾泻着炸弹,尽情抒发心中的仇恨,享受复仇带来的快感。

战局急转直下,埃及本土遭到威胁,而留在运河东岸的两个兵团也被截断了归路。埃军被迫全线防守。

10 月 22 日,联合国通过停火决议。埃及人求之不得,对联合国监督停火的官员连说:“同意,同意,同意,同意!”在战争爆发两周半以后,以色列又取得了胜利。

表面上看,达扬领导的以色列国防军是胜利者,但实际上,作为战败者的萨达特,对战争的结局似乎也是满意的。他发动战争的动因是希望在运河东岸拥有 10 英寸的土地,现在这个目标无疑是实现了。他已经让以色列领教了阿拉伯的力量,让他们知道,所谓军事优势不能保证以色列的安全,和平才是唯一的出路。从这一点看,他无疑也是胜利者。

在这场战争中,以色列仅死亡 2552 人,受伤 7500 人,死亡人数占以色列全部人口的千分之一,加上受伤的人数,伤亡比例达千分之三。几乎每个家庭都有人为国捐躯,家家戴孝,户户悲歌。这种失去亲人的痛苦,永久地留在了犹太人心中,迫使他们思考一些本来并不难得到答案的问题。

以色列人开始思考起自己的处境,并认真地与埃及人坐下来讨论和平问题,而不仅仅是停火。

1979 年,埃及与以色列签订了和约,埃及承认以色列有权在巴勒斯坦地区生存。这是自 1948 年第一次中东战争以来阿以之间第一个和平协定,也是自以色列重新建国以来第一个阿拉伯国家承认它在中东的生存权利。

朝鲜战争

1950 年 6 月 25 日凌晨,在朝鲜半岛举世闻名的三八线,震耳欲聋的枪炮声打破了东西方自第二次世界大战结束以来的平静。

当时,东西方之间正在进行冷战。对这种冷战背景下出现的新型战争,没有一个人经历过,谁也不知道它会向什么方向演变。因此,正在密苏里老家休假的美国总统杜鲁门,第一个念头就是:第三次世界大战就要爆发了。这场行动的主使必定是站在朝鲜共产党后面的苏联人和中国人,如果不加以制止,那么,第三次世界大战就要爆发。他立即做出了决定:美国第七舰队进驻中国的台湾海峡,防止中国共产党人进攻台湾。同时,命令美国远东军队总司令麦克阿瑟进军朝鲜。

这是一个错误的决定,此后美国将不得不为此付出代价。

内战爆发后,朝鲜人民军攻势如虹,锐不可当。6 月 28 日,人民军占领汉城,7 月 1 日,美军进入朝鲜,7 月 5 日,麦克阿瑟投入了美国第一个步兵营。这一个营的兵力,如同羊落狼群,很快被消灭了。人民军挟胜利之威,一口气打到釜山。

已经是"联合国军"总司令的麦克阿瑟顶不住了,他向杜鲁门求援:"抓住太平洋上的每一条船,把大量支援物资运到远东来吧!"刚刚复员的美国人再度披挂上阵,来到了朝鲜前线。

人民军打到釜山后,美军被压缩到一块很小的地区。如果美军要从正面强行突破,那么伤亡必大。如何打破僵局?麦克阿瑟想出了一个主意:在朝鲜进行一次两栖登陆,将人民军拦腰切断。这个设想得到了美军指挥机构的认同。麦克阿瑟选中的登陆场是汉城西侧的仁川。人民军在那里防守薄弱,在那里插上一刀,美军可以很快夺取汉城。登陆的时间定在 9 月 15 日。

麦克阿瑟的冒险成功了。美军向北推进,腹背受敌的人民军措手不及,陷入了重围。战局急转直下。

26 日,美军占领汉城,麦克阿瑟以胜利者的姿态进入汉城。大韩民国总统李承晚紧紧拥抱着麦克阿瑟,浑身发抖,老泪纵横,把麦克阿瑟推许为"我们民族的拯救者"。

占领汉城后,麦克阿瑟立即面临一个三八线问题。这是南北朝鲜的分界线,得到联合国的承认。联合国在授权美国出兵朝鲜时,明确表示要"联合国军"恢复到 6 月 25 日以前的状态,也就是以三八线为界。

可是,一心想乘胜消灭朝鲜的麦克阿瑟和美国决策人物,却想越过三八线,消灭人民军,用武力统一朝鲜半岛。

这种做法直接威胁到中国的国家安全。朝鲜的内战爆发之后,美军不但派第七舰队进驻中国台湾海峡,阻止中国解放台湾,还不断派飞机到中国境内轰炸。为此,中国多次向联合国提出过控告。

中国政府通过各种渠道向美国人发出警告:如果美国执意要侵入三八线以北,那么,中国人民绝对不会坐视不理,听任美国消灭朝鲜。但美军充耳不闻。

9月30日,韩国军队首先越过了三八线,10月7日,美军也大摇大摆地越过了三八线,把战火烧到了中国边境。麦克阿瑟的口号是,在感恩节前结束战争。

1950年10月15日,中国人民志愿军首批26万人,借着夜幕的掩护,兵分三路,跨过了鸭绿江,来到了朝鲜前线。10月25日,中国人民志愿军在温井、两水洞地区,向韩国军队发起猛攻;11月1日到3日,在云山地区,中国人民志愿军与美军交锋。12天的战斗中,中国人民志愿军共歼灭敌人15000人,把美军从鸭绿江边逐回了清川江以南。

突如其来的打击没有使麦克阿瑟清醒过来,他以为过江的中国人民志愿军人数不多,战斗力不强,装备上更不是美军的对手。他认为,这么一点中国人民志愿军参战,不是什么大不了的问题。他傲气十足地说:"值得为几个中国洗衣匠惊慌吗?"

11月23日,他来到朝鲜前线,与美第八集团军共度感恩节。他对第八集团军军长沃克说:"第八集团军正肩负着历史的使命。沃克将军,这是你一生中最具有决定意义的时刻。胜利等待着你。你的命运就是战争的命运。"

翌日,他在东京宣布:前进到鸭绿江畔,合围人民军主力,一鼓作气解决朝鲜问题,让美军回美国过圣诞节。当天晚上8点,"联合国军"争先恐后,向鸭绿江挺进。

麦克阿瑟自以为已经将机关算尽,岂料美军的行动正给中国人民志愿军提供了机会。彭德怀早就在清川江边撒下了口袋,只等麦克阿瑟来钻。

果然,在你追我赶的行军过程中,西线的美国第八集团军和东线的第10军之间出现了一个缝隙。没等美国人采取任何措施来填补这个缝隙,中国人民志愿军从东西两线同时向美军发起了进攻。

军号声,哨子声和枪炮声响成一片。两个师的韩国军队一下子就被歼灭了。中国人民志愿军迂回到第八集团军的后路,截断了美军的归路,美军陷入了重围。现在,等着回家过圣诞节的美军只好顶着风雪,慌不择路地撤退了。他们怎么也没想到,常胜将军也会让他们钻进共军的口袋。没有准备御冬寒衣的美军,在冰天雪地里行军,眼睛里流露出苦闷、无奈和迷惘:这打的是什么仗?我们到鸭绿江来干什么?我们走错了方向!

美军退回三八线以南,第八集团军军长沃克在撤退途中因车祸身亡,正应了麦克阿瑟战前所说的"你的命运就是美军的命运"。麦克阿瑟的圣诞节总攻势变成了圣诞节总失败。一个美国人评论道,中国在一夜之间跨入了世界强国之列。

消息传到华盛顿,一直关注着朝鲜战事的美国政府顿时乱作一团。

参谋长联席会议主席布雷德利说:"从1950年11月到12月这60天,是我们职业军人生涯经受最严峻考验的时刻。""我们既搞不清赤色中国向朝鲜实际投入了多少部队,也不知道他们可能的军事目标是什么。"

美国国务卿艾奇逊说:"所有有关总统的顾问,不论文的还是武的,都知道出了毛病,但是什么毛病,怎样找出来,怎样来处理,大家都没有主意。"

仓皇之间,杜鲁门政府竟然拿出了它的杀手锏,要对中国使用原子弹。没有装配好的原子弹,已经运到了朝鲜海面,只要最高统帅一声令下,立即可以投入实战。

战争能因此而结束吗?世界对此会做出什么反应?杜鲁门还没有来得及把这些问题考虑清楚,英国首相艾德礼就急急忙忙飞到华盛顿,要杜鲁门证实自己的说法。无奈,杜鲁门只好打消了这个念头。

经历两次打击后的麦克阿瑟惊慌失措，与他此前的表现判若两人。他除了鼓吹要把战争扩大到中国本土之外，拿不出任何高招。指望他打胜仗是不可能的了。

杜鲁门为第八集团军换了一个军长，他就是美国陆军副参谋长马修·李奇微。李奇微是西点出身，算是麦克阿瑟的学生。但是他对这位上司可不感冒。骄横、狂妄、遇到挫折后惊慌失措，这样的人怎么会是自己的老师？

李奇微来到朝鲜前线。他身着海军陆战队服装，胸前挂着两颗手榴弹，到处转悠。他看到的第八集团军真让他失望。他写信告诉自己的老上司科林斯，说"这里无疑有一种紧张不安、大难将临、动荡不定的气势，一种惊恐未定的精神状态……我们的部队已经丧失了斗志。从他们的眼神、步态都可看出这一点……他们反应迟钝，不愿交谈……他们完全缺乏那种在士气高昂的部队身上可以发现的那种警觉性和进取精神。"

靠这样的部队怎么打胜仗？李奇微没有急着发起进攻，而是先整顿军纪，将作战不力的将军们一一撤换，然后坐下来研究了一番自己的对手。通过不断的侦察和接触，他发现了中国人民志愿军作战的特点：中国人民志愿军连续作战的时间一般只有 8 天时间，因为它的口粮和弹药都是士兵随身携带的，这种携带一般只够维持 8 天时间，一旦消耗完毕，攻势遂告终止，因此，中国人民志愿军的攻势一般是"礼拜攻势"。此外，由于缺乏制空权，中国人民志愿军的作战一般在夜间进行，尤其是月光明亮的夜晚，这是它发动进攻的最佳时机。这样看，中国人民志愿军的攻势又是一种"月圆攻势"。

摸清了中国人民志愿军的特点后，李奇微于 1951 年 1 月 25 日向中国人民志愿军发起了新的攻势。23 万人的兵力，从西到东，一路稳扎稳打，始终同中国人民志愿军保持战斗接触，不让其脱离。

经过连续两次作战后，中国人民志愿军消耗极大，急需休整。面对美军的攻势，彭德怀决定全线转入防御。2 月 17 日，中国人民志愿军北撤，3 月 15 日，美军再次占领汉城，4 月 10 日，战线回到了三八线附近。此后，由于中国人民志愿军增援部队到达，再加上 80 天的连续作战，美军的伤亡惨重，部队极其疲劳，李奇微决定退出战斗。

李奇微在前线苦战，作为"联合国军"总司令的麦克阿瑟却在东京就时政发表各种演说，将李奇微的战功据为己有，惹得大家都不开心。杜鲁门决定，撤销麦克阿瑟的所有职务，由李奇微继任"联合国军"总司令。消息首先通过商业无线电广播到达东京，以特急新闻的形式在全日本广播。

消息震惊了整个世界。麦克阿瑟正在陪同客人用餐，突然听到了这个消息，他的面部表情一下子呆滞了，像石雕一样沉默。然后，他抬起头来，看着他的妻子，温柔地说："珍妮，我们终于要回家了。"

经过五次战役，朝鲜战场的局势达到了相对的平衡。战争的结果表明，美国人不能武力统一朝鲜，而朝鲜要恢复到仁川登陆前那种势头，确实也不可能。交战各方对对方的作战特点已经大体摸清，并找到了对付的方法。在这种情况下，如何结束战争，是双方都要考虑的问题。

1951 年 7 月，双方在开城开始谈判。李奇微说，要选一个坐功好的，能一连坐上 6 个小时，既不会眨眼睛，也不会抽空去喝水或小便，以消磨共军的斗志。可实际上，最后较量的结果表明，在谈判方面，中朝代表要胜美军一筹。此后的战斗纯粹是配合谈判而进行。1953 年 7 月 27 日 10 时 10 分，中美朝三方代表顺利完成了停战协定的签字仪式。

随后,朝鲜的金日成元帅、中国的彭德怀将军、"联合国军"总司令克拉克将军,分别在停战协定上签字。

签字仪式后,一群爱打听的记者围着克拉克,追问他有何体会。克拉克说:"在执行我政府的训令中,我获得了一项不值得羡慕的荣誉,那就是我成了历史上签订没有胜利的停战条约的第一位美国司令官。我感到一种失望的痛苦。我想,我的前任,麦克阿瑟和李奇微两位将军一定具有同感。"记者再问:布雷德利将军说过,美国参加朝鲜战争,是一场军事上的奇灾大祸。这是在错误的时间,错误的地点,同错误的敌人打了一场错误的战争,"你同意这样说法吗"?克拉克说:"我同意这样看法。"

朝鲜战争无论从哪一个方面来看,中国人都创造了以弱胜强的先例。几乎在一夜之间,中国完成了从"东亚病夫"到军事强国的跨越。自鸦片战争以来的百年耻辱,由于这一仗而洗刷得干干净净。在战争进行的三年间,中国国内达到了空前的团结,抗美援朝,保家卫国,绝不是一句空洞的口号。每一个人心里都洋溢着一种勃勃向上的精神。

越南战争

1954 年初,越军与法军在中越边境的奠边府进行了一场激战。一个强大的欧洲大国不敌东方的游击队组织。绝望之中,法国人向美国求援,要求美国对奠边府进行空袭。由于与法军对抗的胡志明是一个共产党人,美国政府觉得援助法军是它义不容辞的责任。到1954 年底,这场战争逐渐演变成由法国出人,美国出钱的代理人战争。到肯尼迪上台时,美国正式介入了印度支那战争。

美国通过吴庭艳兄弟在南越推行民主政治,但吴庭艳的高压统治激起了人民的强烈反抗。1963 年 4 月,顺化的佛教徒举行和平的示威游行,抗议吴庭艳政府的宗教歧视政策。政府出动了装甲部队,向示威者开火,当场打死了 9 人。

越南战争

这一事件犹如一根导火索,把佛教徒积聚多年的怨气引发出来了。佛教徒的抗议从顺化很快蔓延到西贡等各大城市。6 月 11 日上午,一名 70 高龄的广德和尚,在街口自焚。美联社记者马尔科姆·布朗用九幅图片记录下广德自焚这一悲惨的场面,从而使更多的人目睹了当代社会为了信仰而演绎的最为悲壮的一幕,也让更多的人了解,在美国支持下的南越究竟发生了什么。全球的舆论都为之大哗。1963 年,美国策动政变,消灭了吴氏兄弟,从而开始了西贡政府的抢椅子比赛。在美国这块民主试验田里,军事政变成了家常便饭。

1963 年 11 月 22 日,在得克萨斯的达拉斯机场,奥斯瓦尔德向约翰·肯尼迪开枪,肯尼迪总统当场身亡,他身上的鲜血溅了总统夫人一身。几小时后,在达拉斯机场的"空军一号"总统座机上林登·约翰逊宣誓就职。就职第四天,约翰逊就决定,要继承先总统的遗志,继续与"越共"做斗争。半年之后,东京湾事件爆发。在一个"比地狱中心还黑"的夜晚,美国海军两艘军舰向越南的鱼雷艇发动攻击,结果反诬是越南人在公海袭击美国海军。国会立即通过东京湾宣言，授权总统对付"越共"。约翰逊得到了放手大干的机会。携带着大炮、坦克和直升机的美国军队源源开进南越。美国的海军陆战队员，开始四处清剿"越共"。他们放火焚烧"越共分子"的茅屋，屠杀掩护过"越共分子"的平民。

1968 年 3 月 16 日，美军竟然在一个名叫美莱的小村制造了血腥的屠杀事件。几分钟之内，美莱村的村民横卧在血泊之中。上自白发老妪，下至初生婴儿，无一能逃脱黑手。事后，杀人犯还邀功请赏，说在美莱村作战中，美军"击毙越共"128 名，缴获枪支三支。

血案发生一年后，一个名叫蒂姆·奥布莱恩的士兵故地重游，回来后他描述了自己的感受："我知道那个地方很糟糕，我们都害怕去粉红村（即美莱村）。那是一个阴郁、敌对、杳无人迹之处。我们从村子中间走进，从来没有遇到过什么人，村子已经废弃，但尚有没有熄灭的火堆——最近有人住在那里——从某种意义上说，美莱本身已经变成了敌人，不是美莱的村民，甚至也不是越共，而是那个地方，阴郁的村庄，交错的稻田，巨大的弹坑，贫穷的景象，变成了敌人。"

《纽约时报》的西摩·赫什首先对美莱事件进行调查，然后对美莱暴行进行了系列报道。1969 年 12 月 5 日，《生活》杂志刊登了《星条旗报》的随军记者罗纳德·赫伯利于事发当日在现场拍摄的照片。许多美国人过去只在纳粹或日本的暴行纪录片里看到过这样的场面，他们怎么也想不到自己的军队竟然也会兽性大发。整个美国为之一惊。米德罗的母亲在报纸上控诉：我交给他们一个好孩子，他们却把他变成了杀人犯！一位乔治·沃尔德先生则评论说："当一支军队需要从事一场不得人心的战争的时候，它只好任命凯利这样的人做军官。"

1969 年 9 月 5 日，参与美莱事件的 13 名军官士兵以战争罪被起诉，另有 12 名军官被以掩盖事实真相罪名被起诉，但令人吃惊的是，25 名被告中，只有四人出庭受审。领头的凯利中尉坐在审判席上，还振振有词，说美莱事件没有什么了不起，自己不过是替罪羊。

1971 年 3 月 29 日，凯利被判处无期徒刑。可是，经过历次的缓刑、减刑和假释，凯利竟然没有在监狱里呆上一天。

约翰逊继续向越南增兵。到 7 月份，威斯特摩兰麾下的军队已经达到 5 万人。约翰逊私下里对他许愿，只要能把共产党消灭光，他可以把兵力增加到 20 万人。可威斯特摩兰却说，要做到这一点，20 万人是不够的，他起码需要 40 万人。

约翰逊多少有点吃惊了。美国有那么多钢铁，怎么还需要那么多军队？专家告诉他，在丛林战时代，B-52 轰炸机所起的作用是有限的。美国人还是习惯于用美元来考虑一切，以为有了美元就能解决问题。他们不相信，越南战争并不是实力和数量的问题，而是一个民族抵御外侮的勇气问题。

空军参谋长李梅说要把越南炸回到石器时代，这个计划虽然最终没有实现，但离那个目标也不远了。到 1972 年美国停止轰炸时为止，美国一共在印度支那投下了 630 万吨炸弹，这是同盟国在第二次世界大战的 6 年间在三个大陆投弹量的 6 倍以上。

越战越来越成为新闻媒体关注的焦点。那个国度究竟发生了什么事？它与美国的国家安全有什么关系？美国人在那里造下了什么孽？美国人不断地思考着这些问题，尤其是那些适龄青年，对美国进行的这场没完没了的战争更是深恶痛绝。他们开始烧掉兵役应征卡,逃往加拿大。留在国内者,要么打出"要做爱,不要作战"的横幅,公然在沙滩上做爱、吸毒,以麻醉自己的神经,要么在白宫门前示威,责问他们的总统:"嗨!嗨!约翰逊!今天你杀了多少个孩子?"他们哪里知道,此时他们的总统正发愁呢!他自己也有两个女婿去了那该死的丛林,现在正生死未卜呢!

胜利没有降临的迹象,而噩梦也没有结束的征兆。美军白白地在丛林中浪费了很多炸弹,无谓地流了多少鲜血,而越南人却似乎越打越多。1968 年 1 月 30 日,越南南方民族解放阵线借助春节这个传统节日,在全国范围内向美军发动了进攻。一队越南人,竟然打进了西贡,向美国大使馆发动了进攻。虽然这些不要命的"恐怖分子"最后扔下 15 具尸体逃了,但是,这次进攻也向美国人表明:你们的炸弹攻势没有什么了不起的,越南人已经成长起来了,现在,你躲在大使馆也是不安全的。继续打下去,你们将会付出更严重的代价。

多亏了 1968 年的大选,约翰逊总算把越南战争这个烂摊子留给了新总统理查德·尼克松。尼克松许诺,他上台后要结束战争,赢得和平,现在就看他的了。

为了结束战争,尼克松决定首先扩大战争。于是,美国在越南又大打出手。为了切断南方游击队的供给,美军重点轰炸了经过柬埔寨通到中国的"胡志明小道",想掐掉南方游击队的脖子,结果,战争扩大到了柬埔寨,可"胡志明小道"并没有中断。靠武力解决不了问题,1973 年 1 月 23 日,结束越南战争的《巴黎协定》终于签字了。

这是美国第二次在没有胜利的停战协定上签字。

一位美军上校曾这样对他的对手说:"你们都清楚,你们决不会在战场上打败我们。"

那个越南人回敬他说:"也许如此,但那又何妨?"

这个回答令美国人瞠目结舌。仅此就可以看出,对一个争取解放的民族的毅力,美国人还缺乏了解。

两伊战争

伊朗和伊拉克同处中东,山水相连,有着一条长约 1100 公里的陆上边界,另有一条阿拉伯河把两国相连,正是这条界河为两国埋下了纷争的种子。1847 年,统治伊拉克的奥斯曼帝国强迫波斯(伊朗)签订条约,两国按阿拉伯河东岸伊朗的浅水线为界,河面的主权属于伊拉克。1921 年伊拉克独立后,也与伊朗政府有过类似的规定。这为后来两伊之间的关系发展留下了阴影。1969 年,伊朗单方面废除了这个条约。1975 年,伊朗国王巴列维支持伊拉克的库尔德人造反,伊朗向伊拉克的库尔德游击队提供了大量的军事装备,伊拉克的军事形势十分危急。当时的伊拉克副总统萨达姆·侯赛因与巴列维在阿尔及尔缔结了城下之盟,同意两国以主航道中心线划界。巴列维承诺,不再支持库尔德游击队,伊拉克得以腾出手来,专心对付库尔德人。

引起两伊冲突的另一个原因是民族矛盾。两伊虽然只有一字之差(伊朗和伊拉克的英文国名分别为 Iran,Iraq),却分属于不同的民族。伊朗是波斯族,伊拉克则属于阿拉伯族,历史上,这两大民族有过诸多的恩恩怨怨,发生过多次战争。两国独立以后,这种民族矛盾越发显得突出,影响到两国关系的发展。

然而导致两伊之间最后兵戎相见的决定性因素却是教派矛盾和两国决策者之间的

个人恩怨。伊朗和伊拉克同信一个真主，却分属于逊尼派和什叶派两个不同的派别。伊朗的国家政权掌握在什叶派手中，大部分伊拉克人信仰的也是什叶派，可在伊拉克执政的却是逊尼派。

1980年9月22日，伊拉克出动大批米格飞机，对伊朗的德黑兰、设拉子等10个空军基地发动了突然袭击。对伊拉克的进攻，伊朗颇感意外，但是伊拉克空军的战果，却实在不敢让人恭维。空袭两个小时后，伊朗空军即对伊拉克还以颜色。

第二天凌晨，伊拉克向伊朗发动了大规模的地面攻势。北起席林堡，南到阿巴丹，伊拉克集结了5个师、7万余人的部队向伊朗发起进攻。由于伊拉克先发制人，一开始进攻颇为顺手。血战月余，伊拉克占领了边境地区的10多个城镇。

伊朗本有一支强大的陆军，在伊斯兰革命兴起后，大批军官遭到清洗，军队实际上处于群龙无首的境地。一支被视为革命对象的军队，当然不会有心思运筹帷幄。战争初期，伊朗在战场上连吃败仗，战火很快蔓延到伊朗境内。此时，民族问题一下子上升为主要矛盾。被关押在狱中的飞行员，对着真主匆匆起誓后，立即开赴前线。从白发苍苍的老头，到9岁的娃娃兵，大家都在霍梅尼的旗帜下站到了一起。

1982年3月20日零点，伊朗集中了3个师、12个旅、25个炮兵营以及几百辆主战坦克，向伊拉克阵地发起了猛攻，代号为"胜利行动"的反攻作战开始了。

伊拉克军队对突如其来的打击已经有所准备，在阵地前，伊拉克军队布下了长达12公里的雷区，这个雷区是横在进攻者面前的第一道防线。对此，伊朗当局也早有预计。伊朗没有有效的扫雷武器，但有的是人。几千名毛拉、孩子和士兵，身上挂着霍梅尼发给他们的可以打开天堂之门的塑料钥匙，高喊着"真主伟大"的口号，冲向地雷阵，用他们的血肉之躯杀开一条血路。爆炸声中，一个个地雷被触发，一排排血肉之躯倒下，又一批风华正茂的热血青年冲了上来，其场面之惨烈，世所罕见。战前，伊朗政府为阵亡者准备了2.5万口棺材，但战争结束，这批棺材数目远不敷使用。

7月13日，在本土作战得胜的伊朗军队，集结了12万兵力，拒绝了萨达姆的求和建议，乘胜追击，开始了越境作战，这就是所谓"斋月行动"。12万大军，如洪水般越过边界，扑向伊拉克的巴士拉，枪声、炮声夹杂着"真主伟大"的喊声在巴士拉上空回荡。由于战火烧到了伊拉克本土，伊拉克士兵一扫往日异国作战的颓气，奋勇作战，抗击伊朗的进攻。

"斋月行动"前后持续了一个多月，伊朗发动了五次进攻，但收效甚微，仅占领了200多平方公里的土地，巴士拉依然掌握在伊拉克手中，战役的目的没有达到，而伊朗的伤亡人数竟然高达3万。各种事实都表明，在现代化的战争条件下，宗教狂热所起的作用已经极为有限。此后，双方进入了相持阶段。

两伊战争后期，战争主要是围绕"袭城战""袭船战""袭岛战"展开。伊拉克多次空袭了伊朗的哈尔克岛，使其石油出口从每天150万桶下降到70万桶。1985年8月15日和9月19日，伊拉克军队通过两次突然袭击，成功地避开了伊朗的雷达跟踪，摧毁了哈尔克岛的两个输油码头，哈尔克岛受到了毁灭性的打击。而伊朗则在霍尔木兹海峡布设水雷，阻碍伊拉克的石油输出。

这一招收到了部分效果，却得罪了整个国际社会，以美国为首的西方国家对布雷行动进行了同声谴责，并采取各种措施扫雷，一时间，海湾集结了大大小小200余只扫雷船只,但是油轮还是经常挨炸。

1988年2月,伊拉克向伊朗发射了第一枚"飞毛腿"导弹,结果命中了德黑兰的居民区。伊拉克的举动开始了两伊战争中的一个新的战争形式:袭城战,昂贵的导弹成了发泄用的武器。双方将自己的导弹瞄准对方的重要目标,3月18日一天,双方竟然发射了42枚导弹。

两伊的导弹系统均较落后,制导大成问题,结果,瞄准对方军事目标的导弹,大部分落到了居民区和学校。在这场导弹战中,伊拉克略占上风,德黑兰处于挨炸的悲惨境地,一时间,德黑兰人心惶惶。霍梅尼表示:"凡是抱定为伊斯兰教而牺牲的人,无论是牺牲在坦克、大炮下,还是牺牲在导弹下,都是一样的。"

战争进行到后期,形势对伊朗十分不利。伊朗不仅要对付伊拉克的凌厉攻势,而且要对付美国的挑战。在这场战争中,美国始终站在伊拉克一边,它把伊拉克当作了遏制原教旨主义扩张的一面盾牌。1988年7月3日,美国"文森斯"号巡洋舰竟然对伊朗655次民航班机发射导弹,机上290名乘客和8名机组人员全部遇难。

里根政府一再声称,这是人类的一大悲剧。但又一口咬定,说"文森斯"号的行动是"一种适当的防卫行动",因为美国海军当时正在海湾与伊朗海军交火,"文森斯"号将伊朗的客机当成了F-14战斗机。但明眼人一看就知,这种说法是站不住脚的。

1988年7月18日,伊朗宣布接受联合国安全理事会决议,与伊拉克停火。8月20日,双方达成正式停火协议,长达8年的消耗战结束了。

但是,8月的停火绝不可能是两伊之间的全面和平,而只能是波斯和阿拉伯两大民族之间长达两千年厮杀的又一次休战。经过8年的消耗战争,两伊双方都已经元气大伤,继续打下去,实在是力不从心,暂时休战对双方都有好处。

8年的战争,两伊共消耗了几千亿美元的财富,在两国留下了百万公墓和同样数量的寡妇,使两个中等收入国家步入中东地区经济最困难的国家之列,而引起战争的主要原因,却一个也没有解决。

海湾战争

1990年8月2日凌晨1点多,伊拉克的10万大军,像风扫残云,席卷了整个科威特。此举犹如打开了潘多拉的盒子,中东的政治地图得以重画。入侵使伊拉克成为国际公敌。此后十余年间围绕伊拉克的制裁和军事打击接踵而至,最终导致了2003年的伊拉克战争和萨达姆政权的垮台。

导致萨达姆出此下策的根本动因,是两伊战争后恶化了的伊拉克国民经济,以及萨达姆称霸阿拉伯世界的野心。两伊战争前,伊拉克是一个富足的中等收入国家,战火摧毁了伊拉克几十年创造的财富。由于战争破坏,伊拉克的石油收入不及战前的1/5。战争除了给伊拉克留下了一支貌似强大的军队,一群失去丈夫的寡妇和一堆烈士公墓外,似乎就只有残垣断壁了。

两伊战争中,科威特是伊拉克的盟友。伊拉克800亿美元的外债中,有100亿来自科威特。科威特丰富的石油资源,足可以够它开采271年,相形之下,伊拉克的石油资源只能开采84年。伊拉克和科威特两国的石油产量占石油输出国组织总产量的20%。如果能控制科威特,伊拉克在国际事务上的发言权将大大增加。

伊拉克入侵科威特,引起了全世界极大震惊。美国在这场危机前虽然发现了伊拉克军队的异动,可是它无论如何也没有料到萨达姆会出此下策。入侵发生后,它做出了迅速的反应:侵略者必须得到惩罚,否则,其他独裁者就会群起仿效。伊拉克的阿拉伯盟友也转变方向,与美国人站在了一起。沙特国王法赫德请求美国出兵海湾,保护阿拉伯国家的安全。

海湾战争

美国制定了代号为"沙漠盾牌"的军事行动计划。大批美军开始调往中东。到战争爆发的时候,美军在海湾区的总兵力达到 43 万人,其中陆军 26 万人,海军 5 万人,空军 4 万人,海军陆战队 8 万人。这支部分装备有坦克 1200 辆,装甲车 2000 辆,作战飞机 1300 架,直升机 1500 架,军舰 100 余艘。

与此同时,国际社会也在向伊拉克施加压力。11 月 29 日,联合国安理会通过第 678 号决议,规定 1991 年 1 月 15 日为伊拉克撤军的最后期限。1991 年 1 月 9 日,美国国务卿贝克和伊拉克外长阿齐兹在日内瓦举行战前最后一次会晤,双方都认为没有妥协余地,会谈没有取得结果。1 月 16 日美国东部时间上午 10 时 30 分,布什总统签署命令,美军向伊拉克开战。

1991 年 1 月 17 日凌晨时分,惊天动地的爆炸声把沉睡的巴格达从梦中唤醒。当人们惊叫着从房间里奔出之时,他们发现,这个城市的电力供应全部中止,但是巴格达上空却是曳光弹飞舞。轰隆隆的爆炸声响彻夜空,政府大楼、国防部大楼、内政部大楼,包括总统府都已经中弹起火。

CNN 的记者霍曼利形容说,空袭中的巴格达的景象像是"一些美丽的曳光弹,有红色的爆炸火光,也有绿色的爆炸火光",另一位记者说:"我们感觉到我们正处于地狱的中心。"一位英国记者说:"看到如此猛烈、如此众多的炸弹落在巴格达,我的心中受到极大的震撼,压抑万分。一座 15 层的高楼从楼顶像纸牌一样坍塌到底层,只剩下四周的金属框架。巡航导弹像手术刀一样把巴格达的通讯大厦顶端的塔楼拦腰切断,其状十分恐怖。我们似乎在看一部立体科幻电影。"

战争打响之前,人们对战争的进程有过很多设想。是朝鲜战争模式,还是越南战争模式,抑或是两伊战争模式?猜测者各抒己见,预测伊拉克将变成另一个越南的预言家大有人在。

事实击碎了人们的各种臆想,也让人们真正领略了高技术战争的真正内涵。

1 月 17 日,停泊在海湾的多国部队海军首先向伊拉克的军事目标发射了 100 余枚"战斧"式巡航导弹,以用来打击伊拉克的中枢神经系统,使其指挥通信陷入混乱状态。第一批发射的 52 枚"战斧",除了一枚留在发射器中,其余的全部命中目标。第一枚巡航导弹就摧毁了伊拉克的通讯指挥能力,"砍断了敌人的大脑",其精确度之高,令人咋舌。

第一波空袭结束后,由 F-15、F-16 战斗机掩护的 B-52 重型轰炸机群接着对伊拉克的重要军事目标进行了重点轰炸,一向秘不示人的隐形飞机 F-117A 此次再度出手,取得了很好的效果。它的命中精度不下于巡航导弹,由它投下的炸弹甚至可以投进建筑物的烟囱中。

空袭开始后 15 分钟,多国部队的飞机一共向伊拉克的战略目标投下了 1.8 万吨炸弹,相当于美国当年投放在广岛的原子弹的数量。

谁也没有想到战争会以这样的方式打响,敌人的影子还没有见到,可伊拉克的军事机器已经趋于崩溃,空军基地全部被摧毁,空军基本上失去了战斗力,通讯雷达系统遭到严重破坏,海军损失了四分之三,后勤补给能力丧失 90% 以上。萨达姆部署在前线的一线部队丧失一半以上,二线部队也损失了四分之一。

38 天的空袭,打乱了萨达姆的一切部署。未等他喘过气来,"沙漠风暴"的地面战斗打响了。

2 月 24 日凌晨 4 时,多国部队的装甲兵团,分三路向伊拉克挺进。西路的美国第 101 空中突击师实施了两次直升机机降。300 架直升机将 2000 名士兵、50 辆运输车及大量的火炮、弹药运往伊拉克境内 80 公里处,配合多国部队的正面进攻。

伊拉克出动共和国卫队的 80 余辆坦克阻止多国部队向伊拉克的纵深突击,结果遭到"阿帕奇"攻击直升机的毁灭性打击。号称"坦克杀手"的"阿帕奇",瞄准了地面上的伊拉克坦克,弹无虚发。

经过 8 年消耗战都没有得到休整的伊拉克士兵,本身已经极为疲倦,士气十分低落。看到供应线遭到毁灭性打击,更是斗志全无。沙漠中没有了后勤,这个仗就无法再打。

2 月 27 日,科威特首都科威特城解放。2 月 28 日上午 8 点,在多国部队的地面进攻打响 4 天后,布什宣布多国部队将停止进攻,3 个小时后,萨达姆也宣布停火。

海湾战争是冷战结束后的第一场大规模局部战争。大量高新技术兵器的使用,使其以高技术局部战争的代名词载入战争史册,它预示着高技术局部战争时代的到来。

科索沃战争

科索沃是南联盟塞尔维亚共和国的一个省,位于巴尔干半岛的西南,面积 10887 平方公里,人口 210 万。这里土地肥沃,气候宜人,经济作物和矿产资源都很丰富。阿尔巴尼亚族人占人口总数的 90%,剩下的是塞尔维亚人。

科索沃的历史可以追溯到公元前 4 世纪,阿尔巴尼亚人的祖先伊里利亚人居住在这里。斯拉夫人南下之后,他们被迫移居山地。9 世纪时,塞尔维亚人建立了自己的国家。在随后的几个世纪里,科索沃曾经是塞尔维亚王国的中心地区。1389 年 6 月 28 日,塞尔维亚王国的拉扎尔大公率领塞尔维亚人、克罗地亚人、保加利亚人、阿尔巴尼亚人和匈牙利人组成巴尔干联军,在科索沃地区与奥斯曼土耳其人展开决战。这一仗以巴尔干联军的失败而告终。巴尔干各民族由此开始了遭受帝国统治的屈辱历史。作为屈辱的历史记忆,科索沃战役长存塞尔维亚人心底。塞尔维亚人逐渐离开了这块土地,而阿尔巴尼亚人却大量移居到科索沃。1912 年第一次巴尔干战争结束时,科索沃得归塞尔维亚,但此时塞尔维亚人的重心已经移到贝尔格莱德地区,科索沃成了塞尔维亚共和国的边陲地区。

第一次世界大战后,科索沃作为塞尔维亚的一部分,加入南斯拉夫王国。1926 年,南斯拉夫与阿尔巴尼亚划定边界,移居科索沃的 50 万阿尔巴尼亚族人留在了科索沃。第二次世界大战期间,科索沃被意大利占领,该地区的大部分被划给了阿尔巴尼亚。1944年1月,科索沃的阿尔巴尼亚人民解放委员会通过一项决议,要求科索沃实行自治,并与阿尔巴尼亚合并。此举遭到了南共的一致反对。1945年7月8日,科索沃和梅托希亚地区人民解放委员会通过决议,决定加入南斯拉夫的塞尔维亚共和国,并享有自治地位。

同南斯拉夫其他几个联邦单位一样,科索沃也存在严重的民族主义问题。科索沃虽然名义上实行自治,但大权实际上从来没有落到阿尔巴尼亚族人手中,阿尔巴尼亚族的干部遭到塞尔维亚共和国的歧视。阿尔巴尼亚族人因此耿耿于怀。从1968年开始,科索沃就一直发生骚乱,阿尔巴尼亚族人提出自治省要升格,要成为南斯拉夫的第七个共和国,或者与阿尔巴尼亚合并。铁托去世后,科索沃的局势更是动荡,示威、游行此起彼伏。

在南联邦的独立浪潮中,科索沃的阿族人紧随克罗地亚人和斯洛文尼亚人之后掀起了独立浪潮。塞尔维亚人和阿族人的矛盾顿时尖锐起来。塞尔维亚共和国总统米洛舍维奇施展出铁腕手段,全面加强对科索沃的控制。

1990年7月2日,科索沃议会的114名阿族参议员签署并发表了《宪法宣言》,宣布科索沃是南联邦内的平等的独立单位,科索沃议会的副主席、执行委员会主席和科索沃派往联邦主席团的委员(均为阿族人)也在《宣言》上签了名。

阿族的发难遭到塞尔维亚共和国的坚决反对。7月5日,塞尔维亚议会通过法令,解散科索沃自治省议会和执行委员会,对自治省的电台、电视台和其他新闻媒介及重要厂矿采取"临时措施",撤换了其领导人。对此,阿族深表愤慨。9月7日,科索沃的阿族议员举行秘密会议,通过了《科索沃共和国宪法》,建立了非法的地下武装。1991年10月,科索沃宣布独立,作家易·鲁戈瓦当选为科索沃首任总统。科索沃陷入连绵的动荡之中。

热衷于充当"世界警察"的西方世界,把科索沃的动乱当作了肢解南斯拉夫,摧毁最后一个共产主义堡垒的时机。他们打着人道的幌子,指责南联盟塞尔维亚共和国在科索沃进行"种族清洗"。1999年1月16日,欧安组织驻科索沃视察团团长、美国退役将军沃克尔在科索沃首府普里什蒂纳举行只有西方记者和阿族记者参加的记者招待会,说在科索沃南部拉察克村发现45具被杀害的平民尸体,指责凶手"丧失了人性"。

沃克尔此言立即引起轩然大波,美英等国纷纷谴责南联盟犯下了"战争罪行",北约召开紧急会议,准备调兵遣将,对南联盟大开杀戒。此时已经担任南联盟总统的米洛舍维奇抨击沃克尔"造谣惑众",下令将其驱逐出境。为了证明自己的清白,南联盟将45具尸体运往普里什蒂纳,邀请芬兰、白俄罗斯的法医进行鉴定。验尸报告表明,这些阿族人都是在战斗中被打死的。至此,拉察克村的"屠杀"事件应该算是水落石出了,在事实面前,沃克尔也不得不承认,所谓"种族清洗"的说法是自己"一时冲动"之后说出来的。

在西方国家的导演下,南联盟与阿族人在法国的朗布依埃开始谈判。西方代表轮番出马,向南斯拉夫施加压力,胁迫它在西方国家单方面拟定的和平协议上签字。根据这份协议,科索沃将实行高度自治,三年之后举行"公正的"公民投票,决定它的地位。由于阿族人在科索沃占有90%的多数,这份协议的公正性不言而喻。

1999年3月初,西方国家终于把米洛舍维奇押上了谈判桌。美国代表说:如果米氏接受和平协议,就请开放边界,由北约军队进驻科索沃;如果米氏不接受和平协议,那就请接受炸弹。

米洛舍维奇接受了炸弹。

克林顿下定了决心,北约秘书长索拉纳得到了使用武力的授权。战争车轮启动了。

科索沃战争以大规模空袭为作战方式,以美国为首的北约凭借占绝对优势的空中力量和高科技武器,对南联盟的军事目标和基础设施进行了连续 78 天的轰炸,给南联盟造成了重大财产损失和环境破坏,也造成了许多无辜平民(包括阿族难民)的伤亡。5 月 7 日,罪恶的炸弹袭击了中国驻南联盟大使馆,中国记者邵云环、许杏虎和朱颖血溅当场。可是北约发言人谢伊却一再声称:"北约飞行员在打击空中目标时是很规范的","剧烈的空中打击造成无辜平民的伤亡和民用设施的毁坏是不可避免的失误。"当问到被击中的中国大使馆是否是军事目标时,他仍然肯定,北约打击的是"军事目标"。美国总统骄傲地说:"北约在这次行动中出动了上万架次的飞机,但误中的目标只是几百个,比例是很小的。"之所以会出现误伤,是因为北约的武器系统和情报系统还不够精确。

与海湾战争不同,北约这次战争行动没有得到联合国安理会的授权,违反了《联合国宪章》,在国际关系史上开创了一个危险的先例,因此受到世界舆论的广泛批评。

1999 年 6 月,在经历了 78 天的轰炸后,南联盟终于与北约达成协议,同意由北约为主的多国部队进驻科索沃,联合国安理会也通过决议,批准了上述协议。

2008 年 2 月,科索沃单方面宣布独立。

伊拉克战争

2001 年 9 月 11 日,国际恐怖主义组织对世界头号大国发动了连环恐怖袭击。在几个小时时间里,四架民航客机被劫持,美国的政治中心、经济中心和军事指挥中心同时遭到打击,数万人受伤,上万人死亡。这是美国自珍珠港事件后遭到的最大的一次突然袭击,它同朝鲜战争(死亡 33629 人)、越南战争(死亡 5 万余人)一起,成为美国人心头永远的痛。

一向与美国为敌的以沙特阿拉伯巨贾本·拉登为首的国际恐怖主义组织——基地组织成为美国怀疑的头号目标。庇护本·拉登的阿富汗塔利班政权遭到以美国为首的多国部队的打击。不到一个月时间,塔利班政权土崩瓦解,阿富汗换了人间。

伊拉克战争

然而,阿富汗战争并不是美国反恐战争的结束。恰恰相反,它是美国"反恐战争"的开始。

就在阿富汗战争紧锣密鼓进行之际,美国国防部副部长保罗·沃尔福威茨正在与一些志同道合者密谋,准备拿伊拉克开刀。在一次新闻发布会上,沃尔福威茨宣称,美国的政策是"终结支持恐怖主义的国家"。他认为,美国要积极防范,甚至"先发制人"的攻击那些制造导弹、核武器、生化武器的国家,即使这些国家对美国并不构成直接威胁,即使军事打击违反联合国宪章。

这个观点立即被美国高层所接受。萨达姆的伊拉克被放到了美国的砧板上。

巴格达时间 2003 年 3 月 20 日清晨,美军向伊拉克首都巴格达发射了四十多枚战斧式巡航导弹,从而拉开了一场代号为"伊拉克自由行动"的新海湾战争的序幕。

驻扎在红海水域的美国海军向巴格达发射了大量的巡航导弹,F-117隐形轰炸机也参与了轰炸。在巴格达的阵阵警报声中,巴格达城区不时冒出冲天浓烟。FOX电视台直播了美军第一次大规模空袭巴格达的情景时,主持人像欣赏艺术佳作一样惊叹:"我现在终于知道什么是'震慑与畏惧'了。"

然而,这场战争的合法性自始至终都存在怀疑。美国认为伊拉克支持恐怖主义和发展大规模杀伤性武器,但这一指控没有可靠的证据支持。事实上,连美国国防部长拉姆斯菲尔德也承认,美国之所以发动伊拉克战争,不仅是因为美国要推翻萨达姆独裁政权,还要"保护"伊拉克境内的石油和其他资源。美国的传统盟友法国、德国和比利时等西欧国家,都对这场战争持反对态度。美国宣称有49个国家支持该军事行动,但真正参战的国家只有美国、英国、澳大利亚和波兰四国,其他国家大多对这场战争持反对态度。反战运动遍及全球。

战争爆发后,美英联军先后向巴格达、巴士拉、纳杰夫、摩苏尔、基尔库克、乌姆盖斯尔等十余座城市和港口投掷了各类精确制导炸弹2000多枚。萨达姆政权发放给民众800万件轻武器,指望能依靠"全民战争"来拖垮美英联军。然而自始至终,伊拉克没有出现民众自发而有效的抵抗,数量庞大的轻武器压根儿就没发挥作用。"精锐之师"共和国卫队居然在联军的攻击下全都作鸟兽散状。

4月4日,美军占领了距离巴格达市区西南20公里处的萨达姆国际机场,5日,美军第三机械化步兵师坦克旅一度突入巴格达市区,巴格达城内的守军用高射炮、火箭筒和其他轻型武器对美军坦克进行了袭击,但没有对美军的行动造成影响。

与此同时,英军也加紧了进攻。4月6日英军首次突入巴士拉市中心,占领了巴士拉的伊拉克总统官邸。

4月7日,美军第三机械化步兵师的先头部队在A-10攻击机的支持下,开始向巴格达市区进发,并于早晨6时左右进入市中心地区。在底格里斯河畔,美军占领了萨达姆的一座总统官邸,伊军则从附近可以俯瞰总统府的一座钟楼上向美军射击。美军迅速摧毁了这座钟楼。在美军的攻击下,伊拉克人开始撤退。星条旗终于插上了这座总统官邸。

4月8日,美军夺取了位于巴格达东南的拉希德军用机场。9日上午,美军坦克从西北和东南两个方向开进巴格达,一路长驱直入,直达巴勒斯坦饭店附近的天坛广场。几名士兵一路小心翼翼地开进了萨达姆的总统府,总统府里面空无一人,萨达姆和他的政权似乎在一夜之间消失了。

在市中心的乐园广场,两名美军士兵走出坦克,架起了梯子,将一面星条旗覆盖了萨达姆的头像。随后,他们取下了星条旗,用一根长长的链子套在萨达姆头像的颈部,并把链子的另一端套在坦克车上。在坦克车巨大的拉力下,巨大的铜像先是迎面倒下,几分钟后又跌落在地面。萨达姆确立了23年的权威和神圣,在伊拉克战争的第21天跌落在了巴格达的土地上。

围观的人群中有人欢呼,有人落泪,有人生气,有人震惊。一个市民脱下了自己的拖鞋,向萨达姆的头像砸去。

4月15日,美军宣布,伊拉克战争的主要军事行动已结束,联军"已控制了伊拉克全境"。在伊拉克战争中,美军死亡128人,其中110人阵亡,18人死于事故,英军死亡31

人。战争消耗了美国大约 200 亿美元,但是,推翻萨达姆的独裁政权,在中东传输美国的价值观念,控制伊拉克丰富的资源,这些主要的战争目的均已实现。2006 年 12 月 30 日,曾被称为"巴比伦雄狮"的萨达姆被处以绞刑。一个国家元首被外国军队推翻并最终被处死,这在现代国际关系史上极其罕见。

萨达姆倒台了,但伊拉克的战争并没有结束。相反,由于萨达姆的铁腕统治被推翻,伊拉克的局势很快陷入失控状态。针对美英军事的占领,伊拉克游击战风起云涌,美国 16 万占领军深陷伊拉克内战。在伊拉克战争 4 周年之际,美国在伊拉克的阵亡人数已经超过 3200 人,远远超过了 2001 年 9·11 恐怖袭击中的遇难人数。到 2007 年 1 月,美国已花费 4710 亿美元。众议院预算委员会主席给出的数字则是 5070 亿美元。许多经济学家估算,伊拉克战争总的花费将超过 2 万亿美元。军事行动造成 3.4 万名无辜平民死亡,更造成 400 万难民流离失所。

利比亚战争

2011 年 3 月 19 日,美军实施"奥德赛黎明"("Operation Odyssey Dawn")行动,位于地中海的导弹驱逐舰巴里号向利比亚发射战斧式巡航导弹。美军在这次行动共发射了 110 多枚战斧导弹。一场由利比亚本国人民引发的利比亚骚乱,经过一个多月的演变,自北京时间 2011 年 3 月 20 日 0:45,演变成了法英美主导的多国部队与利比亚的利比亚战争。原本是利比亚国内不同部落和不同派别之间的争斗而引发的国内战争,后来由于西方国家的介入发展为西方国家与中东北非的国际战争。

军事名人

恺撒

恺撒（约公元前 100～前 44 年），古罗马统帅，政治家。出身贵族。公元前 61 年出任西班牙行省总督，翌年回罗马，与庞培、克拉苏秘密结为"前三头同盟"。公元前 59 年当选执政官。后在南高卢（内高卢）总督任上经高卢战争，最后征服山北高卢。克拉苏死后，他与庞培及元老院的矛盾激化。公元前 49 年 1 月率军进军罗马，迫使庞培偕大批元老逃往希腊。随后进军希腊，转战小亚细亚，击溃本都国王的军队，清剿庞培余党，公元前 45 年凯旋罗马。翌年被刺身亡。恺撒当政期间，被尊为"祖国之父"，成为无冕之王。他有非凡的军事统帅才能，其代表作《高卢战记》《内战记》是研究古罗马军事史的重要文献。

安东尼

安东尼（约公元前 82～前 30 年），古罗马统帅。公元前 57～前 54 年在巴勒斯坦、埃及任骑兵指挥官。公元前 53 年起成为恺撒的部将，参加过高卢战争和法萨罗之战。公元前 44 年任执政官。恺撒被刺后与屋大维、李必达结成"后三头同盟"。李必达失势后，与屋大维呈东西对峙之势。后与埃及女王克里奥帕特拉七世结婚，并宣称将罗马东部行省部分土地赠给她和她的儿子，引起元老院强烈不满，被元老院和公民大会宣布为"公敌"。公元前 31 年与埃及女王在亚克兴海战中战败，逃回埃及。次年绝望自杀。

查理大帝

查理大帝（742～814 年），法兰克国王，罗马人皇帝。又称查理曼。加洛林王朝第一代国王矮子丕平之子。即位后，平定阿基坦叛乱，统一法兰克王国。随后，多次率军越过阿尔卑斯山和比利牛斯山，攻占伦巴德王国、萨克森地区、巴塞罗那、巴伐利亚公国等，并征服斯拉夫人部落和多瑙河中游地区的阿瓦尔游牧部落。800 年以保护罗马教皇为名进军罗马，被教皇加冕为"罗马人皇帝"，建立起包括中欧和西欧大部地区的庞大帝国。此后，又与拜占庭帝国进行争夺亚得里亚海地区的战争。814 年病逝于帝国首都亚琛。

克伦威尔

克伦威尔(1599～1658年),英国资产阶级革命主要领导人,英国内战时期军事统帅。生于英格兰亨廷登郡。英国内战期间,率军战胜王党。1649年支持处死国王查理一世,共和国成立后任国务委员会主席,先后镇压平等派起义和掘地派运动。1653年武力解散议会,自任"护国公",独揽国家大权。随后,出兵荷兰、西班牙、葡萄牙,为英国夺取海上霸主地位奠定基础。

克伦威尔

彼得一世

彼得一世(1672～1725年),俄国沙皇,俄罗斯帝国皇帝,著名统帅。亦称彼得大帝。1695年因没有舰队配合,导致远征土耳其的亚速失败,回国后建立起俄国历史上第一支舰队,并于翌年攻占亚速。1697年出访欧洲考察科技与文化,回国后在经济、政治、军事等方面推行欧化改革,不断增强国力。积极对外扩张,通过战争取得波罗的海出海口,夺取里海西岸和南岸部分地区,侵占堪察加半岛和千岛群岛。使俄国从一个封闭、落后的内陆国家跻身于欧洲强国之列。

华盛顿

华盛顿(1732～1799年),美国首任总统、著名统帅。生于弗吉尼亚种植园主家庭。1758年当选弗吉尼亚议会议员,是第一、第二届大陆会议代表。反对英国殖民统治。1775年被任命为大陆军总司令。1781年在约克顿围攻战中击败英军,取得美国独立战争中决定性胜利。1789年当选为美国首任总统,1793年连任。有"美国国父"之称。

库图佐夫

库图佐夫(1745～1813年),俄国元帅,著名将领,军事家。出身将门。炮兵工程学校毕业。多次参加俄土战争。1774年在战斗中负伤失去右眼,被称为"独眼将军"。1805年俄、奥、英第三次反法联盟对法作战中,任俄奥联军总司令。1812年法俄战争中,出任总司令,晋陆军元帅,指挥俄军以坚壁清野、灵活机动战法从被动转为主动,歼灭法军主力。1813年率军进攻法国本土,病逝于途中。

拿破仑一世

拿破仑一世(1769~1821年),法兰西共和国第一执政,法兰西帝国皇帝,杰出军事统帅。本名拿破仑·波拿巴。破落贵族家庭出身。巴黎皇家军事学校毕业。法国大革命爆发后,积极投身革命。1793年因在围攻土伦作战中指挥出色,破格晋升为准将。1796年率部远征意大利,击败奥地利—撒丁联军。1797年进军维也纳,迫奥求和。1798年远征埃及和叙利亚。1799年11月发动雾月政变,成立临时执政府,任第一执政。1804年建立法兰西第一帝国。随后,连续粉碎英、奥、普、俄等国反法联盟武装干涉,给欧洲封建势力以沉重打击。1807年发动半岛战争,遭到西班牙人民坚决抵抗。1812年发动法俄战争,几乎全军覆没。1814年被欧洲反法联盟打败后退位,被流放到地中海的厄尔巴岛。1815年3月潜回法国,恢复统治,史称"百日王朝"。同年6月在滑铁卢之战中战败,再次退位。被囚禁在大西洋的圣赫勒拿岛,直至去世。

克劳塞维茨

克劳塞维茨(1780~1831年),普鲁士军事理论家、军事历史学家。柏林军官学校毕业后,任奥古斯特亲王副官。1808年任总参谋长办公室主任,参与普鲁士军事改革。1812年转入俄军,参加俄法1812年战争。1818年起任柏林军官学校校长,少将军衔。1830年任炮兵第二监察部监察,次年任驻波兰边境普军参谋长。长期致力于军事历史和军事理论研究,著有西方军事理论经典著作《战争论》。

毛奇

毛奇(1800~1891年),普鲁士和德意志总参谋长,著名军事家。又称老毛奇。出身破落贵族家庭。哥本哈根皇家军校毕业,后进普鲁士陆军学院深造。1857~1888年任普军和德军总参谋长。1866年普奥战争中指挥普军获胜。1870年普法战争中,指挥所部取得色当之战的决定性胜利。因功受封伯爵并于次年晋升元帅。1888年退役后任国防委员会主席。卒于柏林。他重视铁路、电报等新技术在军事上的运用,在战争动员、军队编成、作战指挥、武器装备等方面多有建树。其军事理论在西方有较大影响。有《毛奇全集》《毛奇军事著作》等传世。

贝当

贝当(1856~1951年),法国元帅,维希法国元首。生于加来海峡省。毕业于圣西尔军校、高级军事学校。第一次世界大战前期任旅长、师长、军长、集团军司令。1916年任凡尔登要塞司令,取得凡尔登战役的胜利。1918年晋元帅。先后任中央集团军群司令、西线法军总司令、最高军事委员会副主席兼陆军部总监、防空总监、陆军部长、驻西班牙大使等职。支持构筑马其诺防线,推行消极防御的战略方针。1940年5月德军入侵法国后,先后任副总理、总理,主张对德投降,退出战争。6月22日法国败降后,任维希法国政府元首,镇压法国爱国力量。法国光复后前往德国。后被盟军逮捕以通敌罪判处死刑。后改判终身监禁。卒于法国西海岸的约岛。

麦克阿瑟

麦克阿瑟(1880~1964年),美国陆军五星上将。生于阿肯色州一军人世家。美国陆军军官学校(西点军校)毕业。曾一度兼任罗斯福总统随从副官。一战后曾任西点军校校长、陆军参谋长、菲律宾军事顾问等职。太平洋战争爆发时,任远东美军司令,后被调任西南太平洋盟军总司令。1945年8月被任命为盟军最高统帅,执行对日占领任务。9月2日代表盟国接受日本投降。在占领日本期间,全面推行民主改革,对日本战后历史产生重大影响。1950年6月朝鲜战争爆发后,任"联合国军"总司令,指挥侵朝军事行动。因竭力主张扩大侵朝战争规模,公开指责总统杜鲁门的全球战略,于1951年4月被解职。回国后曾参加总统竞选,失败。1952年出任雷明顿—兰德公司董事长。

麦克阿瑟

马歇尔

马歇尔(1880~1959年),美国陆军五星上将,战略家。生于宾夕法尼亚州。毕业于弗吉尼亚军事学院。参加过第一次世界大战。1939年任美国陆军参谋长,晋上将。第二次世界大战期间,是美国参谋长联席会议和英美参谋长联合委员会主要成员,美国总统主要军事顾问。坚决维护"先欧后亚"战略,力主在法国尽早开辟第二战场。参加过卡萨布兰卡、德黑兰、雅尔塔等重要国际会议。1944年晋五星上将。1945年12月作为总统特使赴华调解国共关系,参与国共谈判。1947年出任国务卿,提出并实施复兴西欧经济的"马歇尔计划",参与发起并成立北大西洋公约组织。1950年任国防部长,参与制定美国在朝鲜战争中的军事战略。著有《马歇尔报告书》等。

墨索里尼

墨索里尼(1883~1945年),意大利内阁总理,法西斯党领袖,独裁者,第二次世界大战主要战犯。生于弗利省一铁匠家庭。1921年成立"意大利国家法西斯党"。1928年建立法西斯独裁统治。1935年入侵埃塞俄比亚。1936年10月与德国结成柏林—罗马轴心。并于翌年加入《反共产国际协定》。1940年6月对英、法宣战,并出兵英属非洲国家。

1941年6月22日对苏宣战。1943年7月因军事失利和国内人民不满被国王软禁。9月被德军伞兵救出后,在意大利北部德占区建立傀儡政权。1945年4月被意大利游击队处决并曝尸米兰广场示众。

山本五十六

　　山本五十六(1884~1943年),日本海军上将。江田岛海军兵学校、海军大学毕业。曾参加日俄战争。1921年回国后任海军大学教官。后对日本海军航空兵的发展起了重要作用。1939年任日本联合舰队总司令兼第1舰队司令,力主袭击珍珠港,消灭美国太平洋舰队主力。企图在美太平洋舰队得到加强前以海上决战的传统战法将其歼灭,结果导致日本海军在中途岛海战和瓜达尔卡纳尔岛海战中遭惨败。其座机被美机击落而丧生。死后被追授元帅称号。

冈村宁次

　　冈村宁次(1884~1966年),日本陆军上将,侵华战争主要战犯。陆军士官学校、陆军大学毕业。曾参加日俄战争和第一次世界大战。1932年8月任关东军副参谋长,次年兼任驻伪满洲国武官,与中国国民党政府签订《塘沽协定》。全面侵华战争期间,任第11集团军司令、华北方面军司令、第6方面军司令、日本侵华派遣军总司令等职,"扫荡"抗日根据地,推行"三光"政策,给中国人民带来深重灾难。1945年9月9日在南京签署投降书。

东条英机

　　东条英机(1884~1948年),日本首相,陆军上将,甲级战犯。先后毕业于东京陆军士官学校。参与策划"九一八"事变。1937年3月任关东军参谋长,支持日本731部队进行活人试验,策动内蒙古"独立"。1938年5月起历任陆军次官兼航空本部长、航空总监,鼓吹对中、苏同时作战,参与制造"张鼓峰事件"与"诺门坎事件"。1941年10月出任首相兼内务大臣、陆军大臣,晋陆军上将。同年12月派兵袭击珍珠港,发动太平洋战争。1944年因陷入内外交困、四面楚歌境地,被迫辞职。日本投降后自杀未遂。1948年被远东国际军事法庭判处绞刑。

东条英机

巴顿

巴顿(1885~1945年),美国陆军上将。生于加利福尼亚军人世家。西点军校毕业。1917年负责组建美军第一个装甲旅。1942年升任第1装甲军军长。同年率部参加北非登陆战役。后负责组建美国第7集团军,并于1943年指挥美第7集团军参加西西里岛登陆战役。1944年就任美国第3集团军司令后,参与指挥法莱斯战役和阿登战役。1945年晋陆军上将,任第15集团军司令,12月因车祸丧生。被称为"血胆老将"。

蒙哥马利

蒙哥马利(1887~1976年),英国陆军元帅,军事家。生于伦敦。参加过第一次世界大战和英国—爱尔兰战争。曾任教官、营长、旅长、师长。第二次世界大战爆发后赴法参战,1940年5月率部从敦刻尔克撤退。1941年起任军长集团军和集团军群司令,在北非战局严峻时出任驻北非英国第8集团军司令,晋中将。指挥过阿莱曼战役、西西里岛登陆战役等。参与制订和指挥诺曼底登陆战役后,晋陆军元帅。随后率部攻入德国本土。战后,受封阿莱曼子爵,先后出任英帝国总参谋长、西欧联盟常设防御组织主席、北大西洋公约组织欧洲盟军副总司令等职。

希特勒

希特勒(1889~1945年),德意志第三帝国国家元首,武装部队最高统帅。民族社会主义德意志工人党(即纳粹党)党魁,第二次世界大战头号战犯。1921年成为纳粹党主席。1933年任总理。1934年兴登堡去世后,集总统和总理权力于一身,确立法西斯专制统治。1936年与意大利、日本结成法西斯联盟。随后出兵侵占奥地利、捷克斯洛伐克,并大举入侵波兰,挑起第二次世界大战。1940年入侵西欧,次年进攻苏联。最终被世界人民反法西斯阵线打败。1945年4月30日苏军攻克柏林前夕自杀身亡。

艾森豪威尔

艾森豪威尔(1890~1969年),美国第34任总统,陆军五星上将。生于得克萨斯州丹尼森城。西点军校毕业。第二次世界大战期间,历任欧洲战区美军司令、北非远征军总司令、地中海战区盟军总司令和盟国欧洲远征军最高司令等职。参与指挥

艾森豪威尔

北非、西西里岛和诺曼底登陆战役,1944年晋陆军五星上将。退役后曾任哥伦比亚大学校长。1950年再次服现役,任北大西洋公约组织武装力量最高司令。1952年当选为美

国第 34 任总统。任内大力发展核武器和空军,推行大规模报复战略和战争边缘政策。

隆美尔

隆美尔(1891~1944 年),德国元帅。生于巴登—符腾堡州。毕业于但泽候补军官学校。参加过第一次世界大战。1937 年任陆军驻希特勒青年团联络官。1940 年调任第 7 装甲师师长,参加入侵法国战争。翌年 2 月转任非洲军司令,历任驻非洲装甲集群、装甲集团军和集团军群司令,指挥德意联军在北非作战,被称为"沙漠之狐",1942 年晋元帅。1944 年任新建的"B"集团军群司令,在诺曼底指挥所部抗击盟军登陆。曾数次要求希特勒与西方盟国媾和,遭拒绝。后因涉嫌暗杀希特勒事件,被迫自杀。

戈林

戈林(1893~1946 年),德国帝国元帅,第二次世界大战主要战犯。生于巴伐利亚的罗森海姆。早年服役于德国陆军和航空兵部队,是著名战斗机驾驶员。1922 年加入纳粹党。1933 年 1 月希特勒掌握政权后,成为希特勒最得力的干将。1935 年德国正式建立空军后,任空军总司令。1938 年晋陆军元帅。1939 年被宣布为希特勒的继承人。翌年晋升为独一无二的帝国元帅。二战期间,几乎参与了所有战略决策和作战计划的制定,并指挥空军配合地面部队闪击波兰、法国、苏联等欧洲国家,对英国进行大规模空袭。1945 年 4 月因企图取代希特勒而被解职。德国战败后,被纽伦堡国际军事法庭判处死刑。行刑当天服毒自杀。

朱可夫

朱可夫(1896~1974 年),苏联元帅,军事家。生于卡卢加州。1918 年参加红军。1919 年加入俄共(布)。长期任骑兵指挥官,并任驻西班牙、驻华军事顾问和军区副司令等职。1939 年夏调任驻外蒙(今蒙古国)苏军第 1 集团军群司令,在诺门坎事件中指挥苏军歼灭日军重兵集团。苏德战争中,曾任方面军司令、最高统帅部副统帅,参与指挥列宁格勒会战、莫斯科会战、柏林战役等。因功绩卓著于 1943 年 1 月晋升为苏联元帅。1945 年 5 月代表苏军最高统帅部接受德国投降。1955~1957 年任国防部部长。四次荣膺苏联英雄称号,获列宁勋章 6 枚。著有《回忆与思考》。

军事院校

英国桑赫斯特皇家军事学院

皇家军事大学成立于 1800 年,位于桑赫斯特。学校共有三个部分:高级系,负责训练参谋军官;初级系,训练贵族学员,有点像皇家军事学院但较不重视科学和技术的教学;军团,由军士后代组成的演示营,并训练他们成为未来的军士。不过,高级系和军团目前都已经分离出去,前者与皇家海军和皇家空军参谋大学组成了"联合军种指挥与参谋大学",后者则演变成约克公爵学校。1936 年,英国国防部决定将皇家军事大学和皇家军事学院合并,在桑赫斯特成立一所陆军军官学院。然而在此决定实施前,1939 年,二战爆发了,两所学校都就地解放。战后成立的桑赫斯特皇家军事学院继承了皇家军事学院和桑赫斯特皇家军事大学的优秀传统,开始为整个英国陆军训练正规军官。历史上,英国军队陆军参谋长多是由该校毕业生担任。其中,前英国首相丘吉尔以及蒙哥马利、罗伯茨、哈罗德·亚历山大等 10 多名陆军元帅都是从这里走出来的。

西点军校:美国陆军军官学校

西点军校(West Point)的正式名称是"美国陆军军官学校"(The UnitedStates Military Academy)。军校位于纽约市北郊的哈德逊河坡地上,该地点被当地人称为"西点",故习惯上又称其为"西点军校"。在美国独立战争期间,西点曾经是美利坚开国总统华盛顿所率军队的驻扎地。

西点军校创立于 1802 年 7 月 4 日,在最初的 10 年中,西点军校主要是一所为部队培养工兵人才的学徒学校。1812 年 4 月份,美国国会通过一项法案,将军校确认为美国陆军培养军官的主要场所。1976 年,妇女被允许进入学校学习。西点军校学制四年,学科包括工程学、兵役学、社会及自然科学以及人文科学,为美国培养了众多的军事人才。这里自成立起培养了上千

西点军校

名将军,潘兴、麦克阿瑟、艾森豪威尔、巴顿及鲍威尔等全部都是西点毕业生。

法国圣西尔军校

圣西尔军校成立于 1803 年,拿破仑成为首席执政官以后,由于军队连年征战,他手下奇缺优秀军官。同时,他也非常怀念自己早年在巴黎炮兵学校的学习生涯,于是决心成立一所军官学校。1803 年,在枫丹白露成立军事专科学校。1808 年,军校迁至巴黎西南郊凡尔赛宫附近的圣西尔,称为"圣西尔军校"。1942 年,纳粹攻占法国全境,这所久负盛名的军校被迫解散。一所由戴高乐创办的军官训练学校在伦敦成立,为"自由法兰西"培养军队指挥员。战后,这所在战争中成立并保留下来的军校又成为"诸兵种军事专科学校",并迁回本土。由于圣西尔军校的建筑已在盟军为解放巴黎而实施的轰炸中被夷为平地,新校址只好设在巴黎以西约 300 公里的雷恩市郊外。1961 年,根据招生对象不同,诸兵种军校一分为二,又恢复了圣西尔军事专科学校的名称和传统。戴高乐、塔西尼、朱安、马克西姆·魏刚、菲利普·贝当、麦克马洪、佩利西耶等全部都是该学院毕业生。

德国联邦国防军指挥学院

德国联邦国防军指挥学院被称为"德国将帅的摇篮",于 1810 年创建于柏林,是世界上第一所培养参谋人员的学校,其前身是高级军官学校,主要为德国培养和轮训陆、海、空三军高级参谋人员和中级指挥官。德国联邦国防部规定,该校招收的学员必须经联邦国防军高等学校培训,入校后分阶次经历基础科目训练、应用科目训练和专职人员业务训练。该校培养了许多世界著名的军事人物,如毛奇、施利芬、鲁登道夫、古德里安等。

希腊海军学院

希腊海军学院成立于 1830 年,建校时定名为希腊皇家海军。是希腊最高的军事学府。希腊海军学院校风严谨,注重培养学员的历史责任感和使命感。

美国海军学院

美国海军学院(United States Na-val Academy,缩写 USNA),成立于 1845 年,是美国海军和美国海军陆战队的军官本科教育学校,位于马里兰州的安那波利斯。学院的格言是"三叉戟是用知识铸造的",三叉戟是希腊神话中海神波塞冬的武器,是海军力量的标志,因此意译这句话的意思是"制海权来自知识"。1850 年,由海军学校正式更名为"美国海军学院"。随着美国海军的成长,学院的规模不断扩大。从由帆船和蒸汽船组成的舰队发展成为拥有核动力潜艇、水面舰只和超音速飞机的高技术舰队。1976 年,国会批准女性可以进入所有军校学习。欧内斯特·金、威廉·哈尔西、尼米兹三位五星上将以及吉米·卡特等全部都是美国海军学院毕业生。

俄罗斯伏龙芝军事学院

伏龙芝军事学院初建于 1918 年 12 月 8 日，原称"工农红军军事学院"。"十月革命"成功后，红色政权面临着白俄反动力量的反扑和外国军事力量的干涉。最高统帅部决定在莫斯科成立自己的革命军校，培养政治合格、军事过硬的苏维埃军事干部。1924 年 4 月至 1925 年 1 月，伏龙芝元帅任院长。1925 年 11 月 5 日，在他逝世后，正式被命名为伏龙芝军事学院。它为苏联和俄罗斯武装力量培养了大批军事人才。朱可夫、索科洛夫斯基、罗特米斯特罗夫、巴格拉米扬、崔可夫等高级将领在此毕业，我国的刘伯承、左权、刘亚楼都曾受训于这所学院。

瑞军联合国维和部队训练中心

瑞军联合国维和部队训练中心创建于 1993 年，设在瑞士沃特丹的摩步兵训练基地，由瑞军总参谋部和训练部双重领导。此中心的领导机构和教官均由瑞军训练部负责选调任命，其中教官全部由担任过国际停火监察组成员或联合国军事观察员的职业军官和职业士官充当，为瑞士培训参加联合国维持和平部队的军人。

军事兵种

海 军

舰艇

通常装备有武器,主要在海洋进行战斗活动或勤务保障的海军船只。广义上也包括其他军用船艇。俗称军舰,是海军的主要装备。根据使命不同,通常分为战斗舰艇、登陆作战舰艇和勤务舰船三类,也有分为战斗舰艇、登陆作战舰艇、水雷战舰艇和勤务舰船四类或战斗舰艇和勤务舰船两类的。舰艇被视为国家领土的一部分,只遵守本国的法律和公认的国际法。在战斗舰艇中,有以航空母舰为基地的舰载攻击机、舰载歼击机、舰载反潜机、舰载预警机以及舰载侦察机和电子对抗飞机等;有战略导弹潜艇装备的潜地导弹,其他战斗舰艇装备的舰舰导弹、舰空导弹、反潜导弹和鱼雷、水雷、舰炮、深水炸弹、电子对抗系统;还有反水雷舰艇装备的扫雷具和猎雷设备。

航空母舰

以舰载机为主要武器并作为其海上活动基地的大型水面战斗舰艇。广义上也包括直升机母舰。现代航空母舰,按排水量分,6 万吨以上的为大型航空母舰,3~6 万吨的为中型航空母舰,3 万吨以下的为小型航空母舰;按动力类型分,有常规动力航空母舰和核动力航空母舰;按作战使命分,有攻击航空母舰、反潜航空母舰和多用途航空母舰。1918 年,英国将 1 艘商船改装成"百眼巨人"号航空母舰,首次采用全通型飞行甲板和岛形舰桥,已具有现代航空母舰的雏形。1919~1922 年,英国将一艘煤船改装成"兰格利"号航空母舰。日本于 1922 年建成世界上第一艘专门设计的航空母舰"凤翔"号。

航空母舰

直升机母舰

以舰载直升机为主要武器,用于反潜或垂直登陆的大型水面舰艇。按用途分为反潜直升机母舰和登陆直升机母舰。反潜直升机母舰,用于舰艇编队或运输船队的反潜护航。如苏联的"莫斯科"级直升机母舰。登陆直升机母舰,用以运送登陆部队和物资装备实施垂直登陆。如美国的"硫黄岛"号直升机母舰(美称"两栖攻击舰")和法国的"圣女贞德"号登陆直升机母舰。

巡洋舰

具有多种作战能力,主要在远洋作战的大型水面战斗舰艇。海军战斗舰艇的主要舰种之一。按排水量的不同,分为轻型导弹巡洋舰和重型导弹巡洋舰;按动力装置类型,分为常规动力巡洋舰和核动力巡洋舰。满载排水量 0.5 万~3 万吨,最大航速 30~35 节。普遍装备有舰空导弹、舰舰导弹、反潜导弹和新型全自动中口径舰炮及多管小口径舰炮,配备有反潜直升机、鱼雷以及电子对抗设备、舰艇指挥控制自动化系统。具有较强的区域防空、对海攻击、编队指挥和一定的反潜作战能力及快速反应能力。

驱逐舰

以导弹、鱼雷、舰炮为主要武器,具有多种作战能力的中型水面战斗舰艇。海军舰队编成中的重要舰种之一。现代驱逐舰的满载排水量 3500~8500 吨,多数为 4000 吨左右,航速 30~35 节。武器装备以导弹为主,并配载直升机。按使命的不同,分为对海型、防空型、反潜型和多用途型驱逐舰。驱逐舰的前身是鱼雷快船,生产于 19 世纪后半叶。至第二次世界大战期间,驱逐舰在许多国家的海军中成为数量最多的舰种。20 世纪 50 年代出现导弹驱逐舰。中国在 70 年代初建成第一代 051 型导弹驱逐舰,满载排水量 3500 余吨。装备舰舰导弹、舰炮和防空、反潜武器。70 年代以后,驱逐舰排水量趋向于大型化,采用燃气轮机或联合动力装置,舰载直升机的搜索、反潜能力提高,普遍装备反导弹防御系统,指挥自动化系统更加完善。

护卫舰

以导弹、舰炮和反潜鱼雷为主要武器的轻型水面战斗舰艇。16~17 世纪,欧洲一些国家把轻快的三桅武装船称为护卫舰。19 世纪中叶,护卫舰开始采用蒸汽机主动力装置或与风帆并用。第一次世界大战期间,英、法、俄、美等国为保护其海上运输安全,曾大量建造护卫舰。第二次世界大战期间,护卫舰在海战中得到广泛应用,交战双方都有大量护卫舰参战。当时,世界各国共有护卫舰近 1000 艘。战后,护卫舰主要用于沿海警戒。20 世纪 70 年代,护卫舰普遍装备导弹和直升机,称为导弹护卫舰。现代的导弹护卫舰,満載排水量増大到 2000~5000 吨，航速 30~35 节，续航力 4000~7800 海里。主要武器有：舰空导弹、舰舰导弹、反潜导弹、舰炮、反潜鱼雷和直升机等。并装备有性能良好的声响、雷达及作战指挥、武器控制自动化系统。

潜艇

能潜入水下活动和作战的舰艇。亦称潜水艇。海军的主要舰种之一。按作战使命分为攻击潜艇和战略导弹潜艇；按动力分为常规动力潜艇(柴油机—蓄电池动力潜艇)和核动力潜艇；按排水量分，常规动力潜艇有大型潜艇(2000 吨以上)、中型潜艇(600~2000吨)、小型潜艇(100~600 吨)和袖珍潜艇(100 吨以下)，核动力潜艇一般在 3000 吨以上；按艇体结构分为双壳潜艇、一个半壳潜艇和单壳潜艇。特点是隐蔽性好，有较强的突击威力，有较大的自给力、续航力和作战半径；能在水下发射导弹、鱼雷和布设水雷，攻击海上和陆上目标。但其自卫能力差，缺少有效的对空防御武器；水下通信联络较困难，不易实现双向、及时、远距离的通信；探测设备作用距离较近，观察范围受限，掌握敌方情况比较困难；常规动力潜艇水下航速较低，充电时须处于通气管航行状态，易于暴露。

核潜艇

以核能为推进动力源的潜艇。核动力潜艇的简称。按主要武器和作战使命的不同，分为战略导弹核潜艇和攻击核潜艇。与常规动力潜艇相比，具有航速高、自给力大、攻击力强、续航力大，能在水下长期隐蔽活动等优点。水下航速 20~42 节，下潜深度最大可达900 余米，换装一次核燃料，可连续使用 3~10 年，航行 6~40 万海里。1955 年美国建成第一艘核潜艇"鹦鹉螺"号。中国 1974 年建成第一艘核动力潜艇并装备部队。

攻击潜艇

以鱼雷和巡航导弹为主要武器，用于攻击潜艇和水面舰船的潜艇。具有水下噪声小、隐蔽性较好、攻击力强，能执行多种任务等特点。通常分为常规动力攻击潜艇和核动力攻击潜艇。常规动力攻击潜艇，主要任务是攻击运输舰船和大、中型水面战斗舰艇，以及反潜、侦察、运输、援救、遣送人员登陆等。排水量 500~3800 吨，下潜深度 200~400 米，水上航速 10~15 节，水下航速 10~22 节，自给力 30~60 天。核动力攻击潜艇，主要用于反潜，担负对核动力战略导弹潜艇的攻击，以及对大、中型水面舰船攻击。排水量 2600~7000 吨，下潜深度 300~600 米，有的可达 900 米，水下航速 25~42 节，续航力数万至数十万海里，自给力 60~90 天。可携带巡航导弹 8~24 枚和鱼雷 20 余枚，还可携带反潜导弹和水雷。中国于 1974 年建成核动力攻击潜艇。

导弹艇

以舰舰导弹为主要武器的小型高速水面战斗艇只。主要用于近岸海区作战，在其他兵力协同下,以编队或单艇对敌方大、中型水面舰船实施导弹攻击,也可用于巡逻、警戒、反潜、布雷等。有滑行艇、半滑行艇、水翼艇和排水型艇等四种艇型。小、中型导弹艇满载排水量数十吨至 300 吨;大型导弹艇 300~500 吨,航速 30~40 节,水翼导弹艇 50 节左右。续航力 500~3000 海里。20 世纪 50 年代末,苏联将"P6"级鱼雷艇改装成"蚊子"级导弹艇,装备"冥河"舰舰导弹,这是世界上最早出现的导弹艇。中国在 60 年代开始研制第一代中、小型导弹艇,并同时批量生产装备部队。

护卫艇

以小口径舰炮或导弹为主要武器,用于近岸海区巡逻、护航、护渔的小型水面战斗艇只。亦称炮艇或巡逻艇。排水量数十吨至 500 吨,航速 10~45 节,水翼巡逻艇可达 50 节。装备有 37~76 毫米单管或双管舰炮 1~2 座,机枪数挺,舰舰导弹 2~4 枚,以及深水炸弹等武器。护卫艇出现较早。中国清末海军就装备有炮艇。中国在 20 世纪 50 年代研制了"53 甲"型、"55 甲"型巡逻艇;60 年代初,又研制了第三代巡逻艇,后定名为"62"型护卫艇,排水量 100 吨,航速 30 节,装备有双 25 毫米和双 37 毫米舰炮各 2 座,并有声响和反潜武器等;80 年代,又建成导弹护卫艇,排水量 430~520 吨,装备舰舰导弹 4~6 枚。

装甲舰

近代历史上一度出现的舰炮威力强、船体装甲厚的水面战斗舰艇。是 19 世纪后半期至 20 世纪初期的海上主力战舰。在克里木战争(1853~1856 年)中,英、法联合舰队攻击俄国金布恩要塞,首次使用装甲舰。这种装甲舰,航速低、机动性差,只装舷炮,在战斗中没有获得大的战果,此后便停止建造。1859 年,法国建成世界上第一艘蒸汽装甲舰"光荣"号,排水量约 6000 吨,装有 30 多门舷炮,舷装甲厚 120 毫米。20 世纪初,装甲舰普遍改称战列舰,并开始建造新型战列舰。

炮舰

以舰炮为主要武器,在近岸海区活动的水面战斗舰艇。用于巡逻、护航、布雷和对岸射击等。分为海洋炮舰和江河炮舰。海洋炮舰,排水量不超过 2500 吨,航速 10~20 节。装备有 76~152 毫米舰炮 2~5 门和小口径舰炮及机枪。江河炮舰,排水量多为数百吨,航速 8~15 节,装备有 47~120 毫米舰炮 1~4 门和小口径舰炮及机枪。炮舰出现于 18 世纪 90 年代。19 世纪末,曾泛指排水量小于巡洋舰、装有各种舰炮的军舰。进入 20 世纪,随着驱逐舰、护卫舰和快艇的发展,炮舰的作用下降。60 年代以后,导弹武器广泛装备舰艇,炮舰逐渐被淘汰。

登陆舰

运送登陆兵及其武器装备在岸滩直接登陆的登陆作战舰艇。按排水量分为大型登陆舰和中型登陆舰两种。具有首吃水浅、船首肥钝、船底平坦、船宽较大及有龙骨设计斜度等特点。大型登陆舰,满载排水量 1500~8000 余吨,续航力 2000 海里以上,能装载坦克 10~20 辆和登陆兵数百名。中型登陆舰,满载排水量 500~1500 余吨,续航力 1000 海里以上,能装载坦克数辆和登陆兵数百名。1940 年,英国建成第一艘专门设计的大型登陆舰。

舰炮

装备在舰艇上用于射击水面、空中和岸上目标的海军炮。按口径大小,分为大口径舰炮(152~406 毫米)、中口径舰炮(76~130 毫米)和小口径舰炮(20~57 毫米);按炮管数,分为单管舰炮和多管舰炮;按封闭程度,分为全封闭式舰炮和非封闭式舰炮;按自动化程度,分为全自动舰炮、半自动舰炮和非自动舰炮;按射击功能,分为平射舰炮和平射高射两用舰炮。

海岸炮

配置在海岸重要地段、岛屿和水道翼侧的海军炮。简称岸炮。海军岸防兵的主要武器之一。口径为 100~406 毫米,射程一般为 30~48 千米。主要射击水面目标,有的也可射击陆上目标和空中目标。用以保卫海军基地、港口和沿海重要地段,掩护近岸交通线,封锁航道,支援在近岸海域活动的舰艇以及岛岸作战的部队。有固定式海岸炮和移动式海岸炮。固定式海岸炮,配置在永备工事内,隐蔽性好,生命力强。移动式海岸炮,是机械牵引炮,移动方便,机动性好。还曾有过铁道炮,安装在特制的运输车或炮车上,可沿铁路线机动射击。20 世纪中期以后,随着飞机和导弹的使用,海岸炮的数量逐渐减少;但仍与岸舰导弹共同组成岸防火力配系,协同岸舰导弹或单独完成任务。

舰舰导弹

从水面舰艇发射攻击水面舰船的导弹。也可攻击海上设施,沿岸和岛礁目标。舰艇主要攻击武器之一。与舰艇上的导弹射击控制系统、探测跟踪设备、水平稳定和发射装置等构成舰舰导弹武器系统。射程多为 40~50 千米,有的可达数百千米;通常采用复合制导;飞行速度多为高亚音速,少数为超音速。同舰炮相比,射程远,命中率高,威力大;但连续作战能力差。

鱼雷

最早的鱼雷,是英国工程师怀特黑德于 1866 年制成的。其直径为 0.35 米,长为 3.58 米,重达 136 千克,利用压缩空气驱动活塞发动机带动旋桨推进,航速达 6 节,航程为 640 米。最早把鱼雷用于实战的是俄国人。在 1877~1878 年的俄土战争中,俄国海军第一次使用鱼雷击沉了土耳其军舰。在其后一百多年里，鱼雷得到了越来越多的改进：鱼雷的发展从无控制到有控制；从程序控制到声导、线导和复合制导；从压缩空气动力到热动力、电动力；从常规装药到核装药；航速从 6 节到 50~60 节；航程从 640 米到 5 万米。由于鱼雷在水中爆炸，着重对舰船的要害部位进行破坏，因而对水面舰只有着极大的威胁。

鱼雷

鱼雷是由携载平台发射入水，能自航、自控（自导），以摧毁目标的水中武器。装备于舰艇、飞机及岸基发射台，用于攻击潜艇、水面舰船及其他水中目标。还可作为反潜导弹和自导水雷的主体。现代鱼雷具有隐蔽性好、命中率高和摧毁力强等特点，是海军的主要攻击武器之一。按携载平台和攻击对象，分为反舰鱼雷和反潜鱼雷；按制导方式，分为自控鱼雷、自导鱼雷和线导加自导鱼雷；按推进动力，分为冷动力鱼雷、热动力鱼雷、电动力鱼雷。还有火箭助飞鱼雷，系反潜导弹之一。其空中飞行段由火箭运载，入水后以自身动力和制导方式航行。按装药种类，分为常规装药鱼雷和核装药鱼雷；核装药鱼雷简称核鱼雷。

水雷

布设在水中，当舰船与其碰撞或进入其引信作用范围，或由人工控制而起爆的水中武器。用于毁伤舰船或阻碍其行动，也可破坏桥梁和水工建筑物。由水面舰艇、潜艇或飞机布放。特点是隐蔽性好，威胁时间长，布设简便，扫除困难，用途广泛。按在水中的状态分，有锚雷、沉底雷和漂雷；按引信类型分，有触发水雷、非触发水雷和控制水雷；按布雷平台分，有舰布水雷、潜布水雷、空投水雷和通用水雷。此外，还有火箭上浮水雷、自导水雷和自航水雷等特殊性能的水雷。1991 年海湾战争中，伊拉克布放 1200 余枚水雷，先后有美国导弹巡洋舰"普林斯顿"号、两栖攻击舰"特里波里"号、导弹护卫舰"尼古拉斯"号和扫雷舰"领袖"号被炸伤。美、英、荷、比、法、德、意、日、沙特阿拉伯等 9 国海军派出猎雷舰、扫雷舰 34 艘、扫雷直升机 6 架参加了反水雷斗争。

反水雷武器

用于探测、消灭水雷的水中武器。主要装备在反水雷舰艇和扫雷直升机上。包括扫雷武器、猎雷武器等。扫雷武器，包括各种扫雷具和防水雷自卫具。猎雷武器，由探雷器和灭雷具或灭雷炸弹结合而成。反水雷武器出现于 19 世纪末，第一次世界大战期间广泛使用各种舰用接触扫雷具和防水雷自卫具，第二次世界大战期间发展和使用各种非接触扫雷具，战后出现直升机扫雷具和遥控扫雷具，从 20 世纪 60 年代以来，又发展了能探测、识别和消灭水雷的猎雷武器系统。

扫雷具

用机械方法清除水雷或模拟舰艇物理场以诱爆水雷的反水雷武器。装备在扫雷舰艇或扫雷直升机上。按工作原理,分为接触扫雷具和非接触扫雷具;按携带方式,分为拖曳式扫雷具和艇具合一式扫雷具;按装备对象,分为舰用扫雷具和直升机扫雷具;按使用水域,分为海洋扫雷具和江河港湾扫雷具。扫雷具的优点是清扫宽度大,能成批处理水雷,作业效率高,特别是接触扫雷具能有效地清除各种锚雷。

猎雷武器系统

用于对水雷进行探测、定位并逐个识别和消灭的反水雷武器系统。通常装备在猎雷舰艇上。能主动探测水雷并将其消灭。但探雷效果受水文条件和海底底质、地形等影响较大,作业速度较慢,清除雷阵效率较低。在平时,还可用于海洋调查、海底搜索和勘测等。

灭雷具

在母舰遥控导引下,接近、识别和消灭单个水雷的反水雷武器。世界上第一个灭雷具是法国在 20 世纪 70 年代初研制成功的。比较常用的是缆控自航潜水器,装有前进、侧向及垂向推进器,电视摄像机和近程高分辨率声响,扫除锚雷的爆破割刀,监测灭雷具航向、深度与姿态的传感器,指示灭雷具位置的声脉冲发生器或声应答器并携带消灭沉底雷的爆炸装置等。大型灭雷具长约 4 米,重约 1400 千克;小型灭雷具,长不到 2 米,重约160 千克,使用深度 100~300 米,航速 4~6 节,活动距离一般在 500 米以内。自带电池供电的续航时间只有数十分钟至数小时,由艇上通过电缆供电,则续航时间不受限制。

舰艇军旗

舰艇上悬挂的象征军队和舰艇级别的旗帜。中国人民解放军海军的舰艇按规定悬挂"八一"军旗。军旗按大小分为 1~4 号。万吨以上的战斗舰艇和 1.5 万吨以上的勤务舰船悬挂 1 号军旗;驱逐舰、护卫舰、核潜艇、大型登陆舰和 1500~15000 吨的勤务舰船悬挂 2 号军旗;常规潜艇、扫雷舰、中型登陆舰、导弹护卫艇、猎潜艇和 300~1500 吨的勤务舰船悬挂 3 号军旗;导弹艇、护卫艇、扫雷艇、登陆艇和 100~300 吨的勤务船悬挂 4 号军旗。

海军信号旗

在目力范围内进行旗语通信的专用旗帜。亦称海军通信旗。主要供舰艇和海岸信号台使用。白天,目力能看清的地方均可用它来传递信号。通信距离一般为 2~3 海里。其用途是传达舰艇编队的统一号令,进行海上编队运动或表示本舰的行动信号,也可发送日常勤务信号。海军信号旗是挂在旗杆上的旗帜,用 1 面或几面旗帜表示某种含义。分字母旗、数字旗和特种旗 3 种。根据颜色和式样来识别。用红、黄、蓝、白、黑 5 种不同颜色的旗纱缝制而成,式样分为燕尾形、长方形、三角形和梯形。国际信号旗由 26 面字母旗、10 面数字旗、3 面代旗和 1 面回答旗共 40 面旗组成。多数国家海军信号旗的式样、数量与国际信号旗基本相同。中国人民解放军海军信号旗除增加 6 面特种旗外,其他和国际信号旗相同。

海军旗

标志海军军种的旗帜。专用海军旗的旗面式样、颜色和规格都是特定的。有的国家海军悬挂专用的海军旗,有的国家海军以国旗或军旗代海军旗。1992 年,中华人民共和国中央人民革命军事委员会颁布命令,公布海军仪仗队使用的海军旗式样,上部保持中国人民解放军军旗的基本式样,底部蓝白相间,象征大海与波浪。海军舰艇悬挂满旗的时间、排列顺序有着严格的规定。悬挂满旗的时机,一般是迎接政府要元,重大节日,迎接外国军舰来访,出访编队离码头前,到达被访问国港口和在国外停泊时等等。满旗悬挂于两桅横桁之间,并分别连接到舰首、尾旗杆,两桅顶各挂国旗一面,舰首、尾旗杆各挂海军旗一面。

舰徽

舰艇的标志。通常置于舰艇会议室或指挥室。舰徽的式样及规格由海军统一设计和规定。其复制品可用于对外交往活动时的馈赠礼品,由舰艇主官赠送,并建立登记制度。

声纳

利用水中声波进行探测、定位和通信的电子设备。装备于潜艇、水面舰艇、反潜飞机、反潜直升机和海岸声纳站等。用于对水中目标搜索、警戒、识别、跟踪、监视和运动要素的测定;进行水下通信和导航,保障舰艇、反潜飞机和反潜直升机的战术机动和水中武器的使用。声纳技术还广泛用于鱼雷自导、水雷引信,以及鱼群探测、海洋石油勘探、船舶导航、水下作业、水文测量和海底地质地貌的勘测等。按工作方式不同,分主动声纳和被动声纳;按装备对象,分水面舰艇声纳、潜艇声纳、航空声纳、便携声纳(潜水员声纳)和海岸声纳;按战术用途,分攻击声纳、警戒声纳(搜索声纳)、探雷声纳、导航声纳、通信声纳和识别声纳等;按基阵携带方式,分舰壳声纳、拖曳声纳、吊放声纳、浮标声纳、座底(固定式)声纳。"声纳"一词,形成于第二次世界大战中。是英语 sound naviqation and ranging(声导航与定位)略语的音译。又译声呐。

非声探潜设备

用非声学手段探测潜艇的各种设备的统称。包括磁力探潜仪、前视红外拆测仪、雷达、微光电视及废气探测仪等。磁力探潜仪,利用由潜艇引起的地磁异常对潜艇进行探测和定位,作用距离为数百米,是非声探潜的主要设备。固定式磁力探潜仪,置于港口或航道的海底,对潜艇进行监视;舰艇磁力探潜仪探头用电缆拖曳在舰尾后水中,控制台在舰艇舱内;航空磁力探潜仪装在各种反潜飞机和直升机上。前视红外探测仪,通常装在飞机的头部,摄取飞机前方或下方景物的红外辐射,以电视形式显示目标的红外图像,可在夜间探测通气管航行状态的潜艇,还可探测水下十几米深度潜艇航行产生的热尾流。雷达和微光电视,都只能探测水面及潜望深度航行的潜艇。废气探测仪,利用常规潜艇排出的一氧化碳气体来探测潜艇的航迹。

深水炸弹武器系统

由深水炸弹和探测设备、射击控制系统、发射或投放装置及输弹装置构成,用于攻击潜艇的水中武器系统。亦称深弹反潜系统。装备在反潜舰艇和反潜机上,作为近程攻潜武器。第一次世界大战中,深水炸弹和其他组成部分多为人工操纵,发射速度慢、命中率低。第二次世界大战以后,随着计算机技术和自动控制技术的发展,逐步将各部分连接成一个完整的系统,缩短对潜攻击时间,提高攻击效果;并将进一步提高整个武器系统的自动化程度,改进水下探测设备和深水炸弹的性能。

舰艇光学测距仪

装备在舰艇上,应用几何光学原理测量目标距离的观测仪器。由光学望远系统和距离测量装置等构成。测得的目标距离,可供舰艇武器射击或舰艇编队航行使用;测得岸上固定物标距离,可用于舰艇定位、导航。具有性能稳定、工作可靠、操作简便、直观、隐蔽和不受电子干扰等优点;但受能见度影响较大。舰艇光学测距仪一般安装在舰艇较高部位,且具有良好的防潮、防尘、防霉、防烟雾性能,有的还设有防震装置。舰艇上还常配有基线较短(1米以下)、可手持的测距仪。雷达和激光测距技术的发展,使光学测距仪装舰数量减少,但许多水面舰艇仍装有舰艇光学测距仪。

潜艇潜望镜

潜艇在水中一定深度上用目力观察水面和空中目标的光学观测器材。主要用在潜望深度航行时:搜索观察海面、空中和海岸情况;观测天体和陆标,实施潜艇定位;测定敌舰船的运动要素,保障鱼雷攻击以及摄像等。特点是直观性强,准确可靠,不受人工干扰,但受能见度、海况和地球曲率影响较大。当潜艇在潜望深度航行时,其顶部通常升出水面0.5～1米。现代潜艇潜望镜已从单一的光学器材发展成具有多种功能的光学、光电和电子综合性观察、导航设备。通常装有光学测距、摄像和测天定位装置。有的还分别装设微光电视、红外热像仪、视频录像仪、激光测距仪、天文导航仪、雷达测距装置和雷达侦察告警接收机天线系统等。

舰艇雷达对抗设备

　　舰艇上用于侦察敌方雷达设备和雷达制导武器的电磁信息,削弱或破坏其效能的电子设备和器材的总称。可以截获敌雷达信号,进行分析和威胁等级判别,评估电磁环境和选择最佳干扰样式,适时地施放干扰,保护己方舰艇免遭敌方发现、跟踪和毁伤。通常包括舰艇雷达对抗侦察设备和舰艇雷达干扰设备两大类。

舰艇光电对抗设备

　　装备在舰艇上,用于截获敌方光电设备和装置的辐射信息,削弱、破坏其效能的电子对抗设备和器材的总称。包括;舰艇光电对抗侦察设备,主要有红外告警器、激光告警器以及可同时探测光频和微波射频威胁信号的复合告警器等;舰艇光电干扰设备,如激光致盲武器、反激光导弹、红外诱饵弹和激光、红外干扰机、烟幕弹等;反光电侦察与反光电干扰器材,主要包括反侦察涂料及反干扰防护镜等。

水声对抗设备

　　用于侦察、干扰或诱骗对方声纳和声自导鱼雷的水声设备的统称。亦称声纳对抗设备。装备在水面舰艇、潜艇和反潜机上。是一种被动式声纳,主要用于监听敌方主动声纳信号并测定其方位及波形参数,以采取相应的水声对抗措施。有的综合声纳也兼有侦察功能。水声干扰设备,主要有水声干扰器、气幕弹等。水声干扰器通过向水中发射强功率噪声,压制敌方声纳的工作。气幕弹利用在水中形成的气泡幕,产生大量杂散回波,干扰敌方声纳的工作。水声诱饵,是诱骗性水声对抗设备,它向水中发射模拟的舰艇回波或舰艇辐射噪声,诱骗敌方声纳和声自导鱼雷跟踪,使舰艇免遭发现或攻击。

水声干扰器

　　利用发射干扰声波,压制或削弱敌方声纳和鱼雷声自导效能的消耗性水声对抗器材。通常由潜艇携带,结合潜艇的战术机动将其投入水中,以规避反潜兵力对潜艇的声纳搜索和声自导鱼雷的跟踪。通常分为高频水声干扰器和低频水声干扰器。高频水声干扰器,主要对声自导鱼雷实施干扰;低频水声干扰器,主要对声纳实施干扰。

空 军

军用飞机

用于直接参加战斗、保障战斗行动和进行军事训练的各种飞机的总称。是航空兵的主要技术装备。主要包括:歼击机、轰炸机、歼击轰炸机、强击机、反潜巡逻机、侦察机、军用运输机、预警机、电子对抗飞机、空中加油机和军用教练机等。有人也把军用直升机列为军用飞机。

滑翔机

没有动力装置或仅有一台小型辅助动力装置的、重于空气的固定翼航空器。它可借助于飞机(或绞盘车、汽车等)牵引或依靠自身辅助动力装置起飞,也可利用地形从高坡直接下滑到空中。滑翔机主要用于体育运动,也可用于训练飞行员。无人驾驶滑翔机还可在作战中使用。第二次世界大战期间,德国、英国、美国、苏联和日本都曾使用大型滑翔机运送士兵及装备,执行作战和救援任务。战后,许多国家空军曾一度装备空降滑翔机。20世纪50年代末,军用运输机和直升机日趋完善,空降滑翔机遂被取消。

螺旋桨飞机

用螺旋桨作推进装置的飞机。按采用动力装置的类型,螺旋桨飞机分为活塞式螺旋桨飞机(简称"活塞式飞机")和涡轮螺旋桨飞机。从20世纪初到40年代,是活塞式螺旋桨飞机独占航空领域的时期。50年代初,涡轮螺旋桨飞机问世,性能明显提高,飞行速度可达800千米/小时左右,飞行高度超过10000米。

喷气式飞机

以喷气发动机作动力装置、利用喷射高速气流直接产生反作用推力的飞机。喷气式飞机适用于高速飞行,特别是超音速飞行。1939年德国研制成世界上第一架喷气式飞机。第二次世界大战后,喷气式飞机发展迅速,喷气式战斗机得到广泛应用,并取代了活塞式战斗机,还出现了喷气式轰炸机、侦察机和教练机等。60年代,喷气式飞机的最大平飞速度超过3倍音速,如美国的SR-71战略侦察机,装火箭发动机的飞机最大速度超过6倍音速,最大飞行高度达30000米左右。

歼击机

主要用于歼灭空中敌机和飞航式空袭兵器的飞机。又称战斗机,旧称驱逐机。其特点是机动性好,速度快,火力强,适合于进行空战。歼击机还可用于遂行对地攻击任务。第一次世界大战初期,法国首先在飞机上安装机枪用于空战,随后出现了专门的歼击机。70年代以来,各国研制出一批机动性好、格斗能力强的歼击机,如美国的F-15、F-16,法国的"幻影"2000和苏联的米格-29,苏-27等。这些飞机均已大量装备部队。中国于1956年7月歼-5型歼击机试飞成功。随后研制出歼-6、超音速喷气歼击机歼-7、高空超音速喷气式飞机歼-8、新型全天候歼击机歼-8II等型歼击机并已装备部队。

轰炸机

专门用于对地面、水面(水下)目标实施轰炸的飞机。有导航和轰炸等设备。携载常规炸弹、核弹、鱼雷、空地导弹、空舰导弹等,装有航空机关炮。具有突击力强、航程远等特点。按载弹量分为重型(10吨以上)、中型(5~10吨)和轻型(3~5吨);按航程分为远程8000千米以上)、中程(3000~8000千米)和近程(3000千米以下);按遂行任务范围分为战略轰炸机和战术轰炸机;按速度又分为亚音速轰炸机和超音速轰炸机。战术轰炸机,从20世纪50年代中期起逐步被歼击轰炸机所取代。

电子对抗飞机

专门用于对敌方雷达、电子制导系统和无线电通信设备等实施电子侦察、电子干扰或攻击的作战飞机。包括电子侦察飞机、电子干扰飞机和反雷达飞机。通常用轰炸机、歼击轰炸机、强击机、运输机、无人驾驶飞机和直升机等改装而成。

军用运输机

用于运送军事人员、武器装备和其他军用物资的飞机。具有较大的载重量和续航能力,能实施空运、空降、空投,保障地面部队从空中实施快速机动。按运输能力分为战略运输机和战术运输机。前者主要用来在全球范围载运部队和重型装备,实施全球快速机动。后者用于在战役战术范围内遂行空运、空降、空投任务。有些军用运输机具有短距起落能力,能在简易机场起落。

空中加油机

给飞行中的飞机及直升机补加燃油的飞机。多由大型运输机或战略轰炸机改装而成,少数由歼击机加装加油系统,改装成同型"伙伴"加油机;专门研制的空中加油机只有美国的 KC-135。加油时,受油机飞到加油机的后下方,与加油机严格保持规定的间隔、距离和高度差,待受油管或受油口与加油机伸出的输油管接通,即可加油。有的空中加油机能同时为 2 到 3 架飞机加油。

隐身飞机

利用各种技术手段减弱雷达反射波、红外辐射、本身电磁波辐射等特征信息,不易被雷达或红外探测系统发现的飞机。"隐身"(亦称"隐形")仅是一种借喻,并非指飞机在目视能见距离内不被发现。主要技术手段有:设计合适的机体外形,减弱雷达反射波;对机上高温部件做隔热处理,减少红外辐射;减少电磁波辐射;控制噪音;降低或改变可见光特征信息等。隐身飞机具有较强的隐蔽性、生存力和较高的作战效能。

武装直升机

装有武器并为执行战斗任务而设计的直升机。根据作战任务不同,现代武装直升机分为反坦克、反潜、反舰、火力支援和空战等型。反坦克武装直升机携带导弹,与坦克对抗时在视野、速度、机动性及武器射程、威力和精度等方面占有明显的优势;反潜、反舰武装直升机具有攻击水下及水面目标的作战能力;舰载武装直升机还可扩大舰艇或舰队的作战范围,增强作战能力。

航空机关炮

飞机上使用的口径等于或大于 20 毫米的自动射击武器。简称航炮。它同地面火炮相比,口径较小,多为 20~30 毫米,而且结构紧凑、重量轻、操作简便迅速。按结构可分为单管式、转膛式和多管旋转式 3 种。1914 年,法国率先将地面步兵机枪装上飞机用于空战。第二次世界大战期间,航炮成为飞机的主要射击武器,而且出现了 30~75 毫米大口径机关炮。

航空火箭弹

从航空器上发射,以火箭发动机为动力的非制导弹药。射程一般为 5~10 千米,最大速度为 2~3Ma。航空火箭弹同航空机关炮相比,威力大、射程远、散布大、命中精度低。按用途可分为空空火箭弹、空地火箭弹和空空、空地两用火箭弹。航空火箭弹战斗部有多种形式,如杀伤爆破弹、破甲弹、多用途子母弹、烟幕弹、照明弹、干扰弹、箭霰弹等。由于火箭弹散布大,命中精度低,影响了空空火箭弹的使用和发展。空地火箭弹已成为飞机,特别是武装直升机对地攻击的重要武器。

航空炸弹

由飞机或其他航空器投掷的无航行动力的爆炸性弹药。是轰炸机和歼击轰炸机的重要弹药。炸弹用弹耳挂在飞机上，从飞机上投下后，靠尾翼使炸弹稳定降落，在预定条件（地面、地下或离地一定高度）下，由引信引起炸弹装药爆炸，依靠爆炸时产生的冲击波、弹体碎片和高温等效应来破坏目标或完成其他专门任务。用于机内挂弹的炸弹，为了增大挂弹数量，弹形比较粗短，因而阻力较大；而用于高速飞机外挂的炸弹，为了减小空气阻力，弹体比较细长，这种炸弹又称低阻型炸弹。当把低阻型炸弹的普通尾翼更换为减速尾翼时，就成为适用于低空高速度轰炸用的减速型炸弹。如在低阻型炸弹上加装激光或电视导引头和滑翔、控制部件，就成为制导炸弹。

航程

飞机从起飞至着陆在空中飞行的水平距离。通常分为最大航程、实用航程和战术航程。

最大航程

指飞机一次加满油，在无风和标准大气下，采用千米耗油量最小的飞行高度、速度。油料耗尽时所能飞行的水平距离。

续航时间

亦称"航时"。飞机从起飞至着陆在空中飞行的最长时间。其长短与载油量、载重量、飞行高度和速度有关。

飞机作战半径

飞行执行战斗任务时，在同一机场能往返飞行的最远距离。是作战飞机的重要技术性能之一。与飞行高度、速度、战斗任务、实施方法、编队大小和气象条件等有关。采用空中加油，可增大作战半径。

升限

在一定条件下，飞机依靠本身动力能达到的最大飞行高度。升限高，飞机具有高度优势，利于高空突防和攻击。

实用升限

指为保持一定推力储备和良好的操纵性、安定性,实际使用规定上升率为某一值的升限。国际上规定的实用升限是亚声速、超声速飞行中,最大上升率分别达 0.5/秒和 5 米/秒的飞行高度。

马赫数

又称"Ma数"。流场中某点的速度和该点的当地声速的比值。用符号"Ma"表示。因奥地利物理学家马赫最早使用这一比值而得名。飞行器的飞行马赫数,指飞行器相对于静止大气的速度(空速)与它所处高度上声速的比值。飞行马赫数小于1为亚声速飞行,大于1为超声速飞行,大干5为高超声速飞行。

飞行速度

飞行物体在单位时间内飞过的距离。单位为米/秒或千米/小时。航空器的飞行速度分为空速和地速。相对于空气运动的速度称空速;相对于地面运动的速度称地速。通常说的飞行速度指的是空速。表示飞机不同飞行状态特性的速度,还有最大平飞速度、最小平飞速度、有利速度、巡航速度、离地速度、接地速度等。常用马赫数表示飞行速度的大小,可分为亚声速、跨声速、超声速和高超声速。

军机识别标志

人们将为标示军用飞机的所属国籍而喷涂在机翼、机身或尾翼上的特定标记,习惯上称军用飞机机徽。世界各国均规定了本国的军用飞机机徽。有的采用国旗或军徽的形式,有的按照自己的民族习惯绘制色彩鲜艳的几何形状图案。中国人民解放军建立空军后,军用飞机的识别标志是在红五角星内印金色"八一"两字,即军徽,两侧各配一条镶有金黄色边沿的红带。"八一"表示人民空军是中国人民解放军的一个组成部分,是在陆军基础上壮大发展起来的。两侧的红色长带表示人民空军如战鹰般展翅奋飞,翱翔祖国蓝天的雄姿。

炮 兵

火炮

以火药为能源发射弹丸,口径在20毫米以上的身管射击武器。是军队实施火力突击的基本装备。火炮种类较多,配有多种弹药。可对地面、水上和空中目标射击,歼灭、压制有生力量和技术兵器,摧毁各种防御工事和其他设施,击毁各种装甲目标和完成其他特种射击任务。火炮通常由炮身和炮架两大部分组成,炮身由身管、炮尾、炮闩和炮口装置等组成。身管是炮身的主体,用来赋予弹丸初速和飞行方向。炮架由反后坐装置、摇架、上架、方向机、高低机、平衡机、瞄准装置、下架、大架和运动体等组成。反后坐装置是将炮身与炮架构成弹性连接的装置,包括驻退机和复进机。摇架是炮身后坐复进的导轨,也是起落部分(包括炮身、反后坐装置和摇架)的主体。

炮身

火炮用于发射弹丸的部分。一般由身管、炮尾、炮闩等组成,是火炮的重要部分。身管用于容纳弹药,赋予弹丸初速和飞行方向。线膛身管可使弹丸旋转,以保持飞行中的稳定。炮尾用于容纳炮闩,通过螺纹或圆弧凸起与身管尾部相连,并连接反后坐装置。一些火炮的炮尾还有平衡火炮起落部分重力与减小炮架受力的作用。炮闩用于闭锁炮膛,击发炮弹底火,抽出发射后的药筒。为了减少火炮后坐能量,有些火炮装有炮口制退器。身管是炮身的主体。按其内壁有无膛线,可分为线膛身管与滑膛身管。按身管壁结构可分为单筒身管、紧固身管及活动身管。

炮架

支撑炮身并使其便于射击与移动的各部件组合体的总称。是火炮的组成部分。一般由摇架、反后坐装置、上架、高低机、方向机、瞄准装置、平衡机、防盾、下架、大架、运动体及辅助装置等组成。最初的炮架是一种木制的活动支架。炮身置于支架上,火炮射向是固定的。15世纪使用了炮耳轴与简易轮式炮车。法国首先应用可固定大架的双轮前车,用牲畜牵引。17~18世纪,欧洲各国普遍使用金属炮架。19世纪美国应用螺杆式高低机,赋予火炮射角。法国制成反后坐装置,火炮由刚性炮架改为弹性炮架。第二次世界大战中,普遍使用开脚轮式炮架与橡胶轮。此后,炮架更加趋向轻型化、自动化与通用化。

滑膛炮

身管内壁无膛线的火炮。发射后弹丸的稳定飞行靠炮弹尾翼保持。最早的火炮都是前装滑膛炮,从炮口装填弹药,发射球形实心弹或球形爆炸弹。因滑膛炮的炮弹与炮膛弥合不严,火药燃气外泄,火药推力减小,因而射程近,射击密集度差。19世纪中叶以后,线膛身管在火炮上广泛使用,滑膛身管仅在迫击炮、无坐力炮和部分反坦克炮上使用。然而滑膛炮发射尾翼稳定脱壳穿甲弹,可充分发挥穿甲弹比动能,有效地击毁坦克;发射尾翼稳定碎甲弹,可提高对直射距离内目标的命中率和碎甲效果。所以20世纪50年代以后,滑膛反坦克武器重新受到重视。70年代,中国研制了1973年式100毫米滑膛反坦克炮并装备部队。

榴弹炮

一种身管较短、初速较小、弹道较弯曲的火炮。身管长与口径之比较小，装药号数较多，既可进行低射界射击，也可进行高射界射击，具有较好的火力机动性能。适用于对遮蔽物后的目标及水平目标射击。主用弹为杀伤弹、爆破弹和杀伤爆破弹，还配用破甲弹、碎甲弹和特种弹。按运动方式分为牵引式和自行式两种。17世纪末，欧洲把使用大射角发射爆炸弹的短管火炮称作榴弹炮。18世纪的榴弹炮，身管长多为7~16倍口径，最大射角为20°~30°，射程在1000米左右，装药号数不少于12个。第一次世界大战前，榴弹炮有多种口径，有的射程达到8.2千米，初速达到300米/秒，身管长为11.4~23倍口径，最大射角为40°~70°。最小射角为-10°~-2°。第二次世界大战前，有的榴弹

榴弹炮

炮的射程为18千米，身管长达28倍口径，装药号数减少到10个以内。现代榴弹炮炮身长已达口径的52倍，最大射角达75°，发射增程弹时最大射程可达50千米。有些榴弹炮已具有加农炮的性能。

反坦克炮

主要用于毁伤坦克及其他装甲目标的火炮。旧称"战防炮""防坦克炮"。它初速高、直射距离远、射速快、射角范围小、火线高度低，是重要的地面直瞄反坦克武器。配用的弹种有破甲弹、穿甲弹和碎甲弹等。按炮膛结构分为滑膛式和线膛式。按机动方式分为牵引式和自行式，轻型反坦克炮还可用飞机、直升机空运。反坦克炮的构造与一般火炮基本相同。第一次世界大战时，坦克装甲的厚度仅为6~25毫米，用步兵炮或野炮射击可毁伤坦克。战后，随着坦克的发展，专用反坦克炮应运而生。第二次世界大战时，中型坦克装甲厚度为40~100毫米，重型坦克则为152毫米。各参战国装备了口径50~100毫米的反坦克炮，穿甲厚度达到70~150毫米。自行反坦克炮的出现，明显地提高了火炮的机动性能和作战效能。战后一段时间，反坦克炮在一些国家曾停止发展。20世纪70年代以后，战场上各类快速机动的装甲目标增加，先后出现复合装甲、屏蔽装甲及反应装甲等新技术，一批新型反坦克炮随之面世，出现了发射尾翼稳定脱壳穿甲弹和炮射导弹的滑膛反坦克炮，破甲效力显著提高。

自行火炮

同车辆底盘构成一体，靠自身动力机动的火炮。与牵引火炮相比，它越野性能好，进

出阵地快,行军战斗转换迅速,多数有装甲防护,战场生存力强,便于和坦克、步兵战车协同作战。自行火炮主要由武器系统、车辆底盘和防护装甲组成。自行火炮还装有无线电台、车内通话器和灭火装置等设备。自行火炮的炮种较多,主要有榴弹炮、迫击炮、反坦克炮、高射炮和火箭炮。按行动装置的结构,分为履带式和轮式;按装甲结构,分为封闭式、半封闭式和敞开式。封闭式炮塔通常可圆周旋转,方向射界为360°,并具有浮渡能力和三防能力。自行火炮的装甲比坦克薄,火炮口径和俯仰范围比坦克大。自行火炮出现于第一次世界大战期间。第二次世界大战时,随着坦克的普遍使用,自行火炮迅速发展。第二次世界大战后,美国等国家把发展自行火炮列为重点,先后研制出四代自行火炮。1980年,美国装备了M109A2式155毫米自行榴弹炮,身管长为口径的39倍,射程达18100米和24000米(火箭增程弹),携弹量由28发增至36发。中国于50年代末开始研制130毫米轮式自行火箭炮。

牵引火炮

靠车辆牵引而运行的火炮。与自行火炮相比,它结构简单,易于操作,造价低,维修方便,但越野性能差,行军战斗转换慢,无装甲防护。牵引火炮均有运动体和牵引装置,早期牵引火炮有的还带有前车。第一次世界大战期间,开始使用汽车或拖拉机牵引火炮,以替代骡马驮载和挽曳。第二次世界大战时,机械车辆牵引成为火炮运动的基本方式,自行火炮也得到较快发展。70年代以来,各国在发展自行火炮的同时,也研制一些新型牵引火炮。

迫击炮

是火炮中个头最小,使用最为灵活、轻便的,适于伴随步兵隐蔽行动。迫击炮射击时,使用的射角大,弹道特别弯曲,因此能近距离和隔着障碍物命中目标。现代迫击炮由于重量轻,操作简单,适合于射击近距离的隐蔽目标,甚至可以从楼房的一侧越过楼顶向另一侧射击。目前迫击炮的发展也很快,出现了后装的线膛迫击炮,以及曲射平射两用的迫击炮,还有自动连发的迫击炮等。人们通常将口径60毫米以下的迫击炮称为小口径或轻型迫击炮。迫击炮的最大射程为500~2600米,装备在连、排或步兵班。口径60~100毫米的迫击炮被称为中口径或中型迫击炮,最大射程为3000~6000米,装备在营、连一级。口径100毫米以上的迫击炮则被称为重型迫击炮,最大射程5600~8000米。

高射炮

从地面对空中目标射击的火炮。简称高炮。是高射炮系统的重要组成部分。它炮身长,初速大,射速快,射击精度高。在必要时高射炮也可用于对地面目标或水面目标射击。高射炮按运动方式分为牵引式高射炮和自行式高射炮。按口径分为小口径高射炮、中口径高射炮和大口径高射炮。小口径高射炮指口径小于60毫米的高炮。所用弹丸一般配用触发引信,靠直接命中毁伤目标,有的配用近炸引信,靠弹丸破片毁伤目标。中口径高射炮指口径为 60~100 毫米的高炮。大口径高射炮指口径超过 100 毫米的高炮。高射炮的瞄准方式一般有自动瞄准、对针瞄准、半自动瞄准和直接瞄准四种方式。第一次世界大战前夕,德国和法国首先研制出高射炮。第二次世界大战后,各国发展的新一代高射炮的性能有了很大提高。60 年代以来,作战飞机为避开地空导弹的火力,多采取低空突防的方式,各国因此发展了口径在 20~40 毫米之间的多种小口径高射炮。80 年代以来高射炮的自动化程度和对空作战效能均提高到新的水平,进一步增强火力,发展新弹药和新型火控系统,以增大战斗效能。

火箭炮

引燃火箭弹发动机点火具,赋予火箭弹初始飞行方向的多发联装发射装置。火箭弹靠自身发动机的推力飞行。火箭炮发射速度快,火力猛烈,突袭性好,有较好的机动能力和越野能力,因射弹散布大,多用于对面积目标射击。发射时火光大,易暴露阵地。主要配用杀伤爆破火箭弹,用于歼灭、压制有生力量和技术兵器,也可配用特种火箭弹,用于照明、施放烟幕和布设地雷。比较知名的有苏联的"喀秋莎"火箭炮、法国的"哈法勒"火箭炮、中国的 1981 年式 122 毫米火箭炮等。

火箭炮

炮兵侦察车

炮兵用于观察战场、侦察目标、测定炸点位置的专用车辆。多为装甲车型。车内装有观测器材、通信器材、电子计算机以及用于测定车体自身位置的定位定向设备,车上还装有自卫武器。乘员一般为 4~5 人,以在车上进行侦察为主,有的还可将主要的侦察、通信器材搬下车来使用。炮兵侦察车始用于第二次世界大战期间。20 世纪 70 年代以来的炮兵侦察车上多装有激光测距机、电子计算机、数据显示及传输设备,有的还装有活动目标侦察校射雷达和修正车体倾斜用的传感器。多数炮兵侦察车有三防装置。美国 80 年代研制和装备部队的 FISTV 炮兵侦察车,可用于目标侦察和定位,还可用于对激光制导武器的制导。

炮队镜

用于观察和测角的潜望式双目光学仪器。旧称剪形镜。炮兵主要用它观察战场、侦察地形、搜索目标、观察射击效果和测定炸点偏差量。必要时也可用于测定炮阵地、观察所的坐标。炮队镜由镜体、三脚架和附件组成。镜体由双筒潜望镜、方向测角机构和高低测角机构构成,是炮队镜的主体。双筒潜望镜用于观察、瞄准和测角。多数炮队镜的两个潜望镜筒可绕铰链轴转动,在 0°~180°范围内构成任意张角,有利于增强体视感,便于隐蔽作业。炮队镜出现于 19 世纪末。第一次世界大战期间,炮队镜装备的数量和型号较多,是炮兵的主要观察器材。第二次世界大战以来,炮队镜型号有所减少,性能进一步提高,有的炮队镜还增装定向用的磁针盒。有的国家的军队已用侦察经纬仪代替炮队镜。

侦察经纬仪

用于侦察的具有潜望性能的经纬仪。炮兵主要用它测角、定向,侦察敌情、地形,测定目标坐标,测定炸点偏差量,赋予射向。还可用于测定炮兵观察所和炮阵地的坐标。侦察经纬仪出现于第二次世界大战期间,它由镜体、三脚架和附件组成。

火炮射角

射线与水平面的夹角。它是对应于射距离的高角、高低角和高角修正量的代数和或高角和高低修正量的代数和。在初速一定的条件下,能取得最大射程的射角称为最大射程角,通常在 45°左右。用小于最大射程角的射角射击时,称低射界射击,此时射角越大,射程越远;用大于最大射程角的射角射击时,称高射界射击,此时射角越大,射程越近。炮兵射击前,根据火炮至目标的距离和高差以及当时的射击条件,可以用射表、炮兵射击指挥作业器材、炮兵射击计算器、计算机、高炮射击指挥仪等求得平均弹道通过或接近目标预定部位所需的射角,或者在火炮瞄准装置上装定相应于射距离的分划,向目标直接瞄准,即赋予了炮身射角。

炮兵射向

同一炮阵地上的数门火炮对同一目标射击时,各炮身轴线铅垂面所构成的互相协调的方向。通常以炮兵连为单位构成。对于单个射击武器,是指射击时炮身(或枪身)轴线的铅垂面所指的方向。炮兵射击所采用的射向一般有 3 种:各炮方向统一指向目标某部位所构成的集火射向;各炮方向互相平行所构成的平行射向;将目标正面等分成与连内炮数相等的数段,各炮分别指向每段目标中央所构成的适宽射向。有的国家的炮兵采用"特殊射向",即参加射击的每门火炮用各自的方向、射角和引信分划射击,使炸点在特定的几何形状幅员中均匀分布的一种射向。有的还使用,"有效杀伤射向",即相邻两炮的射向间隔等于一发炸点的有效杀伤正面的射向。高射炮兵对空射击时采用平行射向或集火射向。

装甲兵

轻型坦克

战斗全重一般为 20 吨以下的坦克。具有较强的火力、高度的机动性和一定的防护力。主要装备坦克部队和机械化步兵(摩托化步兵)部队的侦察分队、空降兵和海军陆战队。最早出现于第一次世界大战期间。

步兵战车

供步兵机动和作战用的装甲战斗车辆。主要用于协同坦克作战,也可独立遂行任务。在机械化步兵(摩托化步兵)部队中,装备到步兵班。步兵可乘车战斗,也可下车战斗。步兵下车战斗时,乘员可用车上武器支援其行动。步兵战车最早出现于 20 世纪 50 年代。按结构分,有履带式和轮式两种,除底盘不同外,总体布置和其他结构基本相同。履带式步兵战车越野性能好,生存能力较强,是现代装备的主要车型。轮式步兵战车造价低,耗油少,使用维修简便,公路行驶速度高,有的国家已少量装备部队。

装甲指挥车

设有较宽敞的指挥室,并配备多种无线电台和观察仪器的轻型装甲车辆。有履带式和轮式两种。主要装备坦克和机械化步兵(摩托化步兵)师、团,用于作战指挥。第一次世界大战期间,一些国家利用坦克改装成装甲指挥车。第二次世界大战期间。英、美、德、法等国曾用履带式、半履带式和轮式装甲车辆改装成指挥车,车上一般不安装武器,通信设备的品种较少,性能较差,使用也不方便。战后,特别是 60 年代以来,装甲指挥车的性能得到提高,较好地保证了指挥员在机动作战中实施不间断指挥。中国在 60 年代试制过轮式和履带式装甲指挥车,70 年代以来,研制了配有不同类型通信设备的 81 式、81A 式、81B 式履带式装甲指挥车,并于 80 年代陆续装备部队。

装甲通信车

装有多种通信设备的轻型装甲车辆。用于保障部队指挥、协同等通信联络。主要装备坦克师、团及机械化步兵(摩托化步兵)部队的通信分队。有履带式和轮式两种。通常由装甲输送车或步兵战车等轻型装甲车辆变形而成。能在停止和运动间执行通信勤务,通常配置在指挥所附近。乘员 3~8 人。最早出现于第一次世界大战期间。中国于 80 年代也开始研制和生产装甲通信车。

坦克架桥车

装有制式车辙桥及其架设、撤收装置的装甲保障车辆。亦称装甲架桥车或冲击桥。多为履带式。通常用于在敌火力威胁下快速架设车辙桥,保障坦克和其他车辆通过防坦克壕、沟渠等人工或天然障碍物。现代坦克架桥车有剪刀式和平推式两种。主要装备坦克部队和机械化步兵(摩托化步兵)部队的工兵部队、分队。坦克架桥车桥体与其他军用制式桥相比,结构较简单,行军状态外廓尺寸小,架设和撤收迅速可靠,桥梁跨径较大。平推式桥架桥姿态低,隐蔽性好;剪刀式桥架桥姿态高大,易被敌方发现、击毁。

装甲救护车

备有制式担架,医疗设备、器械和药品的装甲保障车辆。有履带式和轮式两种。用于野战条件下救护和运送伤员。主要装备坦克部队和机械化步兵(摩托化步兵)部队的后勤分队。通常由轮式装甲车辆或履带式装甲车辆底盘变形而成。通常有乘员 2~3 人,医护人员 1~2 人。其装甲可防普通枪弹和炮弹破片。车内设有救护舱,舱内可容纳带担架的卧姿重伤员 2~4 人,或坐姿轻伤员 3~8 人,也可轻、重伤员混载。在救护舱内,通常能进行急救处置,有的还可进行急救性外科手术。20 世纪 70 年代以来,装甲救护车得到较广泛使用。中国于 1982 年在 63 式履带装甲输送车底盘上发展了 YW-750 和 WZ-751 两种装甲救护车。1991 年在 89 式装甲输送车基础上,发展了 WZ-752 装甲救护车。

坦克运输车

主要用于运载坦克及其他履带式装甲车辆,实施远距离机动的轮式保障车辆。也可用于运载其他重型装备。其特点是输送快速,节省被运车辆的时间,减少其推进系统机件的磨损,并避免履带行军损坏路面。按载重级别可分为重型(载重量大于 45 吨)、中型(载重量 25~45 吨)和轻型(载重量小于 25 吨)。按装载方式可分为固定平板式和活动平板式。第一次世界大战时,法军曾用卡车运输"雷诺"FT-17 轻型坦克。20 世纪 30 年代初,美军用卡车改装成坦克运输车。第二次世界大战期间和战后,坦克运输车得到进一步发展和应用。60~70 年代,坦克运输车已成为坦克部队广泛应用的运输工具。70 年代中期,中国开始研制坦克运输车,80 年代初,82 式坦克运输车开始在部队服役,额定载重量为 50 吨,公路最大速度为 65 千米/小时。

坦克三防装置

为坦克内乘员和机件提供对核、化学、生物武器防护的集体防护装置。分为超压式、个人式和混合式三种。超压式三防装置由 Y 射线报警器、毒剂报警器、控制机构、关闭机、滤毒通风装置和密封部件等组成。当坦克遭到核、化学、生物武器袭击时,报警器立即报警,同时,控制机构迅速使关闭机关闭车辆的常开窗、孔,使滤毒通风装置工作,污染空气只能经滤毒通风装置过滤净化后进入车内,供乘员呼吸,并在车内形成超压。乘员不需穿戴个人防护器材,对乘员的操作没有影响,但对车体气密性要求高。个人式三防装置与超压式相比,没有关闭机,但增加了面罩及导气管等设备。当坦克遭到核、化学、生物武器袭击时,报警器报警,滤毒通风装置工作,乘员迅速戴上面罩,由滤毒通风装置供给乘员洁净空气。该装置对车体的气密性无特殊要求,但车内会被污染,且乘员佩戴面罩,操作不便。混合式三防装置是超压式和个人式的有机组合。一般情况下,先在车内形成超压,呈超压式工作状态;当车辆气密性被破坏时,乘员立即戴上面罩,转入个人式工作状态。坦克三防装置出现于 20 世纪 50 年代末,60 年代后被大多数主战坦克所采用。

坦克潜渡装置

保障坦克采用潜渡方式克服深水障碍的器材、设备、装置的总称。一般包括密封器材、进气排气装置、救生设备和排水设备等。其中其救生设备可以保证乘员在 5 米深水下,安全停留 20~30 分钟。第二次世界大战后,各国开始重视坦克潜渡装置的研制和改进。20 世纪 60 年代以来,包括中国在内的一些国家的坦克都逐步配备了制式潜渡装置。

装甲车辆水上推进装置

将传动装置传来的动力通过与水的相互作用转变为推力,保障装甲车辆水上行驶的装置。有划水式、喷水式和螺旋桨式三种。中国于 60 年代初期,装备了用履带划水推进的 63 式装甲输送车和用喷水式推进装置推进的 63 式水陆坦克。

军事战争

战争

人类社会集团之间为了一定的政治、经济目的而进行的武装斗争。它是一种特殊的社会历史现象。按社会形态分,有原始社会末期的战争,奴隶社会、封建社会和资本主义社会的战争等。按使用的兵器分,有使用冷兵器的战争和使用火器的战争,还可分为常规战争和核战争。按规模分,有世界大战和局部战争。按作战空间分,有陆上战争、海上战争和空中战争。按战争性质分,有正义战争和非正义战争。

战争类型

战争类型是指按性质或某一特征对战争所做的基本分类。按规模分为世界大战和局部战争,按性质分为正义战争和非正义战争等。

战争性质

战争在政治上的本质属性。分为正义战争和非正义战争两大类。凡是被压迫阶级、被压迫民族,为反抗反动统治阶级的压迫,抵抗外来侵略,促进社会进步的战争,如革命战争、反侵略战争、民族解放战争、阶级解放战争、自卫战争等,都是正义战争;凡是由反动阶级、反动势力所进行的,镇压和反对人民,对外进行扩张侵略,阻碍社会进步的战争,如反革命战争、侵略战争、帝国主义战争、殖民战争、军阀战争等,都是非正义战争。

战争赔偿

战败国为赔偿因战争给战胜国造成的直接损失,根据和约规定付给战胜国的实物或现金。是战争法的一项规则。战争赔偿是结束战争时缔结和平条约的重要内容之一。由于联合国及其他国际组织发挥作用,战争赔偿这项规则在惩罚侵略者、给战争受害者以合理的补偿方面,将越来越显示出法的尊严。

正规战争

以运动战和阵地战为主要作战形式进行的战争。是同游击战争相对而言的。其特点是高度集中的作战指挥,严密的组织计划,密切的协同动作,统一的后方供应等。它随着正规军队的出现而产生,随着正规军队的发展而发展,是人类战争史上的主要战争样式。

常规战争

使用常规武器进行的战争。是同核战争相对而言的。第二次世界大战末期,美国用原子弹轰炸了日本的广岛和长崎,后来,人们把使用核武器的战争称为核战争,把使用非核武器进行的战争,称为常规战争。今后较长时期内,世界各地发生的战争,一般仍将是常规战争。未来常规战争因其更加现代化而产生许多新的特点,其杀伤破坏力将随之增大,在特定条件下,也可能转化为核战争。

反侵略战争

为维护民族独立、保卫国家主权和领土完整,反对外来占领、奴役和掠夺,或为援助被侵略国家与民族而进行的战争。一切反侵略战争都是正义战争。它是由侵略者的入侵而引起的被侵略、被奴役国家和民族的反抗战争。

高技术战争

交战双方或一方主要使用高技术武器装备及与之相适应的作战方法所进行的战争。是一系列高技术发展并应用于军事的产物。其基本特点是:注重武器装备技术优势的较量;战场的高立体、大纵深、全方位特征突出;作战行动向高速度、全天候、全天时发展;机动战、联合作战成为基本的作战形态;导弹战、电子战等成为基本战法;指挥、控制、通信、计算机、情报、监视与侦察对抗成为军队指挥活动的焦点。

全面战争

实施全面动员,运用军事、政治、经济、文化、外交等各种斗争方式。发挥整体力量,以全力进行的战争。亦指国家集团间以全力进行的大规模战争。"全面战争"这一概念是由马克思、恩格斯在1854年研究欧洲战争形势时首先提出来的。中国人民在中国共产党领导下进行的抗日战争属于全面战争。

局部战争

在一定的地区内,使用一定的武装力量进行的有限目的的战争。与世界大战相对而言。局部战争往往只波及世界的某一地区,在一定范围内对国际形势产生影响。也有人称为"有限战争"。局部战争主要是指低强度战争,其中包括地区性武装冲突,游击战与反游击战,叛乱与反叛乱,中、小规模武装入侵与反入侵等。局部战争的特点主要表现在:战争与政治的联系更加直接;战争在目的、规模、时间、空间等方面是有限的;战争的爆发多具有突然性;大量使用新式武器。在长时期内世界大战没有爆发的情况下,局部战争仍将是主要的战争形态并将长期存在。局部战争与世界大战虽然没有必然的因果联系,但在一定条件下,也可能转化为世界大战。未来某些局部战争可能对全世界产生重大影响。

总体战争

综合运用国家一切力量进行的战争,亦称总体战。这一理论的首创者之一是德国的 K. 希尔。总体战争理论成为帝国主义发动侵略战争的重要指导思想。第二次世界大战中,法西斯德国侵略波兰、苏联等国的战争,日本军国主义的侵华战争,都是以总体战争思想为指导的,除军事进攻外,还推行政治诱降、经济封锁、文化欺骗、疯狂掠夺战略物资和劳力、大量屠杀民众,给受害国家带来深重灾难。战后,许多国家也都强调进行综合国力的战争。

核战争

以核武器为打击手段的战争。相对于常规战争而言。核战争尚缺乏实战经验,现时只是一种处于探讨中的战争样式。核武器具有巨大的杀伤破坏力,将极大地改变战争的形态。核战争虽仍将遵循战争的一般规律和基本原理,但它具有与常规战争显著不同的特点和规律:破坏性巨大;突然性更大;战争范围大,立体性更强;战场变化急剧,战争进程加快;电子对抗更加激烈;保障任务繁重;组织指挥复杂。

特种战争

美国在20世纪60年代采用的一种规模小于有限战争的战争形式。它被认为是60年代最常见和发生的,与核战争、有限战争并列的第三种战争形式。目的是为了镇压亚、非、拉人民民族解放运动。是美国灵活反应战略的组成部分。

越南战争的前期阶段就是根据特种战争思想进行并逐步升级的特种战争。80年代初,美国国防部赋予特种作战以特定含义:为达成国家的军事、政治、经济或心理目的,由经过特种训练、装备和编制的国防部所属部队对战略或战术目标实施的军事行动。

游击战争

以游击战为主要作战形式的战争,是相对于正规战争而言的。游击战争是群众性的战争。是人民战争的体现。其基本特点是以正规军为主力,依靠人民群众进行战争,利用有利的地理条件消耗、消灭敌人,一般用袭击的形式表现其进攻,战法不拘一格,作战行动具有很大的独立性和分散性。通常是人民革命力量在比较弱小的情况下,为了战胜强大的敌人而采取的一种武装斗争形式。

世界大战

对立的国家集团间进行的世界规模的战争。交战双方最大限度地运用军事手段,并以经济、政治、文化、外交等斗争形式相配合。战争波及世界广大的陆地、空域和海洋,对人类生活与社会发展进程,产生极为重大的影响。20世纪上半叶,爆发了两次世界大战,即1914～1918年的第一次世界大战和1939～1945年的第二次世界大战。

冷战

第二次世界大战后,美国等西方国家对社会主义国家进行的除直接武装进攻以外的一切敌对活动的统称。其中包括:意识形态的激烈对抗,东西方关系长期紧张,军备竞赛逐步升级等。冷战概念是由美国参议员巴鲁克在1946年初的一篇演说中首先提出的。1947年3月12日,美国总统杜鲁门提出的国情咨文标志着美国对苏联正式奉行"冷战"政策。1947年9月,美国李普曼出版了题为《冷战》的小册子。"冷战"一词开始广为流行。1991年底苏联解体后,美苏冷战关系遂告结束。

阵地战

军队依托阵地进行防御或对据守阵地之敌实施进攻的作战形式。包括坚固阵地攻防作战、野战阵地攻防作战、城市阵地攻防作战和海岸、海岛的阵地攻防作战等。其主要特点是作战线相对稳定,准备充分,各种保障比较严密。在现代条件下,阵地攻防作战空间大,立体性、整体性、机动性增强,攻防作战转换迅速。进攻一方使用强大的火力,以坦克、机械化部队的突击与武装直升机的突击、空降兵的垂直包围相结合,实施高速度、大纵深的立体进攻,有的国家的军队还可能进行化学、生物武器袭击;防御一方的防御体系更加完善,将依托坚固阵地,采取多梯队、大纵深、隐蔽疏散的立体作战部署,使阵地防御符合打坦克、打飞机、打空降和防空、防炮、防导弹以及防核、防化学、防生物武器袭击的要求,增强防御的积极性和稳定性。

运动战

正规兵团在长的战线和大的战区内进行战役和战斗时采取的外线速决进攻战的作战形式。有的称为机动战。这种作战,也包括起辅助作用的运动防御和阵地攻防。其特点是:正规兵团,战役和战斗的优势兵力,进攻性和流动性。运动战主要是执行歼灭任务。它有利于发挥人民战争的巨大威力和人的主观能动性,是大量歼灭敌人有生力量,转变战争形势,夺取战争胜利的有效作战形式。

游击战

分散流动的作战形式。它以袭击为主要手段,出没无常的攻击和袭扰敌人,达到歼灭敌人或消耗敌人有生力量的目的。是一种非正规作战,无固定的作战线,具有更大的主动性、灵活性、进攻性、速决性和流动性。游击战通常不能决定战争命运,它的战略任务是辅助正规战和把自身发展成为正规战,以夺取战争的最后胜利。

生物战

旧称"细菌战"。使用生物武器伤害人畜、毁坏农作物的一种作战形式。旧称细菌战。在作战中,通过各种方式施放生物战剂,造成对方军队和后方地区传染病流行,大面积农作物坏死,从而达到削弱对方战斗力,破坏其战争潜力的目的。如德国军队在第一次世界大战期间利用马鼻疽杆菌、炭疽杆菌袭击协约国军队的人员和马匹,这是最先在战争中使用生物武器。

心理战

运用心理学的原理,从精神上瓦解敌方的一种作战形式。又称心理作战。中国古代兵法中提到的"攻心""夺心""心战"等就具有心理战的含义。它不是直接用军事手段消灭敌人,而是通过大量的信息传递,瓦解敌方士气,削弱其抵抗意志,使其放弃抵抗,逃避战斗乃至缴械投降。中国历史上刘邦运用的"四面楚歌"以及诸葛亮的"七擒七纵"等均是古代用兵"攻心为上"的成功战例。心理战从目的上可分为战略性心理战和战役战术性心理战;从性质上可分为进攻性心理战和防御性心理战;从范围上可分为政治心理战、经济心理战、外交心理战、文化心理战等。心理战在军事斗争中起着越来越重要的作用。

化学战

使用化学武器杀伤人畜、毁坏植物、污染环境的作战形式。它是以火炮、飞机、导弹等投射或特种器械施放毒剂,造成广大的染毒空间,通过多种途径杀伤、疲惫对方有生力量,迟滞阻碍对方作战行动,削弱其战斗力。化学战受气候、地形的影响较大。化学战是帝国主义战争的产物。第一次世界大战中,德军为了突破英法联军筑垒阵地防御,曾在比利时伊普尔战线前沿6公里正面上。预先布设约6000具装有液氯的吹放钢瓶,利用有利的气象条件,向对方阵地吹放氯气。结果造成约15000人中毒,其中近5000人死亡,阵地被突破8~9公里的缺口。此后,英、法等国军队也相继在作战中使用毒气。日军在侵华战争中频繁地使用化学武器,造成很大伤亡。法西斯德国也准备了大量毒剂,由于苏、美、英等国在化学攻击和化学防护方面已有准备,才未在战场上使用。第二次世界大战后,美军在侵略朝鲜、越南战争中,使用了化学武器。虽然此后国际社会为禁止化学武器进行了不懈努力,但化学武器的研究和发展从未中断,化学武器的扩散和使用仍有可能。化学战的威胁仍然存在。

环境战

利用人为地改变环境状态所产生的能量,以达成军事目的的一种作战形式。亦称地球物理战。其内容主要包括制造云雾、风暴、雷电、磁暴、暴雨、洪水、泥石流、山崩、地震、海啸,焚烧植被,改变大气层电磁性质以及破坏臭氧层等。目的在于创造有利于己不利于敌的作战条件,或直接杀伤敌人,以便加速作战进程。

中国古代兵书中的水攻、火攻就是环境战的雏形。20世纪50、60年代,美国在侵朝和侵越战争中,对朝鲜和越南农业区的重要堤坝狂轰滥炸,造成洪水泛滥,农业减产,粮食供应困难。美军在越南战争中还秘密进行了长达7年的人工降水作业,目的是破坏交通。阻碍越南人民军的部队调动和物资输送。1976年12月10日,联合国大会通过了《禁止为军事或任何其他敌对目的使用改变环境的技术的公约》。但在未来的战争中,交战双方在有利于己的情况下,运用改变环境的技术达成某种战术或战略目的,可能成为现实,并可能把改变环境的技术与化学武器、生物武器配合使用,以增强其杀伤效能。

信息战

信息战是指敌对双方在信息领域的对抗活动。目的是夺取制信息权。主要包括电子战、网络战等。

军事战略

战略

筹划和指导战争全局的方略。即根据对国际形势和敌对双方政治、军事、经济、科学技术、地理等诸因素的分析判断,科学预测战争的发生与发展,制定战略方针、战略原则和战略计划,筹划战争准备,指导战争实施所遵循的原则和方法。其基本特性表现在:全局性、阶级性、对抗性、预见性和谋略性。"战略"一词,在中国最早见于西晋初史学家司马彪所著《战略》一书。19世纪末,中国开始用"战略"翻译西方的"strafegy"一词。

国家战略

指导国家各个领域的总方略。其任务是依据国际国内情况,综合运用政治、军事、经济、科技、文化等国家力量,筹划指导国家建设与发展,维护国家安全,达成国家目标。"国家战略"概念来源于大战略。第二次世界大战中,英国的"大战略"概念传入美国,到战后逐渐演变成为国家战略,并将其正式列为美国军事术语。80年代以后,中国学术界也开始了对国家战略的探讨,主要是从区别于大战略的意义上来认识和使用国家战略概念的。

核战略

筹划和指导军队核力量发展和运用的方略。亦称核战争战略。研究和解决的问题,主要是:核力量建设的方针、原则;核力量运用的基本原则;核战争的可能性、爆发的条件、特点、样式和作战方法;核打击目标的方针及其运用;核力量的指挥与控制;对核战争的心理准备;核军备控制等。核战略从属于军事战略,并受它的制约和指导。

战略目的

战略行动所要达到的预期结果。是战略意图的集中体现,也是制定战略计划、确定战略部署、选择战略行动的样式与方式的重要依据。通常可分为总的战略目的,各战争阶段的战略目的,各战区的战略目的和各军种的战略目的等。

战略方针

指导战争全局的方针。是军事战略的核心和一切军事行动的基本依据。可分为统管战争全局和全过程的战略总方针，与指导不同战争阶段和不同战区的具体战略方针。战略总方针稳定性较大，阶段性或战区性战略方针则随着战争阶段或战局的变化而改变。战略方针的正确与否，对整个战争进程，乃至战争的胜负，有着决定性的意义。

战略决策

对关系战争全局问题做出的决定。一般内容包括确定作战对象、战略方向、战略方针、战略任务、战略步骤、作战方法和作战手段等。它是战争指导者的一项基本任务，是战争活动中主观指导的集中表现。战略决策正确与否，直接关系到战争的成败。战略决策具有针对性、全局性、时效性、应变性、风险性等特点。

战略部署

为达成一定的战略目的，对武装力量所做的任务区分、兵力编组和配置。是战略指导的重要组成部分。战略部署的内容通常包括：对武装力量进行必要的编组，明确作战方向、各作战集团的任务，一线、二线、战略预备队的配置，战略后方建设和战场建设，以及其他与战争直接相关力量的部署等。

战略方向

对战争全局有重要影响的作战方向。它是指向战略目标，有一定纵深和宽度，包括地面及其相关空域、海域、太空的多维空间。战略方向有主要方向和次要方向之别。在同一时间内，主要战略方向只应有一个。主要战略方向是敌对双方斗争的焦点，是力量使用的重心，对达成战略目的起决定性作用。因而确定主要战略方向是战略指导的首要问题。次要战略方向对主要战略方向起辅助和配合作用，其作战行动的成败对主要方向有直接的影响，因此在重点关照主要方向的同时，也要适当照顾次要方向。主要战略方向与次要战略方向是相对稳定的，但在一定条件下也有可能变换。

战略原则

指导战争全局的原则。是制定战役、战术原则的依据，对战争的胜负有着决定性的意义。古代提出的各种用兵之法，其中就包含有战略原则。随着战争的发展和长期实战经验的积累，战争指导层次区分越来越细，才形成专门的战略原则。随着现代兵器的发展，作战形式将有新的发展，不仅陆地、海洋、空中作战会出现新的战略原则，核战和天战也将出现独特的战略原则。

战略资源

对战争全局起重要作用的人力资源、自然资源和人工资源的统称。是准备和进行战争的物质基础,决定一个国家支持战争的潜在能力,并直接影响战争的进程和结局,同时也是制定国家战略和军事战略的重要依据。战略企图超出战略资源的极限,必然会使续战能力递减,最后招致战争的失败。随着科学技术日新月异的发展,战略资源的结构不可避免地要发生新变化:除了钢、铁、铜、铝之外,塑料、陶瓷、超级金属等将成为重要的战略物资,再生战略资源将会逐渐增多。核能、太阳能、地热等将被广泛运用。信息资源和太空资源将成为重要的战略资源,并得到进一步开发和利用。战略资源开发区域将从陆地扩展到海洋。人力资源的地位更加突出,特别是智力资源的开发将受到高度重视。

战略侦察

为获取国家安全和战争全局所需情报而进行的侦察。是进行战略决策、制定战略计划、筹划和指导战争的重要保障。通常由高级指挥机关组织。19世纪以前,许多国家实施战略侦察,主要是派遣间谍了解对方情况,而且战略侦察与战役侦察、战术侦察没有明显的区别。第一次世界大战时,随着战争规模的扩大,战略侦察随之独立出来。实施战略侦察的方式和手段主要有:谍报侦察、无线电技术侦察、航空侦察、海上侦察、航天侦察、预警雷达侦察以及搜集研究公开资料等。

战略纵深

战略部署的纵向深度。也指战略部署的纵深地区。战略纵深地区通常部署有大量战争预备力量。设有重要的军事基地。是人力、物力资源的重要基地和前方作战的依托,对支持战争、保障战略全局的稳定有重大意义。现代条件下作战,随着战场空间的增大,作战行动在全纵深进行,后方安全将受到直接威胁,使得战略纵深地区的地位进一步提高。加强对战略纵深的防卫和建设,已成为战略指导的重要内容。

战区

为执行战略作战任务而划分的区域和设置的军事组织。又称战略区。按作战任务可分为主要战区和次要战区,按地理位置可分为大陆战区和海洋战区。一般以战区领导机关所在地或辖区地理方位命名。战区内设有领导指挥机构,部署有相应的兵力、兵器,建有军事交通及其他设施,是一个由军事、政治、经济、自然地理条件等要素组成的完整的区域性作战实体;是介于统帅部与战略战役军团之间的军队指挥机构。

战略突袭

出敌不意发起的战略性突击。多用以发动战争，也用于战争过程中。其目的是在短时间内瘫痪敌防御体系，摧毁其抵抗意志，歼灭其有生力量，夺取战略主动权。它对战争初期的胜负和改变战略力量对比有重大影响。如第二次世界大战期间，法西斯德国以"闪击战"对波兰、荷兰、法国等国实施了战略突袭。取得了成功。在现代条件下，随着核武器和远程运载工具的出现，战略突袭具有决定战争进程和结局的重大作用，它是发动战争的主要方式。

战略防御

在战争全局上的防御。是战略行动的基本类型之一，也常成为战争的一个阶段。目的是保存和积累力量，消耗、消灭敌有生力量，改变战场形势和双方力量对比，为转入战略进攻创造条件。通常是实行防御战略的国家和军队，在力量对比上处于劣势时采用；实行进攻战略的国家和军队，在战争的一定时间内或一定方向上，特别是当其进攻被打破后，也会采取或转入战略防御。

战略进攻

对战略防御之敌实施的全面性进攻，或为达成战略目的而在一定方向和地区对敌实施的进攻。它是战略行动的基本类型之一，是大量歼灭敌方有生力量，夺取或收复领土（领海、领空）的主要手段。对实现战争目的的起着决定性的作用。战略进攻可能在战争开始时实施，也可能在战争过程中实施。

战略反攻

对战略上处于进攻态势的敌方实施的战略性的进攻行动。是积极防御的重要内容，通常也是战略防御的最后阶段。它是战略防御转入战略进攻的过渡形式，带有战略进攻前夜的性质。在战略防御中要彻底打败敌方进攻，必须在条件具备时举行战略反攻。战略反攻有局部性反攻和全局性反攻两种。

战略决战

敌对双方使用主力进行决定战争胜负的作战。其主要目的是夺取战争的决胜权。有时根据需要，也可在歼灭敌方主力的同时，夺取或控制对方的政治、经济命脉。在战争进程中，握有战略主动权的一方通常主动进行决战，并寻机及早进行决战；在战略上处于被动的一方一般尽量避免决战，要经过一段歼敌的过程，创造决战条件后再进行决战。

战略决战是战争中最激烈、最复杂、最艰难的阶段,关系到战争的前途和国家的命运。战略决战的基本原则主要是:避免不利决战,执行有利决战;把握时机,果断坚决地实施决战;正确选择决战空间和目标;充分准备,周密计划,慎重初战;密切协同,各种斗争形式相互配合;集中优势兵力,逐个歼灭敌人。囝美国军事研究机构:兰德公司

"兰德"是英文"研究"与"发展"两词的缩写。它是世界闻名的智囊机构。兰德公司位于加利福尼亚州濒临太平洋的圣蒙尼市,其前身为美国道格拉斯飞机公司的一个研究机构,1948 年改称兰德公司。兰德公司分有太空科学、计算机科学、电子学、军事学、社会科学与组织运用等部门,所有研究的题目 95%属于纯军事性质,题目绝对保密。该公司对于美国军事决策起过重大作用。目前,该公司已成为战略咨询研究公司,从事政治、军事、经济、科技、社会等多方面研究。

制空权

交战一方在一定时间内对一定空域的控制权。有的国家称空中优势。制空权是随着航空技术和防空兵器的发展而产生、发展起来的。第一次世界大战开始后,交战双方使用飞机从事侦察和炮兵校射。为制止对方侦察,出现了空战的飞机——歼击机。到第一次世界大战后期,飞机用于战略轰炸,也用于对地面军队进行火力支援,争夺制空权的斗争随之出现。第二次世界大战中,德军对波兰、法国、荷兰、比利时以及苏联等国的入侵,都是首先使用大量航空兵突击对方机场夺取制空权,从而有效地保障了突然袭击的成功。现代战争立体化程度愈来愈高,交战双方争夺制空权的斗争贯穿于战争的全过程,争夺制空权的斗争已成为现代战争的重要组成部分。

制海权

交战一方在一定时间内对一定海洋区域的控制权。制海权丧失则意味着失去海上作战的自由,对于主要依赖海洋的国家,还可能导致战争的失败。第一次世界大战中,德国潜艇与英美反潜舰艇争夺海洋交通线控制权的斗争,使英国丧失了海上霸主的地位。第二次世界大战中,大西洋争夺战主要表现为潜艇战与反潜战,而太平洋上的制海权斗争则主要是美日航空母舰编队的多次决战和美国进行的海上封锁。战争实践表明:制海权斗争已成为多维空间的斗争,航空母舰取代战列舰成为争夺制海权的主力。在未来战争中,随着远射程、大威力的精确制导武器系统的发展及新型舰艇不断出现,夺取制海权的斗争将更加紧张激烈。

国防

国家为防备和抵抗侵略、制止颠覆,保卫国家主权、领土完整和安全,而进行的军事活动以及与军事有关的政治、经济、外交、科技、教育等方面的活动。包括国防建设与国防斗争。有边防、海防、空防等。国防是国家的重要职能之一。现代国防的主要内容包

括:国防体制、国防战略、国防政策、国防力量、国防科技、国防工业、国防工程、国防教育、国防动员、国防法规以及与国防有关的其他方面的建设和斗争。

国防建设

出于国家安全利益需要,为提高国防能力而进行的各方面的建设,包括精神和物质两个方面的建设。是国家建设的重要组成部分。国防建设的内容主要包括:武装力量建设;战场建设;人力物力的多种动员准备;边防、海防、空防和人防建设;战略物资的储备;国防工业建设和国防科学技术研究;对人民群众和学生进行国防教育和军事训练,发展国防体育事业;建立、健全国防法规体系;军事理论研究,发展军事科学,制定并完善符合实际的战略战术原则;后备力量的建设。以及与国防相关的铁路、公路、水运、民航、邮电、能源、水利、造林、气象、卫生、航天等方面的建设。

国防体制

国家防卫机构的设置、管理权限划分以及领导体系的制度。是国家体制的重要组成部分,与国家的政治、经济、文化教育等体制既互相联系又相对独立。内容主要包括:国防领导体制、武装力量体制、国防经济体制、国防科学技术和武器装备发展的管理体制、兵役制度、动员制度、国防教育制度以及国防法制等。

如:中国实行以义务兵役制为主体的义务兵与志愿兵相结合、民兵与预备役相结合的制度。国防教育实行国家、军队、社会、学校和家庭密切协作的"五位一体"的国防教育网络体系等。美国由国会、总统、国家安全委员会、国防部共同负责领导国家防务,实行征兵制和募兵制。英国则由内阁、首相和国防大臣领导下的国防会议决定国防事务,下设国防参谋部,实行募兵制。法国由总统领导下的最高国防委员会、国防委员会和限制性国防委员会负责国家防务,实行征兵制。日本设置内阁综合安全保障会议,由内阁总理大臣任主席,下设防卫厅,实行募兵制。

军事战役

战役

军团为达成战争的局部目的或全局性目的而实施的作战行动。按基本类型,分为进攻战役和防御战役;按参战军种、兵种,分为联合战役和陆军战役、海军战役、空军战役、战略导弹部队战役等;按空间,分为陆上战役、海上战役和空中战役;按规模,分为战区战役(方面军群战役)、方面军战役(集团军群战役、舰队战役)、集团军战役(区舰队战役);按作战形式,分为阵地战战役、运动战战役(机动战战役)和游击战战役;按样式,分为阵地进攻战役、阵地防御战役、城市进攻战役、城市防御战役、登陆战役、抗登陆战役、空降战役、反空降战役、空中进攻战役、防空战役、封锁战役、边境地区反击战役和核反击战役等;按地理环境,还可分为山地战役、荒漠草原地区战役、江河地区战役、热带山岳丛林地区战役和高寒地区战役等。"战役"一词在中国始见于 1894 年中日甲午战争,北洋舰队战事日记中有"……则中日战役为所影响者必甚"的记载。

进攻战役

主动攻击敌方的战役。通常以歼灭敌方或破坏敌方的作战体系为基本手段,以歼灭战或体系破击战为基本方针。目的是歼灭敌军集团,攻占重要地区或夺取制空权、制海权,或以远程火力打击敌政治、经济中心,剥夺敌反抗能力。按空间,分为陆上进攻、海上进攻和空中进攻战役;按规模,分为战略性进攻战役、战区进攻战役、方面军(集团军群)进攻战役和集团军进攻战役;按样式,分为运动战战役、机动进攻战役、阵地进攻战役、城市进攻战役、登陆战役、空降战役、追击战役和火力打击战役等。

防御战役

防御是保存自己、抗击敌人进攻或辅助进攻的一种手段。防御战役的目的是消耗和挫败进攻之敌,争取时间,为转入反攻和进攻创造条件,或保障其他方向的进攻。防御战役的基本方针是积极防御,基本战法是集中兵力于主要防御方向,扼守战役要点,以纵深、立体的顽强防守和积极主动的攻势行动,坚决粉碎敌方的进攻。

联合战役

由两个以上军种的兵力组成的联合军团共同进行的战役。分为陆军、空军联合战役,海军、空军联合战役和陆军、海军、空军联合战役等,战略导弹部队均可参加上述战役。较大规模的登陆战役、抗登陆战役通常是联合战役。联合战役是 20 世纪初期由单一的陆军发展为包括海军、空军在内的多军种之后才出现的。第二次世界大战时期广泛地动用,且规模不断扩大。如 1942 年的北非登陆战役、1943 年的西西里岛登陆战役和 1944 年的诺曼底登陆战役等。随着军事技术的发展和新的军种的出现,联合战役的运用将更加广泛。

进攻战役

主动进击敌人的战役。按空间,分为陆上进攻战役、海上进攻战役和空中进攻战役;按规模,分为战区进攻战役、方面军进攻战役和集团军进攻战役。按作战样式还可分为运动战战役、阵地进攻战役、城市进攻战役、空降战役、登陆战役、追击战役等。

城市进攻战役

对依托城市及其外围地区进行防御之敌的进攻战役。它是随着城市的发展和战争规模的扩大而逐步形成的。在古代,军事行动多数是夺取城堡、要塞的作战,多采用云梯、撞车、挖掘穴道等器械和战法。火药在军事上应用后,火力和兵力突击相结合的攻城战法得到了发展。第一次世界大战后到第二次世界大战时期,由于飞机、坦克广泛用于作战,城市进攻发展成诸军种、兵种大规模的合同进攻战役。苏军的柏林战役,就是最具有代表性的现代城市进攻战役。中国人民解放军在解放战争时期,也进行了多次诸兵种协同的大规模攻城战役。例如,解放天津的战役,就集中优势兵力,使用大口径火炮、坦克和装甲车,在扫清外围和做好攻城准备之后,一举攻克天津。济南战役、上海战役等亦是典型的城市进攻战役。

阵地进攻战役

对依托阵地且构成周密防御体系之敌的进攻战役。分为对野战阵地防御之敌进攻战役和对坚固阵地防御之敌进攻战役。现代条件下的阵地进攻战役,通常在宽大正面上组织对多地带、大纵深、立体的防御体系之敌实施进攻。防御的阵地体系、工事构筑、火力配系、障碍物设置比较周密,进攻难度大;双方争夺激烈,人员伤亡、兵器损毁、物资消耗大。随着未来高技术武器装备的大量使用,阵地进攻战役将空前激烈,战场态势将更趋犬牙交错;立体的全纵深攻击战法将被普遍采用,垂直包围、空中突击将成为常用的作战手段。

防御战役

抗击敌人进攻的战役。目的是消耗和杀伤敌有生力量,挫败敌方的进攻,争取时间,为转入反攻或进攻创造条件。按空间,分为陆上防御战役、海上防御战役和防空战役;按规模,分为战区防御战役、方面军(集团军群)防御战役和集团军防御战役;按行动性质和任务特征,分为阵地防御战役、运动防御战役、抗登陆战役和城市防御战役等。

城市防御战役

依托城市及其外围地区进行的防御战役。通常与阵地防御战役或抗登陆战役结合进行,有时也独立实施。中国古代春秋战国时期,诸侯国之间互相讨伐,连年战争,各国为自保均构筑内外城墙、护城河,组成多层防御,驻军囤粮,使城市成了战略要地或要塞,从而出现了城市防御作战样式。随着火器的出现,特别是火炮威力的增大,城市防御逐步分为外围抵抗和依托坚固建筑与工事扼守市区两个部分。第二次世界大战时期,城市防御战役地幅和规模明显增大。例如斯大林格勒会战,苏联军民在斯大林格勒接近地构筑了4道防御围廊,节节抗击,大量消耗、杀伤德军,为苏军转入反攻创造了条件。中国人民解放军在解放战争中的四平保卫战、盐城保卫战等,也是典型的城市防御战役。

阵地防御战役

依托阵地进行的防御战役。分为野战阵地防御战役和坚固阵地防御战役。在冷兵器时期,已出现了具有某些阵地防御特征的作战。火器出现以后,发展为要塞和堑壕、交通壕、火炮工事等组成的野战阵地,增大了防御纵深。第一次世界大战时期,阵地防御战役达到了方面军(集团军群)规模。第二次世界大战时期,阵地防御战役规模扩大到方面军群,有的阵地防御战役兵力达百万余人,防御地幅宽达500~800公里;形成了大纵深(最大250~300公里)、多地带(最多8~9道)的阵地体系。战后,由于导弹、核武器的发展和坦克、空中机动部队的大量使用,更加强调阵地防御战役的纵深性、全方位和立体性;普遍重视运用火力,加强工程、电子对抗和对核、化学武器袭击的防护等。

登陆战役

对据守海岸、岛岸之敌实施的渡海进攻战役。通常由陆军、海军、空军联合进行。它是随着军事技术的发展、航海业的发达、武器装备的更新和海岸防御的加强而出现的。例如:1661年明将郑成功率师收复台湾的渡海登陆作战,就是中国较早的具有战役特征的登陆作战。19世纪中叶以后,随着蒸汽装甲舰船、后装线膛武器和爆破弹的出现与运用,登陆作战规模不断扩大。第二次世界大战时期,由于登陆舰艇能在宽大正面抢滩登陆,舰炮火力可以直接支援登陆兵突击上陆,运输机和直升机可运载登陆兵实施垂直登陆,使登陆战役发展成为陆军、海军、空军联合进行的立体作战。1944年美英等国盟军在法国实施的诺曼底登陆战役,是最具有代表性的现代登陆战役。中国人民解放军于1955年进行的江山岛战役,是一次陆军、海军、空军联合进行的登陆战役,为现代条件下登陆战役提供了经验。

抗登陆战役

在濒海地区和海上、空中抗击敌人渡海登陆的防御战役。通常以陆军、海军、空军为主体和当地其他武装力量联合进行。一般包括海上作战、空中作战及海岸、海岛防御作战、反空降作战,有时还包括封锁海峡作战。第一次世界大战前,由于受武器装备的限制,抗登陆作战一般规模较小,作战样式单一。第一次世界大战时期,抗登陆作战范围从海岸扩展到广阔海区,夺取制海权的海上作战成为重要内容。第二次世界大战时期,由于航空母舰和远程航空兵的运用,抗登陆作战发展成为包括空中、海上和海岸防御的合同战役,出现了抗击海上登陆的同时抗击空降兵着陆的作战。

山地战役

在群山连绵交错地区进行的战役。分为山地进攻战役和山地防御战役。山地战役性质的作战行动。古已有之,中国三国时期的夷陵之战(222年),吴军利用山地有利地形,主动后退,引诱蜀军进入峡谷,而后乘其疲惫集中主力击之,大败蜀军。1796年,拿破仑一世率军从难以通行的地域大胆实施迂回,在卡迪博拉山口和阿尔卑斯山脉的峡谷里打败了奥军和撒丁军。中国人民解放军从初创时期起,就善于以山地为依托,实施过一系列山地运动战战役和山地游击战战役,打破了国民党军的多次"围剿"。抗战时期,八路军、新四军遵循独立自主的山地游击战的方针,在敌后依托山地开展游击战争,消灭和钳制了大量日军,在战略上有力地配合了正面战场的正规作战。在未来的作战中,随着空降兵和直升机的广泛使用,山地战役的立体性将进一步增强。

反空降战役

在己方战役或战略纵深内歼灭较大规模空降之敌的战役。通常由战役军团在航空兵、战役战术导弹部队和地方部队、民兵协同下实施,有时在守备兵团协同下,与阵地防御战役或抗登陆战役配合进行。第一次世界大战时期,出现了单人和小组的伞降,反空降作战的范围和规模较小。第二次世界大战时期,产生了具有战役规模的空降作战,随之出现了反空降战役。反空降战役的特点是被动性、突发性、激烈性、复杂性。未来的反空降战役,将成为一种常见的战役样式。

运动战战役

战役军团在不固定的战线上对敌实施的进攻战役。亦称机动战战役。是进攻战役的样式之一。中国古代就产生了具有运动战特征的作战,如公元前 353 年的桂陵之战,齐军乘魏军后方空虚之际,以重兵奔袭魏国国都,迫使魏军回救,而后乘机截击,将魏军打败。19 世纪初的欧洲战争中,拿破仑进行了一些称之为"机动战"的战役;调动敌方,然后出其不意地攻击,或先从两翼发起攻击,迫敌分兵,待对方中央空虚后,乘机快速实施中央突破。第二次世界大战中,随着飞机、坦克及无线电通信装备等武器技术装备的大量使用,军队机动力和突击力大幅提高,运动战战役规模逐步扩大,战法更加多样,成为重要战役样式。

荒漠草原地区战役

在沙漠、戈壁、草原地区进行的战役。分为荒漠草原地区进攻战役和荒漠草原地区防御战役。冷兵器时期,荒漠草原地区就出现了具有战役特征的作战。公元前 119 年,西汉将领卫青和霍去病率骑兵对匈奴实施的漠北之战,成吉思汗率军西征中的诸次战役,都属于具有荒漠草原地区战役特征的作战。第一次、第二次世界大战时期,飞机、坦克的应用,使荒漠草原地区战役发展到了诸军种、兵种合同作战的阶段。而导弹、电子设备大量装备部队,使荒漠草原地区战役的突然性增强,争夺制空权、制海权的斗争和电子对抗更加激烈。1991 年海湾战争中,由于大量使用高技术武器装备,使荒漠地区战役的突然性、纵深性、立体性更加突出,战役节奏明显加快,选择打击目标和打击方式更加灵活,后勤保障和技术保障任务更加繁重,物资消耗空前巨大。

高寒地区战役

在海拔高且气候寒冷的高原地区进行的战役。分为高寒地区进攻战役和高寒地区防御战役。例如,第二次世界大战后,在平均海拔 4500 米以上的克什米尔地区发生的 3 次印巴战争,1962 年中国人民解放军边防部队进行的中印边境自卫反击战,都是发生在高寒地区的战役行动。

江河地区战役

在江河地区进行的战役。分为江河地区进攻战役和江河地区防御战役。中国古代最典型的江河地区战役就是三国时期的赤壁之战了。孙权、刘备联军发挥善于水战的长处,利用曹操军队远来疲惫、不善水战的弱点,及时抓住曹军战船连结、水陆兵力密集之际,出其不意地采用火攻,然后迅速投入主力,击败了曹军。火器的发明,对江河地区作战方式产生了重大影响。第二次世界大战中,军队的火力、机动力空前提高,战役军团在宽大正面上强渡大江大河和连续强渡数条江河的能力显著增强。如第聂伯河会战、维斯瓦河-奥德河战役等。中国人民解放军在 1949 年发起的渡江战役,以木帆船为主要渡江工具,利用夜暗,集中大量炮兵火力掩护,在 500 余公里的地段上实施宽正面强渡,一举摧毁了国民党军由陆军、海军、空军联合组成的长江防线,创造了江河地区进攻战役的范例。

热带山岳丛林地区战役

在低纬度带内群山连绵、林草茂密地区进行的战役。分为热带山岳丛林地区进攻战役和热带山岳丛林地区防御战役。17世纪,中国清朝军队在云南境内多次进行的具有战役规模的作战,第二次世界大战时期,盟军与日军在东南亚地区热带山岳丛林地区实施的作战,都属于此类型战役。热带山岳丛林地区气候炎热,多雨潮湿,山高谷深,河流纵横,林草茂密,交通不便。有利于轻装部队实施迂回包围、穿插分割,但指挥和协同不便,运输、补给困难;有利于隐蔽行动和达成进攻的突然性,便于据险防守和进行伏击、袭击,但不便于大型战役军团和机械化部队集中行动。

战略性战役

对战争全局有决定意义或重大影响的战役。分为战略性进攻战役和战略性防御战役。战略性战役随着战争规模的扩大和军队编制装备的发展而发展。第一次世界大战中进行的战略性战役,是由方面军或集团军群实施的陆上战役,双方参战的兵力达百余万。第二次世界大战时期,战略性战役样式增多、规模扩大,出现了战略性海上战役、战略性空中战役,和由方面军群、几个集团军群或战区实施的战略性战役。如中途岛海战、不列颠之战和柏林战役等。战后,随着导弹、核武器大量装备军队,又出现了战略性核反击战役。中国人民解放军在解放战争中进行了辽沈战役、淮海战役和平津战役三大战略性战役,共歼灭国民党军154万余人,加速了解放战争胜利的进程,是中国战争史上歼敌最多的战略性战役。

战区战役

为达成战争的重要目的,在战区统一指挥下,由战区的主要武装力量在一定地区和时间内共同进行的战役。按类型,分为战区进攻战役和战区防御战役;按地理条件,分为内陆战区战役和濒海战区战役。有的国家还分为大陆战区战役和大洋战区战役。战区战役是在第二次世界大战中出现的。1942年5~11月,为制止日军进攻、保证海上交通线的安全,美军在太平洋战区实施了一系列海上作战,具有大洋战区战役的性质。苏军1945年对日军进行的远东战役,中国人民解放军1948年进行的辽沈战役等均属大陆战区战役。

梯队

作战或行军时,依任务和行动顺序对部队进行区分所形成的队形。各军种都有各自的梯队队形。陆军通常区分为第一梯队、第二梯队和预备队等。第一梯队是在梯次排列的作战队形中配置在最前面的梯队,通常担负主要任务。第二梯队配置在第一梯队后面,主要用以增强主要方向突击力量,巩固胜利成果,或必要时接替第一梯队任务。第一次世界大战前,步兵兵团、部队通常编为1个梯队和总预备队;第一次世界大战时期,开始建立第二梯队;第二次世界大战时期,合成军队在进攻作战中,普遍编成2个梯队,有的国家军队还编成3个梯队,以保持连续突击力;防御作战中,也开始建立第二梯队,以加大防御纵深和提高防御的稳定性。未来战争中,随着武器装备的发展,梯队的编成和运用将具有更大的灵活性和机动性;进攻作战将更加重视第一梯队的突击作用和第二梯队的纵深打击作用;防御作战中各梯队的纵深将进一步增大,并强调同时抗击敌人的攻击。

战役集团

为遂行战役任务而对参战兵力进行临时编组的兵力集团。按行动空间,分为陆上集团、海上集团和空中集团;按基本类型,分为进攻集团和防御集团;按任务,分为突击集团(攻击集团)、守备集团、机动集团、支援集团、阻援集团(打援集团)、钳制(佯动)集团、掩护集团和游击集团等;按方位,分为东、西、南、北、中集团或左、中、右集团;按前后位置,分为一线集团和纵深集团;有时按指挥员的姓氏或代号等区分。编组战役集团的目的是为了科学组合战役力量,更好地完成战役任务以及便于指挥与协同。

战役预备队

战役指挥员直接掌握使用的机动力量。可由一至数个合成军团、兵团编成,是战役部署的重要组成部分。通常用于增强突击、防御力量或应付意外情况,确保战役任务的顺利完成。战役预备队组建和使用是否得当,对于争取主动、避免被动、转化战场形势具有重要意义。

防线

军队防守的横向线状地区。是具有相对绵亘正面和一定纵深的设防地带。"防线"一词早在古罗马时就已出现。最初的防线,多以河流、山川等天然屏障构成,之后是人工筑起长墙构成防线。中国古代,虽然没有出现"防线"一词,但为了防御外族袭扰而修筑的长城,是具有较完善防御设施的筑城防线。拿破仑战争时期,由于军队机动战的发展,筑城防线退居次要地位。第一次世界大战时期,大规模机动战又转向阵地战,交战双方逐步形成从北海经凡尔登直至瑞士边界一条完整的对峙防线,一直到战争结束,哪一方都没有打破僵局。第二次世界大战前夕,欧洲一些国家在本国的国境线上修筑了永备工事防线,有代表性的是法国的马其诺防线和德国的齐格菲防线。马其诺防线,在主要防御地带之前设有一道纵深为4~14公里的保障地带,整个防线构筑的永备射击工事共约5800个。齐格菲防线,构筑了大约1.4万个筑城工事。中国解放战争时期,国民党军队依托天险长江建立了从宜昌到上海间1800余公里的沿江防线,调集了几十万人防守,在海军、空军配合下,企图阻止人民解放军的突破。

地带

长条形或带状的作战区域。用以区分军团、兵团任务范围。通常用四个端点来划定并加以表示,如"方庄、李村、南川、尖山地带"。按基本类型,分为进攻地带和防御地带;按规模,分为方面军(集团军群)、集团军和军、师的进攻地带与防御地带。地带的大小,依军团、兵团的任务、兵力编成和敌情、地形等情况确定。同级军团、兵团的地带,因任务、敌情、地形等不同,其大小也不同。

防空战役

抗击敌人大规模空袭的战役。分为要地防空战役、战区防空战役和多战区防空战役。防空战役始于第二次世界大战时期。雷达和无线电的广泛使用,为组织大规模防空作战创造了物质条件,出现了多次著名的防空战役。例如。不列颠之战中,英军在本土抗击德军大规模空袭的防空战役,击落、击伤德军飞机2376架。苏军在莫斯科会战的防空战役中,成功地抗击了德军122次空袭,只有2.8%的德军飞机突入市区上空。未来的防空系统,既要摧毁来自外层空间的目标,又要打击中空、高空进袭的目标,还要对付低空、超低空进入的目标,防空战役效能的发挥将更加依赖整体性。

海上战役

海军兵力单独或与其他军种兵力联合在海洋战区进行的战役。按类型,分为海上进攻战役和海上防御战役;按参战军种,分为海军战役和海上联合战役、海上合同战役。古代著名的海上战役有公元前480年希腊与波斯的萨拉米斯海战,1598年,中国和朝鲜两国水师联合全歼侵朝日军的露梁海战等。随着潜艇和水上飞机的应用,第一次世界大战时期初步形成了现代海上战役。第二次世界大战期间,出现了海军诸兵种协同实施的海上合同战役、陆海空军协同实施的海上联合战役、中小规模的海上战役和战略性海上战役等。

军事战术

战术

进行战斗的方法。按基本类型,分为进攻战术和防御战术;按参战军兵种,分为联合战术;按规模,分为兵团战术、部队战术和分队战术等。行军、宿营、输送、变更部署和换班的方法,也属于战术的范畴。灵活运用和变换战术,对于夺取战斗的胜利具有重要意义。"战术"一词,较早见于南朝梁沈约撰《宋书·索虏传论》:"而自木末以来,并有贤才狡算,妙识兵权,深通战术。"在欧洲一些国家,大多源于希腊文"takira",意为布阵的艺术。

线式战术

采用线式队形进行战斗的方法。是火器、弹药的改进和广泛运用以及军队实行雇佣兵制的产物。16 世纪后期,线式战术在莫里茨统帅的荷兰军队中始具雏形。欧洲三十年战争时期(1618~1648 年),线式战术在瑞典军队中形成并被普遍采用。18 世纪,线式战术在欧洲战场上占有统治地位并得以完善。随着火器性能的改进,线式战术于 18、19 世纪之交时,逐渐被纵队战术所取代。

纵队战术

采用纵队队形进行战斗的方法。18 世纪末~19 世纪初,随着武器的改进,特别是野战火炮的运动性能和步枪的射击精度得到提高,纵队战术逐渐取代线式战术,成为欧洲军队普遍的战斗方法。纵队战术加强了进攻的力度,具有突击性强,便于指挥等优点。但这种战术,易被敌火力杀伤,难以将机动、突击和火力很好地结合起来。普法战争(1870~1871 年)后,随着火器的发展,纵队战术逐步被散兵线战术所取代。

散兵线战术

采用散兵线队形进行战斗的方法。19 世纪中叶,后装线膛枪得到广泛使用,武器的杀伤力大为提高,采用密集队形的纵队战术已不适应战斗需要。在 1870~1871 年的普法战争中,普军在法军的火力威胁下,为减少伤亡,疏开成散兵线队形进行战斗,取得成功,散兵线战术从此形成。散兵线战术,能减少敌方火力杀伤,充分发挥后装线膛武器的作用,将火力、机动和突击较好地结合起来,适应在各种地形条件下战斗。到第一次世界大战时期,由于军队装备了大量机枪、火炮和少量飞机、坦克,散兵线战术逐渐被新的战斗方法所取代。

地雷战

使用地雷同敌人做斗争的作战方法。也指中国抗日战争时期,根据地军民创造的一种游击战战法。第一次世界大战时期,随着坦克的使用,防坦克地雷随之运用于战场。第二次世界大战时期,随着地雷的发展,使用地雷作战得到了广泛运用,取得了明显的效果。中国抗日战争时期,广大军民巧妙地利用地形,灵活地选择埋雷地点,消灭了大量敌人,并创造了地雷保卫战、地雷破交战、地雷伏击战等多种战法。在战后的几场局部战争中,地雷战也发挥了重要作用。随着可撒布地雷的进一步发展和广泛运用,尤其是寻的地雷和反坦克弹雷的出现,地雷战将更加注重主动攻击,打击的范围将增大,方法也更加灵活多样。

地道战

依托地道工事进行的作战方法。是开展平原游击战和坚守城市的有效战法。在古代战争中就开始了利用地道实施攻防作战。春秋战国时期,军队在围攻城邑中,将地道挖至敌城墙下,先以木柱支撑,然后"积薪燔柱",使城墙坍塌。15世纪,开始采用地道爆破的方法,将地道挖到敌城墙下,然后用火药将城墙炸毁。中国抗日战争时期,华北抗日根据地军民创造性地发展了地道战。为对付日军"扫荡",将藏人藏物的地洞挖通,形成地道。地道构筑有干线和支线,建有安全室、休息室等,并储备有饮水、食品和弹药。各地道设有卡墙、卡板或翻口,以防敌人放水、放毒或烟熏。地道口设在炉灶口、牲畜槽、水井壁等处,并与陷阱、地雷相结合,以杀伤进洞的敌人。地道与地面工事相结合,形成能打、能藏、机动的阵地体系。未来战争中,随着高技术武器装备的发展,对地道的坚固程度和完善程度提出了更高的要求;地道在提高部队战场生存能力等方面的作用将进一步提高。

坚壁清野

坚壁清野又叫空室清野,指坚守营垒或据点,并将周围地区的粮食、牲口等重要物资转移或收藏起来,使入侵之敌不能掠夺和利用。《晋书·石勒载记上》:"勒所过路次,皆坚壁清野,采掠无所获,军中大饥,士众相食。"在抗日战争中,我国军民充分利用坚壁清野的战术,有力地打击了敌人。

战斗

兵团、部队、分队在较短时间和较小空间内进行的有组织的作战行动。分为进攻战斗和防御战斗。战斗通常从属于战役,有时可以独立进行。同时,战斗也对战役甚至战争全局产生一定影响。冷兵器时期,地面战斗主要是敌对双方组成密集阵形,依靠白刃格斗决定胜负,并经历了徒兵格斗、车战、步战和骑战等变化。海上、水上战斗则由双方使用划桨为动力的木船和冷兵器,先以战船列阵,用弓箭或弩射杀,再以船首冲撞、接舷格斗决定胜负。随着火器的出现,火力逐渐成为决定战斗胜负的重要因素,战斗的正面和纵深都明显增大。机枪、火炮、坦克、飞机的大量使用,使战斗的样式和方法趋向多样,出现了合同战斗。而导弹、核武器和新型坦克、火炮、飞机、舰艇、防空兵器以及电子、红外、激光等技术器材的应用,使严密组织对核、化学、生物等武器袭击的防护和电子对抗以及与精确制导武器做斗争等,成为战斗的重要内容。

进攻战斗

主动进击敌人的战斗。按敌人的行动性质和态势,分为对防御之敌的进攻战斗、对制止之敌的进攻战斗和对运动之敌的进攻战斗。对防御之敌的进攻战斗,有对野战阵地防御之敌的进攻战斗、对仓促防御之敌的进攻战斗、对坚固阵地防御之敌的进攻战斗、对空降着陆之敌的进攻战斗;对驻止之敌的进攻战斗,有对临时驻止之敌的袭击战斗、破袭战斗;对运动之敌的进攻战斗,有伏击战斗、遭遇战斗、追击战斗。按地形、天候等条件,还有登陆战斗、渡江河进攻战斗、城市进攻战斗、山地进攻战斗、荒漠草原地进攻战斗、水网稻田地进攻战斗、热带山岳丛林地进攻战斗、高寒地进攻战斗以及夜间进攻战斗等。

防御战斗

抗击敌人进攻的战斗。按目的、任务和手段,分为阵地防御战斗(包括野战阵地防御战斗、坚固阵地防御战斗)和机动防御战斗、运动防御战斗;按准备时间,分为预有准备的防御战斗和仓促防御战斗;按地形、天候等条件,还有山地防御战斗、荒漠草原地防御战斗、热带山岳丛林地防御战斗、高寒地防御战斗、城市防御战斗、海岸防御战斗、岛屿防御战斗、江河防御战斗和水网稻田地防御战斗以及夜间防御战斗等。

战斗编成

对参加战斗的建制和加强的兵力兵器进行的临时组合。通常根据任务、敌情、地形、兵力兵器的数量等因素确定。在战斗过程中,根据情况变化适时加以调整。在主要方向上战斗的部队,通常编成较大,兵力较强;遂行独立战斗任务的部队,编成需具有独立战斗的能力。随着军队合成化的提高,需要配属的兵种将减少,步兵、坦克兵部队一般只需配属必要兵力兵器,即能完成战斗编成。

战斗部署

根据战斗企图对战斗编成内的兵力兵器所做的任务区分、编组和配置。分进攻战斗部署和防御战斗部署。通常根据上级企图、受领的任务、兵力兵器的数量、敌情和地形等确定。进行战斗部署,应部署主力于主要方向,掌握强有力的预备队;梯次配备,适应立体、全方位、全纵深战斗的需要,利用地形疏散隐蔽配置,适时实施兵力火力机动;能发挥各兵种、各专业兵的特长和各种武器的威力,便于指挥、协同、支援与保障;既能减少敌方火力突击的损害,又能充分利用己方火力突击的效果。

战斗编组

对战斗编成内的兵力、兵器进行的临时编组。也指分队遂行特定战斗任务进行的编组,如编组突击组、爆破组、火力组等。通常根据任务、战斗编成、敌情、地形等确定编组的形式,按任务需要确定各兵种的比例,并根据战场情况变化适时进行调整。在编组时尽量保持原部队建制,有时也打破原部队建制进行编组。

先遣支队

主力部队行动前派出的遂行特定任务的支队。主要担负查明情况、抢占要点等任务,为主力部队顺利行动创造条件。先遣支队通常由师以上部队派出和指挥,兵力为一个加强营或一个加强团;有时第一梯队团也派出,但兵力较小。通常以坦克兵或步兵为主,加强防空兵、工程兵、防化兵、通信兵、侦察兵等组成,有时还能得到炮兵、航空兵的火力支援。

袭击支队

遂行攻击或破坏敌纵深重要目标任务的支队。一般在组织战斗时编组,也可以在战斗过程中临时组织。兵力组成根据敌情、任务确定,通常以步兵或坦克兵为主,同时加强防空导弹、反坦克导弹、喷火器和侦察兵、工程兵、通信兵、防化兵分队。主要任务是摧毁敌指挥所、炮兵阵地、战役战术导弹阵地、机场以及后勤设施等重要目标。有时还用于执行断敌退路、阻敌增援,配合主力歼敌等任务。

强击支队

遂行强击坚固支撑点等目标任务的支队。通常由步兵营配属坦克、火炮、反坦克导弹、防空导弹和工程兵、防化兵等分队组成。主要用于强击敌坚固支撑点或抵抗枢纽部。

强击支队通常编组2~3个强击群和火力队、爆破队。战斗中还能得到上级炮兵、航空兵的火力支援。强击支队攻占预定目标后,迅速巩固既得阵地,积极向两翼和纵深扩张,抗击敌人的反冲击,掩护后续梯队进入战斗。

预备队

作战部署中作为机动使用的兵力编组。按范围,分为战略预备队、战役预备队和战术预备队。按任务,陆军分为合成预备队、反坦克预备队、反空降预备队、炮兵预备队、坦克预备队、工程兵预备队、防化预备队、通信预备队等。海军、空军在执行任务时也编有预备队。掌握并适时使用预备队对于夺取作战主动权,取得作战胜利具有重要意义。未来战争中,预备队编成内空中机动兵力的比例将大为增加;预备队将成为敌人打击的重要目标,提高其生存能力具有更重要的意义。

进攻正面

进攻的军队展开后朝向敌人的一面。其宽度也是进攻地带的宽度,通常由上级在下达作战任务时明确,或根据上级企图、任务、敌情、地形和部队兵力编成自行确定。要求宽窄适度,便于建立对敌兵力、兵器优势,同时又要防止兵力、兵器密度过大。通常主攻部队较助攻部队进攻正面小;对强敌进攻较对弱敌进攻正面小;夜间进攻较昼间进攻正面小;城市进攻较野战进攻正面小。

进攻纵深

军队遂行进攻作战任务的纵向深度。通常由上级在下达作战任务时明确,或根据上级企图、任务、敌情、地形和兵力编成等自行确定。第一次世界大战时期,由于火炮的射程近,部队的机动能力较弱,步兵师的进攻纵深约为2~4公里。第二次世界大战时期,随着军队进攻能力的提高,师的进攻纵深达12~18公里。现代条件下各国军队规定的进攻纵深差别较大,有的国家军队规定师的进攻纵深为10公里,有的则达数十公里。

进攻方向

军队遂行进攻作战任务的行动方向。分为主攻方向和助攻方向。通常选定一个主攻方向和一至数个助攻方向。主攻方向是使用兵力、兵器的重点方向,也是对作战全局具有决定意义的方向。力求选择在敌防御比较薄弱,利于隐蔽接敌和展开,便于突破和向纵深发展,便于各军种、兵种协同动作的地方。助攻方向,主要是钳制敌人的兵力、兵器,保障主攻方向的突破和发展。二者有时会相互转化。改变主攻方向,需调整部署和重新组织,要求慎重对待。未来战争中,随着武器装备的发展,主攻方向与助攻方向相互转化更趋灵活,时机将增多。

防御体系

由兵力部署、阵地编成、火力配系、障碍物配系以及各种保障系统所组成的有机整体。主要包括:确立有重点的纵深、梯次的兵力部署;构成以支撑点为基础的纵深、环形的阵地体系;组成远、中、近衔接,高、中、低结合的以打坦克、打直升机为重点的立体、密集的火力配系和以防坦克为主并能防直升机的障碍物配系;加强侦察、警戒、电子对抗和对高技术武器袭击的防护以及工程、伪装、气象等战斗保障;加强物资供应、卫生勤务、运输勤务等后勤保障和技术保障。

防御正面

防御地区或防御部署朝向敌人的一面。通常由上级确定或根据上级企图、防御战斗的任务、敌情、地形以及部队的战斗编成自行确定。要求是:能形成必要的兵力、兵器密度,抗击敌人优势兵力、火力的攻击;能疏散地配置兵力、兵器;利于各部队、分队间的协同;便于组织指挥。通常坚固阵地防御和主要防御方向的防御正面较窄。

防御纵深

防御地区或防御部署的纵向深度。通常由上级确定。要求是:利于疏散配置兵力、兵器,能减少敌火力杀伤;利于兵力、火力机动,便于实施反冲击、反击和歼灭空降之敌等行动;利于组织各部队、分队间的协同动作。通常坚固阵地防御和主要方向上的防御纵深较大。随着武器装备的发展,防御纵深将逐步增大。

防御方向

防御部署朝向进攻之敌的作战方向。分为主要防御方向和次要防御方向。是确定兵力部署、火力配系、阵地体系、工事构筑和障碍物设置的重要依据。防御方向通常由防御前沿向纵深作轴线式表述。主要防御方向各级在一个时期内只能有一个,次要防御方向可能有一至数个,并根据情况变化适时变换调整。随着武器装备的发展和进攻方法的改进,选定主要防御方向将更加困难;防守主要防御方向将更加强调兵力、火力的广泛机动。

支撑点

依托有利地形构成的环形防御阵地。是连、排防御阵地的基本形式。有前沿支撑点和纵深支撑点之分。第一次世界大战初期,支撑点在战术防御地幅内被广泛采用。第二次世界大战时期,反坦克支撑点得到普遍运用。中国人民志愿军在抗美援朝战争中,建立了以坑道为骨干与野战工事相结合的坚固支撑点。随着武器装备的发展,特别是攻击直升机的广泛运用,将要求支撑点具有全方位、立体的抗击能力。

阵地体系

由阵地的各要素按照作战要求构成的有机整体。阵地体系的基本要求是:便于疏散隐蔽地配置兵力兵器;利于迅速机动兵力和发扬火力;能有效地抗击敌各种火力的突击和核、化学、生物武器的袭击;能充分利用地形,便于伪装和设置障碍物;便于组成全纵深、全方位、有重点的防御。战斗中,需根据情况变化不断加以完善。如堑壕式阵地体系、支撑点式阵地体系、堑壕与支撑点相结合的阵地体系等。冷兵器时期,主要以城墙为主体,与沟、池等障碍物和外围关堡,构成城池式阵地体系。火器广泛用于战场后,特别是线膛武器大量使用后,出现了炮台式要塞阵地体系。20世纪初,出现了堑壕式阵地体系。第二次世界大战时期,出现了防坦克支撑点,形成了堑壕与支撑点相结合的阵地体系。中国人民志愿军在抗美援朝战争中,创造了以坑道为骨干,并与野战工事相结合的支撑点式坚固阵地体系。

火力

弹药经发射、投掷后形成的杀伤力和破坏力。是歼灭敌人的主要手段。按武器种类分为常规火力和核火力;按打击目标所处位置分为对地面火力、对海面火力和对空火力;按兵种分为步兵火力、坦克兵火力、炮兵火力、防空兵火力、战役战术导弹部队火力、航空兵火力和舰艇部队火力等。通常根据任务、武器性能和地形条件组织火力。火力运用需集中、突然、迅速、准确和猛烈,按各种火器的不同性能,合理区分与编组。

防御火力配系

防御时将各种火器按其性能和任务做适当的配置和分工而构成的有组织的火力系统。包括对地面火力配系、对水面火力配系和防空火力配系等。通常以炮兵、战役战术导弹、防空兵的火力为骨干,结合航空兵、坦克兵、步兵火力构成。未来战争中,随着火器性能的提高和种类、数量增多,防御火力配系将进一步向纵深、立体、灵活机动的方向发展;打击攻击直升机将成为防空火力配系的重要任务。

对地面火力配系

为打击地面进攻之敌而组织的火力系统。通常以步兵火器、反坦克导弹、反坦克火炮、压制火炮、战役战术导弹、坦克和航空兵等火力组成。组织地面火力配系,应集中使用反坦克火力于敌坦克威胁最大的方向,各种火力密切协同,协调一致地打击主要目标,火器分散,火力集中,火力与障碍物相结合。随着反坦克火器的发展,反坦克导弹和攻击直升机的火力成为对地面火力配系中的重要组成部分。

防空火力配系

用于抗击敌人空中袭击的火力系统。通常以防空导弹和高射炮为主,结合高射机枪和机枪、步枪火力及航空兵火力组成。组织防空火力配系时,要构成全纵深、全方位、有重点的及高空、中空、低空、超低空相结合的防空火网,集中主要火力于主要空域,防空火力与防空障碍物相结合,各种防空火力要协同动作。未来战争中,随着攻击直升机的大量使用,组织超低空的防空火力,将成为防空火力配系的重要内容。

火力突击

集中火力对敌实施急速猛烈的打击。有炮兵火力突击、航空兵火力突击、舰艇火力突击和核火力突击等。力求在较短的时间内对敌实施迅速、准确、突然、猛烈的打击。通常采取集中火力突击、连续火力突击、同时火力突击等方法。

火力掩护

保障军队或重要目标安全的火力突击。有时专指进攻作战中保障部队开进、展开时的火力突击。对空火力掩护主要由防空兵担负。一般采取固定掩护、要点掩护、跟进掩护、交替掩护和伴随掩护等方法。地面火力掩护主要由炮兵、战役战术导弹部队和航空兵担负。

行军

军队沿指定路线进行的有组织的移动。是军队机动的基本方法。按行军方式分徒步行军和摩托化行军;按行军强度分常行军、急行军、强行军。古代军队多采用徒步、骑马和两者结合的方式行军,长途行军较为普遍,常常昼夜兼程急进。第一次世界大战末期,出现了摩托化行军,第二次世界大战时期及战后,一些国家军队以摩托化行军为主,同时,夜间行军被广泛重视。未来战争中,由于侦察能力的提高和大规模杀伤武器对集团目标的威胁增大,行军中遭敌袭击的机会增多,行军将向多路、小编队方向发展;夜间行军将被更多采用。

宿营

部队行军或战斗后的临时住宿。分为合营、露营以及两者结合的宿营。组织宿营,要选择良好的宿营地域,充分利用地形,隐蔽疏散地配置兵力;要加强侦察、警戒、防空、工程作业和伪装;严密组织对敌核、化学、生物及燃烧武器袭击的防护;严密组织警报报知和通信联络,保持经常戒备。宿营中,遇敌空中侦察时,及时判明敌企图,通报所属部队、分队,采取对抗措施。遇敌空袭时,按预定方案,积极进行抗击。发现敌核、化学武器袭击征候时,及时发出警报信号,做好防护准备。遭袭击后,组织力量抢救伤员,抢修武器装备,恢复部队战斗力。

坦克兵战术

坦克兵进行战斗的方法。亦称装甲兵战术。战术基本原则包括:疏散隐蔽配置,快速灵活机动,集中突然攻击,密切协同动作,实施纵深攻击,组织可靠保障。

炮兵战术

炮兵进行战斗的方法。战术基本原则包括:集中兵力、火力于主要方向和重要时机,打击主要目标;迅速、准确、突然、猛烈地进行火力突击;疏散隐蔽配置;适时机动;密切协同;全面保障。

防空兵战术

防空兵进行战斗的方法。战术基本原则包括:集中主要兵力于指挥所、炮兵群、战役战术导弹部队、合成预备队、交通枢纽等目标附近和军队的主要作战方向;将性能不同的防空兵器混合配置,构成远、中、近程和高、中、低、超低空相结合的防空火网;集中火力打击对掩护目标威胁最大的敌机;适时进行兵力火力机动;严密组织与被掩护部队、歼击航空兵、陆军航空兵和友邻防空部队的协同,形成整体作战力量;周密组织对空侦察、电子对抗和对敌核、化学、燃烧武器袭击的防护,以及弹药、油料供应等各种保障。

空降兵战术

空降兵进行战斗的方法。战术基本原则包括:空地结合,密切协同;突然空降,以奇制胜;重点使用,快速机动;纵深攻击,攻守相济;空中补给,及时保障。

陆军航空兵战术

陆军航空兵进行战斗的方法。战术基本原则包括:集中兵力,密切协同,力求避开对方防空火力;周密计划,全面保障;灵活机动,积极主动。

电子对抗兵战术

电子对抗兵进行战斗的方法。战术基本原则包括:集中兵力,形成局部电磁优势;隐蔽行动,达成电子干扰的突然性;综合运用各种电子对抗手段;按照统一计划,密切协同动作。

工程兵战术

工程兵遂行战斗任务的方法。战术基本原则包括:从全局出发,积极主动完成任务;根据敌情、地形、任务和兵力、器材、时间等条件,确定工程技术措施;周密计划,严密组织指挥,做好保障工作;集中主要兵力和工程器材,并控制预备力量和适时机动兵力、器材,确保重点任务的完成;根据各分队的专业和工程装备的性能合理编组,正确运用工程技术和工程作业方法;主动配合,密切协同;充分利用地形,最大限度地发挥工程装备、器材的作用;发扬敢于在敌火下作业和连续作业的作风。

防化兵战术

防化兵进行战斗的方法。战术基本原则包括:从全局出发,积极保障合成军队的战斗行动;集中兵力、器材,保障重点;掌握预备力量,适时机动;主动配合,密切协同;预有准备,加强保障。

通信兵战术

通信兵遂行战斗任务的方法。战术基本原则包括:全面组织,确保重点;通常以无线电通信为主,发挥有线电及其他通信手段的作用;掌握通信预备力量;严密组织通信防护;周密组织通信器材、技术保障;主动配合,密切协作。

海军战术

海军进行战斗的方法。战术基本原则包括:强调进攻,主要通过攻击行动达成目的;适时机动,获得行动自由,造成有利态势或扩张战果;集中兵力,使参战兵力、火力集中于预定的时间、海域和目标,形成并保持优势;隐蔽突然,快速反应,占有先机,以小的代价换取大的胜利;周密组织参战兵力之间的协同,发挥整体作战威力;迅速、全面、周密地组织战斗保障、后勤保障和技术保障。

空军战术

空军进行战斗的方法。战术基本原则包括:集中兵力于主要作战方向,打击主要目标;积极打击,严密防护;灵活机动,隐蔽突然;集中统一指挥,密切协同动作;充分准备,全面保障。空军战术产生于20世纪初。第一次世界大战初期,航空兵采用单批、单架飞机执行侦察、轰炸等任务。尔后,出现了歼击机掩护侦察机、轰炸机的联合编队作战和航空兵协同地面部队、海上舰艇编队的作战,逐步形成了航空兵各机种协同战斗和支援陆军、海军作战的战术。第二次世界大战时期,航空兵主要实施大编队空战和大规模集中轰炸,航空兵与高射炮兵、雷达兵等协同战斗得到广泛运用,形成了空军合同战术和空军新的兵种战术,支援陆军、海军作战的战术得到了丰富和发展。

战略导弹部队战术

战略导弹部队所属部队、分队遂行作战任务的方法。战术基本原则包括:依托既设阵地,隐蔽疏开部署;严密组织防护,确保还击能力;预有准备,全面保障;快速反应,力争主动;统一指挥,密切协同;实施坚定、灵活、隐蔽、不间断的指挥。

马其顿方阵

公元前4世纪中叶,马其顿国王菲力二世提出了"马其顿方案"。方阵以装备有盔甲、短剑、长矛和盾牌的重装步兵居中,骑兵为两翼,外侧是弓箭手和其他轻装兵。其中间的步兵阵队形密集,纵深16排。运用方阵作战,因地形不同而异。平原上,方阵严整坚实,长矛如林,如排山倒海之势冲向敌方。战场狭窄时,适当拉长方阵队形。防御时,队形紧缩,盾牌相接,犹如铜墙铁壁。

施里芬计划

1905年,德国参谋总长施里芬制订了此计划。该计划所依据的原则是德国著名军事学家克劳塞维茨在其《战争论》中所阐述的集中优势兵力、速战速决的思想,故又称"闪电战计划"。"施里芬计划"是德国为进行第一次世界大战而制订的战略计划。内容有:假设德国在战争开始后,在东西两线同时对法、俄两国作战,德国将先在东线固守,集中优势兵力于西线战场,在4~6周内经比利时绕法军后方击溃法国;然后,挥师东进,全力对付俄国,在3~4个月内结束战争。从内容上可以看出"施里芬计划"是十足的冒险主义计划。

蘑菇战术

1947年3月,国民党军分三路:东线的胡宗南、西线的马鸿逵、马步芳部和南线邓玉珊部的30万大军,企图攻占延安、摧毁中共中央,当时陕甘宁边区解放军兵力只有2.6万人。当时毛泽东倡导对敌实行"蘑菇战术"。"蘑菇战术"是利用有利的群众条件和地形,同敌周旋,将敌磨得精疲力竭,然后消灭。结果使国民党的重点进攻遭到沉重打击。

军事训练

军事训练信息网

军队内部使用的部队训练和院校教育信息网络系统。通常采用主干网、地区网和园区网三级层次结构。主要功能有:实现部队训练和军队院校教育的管理与控制,共享图书、文献、情报等信息资源及设备资源,远程教育,计算机辅助教学,网络通信服务,分布交互式模拟训练等。为部队训练和院校教育提供方便、可靠、经济的保障方式。

军事训练学

研究军事训练规律和军事训练指导规律的学科。军事科学体系的一级学科。分支学科主要有:联合训练学、陆军军事训练学、海军军事训练学、空军军事训练学、战略导弹部队军事训练学、武装警察部队军事训练学、军队后勤军事训练学、军队装备军事训练学、军队院校教育学和预备役军事训练学等。

军事训练

为提高部队技术和战术水平而进行的教练活动。包括部队训练、军队院校教育和预备役训练。

野营训练

也称"野营拉练",指军队离开驻地,在野营中进行的训练。此种训练通常以战术训练为主,并有计划地组织行军、输送、宿营、警戒、隐蔽伪装、侦察、防核、防化学、防空和战斗勤务、战斗保障等内容的演练。

战役训练

为掌握战役理论和行动方法而进行的训练。目的是提高战役指挥员及其指挥机关的战役理论素养和组织指挥水平,增强战役军团的整体作战能力。按军兵种,分为联合战役训练和陆军、海军、空军及战略导弹部队等军种战役训练;按基本类型,分为进攻战

役训练和防御战役训练;按规模,分为战区、战役方向和集团军等战役训练。未来的战役训练将进一步向信息化、一体化和模拟化方向发展。

战术训练

为掌握战术理论和战斗行动方法而进行的训练。战役训练的基础。按军兵种,分为联合、合同战术训练和军种、兵种、专业兵战术训练;按基本类型,分为进攻战术训练和防御战术训练。目的是提高战术思想水平,掌握战斗动作和协同方法,增强组织指挥和协调一致的战斗能力。主要内容包括:战斗原则,有关国家军队的组织编制、武器装备和战斗特点,军兵种知识,战斗组织与指挥,战斗行动方法,诸军兵种协同动作,各种保障等。战术训练以战斗条令为依据,结合作战任务和作战地区(海域、空域)特点,从实战需要出发,严格进行训练;以战术指挥员及其指挥机关和部队、分队整体训练为重心。

部队训练

诸军兵种和专业兵部队进行的训练。按层次,分为共同训练、技术训练、战术训练、战役训练等;按种类,分为联合训练、合同训练和单一军种、兵种、专业兵部队训练;按对象,分为士兵训练、军官训练和整体训练等。部队训练是部队建设的中心工作和促进人与武器的结合、提高部队战斗力的主要途径。部队训练强调按建制单位或作战编组,结合担负的作战任务进行,根据上级的训练指示、训练计划和军事训练与考核大纲规定的内容组织实施。

队列训练

队列制式动作的训练。主要内容包括:队列指挥,单个军人和分队、部队的队列动作,分队乘坐汽车,敬礼,军旗的掌持和迎送,阅兵等。目的是规范队列动作、队形和指挥,培养良好的军姿、严整的军容、协调一致的动作、严格的组织纪律观念,以适应技术、战术训练和增强战斗力的需要。通常采取讲解与示范相结合的方式,逐个内容、逐个动作地进行教练,并采取评比、考核、竞赛、会操等方法,以提高训练质量。

射击训练

射击理论和技能的训练。有枪械、火炮、导弹等射击(发射)训练。主要内容包括:武器及弹药的构造、性能、用途、操作使用和维护保养等兵器知识;弹道学、决定射击诸元、分析射击偏差、判定射击效果等射击理论;确定射击目标性质、位置和运动参数,掌握影响射击精度的外界条件,决定射击开始诸元、火力分配和射击方法,选择射击手段和时机等射击准备;观察与校正,试射与效力射,射击程式和规则,火力的转移与机动等射击实施。通常依据军事训练与考核大纲、教材规定的内容和程序,采用讲解、示范、练习、实弹射击等方法施训,以考核射击、战斗射击和实弹战术演习等方式检验训练效果。

新"三打三防"训练

是中国人民解放军在科技练兵活动中开展的"打隐身飞机、打巡航导弹、打武装直升机"和"防精确打击、防电子干扰、防侦察监视"训练活动的简称。中国人民解放军根据现代局部战争中使用高技术兵器的特点,结合在未来战争中可能面临的作战对象、作战方式和战场环境等情况,于20世纪90年代后期形成的针对性训练。与原来的"三打三防"训练相比较,由于其内容适应了高技术局部战争的需要,故称为新"三打三防"训练。

战略导弹部队训练

战略导弹部队进行专业理论和作战技能的训练。目的是提高战略导弹部队独立或协同其他军种部队作战的能力。通常分为陆基、海基、空基战略导弹部队训练,还可分为核反击训练和常规导弹突击训练。

民兵训练

民兵进行的军事知识教育和作战技能的训练。目的是提高民兵的参战、支前能力,储备后备兵员。重点是民兵干部、民兵专业技术兵和民兵应急分队。通常由县级人民武装部统一组织,在民兵训练基地集中进行;部分民兵干部和民兵专业技术兵,由省军区、军分区统一培训或由当地驻军带训。

学生军训

高等院校和高级中学学生进行的军事基本知识教育和基本作战技能的训练。是在校学生接受国防教育、履行兵役义务的一种形式。目的是使学生树立爱国主义精神,增强国防观念,加强组织纪律性,掌握基本军事知识和技能,为培养预备役军官、士兵打基础。

战场练兵

军队在战场上根据作战任务和敌情、地形等情况,在战斗前或战斗的间隙所进行的战术、技术训练。

科技练兵

是指运用现代科学技术成果,为训练内容、方法、手段注入科技因素的训练活动。

军事五项

国际军事体育理事会确定的军事体育竞赛项目。分为陆军、海军、空军军事五项。陆军五项为射击、通过障碍、游泳、投弹、越野。海军五项为通过障碍、救生、航海技术、实用游泳、两栖越野。空军五项为射击、击剑、游泳、篮球、脱离(通过障碍和识图越野)。

军事五项运动的由来

军事五项源于法国。1946年,法国军官戴布鲁斯上尉设想创立专门为士兵举办的体育比赛。在莱茵河畔法兰克福欧洲剧院盟军总司令部,就成立"盟军体育理事会"问题交换意见时,他看到荷兰空降兵采用的一种特殊的军体训练方法:在指定地区投下伞兵,从着陆点跑20公里,克服路上一切困难,并且完成战斗动作。受此启发,后来戴布鲁斯(后来晋升上校,任国际军体理事会主席)又做了些改动。1947年8月在他的领导下在德国佛里堡的"军体训练中心",进行了试验性比赛。这些比赛经改进规则后被法国参谋部采纳,取名为军事五项。之后迅速风靡全球。

大比武

中国人民解放军于1964年开展的群众性练兵比武活动。目的是推动全军训练,提高训练质量,增强部队战斗力。1964年4月,为落实全军学习郭兴福教学法的号召,根据总参谋长罗瑞卿的建议,中央军委决定举行全军比武,并下达了"比武大会若干问题规定",明确了目的、规模、内容、项目、评选原则和奖励办法等。各部队自上而下层层比武、选拔参加全军比武的集体和个人代表。6~8月,大比武分18个区进行(海军部队为12月)。参加比武和表演的部队、民兵共13700余人,参观的干部87000余人。以班以下课目和技术为主,昼夜连续进行。2257人获个人奖,1212个单位获分队集体奖。6月15、16日,毛泽东、刘少奇、董必武、朱德、周恩来、邓小平和贺龙、陈毅、叶剑英、罗瑞卿等,观看了北京、济南部队和民兵"尖子"表演,给予高度评价。

军事演习

在想定情况诱导下进行作战指挥和作战行动的演练。是军事训练的高级阶段和最高形式。是在完成军事理论学习和战术基础训练之后进行的综合性训练。按目的,分为检验性演习和示范性演习、研究性演习;按规模,分为战略演习、战役演习和战术演习;按对象,分为首长机关演习和部队、分队实兵演习;按形式,分为单方演习和对抗演习、实弹演习和非实弹演习。

世界重要的联合军事演习

联合军事演习是各国军队进行日常训练的重要手段。其中有代表性的联合军事演习有如下几次：

"坚定决心·2002"联合军事演习：2002年3月1~15日，北约成员国与"和平伙伴国"分别在挪威、波兰和波罗的海举行了代号为"坚定决心·2002"的联合军事演习。

"环太平洋·2002"海上联合演习：2002年6月24日~7月22日，美国、日本、韩国、法国、英国、澳大利亚、加拿大等9国海军在夏威夷附近海区举行了代号为"环太平洋·2002"海上联合演习。

"乙支·焦点透镜——2002"演习：2002年8月19~30日，美韩联军在韩国及美国本土举行了代号为"乙支·焦点透镜——2002"的战区级计算机模拟指挥所带部分实兵演习。

"肩并肩·2003"演习：2003年4月25日~5月9日，在菲律宾北部吕宋岛等地举行了为期两周的"肩并肩·2003"联合军事演习。

"金色眼镜蛇·2003"演习：2003年5月15~29日，泰国、美国和新加坡三国在泰国东南部重要军事基地举行"金色眼镜蛇·2003"联合军事演习。这是美军在东南亚地区组织的规模最大的系列军事演习。

俄印海军联合演习：2003年5月22日~6月2日，俄罗斯和印度两国海军在印度洋海域举行了大规模联合军事演习。

"和平使命-2005"中俄联合军事演习：于2005年8月18~25日在俄罗斯符拉迪沃斯托克、中国山东半岛及其附近海域举行。从战略磋商、战役指挥到战术行动，中俄首次联合举行的军事演习，动用了两军常规武装力量的主要军兵种参加，演习地域跨越两国陆、海、空域，演习的内容更是涵盖了应对主要挑战的新型作战样式和作战行动。

中哈反恐联合演习"天山-1号（2006）"中方演习：2006年8月24日在中国新疆伊宁市市郊拉开战幕。此次反恐演习共为多路合围、立体封控，侦察定位、掌握主动，政策攻心、分化瓦解，强行突击、勇猛捕歼，清理战场、撤出战斗五个阶段，包括武装直升机、警犬、火炮、反恐怖特侦队、骑警、技术侦察部队在内的共计700余人的中国边防部队现场展示了他们的反恐协同作战能力。

"环太平洋·2008"军事演习：于2008年6月29日在夏威夷附近海域展开，演习时间长达5周，包括美国、加拿大、英国、日本、秘鲁、智利、韩国、新加坡和澳大利亚等国将派遣战舰和战机参演。这次演习将演练侦察、扫雷、海上拦截、两栖作战、防空、反舰和反潜攻击等项目。

中国人民解放军"砺兵·2008"军事演习：于2008年8月26日拉开帷幕。由北京军区、济南军区、空军部队5211名官兵参加的"砺兵-2008"是一场不设预案、攻防双方完全自主对抗的实兵演习。

军事会议条约协定

开罗会议

1943 年 11 月 22~26 日,美国总统罗斯福、英国首相丘吉尔、中华民国政府主席蒋介石在开罗举行的讨论制定联合对日作战计划和解决远东问题的国际会议。经过会谈,中、美、英三国最后签署《开罗宣言》。《开罗宣言》向全世界宣告了反法西斯同盟国团结合作、彻底打败日本的决心,打击了日本的侵略气焰,其基本原则和主要内容符合中国和全世界人民的要求,是确定日本侵略罪行及战后处置日本问题的重要国际文件之一。但宣言只规定剥夺日本占领的太平洋岛屿的统治权,却不谈如何处理,关于朝鲜独立日期的规定含糊不清,对香港的地位亦未做确定。这些都为战后美英在远东恢复殖民利益埋下伏笔。

德黑兰会议

第二次世界大战期间,苏联、美国、英国三国首脑斯大林、罗斯福、丘吉尔讨论盟国战略以及战后和平问题的第一次会晤。三方终于就对德作战问题达成一致意见,签署了秘密作战计划《苏美英三国德黑兰总协定》,会议还通过了《关于伊朗的宣言》。苏联同意欧洲战争结束半年后参加对日作战。德黑兰会议及其宣言是反法西斯联盟主要国家在战争后期建立有效军事合作的重要步骤,对加强盟国团结,加快第二次世界大战进程,彻底打败德、意、日法西斯产生了重大作用和影响。

雅尔塔会议

第二次世界大战后期,苏联、美国和英国三国首脑斯大林、罗斯福、丘吉尔举行的一次重要国际会议,又称克里木会议。1945 年 2 月 4~11 日在苏联克里木半岛的雅尔塔举行。

雅尔塔会议是在世界反法西斯战争即将取得最后胜利的情况下召开的。1945 年初,苏联红军逼近柏林,美英正准备在西欧发动新攻势,中国抗日战争节节胜利,美英军队已逼近日本本土。与此同时,苏联和美英之间的矛盾亦有所发展。美国最关心的是成立联合国、处置德国和尽快结束战争,英国极力维护大英帝国的传统势力和利益以及建立欧洲均势,苏联则急需确保战后安全和恢复经济。在上述形势下,三国为协调最后打败德国法西斯的军事行动、商定处置战败德国的基本原则、迫使日本尽快投降、安排战后世界一系列政治问题,在克里木举行最高级会晤,并签署了《苏美英三国雅尔塔会议公报》《雅尔塔会议议定书》和当时未公布的《雅尔塔协定》等文件。

维也纳会议

欧洲各国在拿破仑战争结束前夕举行的一次重新划分欧洲版图的国际会议。1814年9月~1815年6月在奥地利首都维也纳召开。这是世界近代史上一次规模空前的国际会议,除奥斯曼帝国外,欧洲各国都派代表出席,共216人,包括俄皇亚历山大一世、奥皇弗兰茨一世和普王腓特烈·威廉三世等。

会议为俄、普、英、奥四国所把持,主要围绕华沙公国(波兰)和萨克森问题展开争斗。俄国欲兼并华沙公国,普鲁士欲兼并萨克森王国,遭到英奥反对;法国则利用矛盾,联合英奥对抗俄普。会议期间,英、奥、法于1815年1月3日缔结反俄普的秘密协定,规定:如一国遭到威胁或进攻,另两国应各出兵15万援助。在英奥支持下法国随之进入参与对重大问题的决策。经过4个多月争执,直到1815年2月11日各国才在华沙公国和萨克森问题上达成妥协。3月1日,拿破仑一世逃出厄尔巴岛,回到巴黎重登帝位。面对新的共同威胁,各国停止争执,结成第七次反法联盟,并在6月9日签订《维也纳会议最后议定书》。

柏林会议

西方列强瓜分非洲的国际会议。1884年11月15日~1885年2月26日在柏林举行,德国、法国、英国、比利时、葡萄牙、俄国、美国等15国参加。1884年,法比和葡为争夺刚果河(今扎伊尔河)流域发生矛盾。英支持葡的要求,但遭到德法反对。后由德首相俾斯麦倡议,召开此次国际会议,以调解列强在非洲中部的争执。会上,德、法、美等国宁可让比较弱的比利时在刚果占有优势,也不愿让操纵葡萄牙的英国在那里取得霸权。比利时国王利奥波德二世因而得以个人名义领有"刚果自由邦"(其范围是刚果河盆地),葡萄牙被迫放弃刚果河河口北岸(卡宾达飞地除外),会议最后通过了《关于非洲的总议定书》。议定书共5章38条,主要内容是:划定"刚果自由部"与法属、葡属殖民地的边界;宣布在该地区贸易自由;刚果河与尼日尔河自由通航;禁止买卖奴隶;规定任何国家以后凡在非洲取得新领土,都必须是"实际有效"的占领并通告议定书各签字国;英国和法国应分别"保证"尼日尔河下游和上游的航行自由等。此次会议,西方列强划分了在非洲中部的势力范围,确定了在非洲拓展殖民地的共同准则,从此掀起瓜分非洲的高潮。

华盛顿会议

第一次世界大战后,帝国主义列强调整海军力量对比和重新划分远东、太平洋地区势力范围的国际会议,也叫作"九国会议"或"太平洋会议"。1921年11月12日~1922

年 2 月 6 日在美国首都华盛顿举行。参加国有美国、英国、日本、法国、意大利、比利时、荷兰、葡萄牙和中国。1919 年巴黎和会所建立的凡尔赛体系，暂时调整了帝国主义战胜国在西方的相互关系。但在远东、太平洋地区，它们之间的矛盾仍很尖锐。日本利用第一次世界大战期间的有利条件，积极进入该地区进一步扩展势力。美国一方面对巴黎和会的结果不满，另一方面对日本扩张不安，急欲拆散英日同盟，从而导致美日矛盾迅速发展。同时，列强的争夺也导致各国海军军备竞赛的加剧。在此背景下，由美国总统 W.G.哈定倡议，召开了这次会议。会议有两个主要问题，一是限制海军军备问题，二是远东和太平洋问题。为此，除由 9 国代表参加的大会外，还设立了由美、英、日、法、意五国组成的"缩减军备委员会"，和由 9 国组成的"远东和太平洋问题委员会"。会议实际上是在美、英、日三国操纵下进行的。

洛迦诺会议

欧洲列强调整彼此关系，并在政治上扶植德国的国际会议。1925 年 10 月 5～16 日在瑞士洛迦诺召开，参加国有英国、法国、德国、意大利、比利时、波兰和捷克斯洛伐克。

会议着重讨论了德国西部边界现状、德国与东部邻国关系及德国加入国际联盟等问题。法国力主维持德国东西部边界的现状，但德国只答应维持其西部边界现状，英国出于抑制法国和对付苏联的需要，支持德国的主张。这既打击了法在中欧的军事同盟体系，又鼓励了德国向东方扩张。德国还要求在不承担国际联盟盟约第 16 条关于对违约国制裁条款义务的前提下加入该组织。与会国经过争论与妥协，草签了《洛迦诺会议最后议定书》等 8 个文件，统称《洛迦诺公约》。公约于 1925 年 12 月 1 日在伦敦正式签署，次年 9 月 14 日德国加入国际联盟（未明确承担盟约第 16 条义务）并成为常任理事国后生效。

欧洲安全与合作会议

旨在维护欧洲地区安全以及促进经济、科技、文化和环境保护等方面合作的会议，简称"欧安会"。1973 年 7 月 31 日开始分阶段举行，至 1975 年 8 月 1 日结束。此后又召开一系列续会。最初，与会国包括除阿尔巴尼亚外的所有欧洲国家以及美国、加拿大、土耳其和塞浦路斯共 35 国。进入 20 世纪 90 年代，由于苏联解体、南斯拉夫分裂及阿尔巴尼亚加入，至 1994 年 12 月，其成员增至 53 国。1995 年 1 月 1 日起，该会议改称"欧洲安全与合作组织"。

1964 年 12 月 14 日，《华沙条约》缔约国通过波兰外长在第 19 届联大会议上提出召开欧安会的建议。1966 年 7 月，华约组织政治协商会议正式建议召开欧安会。但美国表示反对，并以召开中欧裁军会议的建议相抗衡。经过长期谈判，苏美于 1972 年 5 月就同时召开欧安会和中欧裁军会议问题达成协议。同年 11 月 22 日～1973 年 6 月 8 日，与会 35 国在芬兰赫尔辛基召开大使级欧安会筹备会议，草拟了《赫尔辛基最后建议蓝皮书》，对会议讨论议题和议事日程做了规定。

日内瓦公约

1864~1949 年在瑞士日内瓦缔结的关于保护平民和战争受难者的一系列国际公约的总称。

日内瓦公约是随着红十字会运动的产生、发展而制订的。1863 年,由瑞士公民 J. H. 迪南发起的伤兵救护国际委员会(1880 年改称红十字国际委员会),于日内瓦诞生。次年 8 月在该委员会倡导下,瑞士政府在日内瓦召集了有法国、意大利、西班牙等国参加的国际会议。8 月 22 日,与会 12 国签署《改善战地武装部队伤者境遇的公约》(也叫作《万国红十字公约》)。这是关于战时伤病员待遇的第一个日内瓦公约,它规定了军队医院和医务人员的中立地位;规定伤病军人不论国籍应受到接待和照顾,并按公约规定的条件遣返他们。该公约的签署标志着战争法规中人道主义法的诞生。

《尼翁协定》

关于保护不属于西班牙内战任何一方的商船在地中海不受潜艇袭击的国际协定。由英国、法国、苏联、保加利亚、希腊、埃及、罗马尼亚、土耳其、南斯拉夫 9 国于 1937 年 9 月 14 日在瑞士尼翁签署,当即生效。意大利于同年 9 月 30 日加入。

1936 年 7 月,西班牙内战爆发。9 月,欧洲 26 个国家签订《不干涉协议》,禁止向西班牙输出武器和军用物资。但德意两国不仅承认佛朗哥叛军政权,而且进行包括武器援助在内的武装干涉,并对他国舰船采取强制性行动。1937 年 8 月底至 9 月上旬,在地中海连续发生苏英等国舰船遭到不明国籍潜艇袭击事件。为制止事态发展,9 月 9 日,英法两国邀请同地中海有利害关系的各国在尼翁举行会议,签订了《尼翁协定》。协定签订后,在地中海对中立国商船的攻击基本停止。

裁军和限制军备条约

国家或国家集团之间为了各自的安全和战略利益而缔结的有关削减和限制各方武装力量和各类武器装备的数量与质量的国际书面协议,又称军备控制与裁军条约。其内容包括:裁减和限制缔约各方的军队编制单位与人数;限制和禁止核武器与常规武器的发展、储存和部署;部分并最终彻底销毁核武器、生物武器、化学武器等大规模毁灭性武器;建立无核武器区或和平区;规定外层空间或其他地区非军事化或非武器化的措施;确定为防止偶发性核战争或军事冲突的相互信任措施等。裁军和限制军备条约的历史发展是漫长而曲折的,它与战争、军备竞赛、裁军谈判及和平运动密切相连。

全面禁止核试验谈判

美国、英国和苏联于 1977~1982 年举行的关于禁止所有各类核爆炸的谈判。美、英、苏签署《部分禁止核试验条约》后，1977年初，美向苏提议就缔结一项全面禁止核试验条约进行谈判。同年3月，双方同意恢复美、英、苏三国禁核试验谈判。7月26日，谈判在日内瓦正式开始。

谈判伊始，美苏分歧严重。随着1979年底苏军对阿富汗的入侵，东西方关系再度转趋紧张，全面禁止核试验谈判遂于1980年11月中断。1982年2月9日，美国政府发表声明，指出在当前形势下，全面禁止核试验无助于减少核武器的威胁或保持核平衡的稳定。同年7月19日，美国总统里根正式决定不再恢复美、英、苏三方谈判。至此，该项谈判被搁置起来，全面禁止核试验问题只作为日内瓦裁军谈判会议中的一个议题保持一般性的讨论。

全面禁止核试验是美苏裁军谈判中的关键问题之一。苏联于1985年7月29日宣布单方面暂停核试验5个月，后又宣布将此期限延长到1987年1月1日，以促美采取同样行动。但美一再宣称停止核试验不符合美安全利益，始终拒绝做出响应，苏遂于1987年2月16日宣布恢复核试验。为推动美恢复全面禁核试验谈判，苏于同年3月6日同意与美就关于限制地下核试验和限制地下核爆炸两项条约的核查问题进行谈判，并于1990年6月1日签署两项条约的《核查议定书》。1993年8月，日内瓦裁军谈判会议决定设立全面禁止核试验特设委员会，并于翌年1月正式开始谈判。1996年9月，联合国大会审议通过该委员会拟订的《全面禁止核试验条约》草案，全面禁止核试验问题最终得以解决。

《部分禁止核试验条约》

苏联、美国和英国为巩固其核垄断地位而缔结的条约，全称《禁止在大气层、外层空间和水下进行核武器试验条约》。1963年8月5日由三国外长在莫斯科签署，同年10月10日生效，无限期有效。该条约向所有国家开放签署。至1990年底，共有123个国家批准或加入。条约由序言和5条正文组成。

《外层空间条约》

国际上第一个规定外空活动法律原则的条约，全称《关于各国探索和利用包括月球和其他天体在内外层空间活动的原则条约》。1966年12月19日联合国大会通过，1967年1月27日在伦敦、莫斯科、华盛顿开放签署，同年10月10日生效，无限期有效。至1990年1月，已有93个国家批准加入。

条约由序言和17条正文组成。该条约是外空法方面的第一个成文法，它确立的有关外层空间活动的原则对于各国和平探索和利用外空活动有一定指导意义，有助于限制外层空间的军备竞赛。中国于1983年12月30日加入该条约，并在加入书中声明，台湾当局于1967年1月27日和1970年7月24日以中国名义对该条约的签署与批准是非法的、无效的。

《不扩散核武器条约》

也叫作《防止核武器扩散条约》,1968 年 6 月 12 日联合国大会通过,7 月 1 日在莫斯科、伦敦和华盛顿开放签署,1970 年 3 月 5 日生效,有效期 25 年。1995 年 5 月 11 日,《不扩散核武器条约》审议与延期大会决定条约无限期延长。至 1995 年 5 月,共有 179 个国家批准或加入。1957 年 8 月,美国、英国、法国和加拿大向联合国裁军小组委员会提出防止核扩散问题。1961 年,爱尔兰向第 16 届联大提出《关于防止核扩散的国际协定》草案。1962 年 3 月,防止核扩散问题被列入十八国裁军委员会谈判日程,美苏就这一问题开始双边谈判。1964 年 10 月,中国成功地进行了第一次核试验后,美国担心更多的国家成为核国家,便积极推动与苏联的谈判。双方于 1967 年 8 月向十八国裁军委员会联合提出《不扩散核武器条约》草案。次年 5 月,美苏向联合国大会第一委员会提出最后修改案,经审议后通过。无核国家认为,它们已自愿放弃寻求拥有核武器的选择,核武器国家理应保障它们免受核攻击和核威胁。

《海床条约》

也叫作《海床军备控制条约》,全称《禁止在海床洋底及其底土安置核武器和其他大规模毁灭性武器条约》,1970 年 12 月 7 日联合国大会通过,1971 年 2 月 11 日于华盛顿、伦敦、莫斯科开放签署,1972 年 5 月 18 日生效。至 1995 年 1 月,共有 92 个国家签署并交存批准书。条约由序言和 11 条正文组成。中国于 1991 年 2 月 28 日加入该条约,并在加入书中申明:条约任何规定均不得解释为以任何方式损害中华人民共和国对其领海及邻接其领海的海域、海床及其底土的主权和其他权利,台湾当局以中国名义于 1971 年 11 月 2 日签署并于 1972 年 2 月 22 日批准该条约是非法的、无效的。

《欧洲常规武装力量条约》

也称《欧洲常规裁军条约》,1990 年 11 月 19 日由出席欧洲安全与合作会议首脑会议的北大西洋条约组织和华沙条约组织的 22 国首脑在巴黎签署,1992 年 7 月临时生效,11 月正式生效,无限期有效。

《巴黎条约》

英国、葡萄牙同法国、西班牙为结束七年战争而缔结的和约,1763 年 2 月 10 日签订于巴黎。条约共 27 条,主要内容是

1. 法国将其北美属地加拿大、布雷顿角岛、密西西比河以东的全部土地(新奥尔良除外)及法属西印度的多米尼加、圣文森特、格林纳达、特立尼达和多巴哥诸岛,非洲的塞内加尔割让给英国;将攻占英国的梅诺卡岛和汉诺威选帝侯领地归还原主;在印度只保留

本地治里等 5 个沿海城市,放弃对其他地区的领土要求。

2. 西班牙将佛罗里达以及密西西比河以东和东南的全部领土割让给英国,从法国得到马略卡岛、路易斯安那西部及一笔补助金。

3. 英国将戈雷、马提尼克、圣卢西亚、瓜德罗普、玛丽加朗特诸岛归还法国,将古巴还给西班牙。

4. 英法从德意志境内撤军,法西从葡萄牙及其属地撤军。

该和约削弱了法国的海外势力,确立了英国的海上霸权。

《法兰克福和约》

法国与德意志帝国为结束普法战争而缔结的和约。1871 年 1 月 18 日,普鲁士国王威廉一世在凡尔赛宫加冕称帝,宣布成立德意志帝国,10 天后德法签订停战协定。2 月 26 日,两国订立预备和约。5 月 10 日,双方在莱茵河畔法兰克福签订正式和约。主要内容是:法国将重要工业区阿尔萨斯(贝尔福地区除外)和洛林东部连同梅斯要塞割让给德国;法国向德国支付 50 亿法郎赔款,分 3 年付清;德军得以留驻法国,直至法赔款支付完毕为止,军费由法国承担。和约削弱了法国,增强了德国的实力,导致法德间长期尖锐对立。第一次世界大战后,法国根据 1919 年《凡尔赛和约》收回其割让的领土。

《洛桑条约》

全称《协约及参战各国对土耳其和约》,又称《洛桑和约》。1923 年 7 月 24 日,以英国、法国、意大利、日本、希腊、罗马尼亚、塞尔维亚—克罗地亚—斯洛文尼亚国等 7 个协约国为一方,以土耳其为另一方在瑞士洛桑缔结,次年 8 月 6 日生效。

《慕尼黑协定》

德、英、法、意关于肢解捷克斯洛伐克的协定,全称《关于捷克斯洛伐克割让苏台德领土给德国的协定》,又称《德国、联合王国、法国及意大利间的协定》。1938 年 9 月 30 日 (协定文本注明日期为 29 日)签订于德国慕尼黑。

协定包括 8 条正文、1 个附件和 3 项声明。主要内容是:捷将苏台德地区割让给德国,德军于 1938 年 10 月 1~10 日分阶段完成对上述地区及其他日耳曼人占居民多数地区的占领,这些地区存在的任何设备必须完好地交给德国;对尚不能确定日耳曼人是否占居民多数的捷其他地区,应暂由英、法、德、意、捷代表组成的国际委员会占领,于 11 月底前举行公民投票,以确定其归属,并划定最后边界;捷政府应在 4 周内释放正在服刑的苏台德政治犯;有关政府须在 3 个月内解决捷境内的波兰和匈牙利少数民族问题,否则,德、英、法、意首脑将再次开会讨论;英法保证捷新边界不受侵略;在捷境内少数民族问题已告解决时,德意也将对捷提供保证。

《德意同盟条约》

德国、意大利之间的军事政治同盟条约,因德意称其为"钢铁般的条约",故又称《钢铁盟约》。1939 年 5 月 22 日在柏林签订,同日生效,有效期 10 年。主要内容是:缔约国一方的安全或其他重大利益受到外来威胁时,另一方将给予充分的政治上和外交上的支持,以消除威胁;如缔约一方卷入与其他一国或数国的军事冲突时,另一方应立即以陆海空军支援;缔约双方保证一旦共同作战时,对于缔结停战协定成和约,彼此必须完全一致;为保证履行上述义务,两国决定在军事和军事经济范围内加强合作,并为此设立常设委员会。条约的缔结是两个法西斯国家进一步勾结、准备发动世界大战的重要步骤。

《苏德互不侵犯条约》

简称《苏德条约》,1939 年 8 月 23 日苏联和德国在莫斯科签订,当即生效,有效期 10 年。条约包括 7 条正文和 1 项秘密附加议定书。第二次世界大战爆发前,苏联曾积极倡导集体安全政策,谋求与英法等国建立反法西斯统一战线。但英法政府推行绥靖政策,与德国签订《慕尼黑协定》,使苏联面临德国侵略的危险。1939 年 3 月德国占领整个捷克斯洛伐克后,英德矛盾加剧。德国为离间苏、英、法关系,解除侵略波兰的东顾之忧,急于同苏修好;苏联在面对德国和日本东西两面压力的情况下,为了自身安全,同意就德国提出的关于改善两国关系的建议举行谈判,并签订本条约。

《苏德互不侵犯条约》的签订,为苏联进行反侵略战争准备争取了一定时间,但同时也消除了纳粹德国两面作战的威胁,使其得以按原定计划发动第二次世界大战。1941 年 6 月 22 日,德国撕毁该条约,发动苏德战争。

《大西洋宪章》

第二次世界大战期间,美国总统罗斯福和英国首相丘吉尔发表的关于《两国国策中某些共同原则的声明》,也叫作《罗斯福丘吉尔联合宣言》。1941 年 8 月 13 日签署,14 日正式公布。1941 年 6 月,苏德战争爆发。8 月 9~12 日,罗斯福和丘吉尔在大西洋北部纽芬兰岛普拉森舍湾的美国军舰上举行会晤,双方就苏德战争爆发后的国际形势、两国关系和对德对苏政策,以及战时和战后世界重要问题等进行了磋商,最后签署了《大西洋宪章》。该宪章对鼓舞世界人民反法西斯斗争和促进反法西斯统一战线的形成具有积极作用。9 月 24 日在伦敦举行的同盟国会议上,苏联、比利时、捷克斯洛伐克、希腊、波兰、荷兰、挪威、南斯拉夫、卢森堡和自由法国的代表同意宪章的基本原则并加入宪章。1942 年 1 月 1 日,赞同宪章的 26 个国家在华盛顿签署《联合国家宣言》,正式结成反法西斯同盟,该宪章后来成为《联合国宪章》的基础。

《联合国家宣言》

第二次世界大战期间建立的国际反法西斯联盟的共同宣言,也叫作《联合国家共同宣言》。由对德国、意大利、日本轴心国作战的 26 个国家共同签署。

1941 年 6 月,苏德战争爆发,英美表示支持苏联抵抗法西斯侵略。同年 8 月,美英签署《大西洋宪章》。12 月,太平洋战争爆发,美国正式参战,建立国际反法西斯统一战线的条件成熟。12 月 22 日,美英两国首脑在华盛顿召开代号为"阿卡迪亚"的会议,商讨两国的全球战略。会议期间,美国倡议所有对轴心国作战的国家签署一项共同宣言。经与英苏磋商并修改后,宣言草案分送各国政府。1942 年 1 月 1 日,26 个国家的代表在《联合国家宣言》上签字。至此,国际反法西斯统一战线正式形成。《联合国家宣言》的签署,为反法西斯战争的最后胜利和战后联合国组织的建立奠定了基础。

《雅尔塔协定》

苏联、美国和英国关于苏联对日作战条件的秘密协定,全称《苏美英三国关于日本的协定》。1945 年 2 月 11 日由斯大林、罗斯福和丘吉尔在雅尔塔会议上签署。

《雅尔塔协定》确定了苏联参加对日作战的时间,协调了同盟国对日作战的军事行动,对加速击败日本起了积极作用。但是,苏、美、英背着反法西斯战争主要盟国的中国,在中国和远东地区划分势力范围,是对中国领土、主权的严重侵犯,是大国沙文主义和强权政治的表现。中华人民共和国建立后,经过中苏双方 1950、1952 和 1954 年 3 次谈判,苏联先后将大连港、中长铁路和旅顺口海军基地的有关权益全部归还中国。

《波茨坦公告》

全称《中美英三国促令日本投降之波茨坦公告》,也叫作《波茨坦宣言》。波茨坦会议期间,中国、美国和英国于 1945 年 7 月 26 日发表,苏联于同年 8 月 8 日加入。公告全文 13 条,主要内容有:宣布盟国对日作战,直至其停止抵抗为止;日本政府应立即宣布无条件投降等。公告是在法西斯德国已经投降,日军在亚洲和太平洋战场屡遭失败、行将彻底崩溃的背景下产生的。公告的发表使日本统治集团十分恐慌。同年 8 月 6 日、9 日,美国分别在广岛和长崎投下原子弹;9 日,苏联对日作战。日本政府被迫于 10 日通过中立国瑞士向中、美、英、苏发出乞降照会。8 月 15 日,日本天皇裕仁发表接受《波茨坦公告》的停战诏书,宣布无条件投降。

《巴黎和约》(1898)

1898 年 4 月,美西战争爆发。同年 7 月,西战败求和,于 8 月 12 日被迫在华盛顿同美签订停战协定。10 月 1 日,美西开始在巴黎举行和会,12 月 10 日签订本和约。和约共

17 条,主要内容有:

1. 西班牙放弃对古巴的一切主权要求和所有权,由美国予以占领。

2. 西班牙将波多黎各岛和西印度群岛中其他西属岛屿及关岛让与美国。

3. 西班牙将通称菲律宾群岛的各岛屿让与美国,在本条约互换批准书后 3 个月内付给西 2000 万美元。

4. 双方互相遣返战俘。

5. 两国互换条约批准书后,西军撤离菲律宾和关岛,各处堡垒和海岸防御工事中的重型大炮(野战炮除外)在条约生效后 6 个月内仍置原地,美国可出资购买。

6. 美国承诺在互换条约批准书之日起 10 年内,允许西班牙船舶和货物以美国船舶和货物所得到的同样条件进入菲律宾群岛各港口;西班牙有权在已放弃或让与其主权的领地的港口和地方设立领事馆。

美国通过该和约夺得西属大片殖民地,增强了其在拉丁美洲和亚洲的政治、经济与军事地位,揭开了帝国主义列强重新瓜分殖民地的序幕。

《朝鲜停战协定》

全称《朝鲜人民军最高司令官及中国人民志愿军司令员一方与联合国军总司令另一方关于朝鲜军事停战的协定》。1953 年 7 月 27 日在朝鲜板门店签订,同日生效协定规定,协定各条款在未为双方共同接受的修正与增补、或未为双方政治及和平解决的适当协定中的规定所明确代替前,一直有效。协定包括序言和正文 5 条 63 款并附有《中立国遣返委员会的职权范围》和《关于停战协定的临时补充协议》。《朝鲜停战协定》的签订,标志着历时三年多的朝鲜战争以朝中人民的胜利和美国的失败而告结束,但这并不意味着朝鲜问题的和平解决。

《日美共同合作和安全条约》

日本与美国缔结的军事同盟条约,通称《新日美安全条约》。1960 年 1 月 19 日在华盛顿签署,同年 6 月 23 日生效,有效期 10 年。1970 年 6 月条约期满时,两国政府分别发表声明,宣布该条约无限期延长。

日美安全条约是日美军事同盟战略协作的重要文件,日美军事同盟成为东亚和太平洋地区重要的军事力量。

《朝美核问题框架协议》

朝鲜和美国关于全面解决朝鲜半岛核问题的框架协议,1994 年 10 月 21 日由双方首席代表在日内瓦签署。协议共 4 条,主要内容是:

1. 美承诺向朝提供 1~2 个轻水反应堆以取代朝现有石墨减速反应堆及有关设备,其发电能力在 2003 年前达到 2000 兆瓦;作为能源补偿,在轻水堆建成前,美每年向朝提供 50 万吨重油；朝保证完全冻结其石墨堆和有关设备并在轻水堆工程完工时予以拆除，允许国际原子能机构监督整个冻结过程。

2. 美正式保证不对朝进行核威胁或使用核武器；朝保证重返《不扩散核武器条约》，履行根据该条约达成的安全保障协议，接受国际原子能机构对不属于冻结范围的设施进行特别和例行检查，并采取措施实施北南双方关于朝鲜半岛无核化的共同宣言。

3. 双方将走向政治、经济关系完全正常化，减少贸易和投资壁垒，在对方首都开设联络处，并最终把双边关系升至大使级。该协议是双方就朝鲜半岛核问题多次举行高级会谈的重要成果，协议的签署使历时一年半的朝鲜核危机出现决定性转折，有利于维护朝鲜半岛的和平与稳定。

《五国联防协议》

英国、澳大利亚、新西兰、新加坡和马来西亚缔结的多边军事协议，也叫作《五国防务安排协定》。1971 年 4 月 15～16 日在伦敦部长级防务会议期间签订，同年 11 月 1 日生效。主要内容是：1971 年 11 月 1 日《英马防务协定》期满后，五国在防务方面进行合作；英、澳、新（西兰）在 1971 年年底之后继续在新（加坡）、马驻军；如发生由外部组织或其支持的对新（加坡）、马任何形式的武装攻击或武力威胁，五国政府将立即进行磋商，以决定集体或单独地采取措施对付这种攻击或威胁；建立新（加坡）、马两国统一的空防体系；设立联合磋商委员会，联合空防委员会和英、澳、新（西兰）联合部队司令部，司令部下辖一支由以上三国陆、海、空军组成的联合部队。该协议是《英马防务协定》行将期满，英决定从新（加坡）、马撤军的情况下，为继续维护其在东南亚的利益而签订的。后因澳、新陆续从新加坡撤军，联合部队司令部于 1976 年 4 月宣布解散。但英、澳、新（西兰）对新（加坡）、马的防务承担仍保持不变。

特种部队

俄罗斯特种部队

"阿尔法"特种部队

恐怖主义被称为"20世纪的政治瘟疫",是一场永无休止的地下世界大战。俄罗斯"阿尔法"特种部队就是一支令恐怖分子闻风丧胆的特种部队,它自1974年组建以来一直带有神秘的传奇色彩。"阿尔法"特种部队在30多年的风雨历程中,共参加了数十次反恐战斗,为俄罗斯的反恐斗争立下了赫赫战功。最近几年,受国内分裂势力和经济衰退的影响,俄罗斯治安不佳,恐怖绑架事件频频发生。在其他部门束手无策之时,"阿尔法"特种部队却屡有建树,给恐怖分子以有力的打击,成为一支举世瞩目的反恐尖兵。

一、"阿尔法"的入选与训练

"阿尔法"特种部队突击队员大都是从年轻军官中选拔的,通常是从国家安全机关、空降兵、边防部队、军校毕业生中的优秀年轻军官中考核筛选的。在年龄方面,他们只能在22岁到28岁之间,因为这一时期他们思想已经成熟,而且身强力壮。如果申请人符合所有候选要求,他就有机会参加专门的考试。但这仅仅只是报名,要想正式成为成员,还必须经过如下介绍的"过五关,斩六将",最终能够入选"阿尔法"部队的只能是其中的佼佼者。

首先,这些年轻军官必须通过严格的体能测试。在身体方面,他们必须符合空降兵的身体条件。队员应能够长时间奔跑、游泳、射击、徒手格斗,其水平绝不逊色于运动健将。体能测试过关后,还要检查其心理稳定性,对应征者的嗜好、人际关系以及对各种突发事件的处置和应变能力给予考察。由于反恐怖特种作战行动所处的独特环境,"阿尔法"的每一个成员彼此之间都百分之百地信任自己的同事。这不仅关系着他们自己的安危,而且关系着整个特种作战任务能否完成。

另外,入选者还要通过个性测试和面试,从而测出其智力程度。在接受教育方面,"阿尔法"的成员90%以上都受过高等教育。这些特种突击队员们多数来自著名的高等空降兵指挥学院、莫斯科高等诸兵种合成指挥学院和边防军所属的两所军事学院。在反恐怖行动中,"阿尔法"成员不应是行动的机器,他们不光需要有一身过硬的技艺和武功,还需要有精明的头脑。在很多情况下，这比强壮的体格和高人一筹的搏斗能力更为重要。

最后，入选者的历史要"干净"，具有良好的道德品质。有关部门还要对应征者的履历和档案进行审查，以防止那些有前科的人混入。

以上测试合格后，应征者还要在"阿尔法"特种部队训练基地接受5年系统严格的训练。其间，有些应征者因身体条件不适应会随时被淘汰。"阿尔法"队员一般到35岁就要退役，前后只有10年左右服役时间。新手将在秘密职业杀手学校内进行培训，其教员汇集了擒拿、格斗、爆破、武器、犯罪心理学、侦察和计算机等方方面面的顶级专家，专门培养"阿尔法"特种部队的队员。"阿尔法"特种部队的训练分体能训练、基本技能训练、心理训练和特种技能训练等。

1. 体能训练

"阿尔法"特种部队突击队员的训练日安排得十分饱满。每天上午开训之前，要完成规定指标的越野跑，或规定项目的体育训练，随后，在教官的带领下，进行1.5～2小时的徒手格斗训练。午饭后，学员们只休息片刻，便要进行特种战术和特种武器训练。晚饭后，还要进行个人单项体能训练。训练期间，还经常穿插进行射击、实际操练和野外演习等训练。

2. 基本技能训练

队员首先要在训练中心学会擒拿格斗、地图识别和战场通信联络等基本技术。擒拿格斗训练，主要是让学员掌握接近和打倒敌人的技能，以及对付敌人警卫和捕捉、绑架、俘虏的技能，包括在徒手或持枪的情况下，同敌人遭遇时的处置办法。识图训练是使学员掌握在作战过程中了解环境的能力，包括使用指南针、凭借地貌辨认地形及方位。通信训练的目的是使学员熟练掌握各种通信工具，在作战中能够在本部之外，地面与空中之间保持联系，甚至能与己方的通信卫星随时沟通。此外，他们还必须学会在行进的坦克间穿行，在开伞高度低、着陆精度高的要求下进行空降训练。

此外，野外生存训练也是必不可少的。生存训练主要包括适应性训练、求生训练、自救和防病训练及素质训练。在生存训练中，受训练的队员经常被置于深山老林、荒原大漠之中，暴露于烈日酷暑、冰天雪地之下，以锻炼其在断水断粮、孤立无援的环境中，利用当地资源生存的能力。

3. 心理训练

特种作战部队的官兵通常是以单兵、小组或小部队的形式独立作战。由于任务特殊，环境艰苦，危险性高，作战中队员们经常遇到难以预料的困难和复杂的局面。因此，具有临危不惧、处乱不惊的心理素质，是完成任务的重要保证。

训练方法之一便是让队员在十分险恶的环境中完成任务，克服恐惧心理。"阿尔法"部队每月都要对其成员进行一次检查，对他们的能力状况做出客观评价。如果未能达到训练要求，则难以逃脱被除名的厄运。当然，对于每一位入选者来说，这种情况很少发生。他们全都明白自己肩负的重担，以及每一滴汗水与未来流血牺牲的联系。另外，特种部队的每名队员都要学习犯罪心理学，实施谈判和心理战方面的训练。

4. 特种技能训练

"阿尔法"特种部队突击队员还要掌握各种轻武器和冷兵器的使用方法。每个突击队员都必须学会驾驶汽车、装甲运输车、步兵战车,还要学会跳伞、格斗、暗杀、破坏、生存、侦察、攀登、救护、审讯、隐蔽等技能。每个突击队员还要具备携带轻武器在水下执行作战任务的本领。

5. 反劫机训练

一般来讲,"阿尔法"队员应了解俄罗斯所有型号民用飞机的主要情况,包括飞机座舱内的座位数量、布局、各种设施的配备情况,更要了解飞机的整体结构,以便找到进行突击的进入点,保证在最大限度减少或避免己方突击队员和人质伤亡的情况下,击毙或生俘劫机者。当然,外国制造的飞机也在了解之列,以便在各种情况下也能采取突击行动,解救人质。在"阿尔法"部队的训练科目中,有一项便是飞机的驾驶技术,要求所有队员了解飞机的驾驶原理和实际操作,以便在实施空中突击或恐怖分子在空中枪杀飞行员的情况下,能够操纵飞机,最后安全着陆。

经过5年的训练,"阿尔法"队员个个身怀绝技,每名"阿尔法"队员都能连续做200个俯卧撑,对于任何文章看过一遍起码能记住前两页,各式汽车、飞机、轮船、装甲坦克战车能娴熟驾驶、擒拿格斗、攀岩涉水、投弹射击、跳伞越野样样精通。

二、"阿尔法"的武器装备

"阿尔法"部队在执行任务时,通常携带防弹背心以及独特的武器装备,包括7.62毫米AK-74M无声突击步枪(多数配备100发子弹和夜视或望远用的瞄准镜)、马卡洛夫无声手枪、卡拉什尼可夫冲锋枪、榴弹发射器、战刀、脉冲式收发机等。脉冲式收发机主要用来测试驻地处和设伏路线上活动的小型物体。还可根据任务需要携带AGS-17自动榴弹发射器、PK/PKT通用机枪以及SVD狙击步枪、RPG-7或RPG-18轻型反坦克火箭筒。数种外国制武器也同样被使用,包括簧压式的刀子,其刀锋发射后可横跨过一个房间的距离;锐利的筑壕工具,可以当作斧头甩出。除了这些常规作战武器外,"阿尔法"的成员们还配备了各种特殊的反恐怖兵器,如特制的手榴弹和特种杀伤性武器等。

为了应付日益复杂的恐怖活动和狡诈残忍、装备先进的匪徒,俄罗斯目前又为"阿尔法"特种部队研制并装备了新型防弹背心、短身枪、夜视仪,以及能从空中打击隐藏在建筑物、墙壁、障碍物后面的恐怖分子的新式武器。前不久,"阿尔法"部队还配发了一种叫作"佩尔森"的电子按钮,它可用以对恐怖分子的遥控爆炸装置实施干扰,使之失灵。

三、"阿尔法"的作战行动

"阿尔法"部队成立30多年来参加了数十次解救机上人质的行动,曾创造无一人伤亡的良好记录。由于"阿尔法"特种部队享有很高的威望,外国驻俄罗斯的许多大使馆经常邀请该特种部队为其乘坐的班机保驾护航。"阿尔法"部队的主要作战行动有:攻占阿明宫、解救25名中学生人质、两次成功地从客机上解救人质、五次成功地实施反恐作战行动、成功解救莫斯科轴承厂文化宫人质等。

"阿尔法"部队的首次作战行动是1979年7月28日在美国大使馆大楼。潜入该大楼的恐怖分子要求迅速提供一架飞机以飞往国外,否则,将引爆炸弹炸毁大楼。"阿尔法"部队的狙击手击中罪犯右手,首战告捷。

1981~1986年,苏联境内共发生3起重大恐怖事件,但由于"阿尔法"反应快速,行动果断,这3起恐怖活动无一得逞。1981年,在萨拉普尔市,"阿尔法"部队干净利索地消灭了两名携带冲锋枪,将25名中学生扣为人质的恐怖分子,而"阿尔法"队员和学生无一伤亡。

1993年,俄罗斯民航一架伊尔-86客机在从矿水城飞往莫斯科途中,被一名叫扎哈里耶夫的中年男子劫持。他在交给空中小姐的纸条上要求:"立即安排我会见俄罗斯总统或司法部长,否则将遥控爆炸本班机和三个地面设施。"机上有347名旅客和16名机组人员。飞机最后紧急降落在莫斯科附近的伏务科沃机场。"阿尔法"部队闻讯出击,趁夜悄然从飞机底部的货舱进入客舱。一场短兵相接,劫机者束手就擒。在1997年,又一起劫机案发生,"阿尔法"部队临危受命并果断出击,劫机者被捕,142名乘客安然无恙。

在1994~1996年和1999~2000年的两次车臣战争中,"阿尔法"更是锋芒毕露。1995年6月14日,车臣匪首巴萨耶夫率200余名武装匪徒,乘车潜入俄南部城市布琼诺夫斯克,劫持了近千名政府工作人员和医务人员及病人为人质,要挟俄政府停止进攻格罗兹尼。"阿尔法"部队奉命来到车臣战场,歼敌任务异常艰巨也非常危险,好在最后联邦政府采取了退让政策,才使几十名特种队员免于牺牲。1996年,车臣另一匪首拉杜耶夫率领600余名匪徒冲入基兹利亚尔市,把3000名医生、护士及市民作为人质。"阿尔法"部队担任强攻突击群的第二梯队,负责最后解救人质,经过殊死搏斗,人质终获自由。"阿尔法"功不可没。

近年来,俄罗斯连续发生爆炸事件。2000年8月8日晚6时,莫斯科市中心普希金广场地铁站内,发生严重爆炸事件,造成无辜市民8死53伤的惨烈景况。就在事发后的20分钟内,"阿尔法"部队迅速赶到出事现场。机警的队员在不到半小时内,即从爆炸现场附近搜寻并排除了另一枚爆炸装置,避免了另一场更大的伤亡。随后,"阿尔法"根据目击者的描述,制作了犯罪嫌疑人的电脑图像,迅速出击,于第二天凌晨便将两名犯罪嫌疑人缉拿归案。

2002年10月23日晚,40多名恐怖分子携带机枪、自动步枪、手枪和爆炸物,乘坐4辆汽车冲入莫斯科东南区轴承厂文化宫,按事先部署控制了剧院的各个关键位置。看音乐剧的700多名观众、100多名演员及文化宫的工作人员被扣为人质,制造了震惊世界的"莫斯科人质危机"。绑匪携带了大量爆炸物,混杂在人质当中,随时准备炸掉整个剧院以及炸死所有人质。

这次人质解救行动就是由"阿尔法"部队唱主角来完成的。在为时三天的事件中,特种部队一直准备作战,他们早已在剧院后面的外墙挖了洞口,特种兵已潜入剧院内,并隐蔽起来。10月26日5时30分,在战斗号令发出之后,预先埋伏在地下通道、楼顶、剧院两侧和正面的"阿尔法"小组特种作战突击队员从五个方向冲进剧院,与绑匪激烈交火。由于"阿尔法"队员的快速反应,身系炸弹的"车臣寡妇敢死队"队员没有一个成功引爆绑在她们身上的炸弹。18名"车臣寡妇敢死队"队员悉数倒在了突击队员的弹雨之下。经过半小时的战斗,50名绑匪被击毙,其中包括车臣非法武装劫持人质的头目巴拉耶夫;3人被俘。成功地阻止了大爆炸的发生,解救了800余名人质。在此次行动中,特种部队无一人牺牲。

"信号旗"特种部队

俄罗斯有两把打击恐怖主义活动的"尖兵利剑",一个是闻名遐迩的"阿尔法"特种部队,另一个就是联邦安全局下属的"信号旗"特种部队。二者的最大区别是前者主要在国内从事反恐怖活动,后者则在国外专门进行反颠覆和警戒俄罗斯驻外目标。由于自组建之日起,"信号旗"特种部队就是一支神秘的超级特种部队,很少公开露面,加之大多在俄罗斯境外行动,所以"信号旗"特种部队始终披着一层神秘的面纱。但是由于近年来"信号旗"部队在反恐斗争中屡立战功,所以它的曝光度逐渐增大,也露出了其庐山真面目。

一、"信号旗"的入选与训练

"信号旗"队员的选拔十分严格,入选对象主要来自国家安全机关、空降兵、边防军、毕业于中级军事院校的优秀学员和优秀年轻军官,年龄限制在22~27岁之间。首先,对符合条件的申请者进行政治审查。要求申请者政治上要合格,绝对忠于祖国,效忠国内最高领导人的指示。这主要是通过调查档案与面谈的方式来进行。然后,是业务素质审查。要求申请者具有优秀的业务素质、身体素质和心理素质。另外,挑选"信号旗"特种部队队员的一个重要条件是外语水平。一般候选人要懂两门外国语,其中一门要精通,第二门应能借助词典翻译书面材料。最后,还要对申请者进行个性测试和面试,从而测出其智力程度。如此一来,一般15~20个候选人之中才能选中1个。入选者还要通过为期两个月的试训和考试。

考试合格后,这些候选人方能被正式录用,成为"信号旗"特种部队的一员。到1991年初,"信号旗"特种部队已发展到1200多人,其中90%的队员是军官,士兵和准尉只能在保障分队里服役。正式入选的队员还要经过5年的专业训练才能走上真正的战场。

苏联期间,"信号旗"队员在5年的培训期间,首先要在克格勃系统的侦察学院或克格勃的军官进修班重新进行特种教育培训。之后,所有队员开始进行4个阶段职业技能培训。

第一阶段为基础训练阶段,队员全副武装进行10~15千米的越野和急行军,穿越茫茫原始森林和沼泽地带,要求队员在充满腐烂尸体、水蛇和尖桩的泥水中以及火坑和陷阱中匍匐前进,克服队员极度恐惧的心理,敢于前行。

第二阶段为生存和耐力训练阶段。队员在漫无边际的荒野里就地取食谋生,与此同时还要在有敌人追击的情况下巧妙地隐藏自己。

第三阶段为在特殊条件下的训练阶段。某特种训练中心,完全按照某些国家的地形地貌和主要城镇,以及风土人情来进行设计,就连街名也与那些国家一模一样。要求"信号旗"队员针对不同"国家"进行针对性训练。队员身临其境,好像真的到了该国。此时,队员被要求讲该国语言,还要会讲该国的地方土话,同时还要执行诸如到某处去送秘密情报等特殊任务。

第四阶段为实战训练阶段,进行包括徒手格斗、射击训练、驾驶训练、地雷爆破训练和电台训练。射击训练要求做到百发百中,会驾驶各种战斗车辆以及了解和使用外国武器装备。同时"信号旗"队员主要是训练使用小型定向性爆炸装置,会用简单材料自制炸弹。队员们还必须熟练掌握各种型号的电台,灵活传递信息,进行截收和监听等。

由于"信号旗"部队主要从事境外敌后作战,所以他们还需苦练海上本领和空中本领,以便能通过陆上、空中、海上或者联合方式进行渗透。通常为达到行动的快速性,队员要搭乘飞机,并从飞机上投送潜水用具和人员至预定的海域。队员使用特种降落伞。通常的伞降高度为 120 米、100 米、80 米和 60 米,一些出色队员甚至可从 50 米的高度伞降。经过"信号旗"高水平的伞降训练,队员可在风速 15 米/秒的情况下安全降落,有的甚至能在风速达 17 米/秒时成功降落。潜艇的鱼雷发射管也是他们经常出入的地方。

"信号旗"部队的成员还接受过在极端条件下生存方法的训练,他们曾在沙漠中急行军,曾在北极地区过夜。他们还能够搜集和分析情报,独立制订行动计划并执行自己的行动计划,这一点是这支特种部队与其他特种部队的区别。

二、"信号旗"的武器装备

"信号旗"特种部队的武器装备与"阿尔法"部队基本相同,包括 7.62 毫米 AK-74M 无声突击步枪、马卡洛夫无声手枪、PK/PKT 通用机枪以及 SVD 狙击步枪等。另外,由于"信号旗"部队主要用于境外作战,它还装备有一些独特的作战武器,如 VSK94 狙击步枪、PP-2000 冲锋枪、SPP-1 水下手枪、野牛冲锋手枪等。

世界上只有俄罗斯、德国、英国等少数国家研制成功了水下枪械,种类也很少。俄罗斯的 SPP-1 水下手枪的结构类似常规手枪,采用滑膛枪管,使用的是 4.5 毫米×39 毫米 SPS 专用手枪弹。它是一种长度较大的箭形弹头,水下有效射程 20 米。

OSV-96 狙击步枪可狙击装甲车辆,它具有大口径和半自动的两大优势,发射 12.7 毫米专用狙击步枪弹。如使用 12.7 毫米 B-32 穿甲燃烧弹,它在 1.5~2 千米射程上能从侧面击穿美国 M113 装甲输送车以及德国的"黄狼"步兵战车。

三、"信号旗"的作战行动

"信号旗"特种部队自成立以来无论是境外作战还是国内反恐都是屡立战功,但是由于其一直处于严格的保密状态,所以它的作战行动往往鲜为人知。下面列举若干这支神秘部队参加的一些作战行动。

在阿富汗 10 年战争期间,"信号旗"一直在阿富汗秘密活动,阿富汗的每一个省都有它的行动小组。它的主要任务是进行秘密破坏活动和搜集情报。为此,"信号旗"队员多次深入敌后,对阿富汗游击队进行分化瓦解,散布假情报、解救人质,多次出色地完成了任务。此外,"信号旗"还在古巴、叙利亚、越南、莫桑比克、安哥拉、尼加拉瓜进行过类似活动。

1992 年,10 名"信号旗"特种部队队员在莫斯科三个地铁站,于 10 秒钟内制服了 14 名武装暴徒,缴获 100 万美元假美钞。

1993 年,"信号旗"特种部队在叶卡捷琳堡郊外成功地制止了一起预谋的恐怖爆炸事件。为确保核设施安全,"信号旗"还组建了一个代号"韦嘉"的分队,聘请反核恐怖专家担任顾问,专门守护俄罗斯的核设施。

1993 年 6 月,几名恐怖分子劫持了一艘核动力船,"信号旗"特种部队奉命赶到。几名队员神不知鬼不觉地接近了核动力船，另外的几名"蛙人"则以特殊方法潜到了船舷两侧，以迅雷不及掩耳之势拿下了船上的外围警戒。紧接着，几名空降兵从天而降。十几分钟之后，几名恐怖分子被押到了岸上。值得一提的是，当时的海上风速达到每秒15米，而一般情况下，在风速为每秒10米时，就连专业跳伞员也要停止训练，"信号旗"队员硬是在这样的海上风速条件下完成了准确降落动作。

1994年7月28日，在俄罗斯北高加索地区的矿水城机场发生了劫持人质事件。当时，四名车臣恐怖分子身藏武器，在矿水城机场附近劫持了一辆载有41名乘客的公共汽车。恐怖分子要求政府支付1500万美元的赎金，并提供两架配有驾驶员的直升机。俄当局一方面与恐怖分子进行谈判，一方面向矿水城调派了当时隶属于内务部的"信号旗"特种部队。29日凌晨3时，当直升机准备起飞时，特种部队发起攻击。这时，一名恐怖分子在机舱内拉响了一枚手榴弹，直升机顿时燃起大火。尽管机场及时采取了灭火措施，但直升机还是被全部烧毁。事件中，有5名人质死亡，恐怖分子有1人被炸死，其余被捕。有的特种部队成员也被炸伤或受枪伤。

在2002年10月23日，发生了震惊世界的"莫斯科人质危机"事件。在这次解救人质的作战行动中，参加突击行动的部队由"阿尔法""信号旗"和内卫部队组成。其中"信号旗"负责支援突击任务。在整个解救人质的行动中，虽然"阿尔法"唱主角，但是"信号旗"部队的作用也不容忽视。

"格鲁乌"特种部队

"格鲁乌"是俄罗斯军事情报总局的简称，其主要任务是威慑和阻止突然袭击，并对敌后进行侦察、打击。它如同俄罗斯武装力量的耳目，是俄罗斯军队情报的主要来源。俄罗斯总统曾这样称赞"格鲁乌"部队："我很清楚格鲁乌的工作成绩。在反恐作战中格鲁乌的特种作战分队枪枪见血，屡获功勋。从格鲁乌获得的及时准确的情报不只成为国家战略决策的基础，而且有效遏制了对国家的各种威胁。格鲁乌是俄罗斯名副其实的顺风耳和千里眼。"

一、"格鲁乌"的入选与训练

"格鲁乌"特种部队的队员挑选是十分严格的。进入这支部队的队员必须在其他部队服役，并且每位军人都必须经过特种训练。

入选后还要进行更加严格的特种训练，除了特种兵要进行的体能训练、耐力训练、专业技能训练以及实战训练以外，因为"格鲁乌"部队经常执行境外侦察活动，所以"格鲁乌"队员还要进行强化的外语训练，大部分队员都能熟练地应用1门外语。此外，野外生存训练对"格鲁乌"部队也非常重要。训练时，教官们通常将一名特种兵派到一个陌生的地方，发给他60发子弹和一天的粮食，让他在那里利用10天的时间完成交给的任务，以此来锻炼队员在艰苦的环境下生存的能力。还有，如何招募间谍也是"格鲁乌"训练与众不同的地方。

二、"格鲁乌"的武器装备

"格鲁乌"特种部队的武器和装备也与众不同。除了前面提到的俄罗斯特种部队的武器装备外，每名队员还有一支特制的无声冲锋枪。这种冲锋枪发射 9 毫米口径的子弹，可穿透任何防弹背心。

另外队员们还配备无声手枪、爆破装置、无线电发报机和火箭筒等。每个士兵还都备有一把尖刀。刀子可以砍、削、切，也能割断粗铁丝。而报务员携带一部特制的发报机，其重量约为 12 千克，发射半径为 3000 千米。

三、"格鲁乌"的作战行动

"格鲁乌"特种部队在俄罗斯的历次对外与反恐作战中发挥了关键作用。第二次世界大战期间，"格鲁乌"在世界上建立了几个至今仍为人津津乐道、被国际情报界视为样板的情报网，如欧洲的特雷帕尔情报网、"红色乐队"情报网、"拉多"情报网，亚洲地区的佐尔格情报网，美国的阿姆托格公司。

苏联解体后，"格鲁乌"没有消失。它的影子仍然出现在俄罗斯的各个战场上，但是与从前相比，它的行踪变得更加隐秘。在伊拉克战争时，"格鲁乌"向普京总统提供了战争发展的准确预测。但由于"格鲁乌"的严格保密性，很少被大众所熟知，其光辉往往被"阿尔法"和"信号旗"部队所掩盖。

"格鲁乌"在车臣战争中屡立战功。它除了拥有庞大的谍报网络外，还指挥着一支世界闻名的特种部队——第 10 独立特种旅，其训练、装备和战斗力均优于俄其他著名特种部队。1999 年以来，这支特种部队已经消灭了 3000 名车臣非法武装分子，其中利用苏-27 战斗机携带空地导弹击毙车臣匪首杜达耶夫的故事为世人所熟知，但消灭车臣战地指挥官——号称"黑色天使"的匪首格拉耶夫一事则较少为外界所了解。

格拉耶夫在山区作战方面是个非常厉害的对手。为拔除这颗钉子，打击车臣非法武装的嚣张气焰，"格鲁乌"特种部队多次组织追剿行动，终于在 2004 年 2 月 28 日发现了其行踪，对其展开了追剿行动。当天，天气非常恶劣，下着大雪。直升机无法起飞，乘越野车向山区推进也非常困难。司令部只能派出两组军事侦察兵 24 人，第三组后来才赶到。正是这三个"格鲁乌"特种部队作战小组决定了整个战役的结果。

"格鲁乌"特种部队把格拉耶夫匪帮赶到了海拔 3600 米的高山上。侦察兵们踏着齐脖深的积雪爬上了海拔 3600 米的山脉，在雪地里只能看见他们的头。他们用双手和自动步枪开道，走得非常慢，一个白天只能前进 800 米。山非常陡，坡度达到了 65 度。海拔每升高 1000 米，气温下降 6℃，当时山坡下已是-20℃了，山顶上的温度之低可想而知。武装分子有时还可以躲在山洞内烤火取暖，而"格鲁乌"队员为了不暴露自己，甚至不能生火做饭。第一周，队员们脚上的皮靴就全被磨烂了，而他们一直在山上战斗了两周，完全超越了人类极限。

在追剿过程中，"格鲁乌"队员被一个深 800 米的深谷挡住了去路。从这个高度看下去，汽车就像个火柴盒。其中一名队员不幸从这里掉了下去，但士兵从悬崖上掉下去时没发出任何声纳，害怕自己的叫声惊动武装分子们，暴露自己小组的位置。可见，"格鲁乌"队员的意志是如何之坚毅。

最终，车臣匪首格拉耶夫被"格鲁乌"部队找到，并击倒在雪地上，中弹后的格拉耶夫一个人在雪地里绝望地爬行，垂死挣扎，最后体力不支，失血过多，死在了山坡上。

美国特种部队

"海豹"突击队

"海豹"突击队的英文缩写是 SEAL，它是英文中的海（Sea）、空（Air）、陆（Land）的缩写，其全称为美国海军三栖部队。这意味着"海豹"突击队的队员不仅要能执行水下侦察任务和陆上特种作战任务，还要求能以空降形式迅速前往战区。所以说，"海豹"突击队是一支三栖特种作战部队，它是美国王牌军中的王牌军，也是各国特种部队中战争成功概率最高的部队。它在越南战争、格林纳达、海地、巴拿马、"沙漠风暴"中以及伊拉克战争中都曾大显身手。"海豹"突击队的最突出特点是"没有灵魂"，它要求每位队员执行任务时，要"忘记自己的存在"，只能有一个信念——完成任务。

"海豹"突击队

一、"海豹"突击队的入选与训练

"海豹"突击队队员挑选标准向来十分严格且极其苛刻，淘汰率之高令人咋舌，最高时达 80%。突击队的选择对所有美军部队和平民开放，平民可以通过"海豹"突击队挑战项目参加特种部队人员的遴选。但是候选人必须符合以下基本条件：

①必须符合美国募兵法的规定；

②必须年龄在 18~31 岁之间；

③必须具有大专以上的学历，并具有一定的外语水平；

④必须在未申请之前连续服役最少 24 个月；

⑤必须接受审查，以确定其对国家、军队的效忠程度；

⑥申请者必须在申请表格上申明了解该突击队的任务，其家人亦必须不反对其加入该突击队；

⑦必须思想成熟、情绪稳定；

⑧必须没有恐高症；

⑨没有劳累症及幽闭恐惧症的病历；

⑩必须不怕水和炸药；

⑪必须能够在恶劣环境之下保持镇定；

⑫必须具备潜水、水中爆破、处理炸药的经验；

⑬必须接受一次游泳考核,侧泳或仰泳要在 7 分 39 秒之内游完 274 米距离。

除了要能满足上述的基本条件外,还要能够承受得住残酷的淘汰训练。经过淘汰训练的申请者只有不到 30% 的人能获得令人渴望的海豹突击队的标志——三叉戟胸针徽章。这些淘汰训练包括:为期 6 个月的艰苦的基础训练课程;为期 3 个星期的空降(跳伞)课程;为期 15 周的高级训练课程;最后他们将加入海豹突击队的小组进行专家级训练。

当候选者成功通过了体能测试以后,他们就有资格参加接下来为期 6 个月的基础水下破坏训练课程。基础水下破坏训练分为 3 个阶段,主要有体能训练、小型船只的操作、潜水物理学、基础潜水技巧、陆战、武器、破坏、通讯和侦察。

其中这一阶段的第 4 周被称为"地狱周",参与者将参加 5 天半的持续训练,前两个昼夜是连续作战训练,没有休息时间,每餐各 2~3 分钟的进食时间。后 3 天休息时间也非常短暂,几乎难以真正睡眠。在此期间他们总共的睡眠时间加在一起最多不超过 4 个小时,其中还包括 1 个小时的受阻时间。受训队员在这种极度疲劳和睡眠不足的状态下要完成跑步、游泳、越障、操艇等一系列科目,并在泥沼、沙滩等恶劣环境中进行登陆、建立滩头阵地、扩大登陆场等特定战术任务。这是对体力和精力的终极测验,通过这一测验证明人们所能发挥的潜能是平常人认为的 10 倍以上。这一训练也向学员教授了意志力和团队合作的重要性。成功通过"地狱周"测试的候选者将有机会继续最后 4 周的训练,在最后 4 周中他们将进行水文调查和水文图绘制的训练。

"地狱周"训练结束后,那些没有被淘汰的新队员将被送到特种学校,去接受更高层次的专业训练。一般来讲,专业训练时间通常为期 9 周。首先,队员们将被送到高等潜水学校学习。学习的内容主要包括:兵器知识、爆破知识、高难度无设备潜水、深水下潜技术、直升机密林和水上空降技术等。当这一课程结束后,队员们将被转入特种作战学校学习,主要进行游击战、反游击战、心理战和高难度野外生存能力训练,当上述所有的科目学习完毕,队员们就应该能在极其恶劣的环境中生存,并具备连续长时间对敌人进行侦察而不被发觉等本领。

最后所有的"海豹"突击队员还必须接受为期 3 个月的"海豹"突击队战术训练项目。通过该项目的训练他们将进一步提高作战技能和对船只的操作能力。

二、"海豹"突击队的作战装备

由于"海豹"突击队在执行作战任务时,通常是以两个人为一组,最多不超过 16 个人的作战排,其中以 8 人以下的作战班最为普遍。所以,"海豹"突击队的作战装备以单兵和班组作战装备为主。单兵装备主要有柯尔特进攻手枪、MP5 冲锋枪、M9 手枪、M147.62mm 突击步枪、雷明顿 700、巴雷特或麦克米伦狙击步枪、MK3 军刀。

此外,还装备有 MK13 信号弹、AN/PVS-7 夜视镜和 AN/PVS-4 夜间瞄准镜、潜水灯、水肺装具("海豹"突击队队员使用封闭循环系统,因此不会在水面留下众所皆知的气泡)、UDT 救生衣(可用橡皮筋使其体积缩小,位于两侧的 M60 机枪备用弹药袋,可装 100 发 7.62 毫米枪弹)、伪装服(海豹小组使用修正过的美军战斗服,无论何种作战地形皆有合适的迷彩服)。

"海豹"突击队的单兵装备。

班组装备主要有:M60 机枪、M203 榴弹发射器、"马克 VⅢ"蛙人运送艇;黄道 F-470

橡皮艇,用于水上渗透,可乘载 7 名队员,动力是舷外马达,非常低小且难以发现;海狐狸特种战斗艇,由玻璃纤维材料制造而成,长 11 米,用于高速海岸袭击;潜水运送载具为MK6、MK9,MK6 可携带 4 名潜水员,而 MK9 可搭载 2 名,用于在水中长距离移动;还装备有快速攻击车辆(FAV),用于沙漠地区执行作战任务,价值 50000 美元,速度为每小时129 千米,装备 M60 机关枪、M1940 毫米榴弹发射器和 AT-4 反坦克火箭。

三、"海豹"突击队的作战行动

自从组建"海豹"突击队以来,无论是执行任务还是训练,"海豹"突击队都凭借其出色的表现而成为特种部队的传奇。他们几乎参与了每一次重大的现代战争和军事反恐事件,这里不妨列举一下他们的辉煌战果。

1964 年,在越南战场上,"海豹"突击队员大胆使用越军的战术与装备,穿着黑衣、草鞋或打着赤脚,使用 AK-47 冲锋枪,在越军活动频繁地区设置陷阱或诡雷装置。越军将其称之为"绿面人""秘密蓝眼杀手"和"丛林魔鬼"等。"海豹"突击队在越南战争中仅仅损失 46 名队员,但狙杀越军高达 9000 多人。

1989 年 12 月美军入侵巴拿马,巴前政府首脑兼国防军司令诺列加的外逃座机被击落;1991 年 9 月海地武装部队总司令塞德拉斯发动政变,前总统阿里斯蒂德被救出,这些都是"海豹"突击队的杰作。在美国,有人把他们称作"什么也挡不住的战争机器"。

在海湾战争时,"海豹"部队在地面战争未开始前便在科威特海岸边巡游,以监视伊拉克防卫部队,而伊拉克从未察觉"海豹"部队的存在。1991 年 2 月 23 日至 24 日晚间,6名海豹队员静静地划到岸边,他们以快艇上的机关枪扫射伊拉克防卫部队先前设置的炸药。伊拉克部队向黑暗中盲目地开火,当海岸因一连串的爆炸而震动时,他们则早已潜入水中。当"海豹"部队悄悄溜走时,伊拉克更多的部队赶至海岸,以便与似乎正在进行登陆的部队交战;与此同时多国部队却以装甲部队开始攻破伊拉克南方的防线,正所谓声东击西之战术。这是一次优秀的牵制行动,充分地显示少量人员如何达到与其极少数目全然不成比例的作战结果。

1995 年 12 月,在多国部队进入波黑之前,"海豹"突击队早已在波黑境内执行任务。"海豹"突击队的潜水员们潜伏在萨瓦河接近摄氏零度的冰水中,忍受着泡在河水中的动物尸体散发出的臭味以及漂流着的战争残留物,为进驻波黑的美军部队进行侦察,选择架桥的最佳位置。

在最近一次深入阿富汗的反恐战斗中,他们消灭了上百名躲藏在山洞里、黑暗处的恐怖分子,而"海豹"突击队队员仅有 4 人遇难。"海豹"突击队还击毙了塔利班在阿富汗南部地区最有势力的头目奥兹·汗。

"绿色贝雷帽"特种部队

"绿色贝雷帽"特种作战部队是美国老牌的特种作战部队,也是陆军中一支规模最大的特种部队,同时还是最受美国总统宠爱的一支部队。"绿色贝雷帽"经常被派往世界上许多国家,执行各种特殊使命,曾在 1952 年底被派往朝鲜战场,后又介入越南战场,并由此声名显赫。

一、"绿色贝雷帽"的入选与训练

由于"绿色贝雷帽"担负的任务特殊，因而对人员素质的要求非常严格。入选的基本条件必须是在军中服役满 3 年，通常需有大专文化程度，有一项专长，已经取得空降合格证书，至少需精通 1 门外语，因为这是进行全球作战的一个必要条件。

在基本条件合格以后，则面临的是更为残酷的淘汰训练，这才是一个"痛苦"历程的刚刚开始。这一阶段每天的训练时间长达 17 个小时，由三个阶段组成。第一阶段，学习特种部队的基本技巧，主要包括体能、侦察、野外生存、刺杀、格斗、航海术与身体耐力等。其中光是格斗就要求在山地、丛林、水中、泥中、房中、车上进行，这是他们一个主要训练课目，因为他们将以此来训练队员的反应、意志力、斗志、杀气，行动的敏捷性及果断性。第二阶段，包括教育程序、战斗工程、外国武器的使用和专家化职务（如医疗和通讯）训练。自从"绿色贝雷帽"被训练得能照顾他们自己之后，战斗医疗课程就成为必需的训练。第三阶段，将理论付诸实践，最终在位于北卡罗来纳州的乌威利国家森林进行游击战演习，在那里练习小组须领导当地的反抗军。北卡罗来纳州的居民在这整个训练过程中参与其中的活动，扮演"本地"的人民与游击队士兵，为将来在真实战斗中实际所要面对的一切，举行一次非常逼真的逃亡演习。直至全部掌握约 72 个课目以后，队员才能正式编入"绿色贝雷帽"，而这时还必须能掌握 2~3 门外语。

经过艰苦而严格的训练，"绿色贝雷帽"部队具有很强的独立作战能力。队员不仅有极强的团队精神，而且个个可以独当一面，能在 30 秒钟内打倒敌人。队员会讲多种语言，全部了解世界各地生产的各种新、旧武器，每人能操作 85 种左右。他们都是步兵战术的专家，精于伏击、诱拐、暗杀、爆破等，并具有在敌占区和恶劣条件下生存的能力。不论在世界上任何一个地方、任何环境下，都能够进行空降、潜水，从事山地战、丛林战、沙漠战、滑雪战和游击战等特种作战。

二、"绿色贝雷帽"的武器装备

"绿色贝雷帽"部队装备有各种步兵武器和运输直升机，拥有十分先进的通信器材，包括卫星通信和通信距离达 2000 英里的轻型通信装备。主要武器装备有 M60 机枪、M16 步枪、MP5A3 冲锋枪、M2 榴弹 203 发射器、M4A1 卡宾枪、M9 手枪、EC-130E 特种作战飞机等。

当"绿色贝雷帽"处于敌方境内时，除了标准的美国陆军步兵武器外，还使用敌人的或"无从辨识"的武器。其范围包括古斯塔夫火箭筒、麦德森轻机枪，甚至纳粹德国陆军的 MP40 冲锋枪（曾在越南使用过）。另外，还有苏联的武器。现在已搁置的史泰尔 GB 9 毫米手枪在 20 世纪 80 年代期间曾大受欢迎，因为它对劣质弹药有极大的宽容度——这可能是所有的"绿色贝雷帽"在远离交战线时唯一能得到的弹药。

三、"绿色贝雷帽"的作战行动

"绿色贝雷帽"作为美军世界征战的"军刀"，在历次征战中发挥了不可替代的作用。它曾在越南战争中进行特种作战，在入侵格林纳达战争中攻占萨林斯角机场，在入侵巴拿马战争中攻占帕科拉河大桥和里士满山监狱，在海湾战争中搜寻"飞毛腿"导弹，在阿富汗战争中引导战机攻击地面目标等。

在越南战争中"绿色贝雷帽"领导大量的当地部队，包括各式各样的越南军事组织、山地部落高棉人。他们必须学习当地语言，行动范围远超过正规陆军单位所能支援的地方。

海湾战争中，"绿色贝雷帽"被配属到多国部队的营一级单位，为其提供必要的训练和关键的通信联络，组织协调战术作战，在"沙漠风暴"行动中发挥了特殊的作用。"绿色贝雷帽"在开战前便已潜入到伊拉克境内去密切监控敌军的动向，其中一个作战小组甚至已渗透到离巴格达不到 100 千米的地方进行侦察，为多国部队获取了极为重要的情报，对战争的取胜起到了不可估量的作用。

在海湾战争进入到战略空袭阶段后，为弄清空袭目标的准确位置和性质，提高空袭效果，美国中央情报局从"绿色贝雷帽"部队中挑选了一批长相与伊拉克人相似，能操一口流利阿拉伯语的美籍阿拉伯后裔，执行敌后侦察任务。他们身着沙漠迷彩服，佩带性能先进的轻武器、激光目标指示器，趁夜暗秘密搭乘直升机潜入伊拉克境内，把照片直接发回到多国部队总部的数控静止照相机及摄像机。"绿色贝雷帽"化整为零，以 3～6 人为一个行动小组，昼伏夜出，行动诡秘，搜寻隐蔽的伊军"飞毛腿"导弹、作战飞机以及指挥所等地下工事的准确位置，引导多国部队飞机实施精确轰炸。

在阿富汗战争中，"绿色贝雷帽"更是剿灭塔利班的幕后功臣。美军派出了一支只有数百人的"绿色贝雷帽"特种部队，仅用了半年时间，他们便帮助北方联盟取得了阿富汗战争的胜利。更为准确地说，在战争初期的前三个月，地面上只有不到 120 名"绿色贝雷帽"，而对手却是数万名塔利班战士和基地组织分子。据估计，"绿色贝雷帽"至少消灭了3.1 万名敌军，而付出的伤亡代价却是极小。

"三角洲"特种部队

"三角洲"特种部队是美空军特种部队的精锐之师，它担负着远距离侦察、战斗中的救援行动，以及对陆军特种部队提供空中支援等任务。"三角洲"特种部队也是目前世界上规模最大、装备最齐全、资金最雄厚的特种部队。在越南战争之后，它曾多次秘密潜入越南营救美军俘虏；在 1980 年伊朗美国大使馆人质营救中发挥了重要作用；在 1993 年的索马里"黑鹰行动"中也曾大显身手。但其在近年来的反恐怖行动中却连续失利，被人们形象地形容为"只配做伴娘，永远当不成新娘"。

一、"三角洲"特种部队的入选与训练

自"三角洲"特种部队成立之日起，指挥官贝克韦斯就实行一套特殊的选拔、训练、管理方法，亲自拟订了关于"三角洲"突击队的任务、编成、装备、训练等若干规定，其挑选队员的标准规定得十分具体。报名条件为：美国公民，年龄 22 岁以下，而且已经在特种部队服役两年以上，不能为色盲。参加者必须通过长达 30 天的基本体能测试及面试测试，此入选测试称为信心课程，内容包括：

①能在 25 秒钟内逆向爬行 35 米；
②每分钟仰卧起坐 37 次；

③每分钟做俯卧撑 33 个；

④在 24 秒钟内通过所设置的障碍；

⑤在 15 分钟内完成 4 千米长跑；

⑥能全副武装泅渡 1000 米。

完成以上项目后，紧接着进行 18 千米行军。休息两小时后，再进行体力极限测试，应试者在 24 小时内，在得不到任何暗示及指点的情况下，能使用一块罗盘和一张地图，在荒无人烟的地区单独行军 74 千米。

此举将有 75%参加者被淘汰。然后是 19 周的基本技术训练内容，包括：熟练使用各种轻型武器装备，操作多种机械设备和驾驶各种车辆、坦克、装甲车，开大型运输机或直升机。此外，还要求在擒拿、格斗、攀援、越障等方面都在行，最后每人至少还要有一门专长，如爆破、开箱、修理等。

余下的参加者还要进行心理评估及面试，内容主要为日常作战技巧及突发问题处理。要求参加测试者忠实、坚定、沉着、机智，并要求能够回答诸如下列这样的问题：

"你的朋友遇到了麻烦被送进警察局，他要你去为他作伪证，你该怎么办？"

"上级命令你带领 4 个人去炸毁一座炼油厂，路上碰到了两个受伤的熟人，你怎么办？是杀掉他们，还是带他们上路，还是置之不理？"

"一个人违抗了命令，但他又是你的救命恩人，你是不是应该告发他？"

"你的女朋友遭到歹徒的凌辱，你是去报案还是私下了结？"

……

这几项测试下来，能够全部达到上述条件的人屈指可数

二、"三角洲"特种部队的作战装备

"三角洲"特种部队的主要任务是处理影响到美国利益的恐怖活动，它有权利取得任何执行任务所需要的常规武器。主要是反恐怖武器，包括 FN MAG7.62 毫米通用轻机枪、M2495.56 毫米班用轻机枪、M203 轻型突击步枪榴弹发射器以及 AH-6 直升机等班组作战武器。

"三角洲"部队还装备有完备的单兵作战武器，主要包括：席格-索尔 9 毫米手枪、MP5 冲锋枪、巴雷特和麦克米伦狙击步枪、M4/MK 式 5.56 毫米突击步枪以及 P-11 无声水下专用手枪等单兵作战武器。

三、"三角洲"特种部队的作战行动

"三角洲"部队自 1977 年成立以来，一直以反恐作战为中心，执行了多次重大的救援与安全保卫任务。而"三角洲"部队的实战表现尽管是喜忧参半，但其作为美国一支不可替代的反恐力量仍然是无可非议的。

"三角洲"部队成立两年后的首次大型活动是执行救援伊朗美国大使馆人质的"夜光行动"。1979 年 11 月 4 日，一群伊朗"学生"蜂拥闯入美国驻伊朗大使馆内，并挟持数十名人质长达数月之久。从危机刚开始的最初几天，军事救援的计划就始终在检视和发展中，究竟是使用外交手段还是军事手段，一直因伊朗内部的混乱而举棋不定。而德黑兰距任何美军基地又非常遥远。直至最后才决定，以"三角洲"部队为主，从美军的军事基

地起飞,实施救援。"三角洲"部队可谓临危受命,足见美国军方对其的信任。可"三角洲"部队却出师不利,在飞往德黑兰的途中,直升机出现故障,又因联合勤务处理问题失误,进而导致救援行动彻底失败。这次行动是"三角洲"部队成立以来的首次大型作战行动,因此又被称为"三角洲"部队的"饭碗行动",可是"饭碗行动"的失败差点砸了"三角洲"自己的饭碗。

"三角洲"部队的倒霉厄运并没有在"夜光行动"后结束。在 1984 年 12 月 4 日,一架科威特客机被劫持到巴基斯坦的卡拉奇,"三角洲"部队的营救行动又因后勤支援出现差错而搁浅。另外几次反恐行动也因为各种原因中途取消,无功而返。

然而,与反恐作战形成鲜明对比,"三角洲"部队在其他作战任务中却表现突出。1982 年,该部队为意大利特种部队营救被恐怖组织"红色旅"绑架的美国多齐尔将军的行动提供了技术帮助;1987 年,该部队协助联邦调查局抓获了 1985 年参与劫持美国环球航空公司客机事件的恐怖分子。此外,还出色完成了 1984 年洛杉矶奥运会和 1988 年西方七国首脑会议的安全保卫行动。

海湾战争一开始,"三角洲"特种部队就遂行直接战斗行动,他们的 MH-53J 直升机,越过边界进入伊拉克领空,引导摧毁了伊拉克的主要雷达,为多国部队飞机攻击伊拉克西部的重要目标开辟了一条 10 千米宽的空中走廊,协助拉开了空中战役的序幕。在海湾战争期间,"三角洲"部队作为联合,行动的一部分,曾经查出伊拉克的"海珊瑚"导弹,并将之标示出来以待空袭。在 1991 年 2 月 27 日,地面战争的最后一天,"三角洲"部队发现了 26 枚"飞毛腿"已经准备就绪,正要向以色列发射。"三角洲"部队立刻摧毁了正要发射的 26 枚"飞毛腿",避免了以色列被卷入战争的局面。

目前,"三角洲"部队的任务回归到反恐怖作战,而非海外直接参战。位于北卡罗来纳州布拉格堡的广大训练地区中包括一架波音 727 飞机以供练习突击救援人质。还有一个著名的"鬼屋",是"三角洲"部队用来训练肉搏战的场所。"三角洲"部队在未来反恐怖以及安全保卫中的表现值得人们继续关注。

空军伞降救援队

美国空军特种部队由特种飞行部队和特种战术部队两大分支构成。特种飞行部队汇集了飞行学校里的精英,他们能够灵巧地驾驶各种飞机穿梭于战地之间,完成运送、支援、掩护、侦察等复杂飞行任务。特种战术部队则是以天空为舞台、以地面为平台的特种作战部队,他们主要负责人员的搜索救援、战场空中掩护、战地空中交通的协调和疏导,以及天气气象评估等任务。而在这些特种战术部队中,以伞降救援队最为著名,他主要负责战时坠毁飞机的飞行员搜索救援任务。救援人员既要具有很高的医疗护理能力,也要具有特种部队队员的过硬素质,以便在危险重重的敌后保护飞行员的安全。

一、伞降救援队的入选与训练

要想成为一名伞降救援队的预备学员,首先要通过严格系统的选拔考试。招收对象必须是美国现役男性军人,他们的体能要求是在一天内完成 1.5 英里的限时长跑、1000 米的限时游泳和 25 米的潜泳应试测试,以及引体向上、仰卧起坐、俯卧撑等综合体能测试。每个项目均设定了最低底线。只有达到了最低要求,才能成为伞降救援队预备学员。随后等待他们的将是更加系统和艰苦的训练科目。

预备学员首先要在得克萨斯州接受 10 周左右的体能强化训练,以使试训人员具备合格的体能素质来完成日后的训练,同时也会淘汰一批心理素质和体能不合格者。在完成体能强化训练后,学员会参加在陆军特种空降学校和陆军战术潜水学校进行的为期 7 周的训练,这些训练主要是培养行动人员渗透进入敌后以及如何接应被救援人员的能力。然后他们将要完成空军基础求生训练和自由伞降训练,这是对他们前一阶段训练基础的提升,同时为日后进行伞降救援训练奠定技能基础。此后,他们将开始 42 周的系统训练课程,包括 22 周的特种作战医疗救护课程和 20 周的伞降救援救护专家课程。期间,空军特种战术训练课程将会贯穿始终,以保证他们在敌后实施紧急救援撤离时,具备相应的战术和特种作战基础知识来面对突发情况。

二、伞降救援队的作战装备

空军特种飞行部队为伞降救援队提供两种类型的战术飞行工具:短途低空渗透性质的运输直升机和长途高空渗透任务使用的运输机。

短途低空渗透性质的运输直升机一般由 MH-53J/M "铺路微光" Ⅲ/Ⅳ 型和 MH-60G "铺路鹰" 担当。其中 "铺路微光" 的运载能力、续航能力、夜间识辨能力以及导航能力,都具有出色的实战表现,并且机型可以根据具体任务进行临时性的改装和换装。机身两侧装有轻型火力支援系统,可以满足敌后运输和快速渗透、撤离所需的相应低空支援压制火力。该型直升机配备的雷达规避系统和地形识辨系统可以在恶劣的天气状况下为飞行员做出最佳方案选择。该机可以进行空中加油,提高了续航能力,其降落地点可以为舰艇甲板等简易环境,从而满足了空军伞降救援队在复杂任务环境下的需求。"铺路鹰" 直升机则是在美军现役 "黑鹰" 直升机基础上进行改良和技术更新而推出的新一代特种用途作战直升机,机型较 "铺路微光" 小,但功能不相上下,更适合在敌后地区执行快速渗透和转移撤离任务。而且对降落场的要求更低,适合在城市环境下执行特种飞行任务。"铺路鹰" 直升机还加入了导航和反跟踪方面的新技术,可以在更多空域条件下躲避防空火力的追踪和袭扰。

长途高空渗透任务使用的运输机一般为 C-5 型边输机和 C-141 运输机,两种运输机均可以提供长距离续航空中加油能力,同时,承担为空军特种飞行作战部队运输特种任务直升机的运载任务。例如 "铺路鹰" 直升机可以进行快速组装和分解,由 C-5 型运输机担负长距离运输,而其整个运输和部署时间会短于由直升机自身完成的等距离飞行和空中加油所消耗的时间。

伞降救援队队员还配备有齐全的单兵作战装具和武器。伞降救援人员使用高速防撞头盔和伞降专用头盔作为个人滑降保护装置。高速防撞头盔的优势是质量轻,防冲撞效果好,佩戴舒适,深受空军特种作战人员的喜爱,但是不防弹。而伞降专用头盔是在飞行员头盔基础上改良而成的,简化了飞行员头盔的通讯装置,摘除了氧气呼吸装置,加装了夜视仪。

进入 20 世纪 90 年代后,美军特别为空军特种伞降救援人员开发了一套多功能的伞降救援专用单兵装具。该套装具设置在腰腹部,这样可以更好地完成滑降动作。大容量、通用尺寸的弹匣包可以一次携带 8 个容纳 30 发 5.56 毫米枪弹的弹匣,或者是 6 枚 40 毫米榴弹。该装具的后背设计有一个可以快速拆装的多功能工具包,可以存放医疗用品,不需要时可以将其卸除。空军伞降救援人员在行动中多使用 M4A1 卡宾枪和 M203 榴弹发射器组合的单兵武器,这是考虑到在救援过程中他们可能和敌军交战,为了保证伤员顺利快速撤离,既需要有步枪的点杀伤火力也需要有枪榴弹的面覆盖火力。

三、伞降救援队的作战行动

伞降救援队自成立以来,参加了美军多次的对外战争,多次成功地完成了对陷入敌后美军士兵的救援行动。这里列示一下近年来伞降救援队成功完成救援任务的战例。

1989 年,在"正义事业"行动中,空军伞降救援队的实力得到了充分的证明。在对巴拿马采取的军事行动中,空军伞降救援队成员利用轻型快速车辆运输了大量伤员,这些伤员多为在攻占巴拿马本地机场过程中负伤的主力部队成员。正是他们快速果断的救治,挽救了这些伤员的生命。

在海湾战争期间,空军伞降救援队和海军"海豹"特种部队合作执行作战人员搜索救援任务,主要是确保在科威特和伊拉克领空执行空中打击任务的美国飞行员和其他多国部队飞行员在被击落的情况下,可以紧急逃生并得到救援。当时"海豹"特种部队抽调一部分人员负责飞行员落水后的救援工作,而陆地上的救援工作则完全交给了伞降救援队队员。他们曾经在高度危险的敌占区营救出了被击落的 F-14 战斗机的导航员。

1993 年 8 月底,一支伞降救援队跟随美国联合特遣部队前往索马里进行"重建希望"维和行动。10 月 3 日,一架"黑鹰"直升机在敌军控制区坠毁,两组搜救人员立即乘坐"黑鹰"直升机前往事发地点,他们到达坠机地点后,和已经赶到的"游骑兵"特种部队建立了保护飞行员的临时防线,同时救援人员爬入已经变形损毁的机舱内,为有生还可能的两名机组人员进行临时外科处理。由于索马里民兵火力异常强大,数名伞降救援人员和机组人员被困在飞机残骸内,但是接受过严格训练的伞降救援队人员根据当时的情况,很快稳定了受伤机组人员的伤势,并且和外面的临时防线一起保护机组人员,直到后续救援车队到达后才撤离。

2003 年的伊拉克战争中,营救女兵林奇的事件成为全球媒体的焦点。这项救援任务就是由伞降救援队参与完成的。林奇的成功获救,给本来已经疲软的美军士兵打上了一针强心剂,使美军士兵在心理上得到了安慰。伞降救援部队也成了其他作战人员心理的最后依靠,给了他们以自信和成功的信念。

英国特种部队

特别空勤团

英国特别空勤团(SAS),成立于第二次世界大战时期,是世界上最早成立的特种部队之一。特别空勤团的座右铭是"勇者必胜"，在半个多世纪的风风雨雨中，正如其座右铭所说的一样，特别空勤团面对每一场艰巨的任务从未退缩过。无论是第二次世界大战的反纳粹战争还是战后的镇压殖民地解放战争，乃至近年来的海湾战争、伊拉克战争等高技术局部战争，特别空勤团都以勇者无畏和智者无敌的特战精神，打赢了一场又一场的漂亮仗。

一、特别空勤团的入选与训练

特别空勤团的申请者大多来自伞兵部队和轻步兵部队，他们本身已经具备了很好的军事素质。在申请得到批准之后，所有的候选人员都集中到海瑞福德，在这里他们将接受全面彻底的身体检查，并且进行体能测试。

首先，是为期3周的基本选拔程序。在训练第一周，大多数时间都用来进行地图和地面测向训练。特别空勤团出于安全考虑，要求队员们不允许在图上做任何标记，地图必须自始至终按原样携带。因为在战场上地图上如有标记，很可能会向敌人泄露行动的具体地点。在第一周里队员们还将进行一些攀登和行军练习，这些不过是整个训练过程的热身运动。

在第二周里，训练的节奏明显加快，行军背负的重量开始加重，距离开始加远，而且每天候选队员们要在山上度过的时间也更长了，跟不上这一节奏的候选队员将被淘汰。第二周的训练课程一般从清晨4时就开始，要到深夜才能结束，这样算下来，他们一天只能够睡上三四个小时。

选拔程序中的第三周又被称作是"测验周"。这时候，剩下的候选队员已比开始时少了一半。在测验周里，队员们在长途行军过程中要背着武装背包、枪支以及衣物，光着上身渡河，而山道行军则要求他们全副武装地在规定时间内山上山下往返跑3趟，这的确要求惊人的耐力。难上加难的是，在这一训练中每个人均是单独行动，在没有队友支持的情况下，他们要独自应付出现的任何困难。接下来还有更严酷的耐力行军，这无疑又是一道"鬼门关"。几乎已筋疲力尽的候选队员们在最后的耐力行军中要背负25千克重的武装背包，在恶劣的路面条件下完成63千米的行军，规定时限为24小时。

在为期3周的基本选拔程序后，还要进行为期4个月的步兵技能培训。培训包括学习使用先进的武器装备和班排战术训练。另外，候选队员还将花上一周的时间学习医护知识，强化通讯技能和爆破技能。在这期间，各种各样的测试和体能锻炼仍会不间断地继续下去。所有的申请者都将受到更密切的关注、更严格的审查，或许有些队员身体条件较好，可以较顺利地通过前面的基本选拔训练，但如果他们没有清醒的头脑和优秀的学习能力，那么，就很可能在这4个月中被淘汰掉。

接下来，将进行长时间的野战生存训练和反审讯培训。野战生存训练主要是教会队员哪些植物可以食用，如何在恶劣的环境中依靠捕捉动物，采食菌类、海草以及草根来维持生命。他们还要学习如何在野外搜索前进时不暴露自己的足迹。在反审讯训练中，"俘虏们"只允许透露自己的姓名、军衔、编号以及出生日期，他们甚至不可以回答简单的"是"或"不是"。因为如果这样做，他们就算考试失败而面临被淘汰。很多受训人员事后都认为，反审讯培训是整个选拔训练课程中最难熬、最可怕的一段经历。

在反审讯培训结束后，紧接着队员们将接受为期6周的丛林战技能训练。丛林战基本技能训练包括：丛林巡逻、丛林侦察探路、打埋伏战以及掌握在丛林环境下生存的基本常识。在丛林战技能之后，是基本空降技能培训。至此，第二阶段的选拔算是结束了。

通过以上所有选拔训练项目的人员现在基本上已大功告成。他们下一步的任务是选择自己将来在特别空勤团中的专项，这决定今后他们将是进入山地、舟艇、空降还是摩托排，然后进行更加专业的培训。比如对选择山地战为专业的队员来说，他们要学会能够在世界上任何一处岩石或冰山上攀登的本事，以及在极地寒冷环境下进行作战的技能。决定加入舟艇部队的队员要掌握两栖作战的各种技能，包括出入潜艇、舰船导航、登陆、携带水下呼吸器潜游、水下格斗等。

二、特别空勤团的武器装备

特别空勤团拥有一流的攻击与防护装备，主要包括以下几个方面。

（1）枪支　特别空勤团使用的枪支主要是德国制造的黑克勒—科赫 MP5 冲锋枪、比利时制大威力勃朗宁手枪、美制雷明顿 870 冲锋手枪等，此外，有时也选用英制自填式步枪 SLR、带消声器的斯特林步枪、英哥莱姆冲锋枪等，可针对不同场合、不同需要选择不同特点的枪支。

（2）防弹衣　特别空勤团部队的防弹衣除使用凯夫拉材料外，还加进了一些陶瓷片，这样即使是高速、有穿甲能力的子弹也奈何不了它。由英国道奇公司生产的软质防弹衣还能有效地吸收、分散子弹的冲击力，以免行动人员遭受严重的钝击伤。高强度冲击造成的钝击伤有时足以致命。这种加有防冲击层和陶瓷片的防弹衣，厚度达 18 毫米，质量约 4 千克。另一家叫普鲁泰克的公司生产的防弹衣对陶瓷片进行了一些技术改良，使防弹衣的质量能减至 3 千克。

（3）头盔　在解救伊朗使馆人质的行动中特别空勤团成员没有使用头盔，只佩戴了头罩。这种做法实际上是很危险的，因为头罩只能防热、防灰、防烟，但却不防子弹。目前，特别空勤团部队装备的反恐怖专用头盔，是由英国库特豪德宇航公司生产的 AC100/1 型，使用多层复合材料制成，既比较轻便又抗枪弹，内部还有防冲击的减震内衬，接触佩戴者身体的部分选用天然材料和高级皮革。

（4）防毒面罩　防毒面罩在解救伊朗使馆人质行动中已被成功使用。在整个行动中，使馆始终被烟雾所笼罩，当恐怖分子被催泪弹和烟雾弹呛得喘不过气时，行动队员已经占了上风。特别空勤团现在使用的是英国生产的 SF10 型防毒面罩。该面罩上的目镜能防雾、防磨、防腐蚀、防强光。

三、特别空勤团的作战行动

特别空勤团作为世界上成立最早的特种部队之一，参加了从第二次世界大战至今的无数次作战行动。在这些作战行动中，特别空勤团都发挥了关键性的作用

成立后不久，特别空勤团便受命潜入德军阵营，发起了一场代号为"胜利曙光"的攻势。数千名德军士兵依托修筑好的工事负隅顽抗，并在每栋屋顶都设置了机枪及火箭阵地，阻挡英军的攻击。在战斗的最关键时刻，特别空勤团员挺身而出。最后，特别空勤团击毙了 410 名德军士兵，而自己只有 3 名军官和 31 名士兵阵亡，特别空勤团从此名声大振。第二次世界大战期间，他们还在纳粹非洲军团的后方进行暗杀、破袭和营救盟军战

俘的行动,在一年半的时间里,成功地炸毁了德国空军的 250 架飞机和数十个弹药库。

1975 年 12 月"北爱尔兰共和军"的 4 人"机动任务单位"被伦敦首都警察逼入一幢位于贝尔康比街的公寓内。这 4 人挟持了公寓主人为人质。当警方了解到公寓中有一台收音机后,在一项例行的新闻广播中,BBC 宣称特别空勤团已包围了现场。听到这一新闻后,这批恐怖分子马上就主动投降了。看来特别空勤团的威望足以让恐怖分子闻风丧胆。

1980 年 4 月 30 日上午,英国情报机关获悉几名武装分子占领了伊朗驻英国大使馆,并扣留了在使馆内的部分人员作为人质。随即,第 22 特别空勤团受命实施这一营救行动,代号为"猎人行动"。经过周密的计划和充分的模拟训练,50 名身怀绝技的特战队员,在塑胶炸弹和非致命性武器眩晕手榴弹的掩护下,分三路突入使馆,以一连串干净利索、准确有效的突击动作,迅速逼近目标位置。经过一番激烈战斗,6 名恐怖分子全部被击毙,而突击队员没有任何伤亡。整个突击行动仅持续了 17 分钟,可谓营救行动的经典之作。

1982 年马岛战争中,英军为了保证在马岛顺利实施登陆,特别空勤团的突击小分队趁夜间对阿根廷军队在马岛上修建的夜战机场实施奇袭,一举摧毁了机场上停放的 11 架作战飞机和机场设施,拔除了阻挡英军登陆的一颗大钉子。

在 1991 年的海湾战争中,特别空勤团与美国特种部队一起作战,尤其是与三角洲部队一同搜寻伊拉克的"飞毛腿"导弹。特别空勤团小组攻击伊拉克的导弹储藏机构和司令部与控制中心,同时以手持的激光指示器指示重要目标区供盟军导弹进行轰炸。

海军陆战队特种舟艇部队

说到英国的特种部队,人们往往只想到皇家空军的特别空勤团(SAS)。然而,在英国还有一支鲜为人知的特种部队。在内行人眼里,它甚至是一支比特别空勤团名气更响的特种部队,这就是海军陆战队特种舟艇部队(SAS)。这支有着光荣历史的特种部队创立于第二次世界大战期间,专门用来突击和侦察欧洲大陆的海岸,活动范围遍及全球,但每一次活动都严格保密。他们平时的任务是检查从英国到冰岛的水下潜艇侦察系统的工作状况以及保卫北海油井,防止恐怖分子的袭击。战时则主要从水上或空中渗入,遂行侦察、破袭、夺占要点等任务,特别是担负两栖作战前的情报收集和滩头侦察。

一、特种舟艇部队的入选与训练

进入特种舟艇部队的人员必须是至少有 3 年军龄的陆战队员。英国海军陆战队本身就是世界上训练最严格、战斗力最强的部队之一,而陆战队每年通过竞争选拔出 60 名优秀队员参加特种舟艇部队的选拔训练,最终真正能成为特种舟艇队员的不到 5 人,淘汰率高达 90% 以上。

在陆战队中争取到参加特种舟艇部队选拔的提名是第一关,6000 多人中只有 60 个名额,真正的是百里挑一。与同伴相比,如果不是 3 年以上的陆战队老兵,没有相当好的身体素质,没有更高的战技水平、更稳定的心理素质,没有更丰富的经验和被上级认为有更值得培养的潜力,甚至如果脸上有能够被人认出的明显特征,如伤疤等,就不要有此奢望了。

特种舟艇部队的选拔训练为期两周。第一周为"划艇周",候选者面临的第一项考核就是战斗体能测试,即一系列负重越野跑和耐力越野跑,包括 56 千米的水上竞时赛,携带小艇进行 14 千米的水、陆赛跑等科目。参加者必须在训练地的旷野上露天过夜,除随身衣物外不得带其他可用来挡风、避雨、遮盖的物品;每个人都只能孤身独处,不得与他人在一起。

英国舟艇部队

接着是游泳测试,有 3 项内容:15 分钟内游 600 米的距离;50 米全副武装游泳;25 米水下游泳。"划艇周"的最后一个训练科目是携带 25 千克重的背囊和独木舟进行 5 千米的行军以及 30 千米的划艇。

第二周为"潜水周",每天都是大运动量的潜泳。一方面测试候选者的潜水速度和潜水时间,另一方面检验他们长距离潜水的信心和意愿。这同样是对生命极限的挑战,其中的一个科目是在模拟实战的情况下,三天三夜不能睡觉,同时还要在不同着装和携带不同武器装备的条件下,以不同的姿势进行潜水和游泳。

初试合格的队员即开赴特种空勤团司令部所在地赫尔福德,进行为期 3 个多月的训练。这是选拔训练的继续,强度比之前的训练有过之而无不及,任何人都松懈不得。

在赫尔福德的训练共分 6 个阶段。

第一阶段在布雷康山进行,为期 3 周。参加者须背负近 50 千克重的背囊在 8 分钟内完成 1.6 千米的赛跑;在无地图、无指北针和任何指向工具的情况下从 24 千米以外返回营地;背负 30 千克重的背囊完成 32 千米的越野行军。

第二阶段为丛林准备训练,主要学习 4 人巡逻课程,时间为 2 周,理论与实践相结合,参加者必须掌握丛林生存与作战知识。

第三阶段为丛林训练,在东南亚的文莱热带雨林中实地进行,时间为 6 周。参加者在这里进行丛林伪装、巡逻、伏击、侦察、通信、照相和各种装备的操作等科目的训练与演习。

第四阶段为军官训练或通信训练阶段。军官和士兵分开训练,时间为 1 周。军官的训练重点是如何制订计划,在战斗中如何带领部属作战。士兵则学习和掌握各种通信工具及操作技巧,其训练目标与特种空勤团队员完全相同。

第五阶段为支援武器训练阶段,时间也是 1 周。所有参加者必须学会使用重机枪、迫击炮、反坦克导弹、防空导弹等支援武器。

第六阶段为战斗生存训练阶段,时间为 2 周。在这一阶段,每个参加者都要进行令人痛不欲生的抗审讯与逃生训练。像特别空勤团队员的同类训练一样,参加者将被蒙住脑袋,接受严刑拷打、毒气喷熏;被弃之于污水沟内,被迫喝下污秽不堪的脏水,或被放置于铁轨上,让其感受火车马上从身上碾过的恐怖;与此同时,审讯官轮流审讯,让受训者接受持续一昼夜的"车轮战"讯问,目的是让受训者身心受到极大的摧残,迫使其泄露机密。许多人都过不了这一关,心有余悸地离开了赫尔福德。

训练结束后,新队员必须与特种舟艇部队签订至少服役 3 年的合同,然后分配到各排与老队员们一起执行任务。实际上,训练在新的环境下又开始了。可以说,以前高强

度的训练只不过是特种舟艇部队日常训练的一种热身和准备罢了

特种舟艇部队日常训练中最著名的是极地训练和山地训练。极地训练在挪威北部极地圈内的巴杜福斯基地进行，时间选择在冬季，气温通常在-30℃以下，朔风劲吹，积雪深达数尺，气候非常恶劣，常人连生存都很困难。然而，队员们训练期间身着雪白色的防风罩衣和外裤，内穿保温内衣，配备滑雪登山的"卑尔根"背包，内装帐篷、登山工具、野外炊具、弹药和无线电通信器材等特种物品，还要携带轻型 M16 自动步枪或 SA-80 自动步枪等进行长距离滑雪、全副武装雪原巡逻、借助雪镐攀登冰川、雪中埋伏与隐蔽、游击战、武器射击、情报搜集、通信、照相等科目的训练与演习，训练强度之大、体力消耗之多、难度之高是可以想象的。训练中还要模拟发生雪崩、冰层断裂等极地地区自然现象，考查在这种情况下队员克服困难、自我保护的能力。

极地冬季训练之后，队员转赴威尔士或苏格兰等地，甚至到欧洲其他国家，如喀尔巴阡山区，接受山地作战训练。在山地训练中，队员要进行徒手攀岩、借助绳索攀岩和从悬崖上滑落、山地巡逻、侦察、埋伏、隐蔽与伪装、照相与通信等训练科目，并掌握远程奔袭、搜集情报、营救人质和战俘、扰乱敌人后方及建立秘密组织、开展游击战、心理战等技能。长期高标准、高强度的训练造就了特种舟艇部队队员一身的好功夫。

二、特种舟艇部队的武器装备

特种舟艇部队特别强调个人技术，不到万不得已不允许开枪，所以匕首是队员必备的武器。除此之外，其武器装备主要有 M16A2 步枪、SA-80 步枪、M203 榴弹发射器、勃朗宁手枪、MP5 冲锋枪、L96A1 狙击步枪。其他支援武器如通用机枪、M7266 毫米反坦克火箭筒、51 毫米迫击炮等与特别空勤团的相同，只不过 51 毫米迫击炮可在经过特殊改造的独木舟上发射。

除了精良的武器装备外，特种舟艇部队还拥有各种先进的特种运载具，主要有："克虏伯·阿伊雷斯"13 型双人独木舟，其船体轻便，水上浮力大，有效载荷大，有一定的隐形能力；"吉米尼"充气橡皮筏，其有 3 种型号，可分别载 12 人、10 人和 8 人；两用摩托艇，其既可以在水上高速行进，也可以通过导气管在水下潜行，乘载 8 人。该摩托艇潜水时只能看见队员的头和排气管，隐蔽性非常好，因此常被用于执行秘密任务；偶尔也以"强悍突击者"小艇运送，这是一种军事化版本的玻璃纤维"平底"钓鱼船。

特种舟艇部队十分注重队员的摄像技能，所以他们都配备有一款多用途照相机，安装相关部件后还可以作为一台摄像机，这对以侦察和情报搜集为主要任务的特种舟艇部队来说的确是不可或缺的装备。他们的通信设备则与特种空勤团的相同，都是 PRC-319 和 PRC-320 无线电台。

三、特种舟艇部队的作战行动

第二次世界大战期间，特种舟艇部队成功地参加了多次作战行动。例如，特种舟艇部队曾潜入德军占领的波尔多港，并对敌方的舰船进行了攻击，使德军遭受了重大损失。战后，特种舟艇部队的作战行动非但没有停止，反倒发挥了更大作用，也正是因为这些经典的作战行动才奠定了其在英军不可动摇的地位。

在 1982 年的马岛战争中，特种舟艇部队派出分队，在极其恶劣的气候条件下，进行了两栖登陆、海上跳伞、长途行军等行动。他们首战南乔治亚岛,在英军大规模登陆前,派出蛙人潜游 5 千米登岸侦察,摸清了海岸地形、驻军兵力和军事设施,并摧毁了阿军无线电台,切断了守军与东、西马岛阿军主力之间的通信联系,为英军夺占该岛开辟了道路。随后,他们又协同特别空中勤务部队偷袭了佩布尔岛,配合舰炮一举摧毁了岛上的 11 架飞机、部分运输车辆,以及雷达站、油库和弹药库等。由于该岛位于西马尔维纳斯岛北部,是阿根廷大陆和东马尔维纳斯岛交通的中间站,也是整个马岛空中交通的枢纽,因此这次破坏行动对加强海上封锁及对随后的两栖登陆都具有重要意义。战争后期,在英军大举登陆圣卡洛斯港之前,特种舟艇部队又派出奇兵,对登陆场进行反复侦察和扫雷,为英军顺利实施岛屿登陆,最大限度地减少伤亡,立下了头功。

1991 年海湾战争中,特种舟艇部队再度一鸣惊人,成为最先向伊军发动进攻的部队之一。他们在多国部队对伊拉克进行大规模空袭的同时,携带各种装备,乘坐直升机渗透到伊军后方,在伊军重要通信设施附近布设炸药,全面破坏了伊拉克的指挥通信网络,使伊军精锐部队在联军发动地面攻势时,陷于全面混乱和各自孤立的状态。特种舟艇部队的战斗力再度得到了军方的认可。

"红魔鬼"伞兵团

"红魔鬼"伞兵团队员头戴红色贝雷帽且神出鬼没,其臂章为一只红色的长着翅膀的飞马,因此而得名"红魔鬼"和"红扁帽"。"红魔鬼"伞兵团因在第二次世界大战中摧毁德军秘密的核反应堆原料工厂而一举成名,战后其则忙碌于英国在全球的几乎大大小小所有战事,巴勒斯坦、婆罗洲、苏伊士运河、塞浦路斯、科威特、北爱尔兰、马岛、伊拉克等。从近年来的局部战争来看,"红魔鬼"伞兵团的兵力略显不足,目前正处于调整之中。

一、"红魔鬼"伞兵团的入选与训练

"红魔鬼"伞兵团的招选十分严格,所有应征队员要经过严格的选训课程后才有资格加入这支声名远扬的特种部队。

伞兵团的主要训练内容是空降技术及步兵陆战技术。理所当然,跳伞、射击与格斗又是他们的重中之重。他们的格斗教材是结合了空手道和柔道的特长而编成的,近年来他们又加入了泰拳技术的训练。不过最近几年伞兵团的正规营的兵力却显得不足,原因是没有足够的应征者能通过严格的选拔考试,尽管通过这些考试可培养出真正优秀的顶尖人才。这个系统曾培养出一些极出色的士兵,但如果伞兵团要维持它现在的规模,其训练课程可能需要进行必要的改革。

二、"红魔鬼"伞兵团的武器装备

伞兵团现在装备有 SA80 5.56 毫米步枪和 5.56 毫米的个人支援武器。就像英国陆军,伞兵团曾发现在射程内有极佳准确度的新武器,但在战场上却较容易发生故障。SA80 禁不起经常性的跳伞,所以士兵们只有在战时的跳伞行动中携带他们的武器。

此外,伞兵部队经常要以少制多,出现在敌人的后方或对面。他们可能会在没有坦克掩护的情况下面对敌人的装甲部队,所以伞兵团还配备有"米兰"反坦克导弹和 81 毫

米迫击炮。

三、"红魔鬼"伞兵团的作战行动

伞兵团成立之后,其作战行动并非一帆风顺,其胜利的开端是从1942年的袭击德军雷达站的行动开始的。1942年2月22日袭击德军布宜诺雷达站是"红魔鬼"伞兵团的第一次重大胜利,在这次空降突击行动中,伞兵队员夺取了当时纳粹德国高度保密的伍兹伯格雷达,并安全撤退。这次行动的成功,使盟军后来得以研究出重要的电子对抗措施,从而瓦解了德军的雷达防御系统。

1943年伞兵团突然空降于德军用于生产核反应堆原料的工厂,并化装成德军摧毁了这个秘密据点,再次证明了它的实战能力。随后,1944年6月的"进攻日"他们也成功登陆,这一切均使他们建立了卓越的声誉。

第二次世界大战后,让"红魔鬼"伞兵团声名大噪的是1982年的马岛战争。伞兵团成员以550人战胜了1400名阿根廷士兵,并从此名留军史,也证明了伞兵单位没有"持续火力"的论述是谎言。

在进入20世纪90年代的海湾战争以及21世纪的伊拉克战争等多场局部战争中,"红魔鬼"伞兵团同样表现出色,向英国军界证明了它们是一支不可替代的特种力量。

其他国家特种部队

德国国防军 KSK 特种突击队

德国地处欧洲中部,堪称"欧洲心脏"。冷战时期,德国被一分为二,无暇顾及国防,只是埋头发展本国经济。随着两德的统一以及冷战的结束,到20世纪90年代初期,德国经济实力位居世界第二。有了雄厚的经济实力后,德国人对国际事务变得积极起来,希望在地区冲突不断、恐怖主义威胁世界安全的今天,在维护地区和平、防止和打击恐怖主义方面有所作为,为提高自身的国际政治地位增加筹码。于是,从20世纪90年代中期开始,德国人悄悄地为自己铸造了一把反恐尖刀——KSK 特种突击队。

一、KSK 特种突击队的入选与训练

KSK 的招兵范围较广,男女不限,平民、民兵和军人都可以申请参加。年龄要达到24岁,但初级军士不超过28岁,高级军士不超过32岁,军官不超过30岁。在参加联邦国防军后备力量选拔中心的能力测评后,合格者被选入位于普夫兰多夫的国际侦察学校 KSK 训练大队:经过18个月训练后,授予中士军衔;接着进入为时4周的正式选拔,测试项目包括计算机操作、心理素质、身体机能、野外生存能力等。选拔的严格程度是联邦国防军前所未见的,它要求申请者必须身强力壮、精力充沛、有专长、做事冷静、考虑周全,在巨大压力面前能

德国国防军 KSK 特种突击队

保持清醒的头脑，做出正确的抉择。平民和民兵一般很难达到上述要求，KSK 队员实际上主要来自空降兵、山地步兵和侦察兵部队，以及其他部队中杰出的军官和军士。

军官和军士的选拔共 15 周，分两个阶段。第一阶段 3 周，测试项目有计算机操作、身体机能和体能测试，包括短跑、仰卧起坐、立定跳远、俯卧撑、12 分钟跑（单项成绩不低于 3 分，总成绩不低于 20 分），以及 5 个引体向上、15 分钟游完 500 米、1 分 40 秒完成标准障碍跑、跳塔楼和 7 千米负重越野跑。这一阶段的测试，是为了检验申请者的心理和意志力，也是为第二阶段的测试做热身。

第二阶段 12 周，测试项目包括 52 分钟内完成 7 千米全副武装越野跑、1 周的野外生存能力测试、8 周突击队基本训练、3 周实战课。野外生存测试的艰苦程度是在其他部队不可能体验到的，申请者每人负重 20 千克，只有少量食物，以 10 人为一组穿越德国黑森林的崇山峻岭。途中不仅要急行军，还要面临缺粮缺水、睡眠严重不足的极限考验，团队合作精神得到很好的检验。对申请者来说，这是一段刻骨铭心、自我超越的经历，只有 20% 的申请者能通过这 15 周的选拔测试。

这之后，入选者仍要在 KSK 内部继续接受培训，军官 2 年，军士 3 年。参训人员除了在卡尔夫的 KSK 培训试验中心受训外，还会到陆军院校和国内外的特种部队进行学习和训练。训练科目达 20 多项，主要有突袭战术、跳伞、近战格斗、射击、爆破、驾驶、急救、外语等，以及沙漠、热带丛林、极地等特殊地域的野外生存训练。队员不仅到美国西部进行沙漠作战训练，到法属圭亚那进行热带丛林作战训练，还在北极圈的冰屋进行野外生存训练。每名队员必须同时擅长平原、沙漠、空中、水下、山地、极地中任何两种不同类型的作战方式。另外，军士队员还必须接受武器、爆破、通信、救护中的一项特殊培训并成为

专家;军官队员则要学习突击队的战术指挥和突击行动的计划与实施。实战训练和单兵作战训练占全部训练的30%。培训结束后,这些特种战士就能随时执行任务。由于培训时间长、投入资金大,德国联邦国防军规定 KSK 队员的最低服役年限为 6 年,职业军人和雇佣兵可延长在 KSK 服役的时间。

二、KSK 特种突击队的武器装备

KSK 的编制虽然只有 1000 人,但武器装备却多达 2 万多套,执行任务前根据任务特点从中选择。其中大部分都是德国联邦国防军的标准武器,但需要时可以进行现有武器的革新和改进。KSK 还在一定范围内配备了现代化装甲车。

在轻武器方面,KSK 建立之初使用 G3 突击步枪,1997 年开始装备标准的 G36 (HK50)突击步枪;手枪装备的是 P8、P12 以及 MP7 全自动手枪;重机枪和班机枪则分别是 MG3 和 HK21/23。使用的冲锋枪是改进版的 MP5。在 KSK 使用的多种狙击步枪中,最著名的有 G22 狙击步枪。HK512 霰弹枪则为 KSK 提供了超强的近距离火力。

在反装甲武器方面,KSK 配备了可重复使用的"铁拳 3"单兵反坦克火箭发射系统。其中,"铁拳 3-T"型采用了串联空心装药战斗部,可对 300~600 米射程内的活动目标进行有效打击。此外,"铁拳 3"还可以配装图像增强瞄准具,用于夜间作战。

在运输工具上,KSK 除可以随时使用陆军的直升机外,还装备了"野狼"吉普车、乌尼莫戈型 2 吨卡车和奔驰 G 型货车。在冬季或极地寒冷地区作战时,使用最大功率 50 马力、时速可达 100 千米的"斯基多"摩托雪橇,可把突击队员或 260 千克的装备物资快速运送至 150 千米以内的任何地方。在热带丛林作战中,则装备了折叠式双人皮筏艇。该艇净重 35 千克,有 2 个充气口,可装载 350 千克的装备、武器、弹药等。

三、KSK 特种突击队的作战任务与行动

作为联邦国防军的精英部队,KSK 执行联邦国防军其他部队不能执行的特殊军事任务,包括:①查清和监视在本国与盟国危机冲突地区的重要军事目标,获取敌军动向、基础设施、人员物资等重要情报,为部队的部署提供决策基础;②防止和打击恐怖主义,保护出现危机地区的能源和设施,以确保自身的行动主动权;③在国外遭受战争和恐怖主义威胁的地区疏散本国公民,营救被俘人员和人质;④在敌军地区展开作战行动,包括弄清敌作战意图,破坏敌的重要行动,瘫痪敌军补给、交通、通信等重要基础设施,与空军、炮兵部队协调作战,实施纵深火力打击,营救本国和盟国士兵等。

自 1998 年成功抓捕塞尔维亚战犯米罗拉德·克诺耶拉茨,圆满完成第一次任务后,KSK 开始在国际地区维和和反恐事务中频频出击。从波黑战争到科索沃战争,从阿富汗战场到海湾战场,到处都有其活动的形迹。在与盟军联合执行任务时,KSK 以其队员表现出的出色作战能力,赢得了世界各国的好评。

法国国家宪兵干预队

法国是备受恐怖组织青睐的地方,许多恐怖组织都在巴黎设有秘密指挥部,从而使法国成为情报与反情报、恐怖与反恐怖行动的战场。为应对国内及世界日趋严重的恐怖

活动,法国成立了一支神秘的特种部队。这支部队在执行任务时,穿着黑色服装,头上套着黑色面罩,或者脸上涂有深色油彩,这就是被称为"黑衣人"突击队的法国国家宪兵干预队(简称为GIGN,它是4个法文单词的首字母缩写,意思是:搜索、干预、救援、威慑)。

一、宪兵干预队的入选与训练

法国国家宪兵干预队是世界上人数最少、编制最小的特种部队,其队员从法国宪兵中选拔,大部分队员是训练有素的科西嘉人。选拔过程相当严格,据称,其录取率不到7%。初次被选拔上的队员,还要通过大约3周的智力、体力及心理测验,才能参加为期10个月的训练课程,最后在全程淘汰中确定最后的入选队员。

法国国家宪兵干预队虽然在名义上是一支宪兵特勤部队,但其执行的任务却与其他国家的特种部队没有两样,也要执行各种特种作战任务。GIGN的训练是异常艰苦和严格的,与其他国家的特种训练相比有过之而无不及。因为若没有超常的体魄、技能、智力、意志是难以完成各种任务的。

通常,被选拔者必须经过严格的射击、游泳、耐力、徒手格斗、野外生存训练等。训练结束后,队员们都要瘦掉三四千克的肉,就像过了一次鬼门关。特别是体能训练和生存训练可以说是极为残酷。体能训练强度非常大,例如负重130千克在沙地或泥泞地行走,并要在规定时间内走完9.6千米的路程。在野外生存训练中,队员们被空投到人迹罕至的南美圭亚那的森林沼泽之中,甚至还被空投到有毒蛇巨蟒栖息的地方,使他们处于孤独被困、饥寒交加、昼夜无眠的境地,让他们感受野外生存的极度艰苦。他们必须忍受毒蛇、吸血蚂蟥的袭击,同时进行隐蔽、野炊和寻找食物的活动,克服常人难以想象的困难才能得以生存。

队员不但要熟练掌握自身装备的武器,其他包括任何恐怖分子可能运用的武器也都在训练之列。在射击训练中,要求队员在5秒内用自动手枪击中25米远的6个目标;用狙击步枪对200米以外的目标射击须达到93%的命中率。每个队员在一年的射击训练中要打掉1.2万发枪弹。训练中,最危险的莫过于称为"决斗"的20米距离手枪实弹对射,射击双方仅穿一件防弹背心,这就要求队员有相当高的射击技能,否则不是被击伤就是毙命。

在空降突击训练方面,国家宪兵干预队队员除了在法国伞兵学校受训,同时每年还须搭乘空军或宪兵部队的运输机或直升机,实施至少5次的高空跳伞,以及至少1次携带全套潜水装具的海上跳伞训练。

队员在完成了所有项目的训练并达到训练要求后,才能得到象征他们身份的黑腰带,成为一名真正的法国国家宪兵干预队队员,在需要时奔赴世界任何地区执行任务。

二、宪兵干预队的武器装备

法国国家宪兵干预队配备的主要是法制武器装备,展现出法国人特有的自主性,先进的武器装备使突击队在执行反恐任务时如虎添翼。其主要配备法制武器装备,包括各种轻武器、爆破器材、光学夜视器材、通信设备等,运输工具则有雪铁龙CX和BX型快速干预车、"小羚羊"直升机、舰艇以及用于侦察的汽车和摩托车。

国家宪兵干预队以手枪作为主要武器,配备的是马特拉防卫公司MR73宪兵型左轮手枪。虽然火力较弱,但在训练有素的国家宪兵干预队队员手上却足以发挥致命威力。有时国家宪兵干预队队员也配备法制 9 毫米半自动手枪。在成立之初,曾使用过法制 MAT49 型 9 毫米冲锋枪,但在需要发挥火力的状况下,也不得不承认德制 MP5 系列冲锋枪是最佳的选择。GIGN 选用的德制 MP5 冲锋枪包括 MP5A3、MP5A5E 伸缩枪托型,MP5SD3 伸缩枪托消音型,以及 MP5KA5 短枪管型等。此外,他们有时也会配备法制 APAE 型霰弹枪。而在狙击枪方面,国家宪兵干预队仍采用法制 GIAT 的 FR-F1 及 FR-F2 等两型狙击枪。FR-F2 狙击步枪的枪管外包了一个薄塑料隔热套,既可减少热气对瞄准线的干扰,又可降低武器的红外特征。在马赛机场人质救援行动中,宪兵干预队狙击手就用 FR—F2 狙击步枪击毙了 6 名恐怖分子。

在单兵防护装备方面,每个突击队员配一顶黑色、玻璃钢材料制成的 M78F-1 头盔。在执行危险任务时,队员还要穿上用凯夫拉防弹材料制成的防弹背心,防弹背心内侧装有摩托罗拉 MTS200 通信装置,它可保障 20 小时的通话时间,信号接收范围为十多千米。自组建起,GSM 数字移动电话和 GPS 全球定位系统就已经成为每个队员的标准装备。

此外,在执行任务时,队员还带有各种型号和用途的手榴弹,如破片型、闪光型和炫目型手榴弹。另外,还装备有催泪弹。

三、宪兵干预队的作战行动

自成立以来,国家宪兵干预队共执行各种任务 600 余次,解救人质 450 名,逮捕了 550 名恐怖分子,以其赫赫战功成为世界精锐部队中的佼佼者。以下列出的骄人战绩足以让世界同行深感佩服。

1976 年 9 月 17 日,宪兵干预队突击顺利平息了戴高乐机场美国环球航空公司波音 737 客机人质事件。

1977 年 2 月 24 日,宪兵干预队在一个农庄救出了一名被恐怖分子扣为人质的小姑娘。

1981 年 5 月,宪兵干预队 16 名突击队员,在普拉热机场生擒一名劫持爱尔兰航空公司波音 737 客机的劫机犯,救出 113 名乘客和机组成员。

1984 年 8 月,法国马赛机场一架法国班机被一名武装歹徒劫持,宪兵突击队立即出动将劫机犯制伏。

1988 年 5 月 4 日,宪兵突击队新任队长勒戈尔率领 20 名队员万里奔袭法属新喀里多尼亚岛,奋战数日,将 17 名武装暴动分子全部击毙,勒戈尔队长和几名队员在战斗中丧生,但 27 名被扣人质获救。

1993 年 5 月,巴黎夏尔科司令幼儿园一名老师和 21 名孩子被劫持,特种部队突击出击将恐怖分子击毙,救出人质。

在历次的作战行动中最辉煌的是 1976 年营救吉布提人质行动和 1994 年的马赛空中客车营救行动。

1976 年 2 月 4 日早晨 8 点,在离法国本土 6800 千米的吉布提附近红海入口处的法军基地,4 名手持自动武器的索马里恐怖分子冲上一辆基地子弟学校的学生班车,将 30 名学生、司机和一名社会福利员一起劫持到离索马里边境哨所 180 米远的地方。学生班车被劫持的消息传到法国,极大地震惊了法国政府,法国政府迅速决定派遣国家宪兵干预队前去营救。当夜,布鲁托中尉率领一支 9 人突击小分队乘飞机秘密飞往吉布提。经过仔细勘察之后,布鲁托中尉将他的 9 名狙击手于拂晓前部署在学生班车周围,巧妙的伪装使他们与周围的地形地貌融为一体,恐怖分子没有丝毫察觉。在布鲁托中尉指挥下,车上的 4 名恐怖分子全部被击毙,第 5 名恐怖分子被击毙在班车旁。32 名被劫人质全部获救,突击队无一伤亡,出色地完成了人质营救任务。

1994 年 12 月 24 日上午,法航 8969 航班的一架"空中客车"300 型客机被劫持。机上共有乘客 227 名,其中有 40 余名准备回国过圣诞的法国人,其余大部分是前往法国观光或度假的阿尔及利亚人。翌日凌晨,40 余名突击队员乘法航相同型号的一架飞机抵达西班牙离阿尔及尔较近的帕尔玛机场待命,随时准备出击。经多次交涉,劫机犯释放了63 名人质。机上的阿尔及利亚便衣警察和一名越南驻阿尔及利亚使馆参赞被枪杀。由于劫机者拒不释放人质,并要求给飞机加油和飞往巴黎,法国当局判断劫机者已孤注一掷,在飞往巴黎上空时引爆炸弹,于是决定以武力解决问题。26 日 17 时 15 分,20 名宪兵干预队队员分乘三辆舷梯车趁着夜色的降临,迅速向飞机的前门和后门靠近。一辆舷梯车靠上前门,突击队员闪电般打开舱门冲入机舱,第二、第三组队员也从后门冲入机舱。经过 10 分钟的交火,突击队员投掷了多枚强光、强声手榴弹,终于把 4 名劫机者击毙在驾驶舱内。15 分钟后,战斗结束,172 名人质全部获救,只有 17 名人质受轻伤,9 名突击队员负伤。

意大利海军突击队

两次世界大战期间,意大利是世界上唯一能在海上突击领域做出惊人成绩的国家,至今仍占世界领先地位。这主要是因为意大利海军拥有一支装备精良、技艺高超的突击作战部队。这支海军突击队无论是在两次世界大战期间,还是在当今的和平年代,都发挥了重要作用。它与美国、英国、西班牙、以色列海军特种部队密切合作,被西方专家视为训练水平和职业素养高、人员配备好、作战能力超强的特种部队,近年来还积极参加了索马里、黎巴嫩、阿尔巴尼亚、卢旺达以及东帝汶的维和行动,受到了较高的评价。

意大利海军突击队

一、海军突击队的任务与组成

意大利海军突击队的特种任务分为直接作用行动、特种侦察、反恐行动、人道主义行动。直接作用行动包括敌后突击、破坏,攻击海上目标(军舰和其他浮游设备、海上石油平台),突袭港口和海军基地沿岸基础设施;特种侦察任务主要包括战略情报搜集,在敌境内进行纵深侦察,沿岸地区侦察,为海上突击队选择登陆场;反恐行动包括解救人质,发现并消灭海上、水上交通工具上的恐怖分子团伙；人道主义行动主要是参加联合国框架内的维和行动及灾区救援行动。

目前，海军突击队在组织体制上由三支基本作战分队组成，即水上突击大队、水下行动大队和特种浮游设备大队。另外，还有培训专家用的教学分队和弹药装备研究分队，教学和研究机构直接设在作战部队中，能够直接灵活地完善现役武器装备，随时弥补战斗使用过程中发现的缺陷。

（1）水上突击大队　由司令部和战斗分队组成，战斗分队有 6 个骑兵连，每连 25 人，至少有连长和副连长 2 名军官。骑兵连由 6～10 人的班或行动小组构成，具体人数根据任务需要而定。骑兵连作为一个特种分队，全体人员都有非常高的训练水平，既能执行海上特种突击任务，也能进行海上反恐和解救人质行动。战斗训练时，要完成所有科目的训练内容，参加各种演练或战斗行动，提高战斗合作能力，执行任务时，队员们通常两人一组配合行动。

（2）水下行动大队由 6 个蛙人小队组成，每个小队有 1 名军官和 7 名队员，分别部署在卡格利亚里、奥古斯塔、塔兰托、拉斯佩齐亚、安科纳、拉马达列纳港，主要执行水下排雷、防止敌方蛙人渗透等任务。

（3）特种浮游设备大队用于保障突击队员和蛙人的行动，装备有搜索救援船、最新型潜水装置和辅助船只。

从行动角度上看，水上突击大队和水下行动大队间的区别在于每个大队的任务不同。如果说突击队员主要从事主动的、积极的、攻击性的行动的话，那么，水下行动部队主要是采取防御性措施，防护敌方类似破坏行动，主要防护港口、沿岸地段、船只不被敌方蛙人破坏和渗透。事实上，他们的角色可以互换，因为所有队员都既拥有潜水技能，可进行水下行动，又有突击技能，可参加水面战斗。

二、海军突击队的选拔与训练

海军突击队队员的选拔和训练由突击队培训学校体系内的教学分队负责，每年 5 月开始挑选候补队员，参加海军特种部队的初期培训课程，整个选拔过程持续 54 周。经过将近一年的残酷体能和心理训练后，能够留下的队员只有 5%～15%。新队员年龄不能大于 27 岁，通常从海军现役人员中挑选，包括军官、士官、列兵和合同兵，也有来自陆军部队的队员，大部分来自"圣马可"海军陆战团两栖作战部队。

训练课程共分四个阶段，每个阶段都以系列体能和心理考核为结束，不合格者随时被淘汰。之前先进行 2 个星期的初期选拔，主要是医学、生理和水上技能考核，后者包括下水、游泳、水中奔跑、突破水障、水中匍匐前进以及其他能确定未来队员特长的测试内容，之后才开始进行真正的训练。

第一阶段课程内容是地面战斗训练，为期 12 周。学员们经常在全副武装情况下进行陆战训练，同时还要学习地形测绘，完成教学射击、急行军、战地出击等科目。全副战斗武装条件下的 40 千米行军要求在 7 小时内完成，崎岖地形下布设各种可能障碍的急行军要求在 70 分钟内完成。

第二阶段主要是水上作战训练，为期 13 周。主要进行使用水中供气装置和闭循环装置条件下的水上和水下游泳练习。课程结束时，学员们应在 61 分钟内，游完 2 千米的海面;在 2 小时 38 分钟内,穿上潜水服和脚蹼,水下潜游 6000 米;同时还要借助罗盘确定方位,方向和距离偏差不能超过 15 度和 1000 米。

第三阶段是两栖作战训练,为期 12 周,主要包括平面导航学习、登陆、攻占沿岸地区、向敌境渗透、小组(巡逻队)侦察等。同时还要掌握排雷布雷爆破技能,学会使用轻武器,实施侦察,突袭地面目标。该阶段末期的考核时间比较短,但强度较大。

最后一阶段持续 15 周,全部由系统性演练和考核组成,过了这最后一关的学员将得到象征水下行动突击队的特种专业标志。

顺利通过初期训练课程的新队员随后要进行 6 个月的特种训练,包括在比萨市特种训练中心进行的跳伞训练,最后决定新队员在特种部队中的专业分工。蛙人职业技能水平在整个服役期间(通常在 3~5 年以下)都在不断完善,随时根据任务需要,进行高空跳伞、登山、狙击、布雷、爆破、航空摄像、防止被俘、被俘后逃跑、医学救护常识和其他技能的训练。

三、海军突击队的武器装备

海军突击队队员装备有 SC70"贝雷特"突击步枪、各种 MP-5 改型冲锋枪、PM12 型"贝雷特"冲锋枪、92SB"贝雷特"手枪、P11 水下手枪,必要时还能使用 M16、G3 步枪、FN、M3 机枪等武器。

蛙人装备有最新型轻装潜水装置及排除水雷和弹药的特种装置,如能以 2000 单位大气压向危险爆炸物喷射水流的水炮及特种简易声呐等。为搜索沉船和发生事故的潜艇,救助潜水员,水下行动大队装备有能在深水作业的特种潜水装置和设备,如 MSM/1SUSEL 型微型潜艇,以及能运送一次可疏散 12 名海员的水下救援船,并能在整个地中海海域深水作业时使用。水下行动大队还装备有加拿大生产的 ADS 自救潜水服,能根据下潜深度调节人体呼吸。

四、海军突击队的作战行动

意大利海军突击队在第二次世界大战期间战果累累,其蛙人部队共击沉了英军 4 艘军舰,总排水量 75690 吨;27 艘商船,总排水量 189662 吨。但是,海军突击队成立之初的作战行动并没有取得成功,甚至有过惨败的沉痛教训。这里不妨剖析一下一胜一负的两个经典战例。

1. 马耳他惨败

早在第二次世界大战前,意大利海军就曾计划攻击马耳他瓦莱塔港,战争开始后,意大利海军突击队对岛屿、港口入口、防御设施、炮兵阵地进行了长时间的侦察,由于装备完好率低,加上恶劣的气候条件,攻击马耳他的计划两次被迫推迟。

1941 年 7 月 25 日夜至 26 日,海军突击队开始发动了第三次行动。除 9 艘突击快艇外还有 2 枚可控鱼雷分别由 2 名乘员操纵发动攻击。根据行动计划,第一枚鱼雷应炸毁入口处的障碍网,为第二枚鱼雷飞袭主港开道。第二枚鱼雷的任务是渗透到潜艇基地穆舍特湾布雷,至少炸毁 1 艘潜艇。但是,行动一开始就遭到失败,9 艘快艇中的 1 艘发动机熄火,快艇沉没。在操纵第二枚鱼雷时,发现鱼雷发动机工作不稳定,为排除故障,丧失了行动时间。为保障整个行动计划不被破坏,鱼雷在港口大桥下被直接引爆。不久,桥梁坍塌,堵住了刚刚炸开的通道,冲进港口的快艇没了退路。战斗中,意大利海军突击队遭到猛烈的炮火反击,6艘突击艇被当场击沉,另外2艘在撤退时被英军战机击毁。未能进入港口的第二枚鱼雷上的操作手被俘。水面部队指挥官在保障艇上指挥整个行动,遭到英军航空兵的袭击后,与保障艇一起沉入大海。

2. 亚历山大港大捷

1941年9月20日夜至21日,可控鱼雷攻击行动最终取得了成功,意大利海军突击队在直布罗陀炸毁了英军4艘船只(3艘油轮、1艘内燃机战船),总排水量1万吨。此次行动的成功主要归功于临时负责支队指挥的博尔格泽少校,他指挥"斯基尔"号潜艇,把蛙人秘密运送到了直布罗陀海域。

1941年12月19日,意大利蛙人在亚历山大港取得了其战史上最大的一场胜利,使用可控鱼雷,炸沉了英国海军"伊丽莎白女王"号、"先锋"号战列舰,这一胜利具有非常重要的意义。1941年11月份,德国潜艇在地中海击沉了4艘英军战列舰中的2艘:"巴勒姆"号和"皇家方舟"号。在意大利蛙人12月19日大捷之后,英国海军彻底失去了在地中海海域的兵力优势,无法与意大利海军5艘战列舰相抗衡。

3. 和平时期的军事行动

在和平时期,意大利海军突击队仍然从事比较危险的工作,主要是搜索和排除海底危险爆炸物。1999年5~6月科索沃战争期间,意大利海军特种部队曾在齐奥吉亚沿岸500多平方千米的水域内排除了34枚航空炸弹。对南斯拉夫地面目标实施攻击的北约飞机出现危险情况或受损后,有时会把炸弹投到大海中,为排除这些致命危险物,意大利海军派出了10艘舰艇500名官兵参加排险,其中就包括30名水下行动大队的蛙人。

瑞典特种部队

瑞典的国防建设与大多数国家不同,它作为一个宣布过永久中立的国家没有自己的常备部队。虽然在和平时期瑞典也有大约2.7万人在服役,但其中绝大多数都保持着平民身份,并非职业军人。在瑞典这样的国防框架下,特种部队显得尤为重要。在和平时期,只有这些特种部队能够保持相当强度的训练,完善作战技能,在战时他们也是首批动员的单位。另外,基于地广人稀以及应对突发军事冲突的需要,瑞典国防当局始终保有一批机动力极高的特种部队。

一、瑞典特种部队的组成

瑞典特种部队分别隶属于瑞典陆、海、空三军。

1. 海军特种部队

(1)两栖作战团 瑞典海军共有2个两栖作战团——第1和第4两栖作战团,战时他们将共同构成第1两栖作战旅。他们实际上就是瑞典的海军陆战队,主要执行两栖作战及反两栖登陆任务。

(2)海岸游骑兵 海岸游骑兵部队类似于陆军的伞兵游骑兵团。他们主要沿瑞典海岸执行远程侦察任务、进行两栖突击、对抗敌人的海军特种作战单位并在两栖作战期间担任突击任务。海岸游骑兵是以防御为核心的瑞典国防军中的异类,它是地道的进攻性单位。由于瑞典多岛屿的海岸线很容易成为敌方的目标和基地,因此海岸游骑兵部队特别进行了针对性的"海上反击"训练。

(3)潜水攻击部队 它是瑞典海军的精锐部队,其编成和任务类似于美国的"海豹"突击队或英国的 SBS 特别舟艇中队。他们被训练来执行攻击敌方舰船、抢滩侦察、水文测量、小规模两栖攻击和破袭等任务。

(4)水雷清除队 它是瑞典海军的爆炸物清理单位,主要执行 EOD 任务和扫雷任务。

(5)海军反特种行动连 主要用于保护瑞典海军的高价值目标不被敌方特种部队破坏。在战时,主要执行安全保卫、侦搜巡逻等任务。

2. 空军特种部队

空军游骑兵团:它在职能上与海军的反特种行动连相似,主要用于保护空军的重要目标。

3. 陆军特种部队

(1)伞兵游骑兵团 伞兵游骑兵属于侦搜单位,在正规战斗中,伞兵游骑兵单位主要负责搜集情报和攻击高价值目标。他们的信条是:避免被发现;避免战斗;尽可能无声无息地作战。

(2)警卫团 2000 年夏季组建,其成员在斯德哥尔摩近郊训练,任务是保卫首都和周边地区。以反恐为主要任务的宪兵游骑兵队(Military PoliceRangers,一支全新的特种部队,其成员是专门挑选出来的宪兵,主要任务为反恐)和都市步兵营(Urban lnfantry Battalions)也和他们驻扎在一起。

(3)轻骑兵团 原来是一支骑兵单位,主要训练和任务区域在瑞典中部和南部。该单位装备了高机动性的 4×4 全地形车和反坦克导弹。在战时,主要执行奇袭和反装甲任务。轻骑兵团下辖 6 个轻骑兵营,每个轻骑兵营要具有能在 30 个昼夜毫无外援的情况下,于敌后进行作战的能力。

(4)诺兰龙骑兵团 其主要训练和任务区域均在瑞典北部。战时,该团将执行在敌后的奇袭和设伏任务,主要针对高价值点目标。

(5)拉普兰游骑兵团 其在瑞典陆军正式番号为第 22 步兵团。它就是著名的极地游骑兵团,拉普兰游骑兵团的士兵的训练和战斗均在瑞典北极圈内。拉普兰游骑兵团经受了广泛的寒冷气候条件下的作战训练以及极地生存训练。战争期间,拉普兰游骑兵团将主要承担远程巡逻、远程奇袭、扰乱敌后方区域的任务。

在瑞典陆海空的众多特种部队中,拉普兰游骑兵团(极地游骑兵团)是最精锐的一支,下面就对其进行针对性的介绍。

二、拉普兰游骑兵团

1. 游骑兵的来历

游骑兵(Ranger)的由来可追溯至公元 1670 年,美国殖民地时期就有使用游骑兵名称及战术的小型军队。当时美国为了应付善于突袭战术的印第安人,于是组成小型的侦骑队伍在屯垦区四周区域巡防,以观察敌人活动并提供早期预警。由于他们的巡防距离称为"Range",因此一般人们称这支队伍的士兵为"Ranger"。

第一支正规的游骑兵部队成立于1756年的新汉普郡,罗伯特·罗杰斯少校首先组织9个连的游骑兵部队代表英国对抗法国及印第安人。他们广为运用快速游击与侦察战术潜入敌后攻击目标,距离远达400英里。罗杰斯少校建立的19项游骑兵信条及头戴黑色贝雷帽的传统即由当时成型。游骑兵的骁勇善战不但深得华盛顿信赖,也让英国人留下深刻的印象。实际上,游骑兵属于轻型步兵,除了名称外,其战术内涵和骑兵并无任何关联。

2. 瑞典拉普兰游骑兵团的发展

追根溯源,瑞典的拉普兰游骑兵几乎就是当年芬兰滑雪部队的现代翻版。在1939年的苏联和芬兰发生的战争中,芬兰陆军出动了大量滑雪机动的小分队,这些小分队深入苏联军队战线的深远后方,执行破袭、伏击等任务,不仅歼灭了其大量有生力量,破坏了补给线,甚至经常打击其装甲部队,为芬兰军队的迟带防御立下了汗马功劳。

绝大多数国家的游骑兵主要是担任主力部队的先锋,执行突击或两栖登陆作战任务。但瑞典的极地游骑兵团与其他国家的同类部队却有很大不同。拉普兰游骑兵团以国土防御为职责,仅仅在瑞典北极圈附近的森林和山地作战,他们不采用空降形式,也不被用作主力部队的先锋。拉普兰游骑兵团完全是一支独立作战的辅助部队,是专门用来进行非传统作战、游击作战和远程侦察的。这些作战行动都发生在敌人战线后方,他们将得不到任何友军的支援,并且要应付各种地形和各种天候。

3. 拉普兰游骑兵团的战术

在瑞典北部地区,森林、沼泽和山脉密布,自然环境相对恶劣,加上瑞典北部的交通并不发达,道路网的建设根本无法同欧洲大陆相比。这些问题在和平时期会阻碍经济发展,但在战时对于瑞典这样的弱势国家却是有利的。欠发达的交通会给入侵者带来很大麻烦,使他们的补给线极其脆弱。一旦摧毁部分道路,入侵者的补给网络几乎会立即陷入瘫痪状态。

为了抓住敌人的弱点,打击其交通线,游骑兵单位进行了渗透作战。拉普兰游骑兵团通常以营的规模进行行动,每个营下辖几个游骑兵连。每个游骑兵连通常编有12个独立的游骑兵小队,每小队通常为9人。这些游骑兵连将从敌人战线的薄弱地带渗透至其深远后方(50~300千米)。渗透作战与任务时间、季节和渗透距离密切相关。如果渗透距离较短,时间也不长,游骑兵们通常采用徒步或滑雪方式突入敌战线后方。如果是远程渗透,则必须依赖全地形车和直升机。一旦游骑兵连到达目标区域,就立即展开并执行作战任务。

当每个小队都达到各自行动地域后,渗透作战进入了战斗准备工作阶段。第一步工作是建立游骑兵小队主行动基地。这项工作包括架设帐篷、帐篷和车辆的伪装、挖掘防御阵地、要点布雷等。在冬季,战斗准备的工作会耗时较长,一昼夜通常不够,因为在架设帐篷时不得不清除掉大量积雪,同时又要在雪地里隐蔽行踪。行动基地建设工作完成后,小队指挥官将会率领游骑兵开始进行目标周边地区的侦察工作。目的是勘察地形,选择最容易达成破坏效果的路段,选择设伏点以打击可能出现的敌军等。

准备阶段完成后,游骑兵将开始攻击。优先目标是敌人的补给车队和工程车。为了摧毁这些目标,游骑兵小队通常会沿公路设伏。在这样的作战中使用的典型武器是地雷、狙击步枪、榴弹发射器和机枪。游骑兵小队通常会协同作战,有专门携带重武器的火力支援小队,他们装备有反坦克导弹或迫击炮。为了达到最佳杀伤效果,关键路段将先行被炸毁。也可用预先布雷和布设反坦克雷封锁道路。这样的游击战术可以摧毁大量的敌方物资并使整个道路处于瘫痪状态。

4. 拉普兰游骑兵团的训练

拉普兰游骑兵团的训练基地在北极圈内的基律纳,位于瑞典拉普兰地区,深入北极圈内 200 千米。这里是世界上纬度最高的军事训练基地之一,也是欧洲最后的荒野地带。由于太靠近北极,极昼和极夜现象非常明显。6 月在这里,人们可以在午夜看见太阳,而到了 12 月,太阳则不会从地平线上升起多少。基律纳是世界上气候最恶劣的地区之一,在这里,年平均温度仅为 -1℃,冬季平均温度在 -20℃,最低的时候可达到 -45℃。一年当中有 7 个月大雪覆盖,从 10 月到次年 4 月,冬季结束时积雪厚度通常超过 1 米。春季冰雪融化时,大地则洪水泛滥或变成一片沼泽。而从 5 月到 8 月间,这里又是蚊子的天堂,从沼泽到池塘,到处都是蚊子。

在这样恶劣的自然环境下,瑞典陆军最精锐的单位——极地游骑兵团进行着训练。极地游骑兵所需要的士兵必须拥有超强的体力和忍耐力,因为他们必须在极端恶劣的条件下,在极端的压力和疲劳状态下生存并采取行动。每位士兵接受的广泛和严格的训练包括:极地野外生存、巡逻技巧、爆破、导航、建立隐蔽的游骑兵基地、山地作战、滑雪和雪橇使用训练。极地游骑兵接受的特别训练还包括:通讯、地穴挖掘、战地医疗、雪地汽车驾驶、全地形车驾驶和重武器操作。

5. 拉普兰游骑兵的武器

拉普兰游骑兵的基本步兵武器与瑞典陆军单位相同,包括:格洛克 17 型 9 毫米手枪、AK-5 自动步枪、AK-5b 狙击步枪和 AK-5c 自动步枪(带 M-203 榴弹发射器)、KSP-58b 7.62 毫米通用机枪、KSP M-90 5.56 毫米轻机枪、12.7 毫米重机枪和 GSP(Mk-1940 毫米自动榴弹发射器)。

20 世纪 70 年代中期,瑞典军队开始寻求小口径轻型步枪以取代当时装备的 Ak-4 步枪。经过对已有的大部分 5.56 毫米步枪的可靠性、耐用性、精度、维护性和其他性能试验以后,最终只保留了两种步枪继续进行试验:瑞典 FFV 军械公司研制的 FFV-890C 步枪和比利时的 FN FNC-80 步枪。FFV-890C 以 IMI 加利尔为原型,因此两者外形很相似。1979~1980 年期间又对这两种步枪进行了部队试验和技术试验,结果淘汰了 FFV-890C 式步枪,选中了 FNC 步枪,因为考虑到后者的性能可以提高。随后对 FNC 步枪做了一系列改进,以适应瑞典军队的特殊需要,改进后的步枪称为 AK-5 突击步枪。

AK-5 主要有 4 种型号,其中 Ak-5 是基础型,瑞典军队的制式步枪,采用机械瞄准具,准星为柱形,带有护圈,表尺为翻转式觇孔照门,表尺分划为 250 米和 400 米。AK-5B 配有英国 SA-80 所用的 4 倍 SUSAT 光学瞄准镜,取消了准星和照门,用作狙击枪使用。AK-5C 是带 M203 40 毫米榴弹发射器的 AK-5,主要装备游骑兵和两栖部队。AK-5D 是短枪管的型号,现已普遍装备瑞典的空降游骑兵。

越南人民军特工队

在越南有一支历史久远的部队,它的生命和越南武装力量的创建相伴而生。这支部队被视为越南武装力量中"特别精锐"的、"必不可少"的重要力量。在越南战争期间,这支部队不仅任务特殊,而且战法怪僻,充满了神秘色彩,这就是越南人民军特工队。

一、越南人民军特工队的选拔与训练

越南人民军特工部队不仅任务特殊,战法怪僻,其在人员选择上也是十分特殊的。它是一支人员较精干、装备较强、训练较好、某种程度上具有日本武士道精神,有较强战斗力和实战经验的部队。所以,其在特工人员的选拔上要求也十分的严格。

在思想素质方面"特工人员要具有特别高的决心、特别高的忍受艰难困苦的能力"。其座右铭是"特别精锐,英勇卓绝,机智创造,出奇制胜"。要求特工人员要有高度的革命觉悟,要无限忠于越南共产党和越南人民。经过越南人民军政治机关严格审查的特工人员要求做到"五个特别",即"特别忠诚""特别勇敢""歼敌决心特别大""纪律特别严""技术战术特别精湛"。

特工部队的队员的训练由特工部队团、营和特工学校承担。越南在河内地区设有一所特工学校,学员是从陆军部队挑选的,入校经过 3~6 个月的特工科目训练后,再分配到作战部队。在抗美战争期间,因特工人员伤亡较大,该校每年可向部队输送 100 名干部、700~1000 名士兵。特工部队团、营组织的训练时间 200 多天,多安排在旱季,雨季一般进行政治教育及生产。训练的主要内容有射击、投弹、队列、体育等军人基本科目,重点训练内容是侦察、爆破、排雷、破障、伪装、武装泅渡、车辆驾驶、攀爬、识图和用图等。

1. 射击训练

越南人民军特工队的射击训练分为三种练习,即第一、第二、第三练习。其中第三练习为应用射击,即:在夜间以十二发子弹消灭不同距离上的 5 个目标,以三枚手雷消灭 3 个固定目标。

2. 化装侦察训练

训练要求特工人员除化装成交战国或潜在敌对国家的军人、百姓进行侦察活动外,还要掌握对付敌方军犬的方法。较原始的方法:一是静卧不动,即使被敌人的军犬咬伤,撕破皮肉,只要敌人未发觉就要忍痛装死,不能出声和动弹,等待时机进行活动,完成作战任务;二是将大蒜捣碎涂抹全身,或将胡椒、辣椒面、大葱、煤油调在一起,军犬嗅到这种气味,会受刺激而离开。

3. 捕俘训练

越南人民军特工部队的捕俘技术包括:刀术 36 个动作,拳术 46 个动作和 62 个动作各一套。另外,特工人员还需要掌握飞刀术。

4. 攀爬、制图及语言训练

越南人民军特工部队的攀爬训练主要有徒手攀爬、撑杆爬墙和借助简单工具爬楼等,还要求特工队员在不受伤的情况下,从 5~6 米高度跳下。此外,还要学会绘制要图、识图、用图、按方位角运动等。同时,还要学习并掌握交战国或潜在交战国的语言、文化和相关风俗等。

5. 战术训练

主要训练进攻战术,包括对敌偷袭,对具有坚固工事之敌的袭扰,对机动之敌的长、短途奔袭以及阵地阻击战术等。越南人民军特工部队强调近战、夜战、隐蔽突袭,用越军

特工自己的话说就是"要深入到敌人床头上打"。在进攻完成后的训练中,一是训练特工队员迅速撤出战斗,消除痕迹;二是训练特工人员扼守阵地,打击反扑之敌。

二、越南人民军特工队的武器装备

越南人民军特工队武器装备非常保密,大致装备有:82毫米无坐力炮、82毫米迫击炮、60毫米迫击炮和反坦克炮、单兵火箭筒、轻机枪、冲锋枪、狙击枪和手枪以及各种型号手雷及地雷。在执行特殊任务时,还装备有毒气弹和化学药品等。在通信联络器材上,越军特工部队特别重视电台的小型化、保密化,一般装备2瓦报话机、15瓦短波电台及超短波步话机等。此外,特工部队还备有便服及交战国军服,以供渗透、侦察时使用。

三、越南人民特工队的作战行动

1964年5月2日,一个越南海军水上特工小组在胡志明市(西贡)附近炸沉了美国海军的"卡德"号运输舰。当时该运输舰正向南越伪政权运送飞机、直升机和军用卡车。"卡德"号被一枚磁性水雷炸开一个8米长、1.2米宽的大洞,当即沉没。也就在同一天,越南人民军特工人员又用手榴弹炸死、炸伤调查该事件的8名美国人。

1967年11月23日,越南人民军特工200连的一个班(5人),在地方部队一个班和民兵一个小组的配合下,奇袭了侵越美军833号机修舰。此次战斗炸毁833号机修舰,炸坏、炸伤其他小艇10艘,歼灭美国、新西兰、澳大利亚等国军官和技术人员350名,摧毁105火炮6门、81迫击炮3门、37炮3门、高射机枪12挺、直升飞机2架及大批军用物资。参加战斗的越南人民军特工队无一伤亡,"奇袭833"行动也被视为越南人民军特工队经典战例。

在整个越南抗美救国战争期间,越南人民军特工队总共炸沉、炸伤美军和南越军队舰船近1000艘,炸毁桥梁100余座。

朝鲜人民军特种部队

朝鲜人民军的特种部队是一支充满神秘色彩和传奇经历的武装力量,其历史、规模、装备都隐于一团迷雾之中,鲜为世人所知。朝鲜人民军特种部队主要从事敌后侦察、突袭、破坏活动,以及协助间谍机构活动。一旦发生大规模战事,训练有素、心理素质过硬、精通非传统作战战术的特种部队便可秘密潜入敌后,全力组织第二梯队,利用骚扰战术,不断恐吓和突袭敌后目标。这支数量庞大、意志坚定的特种部队守卫着朝鲜半岛的国土,并令世界对手望而生畏。

一、人民军特种部队的编制体制

人民军特种部队最高指挥机关是国防部,分别隶属空军、海军、军事情报局、作训部和第一梯队(前线军),前4个机构所属部队主要针对战略目标实施特种行动,后者针对战役战术目标。在体制上,朝鲜人民军特种部队分为三类:轻装步兵、侦察部队、狙击部队。轻步兵与连、营级正规部队联合作战,攻击敌方军事、政治和经济目标;侦察部队独立行动,负责侦察活动,获取侦察或目标情报;狙击部队任务与轻步兵相同,唯一的区别是全部单独指挥、单独行动。

在编制上,人民军特种部队分为22(或23)个旅,其中2个登陆狙击旅分别部署在东、西部沿岸,2个狙击空降旅分别部署在江原道和黄海北道,4个狙击旅(或侦察旅)部署在江原道和开城市非军事区边界地区,14个或15个轻步兵旅,其中2个也可能是狙击旅,除5个旅部署在中部和沿岸地区外,其余全部分散部署在非军事区边界处。另外还有18个独立营,其中17个侦察营,包括海军和空军侦察营,1个空降营,全部分散部署在非军事区边界处。

在组织上,所有特种部队的领导工作由国防部作训部和军事情报局具体负责领导,根据部门直接职能划分各管辖相应的特种部队,执行任务时与前线军和机械化军协同。

作训部是所有特种部队的中央指挥机构,直接隶属总参谋部。除领导职能外,还负责特种部队的战斗训练,战事期间有权监督实施特种战略行动或特种军级别的作战行动。

军事情报局是基本情报机构,负责安排实施计划渗透行动,向韩国境内派遣特种队员,搜集战略和战术情报,同时负责所有协助搜集军事情报的间谍机构的战役指挥,培训侦察破坏分队,从事非传统战事。

二、人民军特种部队的组成

1. 轻步兵旅

1969年,朝鲜开始组建轻步兵旅,专门成立了第7特种军(局),完成后拥有22个轻步兵旅。每个轻步兵旅约5200人,下辖5~10个营,所有队员都有4~7年战斗部队服役经历。

轻步兵旅的具体战斗任务是:向距离直接战事地区前线35~70千米的敌后防御纵深渗透;攻占或摧毁敌方存放核武器、生化武器或导弹的军事目标;阻止敌方使用特别重要的目标或将其摧毁;包抄敌人防御阵地将其包围或侧攻,配合陆军正规军行动;攻占或摧毁指挥所、通信和交通线;渗透到敌人防御纵深查明并控制重要地区和民用目标(水坝、电站等);作为侦察实施手段完成陆军师、军应完成的侦察任务;作为后方警卫队和障碍队,扰乱敌人的行动,炸毁敌人推进道路上的桥梁、隧道、能源系统等。

实施特种作战时,队员们通常穿便装或美国、韩国军装,3~5人一组,骚扰敌人,搜集情报。通常在夜间或能见度较低时进行渗透,越过非军事区,可步行穿越陆界,钻地道,借助小型空中运输工具空降,或者从海上登陆,使用超小型潜艇或外形与普通渔船一模一样的特种高速船。

2. 特种空降和空中机动旅

朝鲜陆军特种空降和空中机动旅,拥有在敌方后方纵深发动战事的能力,任务与敌方陆军部队主要作战任务基本相同。空降时使用低飞航空设备,主要是很难被敌方雷达发现的安-2运输机或MD-500直升机。安-2运输机一次能运送10名全副武装的特种士兵,作战半径300千米。MD-500直升机一次运送4名特种队员,作战半径600千米。

人民军空降作战的主要任务是在敌后发动攻击、实施侦察、梯队展开。在主力攻击前先实施侦察,少量队员战术空降,保障对空降区域的控制,准备主力着陆平台。主力空降后,集结,集中所有资源,准备行动。加强梯队在支援部队配合下,全部着陆需要4~6个小时,几乎总是在能见度较低的情况下进行,通常带有可维持3~4天的弹药和食品储备。

3. 狙击和侦察旅

狙击和侦察旅是朝鲜特种部队精英中的精英,和平时期由上级司令部情报部门指挥,军事时期的指挥功能立即移交给第7特种军(局)。

狙击和侦察旅人数与轻步兵旅相当,3600~4200人,由旅部、后勤保障和支援部队、通信保障部队、10个侦察营组成,主要作战单元是2~10人的侦察队,队员全部从各军兵种精锐部队中挑选。有报道称,朝鲜特种部队中有一个清一色的女兵侦察旅,在这支部队服役的特种侦察队员全部会说英语。

朝鲜特种部队培训期限通常为12~24周,狙击侦察旅还要进行3~18个月额外培训,学习城市或乡村条件下的游击战战术,掌握发动游击战、反游击战、保障内部安全、抓捕或消灭敌方要员、实施心理战、使用爆炸装置和通信设备、仿造各种证件等特种技能。

敌后作战时,各分队都有明确的分工。侦察队要首先突破可能遇到的障碍,发动攻击,以此掩护其他行动队;突袭攻击队攻击目标,同时作为爆破队完全摧毁敌方目标;情报搜集队负责抓俘虏,搜集各种可能的证件和各种情报;掩护队负责以狙击火力攻击敌人保护战友;障碍队负责布设障碍物,阻止敌人推进,防止敌人突破。

4. 特种游击队

朝鲜一直重视游击战,视其为革命斗争的必要组成部分,为此专门组建了特种游击队。在编制上,特种游击队队员数量差别较大,从一个排到一个团各不相同。为高效发动游击战,这些部队随时可以组建敌后游击队,组建并援助地方游击队,实施纵深侦察和各种特种行动,支援主力。完成任务后,特种队员返回原部队继续服役。特种游击队员都要接受合成作战训练,执行政治任务时必须与武装起义组织配合,避免与敌人优势兵力正面接触,只寻机攻击敌方防护较弱的小股部队。特种部队继承、发扬朝鲜战争期间获得的丰富的游击战经验,能在最不利的地形条件下英勇作战,可相当隐蔽地成功渗透到敌后组织第二梯队,展开特种行动。

三、人民军特种部队的武器装备

1. 单兵、班组装备

人民军特种队员通常装备匕首、消声手枪、AK-47自动步枪或M-16步枪、手榴弹、RPG-7或AT-3榴弹发射器等。班组通常装备60毫米迫击炮、爆炸装置、火箭筒、反步兵地雷、阻止敌人汽车交通设备推进的特种设备等。

2. 空中潜入用装备

空中潜入装备主要为安-2小型运输机,特种部队共拥有300架,每架可载10名队员,可同时运送3000人的部队。它可低速、低空飞行躲避雷达探测,并可以短距离起降。此外,还装备有直升机、雷达监测不到的木制滑翔机、气球等空中运输装备。

3. 海上潜入用装备

海上潜入用装备主要包括:①小型潜艇,总计60艘左右,包括可载19人的潜艇21艘、可载13人的潜艇45艘;②高速小型潜艇,每艘可载8人,约有13~21艘。其甲板及船体涂着特殊涂料,很难被发现与识别,因配备了3台发动机,可以40~50海里的时速高速航行;③伪装渔船,排水量约100吨,配备4台发动机和螺旋桨,时速超过40海里,船上载有小艇,分别配有3台发动机和螺旋桨,以及全球定位系统、雷达、水中踏板及自爆装置;④气垫登陆艇,总计130艘,可载50名全副武装的士兵,时速50海里;⑤运输舰、海岸巡逻艇、橡胶快艇及民用船等。

日本特种部队

日本作为第二次世界大战的战败国,在军事力量的发展上受到了许多制约,特别是在特种部队的建设上更是鲜为人知,至今也没有"挂牌"的特种部队。但是,近年来其自卫队建设开始走上快车道,日本悄悄地组建了数支特种部队,但都处于严格的保密之中。

一、地面特种突击队

地面特种突击队员是从全国自卫部队中精选出来的,经过9周高强度训练后,队员们必须掌握遂行特种作战的所有技能,如擒拿格斗、识图用图、爆破、水下和山路潜入、生存技术、理论教育、综合演练等科目。合格后才能成为一名真正的突击队员,并被分回自卫部队,和其他普通军人一起执行任务。当需要遂行特种作战任务时,就迅速集结,进行短时间的适应性训练后,即投入作战。所以人们称他们是富士山下的"鼹鼠"。地面突击队员配有精良的武器装备,如62式7.62毫米机枪和64式步枪、84毫米反坦克无后坐力炮、60式自行106毫米无后坐力车载炮、肩式89毫米火箭筒、单兵地雷爆破装置和背负式火焰喷射器、微型爪状手雷等。

二、空降特种突击队

20世纪80年代末,日本陆上自卫队成立了一支特种作战部队,这就是日本陆上自卫队第1空降师第101空降旅。该旅成立之后,对外在名义上一直称为普通空降部队,保密程度极高,在国内执行反恐怖等特种作战任务时,全部以警察的身份出现。其实,它是一支名副其实的特种作战部队,具有破坏、侦察、突击作战、反恐怖等多种特种作战职能。这支特种空降作战部队,训练严格,装备精良。

日本特种部队

日本防卫厅在研究2001~2005年上中期防卫力量整备计划时决定,进一步扩大陆上自卫队的特种作战部队,提高日本陆上自卫队的特种作战能力。日本防卫厅准备首先在管辖东京周围的东部方面部队成立特种部队,之后在全国各地成立同样的部队。新成立的特种部队人员精干,装备精良,肩负侦察、破坏、收集情报、保护城市重要设施和反恐怖活动,深入敌后方袭击敌人,建立"空降堡",钳制对方,配合进攻,并破坏敌方的后勤补给线、交通和通讯枢纽,捣毁敌指挥所,瘫痪敌军部署等行动。队员来自全国自卫部队中的伞兵，经选拔后，要进行为期 9 周的集中训练。除完成地面突击队的训练科目外，还要完成有关空降知识的训练，如对航空照片的判读、高空拍照、跳伞训练等。

三、"中央机动集团"特种部队

2003 年 11 月 16 日，日本海上自卫队组织年度大演习时，其中一支被叫作"中央机动集团"的特种部队格外引人注目。据称，这支特种部队是日本为了加强对西南九州地区和冲绳各岛的"防御"于 2002 年组建的。这支特种部队计划编制 6000 人，绝大部分成员是军官和士官，士兵人数很少，官兵比例远远超过目前自卫队的官兵比例，队员素质和职业化水平在日本武装力量中也是第一的。

四、海上特别警备部队

海上特别警备部队隶属于海上自卫队。这支特种部队约有 300 人，主要部署在广岛等地。该部队在编制、武器配备和训练科目上主要模仿美国海军的"海豹"突击队。2002 年 6 月，日本《读卖新闻》等各大媒体透露，日本海上自卫队正在筹建第一支类似于美国海军"海豹"特种部队的海军特种部队，于 2003 年 3 月正式成立第一支"海豹"特种部队，即海上特别警备部队。这支"海豹"部队要求人员精干、装备精良，只有 3 个排的兵力，主要部署在广岛等地。日本海上自卫队特种部队的人员挑选要求严格，一般要求在海军服役 1~2 年以上，体格强壮，并具有一定的特长。他们将拥有多种特种作战技能，能完成包括海上清除障碍、爆破、暗杀和营救工作等任务。为了遮人耳目，日本对外将这支"海豹"部队称作"特种守卫部队"，让人觉得似乎是专门用于担负守卫任务的。众所周知，日本与美国关系密切，日本三军自卫队大多按照美军的编制来建设和训练的。日本海上自卫队特种部队也不例外，其编制、体制、武器配备和训练科目等均模仿美国海军"海豹"部队。

日本还准备派人去美国海军进行特训，因为美国海军的"海豹"部队毕竟是世界有名的特种战部队，拥有十分丰富的特种作战经验和技术。关于日本海上自卫队特种部队组建和训练的具体事宜，日本防卫厅官员对此避而不谈，只是轻描淡写地声称这是个"秘密"。这是日本海上自卫队加强自身特种作战能力的一种手段。有时，一支精悍的特种部队的威力，是一艘巡洋舰甚至一艘航母都难以发挥的。第二次世界大战以来的军事作战中，一些国家的海上特种作战部队曾先后炸沉对手的驱逐舰、战列舰、巡洋舰和航母等大型战舰，取得了令世人难以想象的战果。

日本海上自卫队拥有亚洲一流的作战力量，包括强大的水面舰艇作战能力、防空能力和反潜能力。然而，日本海上自卫队对此并不满足，面对 21 世纪的作战环境，为加强自己特种作战能力、提高本国海军的海上作战能力，除准备再购买 2 艘先进的"宙斯盾"驱逐舰等武器装备、组建直升机巡逻部队外，还决定组建这支海军特种作战部队。

五、反恐特种作战部队

日本于 2004 年成立反恐特种作战部队，编制约 500 人，部署在千叶县的习志野基地，装备有轻型高速装甲车，可实施远程奔袭作战。为了对付"新的威胁"，应对恐怖活动和国际争端等突发性事件，日本防卫厅开始具体研究在陆上自卫队内建立专门从事反恐和国际合作的特种部队,并于 2006 年之内正式组成。这支特种部队的人数编制在 5000～6000 人,由防卫厅长官直接指挥。

六、日本警察特种部队

日本警察特种部队成立最早,是 1977 年底按照美国、联邦德国、英国等国家的特种部队的样式组建的,隶属于东京警视厅和大阪府警察本部。成立起因是 1977 年 9 月日本"赤旗军"恐怖分子劫持日本民航客机,要求日本政府将在押的 6 名"赤旗军"分子释放。在万般无奈的情况下,日本政府答应了恐怖分子的条件,遭到国内外的广泛耻笑,使日本大为丢脸。之后,日本下决心成立了反恐怖警察部队。最初组建的特种部队有两个分队,一支属东京警视厅第 6 机动队,一支属大阪府警察本部。后来,在这两支特种部队的基础上进行改组和强化,组建了目前的日本警察特种部队。

军事趣闻

三个太阳吓走围城大军

1551 年 4 月，德国境内的一座小城马格德堡，被罗马帝国皇帝查理五世派萨克森公爵毛利斯率军围困，该城居民奋勇守城，持续多时仍未攻破。城内已接近弹尽粮绝，危在旦夕。在这紧要关头，城市的上空突然出现了 3 个太阳和互相交织的 3 条彩虹，十分绚丽壮观。这一奇怪的现象使城内军民万分惊恐，都认为是不祥之兆，恐怕城池即将被攻破，大祸就要来临。然而出乎意料之外，围城的敌军在一阵骚动之后，竟然全部撤退了！后来才知道，原来围城的毛利斯及其部下，见到天空出现的 3 个太阳后，认为这是"上帝意愿"，不许他们继续攻城，否则，就会违背"天意"，必然遭到上帝的惩罚，也惊恐不已，连忙请示查理皇帝，便按御旨立即撤走了全部军队。就这样，神奇的 3 个太阳现象解救了马格德堡城。

日本的"空城计"

16 世纪日本江户幕府时期，将军德川家康与武田信玄发生冲突，导致兵戎相见。1571 年，武田信玄首先发难，率军攻击德川家康。两军战于远江，战斗十分激烈。最后，德川的军队被打得落花流水，只好躲入滨松城。武田信玄乘胜追击，准备一举攻占滨松城。

这时，德川家康守城无力，出城必败，无可奈何之际，突然急中生智，决定设"空城计"。他深知武田信玄精通兵法，必然能识破"空城计"，但他又多谋寡断，分外谨慎，不会轻易在滨松城丢掉胜利果实，所以"空城计"正可以干扰他的判断。

武田兵临滨松城下，只见城门大开，城里火光熊熊，寂静无声。他一看就知道这是德川在摆"空城计"，城中定然空虚。他正想挥师进城，又突然转念一想，德川知道我深谙《孙子兵法》，怎么敢对我使用空城计："看来他必然别有安排，企图诱我上钩。"想到这儿，武田不敢贸然进城，而把大军屯于城外。这时，德川的 3000 后备军接近滨松，武田以为是伏兵，就更不敢进，不久，武田信玄因为露宿郊野，染上了肺病死去了。

一只拖鞋征服十七国的奇闻

奥兰吉布是印度莫卧儿帝国的第六代皇帝，也是建造誉满全球的泰姬陵的夏·佳罕皇帝的第三皇子。他靠着阴谋诡计和强大武力，打败了太子哥哥科达拉·西科的军队，并设计监禁了自己的父亲，终于在兄弟四人的继承王位的斗争中获胜，随之登上帝位。由于他诡计多端，凶狠残暴，以至邻国听到他的名字也会吓得瑟瑟发抖，从而被人们称之为"世界的征服者"。

一次，当他决定向邻国进行侵略时，既不发宣战通牒，也不派一兵一卒，而是从自己的脚上脱下一只蓝色的拖鞋。

这只拖鞋被放在装饰华丽的大象背上，在奥兰吉布皇帝仆人的牵引下，逶迤越过国境，一直到达邻国的都城。邻国皇帝光着脚板就跑出皇宫，躬身低头迎接，把大象引入皇宫，把拖鞋从象背上郑重取下，放在自己的王座上。这就表示自己已经臣服奥兰吉布皇帝，表示自己服从莫卧儿帝国，表示该国从此成为莫卧儿帝国的国土，表示该国已经灭亡了。

接着，大象驮着拖鞋又向下一个邻国进发了。如此这般，奥兰吉布皇帝略施小计，兵不血刃就轻而易举地征服了17个王国。

这样软绵绵的拖鞋在强权统治者脚下倒真成了铁蹄。

胡子引起的战争

法国国王路易七世脸上长有一副漂亮的胡子。1136年，他与阿奎丹公爵的女儿埃拉诺结婚时，得到法国南部两个省的陪嫁。路易七世从十字军中回来后剃掉了胡子，并不愿再留胡子了。王后认为他不如以前漂亮了，开始冷落他，并于1152年与路易七世离婚。埃拉诺不久又嫁给了英国安茹伯爵亨利（1154年继承英国王位的亨利二世），并要求路易七世将其两个省的陪嫁转还给她的新夫。

路易七世不肯交出，亨利二世便对法国宣战。这一仗一直延续了301年之久，直到1453年才结束。

冰湖吞没十字军

1240年，德意志十字军气势汹汹地突然杀向俄国的诺夫哥罗德公国。俄国国王亚历山大·涅夫斯基率部抵抗。由于毫无准备，初战便被打得大败。他不得不带领剩下的几百名士兵逃向山区。一次，他得知敌人的一个骑士团正经楚德湖取捷径向前开进，便决定利用冰面开阔、春季冰层较薄这一条件陷敌于死地，进而歼灭这股敌人。

涅夫斯基率部先敌到达楚德湖东岸。将主力部署在有利地形上。次日拂晓，十字军浩浩荡荡地来到冰湖西岸，迅速拉开了队形。当十字军主力刚到湖岸，立刻遭到俄军从两翼的猛烈进攻。他们用钩子将骑士拉下马来，用斧头砍死，或用棒槌、短槌击昏，再用靴刀杀死。最后，十字军被压到一块大冰面上，春水消融，冰面承受不住重装骑士的压力而破裂，只听见"轰隆隆……"一声巨响，冰面中央裂开了一道大口子，破碎的冰块四处飞溅，十字军骑士连人带马掉入冰湖中，许多骑士被溺死，只有少数人突出重围逃遁。俄军骑兵沿着冰湖追击，将敌全歼。

发型引发的英国内战

1642 年,英国资产阶级新贵族集团的代表人物奥·克伦威尔主持国会,其追随者多数为反对王公贵族骄奢淫逸的清教徒。他们看不惯国王查理一世和保皇党的人把头发梳成波浪式或卷筒状,犹如纨绔子弟的模样,于是统统剪成短发,以示对立。再加上其他政治因素,国王下令讨伐国会,内战爆发。

结果,以克伦威尔为首的留短发的国会军队,打垮了以国王为首的蓄长发的保皇党军队,1649 年查理一世被处死。当时被称为"圆头"的清教徒对后世影响很大,以致后来的绝大多数男子都喜欢留短发。

蜃景吓坏了法军

1798 年,拿破仑率领 3 万法军进攻埃及。有一天,一支侵埃法军在行进途中突然看到前面有一片模糊的湖山景物,景物倒悬在空中。不一会儿,湖泊又消失得无影无踪,随之又看到草叶变成了棕榈树丛。这种变幻莫测的影像,使法军十分惊慌,不知所措。士兵们个个被吓得跪在地上祷告,祈求苍天保佑。

原来,这是现在人们已熟悉的蜃景即海市蜃楼,而当时却把法军着实吓了一跳,以为上帝在惩罚他们。

打自家人屁股的"叛徒炮"

1811 年 4 月,土耳其的 7 万大军,在宰相的统领下,气势汹汹地向俄军扑来,而俄军由于大部分兵力在对付法国,只能抽出 4.6 万人的兵力来抵挡土耳其的进攻。在土、俄作战方向上,担任俄军指挥的是著名的军事统帅和军事理论家库图佐夫。他出身于一个军事世家,13 岁进入俄国的炮兵工程学院,后又留校任教,并参加过 1768 年的俄土战争,是一位具有丰富作战理论和实战经验的指挥员。他面对土耳其咄咄逼人的 7 万大军,俄军立即召开了作战会议,会上他给各路人马分配作战任务:"……马尔科夫将军,你带领7500 名官兵,悄悄地渡过多瑙河去,狠狠地教训留在河南岸的敌人……大家还有什么意见吗?"

"带多少大炮过去?"马尔科夫将军问。

"不,渔船是不便运载大炮的,况且我们的大炮也很有限,你只带上部分炮手,首先抢夺敌人的大炮,尔后用抢夺的大炮来消灭敌人。"

"噢,明白了,我马上回去准备。"

于是,一队俄国士兵乘坐木筏、渔船等就便器材,在夜色掩护下神不知鬼不觉地渡过了多瑙河,按预定计划向土耳其军队的驻地摸去。当土军留在河南岸的 2 万部队正在熟睡之际,马尔科夫的 7500 名官兵突然出现在他们的面前。顿时枪声大作,杀声四起,土军一片混乱,相当多的人来不及穿衣服更没有找到武器就乖乖地成了俄军的俘虏。俄军仅以亡 9 人、伤 40 人的微小代价就缴获了土军的 30 多门大炮。俄军炮手们欢呼跳跃着跑向炮场，抚摸着刚刚到手的大炮兴奋不已，爱不释手，马尔科夫也无比高兴地来到大炮跟前，用十分亲切的口气对大家说："快，把大炮架到前边的高地上，对准河北岸敌人的屁股狠狠地轰击！"

俄军士兵推的推、拉的拉、抬的抬、扛的扛，忙个不停。仅 20 分钟时间，30 多门大炮成一线摆开架在了高地上，炮口一律对向河北岸的敌人。这时，北岸的敌人已开始向俄军发起攻击，透过黎明前的曙光可以见到黑压压的敌群正向俄军阵地滚动，虽然遭到了俄军炮火的拦阻射击，但敌人凭借人多势众，仍在不惜一切代价地轮流冲锋。马尔科夫指着对面成群结队的土耳其士兵，高声下达了开炮的命令。一发发炮弹拖着火光呼啸着越过多瑙河飞向北岸的敌人，在土耳其军队密集的队形中掀起了一团团的火光和硝烟。不少敌人还没弄清炮弹是从哪里飞来的就当了屈死鬼。惊恐万状的土军官兵一边抱头鼠窜，一边四处张望，当发现是自己身后的大炮在打自己时，顿时慌了手脚。这时，他们才知道这是俄军占领了他们的炮阵地，急忙组织力量调转枪口对付身后的俄军。

趁敌人慌乱之际，在正面担负防御任务的俄国军队开始反击了。土耳其军队由于受到俄军的前后夹击，首尾难顾，队形大乱，损失惨重，不多时就被俄军团团围住。在突围不成、救援无望的情况下，土耳其政府不得不按照俄国的条件与俄国签订了和约。

私人军队在英国

在欧洲，有一支合法的私人军队。这支军队驻守在苏格兰斯特拉斯克莱德市的布勒尔堡，号称一个步兵团，实际上只有 80 人，每个人持一支古老的来福枪。这个团现在的将领叫阿托尔公爵十世麦里。

1822 年，英王乔治四世前往爱丁堡访问，当地的高原居民组成了一支保镖队伍，负责保卫这位君主的安全。过了 20 年，维多利亚女王又到那里访问。这支原来曾保卫过乔治四世的队伍，又负起了保安重任。由于他们的热情招待和保安严密。维多利亚女王十分满意。于是，1845 年英国女王便正式认可阿托尔公爵的私人兵团。这样，这支军队便一代一代地传了下来，虽然人员常变，但武器一直不变。目前这支军队的任务已经与从前不同：不是为了保卫英王，而是供游人参观，以满足旅游者猎奇的心理。

糕点引起的战争

1838 年，正当墨西哥抵抗美国领土扩张的时候，老牌殖民主义者法国也对墨西哥动了觊觎之心。法国派遣大批商人，以从事经营活动为借口，涌入墨西哥刺探情报。

有一天，几名墨西哥军官到塔库瓦西镇上一家法国糕点师开的小饭馆用餐。法国老板故意冷落这几名墨西哥军官，并放肆地讥笑和讽刺墨西哥政府和军队。几名军官被法国老板的无礼言行所激怒，砸坏了饭馆的橱窗和桌椅。

法国糕点师在法国政府的怂恿下，向墨西哥政府提出了数目惊人的索赔要求，法国最高当局则以这件小小的民事纠纷为借口，打出了"保卫贸易自由"的旗号，公然向墨西哥宣战。法国海军派出舰队，占领了墨西哥湾的主要港口韦拉克鲁斯。墨、法之间的这场战争持续了一年之久。

因为这场战火是从一家糕点铺燃起的。所以历史上称这场战争为"糕点战争"。

大钟敲错声,卫士捡条命

"13"在西方一向被认为是一个不吉祥的数字。然而,作为英国皇家卫队队长哈特菲尔德的墓志铭,却只有一个数字:13!

原来,在19世纪英国维多利亚女王时期的某月13日星期五晚上,白金汉宫的卫兵哈特菲尔德被指控在夜间值班时睡着了。几经渲染,这就成了一个不严惩不足以振军纪的大问题。就这样,哈特菲尔德被军事法庭判了死刑。

就在处决的前夕,哈特菲尔德终于想起了一个细节:"我那天夜里没有睡觉,我听见议会大厦的钟声在午夜响了13下!"这实在是一个确定能否定罪的证据。于是,法官决定暂缓执行。并命令进行一次补充调查。调查发现,那天夜里确实有不少人听见议会大厦的钟声在深夜响了13下,而且,他们都表示愿意出庭作证。一个专家检查了议会大厦的钟后确信,那天夜里,钟里的一根发条出现异常,表示凌晨1点的那下钟声确实在子夜刚敲过12下以后就立即响了起来,所以听者认为钟声纳了13下。因此,军事法庭宣布哈特菲尔德无罪。释放后不久,哈特菲尔德当上了皇家卫队队长,而且一直活到了100岁。按照他的遗嘱,人们在他的墓碑上刻下了这个数字:13。

败在"米"字旗上的一支庞大舰队

1853年,南欧爆发了克里战争。由于利益所在,英、法、撒丁等国联合土耳其向俄国开战。

11月30日晨,锡诺普湾被大雾所笼罩:为防敌军偷袭,土耳其海军元帅奥斯曼巴夏命令舰队尽量靠近海岸锚泊,以便能得到海岸上的炮火掩护。他特别让装载弹药、粮食的运输船待在内侧、火力较强的巡航舰在外侧警戒。到了中午,轻风吹散了迷雾,忽见6艘战列舰和两艘巡航舰张着满帆驶近港口,成"八"字形抛锚在土耳其舰队外侧。8艘舰艇上都悬挂着英国"米"字国旗。奥斯曼巴夏见是友军英军的舰只,大喜过望,以为援军终于来了,一颗紧悬着的心放了下来。

12时30分,8艘英国军舰突然一齐转身,同时将黑森森的炮口对准土舰队。瞬时间,"米"字旗落下,白"十"字的俄国旗迅速升起。土军大惊失色,奥斯曼巴夏急令土军准备开战,但为时已晚了。

土耳其16艘舰上共有510门小口径炮,他们的炮手还没有到位,俄国舰队的720门大、中口径轰击炮就打响了。刹那间,浓烟四起,炮声震天。俄舰队凭借舰体三层护甲和火力优势,借助顺风、背光的有利阵位向土舰发起猛烈攻击。几分钟后,措手不及的木结构的土舰大部起火,两艘弹药船中弹爆炸。

奥斯曼巴夏见大势已去,下令断锚突围。不久舰沉人伤,被俄军俘虏。一时未被击中的土舰官兵舍死反击,但很快被全部摧毁。

这一仗完全是一边倒的形势,土耳其损失15艘舰只,官兵伤亡3000余人,奥斯曼巴夏和 3 名船长以及 200 人被俘, 锡诺普城区和海岸炮台也被俄军夷为废墟。而俄军此役只死亡 37 人, 伤 235 人, 只有几艘舰只受了轻伤。一支庞大的舰队竟然败在了一面小小的"米"字旗上。

最大胆的穿插

美国南北战争中, 北军名将谢尔曼率领的一支 55000 人的军队, 戏剧性地"失踪"了一个多月。

原来, 谢尔曼在没有后方, 没有支援, 没有掩护的情况下, 带着这支军队沿着海岸秘密的插向了南军的背后。整整 30 天, 外界不见行踪, 就连总统林肯也不知其所在。他们似利剑一样插入敌人腹地 300 多英里, 突然出现在南军后方重镇萨凡那布城下。直到攻下该城, 林肯才得知自己手下这支军队的消息。这决定性的一击, 加速了消灭南军的进程。可见, 大胆的突袭, 是打开胜利之门的一把钥匙。

听错军号误战机

在 1877~1878 年的土俄战争中, 发生了一个"号声退敌"的有趣故事。

那是在一次激烈的战斗中, 处于进攻一方的土耳其军队向俄军阵地发起了猛烈地攻击。眼看着土耳其军队气势汹汹地冲到了俄军阵地的前沿堑壕, 本来处于劣势的俄军处境更是危急万分。这时, 土耳其军队正要乘胜前进彻底打垮俄军, 突然阵地上响起了一阵嘹亮的退却号声。"军令如山倒"。那号声立即止住了土耳其军队的进攻, 他们认为这是长官有用意的调令, 便毫不犹豫地回头撤了下去。俄军的一场大灾难被凭空消去了。

这是怎么回事呢? 原来是俄军中的一位熟悉土耳其军队号音的号兵, 见到战斗形势十分不妙, 便急中生智, 吹起了土耳其军队的退却号, 没想到一吹便灵, 使敌军撤了回去。从而使俄国军队赢得了重新巩固阵地的时间。当土耳其军队从迷惘中醒来时, 已错过了进攻的良机。

被地图愚弄的将军

第一次世界大战期间, 在著名的加利波利半岛战役中, 指挥澳大利亚和新西兰军的威廉·伯德伍德将军, 受领了从加韦佩岬的西海岸上行二十英里处建立滩头阵地的任务, 这位将军对该地的全部地理知识, 均来自从书店里买到的一张地图。他万万没有想到, 地图竟然和他开了个不大不小的玩笑。明明标的是一英里的海滩, 实际却不足四分之三英里, 而且宽度只有一百英尺左右, 两端被悬崖峭壁所阻塞。众多的部队、牲畜、火炮和补给品, 拥塞在这块巴掌大的地方, 结果乱成一团, 被居高临下的土耳其军队打得狼狈不堪, 伤亡惨重。

三十七分钟的战争

19 世纪,非洲东面印度洋上的桑给巴尔岛被英国占领。1896 年 8 月的一个炎热的下午,停泊在桑给巴尔港外的英国舰队水兵们互相对即将进行的板球淘汰赛打赌,各自都准备上岸。这时,突然从舰队司令官萨·亨利·逻逊提督乘坐的旗舰发出了旗语:桑给巴尔的酋长巴尔加舒对英国宣战了。至此一直无事的港口立即成了战场。6 艘英国战舰慌忙向酋长宫殿进行轰击。仅仅 37 分 23 秒,宫殿便化为废墟,500 名桑给巴尔士兵或死或伤。桑给巴尔唯一的军舰"古拉斯格"号也被打沉。酋长逃进德国领地寻求庇护,这场战争到此结束。

一战时德曾用士兵尸体炼油

1914 年 6 月,第一次世界大战爆发,德国先后同俄、法、英等国开战,战争期间,德军每个月就有 4 万多名士兵阵亡。为了处理这些尸体,大发战争横财红了眼的德国垄断资本家,竟在阵亡士兵的尸体上打起了赚钱的主意,他们专门成立了"利用尸体有限公司",开设了数家炼油厂,用士兵的尸体炼油,然后用这些油制成肥皂或工业用润滑油等,并向国外出口。在 4 年多的战争中,德军共死了 177.4 万多人,据战后西方有关文件透露,当年被用来炼油的尸体竟达 100 万具以上!

一场如此奇妙巧合的海战

1914 年 8 月,第一次世界大战刚爆发,英德宣战后,双方均下令把部分民用船只改成军舰。英国一艘 2 万吨的豪华客轮卡门尼亚号在一个星期内改装成武装巡洋舰。与此同时,德国也将一艘客轮特拉法加号改装成武装巡洋舰。

德国船长为了迷惑对方,心生一计,决定把改装后的巡洋舰伪装成一艘英国客轮,他们正好掌握了英国卡门尼亚号客轮的照片,便按其外形改装,使特拉法加号摇身一变成了英国的卡门尼亚号。

巧合的是,英国人出于同样的考虑,也决定把自己的船伪装成德国客轮,恰好又选中了特拉法加号。改装完成后便被英海军部派往大西洋。9 月 14 日上午 11 时,德国舰长发现了"特拉法加号"客轮向自己逼近,感到迷惑不解,因来船轮廓酷似自己原来的模样。他想或许是同一轮船公司的姐妹船吧,便命令信号员指示对方表明身份。这时英国舰长因同样的原因也在猜想对方是自己的姐妹船,怕引起误会,即命悬起标志表明英舰身份。德舰知其中有诈,马上全速向对方冲去;英舰见来者不善,先发制人,向对方开火。交战结果,英舰受重创,9 人阵亡;德舰被击沉,15 人丧命,富于戏剧性的是直至交战结束,双方仍不明白对方的真面目。在德国舰长及其他生还者遇救后真相才大白于天下,而英国舰长却被阿根廷当局指控欺骗港口检察官而遭拘禁死于狱中。

奇妙的一次空战

1914 年 8 月 25 日,英国哈维·凯利中尉率领的皇家飞行队第二中队的一个 3 机小队,发现德国一架鸽式飞机正在对蒙斯特南面的法军防线进行侦察。哈维·凯利立即招呼同伴向德机靠拢,自己在德机正后方占位,另两个同伴也在德机两侧占据了有利位置。德国飞行员一时仓皇失措,企图俯冲脱离,但 3 架英机死死咬住不放。逃跑已是不可能了。德国飞行员只得匆匆选了一块空地着陆,然后弃机而逃。3 架英机也跟着着陆,经搜索没有找到那个德国飞行员,于是纵火将德机烧毁,又重新起飞。这就是世界上有记载的第一次空战。

然而世界上真正的第一个空战,是 1914 年 10 月 5 日马恩战役之后的事。大战开始后的最初几周,法国人已经首先在他们较大的双座机上配备了武器,因为这种飞机的性能将不至于因机枪的增加而影响飞行。当时还没有供飞行员发射的固定机枪,所以机上的这挺机枪是装在活动底座上由观察员操纵的。10 月 5 日这一天,飞行员约瑟夫-弗朗茨和机械员兼观察员路易·凯诺中士驾驶一架法国双座机发现一架德国的阿维亚蒂克双座机在侦察法军防线。弗朗茨靠近这架入侵的飞机,机械员瞄准敌机后,即急速射出一连串子弹,成功地击落了敌机。

懒汉司令等胜利

第一次世界大战期间,1915 年 8 月 7 日,英国第 9 军在苏弗拉湾登陆,对方土耳其只有少量的兵力进行抵御,其援兵要在 36~48 小时后才能赶到。但是,英军在登陆后不积极行动,没有迅速扩展部队实行进攻。第二天,即 8 月 8 日是个星期六,英军竟然全日放假,一事未做。另一方面,总司令和军长对作战不加任何指导,一边观看赛马,一边坐等胜负的消息。而土耳其统帅部却像一团火一样活跃,争分夺秒地积极活动,亲自骑马四处搜寻援兵,调整部署,组织反攻。这样,英军因懒散,丧失了获胜的黄金时间,到英军组织最后进攻时,土耳其的援军已提前赶到,英军多次进攻均遭到猛烈的反击,因伤亡惨重而失败。

一枚神秘的"旅游鱼雷"之谜

1916 年 5 月 31 日,英国军舰"鲁普斯"号在日德兰半岛的北海海面上,向德国军舰发射了一枚鱼雷未中。此后,这枚鱼雷便在大海里神秘地游窜了 56 年,行程十多万公里。

这枚鱼雷,曾穿过法国的加来海峡进入北大西洋。后来,两艘美国军舰在坦帕海湾发现了它,并把它包围起来,可它却利用夜暗"逃"出了包围,并窜到委内瑞拉的海岸边。随后游过了巴拿马运河。到 1945 年近 30 年中,它一直在太平洋东游西窜。以后它又出现在苏门答腊海峡,到过非洲的东海岸和大西洋,甚至到过巴西的亚马逊河。60 年代,它第二次周游世界各大洋继而转向内海。直到 1972 年,才突然销声匿迹。这枚神秘的鱼雷,半个多世纪里在世界各大洋横冲直撞,究竟靠何种能量驱动,且又如何能躲避各种障碍物,摆脱追踪,至今仍然是一个谜。

飞机"开"火车

在苏联国内革命战争期间,敌人的骑兵部队突然向某火车站发起攻击。该站有红军一列平板车箱,上面用绳索固定着几架银白色的飞机,正等待火车头来牵引。

数架飞机眼看就要落入敌手,在这万分紧急的情况下,红军飞行大队技师科夫里日尼科夫急中生智,下令把飞机全部发动起来。没有车头的列车借助飞机螺旋桨转动所产生的空气动力向前滑行,戏剧般地把列车"开"走了。

下吹风曾使德军伤亡惨重

1918年3月,英军对诺勒伊附近德军的兴登防御体系最险固的防区实施了毒气攻击,却收到奇效。由于英军对战地的特殊地形进行了有效的气象侦察,合理而不失时机地利用了半夜刮起的下吹风(气象上称之为山风),成功地使用了毒气。当时,德军坚守的诺勒伊-兴登防御体系山势险恶、沟壑纵横,多呈东西走向,德军防守据点也大多布设在谷地。英军气象人员考察到几天来该地区一直处于高压控制之下,而且非常稳定,至少还能维持一周以上。他们对谷地风进行了两昼夜的连续观测,发现地面由于气压差而形成的梯度风正好在午夜停止,接着便刮起山地特有的下吹风,下吹风由山脊顺山坡向谷地刮,到次日3点左右,风速能够达到1.3米/秒,对实施毒剂攻击非常有利。于是,英军指挥部下达了施放毒剂的命令。在凌晨3时,梯度风减弱转刮山风,英军用迫击炮将数吨光气毒剂霰弹发射出去。这种毒剂较重,从霰弹里释放出后并不迅速扩散,而像液体一样倾倒出来。适当的风速裹携着毒气大量涌进壕沟和地下掩蔽部里,光气完全置换了那里的空气,从而使德军的防毒面具失效,造成惨重伤亡。

寥寥几人的大元帅司令部

1918年夏,担任美国海军助理部长的罗斯福奉命到欧洲战场巡视美军。他经伦敦到法国后,先到协约国军队总司令法国元帅福煦的司令部。当他进入司令部古堡时,看到一位老者嘴里咬着烟斗,坐在安乐椅上手捧小说正读得入神。当他得知这就是总司令时,便迫不及待地问道:"元帅,你有多少参谋人员?"福煦随口答道:"我的参谋部有两名上校、三名少校和十名士兵"。他解释说,统帅部主要考虑战略决策,不需要冗杂人员,作为统帅,要能摆脱琐碎事务的干扰。

怪风"开"飞机的奇闻

1920年2月,第一次世界大战结束不久,美国陆军飞行员席罗德少校驾驶一架小型飞机，从俄亥俄州的戴通起飞，向西抓爬高到 11200 米的高度，航行了近一个小时。这位少校在飞机降落后惊恐不已，因为他发现，飞机西行一小时后竟然降落在戴通之东。

无独有偶。在第二次世界大战后期，苏军一架轰炸机在执行轰炸柏林的任务后，向东返航。途中，飞行员发现燃料所剩无几，已无法返回基地，只能在敌占区实施迫降。这位做好了思想准备的飞行员利用有限的燃料爬高到飞机的最高升限，准备滑翔至距国土尽可能近的地方。不久，燃料耗尽，飞机迫降后，他颓丧地走出机舱，却惊喜地发现，迎接他的是苏联红军。当他知道所处的位置后，简直难以置信，因为飞机落在了距前线数百公里之遥的大后方。他无法理解，认为是上帝救了他。

这究竟是什么原因呢？原来他们都遇到了当时被人们称为的"怪风"。现代大气科学已经对"怪风"做出了较详尽的解释。在距地面 9000～10000 米以上的高度，对流层上部与平流层之间有一条狭长而扁平的管状气流，风速达到 30 米/秒以上。这一管状气流长约 1000 公里，宽约 100 公里，厚度约几公里，其中心风速可达 80 米/秒以上，现代大气科学称之为急流，确切地讲，在北半球人们称为西风急流。急流位于西风带上空，其活动范围随季节的不同而有规律地南北移动，冬季偏南，夏季偏北。上述两位飞行员都遇到了这股强劲的高空风（即西风急流），飞机进入急流之后，地速加大（飞机相对于地面的速度称为地速），所以，才出现了席罗德少校逆风后退、苏军轰炸机顺风滑翔数百公里的怪现象。在席罗德发现了这种"怪风"后，经过几十年的探索，人们才逐步认清了它的规律。

拖布杆当作旗杆趣闻

1922 年 3 月 20 日，美国第一艘航空母舰"兰利"号正式服役。惠廷海军上校和部分官兵登上飞行甲板，为它举行入役仪式。由于没有高级将领参加，仪式相当随便。惠廷发表了简短的讲话，然后命令升起海军旗。

"兰利"号是一艘平甲板航空母舰，飞行甲板上空荡荡的。负责升旗的是一位少校，他东瞅西瞧，竟然没有东西能当旗杆。他无可奈何地朝惠廷耸耸肩膀，笑了。这时，操舵长急中生智，他转身跑回设在飞行甲板下方的舰桥，找来了一个拖布把，将海军旗绑上，然后钉死在飞行甲板的边沿。

这一幕十分滑稽，飞行员们笑得特别开心。于是，他们放肆地给"兰利"号起绰号，讥笑它没有上层建筑，没有主桅和三角桅，连烟囱都被挤到了左舷，说它根本就不像一艘战舰，倒像是一辆带篷顶的马车。

这个比喻生动至极，从此，在美国海军里，人们便叫"兰利"号为"篷马车"。

具有历史预见性的演习方案

1936 年年初，苏军总参谋部同意图哈切夫斯基元帅的建议，举行一次战略对抗导演，图哈切夫斯基被指定负责指挥进攻一方军队。图哈切夫斯基的进攻方案中贯穿着一种思想，即：德军在战前已在边境地区秘密集中了主力，并在战役开始前已按作战计划展开。达成了对防御一方的兵力优势和战略上的突然性。这个具有历史预见性的演习方案被否决了。根据上面意图制定的总参谋部演习方案坚持，敌人主力不可能先期集中，也不可能先于苏军主力完成展开，在初期战役中，双方力量大体相等，而且苏军必须占据战略主动权。演习因此失去了意义。苏军后来为此付出的代价之高，是人人皆知的。

守株待兔的海岸炮

第二次世界大战前，英国海军为将新加坡建成马六甲海峡上的坚固要塞，不远万里运来了几十门威力强大的维克斯海岸炮。英国海军部认为，新加坡北岸有辽阔的马来西亚、缅甸等殖民地国家做屏障，敌军要夺取要塞，只能从南面的海峡发动攻击。于是他们将炮口对准海峡，将炮身牢牢固定，筑成一连串坚固的炮台群，英国海军还得意地将新加坡称为"远东第一要塞"。然而太平洋战争爆发后，日军并没有按照大炮所指的方向进攻，而是从炮台的背后杀来。面对日军在北岸的强行登陆，英军仓促组织的新加坡北部防线一片混乱。守军司令帕西瓦尔中将不禁拍打着毫无用场的维克斯巨炮望洋兴叹，几天后只好率军投降。

12分钟击落日机12架

1938年2月18日中午，日军出动38架轰炸机和战斗机，窜入武汉地区上空投弹轰炸。中国飞机立即还击。敌人企图用战斗机缠住中国飞机，以掩护其轰炸机完成轰炸任务。中国飞行员察觉日军企图后，便用少数飞机对付敌战斗机，其余飞机则截击轰炸机。

在滠口和戴家山一带，敌机数架向我军战机猛扑过来，中国飞行员迎上交战。激战之际，中国空军又一队飞机投入战斗，对敌实施侧击。日机抵挡不住，窜向舵落口一带，中国飞机紧追攻击，数架敌机应声下坠。此役，中国空军仅用12分钟便击落日机12架，而自己方面只损失4架。大队长李桂丹和飞行员吕基淳壮烈牺牲。

希特勒在电影院受嘲弄

希特勒穿着便服坐在柏林一家电影院里看电影。当银幕上出现了希特勒演说的场面时，观众全体起立，都像演说中的希特勒一样举起了右手。整个影院中只有希特勒一人仍坐在那里一动不动。旁边的一位观众弯下腰来悄悄地对希特勒说："我们的心情都与你一样，只是不敢像你这样勇敢地、公开地反对罢了！"

最具戏剧性的坦克混战

西迪拉杰格坦克战在二战史中占据独特的一页。英军和德军1000多辆坦克参加了这场"有充分自由"的旋风式战斗。这场战斗进展速度之快，战场情况之乱，在战争史上是罕见的。

发生在西迪拉杰格地域的战斗，杂乱无章，异常残酷和激烈。由于情况变化快，许多是需临机处置的遭遇战，因而构成了一幅激烈凄惨而又有趣的混战图景：冲锋的坦克与行进的纵队扬起的烟尘,有如 12 级大风搅动着尘埃,使得整个战场天昏地暗;坦克与坦克的互相冲撞,火炮与火炮的互相射击,英军与德军的白刃格斗,杀得难解难分;车辆的轰鸣声,炮弹的呼啸声,人们的呐喊声交织在一起惊天动地。

由于敌对双方常常是旋风式的接触、交战,又旋风般的撤退、散开,因而出现了犬牙交错、难分敌我的奇观。英军在一个古罗马贮水池里设有一个军需品临时堆集处,一名军官早晨起来却发现一队德军正在这里加油,便悄悄发出信号,于是一支英军部队匆匆赶来,出其不意地袭击了这股敌军。在另一处,英军一名交通勤务调整军官正在调整车辆,突然发现源源而来的装甲洪流竟是德军的坦克部队。他不动声色地继续指挥,而德军驾驶员也毫不怀疑地服从他的指挥信号,有一群坦克甚至在他的指挥下,转弯朝着完全错误的方向开去。

不幸中的万幸

1939 年 9 月 5 日,一架英国"安桑"式水上飞机正在苏格兰西海岸沿线执行反潜巡逻任务。

突然,发现了一艘在水下仅有十几米深处慢速航行的潜艇。

"投弹!"随着一声呐喊,两枚重 100 磅的深水炸弹呼啸着向潜艇扑去。可是,由于飞机距海面高度太小,两枚深弹落水后不仅没有沉入水中,反而像打水漂一样,被海面弹了一下又飞到空中来。可是,就是这重重的一弹,深水炸弹的引信被撞击开了,炸弹在空中爆炸了。飞溅的弹片,正好把"安桑"式水上飞机的油箱打穿了一个大洞,汽油迅速从油箱中飞溅出来。两个飞行员发现自己的飞机油表在不断地下降,如果不马上返回基地,飞机就有坠毁的危险。无奈,两个人只好放弃攻击,在圣安德鲁斯湾内迫降。

飞机总算保住了,但两个飞行员还在为自己没能抓住这次战机而感到十分懊丧。当他俩向长官报告这次行动失利的原因时,长官却连连称好。两个人瞪着疑惑的眼睛发起呆来。原来,他们攻击的潜艇并不是德国人的,而是英国皇家海军的潜艇。幸亏没有击中,真是不幸中的万幸!

斯卡帕湾的雷爆

U-47 号潜艇奇袭斯卡帕湾,尽管是法西斯德国海军的一次冒险性行动,但终究不失为海战史上单艇偷袭的一个典型战例。斯卡帕湾位于英国苏格兰北端的奥克尼群岛。它东通北海,西接大西洋,进可攻,退可守。从第一次世界大战起,就是皇家海军的主要基地。它有 7 个水下出口,3 个宽口在西部,有防潜栅和水雷场;4 个窄口在东部,用沉船封死。沉船重叠错落,且用铁索相连,加上水道狭窄多变,水下危石密布,在守备部队看来,无疑已是一道不可逾越的天然屏障。

1939 年 10 月 14 日凌晨,德海军 U-47 号潜艇大胆闯入了"天然屏障"北端的柯克海峡。它穿过沉船中间的窄水道,越过拦阻铁索,成功地溜入了军港。但它差点儿扑了个空。两天前,皇家海军本土舰队的舰只已经出海,港内只留下了"皇家橡树"号战列舰和"柏伽索斯"号水上飞机母舰。

U-47 号潜艇饥不择食,它悄悄逼上前去,朝"皇家橡树"号连施杀手,共发射 7 条鱼雷,其中 4 条命中。这艘排水量 33000 吨的庞然大物,在 29 分钟之内就完全沉没了。全舰有 24 名军官和 809 名士兵葬身鱼腹,其中包括皇家海军第 2 战列舰分舰队司令亨利·布莱格罗夫海军少将。

本性难移的"工作组"

第二次世界大战期间,有一天,苏军某部的司令部里,一个上级派来的工作组正在检查该部队的作战计划。一个工作组中的成员可能因为此行太顺利了,无意中用手敲了几下桌面。不料,这"笃笃"敲击声,却引起一名苏军参谋的注意。他听出这是德军军乐"胜利进行曲"的鼓点,立刻对这个工作组产生了怀疑。他迅速报告了首长,并奉命扣留了所谓工作组的全体人员。后来,经过审查,这些自称是上级"工作组"的人,竟全是由德军装扮的。他们企图以"检查"为名,全盘端走苏军作战计划。

智窃敌机

苏联卫国战争期间的一天黑夜,苏联一架飞机在德军机场上空中弹起火,飞行员跳伞逃生,正降落在这个机场上。这位苏军飞行员情绪镇定后,绕过敌机场勤务分队的营房,向明亮的停机处奔去。跑道尽头,停着一架德国飞机,坐满乘客,但驾驶舱里空无一人。苏军飞行员迟疑片刻,整了整他那与德军飞行员相仿的飞行服,走过聚集在机前的人群,熟练地跨进驾驶舱,发动飞机,直飞夜空。

黎明时,这位苏军飞行员驾驶的德国飞机,在乘客毫无所知的情况下,降落在自己的机场上。

美军攻打无人岛

第二次世界大战中,美军为收复阿留申群岛,出动 10 万部队,并以强大的空、海军配合作战。在进攻基斯卡岛时,美军首先用轰炸机和舰炮从空中、海上狂轰滥炸这个孤岛。而守岛日军使了一个"金蝉脱壳"之计,利用浓雾的掩护,一夜之间悄悄将约 5000 人的守岛部队全部撤走。美军不明真相,继续进行了二个半星期的轰炸、炮击,随后又派出 3 万~4 万人的部队登陆,兴师动众搜索了几天,连日军的人影也没见着,打了一场糊涂仗。

安眠药挽救了潜艇

第二次世界大战中发生过这样一个故事:英国一艘潜艇在逃避敌方舰艇搜索时,悄悄藏入海底。当它要从海底浮起来时,发生了故障,失去了浮力,怎么修理也排除不了故障。

这种情况下,艇员们都吓呆了。艇长也预感浮不上去,氧气用完,就没活的希望了。

那样痛苦死去,还不如吃安眠药死得痛快些。这时艇长为稳定人心,组织全体艇员齐唱耶稣赞美诗中的"主啊!和我们在一起",同时给每人一包安眠药。

赞美诗刚刚唱完,突然一位艇员情绪紧张而昏倒,他向后倒时正巧头撞到一个阀门上,机械被启动了,浮动装置开始工作了。

艇员们欣喜若狂,听从艇长统一指挥:"停止服安眠药,潜艇上浮。"很快平安无事地回到英国港口。

谁也没有想到,服安眠药吓昏一个水兵,而这个水兵头撞了开关,竟挽救了潜艇和全体艇员。

枪口吞子弹

第二次世界大战期间,英军二等兵史密斯正举枪向五十米外的一个德国狙击手瞄准。谁知那德国兵眼疾手快,首先开了枪,子弹竟射进了史密斯的步枪枪膛。幸运的是,史密斯并没有送命,他的步枪也未爆炸。现在这支枪还保存在英国美斯顿博物馆内。

团长撤职缘于知识不足

苏联卫国战争初期,有一位团长叫戈利德什捷思,他由于平时不善学习,对部队新装备的无线电通信设备知识不多,打起仗来,只习惯于用有线电通信工具,绝对禁止用电台发报,并下令把无线电排长和无线电员编入战斗队作步兵使用。结果,他的指挥所与所属各分队失掉联系造成作战失利,本人也被撤职。

被好奇心葬送的潜艇

第二次世界大战中,德国海军的 u-110 号潜艇在大西洋海域的破交战役中,连续击沉了多艘英国的运输舰船,得意忘形的艇长伦普上尉此时产生了一种极大的好奇心。他想自己虽然击沉了这么多舰船,可从来没有亲眼看过那些被自己击沉的舰船是怎样沉下海去的。于是,在好奇心的强烈驱使下,他决定等下次再击沉英国舰船时,一定要浮出水面看个究竟。

这一天终于等到了=伦普上尉指挥的潜艇又一次捕捉到两艘英国的商船,当发射的鱼雷命中商船后,伦普立即命令潜艇上浮到潜望镜深度,高高地将潜望镜伸出了水面,对着正在下沉的商船看起热闹来。正看得兴奋激动时,突然,潜艇剧烈地震动了起来,随着响起一阵轰轰的爆炸声,潜艇的周围立即掀起一股股巨大的浪柱。伦普马上意识到,自己的潜艇已经被英国海军发现了。他迅速收回潜望镜,命令潜艇紧急下潜。但为时已晚了,随着又是一阵深水炸弹的爆炸声,U-110 潜艇当即失去了下潜能力。

原来,正在他观看商船下沉的时候,一艘英国小型护卫舰发现了伸出海面的潜望镜。说时迟,那时快,十几枚深水炸弹雨点般地向露出德国潜望镜的地方袭来。英国护卫舰的第一次攻击就轻伤了目标,第二次攻击又正好打在潜艇的升降舵上,从而使德国的这艘潜艇一下子就失去了下潜能力,只好乖乖地浮出水面,当了英国人的俘虏。

女王拣废铁趣闻

在第二次世界大战期间,英国女王曾号召全国人民节约每一块钱,支持战争。她自己也身体力行。她在外出的时候经常拣回一些废钢铁,叫随从们带回去。

一个阳光明媚的下午,女王散步回来,得意扬扬地和随从们一起拖着一大块锈铁,扔进她拣的一堆废铁里。

不一会儿,一个男仆匆匆进来禀告:"陛下,一个叫史密斯的农夫等候在外面,说陛下拿走了他的犁,问能否开恩还给他。没有犁,他就什么也干不成了。"

二战最轻松的两次空降战

1940 年 4 月 9 日挪威军队在对付德军的空降突击中,由于预先从思想上到组织上都没有反空降的准备,以致在德军的空降突击面前惊慌失措,"守卫法内布的挪威部队,有的投降,有的逃跑",使德军以很小的代价就取得了胜利。德军机降 3000 人竟然占领了一个拥有 30 万人口的奥斯陆市。同年 5 月 10 日,德军在比利时的埃本·埃耳马要塞实施的空降,也是由于比军没有反空降的预先准备,守军的"哨兵被惊得目瞪口呆,没有发出警报"。从而获得了突然袭击的效果。德军空降兵着陆后十分钟,这个要塞顶上的军事设施几乎全被破坏。要塞中一千余官兵被堵在坑道内,最后当了俘虏。

一发救命的信号弹

1940 年 5 月 24 日,德军对荷兰的鹿特丹港口进行了大规模的轰炸。紧接着,一架架满载步兵的运输机,在附近的瓦尔港机场进行机降,企图夺取机场。德军飞机刚一着陆,守卫机场的荷兰步兵"女王团",与配置在鹿特丹北部的炮兵相配合奋起反击。枪弹炮弹暴风雨般射向德军,一些德军士兵还没有来得及爬出舱口,就被炮火击中,人员伤亡惨重。首批着陆的德军料定难以完成任务,于是打出一发绿色的求救信号弹。这时奇迹发生了,正在猛烈射击的荷兰炮兵见到信号后突然停止了射击,眼看后续的德军飞机一架又一架安全着陆,并向机场周围凭壕固守的荷军步兵发起进攻,而荷兰炮兵阵地上却哑然无声。

原来,德军求救的绿色信号弹,恰好就是荷兰军队重武器停止射击的信号。这一偶然的巧合,给进攻机场的德军帮了大忙。

他们借助荷兰军队步炮协同中断的有利时机,迅速向守卫机场的荷兰步兵发起猛攻,机场终于落入了德军之手。

高炮打步兵的奇闻

高射炮本来是对付飞机的,然而在第二次世界大战中,德军却多次用它来射击地面目标,并且获得了很大的成功。

1940 年 6 月 10 日,德军第七装甲师师长隆美尔正在法国的索穆至塞纳河之间收拢部队时,意外地发现一支英国摩托化部队从侧翼猛扑过来,企图切断德军通道。当时隆美尔身边没有地面炮兵和其他重武器,而只有两个高射炮兵连和侦察警卫分队,为阻止英军前进,他一面命令师部侦察营占领有利地形对英军实施攻击,一面亲自指挥两个高射炮兵连提前进至一个三岔路口展开,待英军到达一定距离时,以直接瞄准摩托化部队进行射击,有效地堵截了英军,赢得了宝贵的时间。

1941 年冬天,德、英两军在非洲北部托吞松塔拉进行大会战时,德军非洲军指挥官克鲁威尔乘坐一辆缴获来的“猛马”战车,冲进了英军的战斗队形,被英军所包围、追赶,处境万分紧急。德国非洲军前线指挥官发现自己的总指挥正处在危难之中,立即指挥包括 20 毫米高射炮在内的所有火器,向英军步兵群和战车群猛烈射击,终于使克鲁威尔转危为安,安全脱险。

“光辉”的惊人“判决”

“光辉”是一艘英国航空母舰的名字,“判决”则是“光辉”号进行的一次作战行动的代号。1940 年 11 月 11 日,“光辉”号由 4 艘巡洋舰和 4 艘驱逐舰护航,直驶希腊克法利亚西岛以西 40 海里的作战水域。20 时 10 分,第一攻击波 12 架飞机依次起飞。经过将近 3 小时的飞行,英机到达意大利军港塔兰托上空。两架英机投下了照明弹,其余飞机按照预定计划展开。3 架鱼雷机从西南部进港,钻过拦阻气球,冒着猛烈的高射炮火低空水平飞行,一直冲到战列舰近旁才投下鱼雷。另外 3 架鱼雷机从西北方向进港,超低空飞行向一隐约可见的庞然大物进行攻击。余外 4 架挂了炸弹,集中轰炸了港内的巡洋舰、油罐和码头设施。不久,第二波 9 架飞机准时赶来,5 架鱼雷机故伎重演,再次攻击了战列舰。第二天凌晨 1 时 12 分,“光辉”号收回了两个攻击编队,胜利返航。这次作战,“光辉”号只出动了 21 架飞机,并以 2 架飞机的微小代价,击沉、击伤 3 艘战列舰、2 艘巡洋舰和 2 艘驱逐舰,使意大利舰队折兵一半。战果之巨,甚至超过了日德兰海战时整个英国主力舰队歼灭德舰之和。

山下奉文的坦克欺骗术

1941 年 12 月,山下奉文率领的日本第 25 集团军,集中 200 辆坦克,在马来半岛的丛林中发动了一场猛烈的装甲攻势。仅一个月时间,就横扫大半个马来半岛,突破了仁林河防线。由于进军迅速,造成油料短缺,许多坦克得不到维修,日军的装甲攻势不得不被迫停顿。

山下苦无良策,焦急中漫步来到自行车联队。只见一个士兵骑着剥去车轮外胎的自行车,金属轮圈压在路面上发出“咯啦、咯啦”的响声。山下猛然间发觉这声纳和坦克履带碾在地面的声音很相似,心中顿时豁然开朗。他命令将军中所有自行车轮胎统统剥掉,让士兵骑着这些只有铁辂辘的车子来回奔走,乘夜发动了一场新的“装甲”攻势。

随着炮火的轰鸣,英军阵前响起一片骇人的“坦克声”,惊慌失措的英军士兵一边大呼"坦克",一边蜂拥潜逃。山下轻易地拿下了马来半岛。

飞机俘虏潜艇的奇闻

第二次世界大战期间,英国皇家海军飞机曾俘虏过德军的潜艇。1941 年 8 月 27 日,英军冰岛航空基地 269 中队的一架"赫德逊"式飞机发现一艘正在下潜的德军潜艇,立即实行攻击,但由于能见度较差,深水炸弹攻击失的,飞行员请求支援。269 中队队长汤普森亲自驾机赶到现场,在 100 米低空搜寻。10 时 55 分,他看到一艘德军潜艇正在破水上浮,他按下机头,一起投下了 4 颗深水炸弹,然后用机关炮猛烈扫射,敌潜艇裸露着脊背,像一条巨大的死鱼,漂浮在水面上。

遭到攻击的是德军 u—570 号潜艇,排水量为 769 吨,全长 67.1 米,水上航速 17 节。它装有 5 具 530 毫米鱼雷发射管,尾甲板装 88 毫米炮 1 门。这是它第一次出海战斗巡逻,艇员缺少作战经验,在上浮出水以前,艇长没有按常规升起潜望镜搜索周围洋面,从而导致遭受英国飞机袭击,艇内照明中断,艇员在黑暗中惊慌失措,数十名艇员钻出舰桥,向空中挥动白衬衫,乞求投降。

英国皇家海军闻报大喜,立即出动舰船,赶到现场,把 u-570 号拖航到冰岛,经抢修后,再拖到英国。在 u 艇的一切秘密向皇家海军公开后,该艇便被命名为"格拉卡"号,正式参加了对德作战。

用金砖压载的神奇潜艇

"鳟鱼"号潜艇属于美国海军太平洋舰队潜艇部队,服役刚几个月,太平洋战争就爆发了。1942 年 1 月 10 日,它奉命运载 3500 发机械引信高炮炮弹,前往菲律宾的科雷吉多尔岛。数十吨弹药卸到目的地后,准备返航。这时,潜艇需要装上 25 吨细沙或碎石进行压舱,才能再度出航。可码头上没有现成的沙石,岛上一时也无法弄到,正当艇长束手无策之际,美军驻菲律宾最高指挥官麦克阿瑟往码头打来电话,说压载物可即刻送到。

2 月 3 日凌晨,几辆卡车风驰电掣,一溜烟开到了码头,车上装的是一块块金属块,每块约 20 公斤,金属块被迅速搬上潜艇,艇内灯光幽暗,微光下金属块闪着黄灿灿的光亮,船员们大吃一惊,原来他们搬运的是一批罕见的大金砖,金砖共 319 块,重 6.5 吨,另外还有 360 袋钱币,每袋各装 1000 枚银比索,总值约为 1000 万美元。

离开菲律宾后,"鳟鱼"号继续进行战斗巡逻,并于 2 月 10 日在中国东海水域用鱼雷击沉了两艘日本货轮。3 月 3 日,它平安返回珍珠港,然后,将金砖和银币交给"底特律号"支援舰运回美国,转交给美国财政部。

7600 米高空坠地不死的飞行员

1942 年 1 月,在苏联的维亚兹马市上空,发生了一场激烈的空战。战斗中,一架苏联轰炸机不幸受伤。机上的两名飞行员被迫弃机。飞行员为避免跳伞降落时遭敌人射击,决定先不打开降落伞。没想到，其中一个叫奇索夫的飞行员在空中突然失去知觉。降落伞一直没能张开。奇索夫就像一块石头一样，从7600米的高空坠落到地面。但是，这个飞行员不仅活着，而且返回了部队。原来是地形救了他的命。他恰巧落在一个冲沟的大雪堆上，又顺坡滑到沟底里，从而大大减缓了落地的冲击。他也许是世界上唯一能够从这样的高空不用任何降落工具落地而生还的人。

军舰发射鱼雷击毁自己的奇闻

1942年3月，英国军舰"特立尼达"号在北极区海面上为一支船队护航时，发现了一艘德国驱逐舰，遂向敌舰发射了鱼雷。鱼雷发射后，以每小时40海里的速度向目标推进。可谁料到鱼雷前进了一会儿，也许是由于冰冷的海水使鱼雷导航机件失灵，或是其他什么原因，突然来了一个180度的大转弯，反向"特立尼达"号扑来，"特立尼达"号躲避不及，被自己发射的鱼雷击中，很快丧失了战斗能力。

1943年11月14日，美国总统罗斯福在顾问霍普金斯、参谋长马歇尔和海军作战部长等将军们的陪同下，正在当时美最新最大的"依阿华"战列舰上，参观舰长组织的防空演习。突然，左前方一艘驱逐舰发出"左舷有鱼雷"的紧急信号，舰上的人顿时紧张起来，只见一枚鱼雷露出水面，正向"依阿华"号飞来，总统和文武官员们全都惊呆了。好在舰长果断指挥舰上所有火炮对准约600码的鱼雷航迹轰击，使之爆炸，才化险为夷。后来才知道，施放鱼雷的不是敌方，却是己方的驱逐舰。原来，这艘驱逐舰接到远航命令时，一士兵决定检查射击锁内发射雷管，由于疏忽，竟把一个雷管忘在了射击锁内，航行时，他们和以往一样，相互作为目标进行"攻击"练习，万万没有想到鱼雷真的飞出去了，并且飞向了总统。疏忽大意往往埋下祸根。就是这艘驱逐舰后来义因疏忽大意，在西太平洋被击中沉没。

鱼雷"救人"奇闻

1942年6月，在中途岛海战中，日本海军航空母舰"加贺"号遭到美军轰炸机的猛烈攻击，身中4弹，整个舰桥和甲板起火。一些日军水兵纷纷跳海逃生。这时，美国的一艘潜艇又向"加贺"号发射了鱼雷。只见三发鱼雷拖着三道白光向"加贺"号疾冲过来，其中两发从舰旁驶过，另一发则击中"加贺"号。但奇怪的是，鱼雷没有爆炸，带着气仓的后半截仍在水上漂着。那些在海中挣扎的日军水兵，纷纷爬上这半截鱼雷。这样，一件杀人武器竟成了日军跳海士兵的救星。

在太平洋战争一次海战中，日军"飞龙"号航空母舰被美海军航空兵击中起火并失去控制，舰体倾斜。日舰队司令官决定弃舰

中途岛海战

逃生。当"飞龙"号的幸存人员被转移到其他战舰上以后，日舰队司令官命令驱逐舰用鱼雷击沉"飞龙"号，以防美军截获此舰。在一阵震耳欲聋的爆炸声中，这艘庞大的航空母舰开始下沉。一小时后，日军的侦察机惊奇地发现，"飞龙"号仍然半浮在水面上，舰上还有人。原来，甲板上的人是被大火堵在底舱下的机舱人员，日军发射的鱼雷恰好把下面甲板炸开一条出路，使这些人员得以逃生。"飞龙"号三小时后沉没，幸存者漂浮在水上，被美国军舰救起。

百年海图误战事

1943 年 11 月，美国海军中将斯普鲁恩斯率第二海军陆战师，进攻中太平洋上的珊瑚岛塔拉瓦。一阵猛烈的炮火准备后，美军登陆艇开始按照水图所指示的航道向登陆场驶去。

奇怪的是，水图仿佛在同美军作祟，在标明水域通畅的航道上，竟布满了暗礁。在登陆艇无法接近登陆场的情况下，陆战队员们只好在离岸 600 多米的地方涉水登陆。这时岛上的日军纷纷跳出掩体，用各种火器向暴露在水中的目标疯狂射击。美军占领滩头阵地时，死亡达 1000 人之多。

战役后，斯普鲁恩斯责成有关部门对造成美军严重伤亡的原因进行调查，原来是水图早已过时，这张图竟然还是一百多年前测绘的。一个多世纪来，因岛屿周围珊瑚水螅的繁衍堆积，原本通畅的航道早已变得暗礁丛生。而美军领航人员对这些情况事先又未给予充分估计，终于导致这场被美军称之为"可怕的塔拉瓦战役"之初的严重。

奇怪的鱼雷登陆战

在第二次世界大战中，苏联一艘潜艇发现，德军在新罗西斯克港有个特殊的布防。在高厚的防波堤后面，修筑了迫击炮和大口径机枪阵地。苏军要在这个港口登陆，一定会遇到迫击炮和大口径机枪的猛烈反击。舰上的炮火打不到它，用飞机轰炸，但敌人防空力量很强。因此，很难一举歼灭迫击炮阵地。

苏联得到这个情报，多次召开作战会议，其中关键问题是如何搞掉迫击炮阵地，有位舰长提出，用鱼雷去对付迫击炮。战友们一听，都哈哈笑了起来，感到太荒唐，根本不可能：

可是这位舰长还是坚持自己的意见，用鱼雷打击迫击炮阵地完全是可能的。他说了一个自己亲身的经历。有一次演习中，他的一枚鱼雷从海面冲到沙滩上，并向前滑行了20 多米，这说明鱼雷是能"登陆作战"的。他所说的这个事例，引起了一些指挥员的兴趣。虽然这条登陆的鱼雷是偏航出故障造成的，但它说明了一个事实，鱼雷也有可能"登陆作战"。

作战会议之后，指挥员下令成立专门小组，研究"鱼雷登陆作战"的难题。当时摆在面前的最大困难是如何防止鱼雷碰撞防波堤后爆炸，而是使它越过防波堤在着陆后最远点上才爆炸，不然很难消灭防波堤后的迫击炮阵地。

苏军的兵器专家、军械人员，绞尽脑汁来解决这个难题。最后，他们制造了一种合适的惯性引信，使鱼雷飞过防波堤高度之后爆炸。他们改装鱼雷之后，进行了实弹试射，结果令人兴奋，鱼雷"登陆"成功了。

攻击新罗西斯克港的战斗打响后,苏军一个中队的鱼雷艇,针对港内防波堤,发射数十枚鱼雷。这些鱼雷冲上水面,越过了防波堤之后爆炸,把德军迫击炮阵地,大口径机枪阵地,炸得稀巴烂,使其在瞬间失去战斗力。苏军发起登陆,很快地占领了港口。

潜艇上岸的妙战

搁浅本是舰艇航行一忌,但有时人们却又有意识地利用这种现象来挽救舰艇,或在没有船坞的情况下完成一定的修理项目,前者称为抢滩,后者称为坐滩。1943 年 3 月 19 日,日本伊-176 号潜艇负伤后为了堵塞漏洞,就曾有目的地进行了抢滩。那天,该艇负责向瓜达尔卡纳尔岛运送弹药、粮食。正卸货时,却遭到了美机轰炸。艇壳上炸出了不少洞,部分舱室进水,并死伤了多人。艇长身负重伤。由他的助手代替指挥。

代理艇长环视周围的环境后,发现了一个小河河口。他命令趁海水涨潮之际,把潜艇开进小河的河口。等到退潮以后,这艘潜艇便搁浅在滩头上。机械师检查后认为应该弃艇,代理艇长却不同意,命令继续修理。在涨潮前把漏洞堵上了,并卸下剩余的货物。涨潮后,代理艇长下令开倒车,但潜艇却纹丝不动。于是,他命令水兵扒开艇下的泥土,并让全体水兵从左舷跑到右舷,再从右舷跑回左舷,借以摇晃艇身。潜艇果真脱离浅滩,虽几经波折,但终于成功地返回了基地。

机翼拍落导弹趣闻

1943 年 3 月,英国研制成功了"流星"式喷气战斗机,同年 7 月 12 日,16 架"流星"组成了二次大战中唯一的反法西斯喷气战斗机部队-616 飞行中队。

次年 6 月 13 日,纳粹德国为了挽救败局,开始用 V-1 导弹袭击英国伦敦等城市。V-I 是世界上第一种导弹,它不用导弹推进系统,而是安装了喷气发动机,飞行速度较慢。为了保卫首都,英国皇家空军决定让"流星"式飞机来拦截 V-1 导弹。"流星"F-1 型飞机时速可达 675 公里,比 V-1 导弹快 5l 公里。

8 月 4 日下午,迪斯中尉驾驶 EE216 号"流星"飞机在英国南部顿布里奇上空 12000 米高度巡航。突然他发现在 3000 米高度上有一枚 V-1 导弹迎面而来。迪斯将瞄准具光环套住了 V-1 导弹,按下炮钮,可机关炮突然发生故障。迪斯灵机一动,驾机小心翼翼地追上并靠近 V-1 导弹。这时迪斯慢慢把自己的一侧机翼垫到 V-1 导弹的弹翼下,然后猛地一压驾驶杆,机翼一抬,V-1 导弹被揪了个跟头,失去控制,一头扎向地面。

谁能想到,世界上空军首次击落导弹所使用的武器,竟会是飞机的机翼!

坦克"肉搏战"

1943 年 7 月 12 日,在库尔斯克大会战中,苏、德两国的 1500 辆坦克,在罗赫洛夫卡附近进行着决战。

为了粉碎德军坦克部队的进攻,苏军针对德军"虎"式坦克速度慢的弱点,决定发挥自己"T-34"坦克机动速度快的优势,采取以快制慢,近战歼敌的战术。战斗一开始,"T-34"坦克群首先开足马力,全速向"虎"式坦克群靠近,实施近距离射击,很快形成犬牙交错的态势,作战双方的1500辆坦克,在方圆15公里的战术地幅内展开了一场"肉搏战"。苏军步兵拿着燃烧瓶,冲出去跳上德军笨拙的"虎"式坦克,把敌人的坦克打着了火,德军坦克猝不及防,来不及做出反应,只能在被动的招架中,处处挨打。

这场坦克"肉搏战"持续了整整一天。在罗赫洛夫卡草原上,到处是德军"虎"式坦克的残骸。本来掌握着主动权,处于进攻态势的德军完全没有料到苏军坦克会使用这种"肉搏战"的战术,结果处处被动挨打。在一天之内,德军就死伤101300多人,损失坦克600辆,因而失去了继续进攻的能力。

整座山被掏空的一次争夺战

1944年美军攻占塞班岛和关岛后,就盯上了下一个目标硫黄岛,斯普鲁恩斯上将负责筹划并指挥整个硫黄岛战役。美军计划用第五两栖军的三个陆战师在硫黄岛登陆,其中四师、五师任主攻,三师当预备队。为了配合登陆行动,美B-29、B-24轰炸机对硫黄岛连续轰炸了72天,投弹6800吨;海军舰艇也组织过五次大规模炮击,共发射各种口径炮弹约22000枚。美军原以为一个荒凉的小岛在如此猛烈的轰击之下,能有什么人和装备存活下来,然而美军大大低估了自己的对手。和美国战争机器对抗的是21000名日军士兵,主要属于步兵一O九师团。其指挥官是栗林忠道中将。栗林以其谋略、技巧和坚韧,组织并实施了硫黄岛防御战,将整个岛子变成了烈火和血肉的地狱。

折钵山是一座高180米的休眠火山,平时也从喷火口中冒出缕缕灰烟。因此,美军士兵把它称为"热岩"。整个山体都被日军挖成掩体,筑有数以千计的火力点和机动炮位。折钵山头的日军观察哨,俯视整个滩头,精确地指挥、校正岛北日军的炮兵射击对美军形成了极大的威胁。栗林放弃在敌绝对优势火力下注定要失败的滩头死守,他的策略是纵深防御,最大限度地杀伤美军有生力量,拖延时间。为此,他在面积有限的硫黄岛上构筑了极其复杂的地下坑道和工事,碉堡埋藏极深,坑道互成网络,火炮和通讯线路受到良好的保护。岛上的制高点折钵山几乎被整个掏空,坑道达九层之多,针对美军的作战特点,栗林在海滩纵深大量埋设地雷,并且有效地设置了反坦克炮。岛上配置了数千挺机枪和几百门火炮,特别是适合于近战和山地战用的大口径迫击炮和火箭,栗林号召他的每一名士兵最少杀死十名美军,并且制定了接近射击、分步机动防御、诱伏、不许自杀冲锋等一系列战术,改变了日军在岛屿战争初期的战术,克服了心理上的弱点。由于硫黄岛是美机通往东京的必经之路,守岛日军算定美军一定要攻来,对生存不抱幻想。每个人、每个军事单位都被划死了区段。他们在这个十分单调、其貌不扬的火山岛上也无福可享,只用全部精力和心智深掘地下工事,准备同美军一拼到底。

等到美军宣布正式占领硫黄岛之后,已经过去十天,整个战役才结束。

噩梦般的硫黄岛战役,全歼死守该岛的日军,达到预定的战役目标,但同时也夺去了4554名美国陆战队士兵的生命,海军也死亡366人。他们安葬在折钵山下一片十字架密如森林的墓地里。另有16000余美军负伤,终生留下了。1wo.Jima(即硫黄岛)的创痛。硫黄岛之战按时间和参战人数计算,是美军在第二次世界大战中伤亡最惨重的战役之一。

坦克"俘虏"坦克的奇闻

1944年,苏军与德军在乌克兰方向的一次战斗中,苏军一辆HC重型坦克陷入水沟,发动机熄火不能前进。一群德军围上来,敲打着铁甲叫喊,让坦克手投降。"俄国人绝不投降当俘虏!"坦克里传来车长的回答。随即又传来几声枪响。坦克内几声呻吟和惨叫后,便陷入沉寂。德军以为苏军坦克手自杀,便想把这辆坦克当作战利品拖走,他们用一辆坦克拖不动,又调来一辆一起拖。当德军刚把NC重型坦克拖出水沟时,苏军坦克手迅速发动坦克,不待德军反应过来,就把德军两辆坦克拖走了,一直开到自己的阵地。

盟军错投军品,德军慌忙逃遁

1944年6月6日,盟军占领了诺曼底滩头阵地,但立足未稳。暮色之中,德军装甲师开始反扑。就在这时,盟军数百架运输机飞临德军背后,无数个降落伞飘然而下。德军以为是盟军空降部队,顿时方寸大乱,调头便跑。其实,盟军空降的并不是伞兵,而是飞行员因观察失误而投错了地点的弹药和食品。

德军在盟军空降供给品时仓皇逃走,原因在于德军正常的心态被突如其来的偶然之物给打破了,失去了军人必备的沉着冷静。我们熟知的"土豆击沉潜艇"的偶然事件中,日军也正是吃了这个亏。

在对战争中的偶然事件的剖析中,我们还会发现:军人在处理偶然事件中常常表现出能力的差异性。一般说来,偶然事件对一个灵活机智、勇敢果断的指挥员来说,可能是一个制胜良机,而对缺乏这些素质的指挥员来说,则可能是灾难的火坑。战争中情况复杂,偶然事件经常发生,而"在这命运即将发生转折"的关头,"机智必然会起巨大的作用,因为它不是别的,正是一种能够出色地处理意外事件的能力"。

在未来战争中,由于大量高技术兵器涌入战场,战场情况将更难把握,偶然事件将会增多,而且偶然事件与正常现象将交织在一起,使人很难分辨。这就要求军人在平时要多研究战史中的偶然事件,注意不断提高自己的心理素质和智力水平,以锻炼应付偶然事件的能力。

夸导弹,导弹到

1944年6月6日,英美联军在法国西海岸的诺曼底登陆,德军西线部队节节败退,为了给西线官兵打气,扭转败局,希特勒在隆美尔和冯·龙德施泰特两位元帅的强烈要求下,于6月17日到西线视察,并在苏瓦松的一座地下指挥室里接见了两位元帅。希特勒命令他们要不惜一切代价坚守即将失守的要塞"瑟堡"。他说新研制的V-1火箭已投入使用,并声称前天对英国发射的V-1火箭取得了重大成功,英美军队在这"奇迹般的武器"打击下很快就会溃败。

正当希特勒得意扬扬大肆吹嘘时,突然在指挥室上方响起巨大爆炸声,希特勒吓得脸色发白。经派人查看,原来正是希特勒刚才吹嘘的一枚 V-1 火箭失控,调转头来在希特勒藏身的地下室上空爆炸。希特勒当场出丑,非常尴尬,便知趣地取消了原定接见一些西线指挥官的计划,匆匆离开前线。

一艘潜艇打败 9 架飞机的奇闻

第二次世界大战进入第 5 个年头,由于德国水面舰队作战完全失败,德国海军把所有的赌注全部集中在潜艇上,结果是潜艇艇长十分缺乏。于是,德国海军从空军和陆军中募集有丰富作战经验的军官,经过短时间的跨专业强化训练,担任海军潜艇艇长。

拉尔夫·卡比茨空军上尉是战斗机飞行员。他被招募到一处海军基地进行了三个月的海军专业培训,即出任德国海军"u-615"号潜艇艇长。

1944 年 8 月,卡比茨奉命指挥"u-615"号潜艇深入大西洋委内瑞拉海作战,被一架美国"水手"式飞机发现,随即就遭到攻击。卡比茨镇定自若地指挥潜艇利用夜幕及时躲避了美国飞机的攻击,并指挥潜艇一边降低速度,一边潜入海中。但卡比茨很清楚,"u-615 号"的行踪已经受到美军严密监视。

第二天早晨,当"u-615"号再次浮出海面时,一架美国"水手"式飞机立即对潜艇进行攻击,"u-615"号严重受损,失去下潜能力。卡比茨在空军时,与美国飞机打过无数次的交道,非常了解美国战斗机的作战性能和进攻战术。当美飞机再次以俯冲战术进行低空攻击时,卡比茨指挥潜艇以机动战术动作躲避飞机的扫射,等飞机扫射完毕重新拉起,尾部完全暴露时,卡比茨一声令下,潜艇上的 20 毫米双联装高射炮和 37 毫米自动高射炮同时开火,美机多处中弹,尾部拖起长长一段黑烟栽入大海。

"u-615"号首战告捷,但潜艇本身也受到严重损坏。不久,又有 4 架美国飞机接连赶到,在"u-615"号上空盘旋,开始轮番围攻潜艇。一架"水手"式飞机依然用老一套的低空俯冲战术对潜艇进行攻击,卡比茨还是采取"先躲后打"的战法,一举击中"水手"飞机要害,飞机在空中爆炸。又一架飞机冒险向潜艇投下多枚炸弹,一枚炸弹命中潜艇尾部。又有两架"水手"式飞机飞来进攻,对准潜艇猛烈轰炸和扫射,炸死、打伤几名潜艇炮手和艇员,但也遭到了潜艇炮手的攻击,一架飞机受重创,退出战斗。

傍晚时刻,一架美国"B-18"轰炸机和一架"水手"式飞机再次飞临潜艇上空。这一次,"水手"式飞机没有攻击,而是投下照明弹,把潜艇照亮,由"B-18"式轰炸机投下炸弹进行轰炸。卡比茨果断指挥,积极利用夜幕躲避了轰炸机投下的炸弹,并指挥潜艇对敌机进行反击,使"B-18"轰炸机中弹负伤。入夜时分,最后一架"水手"式飞机朝潜艇方向飞来,企图再一次对潜艇发动攻击。卡比茨立刻指挥艇员关闭了发动机。这架"水手"式飞机由于没有发现潜艇的行踪,悻悻飞走了。

经过两个夜晚、一个白天的战斗,卡比茨指挥的"u-615"号潜艇在先后受到 9 架美国飞机的连续攻击,艇身严重损伤的情况下,取得了击落击伤飞机各 2 架的战绩。后来,一艘美国驱逐舰赶到作战海域,对已经没有任何反抗能力的"u-615"号进行猛烈的炮击,卡比茨下令所有艇员弃艇逃生。

逃跑舰队打败追击舰队的奇闻

1944 年 10 月，在菲律宾中部的莱特湾海面，美国 6 艘用商船改装的护航航空母舰，与 13 本超级战列舰"大和"号遭遇，从而展开了海战中卜一场最为奇特的战斗。

这年 10 月 20 日，美军数十万大军在莱特湾登陆。美国海军全力以赴，日本海军更是倾巢出动，分作北方部队、中央部队和南方部队三路，向莱特湾反扑。由于一系列的阴差阳错，到 10 月 25 日这一天，美军第 3 舰队主力北上，猛追日本北方部队，美国海军第 7 舰队主力则南下苏里高海峡，迎战日本南方部队。而日本中央部队则趁机溜到萨马岛外，正好遇上了美国海军负责支援登陆的 6 艘护航航空母舰。

6 艘护航航空母舰仓皇东逃，同时起飞飞机；以"大和"号超级战列舰为首的日本舰队一边高速追赶，一边开炮猛轰。战斗激烈异常，持续了两个多小时。然而，战果却极其富有戏剧性，一路穷追猛打的日本舰队被美机击沉了 3 艘重巡洋舰，而一味逃窜的美国舰队，却只有"冈比亚湾"号护航航空母舰被舰炮击沉。

四枚鱼雷消灭一个师的奇闻

1945 年 1 月 30 日，由苏联海军少校亚历山大·马里涅斯科艇长指挥的 13 号潜艇，悄悄驶进了波兰的但泽港（今格但斯克港）。此时，港内的德军司令部正忙着向德国本土撤退人员，其中包括 6000 多名在这里受训的潜艇军官。

由于港口里到处停泊着德军的潜艇，因此，当晚 11 时，13 号潜艇潜入港后，并没有引起德军的注意。为了准确地选择攻击目标，聪明的艇长干脆将潜艇浮出水面来搜寻目标。因为他知道，在这个以潜艇为主的港口内活动，浮在水面上要比潜在水下更安全些。加上夜色的掩护，行动将更加方便。2 点钟左右，一艘名叫"威廉·古斯特劳"号的大型战列舰，装载着 6000 多名纳粹军人开始起锚驶向港外。船上的纳粹军人正是德国海军受训的潜艇官兵。苏军 13 号潜艇立即无声地跟了上去。出港时，德国战列舰上虽然有人看到了这艘 13 号潜艇，但却误认为是自己的潜艇，并没有引起注意。出港后，战列舰上有人发现这艘一直跟着自己的潜艇外形与他们的潜艇有些不同，正猜测着是哪一型潜艇时，一名比较有经验的潜艇军官突然ⅡL了起来："我的上帝，这是俄国人的潜艇呀！"随着这一喊声，整个舰上顿时大乱起来。当德舰想开足马力避开这艘苏联潜艇时，已经来不及了，只见两枚鱼雷犁水而来，准确地击中了德军战列舰的要害部位——弹药舱。随着一连串的巨大爆炸声，不到 10 分钟时间，这艘载着 6000 多名德军的军舰就沉入了海底。德军共死伤 5000 多人。

10 天以后（即 1945 年 2 月 9 日），苏联这艘 13 号潜艇又在从但泽港返航途中，遇到了另一艘装载 3600 多名德国士兵的"斯特本将军"号运兵船。苏联 13 号潜艇同样发射了两枚鱼雷，将这艘运兵船连同装载的 3600 名德国士兵送进了海底：

这样，苏联海军的 13 号潜艇仅用了 4 枚鱼雷，就整整消灭了近 9000 名德军，相当于陆军一个整师的兵力。

游览电影城,诱降日本兵

第二次世界大战末期,美军付出很大代价攻占了太平洋上的一座日本岛屿。最后的十几名日本士兵退到一个山洞里,无论洞外美军怎么喊话,他们拒不缴枪,并拼命朝外射击。美军无可奈何。

有位美国兵灵机一动,半开玩笑式地向洞里的日本兵做出了一个许诺:如果投降,就让他们去好莱坞一游,看一看影星们的风采。

出乎意料的是,这句开玩笑的话居然打动了那些日本兵。枪声停了,他们全部爬出洞穴,缴枪投降。

为了维护信誉,美军司令部为这些俘虏安排了一架军用飞机,让他们飞抵好莱坞,大饱了一次眼福。

能打动人心的往往是最有魅力的许诺。日本人对美国所知不多,但美国电影却使好莱坞成为这些日本兵非常熟悉而又向往的地方,甚至能诱使他们最后放弃武士道精神。

随原子弹投下的信

第二次世界大战临近尾声,美国在对日本长崎投下原子弹的同时,还投下一封特殊的信,这封信在当时炽热的温度下是怎样保存下来的,至今仍是一个谜。

此信是参加研制原子弹的 3 位年轻美国物理学家阿尔瓦雷斯、莫里森和塞伯署名,写给日本核物理学家相根辽吉教授的。相根教授是战前同他们一起在加州大学伯克莱实验室的同事。信中要求他运用物理学家的影响,敦促日本政府首脑懂得继续作战的严重后果。信中还威慑说,如日本政府不接受投降,"原子弹雨"必将会越下越大。

这封经过特殊方式传递的信,还真的被相根辽吉收到了呢!

一辆"死"坦克歼灭 5 辆"活"坦克奇迹

战斗是敌对双方的殊死搏斗,各种情况千变万化,很少有原定计划一成不变,步步顺利的现象。当你遇到逆境时应该怎么办? 请看下面这个真实的故事,或许对你有些启发。

1953 年 7 月 5 日,志愿军某部坦克团在一次夜间战斗中,该团 215 号坦克车接到上级出击命令,立即冒着大雨向敌阵地发起了冲击。但雨大天黑观察困难,当冲至距敌人阵地 1000 米处时,突然陷入一片开阔的稻田地里,前进不能,后退不得。夜色漆黑,不仅垫车木头无处寻找,而且敌人的后方炮兵开始了炮火拦阻射击,条条弹道如同喷射毒焰的火蛇划破了夜空飞射过来。在敌人强大火力封锁下,我工兵和修理分队一时无法上来支援,215 号坦克车被迫掉队了。这时,车内通话器中传来了车长的声音:"真金不怕火炼,英雄不怕困难。同志们,下车伪装自救!"车上的坦克乘员立即下车对坦克进行自我抢救伪装。经过半夜的紧张工作,在黎明时分终于全部伪装完毕。

两天后的黄昏,敌人的步兵在坦克和炮兵的掩护下,向我守卫石砚洞北山的步兵阵地发起了猖狂的反扑。215 号坦克车上的乘员见此情况,不顾自己的安危,迅速瞄准冲击中的敌坦克猛烈开火,一连 3 发穿甲弹首先歼灭了敌第一辆坦克,顿时打得敌人晕头转向。敌坦克群一看大事不好,企图掉头逃跑。我坦克炮长迅速转动炮塔,瞄准了最后一辆敌坦克,迅速发射 4 发炮弹将其击毁。余下的敌坦克进退无路,只好仓促还击。215 号坦克沉着应战,一阵急促射击,将余下的敌坦克全部消灭了,一场激战共连续击毁了敌人5 辆 M-46 型坦克。

敌人的坦克被消灭了,但是 215 号车的位置却完全暴露了。此时,敌人的炮弹纷纷落到了坦克的周围,情况极其危险。怎么办?驾驶员急中生智,迅速加大了油门,坦克发动机的轰鸣声随之升高了。轰隆隆的马达声,引起了敌人的注意,敌炮兵认为我们的坦克又像过去那样打完了就走。于是,便按照炮击运动坦克的通常规律将炮火迅速延伸到了我坦克可能撤退的方向。我车长立即命令:"注意!逐步减小发动机的转速"。发动机的转速越来越小,发动机的声音越来越低。敌炮兵上当了,他们认为我们的坦克开远了,便马上实施炮火追踪射击,炮火沿着 215 号坦克的"撤退路线"越打越远。

战斗结束后,215 号坦克全车荣立了集体特等功,被授予"人民英雄坦克"的称号。

战俘旅馆

6 年前,丹麦人利安格把位于丹麦、德国边境的一座战俘营——科斯勒战俘营买下,把部分营房改为旅馆。旅客到战俘旅馆度假,可算一石二鸟,一方面度假旅游,一方面得到历史的体验。因此,德国北部的游客对到战俘旅馆度假反应热烈,愿意花钱当"战俘"体验生活,追忆历史。

电脑制造了一起"逃避服兵役"冤案!

由于电脑的一个数字错误,西班牙一名小男孩蒙受了"逃避服兵役"之冤。

这名家住西班牙南部一城市的男孩名叫罗德里格斯,今年刚满 7 岁。他母亲纳瓦斯1 月 19 日对当地记者说,前不久收到该市政府征兵处的一封指控她儿子逃避服兵役的信,该信称:根据市府电脑的记载,罗德里格斯出生于 1976 年,已到服义务兵役的年龄,因此限期他前往征兵处报到服役。这位母亲哭笑不得。她特意陪同罗德里格斯来到征兵处,希望将她儿子的服兵役日期推迟,以便他能完成基础教育的学习。这位官员在亲眼见到仅 7 岁的小孩后,才恍然大悟:是电脑出错,开了这样一个玩笑。

国界线上的球场和剧院

在法国和摩纳哥的国境线上,有一个横跨两国的足球场。开辟球场时,两国边境尚未正式划定。划界时,边界线通过足球场中线。于是,这个球场的一个球门在法国,另一个在摩纳哥。

在美国和加拿大边境线上的洛克岛的一个小镇上,有一座古老的歌剧院,国境线正好从歌剧院的舞台上穿过。

国界上趣事多

一家跨两国:在荷兰和比利时交界处,居住着一户人家。他的厨房属于荷兰,卧室在比利时境内,于是他家吃在荷兰,睡在比利时。

一店跨两国:在法国和瑞士的边界上,有一家名叫"弗兰克—休易斯"的旅馆,它一半在法国,一半在瑞士。来这里旅游的客人,不出楼门,就能在法国睡觉,再去瑞士吃饭。

一馆跨两国:美国和加拿大边界上有个洛克岛,岛上有座图书馆,国界线正好从馆里穿过。管理员给读者取书,要到美国去,因为书库在美国境内。

全民皆兵的瑞士国

瑞士没有军队,但却是全民皆兵。这个国家可在 48 小时内动员 62.5 万人。全国只有 1500 人的非正规军,然而所有的人都是民兵组织"人民军"的成员,每个瑞士人都可以以此为理由在家里存放自动步枪和子弹。自本世纪初以来,国家已向公民发放了 250 万支步枪,这些步枪至今还在老百姓家里,但瑞士人从未用这些枪支去进行犯罪活动。这个仅有 650 万人口的国家,每年有 40 万人参加军事演习。

千奇百怪的音响战

在中外战争史上,有许多利用各种音响诈敌的战例被传为佳话。

鸭鹅惊叫掩攻城。公元 817 年,唐朝名将李愬为了讨伐叛将吴元济,率领 9000 士兵乘雪夜赶到蔡州城下。这时人马嘈杂,李想为了不暴露攻城企图,便命令士兵拿棍到附近池塘打鹅鸭。鹅鸭受到惊吓放声大叫,掩盖了人马的声音,部队迅速爬进城去。此时,吴元济还在睡梦中,等到有人向他报告时,李想已占领了他的外院,吴元济只得束手就擒。

蛙鸣遮盖架桥声:1918 年 5 月,英法联军计划突破德军的松姆河防线。联军指挥官发现,松姆河西段的南岸有一大片沼泽地,每到晚上蛙声四起,打破了方圆 45 里的寂静,而且对岸的德军设防也比较薄弱。因此,决定将主攻方向选在沼泽地附近。为隐蔽作战企图,所有行动均在夜间进行。呱呱的蛙声把工兵架桥的敲打声和其他一切动静都淹没了。联军一举攻占了滩头阵地。随即契入德军防御纵深,松姆河防线顷刻瓦解。

模拟音响隐真情:在 1939 年的哈勒欣河战役前,苏、蒙军为隐蔽进攻企图,集中部分卸掉消音器的飞机和坦克,在前沿昼夜不停地进行巡逻,发出巨大的轰隆声,用以麻痹日伪军;同时还派士兵在前沿不停用音响器模拟打木桩的声音,制造防御假象,使日伪军误认为对方在加紧修筑防御工事,不会对其发动进攻。在这些活动和声纳的掩护下,苏、蒙军把大量的机械化部队运到进攻出发地域,并选择星期天发起了突然进攻。日军被这突如其来的进攻打得措手不及，损失巨大，以致在苏、蒙军航空兵和炮兵火力结束后的90分钟内，也未能对苏、蒙军还击一炮。

噪音诈敌出奇兵：1944年1月，苏军在进行科尔孙—舍甫琴柯夫斯基战役时，需把基洛夫格勒地域的近卫坦克第五集团军转移到主突方向去。为了迷惑敌人，苏军在夜间一面用高音喇叭播放坦克开来的噪音，一面将坦克调走，使德军误认为苏军即将在基洛夫格勒实施主要突击，始终不敢调动该地的部队。苏军顺利地完成了部署调整，在兹韦尼哥罗德卡方向实施了主要突击，夺取了胜利。

潜艇跨铁索奇闻

u-47号潜艇袭击斯卡帕湾时，过柯克海峡时是相当危险的。柯克海峡在斯卡帕湾东侧的北端，有几艘沉船横亘其间；沉船重叠错落，南边沉船和海岸之间的航道，宽约15米，深6米；中间沉船和北部沉船之间的航道稍宽，但水浅流急。沉船桅杆折断，壳体内灌满了水泥，只有上层建筑露在水面，三船鼎足而立，互为依托，一根30厘米粗的绳索和数根15厘米粗的铁索串联其间，横扼在海峡的咽喉。u-47号潜艇取270°航向，直驶两船之间的狭窄水道。刚绕到沉船"泰晤士"号船艉，艇长普里恩一眼就看到了铁索。铁索近旁，还晃动着一圈圈水光熠熠的漩涡。u-47号潜艇走在水道正中铁索的下垂处，企图借助上涨的潮水，从铁索上越过。但是，就在这关键时刻，潮水将艇猛向右推，舵机偏又失灵，潜艇竟身不由己，一头撞到铁索上。铁索顺着艇底后滑，潜艇骑在铁索上向前蠕动。忽然，艇体触地，水流急湍飞逝，每一秒钟都有可能搁浅。在这万分紧急的情况下，有着冒险经验的普里恩当机立断，下令左舷主机停车，右舷主机低速运行，艇向左转，企图躲开浅岸。这一着毫无收效，他又赶忙下令吹除压载水舱。艇体顿时变轻，倏然脱离海底，一下子"跃"过了铁索。在潜艇发展史上，潜艇跨越铁索的确可以算作一桩奇事。

修补国土奇闻

在日本东京南方2000公里太平洋海面上，有个叫"冲之鸟岛"的小岛。与其说是岛，莫如说是两块礁岩。一处叫北露岩，高1·5米，宽4.6米；另一处是东露岩，高1.3米，宽2.7米。当涨潮时，两岩仅露出海面70厘米，仅能容2～3人，因长期受风浪袭击，水下礁岩磨损严重，已濒于灭顶危机。

别看这两个小小礁岩，日本却取名"冲之鸟岛"，拥有200里的水域领海权，以该岛为中心周围达40万平方公里领海权。该岛周围盛产鱼类和锰矿。按国际法领海条约规定，涨潮时，不没入水内的岛屿，才能成为领土。为此，两块大礁岩如果灭顶销迹，日本不但失去领土，而且要失去领海，对渔业、矿业都将带来莫大损失。

日本为此不惜拨出300亿日元进行抢修，修补加固这两块礁岩。这样的修补国土的壮举，在世界尚系首创。

具体修补方案是在礁岩的周围，建造直径50米的防波围墙，再在墙内浇灌混凝土。日本为此煞费苦心。要做到既不失去天然岛屿的原来面貌，还不能让人提出是"人工岛"的意见，因为人工岛有失去领土权的可能。所以岩顶必须露在外边，保持天然面貌

军事百科

方可。

青铜雕像取蜂蜜

在美国弗吉尼亚州的里士满市中心广场上，矗立着美国内战时期的将军罗伯特·爱德华的青铜雕像。在雕像建成多年后的一次维修时，维修人员意外地听见在青铜色的马腹中发出异乎寻常的嗡嗡声，接着发现有许多蜜蜂从马的嘴中和鼻孔里不断地飞出来。经进一步检查，发现在马的脖子和胸部装满了蜂蜜。从青铜色的"蜂箱"里取出来的蜂蜜整整有 50 公斤之多。

奇特的瑞士陆军自行车团

在瑞士陆军的编制中，每个军都有一个独特的步兵团，它既不装备现代化的装甲输送车，也不使用传统的骡马，而是以自行车装备部队，故称自行车团。

自行车团行军时，用自行车携带轻武器装备，重武器装备由卡车或其他车辆输送。瑞士军方认为，在现代战争中自行车团长处很多：行动灵活、快速，没有燃料方面的后顾之忧。大部队行动的时速达 15 公里，小分队行军时速达 30 公里。部队运动时声纳小，便于隐蔽机动。其弱点是易受冰雪影响，在战斗中自行车不便跟进。

无兵之国

当今世界，有些独立的主权国家是没有军队的，而且这类国家为数还不少。这些无兵之国是：欧洲的安道尔、梵蒂冈、圣马力诺、列支敦士登、摩纳哥；非洲的毛里求斯；美洲的哥斯达黎加、巴哈马、圣卢西亚、安提瓜和巴布达、圣文森特和格林纳丁斯；大洋洲的瑙鲁、西萨摩亚、基里巴斯、图瓦卢、所罗门群岛。

这些没有军队的国家，是怎样保证国家安全的呢？

无兵不等于无枪。在无兵之国里，维持治安的是警察或民兵、卫队。这些无兵国总面积不到 12 万平方公里，总人口也只不过有 400 多万，但有各类警察、民兵近 2 万人。

无兵之国的防务，大体上可分为四种类型：让大国建立军事基地，由外国军队保证其安全；暂由原殖民国负责防务；尽力加强警察或警卫力量，以代替正规军；由邻国保证其独立地位，例如列支敦士登。

泰军不信佛不能当军官

泰国的国教是佛教。在泰国军队中，绝大多数士兵都是佛教徒，所有军官都要信仰佛教，否则就不能当军官。泰国军方规定："佛像是军队举行宗教仪式和现役军人就寝前诵经拜佛的重要必需品。""军人必须把佛之教导作为自己的行为准则。"

泰国三军均设有宗教局，专门负责军内佛教活动。各部队均设有专职宗教官，军衔可达上校级。海军基地及兵营都设有神庙供军人祭拜。重大佛教节日,三军部队都放假,并举行宗教仪式。军舰起航、新兵入伍、部队演习,兵营命名等重大活动或集会,部队都要请高僧诵经和洒法水,以示吉利。信佛教的官兵脖子上挂有或腰间系有各种小佛像,以"逢凶化吉""祛病延年"。

职能独特的美军随军牧师

同许多西方国家的军队一样,美国军队中也有随军牧师。

美国军队在18世纪80年代刚刚组建时就有随军牧师。现在,美军的随军牧师已成为美军军官的一个组成部分。在美军中,设立了各级随军牧师组织;美国国防部设有随军牧师事务委员会,各军种及其所属大单位编有宗教部(或称牧师部)或牧师处;团级及相当于团级的部队、海军大型舰船(如航空母舰、巡洋舰、登陆运输舰、医院船等舰船)上也配有随军牧师。所有随军牧师都授予军官军衔,着军服,佩戴随军牧师标志,享受军官工资福利待遇。美国海军现有两名将军级随军牧师:1.海军牧师长、海军宗教部主任;2.海军副牧师长、海军宗教部副主任。

美军重视随军牧师工作。为培训随军牧师,美军办有牧师学校。美国要求随军牧师知识面广,擅讲会写,善于交往,懂得军事知识,了解任职部队的任务和专业情况。

美国随军牧师的任务是在部队中进行宗教活动(传经布道、组织做祈祷、主持婚丧仪式等)和对军人进行训导工作。按美国海军传统做法,要为远航期间死亡的舰员举行海葬(尸体裹白布后抛进海里)。海葬仪式由随舰牧师主持,按宗教方式进行。随军牧师由于他们的特殊身份,既便于同军官交朋友,也便于同士兵、水兵接近。他们通过进行宗教活动,利用谈话、座谈、远航等在一起的机会,了解军人的精神、思想状况和品质道德,根据有关规定和经典教义对军人进行宣传和思想工作,鼓励军人上进,帮助他们处理家庭、个人遇到的问题,并向指挥官和军内宗教组织反映情况、出主意,以鼓舞士气、利于战斗和日常勤务的顺利完成。

五光十色的美军军人身份证

在美国,军队身份证是享受各种福利待遇和参加各项官办事业的许可证。可领取军队身份证的人员有:公共卫生署的成员、百分之百致残的退伍军人、国家海洋和大气层管理署的某些成员、在海外军中服务的经过挑选的文职人员以及与美军协作的某些外国军官。

持有身份证者的身份按不同的颜来区别:现役军人持绿色证件;后备役人员持红色证件;退伍军人持蓝色证件;家属及其他有资格者持棕色证件。仅有身份证并不能保证享受全部军队福利,如家属身份证就明确规定可享受基本福利。

军人流泪也有罪

捷克一名年轻人由于在人前痛哭,即将受到军事法庭的审判,如被判有罪,他的最高刑期可能会达到 15 年：

这名犯了"流泪罪"的 24 岁军人当时正在克罗地亚执行联合国维和任务。一天，他所隶属的部队遭到塞族人的突然袭击。他和几名同伴被塞军俘虏。这名军人一边流泪一边求对方放过自己和同队的军人。结果，塞军真的手下留情，只要求他乖乖地留下军服、粮食、燃料就行了。年轻军人一哭虽然保住了性命，却没有保住自己的名声。回国后，他受到有关当局的起诉，罪名是破坏部队的士气。据悉，法庭可能会从人性的角度出发对这名流泪军人从轻发落。

美国重金买"忍"字

谋略，是人们十分熟悉而又非常神秘的字眼。列宁说过：没有不用军事计谋的战争。纵观古今中外的战争史，着实是一部计谋的创造史和韬略的实践史。海湾战争堪称是 90 年代高技术条件下的"第一战"，以美国为首的多国部队和伊拉克的力量之比，悬殊甚大。多国部队拥有占绝对优势的高技术兵器，但他们并没有放弃运用谋略。海湾战争爆发之前，伊拉克一再扬言，如果美胆敢对伊动武，他首先不是和美作战，而把打击目标选定为以色列，打一场"三角战争"，这就是萨达姆的谋略。美国最害怕以色列参战，原因就在于：要是这样，反伊联盟、多国部队就有土崩瓦解的危险，海湾战争就可能变成阿拉伯民族与犹太族的战争。那么，中东局势就会变得混乱不堪，美国在那里就难以收场。果然，战争爆发后，伊军接连发射几十枚"飞毛腿"导弹，刺激以色列人参战。为压住以色列的"火气"，不上伊拉克激将法的当，美国采取了"趋诸侯者以利"的办法，在要求以色列保持最大限度的克制的同时，一方面派去了两个"爱国者"导弹营，替以还击，一方面解除了拖欠已久的 45 亿美元的军火债务，并许诺提供 130 亿美元的援助。就这样，美国用重金终于买下以色列一个"忍"字，致使伊拉克用谋失败，美国"伐谋"成功。

中国的兵法谋略，首先强调审时度势，时移则法变。成功的将军总是善于站在时代的前列，力避循着以往的老路走。海湾战争前夕，伊军指挥员认为"空军不可能决定地面战争，胜利还得靠刺刀见红"。企图采用人盯人的战术，抓住敌人的"腰带"打，让美国陷入"第二个越南战争"。基于此，伊军在战争爆发后不是积极进行反空袭，而是避其锋芒，转移飞机，隐蔽导弹，屯兵地下，保存实力，以备地面之战……他们没有算到美国人早已吸取了越战的教训，不再和对方缠到一块儿打。

可见，赢得现代战争，仍然需要谋略。

飞机割电线的奇闻

1956 年 10 月，以色列军队为夺取埃及的西奈半岛，派遣沙龙的第 202 伞兵旅沿陆路进攻埃军的核心要塞米特拉山口。

为使这一行动出敌不意，以军不仅对埃军各据点的无线通信施放干扰，而且采取了一个大胆而奇特的割电线的办法，挑选 4 名有经验的飞行员，驾驶野马式战斗机低空潜入埃军通信线路上空，以娴熟的技术猛地掠地俯冲，用螺旋桨和机翼将仅离地面 4 码多高的电话线悉数割断。埃军据点突然与上级失掉通信联系，顿时一片慌乱。沙龙旅趁机冲杀,仅用 1 天就拿下了米特拉山口要塞。

高尔夫球击落空军飞机

贝宁共和国的首都是波多诺伏。在它的附近有一个空军机场,而机场对面有一个高尔夫大球场。一天球场临时工马蒂厄·博伊正在球场练习打高尔夫球。就在这时,对面机场跑道上,空军机械师龙宁·艾拉德伊驾驶一架战斗机腾空而起。马蒂厄"啪"地一棒把球击向天空,碰巧了这球竟神使鬼差地击中了一只飞行中的大雀鸟。这只鸟落下时正好撞在刚刚起飞了战斗机的挡风玻璃上。驾驶员龙宁顿时惊慌失措,忙乱中拨机转向,结果偏离航线,飞机"轰"的一声撞到附近一个山头上爆炸了。

空军当局调查后弄清了事实,向法院起诉,指控马蒂厄为肇事者并让其赔偿飞机的经济损失。尽管马蒂厄犯的不是故意破坏飞机罪,但是法庭还是判决他赔偿一架飞机的损失。

这架飞机值多少钱呢? 价值一千万美元,而马蒂厄一年的工资加起来才 275 美元,照这样,马蒂厄需要 4 万年不吃不喝才能还清这笔欠款。因而,他只有走申请入狱这条道路了。

机毁人亡缘于脱毛衣

1967 年春天,美军一架运送伤员的飞机,在西贡机场将要着陆,突然问一声惊天动地的巨响,飞机在低空爆炸。当时并没有遇到任何袭击,飞机的性能也良好。莫名其妙的爆炸,引起了美军情报机关的极大重视,花了很大力量对现场做了调查。

大量确凿事实证明,意外的爆炸是织物静电的火花引起的。一位机上操作人员从炮火硝烟中归来,满以为可以松口气了,兴奋至极,着陆前他脱去了化纤毛衣。没想到化纤毛衣引起火灾,火灾引起了飞机爆炸。

迟到三十年的表彰

1968 年 3 月 16 日,美国直升机驾驶员汤普森和劳伦斯驾驶着侦察直升机在越南的美莱村附近的丛林上空做低空飞行。他们突然吃惊地发现在地面上一群美军士兵把妇女儿童推入田边的灌渠后打死,另一些美军士兵则点燃了民房。汤普森把直升机停在美军地面部队和四散奔逃的越南平民之间,力图将施暴的美军和平民隔开,以阻止大屠杀。汤普森和劳伦斯救起 10 个村民后又从死人堆中扒出一个一息尚存的婴儿,然后赶紧飞回基地向上司报告了发生的事,这场屠杀才被制止。后据统计,在 4 小时内,约 500 名越南平民被杀害。

惨案过去 30 年之后,在美国国会的压力下,陆军重新审查了汤普森和劳伦斯的战绩,并称在这次审查中"发现他们的行为未得到应有的承认"。1998 年 5 月 7 日五角大楼向他们颁发了英雄勋章。

梵蒂冈教皇卫队趣闻

罗马教皇领地梵蒂冈虽然只有 0.44 平方公里的领土,但一直戒备森严,曾有四支卫队担负着警戒任务。1970 年教皇命令将其中三支卫队予以解散,只留下了瑞士卫队。从此这些来自瑞士联邦赫尔维希亚州的男子汉便成了梵蒂冈的警察力量。

要当上一名卫队的成员绝非易事,申请人必须是瑞士公民,并且是行为端正的天主教徒。另外要求身体健康,高度在 1.74 米以上,没有结婚。经过两年强制性的服务之后,这些新兵才能继续服役,并且允许结婚。瑞士卫队组建于 1503 年,当时的教皇尤利乌斯二世为应付紧张的政治局势,亲命雇佣兵队长到瑞士募兵。400 年来,瑞士卫队深为教皇信任。

追求"尾数"误战机

越南战争期间,美军早在 1970 年 5 月间就通过卫星和其他侦察渠道,获知河内附近的山西和禄村两个监狱里,关押有部分美军战俘,有关部队也制定了相应的劫俘计划,且在反复的模拟训练基础上进行过多次近似实战的检验性演习。但美军高级机关总感到方案计算不精确,硬要执行单位把战俘营的房间、门口、间隔、小路以及每间房里有多少人,机降劫俘时先进哪个房间,在每个房间各停多长时间等等细节,都要计算得像了解自己宿舍里的东西一样方可批准。这样,又经过空中、地面的几次再侦察、再计算,到 11 月 21 日劫俘小分队才按批准的计划行动,而这时,越南已经将俘房转移,致使美军扑了个空。

随着定量分析在军事上的运用,大家对战术和战役计算的准确程度日益重视,它标志着战场决策科学的进步。但是,也出现另一种倾向,就是战术计算过于追求精确性,似乎只有精确到小数点以后多少位,才是现代决策的定量分析。

任何应用数学的标准,都有一个精确到什么程度的界限。达到这个程度即可满足实践的需要。超过这个界限,不仅耗费人力物力,更重要的是耽误时间,失去机会。所以,定量分析的基本要求是相对的准确,而不是绝对的精确。

战术计算,作为定量分析的一种,不仅因为战场情报的很大一部分隐藏在云雾之中,不可能像自然科学的原始数据那样,分毫不差;还因为敌我双方均处于运动之中,许多有价值的情报一天数变。对此,如果硬要像自然科学和工程机械那样无止境地追求计算精度,不但显得天真幼稚,而且还会陷入战术计算上的机械论泥潭,以至贻误战机。

我们强调战术计算的准确程度要服从捕捉战机的需要。这是因为,敌我对阵中,敌人无时无刻不在检查自己的部署,一旦发现问题,便会立即加以纠正,而不会长时间将错误暴露给我。此外,军队行动还具有一种自适性,即只要在大的方面把握住了,其余细节部分可以在执行过程中调整。如果因为过于求精而贻误了战机,那么行动过程中的自适性调整就不可能了。

现代决策科学鉴于决策的优化是无止境的,所以特别强调满意决策的现实意义。决策的优化,只能是主要矛盾方面的相对满意.而不可能项项优化,处处令人满意。我们在进行战术计算时,必须在满足战机的前提下学会算大账、抓大事,即无论什么样的战术计算,都要首先计算一下战机能够赐予我们多少时间,在这个前提下,再考虑细节计算的粗详程度。当粗则粗,当细则细,千万不可因为过于追求某些尾数的精确程度而贻误战机。

埃军利用"狼来了"心理

童话中"狼来了"的故事,欺骗了自己的邻人。埃及在第四次中东战争中运用"狼来了"这一手法,欺骗了自己的敌人。第三次中东战争后,埃及军方为了进行新的战争准备,经常面对以色列阵地进行演习。以色列每次都做出相应反应,如频繁的报警、取消休假、部队进入阵地、动员后备役人员等。可是,每当以色列军方这样做了以后,埃及部队又恢复了平静。久之,面对埃及部队的集结调动,以色列习以为常,见怪不惊了。

埃及在发起第四次中东战争的前两三年内,演习越来越频繁,规模也逐渐加大。1973 年 10 月,埃军利用历年演习的惯例,完成了进攻前的战役部署。临战前两小时,还让士兵在沙滩上吃饭和下河游泳,前沿阵地仍雇用民工驾压路机进行工程作业,保持一派和平景象。1973 年 10 月 6 日开罗时间下午 2 时,当埃及军队数百架飞机、两千多门火炮掩护先遣队强渡苏伊士运河时,以色列军队正在过赎罪节守戒和念经呢。

空战史上奇迹——1:56

1973 年 10 月 6 日,埃及对以色列发动了进攻,从而拉开了第四次中东战争的序幕。在这次战争中,埃及、叙利亚吸取了第三次中东战争的教训,加强了机场和飞机的防御,有效地保存了飞机。但是,在 18 天的战争中,以空军和埃、叙空军激烈交战的结果,出现了空战史上的奇迹:以色列以被击落飞机 6 架的代价,换取了击落埃、叙飞机 335 架的胜利,比例为 1 比 56。如此惊人的空战结果,实属罕见,尤其是在现代战争中,双方都有准备的情况下,更是发人深思,值得研究。

摩托车智战坦克群

第二次世界大战中,曾发生过波兰军队和苏联军队的骑兵挥舞战刀向横冲直撞的德军坦克部队反击的历史悲剧。然而,时过境迁,在 80 年代的两伊战争中,伊朗用骑摩托车的兵娃娃巧打伊拉克坦克,却战果辉煌,立下了功勋。

1980 年初秋的一个晚上,伊拉克的一个坦克师从前线急速后撤,准备去执行新的任务。经过一夜的急行军,于第二天早晨来到一条小河边,准备加油加水,稍做休息。疲惫不堪的坦克兵纷纷跳下坦克,到河里去洗脸喝水。就在这时,在小河对岸,突然出现了成百上千辆摩托车。伊拉克坦克兵被这支突然降临的轻骑兵吓傻了,整个部队乱作一团,不知所措,此时,伊朗的轻骑兵迅速投入战斗,用手中的反坦克武器,向伊拉克坦克开火。随着一声声巨响,一辆辆坦克、装甲车冒出了黑烟,未被击中的坦克慌忙夺路而逃。伊拉克坦克师受到了重创,伊朗轻骑兵立下了战功。

空中"画"国旗的心理战

海湾战争期间的一天傍晚,美军两架喷气式飞机高速飞到科威特沙漠伊军阵地上空。两架飞机凭借着机尾喷出的长长的"气尾"和高超的飞行技巧,很快就在沙漠上空"画"好了一幅巨大的伊拉克国旗。这时,伊军阵地上映出 1 公里的伊拉克国旗。"这是上天的恩赐和暗谕,我们一定取胜!"谁知正在这时,"画"好国旗后的两架美机,突然又神速折回。它们喷出一条浓浓的"白尾",互相交叉地飞行,在这面国旗上,毫不留情地打上一个贯通上下的大"叉"。目睹这一情景的伊军官兵大惊失色,一股不祥之兆笼罩在他们心头。而同时目睹这一奇观的沙漠对面的多国部队的将士,则拍手称快,连呼绝妙,士气更高涨了。

700 余年前巴格达就曾受到"多国部队"的进攻

海湾战争使伊拉克首都巴格达在美国为首的多国部队的袭击下变得一派狼藉。700余年前,巴格达亦曾经历过一场灾难,这即是 13 世纪,蒙古皇帝派遣的"多国部队"对巴格达人民进行的一次侵略性大屠杀。

蒙古人灭宋以前,曾三次举兵西征东欧列国和伊朗高原的东部地区。由于成吉思汗的霸业未成,其孙蒙哥即位后,特派弟弟旭烈兀西征巴格达。

公元 1257 年,旭烈兀致书当时阿拉伯国家的元首哈里发,令其拆毁巴格达城防,纳款献城。傲慢的哈里发折辱蒙古信使。旭烈兀闻讯后,气愤地挥弓高呼:"……若得天之助我,余将惩之……"

同年十一月,旭烈兀亲率炮手、火箭手等兵士分三路包围巴格达,一时间,炮石火箭齐发,巴格达城墙被毁。次年十月,哈里发率子及王室成员出城投降,蒙古军乘机入城肆行杀掠。这场灾难前后延续 17 天,巴格达居民死伤 80 万,哈里发被逼自杀,阿拔斯王朝就此灭亡。

有趣的是,当时洗劫巴格达的蒙古军队也称得上是一支"多国部队"。由于蒙军在征服诸国的过程中不断得到契丹、哈剌鲁、西夏、金等国军队的兵源补充,从这个意义上说,巴格达这座古城在历史上就三经遭受过"多国部队"的进攻了。

文化百科

马博⊙主编

导　读

在漫长的历史长河中,世界上的各个民族、各个地区或各个国家,都创造出了风格独具、光辉灿烂的文化。而且各种文化互相交流、彼此融合、竞相发展,使得世界文化这个百花园更加绚丽多姿。时至今日,无论走到世界的哪一个角落,我们都会时时处处感受到文化的力量和魅力。

文化一经产生,就成了人类生存和发展的"价值客体"。因此,一切后来人都非常珍视已有的文化、研读已有的文化,并从已有的文化中汲取前进的动力。尤其是历史发展到今天,文化更成了国际竞争的软实力。所以,各个民族、各个地区和各个国家都把继承和弘扬本国的文化传统、了解和学习他国的文化优长,提上了重要的议事日程。

可以说,人类一诞生,文化就产生了。文化时刻与人类相伴,亲密如同空气。我们无法想象没有文化的人类是怎样的,一个民族的文化贫瘠会导致这个民族怎样的落后甚至灾难。文化是我们不断进步的养料,是我们生活的万花筒,是我们精神上的唯一指导!

文化对我们的生活来说如此重要,相信大家都很想了解文化的方方面面,在这片广阔的天地中领略人类的聪明和智慧。

文化从根本上来说是不分国界甚至民族的,因为人类是一个整体,文化是人类共同创造的。但随着时间的流逝,文化的民族地域色彩越来越浓。到现在,不同的国家民族已经形成各具特色的文化。

文化的丰富多彩和浩瀚无穷使得我们在编写《文化百科》时不仅本着忠于历史事实的原则,同时尽量以翔实的资料、简洁的图片、故事性的叙述来给读者们展示一幅人类的文化发生发展史,让广大读者在学习知识的同时得到种种乐趣!

文化知识

文化概论

文化由于其语意的丰富性，多年来一直是文化学者、人类学家、哲学家、社会学家、考古学家说不清、道不明的一个问题；美国学者克罗伯和克拉克洪在《文化，概念和定义的批判回顾》中列举了欧美对文化的一百六十多种定义。

据英国文化史学者威廉斯考证，从 18 世纪末开始，西方语言中"culture"一词的词义与用法发生了重大变化。他说："在这个时期以前，文化一词主要指'自然成长的倾向'以及根据类比——人的培养过程。但是到了 19 世纪，后面这种文化作为培养某种东西的用法发生了变化，文化本身变成了某种东西。它首先是用来指'心灵的某种状态或习惯'，与人类完善的思想有密切关系；其后又用来指'一个社会整体中知识发展的一般状态'；再后是表示'各类艺术的总体'。最后，到 19 世纪末，文化开始意指'一种物质上、知识上和精神上的整体生活方式'。"就西方而言，基本能够达成共识的，在最宽泛的意义上，文化指特定民族的生活方式。

著名人类学学者泰勒这样给文化定义："文化或者文明就是由作为社会成员的人所获得的，包括知识、信念、艺术、道德法则、法律、风俗以及其他能力和习惯的复杂整体。就对其可以做一般原理的研究的意义而言，不同社会中的文化条件是一个适于对人类思想和活动法则进行研究的主题。"这一观点影响巨大，在文化史的研究方面具有首开先河的作用，直到现在，还可以作为我们了解和认识文化的参考。他将文化定义为特定的生活方式的整体，它包括观念形态和行为方式，提供道德的和理智的规范。它并非源于生物学，而是通过学习而获得的行为方式，而且为社会成员所共有。

文化作为信息、知识和工具的载体，是社会生活环境的映照。文化作为制序、器物与精神产品，给我们以历史感、自豪感，据此我们理解人的生命存在、意义和人在宇宙中的地位。文化作为人类认知世界和认知自身的符号系统，是人类社会实践的一切成果。

在汉语中，文化的意识至少应当追溯至东周。孔子曾极力推崇周朝的典章制度，他说："周监于二代，郁郁乎文哉。"（《论语·八佾》）这里"文"已经有文化的意味。就词源而言，汉语"文化"一词最早出现于刘向《说苑·指武篇》："圣人之治天下，先文德而后武力。凡武之兴，为不服也；文化不改，然后加诛。"后来，南齐王融在《三月三日曲水诗序》中写道："设神理以景俗，敷文化以柔道。"从这两个最古老的用法上看，中国最早"文化"的概念是"文治和教化"的意思。在古汉语中，文化就是以伦理道德教导世人、使人"发乎情止于礼"的意思。而用"文化"移译"culture",始于日本学者,这时候的文化交流已掩盖了两者语意上的区别。像钱穆所讲的,中国的"文化"偏重于精神方面,这时多少也认同了"culture"中的有关耕种、养殖、驯化等含义,将文化置于一定的生活方式之上。

亚文化

亚文化即指整体文化的一个分支,它是由各种社会和自然因素造成的各地区、各群体文化特殊性的方面。如因阶级、阶层、民族、宗教以及居住环境的不同,统一的民族文化之下可以形成具有自身特征的群体或地区文化。亚文化既具有本民族整体文化的基本特征,如语言文字、行为模式等,又具有自己的独特性。亚文化一经形成便是一个相对独立的功能单位,对所属的全体成员都有约束力。

亚文化是一个相对的概念,是总体文化的次属文化。一个文化区的文化对于全民族文化来说是亚文化,而对于文化区内的各社区和群体文化来说则是总体文化,而后者又是亚文化。研究亚文化对深入了解社会结构和社会生活具有重要意义。

文化史

文化史即以人类文化为研究对象的历史研究分支,它是历史学和文化学交叉的综合性学科。就其狭义而言,文化史曾与学术思想史或典籍文化史同义,如蔡尚思所著《中国文化史要论》。显然,这种界定过于狭窄,但迄今为止的研究成果表明,一方面文化史研究或文化研究多集中于文化总体,比如对中国传统文化、国民性、中西文化比较、传统文化与现代文化等问题的研讨;另一方面,许多人认为文化史应集中于精神文化的历史,研究重点应放在诸如特定历史时期的观念、时尚、宗教崇拜、方言、习俗、娱乐等上,即将文化视为狭义文化。这样的文化史研究虽比学术思想史的范围有了很大扩展,但仍没有明确文化史研究的全部范围,与文化学理论的要求相距甚远。

文化史研究范围的不确定与人们对文化的定义千姿百态、文化学理论派别林立有关。但就一般而论,文化史研究应该包括对物质文化、观念文化、社会关系态文化(各种组织、制度)乃至深层心理的研究。譬如原始文化,主要是物质文化,从制造各种工具、使用和发明火、采猎生活到动植物的驯化(植物之栽培耕作是西文"文化"之本意),占据了原始文化史的较大比重;其中也有属于社会关系态文化的,如婚姻、家庭、部落组织等。所有这些构成了原始文化,离开这些,原始文化便无从谈起。

实际上在文明时期,观念态文化也只占一小部分,特别是在大多数下层民众知识程度较低、观念形态遗留较少的时代,这种文化多代表上层文化或精英文化,而下层文化多呈物质形态,抛开后者也就没有了文化史。但是文化史作为一门独特的史学分支,其研究内容在许多方面又与人类学、宗教学、民族学、民俗学、社会史、思想史、科技史、语言学、心理学等相交叉,因此它显然有其独特的研究视角。把一种崇拜、一个家庭、一种婚姻作为文化现象加以研究,与宗教学及社会学研究它们迥然相别;而取火、动植物驯化作为一种文化成就,是文化进步的重要表现,对它们的文化史研究不同于其他分支的历史研究——事实上传统意义上的史学对物质生活史的题目很少涉及。

这就是说，文化史研究把人类文化的各方面成就当作综合的文化概念的各个侧面，研究它们是为研究文化整体服务的。在此意义上，文化史首先要研究不同民族、国家在不同时代的文化特征及其影响，其次要研究各种文化传播、融合、受阻等等的原因、过程、途径、方式，第三要研究文化在历史中的各种功能。这些研究必然要借助对文化各因子的探索，比如研究文化传播，我们必须研究生产工具（如青铜器、铁器）、生产技术（如四大发明）、思想观念（如佛教）、语言（如某种方言）、艺术（如西洋画法）等各方面的传播扩散以及其扩散方式、传播圈、传播效果、发源地、有利因素及阻碍因素等，由此才能了解各文化因子在文化传播上的异同，最后对文化整体在传播问题上进行理论说明。

以上各例说明，文化史的特点在于把人类的各种文化创造当作文化现象而非其他来研究，研究各种文化因子的目的是宏观地把握文化整体。

"文化"与"文明"这两个概念既有联系也有区别。汉语中"文明"一词出于《易经》，《易·乾·文言》云："见龙在田，天下文明。"孔颖达说："天下文明者，阳气在田，始生万物，故天下有文章而文明也。"《书·舜典》云："睿哲文明。"从这两个地方看，"文明"在汉语中的含义是指民族的精神气象。"文化"是一个人为的过程，而"文明"则是一个历史现象和范畴。文化表现为一种社会的运动，体现民族内在的精神气质；而文明则表现为一种置于某种文化成果之上的风貌。

"文明"一词的英语、德语、法语、西班牙语皆为"civilisation"。这个词是法国大革命的产物，它是由 civil 一词发展而来的，civil 一词原意是指在城市享有合法权利的公民。文艺复兴时期，人们把当时由封建习俗向着资产阶级化的演变称为 civilise，它的原意为"公民化过程"。到法国大革命时代，人们把体现资产阶级大革命的新的文化气象称为"civilisation"，即"公民化"的文化，它是西方民主政治文化的一种新的气象和新的趋势。事实上，文化与文明概念的内涵虽有差别，但根本上都体现了一定社会人们适应自然环境和社会环境的自觉或不自觉的创造性实践活动的成果。

文化遗产

文化遗产分为物质文化遗产和非物质文化遗产。

物质文化遗产主要是具有历史、艺术和科学价值的文物，包括可移动文物和不可移动文物。不可移动文物主要是指那些古文化遗址、古墓葬、古遗址、古建筑等等以及近现代的重要史迹等代表性建筑。可移动文物是指历史上各时代重要实物、艺术品、文献、手稿、图书资料、代表性实物等，可分为珍贵文物和一般文物。其中，珍贵文物又分为一级文物、二级文物、三级文物。

非物质文化遗产是指各民族人民世代相承的、与群众生活密切相关的各种传统文化表现形式（如民俗活动、表演艺术、传统知识和技能以及与之相关的器具、实物、手工制品等）和文化空间。非物质文化遗产的范围包括：在民间长期口耳相传的诗歌、神话、史诗、故事、传说、谣谚；传统的音乐、舞蹈、戏剧、曲艺、杂技、木偶、皮影等民间表演艺术；广大民众世代传承的人生礼仪、岁时活动、节日庆典、民间体育和竞技以及有关生产、生活的其他习俗；有关自然界和宇宙的民间传统知识和实践；传统的手工艺技能；与上述文化表现形式相关的文化场所等。

博士、硕士、学士

"博士""硕士""学士"这些名称,我国古代早已有之,不过和现在的含义不完全相同。

博士,源于战国时代。《史记·循吏列传》:"公仪休者,鲁博士也,以高弟为鲁相。"《汉书·百官公卿表上》:"博士,秦官,掌通古今。"这些说明,博士在那时是一种官职,也指一些博古通今、知识渊博的人。

硕士,我国五代时期就有。《五代史》记载:"前后左右者日益亲,则忠臣硕士日益疏。"宋代著名散文家曾巩在《与杜相公书》中说:"当今内自京师,外至岩野,宿师硕士,杰立相望。"可见,硕士在古代通常指那些品节高尚、博学多识的人。

学士,最早出于周代。《周礼·春官》:"诏及彻,帅学士而歌彻。"《史记·儒林传序》:"天下之学士靡然乡风矣。"这说明,学士最早是指那些在学读书的人,后来逐渐变成文人学者。

现在,学士、硕士、博士是我国学位的三个等级;"博士后"不是学位,而是指获准进入博士后科研流动站从事科学研究工作的博士学位获得者。

学士学位由国务院授权高等学校授予,硕士学位、博士学位由国务院授予的高等学校和科研机构授予。高等学校本科毕业生,成绩优良,达到规定的学术水平者,授予学士学位;高等学校和科研机构的研究生,或具有同等学力的人员,通过硕士(博士)学位的课程考试和论文答辩,成绩合格,达到规定的学术水平者,授予硕士(博士)学位。授予学位的高等学校和科学研究机构,在学位评定委员会做出授予学位的决议后,发给学位获得者相应的学位证书。

对于国内外卓越的学者或著名的社会活动家,经学位授予单位提名,国务院学位委员会批准,可以授予名誉博士学位。

饮食卫生

世界四大食堂

古里食堂

位于委内瑞拉卡罗尼河的巨型电站里,这座食堂的厨房和餐厅的总面积约有 25000 平方米,每天可供应 40000 份饭菜,厨房里安装了现代设备,烤炉由电子设备自动控制,采用电力作热源,厨师可以一次同时烤上 5000 份牛排而丝毫不用担心哪块牛排会烤煳,这里的锅可以任意轻巧地翻转,一次就可以供 5000 人吃的饭或 12000 份鲜美可口的汤。

古里食堂

多特蒙德食堂

位于德国多特蒙德大学里,这所大学每天中午有 12000 多人进餐,却很少有人排队,餐厅里有 40 个硕大的多层转盘在不停地转动,转盘一半在厨房内,另一半在厨房外的餐厅里,厨师将盛好的食肴不停地放在转盘上,就餐者根据所买餐票的等级,自觉地从不同的转盘上选取饭菜;用餐结束后再把餐具放在传送带上,由食堂统一收回洗刷。

川崎食堂

位于日本川崎钢铁公司东京总部,每天中午有 18000 多名职工在铃声中乘电梯去食堂,他们凭带有磁带的用餐卡插入穿孔片读出器后就可挑选饭菜。一套装置能保证 20000 多名就餐者在 45 分钟内用餐完毕。

樟宜食堂

新加坡航空公司耗资 4350 万美元建于樟宜机场内。该食堂每天为 27 家航空公司的班机供应 30000 份餐点，收藏了世界各地 1000 多种食谱，烹饪过程采用电脑控制，有 1700 名经验丰富的厨师负责这个食堂工作。

世界各国神秘丰盛的国宴

西方国宴通常为晚宴，出席者 20 时到场，端杯聊天，常常于 21 时或 22 时入席进餐。出席国宴的人都着正式服装，按排定的席位入座。大家谈政治、谈友谊，当然也说些轻松的话题。国宴一吃常常就是两三个小时，但饭菜却远比人们想象中简单：往往是少许冷盘，一或两道热菜，一道甜食，外加面包和饮料随时应索提供，完全没有当年康熙老爷子大摆满汉全席时的阔绰与奢侈。

当然，饭菜简朴不代表"礼轻情不重"，实际上西式国宴特别注重礼仪，其功夫往往在饭菜之外。比如在瑞士，联邦政府主席为招待各国外交使节而举行的国宴，都是三菜一汤，加上一份甜食，但精明的主人善于用五彩缤纷的鲜花和美妙的音乐营造出一种温馨的气氛，让你有宾至如归之感。菜式的设计更是别出心裁，甜点上装饰有瑞士国旗图案，状若熊掌的蘑菇牛排看起来赏心悦目。瑞士的首都伯尔尼被誉为"熊城"，吃了这道菜，从肚子到脑子都再忘不了伯尔尼。

和崇尚简约的西式国宴不同，一些国家和地区非常注重以民族特色招待宾客。1970年 4 月周恩来总理访问朝鲜时，金日成主席就为他特设了"全狗午宴"款待。这"全狗午宴"的冷盘和热菜均从狗的浑身上下做文章：狗血肠、红烧狗肉、清炖狗肉、狗肉汤。烹饪方法不同，每道菜香而不腻，美味可口。另外，看似不起眼的泡菜也在朝鲜的国宴上扮演着不可或缺的角色。朝鲜泡菜风味独特，酸、辣、香、脆齐备，既下得普通百姓的厨房、也上得国宴的厅堂。

墨西哥国宴与朝鲜的"全狗宴"有异曲同工之妙。墨西哥人以玉米为主食，他们的国宴也是一盘盘玉米美食："托尔蒂亚"是将玉米面放在平底锅上烤出的薄饼，类似中国的春卷；"达科"是包着鸡丝、沙拉、洋葱、辣椒，用油炸过的玉米卷，最高档的"达科"干脆用蝗虫做馅；"蓬索"是用玉米粒加鱼、肉熬成的鲜汤。另外，在这个神奇的国家，米邦塔食用仙人掌有着久远的历史，用它做成的大菜也是墨西哥国宴上招待外国贵宾的一道主菜。

阿拉伯国家国宴最爱用、也最受欢迎的一道菜是烤全羊。烤熟的整羊放在桌上，旁边有切好的生洋葱和其他调味品，任客人持刀割肉自行享用。

非洲国家的国宴具有地方特色。非洲烤骆驼是一道国菜，马里外交部招待外国使节的大餐就是一道烤骆驼，那滋味不可言传，总之过口难忘。烤骆驼上席的时候还特别有趣：骆驼被掏空内脏，一只烤全羊会被置于骆驼腹中，一只烤鸡又含于全羊腹中，那烤鸡腹中又藏着一只烤鹌鹑,鹌鹑腹中含着一个鸡蛋。当客人开始品尝这烤骆驼之时,就好像在猜一道妙趣横生的连环谜题,主人的热情与幽默都在不言之中。

埃塞俄比亚的国宴多是生牛肉宴。生食的牛肉很鲜嫩,鲜血淋淋的牛肉最受欢迎,吃法有两种:一是将剥去皮的整头牛劈成两半,挂在钩上,客人一手持刀一手拿盘,你爱吃什么自己动手去牛身上切,边切边蘸着佐料吃,不加主食;另外一种是把牛肉绞成肉糜,拌上辣椒粉等调料装盘吃,或用一种谷物做成的"英吉拉"薄饼裹着吃。海尔·塞拉西皇帝在位时宴请中国俞沛文大使以及后来埃塞俄比亚外长宴请杨守正大使,均以生牛肉宴款待,那情形真是盛情难却。

法国菜是西方国家中最负盛名的一种,而"巴黎牛排油炸土豆丝"又被誉为这个美食大国的国菜,每次都会被端上国宴台面。这菜妙在牛排半生半熟,肉呈红色,鲜美可口,土豆丝焦熟适度,嚼起来满口是香、风味独特。法国国宴上还常有一道名菜——烤蜗牛,它的制作很特别:将蜗牛肉同葱、蒜、洋葱一起捣碎,拌以黄油,调味之后,把肉塞回壳内,放在特制的瓷盘里,送进烤箱里烤。食用时油还冒着泡,香气扑鼻。

西班牙海洋渔业资源十分丰富,海鲜常作为国宴的美味佳肴。"巴爱雅"举世闻名,它实际是用油炒过的大米加上各种海鲜或肉食作配料制作而成的,政府高官常用此招待外国贵宾。

秘鲁以烤肉串作为国菜,尤以烤牛心、羊心、鸡心为主。烤前将肉串放入酒、醋、盐、蒜、辣椒等原料中腌拌数小时,烤时掌握好火候,烤出的肉串香气四溢。

国宴说起来很严肃,其实不外乎是一种饮食文化与民风民情的展示。不同国家和民族文化背景不同,饮食习俗也千差万别,所以各国的国宴也因地因民族而异,五彩缤纷。

韩国的御膳文化

在韩国,传统大家庭里以长辈为中心,餐具与饭桌均是一人份为一单位。但在以核心家族为中心的如今,则变成了所有入围坐在一起,把菜夹到自己的碟子里吃。以饭、菜分主、副食的韩国日常饮食,从三国时代后期确定为一日三餐的正规用餐形式。有时中午会吃面条、拌饭、汤饭等料理,但这只是一种别有风味的饮食。

在饭桌上,饭是主食,菜是副食,因此,吃什么菜根据饭而决定。饭桌在菜色的搭配、味道的咸淡、食物的温度以及颜色的配合等方面有着合理性和协调性。饭桌有 3 碟、5 碟、7 碟、9 碟,朝鲜时代王用的是 12 碟饭桌。最简单的 3 碟饭桌除了摆汤、泡菜以外,有野菜、凉拌菜、炖食、烤食,均匀搭配蔬菜、肉类和鱼类。5 碟饭桌上有饭、汤、泡菜、酱之外,还上 5 样菜、一种酱汤。9 碟饭桌上有饭、汤、泡菜、酱之外,还上 9 样菜、一种酱汤再加一样炖食。王的御膳桌是 12 碟饭桌,王坐在大圆桌前面,旁边拼放小圆桌和四方桌。大圆桌上放有白御膳、盒汤、3 种酱、3 种泡菜、7 样菜、挑骨头的碗以及两套银匙和筷子。一个汤匙是喝汤用的,另一个是喝萝卜泡菜汤用的;一双筷子是夹鱼用的,另一双是夹菜用的。小圆桌上放有红豆御膳、荤杂烩、炖食、两样菜、茶具、空瓷碟、银碗以及三副匙和筷子。不想吃白御膳时,将红豆御膳与白御膳调换过来。三副匙和筷子是内宫检察食物和夹食物用的。用完餐之后,把茶杯放在盘子上端上去。四方桌上放有炖牛骨汤、火锅、烧烤等。吃红豆御膳时,不喝盒汤,而喝炖牛骨汤。

酸奶的诞生

酸奶是一种营养丰富、易于消化的饮料,源于保加利亚。很久以前,以游牧为主的色雷斯人常常背着灌满羊奶的皮囊随畜群在大草原上游荡,由于气温、体温的作用及其他原因,皮囊中的奶常变馊而呈渣状,少量这样的奶倒入煮过的奶中,煮过的奶很快亦变酸,这即是最早的酸奶。色雷斯人很喜欢喝这种奶,于是不断寻求更简便、效果更佳的制作酸奶的方法。

20世纪初,俄国科学家伊·缅奇尼科夫在研究人类长寿问题时,到保加利亚去做调查,发现每千名死者中有四名是百岁以上去世的,这些高龄人生前都爱喝酸奶。他断定喝酸奶是使人长寿的一个重要原因。后经研究,又发现了一种能有效地消灭大肠内的腐败细菌的杆菌,并命名为"保加利亚乳酸杆菌"。

伊·缅奇尼科夫酸奶的研究成果使西班牙商人伊萨克·卡拉索受到启发,开始了酸奶生产。最初他把酸奶当作药品在药房销售,但生意并不理想。第二次世界大战爆发后,伊萨克·卡拉索在美国建立了一家酸奶厂,并大做广告,不久便使酸奶风靡世界。

"闭门羹"的缘由

众所周知,"闭门羹"意为拒客,但"闭门"何以与"羹"联系起来呢?原来,"闭门羹"一语始见于唐代冯贽《云仙杂记》所引《常新录》的一段话:"史凤,宣城妓也。待客以等差……下列不相见,以闭门羹待之。"这名姓史的高级妓女不愿接待下等客时,就饷之以羹,以表婉拒。客人见羹即心领神会而自动告退了。所谓羹,最初时系指肉类,后来以蔬菜为羹,再后对凡熬煮成有浓汁的食品皆以羹称之,如雪耳羹、水蛇羹、燕窝羹等。以羹待客,比直言相拒要婉转、客气一些。可惜现代拒客,则只有"闭门"而没有"羹"了。

风行海外的中国食物

面条:长长的面条虽然其貌不扬,可是继中国菜之后,却很快征服了美国人的胃口。美国人爱吃中国的面条,是因为中国式的面可以配上任何佐料,适应任何人的特殊需要或爱好。一碗带汤的面,可以加上猪肉、蔬菜,再浇上葱、姜、酱油、麻油,爱吃海鲜的还可以在面里加上虾、干贝等,总之价廉物美,可各取所好。难怪整个曼哈顿到处有面店不断开张,在美国报纸的饮食专栏,大标题也写着"到处都有人吃面,到处都开了面食店"。

馒头:"中华馒头"在日本的含义其实并非真正的馒头,而是内中包有各种馅料的"包子"。这种早在宋代便已传入日本的中国食物,近年来在东瀛有越销越旺的趋势。目前,日本各超级市场里出售的"中华馒头"包括豆馅、肉馅、咖喱、精腊肉、核桃仁、蔬菜、虾等多种多样,可谓五花八门,味道各异。

豆腐:日本人爱吃中国豆腐,已众人皆知。如今,日本人在豆腐中加进了新鲜菜汁,这种"绿色豆腐"既好看,也更具营养价值。在德国,许多人已习惯用豆腐烹制中国风味的"虾仁豆腐""菜花豆腐汤"等。近年来,很多美国人特别喜欢吃成都的"麻婆豆腐"和"砂锅豆腐",他们进中餐馆一般都要点"红烧牛肉""咖喱鸡块"和"豆腐汤"。美国的《经济展望》杂志因此认为:"未来10年,最成功、最有市场潜力的并非汽车、电视机或电子产品,而是中国的豆腐。"

古今中外的著名宴席

酒池肉林

《史记·殷本纪》称:"(纣)以酒为池,县(悬)肉为林,使男女裸相逐其间,为长夜之饮。"这可能是有记录的最早的宴席,后人常用"酒池肉林"形容生活奢侈,纵欲无度。

鸿门宴

项羽邀刘邦宴于鸿门,项羽的谋臣范增为了帮助项羽争得天下,喊来项庄,让他在宴会上耍剑舞,意图伺机刺杀刘邦。楚左尹项伯也拔剑起舞,并常以身翼蔽刘邦,使得项庄无从下手。最后,刘邦借如厕之机逃脱。后以"鸿门宴"指别有用心。

煮酒论英雄

三国时期,曹操约刘备相饮。曹操于小亭内设樽俎,盘置青梅,一樽煮酒,二人对坐,开怀畅饮。忽然阴云密布,即将下雨,曹操问刘备当世谁可称为英雄,刘备回答的每一个人都被曹操一一否定,最后,曹操说:"今天下英雄,唯使君与操耳。"吓得刘备居然将手中的筷子丢在了地上,幸亏当时天正将下雨,响起了一阵惊雷,刘备便说"一震之威,乃至于此",将掉筷的原因掩饰了过去。

杯酒释兵权

宋太祖赵匡胤当上皇帝后,担心手下将领将来会夺取自己的皇位,于是宴请几位将领,并说大将打江山也是为了获得好的生活,如今江山已定,不如回家养老。他的大将石守信听出了弦外之音,于是请求皇帝解除自己的兵权,宋太祖就这样一一解除了手下大将的兵权。

满汉全席

满汉全席始于清代中叶,是我国一种具有浓郁民族色彩的巨型筵宴,既有宫廷肴馔之特色,又有地方风味之精华,菜点精美,礼仪讲究,形成了引人注目的独特风格。

满汉全席原是官场中举办宴会时满人和汉人合作的一种全席。官府中举办满汉全席时首先要奏乐,鸣炮,行礼恭迎宾客入座。客人入座后由侍者上进门点心。进门点心有甜、咸两种,并有干、稀之别。进门点心之后是三道茶,如清茶、香茶、炒米茶,然后才正式入席。满汉全席上菜分冷菜、头菜、炒菜、饭菜、甜菜、点心和水果等,一般起码一百零八种,分三天吃完。

最后的晚餐

在圣诞节的前夜,耶稣和他的十二个门徒共同进餐庆祝,这是他们在一起吃的最后一顿晚餐。在餐桌上,耶稣突然感到烦恼,他对他的门徒说,他们中有一个将出卖他。但耶稣并没说这个人是谁,众门徒也不知道谁将会出卖耶稣。在名画《最后的晚餐》中,耶稣的右边有一个人,他朝后倚着,仿佛在往后退缩。他的肘部搁在餐桌上,手里抓着一只钱袋。他就是那个叛徒犹大。

泰门的豪宴

《雅典的泰门》是莎士比亚的最后一部悲剧。泰门是雅典贵族,家庭富有,乐善好施,慷慨大方。该剧第一幕便描写了泰门豪宴宾客的场面,人员众多,包括诗人、画家、珠宝商、贵族,无疑,他们的到来是钟情于泰门的财富,而不是泰门所想象的友谊。后来,泰门的债主前来讨债,泰门不得不想起了他的这些朋友,当他向自己的朋友借钱时,却遭到了拒绝。最后,泰门在绝望中疯狂死去。

霸王别鸡

论文化,论底蕴,论卖相,论无厘头,经典中国大菜里面相信没有一道可以超过"霸王别鸡"。换句话说,像这样集爱情、死亡、战争、歌舞等等肥皂剧基本要素于一锅者,非"霸王别鸡"莫属。

说俗了其实就是王八炖鸡,谁家的厨房里都做得出来,只是安徽人说此乃徽菜之掌门,江苏人坚持这是苏菜之杰作,山东人又宣称此系鲁菜的代表,凡此种种,皆与"垓下"以及楚汉相争之双方出场主力的籍贯有关。但这些并非要害所在,要害是:与王八赴汤的鸡必是母鸡,与母鸡蹈火的王八则须是鳖公,一锅好汤不仅因此而负阴抱阳,更要紧的是忠于原著。问题是,自从虞姬与项羽"刎别"之后,有关的演义一直层出不穷,关于女方,《项羽本纪》只是不很礼貌地提过一句:"有美人名虞,常幸从。"此外的种种盖属戏说。"汉兵已略地,四方楚歌声。大王义气尽,贱妾何聊生"——这是京戏的;"遗恨江东应未消,芳魂零乱任风飘"——这是"虞美人"的。

这当然还很不过瘾。有关资料记载:"安徽厨师们为纪念这个悲壮的历史故事,以这个典故创制成此菜","四面楚歌之中,美人虞姬为项王消忧解愁,用甲鱼和雏鸡烹制了这道美菜,项羽食后很高兴,精神振作,此事及此菜制法后来流传至民间"。

世界各国特色火锅 PK 大赛

印度火锅

该国最为著名的火锅要首推"咖喱火锅",其所用佐料是本土的特产咖喱、番叶、椰子粉以及香料等,涮的东西有鱼头、草虾、鸡肉和牛肉等,锅底还为米粉浸汁,有尽吸原汁之雅趣。

印度火锅

朝鲜火锅

该国的火锅以"酸菜白膘"为标准,以木炭火煮食,熬的汤为海参汤。酸菜用盐水浸泡,滤干腌泡而成,而所用的白膘肉即是五花肉煮熟切成片或是蒸过一遍后去除油腻,吃时再配以血肠、蛤蜊等,朝鲜火锅的这种吃法虽说比较原始,但吃起来却十分爽口。

韩国火锅

该国最传统的火锅就要算是"石头火锅"了,大有"辣死人不偿命"的韩国风情。在这种火锅的底部放的尽是辣椒油和辣椒粉等辣味调料,上面盖满了肉块和肥鸡块,吃时会辣出大汗、眼泪,真可谓"辣死人,乐死人"。

泰国冰炭火锅

泰国地处热带,在曼谷气温常是摄氏 33 度上下,尤其在 4~6 月间,天气更是炎热,而街上常见有"火锅"店。大热的天,有许多人围着一个火炉吃"火锅"。只见一盘盘牛肉片、羊肉片、鱼蛋、鱼片、鱿鱼、豆腐、生菜、粉丝摆满台,人们蘸着很辛辣的辣酱大吃起来,吃得津津有味,并不感到燠热,这是空调冷气使餐厅温度维持在 10℃ 下的原因。泰国人在比较正式的宴席中,喜用"火锅",这是泰人的爱好,一边吃"火锅"一边喝"冰茶"和冷饮小吃,说这是"冰炭结合",并以此为口福,别有一番情趣。

日本的纸火锅

这是近两年来在日本新兴的一种火锅,其使用非常简单,人们在旅游、出差及休闲时均可品尝。这种新兴的纸火锅不漏不燃,其主料和汤料均用特制的纸包装。在这种火锅中加水点燃后即可食用,而且其味道鲜美无比,食时别有一番情趣。这种纸火锅的佐料组成是日式高汤和淡酱油以及味精汁等,其搭配比例是 24:2:1,主要包括有牛肉片、鱼片以及鹿肉片等。

日本迷你火锅

这种日本迷你火锅在日本又有"涮涮锅"或是"一人天地"之美称,它是由微型小锅盛高汤,加入豆腐和番茄以及香菇等,并且另外加一碟肉,自吃自添,尤其适合于单身火锅迷一人享用。

日本锄禾火锅

这种火锅主料有牛肉片、鸡片、虾片、鱼片、猪排肉、猪腰片以及明虾等,配料有粉丝、鱼圆、菠菜、京菜、洋菜和色拉油等,其具体的食用方法是先点燃平底锅,等油烧热时将菠菜和洋葱等放入锅中拌炒至八成熟,再放入白菜梗同炒,加白糖和酱油,待全部炒熟后再把自己喜爱的各式主料加放到锅中煎熟,一边食用一边煎煮,吃到一半时,再加入一些鲜汤煮熟,加佐料后再在鲜汤内涮以主料食用之。

瑞士奶酪火锅

奶酪火锅就是先将奶酪放进锅里,待其煮成液体状后再加入一定数量的白酒和果酒,吃的时候要用长柄的叉子将一块法式的面包叉起来放进锅中蘸奶酪吃。这时的面包又热又香,吃起来特别的爽口宜人。就这样一边烧一边蘸一边吃,直到火锅中的液体奶酪快要烧干烧焦时为止。一些嗜食瑞士奶酪火锅成性的欧洲人,一次甚至可以吃上二三十块蘸有液体奶酪的面包。

瑞士巧克力火锅

这是一种很受瑞士女孩子们青睐的火锅,它的食用方法和奶酪火锅差不多,事先将巧克力放入锅中煮成汁,再用长柄叉子叉着水果片,蘸着锅中的巧克力汁一片一片地吃,一直到火锅中巧克力汁蘸完为止。因为这种火锅在吃的时候别具一番情趣,因而其在瑞士也颇受青年恋人们的喜爱。

意大利火锅

该国火锅的主要原料是牛肉片、火腿、猪排肉和虾仁等,配料有菠菜、洋葱以及黄油等。人们在吃火锅时,先将火锅烧热,然后再将菠菜和洋葱放入锅内煮一下,稍后再放火腿、鸡片和猪排肉等,待开始吃的时候再放入虾仁等海鲜产品,以保持火锅的鲜香味。

世界各国"饭局"比较

中国饭局:最繁文缛节的饭局

中国人的饭局讲究最多,这在世界上没有哪一个国家能够比肩。从座位的排放到上菜的顺序,从谁先动第一筷到什么时候可离席,都有明确的规定,把"中国是礼仪之邦"这个概念诠释得淋漓尽致。

在中国人的饭局上,靠里面正中间的位置要给最尊贵的人坐,上菜时依照先凉后热、先简后繁的顺序。吃饭时,须等坐正中间位置的人动第一筷后,众人才能跟着各动其筷。

中国历来都是无酒不成席,劝酒是中国饭局最有特色的部分。饭局开始时,主人常要讲上几句话,之后便开始劝酒。主人先将杯中的酒一饮而尽,客人一般也要喝完。不但主人要劝酒,客人与客人之间也要敬酒,为了使对方多饮酒,敬酒者会找出种种必须喝酒的理由,若被敬酒者无法找出反驳的理由,就得喝酒。罚酒是中国人敬酒的一种独特方式,罚酒的理由也是五花八门,最为常见的可能是对酒席迟到者的"罚酒三杯"。

吃完饭后,人们并不是马上就散去,往往还要聊上一会儿,以增进感情。等坐中间位置的人流露出想走的意思后,众人才能随之散去。

俄罗斯饭局:酒的代名词

伏特加是俄罗斯的名酒,俄罗斯人干脆把伏特加当成了饭局的代名词,因为无论谁设的饭局,席上都少不了伏特加酒。

在饭局上,俄罗斯人先在每人的酒杯里倒上一杯伏特加。第一杯通常是一齐干下,以后各人按自己的酒量随意酌饮。不过,俄罗斯人在饭局上喝酒从不像中国人那样耍滑头,都极为诚实,一般不劝酒,有多少量喝多少。因为在俄罗斯人看来,不喝酒的男人就不是真正的男子汉。俄罗斯的大街上随处可见跟跟跄跄找不着家门的醉汉。俄罗斯男人常把伏特加比喻成自己的"第一个妻子"。

在饭局上几杯伏特加下肚,能歌善舞的俄罗斯人就会雅兴大发,或翩翩起舞,或尽展歌喉,妙趣横生。朋友间的饭局一般要持续 3~4 个小时,每隔 1 小时休息 10 分钟,烟民可出去过会儿烟瘾。席上的祝酒词也很有意思,第一杯为相聚,第二杯祝愿健康,第三杯为爱——对祖国的爱、对家庭的爱、对妻子的爱。接下来便是祝愿和平、祝愿友谊等。如果是在朋友家里赴的饭局,最后一杯要献给女主人,表示对她高超厨艺的赞赏和辛勤劳动的感谢。

俄罗斯人的饭局不太讲究菜的质量和多少,只要有酒喝就行。喝口酒,吃口面包,再来一小口奶酪就是一桌绝佳的饭局。在俄罗斯的一些餐馆里,通常也可以看到成群的人围着桌子干喝酒,那是俄罗斯的穷人在设饭局,没钱买菜,喝一口酒后就把油腻的袖口贴近鼻子闻一闻,权当吃菜。尽管如此,饭局的气氛仍然在酒精的作用下热烈而快乐。

日本饭局:吃不饱的饭局

日本人的饮食一贯朴实简单,饭局上也如此,常让人有一种吃不饱的感觉。如果在早上设饭局,不过是一杯牛奶、一份热狗而已。中午可能稍微丰富一点儿,有大米饭、鱼、肉、咸菜和西红柿等。晚餐相对来说是最丰富的,有饭有菜有汤,最重要的是日本人通常只有晚上请客吃饭时才会有酒。因此日本人的饭局一般都设在晚上,他们习惯下班后三五成群地去饭馆。

日本饭局上的气氛相对来说随和且轻松。吃饭前都互相为对方倒酒,他们喜欢喝的酒是啤酒、清酒、威士忌、餐酒和烧酒。第一杯一起饮过后,大家就可以随意开吃了。一般人的观念中,日本食品只有鱼肉,其实不然,日本饭局上许多新推出的食品于近年来已世界闻名了。日本人自称为"彻底的食鱼民族",每年人均吃鱼一百多斤,超过大米消耗量。日本人吃鱼有生、熟、干腌等各种吃法,而以生鱼片最为名贵,一般来说,自己在家里是舍不得吃的,只有在设饭局时才会叫上这么一道菜来待客,因为在日本人的饭局上,生鱼片象征着最高礼节。开宴时,从鱼缸里现捞现杀,剥皮去刺,切成如纸的透明状薄片,端上餐桌,蘸着佐料细细咀嚼,滋味美不可言。但客人不能放开肚皮吃,因为菜的数量极少。

新加坡饭局:最谨慎的饭局

新加坡人对饭局持非常谨慎的态度,他们一般不会邀请初次见面的客人吃饭,需等主人对客人有所了解后,才可能设饭局来款待。而且新加坡的政府官员不得接受社交性饭局的邀请,不然就会被有关单位严加处理。

新加坡人喜欢清淡,爱微甜味道,饭局上的主食以米饭为主,常有炸板虾、香酥鸡、番茄白菜卷、鸡丝豌豆、手抓羊肉等风味菜肴。新加坡人在饭局上爱喝啤酒、东北葡萄酒等饮料,对中国粤菜也十分喜欢。去赴饭局的时候,男士必须穿西装、系领带,女士们则要穿晚礼服,这样主人家会觉得受到尊重。

如果饭局是设在主人的家里,吃完饭后,客人不能立即就走,要帮主人做清洁工作,否则就会被视为对主人家的不尊重。而且在赴饭局时,客人通常还要随身携带一份礼物,因为新加坡人有赠送礼品的习惯。在饭局上礼物仍原封不动地被搁在一边,客人散去后主人才会打开。

德国饭局:啤酒的天下

德国人吃得比较简单,早餐主要是面包、黄油、果酱和咖啡,午餐和晚餐一般只有一个汤或一道菜。只有赴饭局时,餐桌上才相对丰富一些,但通常也不过是香肠和蛋糕等。德国人在饭局上主要是喝啤酒,数量达到惊人地步,平均每人每年饮啤酒145升。

德国人的饭局是名副其实的"大块吃肉、大碗喝酒"——吃猪肉喝啤酒。德国每人每年的猪肉消耗量为65公斤,居世界首位。饭局上的菜大部分都是猪肉制品,最有名的一道菜是"黑森林火腿",它可以切得跟纸一样薄,味道奇香无比。饭局上的主菜就是在酸卷心菜上铺满各式香肠及火腿,有时用整只猪后腿代替香肠和火腿。那烧得熟烂的一整只猪腿,德国人在饭局上可以面不改色地一人干掉它。

美国饭局:最单调的饭局

美国是全世界最"自由"的民族,吃也不例外,不像中国有那么多繁文缛节,一件T恤衫、一条破牛仔裤就可以轻轻松松去赴饭局了。

美国人吃饭最单调,早上喝点牛奶煮麦片,吃些面包或果酱,中午吃个夹肉的三明治或夹香肠的热狗,喝杯咖啡就算了事。一年到头,吃的总是那两种饭菜,即使设饭局请客吃饭,也无非是咖啡、牛奶、可乐、面包、热狗、三明治、汉堡包、煎牛排之类。

在饭局开始时,美国人通常先要喝一杯冰水或者一小碗汤,然后是一盘沙拉,接着才开始吃一道主菜牛排或牛肉饼。主菜吃完后吃水果,不饱的话,再吃块甜点心。在美国的饭局上,一般是由服务员或主人将每道菜送到餐桌旁供宾客取用,一个人取完后再传给旁边的人。面包等食物也放在大盘子里根据需要自取，可在餐中任何时候取用。

一贯开放的美国人把个性自由带到了饭局上，虽说少了许多礼仪的束缚，但吃的却是全世界最单调的饭局。

世界各国醒酒奇方

俗话说，人逢喜事精神爽，有些人在高兴的时候，愿喝上几杯酒来庆贺，这本是件好事，但喝得多了，就容易烂醉，很容易耽误正事。这时，就需要采用醒酒的方法，使之快速清醒。世界各国的醒酒方法各有不同。

在蒙古，他们所用的醒酒方法是：在一杯热番茄汁内，放入一对刚取出的用醋浸过的绵羊眼睛，然后让你喝下去。

在德国，他们用一大块咸鲱鱼和洋葱一同煮熟，然后让醉酒者就着一大杯暖啤酒喝下去来醒酒。

在日本，如果有人醉了，别人就给醉酒者带上一具浸过酒精液的口罩，这样，醉者很快便清醒。

地处中美洲的海地，当地人的解酒方法和当地的巫术有关。他们把醉酒者喝过的空瓶找来，然后在瓶塞上刺入支黑头针，希望通过此方法，使醉酒者不需要吃药而痊愈。

荷兰则用食疗方法来解酒。将羊蹄、牛肝和麦片煮6小时，直到煮得稀烂，把骨头捞出来，让醉酒者把这粥喝下去。

我国的传统解酒方法较为简单，就是让醉者喝一碗白醋，使胃酸大量增加便可收效。

喝酒碰杯的缘由

关于喝酒碰杯，目前有两种说法。一种说法是古希腊人创造的，传说古希腊人注意到这样一个事实，在举杯饮酒之时，人的五官中鼻子能嗅到酒的香味，眼睛能看到酒的颜色，舌头能够辨别酒味，而只有耳朵被排除在这一享受之外。于是，希腊人想出一个办法，在喝酒之前，互相碰一下杯子，杯子发出的清脆的响声传到耳朵中，这样，耳朵就和其他器官一样，也能享受到喝酒的乐趣了。

另一种说法是起源于古罗马。古代的罗马崇尚武功，常常开展"角力"竞技，竞技前选手们习惯于饮酒，以示相互勉励之意。由于酒是事先准备的，为了防止心术不正的人在给对方喝的酒中放毒药，人们便想出一种防范的方法。即在角力前，双方各将自己的酒向对方的酒杯中倾注一些。以后，这样碰杯便逐渐发展成为一种礼仪。

香槟酒的来历

远在两千多年前，法国香槟地区就开始种植葡萄和酿制葡萄酒了。1668年，该地区奥维利修道院担任管家修士的丹·佩里农立志酿造出甘甜可口的葡萄酒。他把各种灰葡萄酒互相掺拌，用软木塞密封后放进酒窖。第二年春天，当他把那些酒瓶取出时，发现瓶内酒色清澈，明亮诱人。一摇酒瓶，"砰"一声巨响，他吓了一跳，瓶塞不翼而飞，酒喷出了瓶口，芳香四溢。大家争着品尝新酒，把这种酒称为"爆塞酒""魔鬼酒"。后来，人们用产地的名把它命名为香槟酒。

世界著名的品牌啤酒

嘉士伯：丹麦啤酒。世界销量前列，知名度较高，在各地有工厂。但口味较大众化，登不了大雅之堂，喜欢赞助足球赛，在广东有工厂。香港电影里的劳动人民比较爱喝。

喜力：荷兰啤酒，其老板是荷兰首富。口味较苦，广泛被知识分子所选择，从其广告风格及所赞助的网球赛便可品出其口味。强调孤身奋斗，是独身奋斗人士的首选。

贝克：德国啤酒，口味实在，就像德国人，成功人士的首选。

百威：美国啤酒，美国拳击赛不折不扣的赞助商。酒味清香，因其橡木酒桶所致。美国乡村文化爱好者的首选。在武汉有工厂。

虎牌：新加坡啤酒，东南亚知名度较高。味道一般，名气大于味道，感觉上是摇滚歌厅喝得较多。喜欢赞助足球赛等需要激情的比赛。

朝日：日本啤酒。味道清淡。

麒麟：日本啤酒。

健力士黑啤：爱尔兰出产。啤酒中的精品，味道独特，出差人士的首选。

科罗娜：墨西哥酿酒集团，世界第一品牌。美国人的首选，酒吧爱好者的最爱。味道就像她的名字一样动人。

台湾统一狮子座：带有龙眼味的啤酒。

泰国狮牌：味苦，够劲，绝对是酒友们的最佳选择。

老挝的老牌啤酒：在印度支那名气很大。和东南亚国家的啤酒一样，是东南亚爱好者及享乐人士的首选之一。

酒的度数是怎么定的

酒的度数表示酒中含乙醇的体积百分比，通常是以20℃时的体积比表示的，如50度的酒，表示在100毫升的酒中，含有乙醇50毫升（20℃）。

表示酒精含量也可以用重量比,重量比和体积比可以互相换算。

西方国家常用 proof 表示酒精含量,规定 200proof 为酒精含量为 100% 的酒。如 100proof 的酒则是含酒精 50%。

啤酒的度数则不表示乙醇的含量,而是表示啤酒生产原料,也就是麦芽汁的浓度,以 12 度的啤酒为例,是麦芽汁发酵前浸出物的浓度为 12%(重量比)。麦芽汁中的浸出物 是多种成分的混合物,以麦芽糖为主。啤酒的酒精是由麦芽糖转化而来的,由此可知,酒 精度低于 12 度。如常见的浅色啤酒,酒精含量为 3.3%~3.8%;浓色啤酒酒精含量为 4%~5%。

现在世界上最贵的酒有哪些

最贵的标准瓶装葡萄酒

1787 年拉斐酒庄葡萄酒,1985 年伦敦佳士得拍卖行售出,售价 16 万美元。现陈列于 福布斯收藏馆,瓶身刻有杰斐逊总统的姓名缩写。

最贵的大瓶装葡萄酒

大瓶装(5 升佳酿)摩当豪杰酒庄葡萄酒,1945 年产,这一年被公认为是 20 世纪最好 的酿酒年份之一。1997 年伦敦佳士得拍卖行售出,售价 11.4614 万美元。

最贵的加烈葡萄酒

这瓶加烈葡萄酒由马桑德拉酒厂藏酿,1775 年份雪利酒。2001 年伦敦苏富比拍卖 行售出,售价 4.35 万美元。

马桑德拉葡萄酒酿造厂位于克里米尔,距离雅尔塔 4 公里,被公认为是沙皇俄国时 代最好的酒厂。它的酒窖里收藏了上百万瓶俄罗斯葡萄酒和西欧葡萄酒,一些俄罗斯葡 萄酒还刻有皇室封印,其中年份最久的就是这瓶雪利酒。

拍卖会上最贵的批售葡萄酒

50 箱 600 瓶摩当豪杰酒庄 1982 年份葡萄酒。1997 年纽约佳士得拍卖行和扎奇拍卖 行联合售出,售价 42 万美元。

最贵的干白葡萄酒

7 支罗马康帝酒庄 1978 年份蒙塔榭酒。2001 年苏富比纽约拍卖行售出,售价 16.75 万美元,即每支 2.3929 万美元。

最贵的单支勃艮第红酒

罗马康帝酒庄 1990 年份勃艮第红酒,6 夸脱大瓶装。2002 年纽约扎奇拍卖行售出,售价 6.96 万美元,折合每标准瓶容量 5800 美元。

最贵的批售勃艮第葡萄酒

罗马康帝酒庄 1985 年份一套 7 支美杜莎拉酒(总容量 6 升,相当于 8 标准瓶)。1996 年伦敦苏富比拍卖行售出,售价 22.49 万美元。

最贵的美国葡萄酒

三支 1994 年份鹰鸣酒。2000 年洛杉矶佳士得拍卖行售出,售价 1.15 万美元,即单支 3833 美元。

最贵的被打破的葡萄酒

1787 年份玛戈酒庄红酒,保险赔偿 22.5 万美元。

慈善拍卖会上售价最高的葡萄酒

1992 年份皇家鹰鸣赤霞珠。2000 年纳帕谷葡萄酒拍卖会上售出,售价 50 万美元。

买主是思科公司的执行官贝利。单就数字而言,这是目前单瓶葡萄酒的最高售价。但是由于该酒是在慈善拍卖会上售出,很大一部分售价实属慈善捐赠性质。

英国红茶的风俗

英国人在日常生活中,经常饮用英国早餐茶及伯爵茶。其中英国早餐茶又名开眼茶,系精选印度、锡兰、肯尼亚各地红茶调制而成,气味浓郁,最适合早晨起床后享用。伯爵茶则是以中国茶为基茶,加入佛手柑调制而成,香气特殊,风行于欧洲的上流社会。

英国人热爱红茶的程度世界知名,在一天中许多不同的时刻,他们都会暂停下来喝杯茶。英国女皇 QueenAnne 爱好饮茶并深深地影响了英国人喝早餐茶的风气;英国女爵安娜玛丽亚于 1840 年代带动了喝下午茶的习惯;维多利亚女皇更是每天喝下午茶,将下午茶普及化。

茶话会的由来

据史书云,三国时吴末代皇帝孙皓,每宴群臣,必尽兴大醉。大臣韦曜酒量甚小,孙皓便密赐"以茶代酒"的方法。后来,逐渐产生集体饮茶的茶宴,且普遍起来,很像今天的茶话会。

茶宴多以名茶待客,宾主在茶宴上一边细啜慢品,一边赋诗作对,谈天说地,议论风生。唐宋时的"泛花邀客坐,代饮引清言"和"寒夜客来茶当酒,竹炉汤沸火初红"的诗句,便是对茶话的描述。

今天，这种茶话方式，或用于友朋联谊，或用于节日欢聚，或用于学术研讨，或用于洽谈生意，内容更为丰富了。

英国下午茶的来历

英国维多利亚时代，1840 年，英国贝德芙公爵夫人安娜女士每到下午时刻就心想，此时距离穿着正式、礼节繁复的晚餐 Party 还有段时间，又感觉肚子有点饿了，就请女仆准备几片烤面包、奶油以及茶。后来安娜女士邀请几位知心好友伴随着茶与精致的点心，同享轻松惬意的午后时光，没想到一时之间，在当时贵族社交圈内蔚为风尚，名媛仕女趋之若鹜；一直到今天，已俨然形成一种优雅自在的下午茶文化，也成为正统的"英国红茶文化"，这也是所谓的维多利亚下午茶的由来。

国际红十字会的创立

国际红十字会创立于 1863 年，创始人是瑞士人亨利·杜南。

19 世纪中叶欧洲战事频繁，1859 年 6 月 24 日，杜南途经意大利北部小镇索尔弗利诺，正赶上法国、撒丁国联军与奥地利军之间的一场恶战，战场上尸横遍野，死伤者达四万多人，无助的伤兵在烈日下痛苦挣扎，他组织居民抢救伤兵、掩埋尸体。就在这时，一个伟大的设想在他心中萌发了。他向国际社会呼吁，制定一个国际法律，对交战双方的战俘要实行人道主义，保证伤员中立化，一旦发生战争，应不分国籍，不分民族和信仰全力抢救伤员，减少死亡。这一人道主义的提议在欧洲赢得了广泛的共鸣，瑞士日内瓦公共福利会选出了亨利·杜福尔将军、琼斯塔夫·莫瓦尼埃律师、路易·阿皮亚医学博士、狄奥德·莫诺瓦医学博士及亨利·杜南组成五人委员会，并于 1863 年 2 月 17 日在日内瓦召开了首次会议，由此红十字国际委员会的前身成立了。

1863 年 10 月 26 日，欧洲 16 个国家的代表在日内瓦召开了首次外交会议，并一致通过了《红十字决议》，决定在各国建立救护团体，为了表示对瑞士的敬意，其标志定为"白底红十字"（瑞士国旗为红底白十字）。1864 年 8 月 8~22 日，又签订了《红十字公约》，公约中规定：战场上进行救护的医院及人员处中立地位，应受保护；应对伤病员不分敌友均给予救护。至此，亨利·杜南理想中的救护团体"红十字会"和国际性协议"日内瓦公约"正式诞生了。随后，在 19 世纪末和 20 世纪初，欧、美、亚三洲的主要国家都相继成立了红十字会。我国的红十字会也于 1904 年在上海诞生，红十字国际委员会于 1912 年 1 月 15 日通报各国，正式承认中国红十字会为国际红十字会的成员。

红十字标志只是在武装冲突中传达特定信息的符号，是一种保护性标志，其中不含任何政治、宗教、哲学等各种意义。但在 1876~1878 年俄罗斯与土耳其战争前夕，土耳其奥斯曼帝国通知红十字国际委员会，他们将采用红新月来标明自己的救护车辆，但仍会尊重和保护有红十字标志的敌方救护车辆，他们所提出的理由是"'红十字'是对穆斯林士兵的冒犯"。而且土耳其还表示，如果它所提出的修改不被接受的话，它也无法强令自己的军队尊重日内瓦公约。这样，土耳其单方面改变了1864年日内瓦公约第九条的条款。由于战争已迫在眉睫，考虑到救助伤兵的紧迫性，红十字国际委员会暂时接受了红新月标志。在1929年召开的国际外交会议上，红新月标志被正式承认为具有法律效力的标志，但强调红十字和红新月标志不具有任何宗教性。现在世界上有20多个阿拉伯国家和部分伊斯兰国家使用红新月标志。

一百多年来，红十字会的卓越贡献使这一标志具有了极大的号召力和权威性。随着红十字会会员国的发展，红十字会的任务也开始由单一战伤救护发展到对自然灾害的援助、意外伤害的急救、自愿输血、社会福利以及开展世界各国红十字会、红新月会之间的友好合作，壮大和平力量，促进人类进步事业的发展等。为了纪念杜南对世界红十字事业所做的伟大贡献，国际红十字会与红新月协会执行理事会1948年决定将亨利·杜南的生日——5月8日定为国际红十字日。

红十字标志的使用

按照1949年8月12日第一项日内瓦公约第44条的规定，红十字标志（红新月标志同样适用）具有保护和说明两种截然不同的性质。前者指使用标志的人员、器材、车辆、机构等，是受到公约有关条款的保护；后者说明或表明使用标志的人员或某种东西，只是与红十字会有关系，或从属于红十字会，并不受公约的保护。

红十字标志的使用，首先是军事当局的权限，特别是武装部队医疗部门的权限。据此，红十字标志的使用，一般应由有关军事当局授权，不得使用于以营利为目的的商业活动。在战时，这种授权特别给予从事救护伤病员的军队医疗队，即它的人员在战地救护过程中可以佩戴红十字臂章；它的救护车、医院船、医疗飞机、医院等可以悬挂红十字旗帜；它的医疗器材可以贴上红十字标志等等。交战双方应按公约给予保护，不得有违。但是，这些人员、器材、设

红十字标志

施、机构等，一旦不再为战地伤病员服务，就不再受公约的保护；医院、救护车等如用于掩护或运送作战部队，那就构成违犯公约的行为了。

日内瓦公约参加国，根据公约的要求制定了严格的国内立法，明确规定了红十字标志的使用方法。一般讲来，红十字会无权使用保护性质的标志，但在和平时期它可以根据国内立法的规定，使用红十字标志，当然这种使用不含有任何保护意义。国际红十字会规定，各国红十字会会员，青少年会员，红十字会训练的急救员、卫生员等，均可佩戴红十字证章、肩章、领章、胸章、帽徽、别针等，最好在这类证章等的红十字标志周围镶饰些

花纹,或铸刻上佩戴人员类别字样。标志尤应尽量小些,不宜过大。红十字会全部占用的房舍,也可涂有红十字标志,或悬挂红十字旗帜;一部分占用的,只在占用部分的办公室悬挂红十字标志;如属红十字会所有而未占用的房舍,只能悬挂不带标志的会牌。其他如救护车、急救站等,如系红十字会所有并由红十字会在使用,也可涂有或悬挂红十字标志。红十字会的出版物,或募捐时出售的物品,也可印上红十字标志。向灾民免费散发的救济品,也可印上红十字标志。运往国外的救济物资贴上红十字标志还可以得到减免运输费的优惠待遇,特别是紧急救济物资还能优先抢运。非红十字组织使用标志,事先须得到有关当局和红十字会的同意,不得自行其是。

"试管婴儿"的诞生

体外受精技术(IVF)俗称"试管婴儿"(testtubebaby),目前是世界上最广为采用的生殖辅助技术。"试管婴儿"并不是真正在试管里长大的婴儿,而是从卵巢内取出几个卵子,在实验室里让它们与男方的精子结合,形成胚胎,然后转移胚胎到子宫内,使之在妈妈的子宫内着床、妊娠。

正常的受孕需要精子和卵子在输卵管相遇,二者结合,形成受精卵,然后受精卵再回到子宫腔,继续妊娠。所以"试管婴儿"可以简单地理解成由实验室的试管代替了输卵管的功能。

尽管体外受精原用于治疗由输卵管阻塞引起的不孕症,但现已发现体外受精对由子宫内膜异位症、精子异常(数目异常或形态异常)引起的不孕症,甚至原因不明性不孕症都有所帮助。研究显示一个周期治疗后的妊娠率在40%左右,出生率稍微低一点。

莱斯莉·布朗和约翰·布朗是英国一对不孕夫妇。在历经9年孕育后代的努力终告失败后,1977年,夫妇二人鼓起勇气,向试管受精技术先驱罗伯特·爱德华博士及帕特里克·斯特普托博士求助。

科学家从莱斯莉和约翰体内分别取出卵子和精子,并将其一并放在试管培养液中。卵子受精并发育成胚胎后,科学家将它植入莱斯莉体内,莱斯莉成功"怀孕"。

1978年7月25日,莱斯莉生下一名女婴,取名路易斯。作为世界首例试管婴儿,她的出生成为当年全球媒体竞相报道的头条新闻。

6年后,布朗夫妇二度借助试管受精技术,再添一女。

湿度计的由来

湿度计是测量空气内含水分多少的仪器。《史记·天官书》中即有测湿的记载。我国汉朝初年就已出现湿度计,它是利用天平来测量空气干燥或潮湿的。天平湿度计的使用方法,是把两个重量相等而吸湿性不同的物体,例如灰和铁,分别挂在天平两端。当空气湿度发生变化时,由于两个物体吸入的水分不同,重量也就起了变化,于是天平发生偏

湿度计

差,从而指示出空气潮湿的程度。这就是湿度计的由来。

世界艾滋病日来历

　　自1981年世界第一例艾滋病病毒感染者发现至今,短短20多年间,艾滋病在全球肆虐流行,已成为重大的公共卫生问题和社会问题,引起世界卫生组织及各国政府的高度重视。为号召全世界人民行动起来,团结一致共同对抗艾滋病,1988年1月,世界卫生组织在伦敦召开了一个有140个国家参加的"全球预防艾滋病"部长级高级会议,会上宣布每年的12月1日为"世界艾滋病日";1996年1月,联合国艾滋病规划署(UNAIDS)在日内瓦成立;1997年联合国艾滋病规划署将"世界艾滋病日"更名为"世界艾滋病防治宣传运动",使艾滋病防治宣传贯穿全年。

　　设立"世界艾滋病日"的目的有四个方面。

　　第一,让人们都知道艾滋病在全球范围内是能够加以控制和预防的;

　　第二,让大家都知道,防止艾滋病很重要的一条就是每个人都要对自己的行为负责;

　　第三,通过艾滋病日的宣传,唤起人们对艾滋病病毒感染者的同情和理解,因为他们的身心已饱受疾病的折磨,况且有一些艾滋病病毒感染者可能是被动的、无辜的;

　　最后一个目的,是希望大家支持各自国家制定的防治艾滋病的规划,以唤起全球人民共同行动起来支持这方面的工作。

第一个获诺贝尔医学奖的人

　　自第一次颁发诺贝尔奖奖金以来,迄今已有100多年了,第一个获得这项医学奖金者,是德国微生物学家贝灵(1854~1971),其主要成果是发明了白喉抗毒素。

　　贝灵1878年毕业于柏林威廉皇家学院医科,在做过一段时间的军医后,于1889年到郭霍传染病研究所工作。郭霍交给贝灵研究的课题是探索治疗白喉的药物。

1895年,贝灵到马尔堡建立白喉抗毒素研究所。由于临床上对白喉抗毒素的需要量很大,贝灵后来就改用牛免疫血清,最后又改用马免疫血清。

由于贝灵发明白喉抗毒素的杰出成就,使得世界上不少儿童免去白喉的威胁,因此他在1901年获得了首届诺贝尔医学奖金。

现代人健康十大标准

世界卫生组织提出了人类新的健康标准。这一标准包括肌体和精神健康两部分,具体可用"五快"(肌体健康)和"三良好"(精神健康)来衡量。

"五快":

吃得快:进餐时,有良好的食欲,不挑剔食物,并能很快吃完一顿饭;

便得快:一旦有便意,能很快排泄完大小便,而且感觉良好;

睡得快:有睡意,上床后能很快入睡,且睡得好,醒后头脑清醒,精神饱满;

说得快:思维敏捷,口齿伶俐;

走得快:行走自如,步履轻盈。

"三良好":

良好的个性人格。情绪稳定,性格温和;意志坚强,感情丰富;胸怀坦荡,豁达乐观。

良好的处世能力。观察问题客观、现实,具有较好的自控能力,能适应复杂的社会环境。

良好的人际关系。助人为乐,与人为善。

处方药和非处方药

处方药是必须凭执业医师或执业助理医师处方才可调配、购买和使用的药品;非处方药是不需要凭医师处方即可自行判断、购买和使用的药品。处方药英语称 Prescription-Drug,EthicalDrug,非处方药英语称 NonprescriptionDrug,在国外又称"可在柜台上买到的药物"(OverTHeCounter),简称 OTC,现已成为全球通用的俗称。

处方药和非处方药不是药品本质的属性,而是管理上的界定。无论是处方药还是非处方药都是经过国家药品监督管理部门批准的,其安全性和有效性是有保障的。其中非处方药主要是用于治疗各种消费者容易自我诊断、自我治疗的常见轻微疾病。

性别符号"♀""♂"的意义和由来

性别符号♂、♀的来历有两种说法。

第一种说法:因为爱神丘比特的弓箭袋状如"♂",女神维纳爱美,常持小镜子形似"♀",人们就用这两个符号作为爱神和女神的代号,后来它们就被分别用来表示男和女了。植物学家借用这两个符号来表示植物两性花。

另一种说法:起初,这两个符号并非表示男女的,而是植物学家先用♂表示雄花,♀表示雌花的。

除此以外,在介绍种子植物的繁殖和繁殖器官花程式和花图式时,为方便表述和记忆,用字母、符号和数字表示花各部分的组成、排列、位置以及相互关系的公式。

字母:拉丁文的第一个字母 K 表示花萼,c 表示花冠,P 表示花被,G 表示雌蕊群,A表示雄蕊群。

数字:0 表示缺少或退化,∞ 表示 10 个以上,写在字母右下角。

符号:+表示轮数,( )表示合生,:表示心皮与子房数隔开,如心皮:子房。＊表示辐射对称(整齐花),↑表示两侧对称(不整齐花)。

随着遗传学的发展,遗传学家在研究动物遗传学、人类遗传学时,也用♂表示雄性动物和男性,用♀表示雌性动物和女性。

血型种类

通常所说的血型就是指红细胞的血型,是根据红细胞表面的抗原特异性来确定的。

已知人类的红细胞有 15 个主要血型系统,其中最主要的是 ABO 血型系统,其次为Rh 血型系统。临床上最重要的是将人类血型分 A、B、AB、O 四种(ABO 血型系统)。在人类的血液里含有凝集原(又称抗原)A、B 和凝集素(又称抗体)A、B。凝集原附着在红细胞表面,凝集素存在于血浆(或血清)中,同名的凝集原和凝集素相遇(如凝集原 A 和凝集素 A)会发生红细胞凝集现象(溶血反应)。

所以在人体的血液中,所含的凝集原和凝集素是不同名的,即红细胞含凝集原 A,血清中就含凝集素 B(简称抗 B),相反,红细胞含凝集原 B,血清中就含凝集素 A。根据人体血液中所含凝集原和凝集素的类型不同,可分为 A、B、AB、O 四种血型。血型是遗传决定的,亲代与子代的血型关系取决于遗传因素,如双亲都是 O 型,子代也是 O 型。

子代与母亲血型不合可引起新生儿溶血病。

服饰家居

服装起源

　　服装的起源是一个相当复杂的历史问题,这对于探寻服装的历史、理解服装的本质是十分重要的。众所周知,我们今天的文明社会是从蒙昧野蛮的原始社会发展而来的,作为与人类文明息息相关的服装,也应起源于那个遥远的远古时代。应该说,服装的创始与人类的起源是紧密联系在一起的。人是由类人猿逐渐发展进化而来的,也就是说,类人猿在经过了漫长的一系列中间环节后才进化成人类,从而开始了人类的历史,也开始了服装的历史。

　　服装的创始也经历了一个漫长的发展过程,这就是服装史,它的创始大约经历了三个阶段:第一个阶段是人的裸体阶段,即距今约 300 万年至 40 万年的旧石器时代早期。在这期间,地球上经历了三次冰河期,猿人靠自身的体毛抵御寒冷,裸态生活了 200 多万年。这一阶段虽然没有任何关于衣物的现象出现,但却是服装发展过程中不可分割的一个部分。第二个阶段是原始衣物阶段,大约在 40 万年以前,地球上就出现了早期"智人",他们使用石器进行劳动谋生。约在 10 万年前出现了属于现代人种的早期"智人",也称为"旧人",他们会制造基本的衣着和式样进步的简单工具,开始出现了饰物以装饰身体,这是服装发展过程中一个必不可少的环节。在距今 4 万年至 1.5 万年前的旧石器时代晚期,原始衣物已相当发展。第三个阶段是纤维织物阶段。在第四纪冰期结束之后,"新人"随着自然环境的不断变化,从依靠狩猎、采集的生活,进入到定居的农耕生活时代。在新石器时代已出现了纤维的制造(生产)与使用,从此揭开了人类纤维衣料的历史序幕,开始了真正意义上的服装发展历程。

　　1854 年在瑞士湖底发现了距今约 1 万年前的亚麻残片,这是世界上发现的最古老的亚麻织物;在南土耳其发现了距今 8000 年前的毛织物残片,其经纬密度与今天的粗纺毛织物相同,说明了当时的纺织技术已相当发达。我国也在五六千年前的仰韶文化时期的遗址中,出土了许多与服饰相关的纺轮、骨针、骨笄、纺坠等实物,还有不少纺织物残留痕迹。这些充分说明了人类在进入旧石器时代的农耕生活后,就开始穿用毛皮等制成的衣物,可以说,从 40 万年前的旧石器时代衣服就诞生了,从此开始了服装史的谱写。

　　那么,何种原因导致了服装的起源,众说纷纭,还未形成定论。其中比较有代表性的观点有三:一是保护说。其观点是服装的起源是人类为了适应气候环境(主要是御寒)或是为了保护身体不受伤害,而从长年累月的裸体生活中逐渐进化到用自然的或人工的物体来遮盖和包装身体。二是装饰说。其观点是服装的起因来自人类想使自己更富有魅力，想创造性地表现自己的心理冲动，把服装的起因归结为人类很早就憧憬装饰自己。这其中包括护符说、象征说、审美说和性羞说等。三是遮羞说。其观点把服装起源归因于人类的道德感和性羞耻，这种观点很难被人接受。当然还有一些其他的观点，都或多或少带有一些片面性。一般认为，服装起源于保护说和装饰说的综合，至于遮羞说，实际上包含在装饰说之中。

睡衣的诞生

欧美研究服装史的专家认为，"睡衣"一词在希腊语和乌尔都语里，指的是晚上在房内穿的一种肥而宽的裤子。后来侨居印度的英法服装设计师又在这种款式裤子的基础上加以发展改进，产生了专供夜晚房内穿着的睡衣。到 19 世纪后半期，睡衣已普及欧洲各国。

睡衣一般由穿着宽舒的上衣和裤子组成，据欧洲古代名医伊博萨卡里的著作介绍，伊斯兰世界早在公元 9 世纪就有这类睡衣了。然而，当时的欧洲，即使是王公贵族还不知道"睡衣"是何许物呢！直到 16 世纪，意大利才普及睡衣，因为当时意大利已同其邻国土耳其建立了不少通商口岸。

在罗马时代，睡衣是专供上层富有阶级使用的。有的学者认为，睡衣是十字军东征时代（公元 11 世纪末至 13 世纪末）欧洲人从伊斯兰世界传入的。

日本和服

日本的和服是世界上享有盛誉的传统民族服装之一，至今已有 1000 多年的历史。

和服早在 600 多年前就已基本定型，其后并没有什么大的变化。和服的种类很多，主要有"黑留袖""色留袖""本振袖""中振袖"等。

穿和服可根据不同的式样配束相应的腰带。腰带的结法多达 200 多种，主要有鱼甲、凤凰、仙鹤、蝴蝶、松、竹、梅、牡丹等形状。宽大舒适、色彩绚丽而又端庄大方的和服，不仅是一种实用品，也是一件艺术品。日本的绘画、戏剧艺术的发展都与和服有着密切的联系，特别是风俗版画——浮世绘中的美人画，更离不开和服。陶器、漆器、金属工艺品等，也多采用和服的花纹。

每逢庆祝传统节日，参加祭典仪式，出席茶道、花道等，人们总是喜欢穿上新和服。每年 3 月 3 日的"女孩节"和 5 月 5 日的"男孩节"，孩子们都要穿上和服欢度节日。1 月 15 日的"成人节"，年满 20 岁的姑娘们身着未婚妇女专用的"振袖"和服，打扮得花枝招展，成群结伴地去参加进入成年的庆典活动。结婚仪式，新娘要穿象征神圣、纯洁的"纯无垢"和服，新郎则身穿男性婚礼和服。

裙子小史

　　最初，人类先用皮毛围至腹部膝前，这可能是为了保护腹部免遭伤害，同时也和人类赖以繁殖后代的生理形态有关，后来才掩遮后面。骨针发明后，人们把前后两片连缀缝合起来，可以说是裙子的雏形，并形成了后来的下裳，也就是后世的裙子。

　　周朝开始，妇女的礼服采用衣裳上下相连且同颜色的袍制。上下相连，上下同色，意思是表示妇人专一。现在的连衣裙也由此演变而来，真可谓源远流长了。据《汉书·教昭上官皇后传》记载，古人的裤子大多无裆，从汉昭帝上官皇后始，妇人穿有裆之裤，名曰"穷裤"。

　　古代妇女的服装虽出现了袍和裤，但日常服装还是上衣下裙，直至近代。

口罩史话

　　口罩对进入肺部的空气有一定过滤作用，世界上最先使用口罩的是我国人民。这在《马可波罗游记》中就有记载。他说，在元朝的宫殿里，"献食的人，皆用绢布蒙口鼻，俾其气息不触饮食之物"，这种蒙口鼻的绢布，就是最原始的口罩。

　　1897年，德国人德奇介绍大家用一层纱布包住鼻子、嘴巴，防止细菌感染。以后，有人做了一种六层纱布的口罩缝在衣领上，用时前翻罩住口鼻。不久又有人在口罩两边装上带子，缚在耳轮上，这就成了今天的口罩。

鞋的变迁

　　鞋的历史已相当久远。古称鞋为鞜、跋或履。大约在5000多年前的仰韶文化时期，即出现了兽皮缝制的最原始的鞋。3000多年前的《周易》中已记载有履。《诗经》上"纠纠葛屦，可以履霜"里的"屦"，就是一种比较简陋的用麻、葛编成的鞋。

　　皮靴是战国时孙膑发明的。孙膑被庞涓敲碎了膝盖骨后，不能行走，就用皮革裁成"底"和"帮"，然后缝成高皮靴。孙膑就穿着这种皮靴乘车指挥作战，打败了庞涓。中国历史博物馆里珍藏着一双2000余年前的皮靴。

丝绸的由来

　　丝绸是用蚕丝或人造丝织成的织品，源于我国。我国是蚕丝的发源地。

　　新石器时代，我们的祖先已发现并利用蚕丝，并逐步发明了养蚕、缫丝和织绸的技术。商代，我国人民又发现了植物中含有色素，并能够利用植物中的色素来为丝绸织物染色。当时的王宫内，丝绸应用已相当普遍。春秋战国前后，我国已有绸、缎、绫、罗、纱等各种形式的丝织品，还能生产提花织物和彩锦。西汉时代，丝绸图案与配色已进步到能够织造花、鸟、鱼、虫等复杂的纹样，并能生产印花绸。14世纪，多彩的织锦更加发展，富丽堂皇的苏州"宋锦"、南京"云锦"、四川"蜀锦"等，在生产技术上已经相当完美。

裤子史话

50000年前，山顶洞人学会用骨针缀皮，但其目的是想将小块兽皮拼成大一点，以便裹住全身。到原始社会晚期，人们学会了种麻和织布，出现了按个人身材和不同季节缝制的服装，并且渐渐有了上衣下裳之分。这种服饰在我国一直沿用到奴隶社会晚期。那时，无论男女都是穿裙子的。

在殷商时期，骑马之风盛行。人们围着裙子跨上跨下很不方便，只好把裙子的前后各开一个口子。与此同时，为了不使两腿裸露，就在两条腿上套上两条"绔"。从"绔"的字音和字义两方面来看，都与今天的"裤"字相似，但它还不完全和今天的裤子相同。类似裈裆裤的下装出现，大约在西汉时期。不过汉朝的"绲绔"也不完全与今天的裈裆裤相同。"绲"就是编织的带子，所谓"绲裆裤"，实际上只是一种专用于遮羞、形似布条的编织物。真正的裈裆裤出现，那已是唐朝以后的事了。

雨衣的诞生

印第安人用天然橡胶乳制出的胶鞋，具有无法估量的深远意义。到了1823年，人们在第一双胶鞋的启迪下，试图把橡胶向更加广泛的生活领域内推进。

在这一年，美国一位叫麦金托什的人，把天然橡胶涂在了布外套上，用以遮挡雨水。但是，麦金托什的雨衣实在令人啼笑皆非，夏天它非常粘手，软软乎乎，让人简直不敢触摸这只"粘老虎"，可是，冬天一来，它又板起一副庄严的面孔，硬得像只牛皮，简直无法穿在身上。麦金托什的雨衣虽然并非成功之作，但它毕竟是一项了不起的发明，成为世界上的第一件雨衣。

风衣的由来

风衣的出现，距今不到100年。英国的衣料商托马斯巴尔巴尼年轻时就经营服装面料，并积极开发新品种，他在同行的协助下，经过反复试验，终于制出了防水加毕丁（一种细密的棉织物），使棉织品用于风衣取得了成功，并于1888年取得专利权。

在第一次世界大战中，托马斯巴尔巴尼为了适应战斗的需要，设计了一种堑壕用的防水大衣,款式为双襟两排扣,有腰带,领子能开能关,插肩袖,有肩章,在胸部与背上有遮盖布,以防雨水渗透,下摆较大,便于动作。

通过试用,英军认为这种堑壕大衣便于在雨中作战的士兵穿着。1918年,英军决定正式采用。

随着时代的变迁,当年军人穿用的堑壕大衣逐步演变成为生活服装,但其款式一直是现代风衣的基础。风衣也由单纯的男式发展到今天的男女两种并存,式样设计上也出现了多种花样。在门襟设计上,由原来的双排一种发展到双排扣、单排扣、单排门襟暗扣、偏开门襟等多种;衣领设计有驳开领、西装领、立领等;风衣的袖子也变得多种多样,有插肩袖、装袖、蝠袖等。风衣的色泽、装饰物也有较大的变化。女式风衣的款式更是日新月异。在国际市场上,风衣已成为服装类的主要品种。

新娘礼服史话

西方传统的新娘子礼服,包括白色缎子衣服、面纱和橘色的花。新娘礼服源于法国。在14~15世纪文艺复兴时期,欧洲的新娘穿红色和深红色衣服,白色衣服是孝服,这种风俗被法国路易七世的妻子安妮所改变。她在结婚典礼上穿了件白色缎子衣服,而且没有任何装饰。她的服饰被人们所仿效,从此,白色缎纹织物成为姑娘们最喜欢的用作结婚礼服的面料。白色表示真挚、纯洁的爱情。

面纱最早被人们用来为新娘避邪,这种风俗被古时的所有民族所接受。后来,面纱又蕴含了新的意义,表示新娘对其他一切的摒绝,仅仅保持对她丈夫的魅力。戴橘黄色的花的习惯来自东方,是祝愿新娘生儿育女。因为橘黄色的花与成熟的果实同时出现在树枝上,被认为是最有繁殖能力的象征。

比基尼泳装的诞生

20世纪40年代,美国在太平洋上一个叫比基尼的小岛进行原子弹试验,震惊了世界。

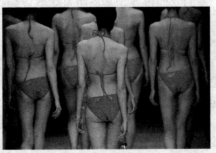

比基尼泳装

不久,在法国巴黎,一位大胆的泳装设计师推出一种新式泳装。这种泳装用料极薄且少,可以折叠起来装入一只火柴盒。它使当时的服装界震动不小。由于这种泳装覆盖面积小,穿上后近似全裸,使当时巴黎的许多时装模特都望而生畏。一位舞女却勇敢地穿上这种泳装,并公开让记者照相。

由于这种泳装对世人的震动不亚于比基尼岛上所进行的原子弹试验,故称其为"比基尼"。

牛仔裤溯源

牛仔裤这种全球性流行的服式,发源于美国。

19 世纪 50 年代末,有一个名叫利维·施特劳斯的普鲁士裔美国淘金者来到旧金山。他原先是个布商,随身带了几匹可做帐篷、车篷的帆布,但他看到淘金工穿着的棉布裤极易磨破时,便用所带的厚实帆布裁做低腰、直腿筒、臀围紧小的裤子出售,大受淘金工的欢迎,自此转而成为牛仔们的特色服装。利维进而把裤料改为靛蓝斜纹粗布,他的生意越做越大,于 1871 年申请专利,正式成立"利维施特劳斯公司",后发展成为国际性公司,产品遍及世界各地。

领带小史

领带始于罗马帝国时代。那时,士兵们在脖子上戴着一种类似围巾和领带的东西。直到 1668 年,领带在法国才开始变为今天这种样式,并发展成男子服装的重要组成部分。不过,那时领带在脖子上要绕两圈,两端随便地耷拉着,而领带下面还有三或四个花结的波形绦带。

1692 年,在比利时的斯腾哥克城郊,英国偷袭了法国兵营。慌忙之中,法军军官无暇按照礼节系扎领带,只是顺手往脖子上一绕。最后法军击溃了英军,于是贵族时装中又增加了斯腾哥尔克式领带:它用镶花边的细麻布制成,一端从坎肩的扣眼中穿过。斯腾哥尔克的英雄们名噪一时,连妇女们也竞相系斯腾哥尔克式领带。17 世纪末还流行起一种叫"克莱蒙"的花边领带。

进入 18 世纪后,领带交了厄运。取而代之的是白洋纱"脖套"(它折三下,两端穿过系在后面假发上的黑花结)。但从 1750 年起,这种男子服装的装饰就被淘汰了。

这时,"浪漫"式领带出现了:这是一种方形白洋纱,它先对角折,然后再折几下在胸前打结。领带的系法十分讲究,被誉为真正的艺术。

1795~1799 年在法国又兴起了新的领带浪潮。人们系起白色和黑色的领带,甚至在盥洗时也系着马德拉斯布领带。领带比以前系得更紧了。

19 世纪的领带高高地遮掩了脖子。后来出现了"硬胸"式领带,是用大头针别着的,由各种料子制成,如绸缎、天鹅绒等。到 70 年代,首次推出了自结花结领带。第二帝国时代(1852~1870年)索有领带的发明时代之称。20世纪20年代出现了领带夹,30年代出现了编结领带;但是最主要的变化是领带的大众化,它已成为各种年龄、各行各业的男子服装不可缺少的组成部分。

手套趣话

冷天,人们出门时戴上一副手套,两只手就会暖和。可是,在刚有手套的时候,它却不是用来保暖的。

在古罗马,一些贵族和武士常常到野外去打猎,随身带着经过训练的雄鹰,以便帮助他们捕捉飞禽。这些雄鹰就停在他们的手腕上,雄鹰的脚爪十分尖利,往往把人们手腕上的皮肤抓破。于是,人们就想了个办法,在手腕上戴上一副长臂手套,用来保护皮肤。后来,手套的用处慢慢地变化了,就变成了现在人们劳动时候的各种防护手套和冬天用的保暖手套。

袜子小史

从古代起,罗马城的妇女就在脚和腿上缠着细带子,这种绑腿就是最原始的袜子。后来,男人也效法使用。直到中世纪中叶,这种习惯才在欧洲广泛传开,并用布片代替了细带子。16世纪时,可能是在西班牙,人们才把连裤长袜和裤子分开并开始像编织手套那样编织袜子。

16世纪末,英国人W. 李发明了织袜机,从而改进了制袜方法。不久,法国人富尼埃在里昂开始生产丝袜,到17世纪中叶又出现了棉袜。直到1938年,美国杜邦公司卡罗瑟斯博士领导的研究小组发明了尼龙后,袜子市场才发生了彻底的变化。在欧洲,第一批尼龙袜是1945年投入市场的。

乳罩小史

远在古埃及时代,胸是女性美的主要标志,因此,当时的妇女以裸露坚挺而丰满的乳房来炫耀自己的美。到了古希腊和古罗马时,妇女用窄带来束住乳房,以便于作战和美化乳房的造型。

在16世纪中叶,法国上流社会时兴社交活动,这时的女性爱穿紧腰衣和钟形裙,行动起来很不方便。到了19世纪,上流社会的淑女们要求与男士们一样进行体育活动,如打网球、骑马、登山等。为了适应这种需求,紧腰衣的胸部用富有弹性的橡胶布制成,使腰部能自由活动。19世纪末,时装设计师干脆设计将紧腰衣分开,用有花边装饰的胸带来束住乳房,甚至用赛璐珞或金属丝做成乳房形状,外面蒙上布戴在胸前,这样便形成了乳罩的原型。

今天人们公认的乳罩诞生于 1914 年。第一个取得乳罩发明权的是美国人玛丽菲利普牙各布。当时她用两块手帕和粉红色缎带缝合起来,称之为"露背式乳罩"。

但是,这种乳罩问世后并没有受到重视和欢迎,倒是第一次世界大战促进了乳罩的普及。战争使大批成年男子开赴前线,农村农场、城市工厂则大批招收女工,这样,妇女们感到戴上乳罩后便于劳动,乳罩因此普及起来。

餐巾的由来

餐巾是宴会酒会上的一种专用保洁方巾。据说在 15~16 世纪的英国,因为还没有剃刀,男人们都留着大胡子。在当时还没有刀叉的情况下,手抓肉食时很容易把胡子弄得全是油腻,他们便扯起衣襟往嘴上擦,于是,家庭主妇就在男人的脖子下挂块布巾。这是餐巾由来的一种说法。

其实,原始的餐巾我国古代就有。战国时成书的《周礼》中,就已记载了周朝设宴人掌管用毛巾覆盖食物的古制。这种用以覆盖食物的毛巾,可以说是世界上最早的餐巾。到了清代,皇帝吃饭时使用的称为"怀挂"的餐巾则十分别致。它用明黄色(皇帝御用的颜色)绸缎绣制成,绣工精细,花纹别致,福寿吉祥图案华丽夺目。餐巾的一角还有扣祥,便于就餐时套在衣扣上。

这种具有中国特色的餐巾,比一般的西方餐巾要华贵得多,且使用方便。

拉链的诞生

1893 年,美国芝加哥一位精力充沛的发明家威特库姆·贾德森做了一项他自称为"用一次连续性的滑动,使一连串钩子自动咬合和分离"的设计。这项设计包括两条链条,每条上都装有交错的链环和钩子,当滑动部件在链条上滑动时,两条链条上的钩子和链环就咬合在一起,这就是当时的拉链,一般都装在男女穿的鞋子上。只是这种拉链既笨拙,又不平滑,顾客经常叫苦不迭。贾德森绞尽脑汁,经过多年的努力,做出了一些改进,他把所有的钩子都装在拉链的一边,所有的链环都装在另一边,再把它们安在线带上。

1905 年,贾德森换了个商标名称,拉链的销售量就有了显著的增加。尽管如此,许多女顾客还是在公共场所当众出丑,因为拉上的拉链经常崩开。

后来,贾德森无意中发现宾夕法尼亚州的一位律师兼国民警卫军上校华克在拉链设计方面也很有兴趣,于是,他们俩共同开始了拉链的改进工作。

华克不久在新泽西州创办了一家"自动风纪扣公司",顾客都争先恐后地购买他的新产品。

经过改进的新产品还有不少问题。贾德森和华克都感到有必要聘请一位技术高明、受过专门训练的机械工程师。1906年,瑞典出生的圣德贝克工程师远涉重洋来到匹兹堡一家电气公司工作。1907年,华克和贾德森经过协商,与圣德贝克签订合同,改进贾德森发明的拉链。经过一段时间的改革,生意仍不兴旺。当时这种拉链远看像一排牙齿,近看好像一串小鸟巢,环状的部件互相联结在一起,上面装有一个拉件,能自动滑动。这些小的部件用金属一次压制而成。以后,他们在一起又精心设计制造了一批专用机器,开始生产出一批高质量的拉链。

纽扣古谈

纽扣是可把衣服等扣起来的小型球状物或片状物。严格地说,纽扣源于古罗马,最初的纽扣是用以做装饰的。公元前4000年,波斯人就已加工小石块制成纽扣装饰服装。古埃及第六王朝,埃及人用金和银制作纽扣,缀在衣服领圈的四周作为装饰物。古罗马人用饰针系结衣袍,但到13世纪饰针被纽扣替代了。那时,他们不再用布料等制成的环将纽扣扣住,而是在服装上开纽扣孔。这一革新使纽扣的实用价值大为提高,加之当时流行按人的体形设计服装,纽扣便很快流行起来。人们争相在自己的衣服上缝上昂贵的纽扣。14世纪时,罗马妇女的紧身衬衣上,从手肘到手腕,从领口到腰部,都钉上纽扣作为系结物和装饰品。16世纪,纽扣已普及。

纽扣

裤线的诞生

在裤管中间留裤线的做法应归功于英国爱德华王子,也就是后来的爱德华七世。

传说有一次爱德华王子在裁缝店里试穿一条裤子,这条裤子已叠放了一段时间,因此裤管前后各在中间形成了一道折痕。爱德华王子很喜欢这样的痕,因为这些折痕使裤管显得很苗条。于是他就穿上了这条带折痕的裤子,这种做法很快就流行起来。

后来,人们不满足于裤管折叠后自然形成的折痕,便用熨烫的方法,使裤管上的折痕更加明显;而这种折痕,就是我们今天所说的裤线。

烫发的由来

烫发是人们进行美发的一种手段,它由来已久。

埃及可以说是世界上最早发明烫发的国家。那时,妇女把头发卷在木棒上,涂上含有大量硼砂的碱性泥,在日光下晒干,然后把泥洗掉,头发便出现美丽的卷花。

1872年,法国美容师马鲁耶鲁在巴黎发明了用火钳子烫发的技术,这可以说是烫发的最早体现。

1905年,戚亚尔兹内斯拉在英国伦敦发明了把人的头发排卷在铁棒上,涂上重亚酸钠等药物,再用火卡子加热,使头发弯曲保持得较长久的烫发技术。

以后,美国美容师查尔斯奈恩勒研究成功了电烫技术,即用皮垫套在发丝根部,再用硫酸衬纸把头发一束束排卷在铝棒上,用电阻丝导电加热。

1940年前后,由英国的杰斯皮克曼等人在美国发明了化学烫发。他们用衬纸把头发一束束排卷在小木棒上,涂上硫化乙醇酸、胺水碱、石灰水等药物,用热毛巾捂上氧化,使药剂迅速渗透到头发里,再用还原剂,这样使头发的形状发生变化,形成柔和的弯曲。化学烫法操作安全,发质光泽,卷曲自然,便于自行梳理,发丝又不易散乱,如今已为世人广泛使用。

假发小史

外国人戴假发的习俗可追溯到很久远的年代,在埃及木乃伊的头上就发现过假发。据考证,在古埃及,不论男女都剪去头发,以求清洁凉爽;但为了好看,又经常戴上假发。假发用人发、棕榈树叶纤维或羊毛制成。这种假发在公元前的古埃及延续了好几个世纪。

古代希腊、罗马人也戴假发。爱斯基摩人的先辈偶尔使用假髻,算作假发的一种。

17~18世纪欧洲男子戴假发成风,这与法兰西国王路易十三密切相关。

据说路易十三在脱发之后,就大力提倡法国男人戴假发。那时候的假发套又大又重,通常还扑上一点白粉。这种假发价格昂贵,戴假发的都是所谓"上流社会"的人物。法式假发不久便流传到英国。

英国的法官和律师在18世纪初开始戴假发出庭,至今依然如此。18世纪欧洲男子戴的假发大多比17世纪的要小一些。假发上往往附有装饰性的缎带,有的还在发尾套上一只丝质小袋。

美国人的穿着

美国人穿衣服对款式的要求并不高,但却很讲究整洁,基本上是一天一换。他们要是干什么事情弄脏了衣服,或是出汗湿了衣服,或是去某地见某人觉得所穿衣服不合适,他们就会换衣服,所以,很多人的车里都挂有备用衣服。到周末的时候,他们会把一大堆"脏"衣服放到全自动洗衣机里洗净,再放到烘干机里烘干,洗多少衣服也不嫌麻烦。住公寓的最多是往公用洗衣机里多塞几个硬币就行了。所以美国人不喜欢不能用洗衣机洗的衣服,如毛料衣服,纯毛毛衣或洗后褪色、起皱的衣服。实际上,美国人并不是每件衣服穿一天就洗的,尤其是年轻人,可能今天换下的衣服,过几天又拿出来穿上。这样不仅看起来天天换衣服,而且避免了更多地洗衣服,同时也能使他们很多人都有的腋臭得到些控制。

在美国,穿衣服也很讲究得体,尤其是在一些正式场合。否则,可能当面没人说你什么,但却会给别人留下不好的印象,影响进一步发展与别人的关系。不同的环境对衣着的得体有着不同的要求。如在大学里,教师们的着装都很整洁、大方和正式,一方面体现他们受过良好的教育,另一方面可能是为人师表的原因。另外,周末人们去教堂时,每个人都穿得比较正式,但未必都是西装革履,其实多数美国人很少穿西装。在非常正式的场合,衬衣领带或衬衣领结就够了。

火柴的历史

古代,人们用火刀和火石相互撞击,就会冒出火花。这种点火方法比较麻烦,特别是遇到阴冷潮湿的天气,不易点着火。后来,用火柴点火就方便了:用火柴头在盒边一擦,"嗤"的一声,火柴就燃着了。

据说,世界上第一根火柴出自法国。1860年,法国化学家波义耳在他的实验室里,用一根细木棒的头端沾上硫磺颗粒,然后用它在涂了磷的粗纸上摩擦起火。

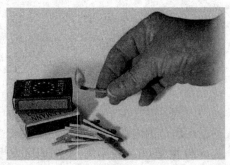

火柴

18世纪,意大利的威尼斯出现了一种巨型火柴,很像敲大鼓的木槌。槌头沾上一团药面,由氯酸钾、糖、阿拉伯树胶调和做成。只要把这魔术棒似的火柴浸到浓硫酸中,它就会燃烧起来。这是由于氯酸钾碰到浓硫酸,生成二氧化氯,它和糖一接触,就立即燃烧起来。那时候,这种火柴价格昂贵,只好几家合买一根。后来,人们把木槌缩小为小木棒,价格便宜多了,它出现在巴黎等地的市场上,成了一种别开生面的取火物,轰动了当时的欧洲。

但这种新奇的玩意儿使用很不方便,必须同时带着一瓶浓硫酸。这是很危险的。

1830年,法国人沙利埃用白磷代替氯酸钾,制成了一种小巧灵便、长短已接近今天的火柴。这是比较受人欢迎的摩擦火柴。

3年以后,瑞典的卑尔加城出现了世界上第一家火柴厂。不久,火柴很快在欧洲各国流行起来。这种火柴上涂有硫磺,再覆以白磷、树胶、铅丹和二氧化锰的混合物,划火柴时用不着专门的火柴匣,只要在墙上、砖头上或鞋底上轻轻地一擦,火柴就燃着了。这是利用摩擦产生的热使白磷发火燃烧,接着在铅丹或二氧化锰富氧物质的影响下,使硫燃烧引燃木棒。

白磷的着火点很低,超过40℃就会自动燃烧。而且白磷有毒,制造火柴的工人往往因为吸入白磷蒸汽而中毒。因此用白磷做的摩擦火柴实在不安全,人们提心吊胆地使用了20年。安徒生童话《卖火柴的小女孩》里描述说："她手中拿着一束火柴。这一整天谁也没有向她买过一根……她在墙上又擦了一根火柴……"这种火柴就是含白磷的摩擦火柴，那时是论根卖的。1845年，人们发现了另一种没有毒的磷——红磷。将白磷隔绝空气在250℃~300℃下加热，就转变成颜色红紫的红磷。红磷要到260℃以上才开始燃烧，可是它单靠摩擦是不能起火的，而当它同氯酸钾混合后却比白磷更容易摩擦起火，发生燃烧和爆炸。许多人在试验中曾经发生不幸的事故。

1855年，瑞典人伦斯特姆设计制造了世界上第一盒安全火柴。他用了一个巧妙而简单的方法，把引火剂分成两部分：火柴头上蘸有氯酸钾和三硫化二锑，红磷涂在纸条上，贴在火柴匣外侧。当火柴头在火柴盒的侧面摩擦时，达到着火点起火，火星引着三硫化二锑，氯酸钾受热放出氧气，帮助燃烧得更旺。火柴杆是椴木或杨木做的，前端又浸透了石蜡和松香，使火柴擦着后，火焰不易熄灭，容易烧到火柴杆上去。这种火柴既没有毒，又不易引起火灾，很快就风行全世界。

清代，外国人曾将火柴作为贡品传入我国。19世纪40年代，丧权辱国的《中英南京条约》签订后，外商乘机在我国生产火柴，"洋火"之名就叫开了。

其实，早在北周时代（公元557~公元581年），我国就有了火柴。宋代和明代也见记载。明代梳州削松木为片，尖端涂上硫磺，名曰"发烛"，无论形状和作用，都类似今天的火柴。1894年，我国在湖北省建立了两家官商合办的火柴公司——聚昌和盛昌，开始生产火柴。

空调机小考

空调是空气调节的简称，是使室内空气温度、湿度、清洁度和气流速度（简称四度）保持在一定范围内的一项环境工程技术，它满足生活舒适和生产工艺两大类的要求。

20世纪60~70年代，美国地区发生罕见的干旱天气，为解决干旱缺水地区的空调冷热源问题，美国率先研制出风冷式冷水机，用空气散热代替冷却塔。

在空调历史中，美国已经发展和改进了有风管的中央单元式系统，并得到了正在现场安装和修理有风管的单元式空调系统的空调设备分销商和经销商的强力支持。WRAC是最简单和最便宜的系统，能够很容易在零售商店中购得，并在持续高温来的时候自己安装。之后，设备设计和制造技术在90年代被转让到中国，这是通过与当地公司（包括主要元件如压缩机、热交换器、电动机、精细阀和电子控制器的本地制造商）组成的合资公司进行的。在90年代中国也从其他先进国家吸收了较大型空调设备的先进高新技术，并与多数是美国的大公司组成合资企业。日本在过去几年把SRAC和SPAC机组出口到中国、欧洲和中东以建立新的市场。但是中国现今已是最大的空调出口国，在2001年出口的WRAC、SPAC和SPAC机组总数达500万台，而日本正在失去出口的地位。

眼镜的起源和发展

我国的眼镜有着悠久的历史,中外史籍中都记载了眼镜最早起源于中国,是我国古老文化、医疗、技艺的遗产。它的发展变迁经历了几千年的历史。

眼镜从中国传到外国是在13世纪末。当时有个意大利人马可波罗旅居中国17年,为元朝宫廷办事,跑遍中国各地,当时他见到元朝宫廷里有人戴眼镜,对此很感兴趣,回国时就把眼镜传到了西方,所以在西方最早制造眼镜的地方是马可波罗的故乡威尼斯。另外,在马可波罗的游记中还载有老年人戴眼镜阅读小说及小字的记载。

最原始的眼镜是起源于透镜(放大镜),它的制造、应用与光学透镜的出现密切相关。相传最初发现眼镜能使物体像放大的光学折射原理是在日常生活中偶然察觉的。当时有人看到一滴松香树脂结晶体上恰巧有只蚊子被夹在其中,通过这松香晶体球,看到这只蚊子体形特大,由此启发了人们对光学折射的作用的认识,进而利用天然水晶琢磨成凸透镜,来放大微小物体,用以解决人们视力上的困难。这就是我国眼镜的雏形时期。

据《世界之最》介绍,在公元前283年,中国皇帝就通过透镜来观察星星。

经初步考证,有关透镜和眼镜的历史,我国早在战国时期(2300年前),《墨子》中已载有墨子很多有关光和对平面镜、凸面镜、凹面镜的论述。公元前3世纪时我国古人就通过透镜取火。东汉初年张衡发现了月亮的盈亏及日月食的初步原因,也是借助于透镜的。

中国最古老的眼镜是水晶或透明矿物质制作的圆形单片镜(即现在的放大镜),传说唐代大文人祝枝山就曾用过这种眼镜,在宋代时就有人用水晶镜掩日来提高视力了。

席梦思的来历

100多年前,美国有个卖家具的商人叫扎尔蒙·席梦思。他听到顾客抱怨床板太硬,睡在上面不舒服,于是动起脑筋。他试了许多办法,如在床垫中塞进厚厚的棉花,但没多久就压实了,还是不舒服。当他见到用铁丝做的弹簧时眼前一亮。于是,他买来一批粗细适中的铁丝,用铁丝缠绕、编织成床绷子,外面用结实的布口袋包起来,躺上去很舒服。1900年,世界上第一只用布包着的弹簧床垫推上市场,立刻受到广大消费者的好评。人们用发明人的姓为它起了名。

订购席梦思床垫的人越来越多,手工操作速度太慢,质量也很难保证。席梦思先生请机械师约翰·加利设计一台机器。约翰花了3年时间,终于研制出专门加工弹簧垫子的机器,一只只弹簧床垫快速生产出来,使人睡得香甜的席梦思走进了千家万户。

电灯的发明

灯是人类征服黑夜的一大发明。19世纪前，人们用油灯、蜡烛等来照明，这虽已冲破黑夜，但仍未能把人类从黑夜的限制中彻底解放出来。只有发电机的诞生，才使人类能用各色各样的电灯使世界大放光明，把黑夜变为白昼，扩大了人类活动的范围，赢得更多时间为社会创造财富。

真正发明电灯使之大放光明的是美国发明家爱迪生。他是铁路工人的孩子，小学未读完就辍学，靠在火车上卖报度日。爱迪生是一个异常勤奋的人，喜欢做各种实验，制作出了许多巧妙机械。他对电器特别感兴趣，自从法拉第发明发电机后，爱迪生就决心制造电灯，为人类带来光明。

爱迪生在认真总结了前人制造电灯的失败经验后，制定出详细的试验计划，分别从两方面进行试验：一是分类试验1600多种不同耐热的材料；二是改进抽空设备，使灯泡有高真空度。他还对新型发电机和电路分路系统等进行了研究。

爱迪生将1600多种耐热发光材料逐一试验下来，唯独白金丝性能最好，但白金价格贵得惊人，必须找到更合适的材料来代替。1879年，几经实验，爱迪生最后决定用碳丝来做灯丝。他把一截棉丝撒满炭粉，弯成马蹄形，装到坩埚中加热，做成灯丝，放到灯泡中，再用抽气机抽去灯泡内空气，电灯亮了，竟能连续使用45个小时。就这样，世界上第一批碳丝的白炽灯问世了。1879年除夕，爱迪生电灯公司所在地洛帕克街灯火通明。

为了研制电灯，爱迪生在实验室里常常一天工作十几个小时，有时连续几天试验，发明碳丝做灯丝后，他又接连试验了6000多种植物纤维，最后又选用竹丝，通过高温密闭炉烧焦，再加工，得到炭化竹丝，装到灯泡里，再次提高了灯泡的真空度，电灯竟可连续点亮1200个小时。电灯的发明，曾使煤气股票3天内猛跌百分之十二。

继爱迪生之后，1909年，美国人又发明了用钨丝代替碳丝，使电使用寿命率猛增。从此，电灯跃上新台阶，日光灯、碘钨灯等形形色色的灯如雨后春笋般登上照明舞台。

彩条牙膏的原理

用刀割开彩条牙膏的管身可以看见，里边是有隔断的，就是说两种颜色的牙膏，里边有一个隔断，但是在牙膏口的地方没有隔断，所以挤出来的会是很好看、很流畅的牙膏颜色。同理三种颜色的就是两个隔断。

彩条牙膏生产时按照比例灌进去各种颜色，通常两色是15%、85%，三色是6%、9%、85%（各家各品牌不一样），灌进去时截面就是一个圆被等分。挤出来时，牙膏口在中间，各种颜色的牙膏一起往上运动，彩条状就出来了。

温度计的原理及最初发明

早在公元前 250 年,比扎提乌姆的斐罗就曾描述过加热使空气膨胀的各种实验。到公元 100 年,亚里山大里亚的黑伦再一次描述过同样的实验。这些说明人类很早就认识到空气具有热胀冷缩的性质,这也就是最早的温度计所应用的原理。

对于最早的温度计究竟是谁发明的曾经有过争论,有的人把它归功于荷兰的著名机械师德里贝尔;也有人把这项优先权归功于帕杜亚的解剖学家桑托留斯;还有人把它归功于克拉科夫的神父保罗、伦敦的医生弗拉德及德国的盖里克。但现代的历史研究一致同意把温度计的发明归功于伽利略。1593 年(伽利略的学生维维安尼给出的发明年代),伽利略用一个 45 厘米长、麦秆粗细的玻璃管,一端吹成鸡蛋大小的玻璃泡,一端仍然开口。伽利略先使玻璃泡受热,然后把开口端插入水中,使水沿细管向上上升一定的高度。因为泡内的空气会随温度的变化发生热胀冷缩,水管内的水也会随之发生升降,这样就可以用水管内水位的高低表征玻璃泡内空气的冷热程度。这就是第一只温度计。伽利略的另一个学生卡斯特里亲眼看到伽利略在 1603 年进行实验讲演时使用了这种温度计。当然这种温度计是不准确的,因为泡内空气会受大气压及温度起伏的影响,它实际上是一个温度气压计。同时伽利略在管子上的刻度也是任意刻画的。

1632 年,法国物理学家雷伊第一个改进了伽利略的温度计。他将伽利略的装置倒转过来,将水注入玻璃泡内,而将空气留在玻璃管中,仍然用玻璃管内水柱的高低来表示温度的高低。由于这项改进使水成了测温物质,实际上这成了第一只液体温度计。它的缺点在于,向上的管口没有封闭,水会不断蒸发,从而影响到测量的准确性。科学家就在玻璃泡和玻璃管的相对大小上进行研究,以减少这种蒸发,使液体能在一年的过程中在整个玻璃管的长度内升降。尽管从今天的角度看来这种努力的方向不大对头,但从温度计发展完善的全过程来看,这种努力是有价值的,也是必然会出现的。没有当初在各个方面想方设法的改进,就不会有今天的完善。

1657 年,佛罗伦萨西曼托科学院的成员们提出了密封管子的思想,并建议用酒精取代水作为测温物质,从而使最早的温度计进入了较为实用的阶段。

玻璃的来历

3000 多年前,一艘欧洲腓尼基人的商船,满载着晶体矿物"天然苏打",航行在地中海沿岸的贝鲁斯河上。由于海水落潮,商船搁浅了。

于是船员们纷纷登上沙滩。有的船员还抬来大锅,搬来木柴,并用几块"天然苏打"作为大锅的支架,在沙滩上做起饭来。船们吃完饭,潮水开始上涨了。他们正准备收拾一下登船继续航行时,突然有人高喊:"大家快来看啊,锅下面的沙地上有一些晶莹明亮、闪闪发光的东西!"

船员们把这些闪烁光芒的东西带到船上仔细研究起来。他们发现,这些亮晶晶的东西上粘有一些石英砂和融化的天然苏打。原来,这些闪光的东西,是他们做饭时用来做锅的支架的天然苏打,在火焰的作用下,与沙滩上的石英砂发生化学反应而产生的晶体,这就是最早的玻璃。后来腓尼基人把石英砂和天然苏打和在一起,然后用一种特制的炉子熔化,制成玻璃球,发了一笔大财。

大约在 4 世纪,罗马人开始把玻璃应用在门窗上。到 1291 年,意大利的玻璃制造技术已经非常发达。

"我国的玻璃制造技术绝不能泄漏出去,把所有制造玻璃的工匠都集中在一起生产玻璃!"就这样,意大利的玻璃工匠都被送到一个与世隔绝的孤岛上生产玻璃,并且一生都不准离开这座孤岛。

1688 年,一名叫纳夫的人发明了制作大块玻璃的工艺,从此,玻璃成了普通的物品。

我们现在使用的玻璃通常指硅酸盐玻璃,以石英砂、纯碱、长石及石灰石等为原料,经混合、高温熔融、匀化后,加工成形,再经退火而得,广泛用于建筑、日用、医疗、化学、电子、仪表、核工程等领域。

最早的化妆品

化妆品并不是现代人的创造发明。早在五六千年前,人类就开始用各种染料涂面了,不过当时的涂面并不是为了漂亮,而是为了在战斗中吓唬对手。在公元前 2000 年左右,人们开始为了美而化妆打扮了。古埃及妇女常常描眼睑、涂脂抹粉。古罗马的奴隶主太太每天要花数小时的时间来化妆。此时化妆品应运而生了,人们开始制作各种各样的化妆品,用锑和烟灰及其他成分调制而成"眼影粉",用红色染料调配而成"胭脂"。据考证,那时的那些简单粗糙的化妆品是世界上最早的化妆品。

香水的历史

香水 perfume 这个词是从拉丁文 par+fumum(通过烟而来)一词演绎而来的。香料(香水)最原始的用途就是酬神上供。

古罗马人们相信如果祭祀女神的香烟中断的话,罗马城将会沉没在地狱的深渊里,因此有一群女信徒一生唯一的职责就是维持香火永远不灭。

埃及使用香料的历史可上溯至公元前 3000 年左右,远早于其他的文明。人类最早的香水就是埃及人发明的可菲神香。但因当时并未发明精炼高纯度酒精的方法,所以这种香水准确地说,应称为香油,是由祭司和法老专门制造的。

古波斯香水是身份和地位的象征。在皇宫里,最香的必定是皇上。

希腊也把香水神化了,认为香水是众神的发明,闻到香味则意味着众神的降临与祝福。

英国伊丽莎白女王时期,一瓶加入醇的"匈牙利之水",正式成为香水。

意大利15世纪以后，广泛使用了香水，并采用了浓重的动物脂香料。很快这种风尚流传到法国、英国等欧洲国家。17世纪时，PaulFeminis配制出一种异香扑鼻的奇妙的液体，因他当时住在德国科隆，故命名为"科隆水"。尔后，酷爱服装和化妆品的法国人对香水表现出异乎寻常的热情。香水成为上流名媛炙手可热的时尚用品。

法国自19世纪下半叶起，用挥发性溶剂代替了早期的蒸馏法，尤其是人工合成香料在法国诞生，香水不再局限于天然香精，从而使香水工业迅速得到发展。

口红的诞生

17世纪初，妇女们涂染嘴唇时使用的是"葡萄油"，即一种用葡萄汁和阿香草液汁制成的硬而微香的有色油膏。以后，还使用过"蜡膏"，一种用蜡和油制成的软膏。

到20世纪，在化学家的帮助下，美容师成功地制造出了圆柱形口红。这种口红塑形方便，质地坚硬，而且对嘴唇粘膜无刺激作用。

口红是在20世纪50年代开始普及的。市场上的口红可分为两大类：一种是耐久性口红，涂抹后浸入嘴唇粘膜且经久不褪；另一种是油质口红，鲜明光亮，但很快就可擦掉。

伞的历史和由来

伞是我国首创，据传是鲁班的妻子云氏发明的。《孔子家语》中说："孔子之郯，遭程子于途，倾盖而语。"这里的"盖"就是指"伞"。《史记·五帝纪》记有与伞同类的雨具，可见伞在我国已有四千多年历史了。最早称伞为"华盖"，唐朝李延寿写的《南史》和《北史》才正式为伞定名。古时的伞，是达官显贵的装饰品和士大夫权势的象征物，帝王将相出巡时，"长柄扇""万民伞"左簇右拥，乘坐的车舆上张着伞，表示"荫庇百姓"。官位、职务不同，"罗伞"的大小、颜色都严格区分，这一惯例一直传到明朝。纸伞是汉朝以后出现的，唐朝时传入日本，16世纪才传入欧洲。意大利艺术大师达·芬奇受伞的启发，设计了第一个降落伞。18世纪发明的伞齿轮，也是仿照伞的截面形状设计的。

1957年，北京师范大学焱若教授从人体肘关节能屈能伸受到启发，想到若能根据这个原理，制造一种像人的肘关节一样伸曲灵活的折叠伞，人们携带起来就方便多了，于是，他对现行伞进行改进，设计出了图纸，并亲手制定出加工工艺及模具设计，最后与北京一家机械加工厂——中孚工厂达成协议，由该厂承制并销售。折叠伞因其携带方便而深受广大群众欢迎，没过多久，便在全国各地流行开来。

军事体育

美国中央情报局

美国政府的间谍和反间谍机构,是美国庞大情报系统的总协调机关,英文简称 CIA,1947 年建立,总部设在弗吉尼亚州的兰雷,是全球性情报网的中心。它不仅有遍布全世界的监听站,还有自己的广播设施、航空线、宇宙卫星、印刷所以及训练特种部队的基地,拥有大批间谍、特务和情报技术人员。

中央情报局由国家安全委员会直接领导。局长由总统任命,参议院批准,是美国各情报机构的协调人,负责改进美国情报委员会的工作,保证总统在做出决策时,能充分掌握第一手情况。情报局的主要任务有:①以公开、秘密方式和技术手段,搜集外国的军事、政治、经济、文化与科技情报,协调国内各情报机构的工作。②为总统分析和估价情报,对其他国家进行间谍特务活动。情报技术人员多具有较高学历,或是某些领域的专家。该机构的组织、人员、经费和活动严格保密,即使国会也不能过问。

防弹衣知识

早在第二次世界大战前,军队为了减少士兵的伤亡,曾将 6.4mm 厚的丝织物制成的布袋塞入军服内,形成了防弹衣的雏形。它可以抵挡当时的枪弹的射击。但是,随着武器杀伤性能的提高,这种防弹方式很快就失去了效用。

第二次世界大战期间,美国研究出两种玻璃纤维和聚酯复合材料,即杜龙和尼龙。用它们制成的防弹衣能起到良好的防弹作用,因而成为现代防弹衣问世的标志。这类材料称为软质防弹材料。

为了提高防弹衣的防弹性能,在 60 年代以前,一些国家采用不锈钢、钛合金和铝合金等板材制成防弹板,这就形成了硬质防弹材料。把这种防弹板插入软质防弹衣的前、后襟的兜袋内,能起到防弹和防刺作用。1960 年美国又成功地研制出氧化铝防弹陶瓷板,它的防弹性能优于钢质材料。目前世界各国生产的防弹衣都采用不锈钢板和陶瓷板作为硬质防弹材料。

1972 年美国杜邦公司研制成功一种芳香族聚酰胺纤维,称为凯夫拉。这种材料具有柔软、质量小和防弹性能好等特点,防弹能力是杜龙或尼龙以及玻璃纤维的 2~3 倍,是钢

质材料的 5 倍,目前已被广泛用于防弹衣和头盔中。

在防弹材料的研制上,各国展开了激烈的竞争,因此出现了一批优良的防弹材料。例如,法国 SNPE 公司研制出的阿拉米德防弹纤维,由于防弹性能比较好,受到一些国家的重视。1990 年美国联合信号公司研究成功一种强度更高的防弹材料,称为斯佩克特拉,它是一种含聚乙烯纤维的无纺布料,其防弹能力是钢质材料的 11 倍。斯佩克特拉 1000 型纤维同凯夫拉纤维相比,防弹强度提高了 35%。

荷兰 DSM 公司研制的一种称为戴尼马的防弹纤维,有 SK60 式、SK66 式和 UD66 式三种型号,防弹性能比法国的阿拉米德防弹纤维和防弹玻璃纤维还要好些。由于防弹材料性能的改进,防弹衣的防弹性能也随着不断改进。

防弹衣

防弹衣是一种用于防护枪弹或破片对人体伤害的装具。防弹衣按使用对象,可分为步兵、飞行人员、警察和保安人员防弹衣等;按结构形式,又可分为防弹背心、防弹 T 恤衫、防弹夹克和防弹衣等。

防弹衣的主要特点是:

1. 防弹衣应有良好的防弹性能。防弹衣主要由衣套和防弹层两部分组成。衣套常用化纤织品制成,防弹层是用钢、铝合金或钛合金、陶瓷、玻璃钢、尼龙、凯夫拉等材料制成。防弹衣除了具有防护前胸与后背的功能之外,还可对颈部与骨盆起防护作用。

各国防弹衣的防弹标准不同。例如,美国国家司法研究所制定的防弹标准等级可分为Ⅰ、ⅡA、Ⅱ、Ⅲ和Ⅳ级;美国联邦政府制定的警察防弹标准等级则分为Ⅰ、ⅡA、Ⅱ、ⅢA、Ⅲ和Ⅳ级;法国的防弹标准等级分为Ⅰ、ⅡA、ⅡS、ⅢA、Ⅲ和Ⅳ级;德国警察部门的防弹标准等级分为Ⅰ、Ⅱ、Ⅲ、Ⅳ和Ⅴ级。

2. 质量是防弹衣性能特点的一个重要标志。一般从质量上也能反映出它们的防弹性能。随着材料性能的提高,符合一定防弹标准的防弹衣和头盔的质量就会相应减小。

防弹衣的质量一般在 0.59~6kg 之间,也有个别比较大的,如排爆套服为 23.7kg。

3. 防弹衣有一定的规格。防弹衣的尺寸分为男女两种规格。男士的尺寸有特大号、超大号、大号、中号和小号五种规格。女士的尺寸有超大号、大号、中号和小号四种。

防弹板的尺寸有 127×229mm 和 127×203mm 两种。

4. 防弹衣的款式多种多样,有 T 恤衫式、隐蔽式、侦察用、执法用、特警用、战斗用等十几种式样。

5. 防弹衣的颜色有白色、藏青、蓝色、棕黄、浅蓝、橄榄色、灰色和伪装色等多种颜色。

军用飞机识别标志

为标示军用飞机的所属国籍而喷涂在机翼、机身或尾翼上的特定标记习惯上称为军用飞机机徽。世界各国均规定了本国的军用飞机机徽,有的采用国旗或军徽的形式,有的按照自己的民族习惯绘制色彩鲜艳的几何形状图案。大多数国家诸军兵种的军用飞机均采用同种机徽,个别国家有所区别。军用飞机识别标志不是固定不变的,往往因国家的国体、政体改变或其他需要而加以更改。一些国家为区别飞机所属的军种、兵种、部队,以便于实施空中指挥,还在军用飞机上标有文字、数字和图形等特殊符号。中国人民解放军建立空军后,军用飞机的识别标志是在红五角星内印金色"八一"两字,即军徽,两侧各配一条镶有金黄色边沿的红带。"八一"表示人民空军是中国人民解放军的一个组成部分,是在陆军基础上壮大发展起来的;两侧的红色长带表示人民空军的战鹰展翅奋飞,翱翔祖国蓝天的雄姿。

军队最杂乱的国家

地中海东岸的黎巴嫩,是一个只有 1 万多平方公里面积、30 多万人口的小国,却驻有国内外多达 25 支以上的不同军队。来自外国的有联合国部队、叙利亚部队;本国的有政府军、各党各派的独立部队以及一些称霸一方的"绿林"兵;此外还驻有巴勒斯坦各派组织的游击队。

这些军队中,人数最多的是以维持和平名义进驻黎巴嫩的叙利亚军队,人数达 27000 人。黎巴嫩本国军队中,人数最多的是基督教民兵,各派加起来有 15000 多人;其次是穆斯林"全国运动"民兵,各派总兵力也有 10000 多人。黎巴嫩政府军反倒不足 10000 人,而且战斗力不强。这么多军队拥挤在这么狭窄的土地上,自然很难安宁。多年来,黎巴嫩内战不断,各派几经较量,至今未分胜负。再加上以色列的侵入,把好端端的"天堂之国"搞得百孔千疮。维持和平的联合国部队左挡右劝,反倒吃了不少枪子。

设立海军的内陆国家

一般人总以为只有靠海的国家才有海军,其实世界上至少有 6 个内陆国家也设有海军。南美的巴拉圭在内陆国家中海军实力最强,它拥有海军官兵近 3000 人,各种舰艇达40 多艘。玻利维亚有 1500 名海军官兵和 20 艘舰艇。欧洲的 8 个内陆国家中,有 4 个建有海军。它们是:匈牙利、捷克斯洛伐克、瑞士和奥地利。

有警无兵的国家

现今世界有 19 个只设警察不设军队的国家。它们是:欧洲的安道尔、梵蒂冈、圣马力诺、列支敦士登、摩纳哥;美洲的巴拿马、巴哈马联邦、哥斯达黎加、圣卢西亚、安提瓜和巴布达、圣文森特和格林纳丁斯;非洲的毛里求斯、冈比亚;大洋洲的西萨摩亚、瑙鲁、基里巴斯、图瓦卢、所罗门群岛。

奇特的自行车部队

人们很难相信,自行车部队在现代战争中能发挥什么重要作用。然而,瑞士人不以为然。他们根据瑞士国小山多的特点,建立了世界上独一无二的自行车部队。

瑞士人认为,自行车既快速又安静,较少受地形限制,也没有中途加油的麻烦,是军队中较好的装备。自行车部队行军时速在 15~30 公里之间,与现代化机械部队行军相差无几。目前,瑞士军队编制内的自行车分队,人员达 3500 名,自行车总数达 50000 辆。最近,瑞士军队决定新组建三个自行车团。

大部分瑞士人认为自行车部队是瑞士军队的精华,能在这里服役,既艰苦又光荣。因为自行车部队要求十分严格,经常性的繁重训练,大量的体力消耗,使部队始终处于紧张状态。

世界上最早的空军部队

世界上最早出现的空军装备并不是飞机,而是首次把人类带到空中去的气球。大约在 200 多年前,人类就发明了系绳气球。这种气球内充有燃烧木炭产生的烟和热空气,随热空气的浮力上升,用绳索控制其升降,人员则坐在气球下吊的箩筐内。1793 年,法国首先组建了一支装备这种气球的空军,当时称为"有球兵团",这是世界上最早出现的空军部队。

美国总统的"橄榄球"

美国总统无论走到哪里,都有一个提着黑色公文包的二级准尉像"影子"一样跟随,这个公文包就是总统的"橄榄球"。不知道这个"球"的密码的人,非炸药不能使其打开。如果出现核袭击的紧急情况,准尉就会迅速对上号码,把它打开。"橄榄球"里的下列 4 个文件将告诉总统如何采取应变措施:①黑色手册。里边有各种可供选择的打击措施。为了醒目,最重要的内容用红字印制。②基地名单,记载有一旦发生紧急情况可供总统使用的机密基地。③紧急广播程序,注明有发生袭击后,如果总统还活着,怎样按照紧急广播程序向全国发表讲话。④认证卡,上面有总统和总统接班人的认证号码,此卡不被确认时,以总统名义下达的任何命令无效。

史无前例的"星球大战"战略计划

1983 年 3 月,美国总统里根提出了关于建立太空防御系统的"星球大战"计划。这是目前为止最为庞大的战略计划。该计划主张在宇宙空间建立四个层次的防御系统。

第一层:反导弹卫星。计划 1990 年研制出第一代反导弹卫星,卫星在地球同步轨道上运行,每个这样的卫星能摧毁上百个升空的导弹。这一系统的命中率可达 90%。

第二层:自由电子激光系统。激光从地面发出,射向在地球同步轨道上运行的反射镜,再反射到敌导弹上并把它摧毁。这一系统的命中率也是 90%。

第三层:猎手导弹。当穿过前两层防御的敌导弹飞临目标实施攻击时,将有猎手导弹截击这些核弹头。

第四层:粒子炮。采取这套防御系统,第一层将摧毁敌导弹的 90%,第二层又击毁剩下的 90%,第三层击毁再剩下的 90%,第四层摧毁所有剩下的弹头。

美国战争机器的"首脑神经"——五角大楼

位于华盛顿西南弗吉尼亚州的阿灵顿,隔着波托马克河与白宫遥遥相望的五角大楼是美国国防部办公大楼,这座号称世界最大的行政大楼是美国战争机器的"首脑神经"。

大楼于 1943 年 1 月 15 日竣工。5 幢 5 层楼房连结成五角,故名五角大楼。它总面积 16.4 公顷,有 2 万多人在此办公。美陆军部、空军部、海军部和参谋长联席会议等高级军事首脑机关都集中于此。

大楼内有 28 公里长的走廊,使人犹如步入迷宫。但是,各种先进设施可使办公人员从空中、地面或地下以最快的速度进出大楼。这里有直升飞机停机坪和地铁专用车站,还有与高速公路相通的可容纳 1 万辆汽车的停车场。

五角大楼

自 1976 年起,五角大楼允许公众参观,每年有 10 万人来这里观光。但是,参观者受到严密监视,许多禁区是绝对不许外人涉足的。如国防部部长办公室以及陆海空三军总部办公室等。戒备森严的尤属第二层,这里有被称为"国防部灵魂"的参谋长联席会议的办公室——"金房子"。而紧挨它的,则是五角大楼最神秘、敏感的核心部门——作战室。该室建于1963 年古巴导弹危机之后。用这里的电话,在 20 秒钟内就能直接同美国在世界各地的重要部门通话。室内一面墙上挂着战时总统或可能接替总统者的名单,每个人的名字旁边有亮光,表明此人正在何处。如果爆发战争,美国总统的命令将从这里发出。

为了预防不测,五角大楼还有两个备用指挥中心。一个设在华盛顿以北 112.6 公里的马里兰州里奇堡一座大山的岩石底下,代号为"R站","R站"的确切地点属绝对机密,外人不得而知。另一个建在经过改装的波音—747巨型喷气机上,该机称为"世界末日"号,上边装有同五角大楼作战室一样齐全的指挥系统,是作战室的缩影。

头盔的由来

在1914年第一次世界大战中的一天,法国将军亚得里安去医院看望伤兵,一个伤兵向他讲述了负伤的经过。德军炮击时,这个士兵正在厨房值日,眼看炮弹飞来,他急中生智,把铁锅举起来扣在头上,结果头部保住了,身体受了点轻伤,而其他同伴却被炸死了。

亚得里安由此想到:如果人人在战场上都有个铁帽子,不就可以减少伤亡了吗?于是,他下令让有关单位研究,从而制成了军史上的第一代头盔。头盔的出现,使法军有效地减少了伤亡。

美国舰艇是如何命名的

美国现代海军舰艇有:航空母舰、战列舰、巡洋舰、驱逐舰、潜艇、潜艇母舰、工作舰、运输舰、补给油船、扫雷舰、救捞船、医疗船等,它们的命名有分类的传统习惯。例如,在航空母舰中多以美海军参加的著名战役和军政领袖人物命名,如"中途岛""珊瑚海""艾森豪威尔""尼米兹"等。战列舰是以美国的州名命名,如"蒙拿大号""新泽西号""衣阿华号"。巡洋舰的命名,则以美国各大城市称之,如"芝加哥号""波士顿号""洛杉矶号"等。驱逐舰是用历次海战中建功的人员、海岸警备队员、海军将领以及著名国会议员、发明家等人物的名字命名,也有以风景名胜地命名的,如"黄石公园"。潜艇的命名,起初是冠以鱼类、海兽的名字,如"鲸鱼""长尾鲨""海狼"等,后来,也用历史上伟人的名字命名,如"乔治·华盛顿""艾·爱迪生"。潜艇母舰及工作舰的名字是采用希腊神话中的神名。扫雷舰与救捞船是以雀鸟的名字命名的,如孔雀、凤凰、潜水鸟等。运输舰多用天体和古地名,如仙女座、狮子座、约克郡等。补给油船以印第安语的河流命名。医疗船则用诸如"安慰""休息""镇静"之类对伤员起着安抚作用的名字。

古代奥运会历史

古奥运会从公元前776年起,到公元394年止,经历了1169年,共举行了293届。按其起源、盛衰,大致分为三个时期。

1. 公元前776年~公元前388年。公元前776年,伯罗奔尼撒的统治者伊菲图斯努力使宗教与体育竞技合为一体。他不仅革新宗教仪式,还组织大规模的体育竞技、活动,并决定每4年举行一次,时间定在闰年的夏至之后。所以公元前776年的古代奥林匹克运动会就正式载入史册，成为古代奥运会的第 1 届。当时仅有一个比赛项目，即距离为 192.27 米的场地跑。

这一时期各城邦之间虽有纷争，但希腊是一个独立的国家，政治、经济、文化都较发达，是运动会的黄金时期。特别是公元前 490 年，希腊雅典在马拉松河谷大败波斯军之后，民情奋发，国威大振，兴建了许多运动设施、庙宇等，参赛者遍及希腊各个城邦，奥运会盛极一时，成为希腊最盛大的节日。

2. 公元前 388 年~公元前 146 年，开始衰落。由于斯巴达和雅典长期的伯罗奔尼撒战争(公元前 431 年~公元前 404 年)，希腊国力大减，马其顿逐渐吞并了希腊。随后亚历山大大帝虽自己不喜爱体育活动，但仍积极支持，并视奥运会为古希腊的最高体育活动开幕式，为其增添设施。不过，这一时期古奥运会精神已大为减色，并开始出现职业运动员。

3. 公元前 146 年~公元 394 年，古奥运会由衰落走向毁灭。罗马帝国统治希腊后，起初虽仍举行运动会，但奥林匹亚已不是唯一竞赛地了。如公元前 80 年第 175 届奥运会，罗马经济规律就把优秀竞技者召集在罗马比赛，而奥林匹亚只举行了少年赛。这时职业运动员已开始大量出现，奥运会成了职业选手的比赛，希腊人对之失去了兴趣。公元 2 世纪后，基督教统治了包括希腊在内的整个欧洲，倡导禁欲主义，主张灵肉分开，反对体育运动，使欧洲处于一个黑暗时代，奥运会也随之更趋衰落，直至名存实亡。公元 393 年罗马皇帝狄奥多西一世宣布基督教为国教，认为古奥运会有违基督教教旨，是异教徒活动，翌年宣布废止古奥运会。

奥林匹克精神

《奥林匹克宪章》指出，奥林匹克精神就是相互了解、友谊、团结和公平竞争的精神。奥林匹克精神对奥林匹克运动具有十分重要的指导作用。

首先，奥林匹克精神强调对文化差异的容忍和理解。奥林匹克运动是国际性的运动，它不可避免地面临着世界上文化间的各种差异及由此引发的各种问题。来自各国的运动员、教练员、体育官员以及观众生有不同的肤色，穿着不同的服装，操着不同的语言，有着不同的生活方式，进行不同的宗教仪式，用不同的行为方式表达自己的喜怒哀乐。这些种族的和文化的差异，又常常由于各国间在政治体制、经济制度和意识形态等方面的冲突而强化。从一定意义上讲，四年一度的奥运会将世界上所有的体育文化集中在一个狭小的空间和时间范围内，于是不同文化之间的差异尤为引人注目。差异就是矛盾，矛盾就可能引发冲突。奥林匹克精神强调相互了解、友谊和团结，就是要形成一种精神氛围。在这种氛围中，人们可以摆脱各自文化带来的偏见，在不同文化的展示中，看到的不是矛盾与冲突，而是人类社会百花齐放、千姿百态的文化图景，从而使文化差异成为促进人们互相交流的动因，而不是各自封闭的藩篱；使矛盾成为互相学习的动力，而不是互相轻视的诱因。也只有在这种氛围中，人们才能打破各自狭窄的眼界，以世界公民的博大胸怀，去认识和理解自己民族以外的事物，领悟到各个民族都有着神奇的想象力和巨大的创造力，学会尊敬其他民族，以比较客观和公正的态度去看待别人和自己，虚心地吸取其他文化的优秀成分,不断丰富自己,从而使奥林匹克运动所提倡的国际交流真正得以实现。

其次,奥林匹克精神强调竞技运动的公平与公正。奥林匹克运动以竞技运动为主要活动内容,竞技运动最本质的特征就是比赛与对抗。在直接而剧烈的身体对抗和比赛中,运动员的身体、心理和道德得到良好的锻炼与培养,观众也得到感官上的娱乐享受和潜移默化的教育。但是,竞技体育的教育功能和文化娱乐功能的基本前提是公平竞争。只有在公平竞争的基础上竞争才有意义,各国运动员才能保持和加强团结、友谊的关系,奥林匹克运动才能实现它的神圣目标。正如已故美国著名黑人田径运动员杰西·欧文斯所说:"在体育运动中,人们学到的不仅仅是比赛,还有尊重他人、生活伦理、如何度过自己的一生以及如何对待自己的同类。"

奥运会的吉祥物和会歌

在 1972 年慕尼黑奥运会上,首次以动物为奥运会的吉祥物,当时是一只德国种的小猎狗,取名为"瓦尔迪伙"。1976 年蒙特利尔奥运会的吉祥物是一只叫"爱米克"的海獭。1980 年莫斯科奥运会和 1984 年洛杉矶奥运会的吉祥物分别是北极熊"米莎"和兀鹰"山姆"。

"奥林匹克圣歌"是 1896 年第一届现代奥运会开幕典礼时演奏的古典管弦乐,这支乐曲由希腊人塞玛拉斯作曲,勒玛斯作词,但在以后的半个多世纪中,尽管历届奥运会演奏的都是这首"圣歌",却没有把它定为正式的会歌。直到 1958 年的东京奥运会上,才正式追认"圣歌"为"奥林匹克会歌"。其歌词大意是:

古代不朽之神,
美丽、伟大而正直的圣洁之父。
祈求降临尘世以彰显自己,
让受人瞩目的英雄,
在这大地苍穹之中,
作为你荣耀的见证。
请照亮跑步、角力与投掷项目,
这些全力以赴的崇高竞赛。
把用橄榄枝编成的花环颁赠给优胜者,
塑造出钢铁般的躯干。
溪谷、山岳、海洋与你相映生辉,
犹如以色彩斑斓的岩石建成的神殿。
这巨大的神殿,
世界各地的人们都来膜拜,啊！永远不朽的古代之神。
这首奥林匹克会歌的歌词,是以希腊文撰写的,后译成英文。

亚运会的诞生

1948 年在英国伦敦举行第 14 届奥运会期间,印度田径协会主席、国际奥委会委员桑迪邀请中国、南朝鲜、菲律宾、新加坡、缅甸、巴基斯坦、阿富汗、伊朗、伊拉克、黎巴嫩、锡兰(今斯里兰卡)、叙利亚和印度等 13 个国家和地区的代表开会,讨论成立亚洲体育联合会的问题,并确定 1949 年 2 月在印度新德里举行第一届亚洲运动会。由于印度国内原因,运动会未能如期举行。该年内印度再次邀请亚洲一些国家的代表在新德里开会;决定成立亚洲运动会联合会,当时入会的有阿富汗、缅甸、印度、巴基斯坦和菲律宾。亚洲运动会联合会是依照国际奥委会建立的,在 1982 年第 9 届亚运会期间改组成为亚洲奥林匹克理事会(亚奥理事会)。首届亚运会于 1951 年举行,自第 2 届(1954 年举行)起每 4 年举行一届,会期不超过 16 天。1990 年在北京,我国成功地举办了第 11 届亚运会。

NBA 诸强名之由来

莎士比亚著名悲剧《罗密欧与朱丽叶》讲述了哀怨的爱情故事。女主角朱丽叶在哀叹自己可悲的命运时说:"姓名算什么?"当然,莎士比亚没有机会支持 NBA 的各支球队,因为这位文学巨人死于 NBA 诞生的 300 多年之前。然而,如果莎士比亚现在仍然活着的话,他可能重新考虑他在《罗密欧与朱丽叶》中抒发的痛苦感情。

虽然对朱丽叶来说,姓名不算什么,但是对于希望球队胜利的球迷来说,给自己的球队起一个引以为豪的名号可是一件大事。

NBA 各支球队取名方式各有千秋——有的由球迷投票,有的根据地方历史,有的继承了球队新地点。有些球队的名字更是意味深长,如像明尼苏达森林狼队向人们这样解释自己的名字——明尼苏达州本来是森林狼成群出没的地方。而一些球队的名称可能让你匪夷所思,比如,洛杉矶湖人队的所在地洛杉矶找不到任何湖泊。

有些球队的名字起得恰如其分,甚至连孩子也能够脱口而出——奥兰多魔术队的名字来源于一个 7 岁的小女孩,她就是球队未来总经理帕特·威廉姆斯的女儿。

篮球运动的起源

篮球是一种很受欢迎的运动,它是 1891 年由一个叫奈史密斯的美国人所发明的。当时奈史密斯是美国麻州春田国际青年会训练学校的体育老师,这个学校的体育系主任要求他发明一种冬天能在室内比赛而且能引起学生兴趣的团队运动。于是奈史密斯融合了北美土著印第安人所玩的长曲棍球以及英国人所玩的足球,发明了一种新的室内运动。这种运动不准用棍子,也不能用脚踢,而是由球员把球传来传去,或者在地上拍(运)

球,然后投进目标。这个所谓的目标就是两个固定于空中的"篮子",所以这种运动就被称为"篮球"。最初比赛的时候,每次有人投中篮,球就停在篮子内,必须要有专用捡球员爬上梯子,把球拿下来,很不方便。后来,一种篮底开洞的铁制篮子就取而代之,如此,投进篮内的球就能够自己掉下来。到了1893年,篮圈上开始附上一个网状的袋子,球员投中之后,裁判员就会拉动一条附在网袋上的绳子,使球掉下来。接着篮板也开始采用,这是用来防止看台上的观众在比赛时

篮球

妨碍球员投球而设的。当时像足球般大的篮球也被较大的球代替。大约到了1913年,无底的篮网才被开始使用。篮球在1936年正式成为奥林匹克运动会的一个运动项目。我国第一次正式比赛篮球是1896年在天津。

排球运动的诞生

排球运动源于美国。1895年,美国一位叫威廉斯·盖·摩尔根的体育工作人员,想把当时已广为流行的网球搬到室内,在篮球场上用手来打。但室内篮球场面积较小,网球容易出界,于是他做了某些改进:一是把网球允许球落地后再回击的规则改为不许落地;二是把网球的体积扩大,用篮球胆充气来打。第二年,有位博士将此球命名为"华利波",意为"空中飞球"。排球传入中国的时间,一说是1905年,一说是1913年。将"华利波"改称"排球"是在1925年3月举行的广东省第9届运动会上,主要取其分排站立之意。在1964年东京举行的第18届奥运会上,首次进行了排球比赛。

羽毛球运动的由来

相传在14世纪末,日本出现了把樱桃插上美丽的羽毛当球,两人用木板来回对打的运动。这便是羽毛球运动的雏形。以后传到外国,19世纪中叶,改为软木制成的球托和穿弦的球拍。1870年,英国一位公爵在他的领地开游园会,不料天不作美,下起雨来,他为不使客人们扫兴,就改在室内进行羽毛球游戏,结果与会者情趣横生。此后,这项运动便风靡英国。1893年,英国14个羽毛球俱乐部组成羽毛球协会。羽毛球运动约于1920年传入我国,解放后,得到迅速发展。60年代我国羽毛球队已跻身于世界强队之林。70年代,国际羽毛球坛是印尼与我国平分秋色。80年代,优势已转向我国,说明我国羽毛球运动已达到世界先进水平。羽毛球在1992年巴塞罗那奥运会上被列为正式比赛项目,设男、女单打和双打4项比赛。

乒乓球的来历

乒乓球运动的产生纯属偶然,是因两个英国青年玩耍引起的。19世纪末,一天伦敦两个青年人到一家饭馆去吃饭,在等待侍者送饭时,他们感到无聊,便信手将装雪茄的盒盖拿在手中玩,同时又将酒瓶上的软木塞也拔了下来,两人在餐桌上你来我往,相互打过来打过去,结果,他俩玩得竟入了迷,连吃饭都顾不上了。由此,这项餐桌上的游戏很快就演变、发展成乒乓球赛,并席卷伦敦,一时形成了一股乒乓球热。为了纪念发明国,1926年,第一届世界乒乓球锦标赛在伦敦举行。

国际象棋的由来

国际象棋最早出现在印度。传说早在两千年前,古印度爆发了一场战争,死伤惨重,引起了一个聪明人的设想——用棋盘把恃强好斗的婆罗门贵族、国王和武士们的兴趣引过来,免得人们互相残杀。据记载,公元2~4世纪,在古印度流行过一种叫"恰图兰卡"的棋戏,但是只有战车、象、骑士和步兵四种棋子。后来又经过无数次的演变,终于在15世纪末进化成现在的国际象棋。

SPA 和瑜伽小考

SPA和瑜伽成为当前与健康有关的最流行的时尚词汇,深受白领人士,尤其是女性们的青睐。与普通健身不同的是,这两种方式都和陶冶心灵有关。

可能许多人都已知道SPA的来历,据说在15世纪前后,欧洲的比利时有一个被称为SPAU的小山谷,山谷中有一个富含矿物质的热温泉旅游疗养区,不少人前去度假,在温泉中尽情舒缓疲惫身心,这就是SPA的最初形式。如今,这个词已不仅象征着"温泉浴",还指以天然的水资源结合沐浴、按摩和香熏来促进新陈代谢,辅以音乐、冥想等6种手法,使身心达到畅快的享受。

瑜伽则是来自印度的古老健身法,瑜伽是梵文"YOGA"译音,有"结合""连接"之意,喻指将精神与肉体结合到最佳状态,在呼与吸中,使生命和大自然优美地融会。这两种健身形式的风行使我们看到现代人对于"和缓"和"放松"的莫大需求——健身,不仅仅是一种器械的锻炼,更是精神的深呼吸与内在心灵的洗尘。洗去那些焦虑的欲望、紧张的失衡,让身心在更深层的境界里,获得坐看云起的安宁。

网球的得分方式

为什么网球的得分方式为 15 分、30 分、40 分呢？这个问题要追溯到网球运动的起源。

网球是在 14 世纪起源于法国路易斯王朝时代，在宫廷中举行的"jeudepaume"（意为"用手掌击球的游戏"）。后来在 19 世纪引进英国，改良在草皮上举行。

因为最原始的网球运动是起源于宫廷之中，所以计分方法就地取材是可以理解的。他们拿可以拨动的时钟来计分，每得一次分就将时钟转动四分之一，也就是 15 分（一刻钟），同理，得两次分就将时钟拨至 30 分，当然一切都是以他们的方便为基础。这就是 15 分、30 分的由来。

至于 40 分，它比较怪异，它不是 15 的倍数。这是因为在英文中，15 念作"fi fteen"，为双音节，而 30 念作"thirty"，也是双音节；但是 45，英文念作"forty-five"，变成了三个音节，当时英国人觉得有点拗口，也不符合"方便"的原则，于是就把它改成同为双音节的 40（forty）。这就是看来不合逻辑的 40 分的由来。

网球

虽然这样的计分方法看来有些奇怪，但还是依循传统沿用至今，毕竟大家都已经习惯了这种来自宫廷的计分方法。

体育比赛时间种种

足球：全场 90 分钟，上、下半场各 45 分钟，中场休息不得超过 5 分钟。水球：全场 28 分钟，共分 4 节，每节 7 分钟，每节间休息 2 分钟。曲棍球：全场 70 分钟，上、下半场各 35 分钟，中间休息 5~0 分钟。橄榄球：英式橄榄球每场 40 分钟，上、下半场分别为 20 分钟，中间休息 20 分钟；美式橄榄球全场 60 分钟，分 4 节，每节 15 分钟，1、2 和 3、4 的节间休息 2 分钟，第 2 和 3 节间休息 20 分钟。举重：运动员从点名到试举，规定在 2 分钟之内，否则为一次试举失败。拳击：业余拳击赛共进行 3 个回合，每个回合 3 分钟，回合间休息 1 分钟，职业拳击为 15 个回合，其余与业余选手相同。摔跤：全局 6 分钟，分两局各 3 分钟，局间有 1 分钟休息。

天文历法

世界最早的天文钟

北宋哲宗元祐十一年(1088年),吏部尚书兼侍读学士苏颂和吏部会史韩公廉等人在开封研制成一种大型仪器设备"水运仪象台",能用多种形式反映及观测天体的运行。水运仪象台是一部复杂的机械装置,整个机械系统是利用漏壶流水作动力,使仪器经常保持一个恒定的速度,和天体运行保持一致,又通过一套复杂的齿轮系统获得所需要的各种运动,从而既能演示天象,又能以多种形式计时、报时。欧洲人把这种仪器称为"天文钟"。后世的钟表就是从这里演变出来的。苏颂在1088~1094年所著《新仪象法要》中,详细介绍了水运仪象台的构造,反映了当时开封天文学和机械工程技术的伟大成就。它的突出贡献有三:一、为了观测上的方便,屋顶做成活动的,这就是今天天文台圆顶的祖先。二、浑象一昼夜自转一圈,不仅形象地演示了天的变化,也是现代天文台的跟踪机械——转仪钟的祖先。三、所创造发明的"天关""天衡"和"天锁"等部件组成的杠杆装置,是世界上最早的"擒纵器",为后世钟表的关键部件,因而它又是钟表的祖先,也是世界上最早的天文钟。水运仪象台是中国11世纪杰出的天文仪器,是中华民族的骄傲。

最早的日食记录

公元前1217年5月26日,居住在我国河南省安阳县的人们,正在从事着各种各样的正常活动,可是一件惊人的事情发生了。人们仰望天空,之前光芒四射的太阳,突然产生了缺口,光色也暗淡下来。但是,在缺了很大一部分后,却又开始复原了。这就是人类历史上关于日食的最早记录,它刻在一片甲骨上。

我国古代对日食的观察保持了记录的连续性。如在《春秋》这本编年史中就记载了有公元前770~公元前476年这244年中的37次日食。从公元3世纪开始对于日食的记录更是一直延续到近代,长达一千六七百年之久。

踏上月球的第一人

　　1969 年 7 月 20 日，星期日，美国东部时间下午 4 点 17 分 42 秒，登月舱"鹰"舱接触月球并已着陆。民航机长尼尔·阿姆斯特朗背朝外，开始从九级的梯子上慢慢下去。在第二级阶梯上他拉了一根绳子，打开了电视照相机的镜头，让五亿人看到他小心地下降到荒凉的月球表面上去。

阿姆斯特朗

　　他的九号半的脚接触到了月球表面，他说："对一个人来说，这是小小的一步，但对人类来说，这是一个巨大的飞跃。"这时是下午 10 点 56 分 20 秒。他拖着脚步在地上走来走去。他说："月球表面是纤细的粉末状的，它像木炭粉似的一层一层地沾满了我的鞋底和鞋帮。我一步踩下去不到一英寸深，也许只有八分之一英寸，但我能在细沙似的地面上看出自己的脚印来。"阿姆斯特朗把那细粉放一些在他太空衣的裤袋里。

　　宇航员阿姆斯特朗成为人类踏上月球的第一人，他在月球上留下了清晰的足迹。

最古老的天文台

　　原始人类从实际需要出发，很注意对天体的观测，因此在一些文明古国，很早就建立了从事天文观测的天文台。在古希腊文化极盛时期，埃及的亚历山大城市就建有著名的天文台。早在三千年前我国周代初年就已经有了天文台。据记载，周文王在都城丰邑东面筑了一座天文台，叫作灵台。至今在西安市西南约 40 公里的地方，有一个自古以来未变的灵台村，树旁有一个高大的长方形土堆，相传这就是古灵台的遗迹。西汉时在长安西北筑有清台，后易名为灵台。东汉时修造的灵台高约 30 米，上有浑仪、相风铜鸟及铜表等仪器。但这些古天文台现在多不存在了。目前世界上留存下来较好的最古老的天文台是公元 623～公元 647 年间建于南朝鲜庆州的瞻星台。

世界第一个女宇航员

　　世界上第一位女宇航员是苏联的 B. B. 捷列什科娃少尉（生于 1937 年 3 月 6 日）。1963 年 6 月 16 日格林尼治时间 9 时 30 分，她乘坐东方 6 号宇宙飞船在拜克努尔宇宙飞行场起飞,从而成为进入宇宙空间的第一位妇女。她在离开地面233公里的地方,环绕地球飞行48圈以后,于1963年6月19日8时16分平安地在卡拉干达东北620公里的地方着陆,总共飞行了70小时46分钟。在捷列什科娃空间飞行期间,苏联发射的另一艘宇宙飞船东方5号也在空中。东方5号与东方6号进行了编队飞行,两艘飞船最近时距离不超过5公里。

捷列什科娃的飞行任务不仅要考察飞船的操纵系统,更重要的是要研究宇宙飞行条件下妇女生理的变化。

最早的太阳黑子记录

世界上我国最早发现太阳黑子,早在殷商甲骨文中就有关于太阳黑子的记载,在战国时期及汉代也有不少关于太阳黑子的记载,目前公认的世界上最早的太阳黑子记载是《汉书》:"和平元年……三月乙末,日出黄,有黑气大如钱,居日中央。"和平元年是公元28年。我国古代非但有公认的最早的黑子记录,而且数量很多,记录很详细。从汉和平元年到明末为止,共有一百多次太阳黑子的记录,这些记录既有准确的日期,又有黑子形状、大小、位置甚至变化的情况,为太阳黑子的活动及其对地球的影响的研究提供了十分宝贵的资料。

首次环球飞行

1924年4月6日,由美国飞机设计家道格拉斯设计与制造的道格拉斯式双翼机第一次环球飞行成功,同年9月28日用同型号飞机的环球飞行亦获成功,道格拉斯及其创办的道格拉斯公司因此名声大振。

在后期的军用飞机和商用飞机的制造和发展史上,环球飞行成功具有重要启示作用。

人类探索太空之首

人类进入太空已46载,首次记录层出不穷,现摘选其中若干。

1961年4月12日,苏联宇航员加加林乘东方1号飞船升空,历时108分钟,代表人类首次进入太空。

1963年6月16日,苏联的捷列什科娃乘东方6号飞船上天,历时2天22小时50分,成为世界第一位女宇航员。

1965年3月18日,苏联宇航员列昂诺夫走出上升2号飞船,离船5米,停留12分钟,首次实现人类航天史上的太空行走。

1967 年 4 月 24 日,苏联宇航员科马洛夫乘联盟 1 号飞船返回地面时,因降落伞未打开,成为第一位为航天事业献身的宇航员。

1969 年 7 月 21 日,美国宇航员阿姆斯特朗走出阿波罗 11 号飞船的登月舱,在月面停留 21 小时 18 分钟,成为人类踏上月球第一人。

1971 年 4 月 9 日,苏联发射世界上第一艘长期停留在太空的礼炮 1 号空间站。

1975 年 7 月 15~21 日,美国的阿波罗号飞船和苏联的联盟 19 号飞船在太空联合飞行,成为载人航天的首次国际合作。

1981 年 4 月 21 日,美国成功发射并返回世界上首架航天飞机哥伦比亚号,使可重复使用的天地往返系统梦想成真。

1984 年 2 月 7 日,美国宇航员麦坎德列斯和斯图尔特不拴系绳离开挑战者号航天飞机,成为第一批"人体地球卫星"。

1984 年 7 月 25 日,苏联萨维茨卡娅离开礼炮号空间站,成为第一位在太空行走的女宇航员。

1985 年 7 月 25 日,王赣骏乘挑战者号航天飞机进入太空,成为第一位华裔宇航员。

俄罗斯的波利亚科夫于 1994~1995 年间在和平号空间站上边停留 438 天,成为在太空呆得时间最长的男宇航员;而美国的露西德于 1996 年在和平号上停留了 188 天,成为在太空时间呆得最长的女宇航员。

1986 年 1 月 28 日,挑战者号航天飞机起飞时发生爆炸,7 位宇航员全部遇难,成为迄今最大的一次航天灾难。

1986 年 2 月 20 日进入轨道的苏联和平号空间站,至今已在太空中运行了 21 年,成为寿命最长的空间站。

1995 年 3 月 2~18 日,奋进号航天飞机在太空中飞行,其上的 7 位宇航员加上和平号上的 6 位宇航员,共有 13 位宇航员同时在太空,成为同时在太空中人数最多的一次。

1995 年 2 月,发现号航天飞机上的美国宇航员科林斯成为第一位航天飞机的女驾驶员。

生于 1935 年的美国宇航员马斯少雷夫具有 2 个学士、3 个硕士和 1 个博士学位,是学位最多的宇航员。

航天飞机最长的一次太空飞行是 1996 年 11 月 19 日起飞、12 月 7 日降落的哥伦比亚号,历时 17 天 15 小时 53 分钟。

1995 年 6 月 29 日,美国亚特兰蒂斯号航天飞机与俄罗斯和平号空间站第一次对接,开始了总计 9 次的航天飞机与空间站的对接,为建造国际空间站拉开了序幕。

小行星中的女神名字

小行星是神仙的乐园。很多小行星,特别是发现较早的小行星,通常都是以神话中的女神来命名的。如 1 号谷神星名叫赛丽斯,是主神朱庇特的妹妹、罗马的收获女神,也是意大利西西里岛的守护神。有名的 433 号厄洛斯也译作"爱神星",在西方神话中,她是一个可爱的小天使,手持金弓神箭,中了她的神箭的青年男女就会萌发爱情,结成终身伴侣。为了给行星命名,历史上还留下了一个有趣的故事。1850 年,英国天文学家海德发现了 12 号小行星,为了取悦英国维多利亚女王,他给这颗行星取名"维多利亚",却引起了美国天文学家对海德的大肆攻击。局面僵持了很久,还是英国人不惜"引经据典",将"维多利亚"说成是罗马的胜利女神才得到承认。天上小行星中的神话几乎都源于外国,唯一的中国女神是 150 号女娲。她是由美国天文学家华生在 1875 年 10 月 18 日发现的,受到了清朝政府的款待,所以他将这颗小行星奉献给了中国人。

九大行星的国际名称

地球——"该娅",希腊神话中的地母神。
金星——"维纳斯",爱与美的女神。
木星——"朱庇特",古罗马神话中的万神之王。
水星——"墨丘利",为众神传信并掌握商业、道路之神。
火星——"玛斯",古罗马战神。
土星——"萨图恩",古罗马农神。
天王星——"乌剌诺斯",希腊神话中的天神。
海王星——"尼普顿",罗马神话中的海神。
冥王星——"普路托",希腊神话中的冥王。

星期的由来

"星期制"是两河流域的巴比伦人发明的。早在公元前 2000 年左右,巴比伦人就能区分恒星和行星。他们认为行星一共有 7 个:金星、木星、水星、火星、土星、太阳、月亮。在他们心目中,地球是宇宙的中心,静止不动,其余星球都围绕地球运动。巴比伦人根据月象的变化,将 7 天定为一个星期,又叫一周。他们认为在这 7 天内,上苍每天派一个星神光临人间值班。太阳神马什、月神辛、火星神奥尔伽、水星神纳布、木星神马尔都克、金星神伊什塔尔、土星神尼努尔达 7 星共值一周。由于这 7 日都是天星值班的日期,就称为"星期"。"星期制"后来传播到犹太地区。犹太人把它传到埃及,又从埃及传到罗马。公元 3 世纪以后,"星期制"传入欧洲各国。明朝末年,星期制随着基督教传入中国。

大月小月的由来

月份的大小始于古罗马时期。当时恺撒修订历法,制定了儒略历,决定有特别意义的月份有 31 天,不重要的月份只有 30 天。所以,以守护神命名的 1 月、以战神命名的 3 月、以恺撒命名的 7 月,都有 31 天。由于 2 月是处死犯人的时间,很不吉利,所以只有 29

天。恺撒的继任人屋大维以自己的尊号——奥古斯都——命名8月,为了和恺撒平起平坐,他将8月也改成31天。为此,他从2月再借来一天,把2月减少到28天。为避免3个大月的月份连在一起,他又规定9月、11月各有30天,把10月及12月延长到31天。

公元的由来

  在基督教盛行的6世纪,为扩大教会势力,僧侣们把任何事情都说成与基督教有关。公元525年,僧侣狄奥尼西提出耶稣诞生于狄奥克列颠纪元之前284年的说法,并主张以耶稣诞生作为纪元。公元532年,教会中广泛使用这种纪年法。1582年罗马教皇制定格里高利历,继续采用了这种纪年法。由于格里高利历的精确度非常高,为国际通用,所以又称公历。教会所设定的耶稣诞生年份也因此被称为公元元年。所谓"公元",就是公元纪元。我国辛亥革命以后引入公历,但直到1949年中华人民共和国成立,我国才使用公元纪年。

历书

  历书是记载一年内的日期、星期、月份以及节日、纪念日、季节、天气等内容的书或表格。在西方,第一本标准历书是在牛津发行的。在16世纪和17世纪期间,苏格兰观测者创造了占星术历书。英国最著名的历书是穆尔(1657~1715)的《星球之音》。该书第一期完成于1700年7月,内容包含有对1701年的预测。美国第一本历书是在哈佛学院监督下于马萨诸塞州坎布里奇印刷的。富兰克林的兄弟詹姆斯在1728年印刷了《罗得岛历书》,5年后,富兰克林用理查德·桑德斯为笔名,在费城开始编写《贫穷的理查德的历书》,这是一本最著名的美国历书。

世界历史上最早的太阳历

  历史上以太阳年计时、最早创造出接近阳历的是古埃及人。埃及的尼罗河一年泛滥一次,开始于每年的夏季。古埃及人通过对天象的长期观测,发现了尼罗河水上涨的日子,早晨在孟裴斯可以看到天狼星和太阳同时从东方地平线上出现,于是古埃及人将河水泛滥和天狼星出现看作一年的周期,并以天狼星与太阳同时从东方升起的时候作为一年的开始。埃及人把1年分为12个月,每月30天,年终增加5天,作为节日之用,1年共365天。埃及人创造的这一阳历,究竟何时正式使用,有四种说法:即公元前4241年、公元前4236年、公元前2781年、公元前1881年四说。古埃及阳历与回归年相比,一年差0.2422天,经4年,便与回归年相差1天,经1460个年头相差1年。古埃及人为解决这一差距进行了历法改革,将一年改为365.25日。反映这一历法改革的石碑,于1866年在尼罗河三角洲被发现,该石碑立于公元前235年3月7日,碑上刻着托勒密王朝国王托勒密三世(公元前246~公元前221年)的一项法令,规定原来每年加的5天节日每逢第4年改为6天,这一年称为闰年。这是现知世界上阳历设闰的开始。古代埃及的阳历对于后来公历的形成具有很大的意义。

闰秒

"一分钟为60秒"几乎妇孺尽知,但从科学上讲,它却并非金科玉律,因为科学家已提出了"闰秒"的理论。闰秒分"负闰秒"和"正闰秒"两种,59秒一分钟的叫"负闰秒",61秒一分钟的叫"正闰秒"。闰秒从何而来？自从规定了用原子振动作为秒长的计量标准后,随之出现了原子时与地球的运动毫无关联而两者怎样永远保持一致的问题,为了在使用最精确的时间标准的同时又能照顾到千百年来形成的习惯,于是科学家提出了"闰秒"的办法:时间的单位长度严格不变,一秒钟是原子几十亿次振动的时间,但同时要求原子钟所指示的时间与平时人们使用的时间基本同步,两者之差不得超过±0.9秒。若地球自转变慢,原子时误差将超过0.9秒时,便人为地加进一秒去,反之则要扣除1秒钟。国际上规定,这种闰秒由国际时间局根据实际情况来随时处理,但加、减必须在特定的时刻进行:12月31日或6月30日最后一分钟的最后一秒之后。在1982年6月30日、1982年12月31日、1984年6月30日就经历了3次正闰秒。负闰秒则至今还未出现过。

反转的时钟

在捷克斯洛伐克首都布拉格犹太区一座古老的建筑物上有两座大钟,下面那座钟的指针旋转方向与普通的钟相反,且短针指分,长针指时。钟面上写的是古老的犹太数目字。

欧美实行夏时制小史

夏时制,又称经济时制,实行夏时制可带来经济效益和社会效益。世界上许多国家都已实行这一时制。我国于1986~1991年也实行过夏时制,在夏季来临时把时针适当拨快,到秋季来临时再把时针适当拨慢,以充分利用日光,节约能源。

夏时制思想的最早提出者是美国早期的政治家和科学家本杰明·富兰克林。在他出任美国驻法大使期间,于1784年4月26日在《巴黎日报》发表了一篇文章,提出了避免浪费早上日光,减少晚上消耗蜡烛的想法,这是夏时制的最初萌芽。后来,世界上首次提出夏时制方案的,是英国的威廉姆·威利特。他写有《日光的浪费》一书,于1968年建议在夏天把时钟向前拨快,可是被英国议会否决了。欧美实行夏时制,是在第一次世界大战期间开始的，是作为战时节约燃料的措施而实行的。最先实行夏时制的是德国，于1916年3月通过夏时制法案，同年5月1日生效，接着奥地利、法国、意大利、荷兰、葡萄牙、英国和斯堪的纳维亚国家，相继仿效德国实行了夏时制。在实行夏时制过程中，各国都遭到不同程度的反对，经历很多的曲折。如在美国，早在1914年克利夫兰和底特律两个城市就实行过夏时制，但遭到公众的反对。美国卷入第一次世界大战后，1918年初美国国会通过法案，决定3月的最后一个星期日到10月的最后一个星期日的期间内，将时钟向前拨快一小时。但是，随着大战的结束，在美国公众的强烈反对下，美国参众两院只好废止当时作为战时措施而实行的夏时制。第二次世界大战后期，美国又实行了夏时制，但在1954年末又被国会废除。后来美国国会通过第三个夏时制法案，即联邦统一计时法案，该法案规定从4月的最后一个星期日至10月的最后一个星期日的期间内，将时钟拨快一小时。这个夏时制法案就不是战时的措施了。

最早的计时仪器

从古代最古的楔形文字和埃及古墓的出土文物看来，最早的计时仪器"滴水"出现在古巴比伦（现伊拉克一带）和埃及，时间是公元前1500年以前。一般的"滴水"只是底部开了小孔的特殊贮水器，利用流掉水的多少来粗略地测定时间。目前找到的最古老的"滴水"，是一只公元前1400年的漏壶，它高约35厘米，用半透明的雪花石膏做成，极为精致，内壁上还刻有表示时间的标记。

我国找到的最早的"铜壶滴漏"，大约出现在公元前1000年左右的周代，与巴比伦、埃及不同的是，它里面的刻度是用一支插入的箭来表示的，而且是3个滴漏联合使用，这样滴水速度就比较均匀，计时也较准确。

"世界年"知多少

世界年是由联合国提议并作出相应决议而确定的。

1957年　国际地球观测年

1959~1960年　世界难民年

1960年　世界精神卫生年

1961年　国际保健医疗研究年

1961年　世界种子年

1964~1965年　太阳极小周期国际观测年

1965年　国际协助年

1966年　国际米年

1967年　国际观光年

1968年　国际人权年

1970 年　国际教育年
1971 年　与人种差别斗争国际年
1972 年　国际图书年
1974 年　世界人口年
1975～1985 年　国际妇女年
1979 年　国际儿童年
1981～1990 年　国际残疾人年
1982 年　制裁南非国际年
1983 年　世界广播年(通信年)
1984 年　世界青年年
1985 年　国际森林年
1986 年　国际和平年
1987 年　国际无住房人年(援助无家可归者国际年)
1990 年　国际扫盲年
1992 年　国际空间年(1989 年 12 月 8 日第 44 届联合国大会决定)

　　1989 年 12 月 8 日第四十四届联合国确定世界年的原则是:选择的主题必须符合联合国宪章;优先考虑与经济、社会发展及人道主义、人权相关;特别关注发展中国家的情况等。

姓氏与称谓

百家姓起源探微

"赵钱孙李、周吴郑王、冯陈楚魏、蒋沈韩杨"，许多华人都对这些字感到熟悉。即使目不识丁的人也听说过百家姓。

姓是一个人最重要的个人特征，是一个家族的印记，它与社会学、历史和传统有密切的联系。

众所周知的《百家姓》是一本非常好的阅读材料，读者可从中了解百家姓的起源与其深远影响。它有一千多年的历史，自公元 10 世纪北宋起在中国广为流传。

是谁创造了《百家姓》？它何时初具规模？又何时出版？这些问题直到今天还是个谜。根据明清有文字记载的学者的研究，《百家姓》早在宋朝以前就存在，在宋朝初期由一位地处吴、越地区（现今浙江省杭州市）不知名的儒家学者将其编辑、装订成册。

南宋（1125～1210 年）著名的爱国诗人陆游最早在他的诗《秋日小雨》中提到百家姓。诗人在注释中指明他的灵感源自两本书，一本是《孔子》，另一本就是《百家姓》。由此我们可以看出，《百家姓》早在宋朝以前就开始流传了。

宋朝的皇氏姓"赵"，五代十国时期吴越国的国王姓"钱"，宋朝的一位学者相信"孙"是宋朝皇族妻妾的姓氏，"李"是南唐的统治者——李后主的姓氏。这就是《百家姓》的开场白——"赵钱孙李"次序的由来。

目前发现的最早的印刷体《百家姓》是在元朝（公元 14 世纪初）出版的，它根据汉字和蒙古字的语音、笔画对应而成。但是元朝的版本并不完整，流传已久的《百家姓》直到明朝才算收录完整。它总共记录了 438 个姓氏，其中 408 个是单姓，由 102 行组成，38 个是复姓，编成 15 行。最后一行是百家姓终，即百家姓完结篇，由 118 行构成，共有 472 个字。

清朝后期又出现了另外一本有关百家姓的书——《增广百家姓》，书中记录了 444 个单姓，60 个复姓，结束语为"百家姓序"。

现存的清朝版本的百家姓既有文字又有图画，每页上方除了记录历史名人的名字和其所属家族外，旁边还有他的图像；每页下半部是由四个字或姓氏组成的短句，读起来很像古时的四句诗词。

过去，《百家姓》有几种修订版，如明朝末年修订的《黄周姓》、清朝康熙年间修订的《御指百家姓》、清朝咸丰年间（1851～1861 年）由丁延修订的《百家姓三编》。这些修改后的百家姓在表现格式上花了很多工夫,每本都各具特色。尽管如此,它们还是无法取代原稿,这体现了原稿对后来创作的深远影响。

《百家姓》不仅只在汉族中广为流传,其译本也在与汉族有着友好往来的少数民族中传播,如蒙古字目百家姓,女真字目百家姓和由此可见百家姓的深远影响程度。

古人是怎样取名的

随着语言文字和文化观念的发展,中国古代的人取名也越来越复杂,既有"名"又有"字",有的还有"号"。

所谓"名",是社会上个人的特称。"字",往往是"名"的解释和补充,是与"名"相表里的,故又称"表字"。"字"是男女成年后才加取的,表明他们开始受到尊重。一般名、字多由父母长辈所取,其中多表达长辈对子女的期望。如关羽,字云长,意为"展翅入云";赵云,字子龙,取"云从龙"之意。"号",是人的别称,又叫别号,是使用者本人起的,以寄托或标榜自己的某种情操和旨趣,如宋代文学家欧阳修以"一万卷书、一千卷古金石文、一张琴、一局棋、一壶酒"加上他本人"一老翁"共六个"一",故取号为"六一居士",以表示自己鄙视利禄;南宋画家郑思肖在宋亡后自号"所南",以示心向南方,不忘故宋。封建社会中的士大夫往往有自己的别号,宋代以后,取别号之风尤盛。

古人对取"名""字"比较重视。有的古人名、字含义相近或相辅,例如屈原,名平,字原。(《尔雅·释地》:"广平曰原")岳飞,字鹏举。有的古人名、字取自古书上的名句或成语,例如曹操,字孟德,出《荀子》"夫是之谓德操"句。有的古人名、字互为反义,例如曾点,字皙(点,黑也;皙,白也)。有的古人还有"小字",即乳名,例如曹操被称为阿瞒,刘禅被称为阿斗,都是乳名。古人的名、字还常用来表示在家族中的行辈。先秦时,常在名、字中加伯、仲、叔、季表示兄弟长幼,如伯禽、仲尼、叔向、季路。汉代以后逐渐在名或字中用同样的字或偏旁表示同辈关系。

同样,古人在名、字、号的用法上也很有讲究。名一般用于谦称、卑称,或上对下、长对少的称呼;在尊称、下对上称呼时则称字、号,平辈之间只有在很熟悉的情况下才相互称名。在多数情况下,提到对方或别人时直呼其名,是一种很不礼貌的做法。

古人在交往中的称呼

古人一向重视礼仪,因而在日常交往中的自称和相互称呼方面,形成一套较严格的规矩。

一般来说,在相互交谈或书信往来中,凡提到自己的则用谦称或卑称。在古人的自我谦称中,使用较为常见的有以下几种:"鄙人",即自谦为见识浅陋之人;"不才""不佞",即自谦为无才能之人;"不敏",即不聪明之自称;"不肖",即自谦为不贤之人。此外,一般男子自称"臣""仆",女子自称"妾""奴""奴家",年轻者在年长者面前自称"学生""晚生""后学",老百姓在官吏面前自称"小人""小民"等,都是常见的自谦之词。即使是地位尊显的帝王和诸侯也有谦称,一般自称"孤""寡"。只是后来,"孤家寡人"渐渐成为帝王的专门自称。

古人在相互称呼对方时,往往使用尊称。古时常用的尊称有:"父""子""长者""先生""公""君""足下"等,对象不同,使用的尊称也会有所不同。"父",是对年长男子的尊称,如仲尼父、伯禽父;"子",多用来表达学生对老师的敬意,如孔子、孟子;也有的在字的前面加"子"如子产(公孙侨)、子贡(端木赐);"长者",一般用来对有德行之人的尊称,一些古代名人如伍子胥、信陵君等,都被人称为"长者";"先生",古人对师长、老人、有德行者均称"先生";至于"公""君"和"足下",它们运用范围很广泛。在古代官场中,还有一些专用的尊称,如君称臣作"卿""爱卿",臣称君作"陛下"。另外,人的字、号,也属尊称,但只能用于特指的个人。

什么是年号

年号是封建帝王为纪在位之年而立的名号,它是皇帝当政的时代标志,始于汉代。公元前140年,汉武帝即位,纪年称建元元年。于是,"建元"就成了中国有史以来的第一个年号。之后,历代帝王皆用年号纪年,年号一个接续一个,从未间断。不管是正统王朝,还是偏安王朝、"僭窃"的君主、少数民族政权、农民起义政权,只要一立国号,便要确立年号。

改换年号叫作"改元",任何一个新君即位,都毫无例外地改元,建立自己的新年号。但一个帝王究竟可以使用多少年号,并无定制,它具有很大的随意性,少则一个,多则几个、十几个不等。从历史上看,元以前,一帝多年号的情况十分普遍,明清两朝则基本上是一帝一年号。独有明英宗,因其先后两次即帝位,故有"正统""天顺"两个年号。所以,我们今天称呼古代的皇帝,元以前多称其庙号,如唐太宗、宋太祖、元世祖等,而明清的皇帝则习惯以年号为其称谓,如洪武帝、万历帝、乾隆帝、宣统帝等。

我国古代的年号名称繁杂,但多表达吉祥、太平、国泰民安及皇权的神圣性的意思。年号的用字,以二字年号居多,也有少数三字、四字的,如王莽时的"始建国"、武则天的"天册万岁"、宋徽宗的"建中靖国"等。最长的是六个字,如西夏景宗的"天授礼法延祚",惠宗的"天赐礼盛国庆"。

中国封建社会延续了两千余年,究竟出现过多少个帝王年号呢?据上海人民出版社出版的《中国历史纪年表》(1976年1月第一版),有历代主要年号五六百个。如把重复的计算在内,那就更多了。

家谱历史

谱、族谱,是一个家族的生命史。它不仅记录着该家族的来源、迁徙的轨迹,还包罗了该家族生息、繁衍、婚姻、文化、族规、家约等历史文化的全过程。

家谱是以记载父系家族世系、人物为中心的历史图籍，是由记载古代帝王诸侯世系、事迹而逐渐演变来的。先秦时，社会上流传有《周官》《世本》等谱学通书；秦汉以后，又出现了《帝王年谱》《潜夫论·志氏姓》《风俗通·姓氏篇》等谱学著作。到魏晋南北朝时，门阀制度盛行，家谱成了世族间婚姻和仕宦的主要依据，于是便迅速发展起来。隋唐五代后，修谱之风更从官方流行于民间，以至遍及各个家族，出现了家家有谱牒、户户有家乘的风气，并且一修再修、无休无止。因此每次修谱，也就成了同姓同族人之间的大事。

但第一部家谱是什么样子？修撰于何朝何代？是官修还是私修？因为历史上缺乏记载，至今尚不得而知。到了宋代，由于官方修谱的传统禁例被打破，民间编撰家谱风气开始兴盛，于是家谱也日益多了起来。在这一时期的家谱中内容包括三部分：第一部分是世系图，若想知道谱中某人世系所承，属于何代、其父何人，一看此图便即了然。第二部分是家谱正文，是按世系图中所列各人的先后次序编定的，分别介绍各人的字号、父讳、行次、时代、职官、封爵、享年、卒日、谥号、姻配等。这些介绍性的文字，长者50余字，短者仅二三字，实际是人物小传，使人知其本源，而世系表也因此更加完整。第三部分为附录，对研究姓氏的源流、迁徙、分布、文化等都有较大价值。

家谱究竟有多大数量，至今还没有人做出确切统计。因为家谱像其他所有私家家谱一样，还有秘不示人的家规。每当家谱30年一小修、60年一大修后，旧的家谱除留下极少几套保存在宗祠或族长手中外，其余都要全部销毁，而代之以新的家谱。这种特殊的风俗习惯，当然为古老家谱的保存制造了人为障碍。不过，尽管如此，家谱作为生活轨迹的记录，仍有不少被保存了下来。至于散落在民间的家谱，无疑还有更大的数量。

复姓起源

中国的复姓是中华姓氏文化中的一朵奇葩，透过这一个个复姓，我们可以从中学到不少的历史知识。

复姓的来历有几种情况：

由封邑而来。

如令狐氏，《百家姓》中记述为：周朝时有个名叫魏颗的人屡立战功，受封于令狐邑，后人遂以"令狐"为姓；又如段干氏，老子裔孙李宗受封于段干，其后人遂以"段干"为姓；此外，还有梁丘、上官、羊舌、钟离等复姓，都属这种情况。

因居地而来。

如东郭氏，周朝时齐国公族大夫有居住在国都临淄东郭的，后人遂以"东郭"为姓；又如闾丘氏，齐国有位名婴的大夫居住在闾丘，时称闾丘婴，其后人遂以"闾丘"为姓。还有南门、西门、南宫、濮阳等复姓，也是因居地而得。

由官名、王父之字、爵系、族系而来。

如司马、司空、司寇、司徒、太史、即墨、亓官、巫马、乐正、左丘等复姓由官名而来；公羊、子阳等复姓由王父之字而来；公孙、仲孙等复姓由爵系而来；叔孙等复姓由族系而来。

认真揣摩这些复姓,真是一件很有意思的事。比如,司马迁因为"李陵案"而受宫刑,他的两个儿子司马临与司马观怕被株连,就改名换姓,隐居乡里。兄弟俩各取"司马"中的一个字,哥哥在"马"字左边加两点,改姓"冯";弟弟在"司"字左边加一竖,改姓"同"。

又如欧阳这个复姓,有的简化为姓欧,有的简化为姓阳。还有钟离简化为钟,公孙简化为孙等,这可能是一种复姓单音化的趋势吧。

宋代成书的《百家姓》收集了 442 个单姓,61 个复姓,共 503 姓。明代陈士元编的《姓镌》共收单姓、复姓 3625 个。1978 年,有关部门通过户籍和邮电部门对七大城市汉字姓氏的使用情况进行了调查,所得的姓氏总数是 2587 个。其中,北京市 2250 个,上海市 1640 个,沈阳市 1270 个,武汉市 1574 个,重庆市 1245 个,成都市 1631 个,广州市 1802 个。1984 年,人民邮电出版社出版的《中国姓氏汇编》(阎福卿等编)共收集单姓、复姓 5730 个。而台湾学者王素存著的《中华姓府》收集到的古今汉字姓氏却多达 7720 个。但这还不是确切的数字。根据 1996 年北京教育科学出版社出版的《中华姓氏大辞典》(袁义达、杜若甫编著),我国古今各民族用汉字记录的姓氏一共有 11969 个,其中单字姓氏 5327 个,双字姓 4329 个,三字姓 1615 个,四字姓 569 个,五字姓 96 个,六字姓 22 个,七字姓 7 个,八字姓 3 个,九字姓 1 个,此外还有异译、异体字姓氏 3136 个。这是迄今为止中国姓氏数量的最新统计。

现代中国人使用的汉字姓氏还有待我们进一步去调查发现,尤其是那些还保持着汉唐古音的交通闭塞地区以及有文字障碍的少数民族地区,肯定还有很多姓氏埋没在民间。

缅甸人的姓名

缅甸人只有名而没有姓,其名字至少一个字,多的有六七个字。从名字上是无法判断一个人的家族或家庭归属的。缅甸人很重视男女、长幼、尊卑的区分,为此,在每个人的名字前面都附加一个表示性别、辈分或社会地位的"前缀"。一般在男性的名字前面加"貌"。例如,一个男人的名字叫"丁伦",小时候大人和小孩儿都称他为"貌丁伦";长大以后,与他年龄相仿和比他年轻的人称他"郭丁伦",长辈可以叫他"郭丁伦",也可以叫"貌丁伦";上了年纪或有社会地位以后,一般人都称他"吴丁伦",与他年岁相仿的人也可称他"郭丁伦",他本人仍自谦地称"貌丁伦"或"郭丁伦"。常用的尊称中,"郭"意为"兄长","吴"除了"叔伯"之意外,还有"先生"的意思。此外,名字前面还可以加其他一些尊称,如"波"(意为军官)、"塞耶"(意为老师)、"道达"(英语"博士"的译音)、"德钦"(意为主人)等。女性名字的前缀有"杜""玛"等,例如,一女子名"丹",如果是年轻人,要称其为"玛丹";是有社会地位的女士,则称为"杜丹"。

印度的姓氏

印度人的姓名比较复杂,常因民族、地区、种姓、宗教而不同。如西印度人,一般先说本人名,再说父亲名,最后才是姓;南印度人则往往还把村名和姓名连在一起,冠在姓名之前,使人从他的名字就可以直接知道他是什么地方人。一般,印度人的名在前,姓在后,如弗罗兹·甘地,"弗罗兹"是名,"甘地"是姓。锡克教男子多在名字上加"辛格"(狮子),女子多在名后加"考尔"(美女)。

称呼印度男人,只称呼姓,不称呼名,对妇女则只称呼名而不称呼姓,因为女子结婚后随丈夫姓,女子的名字多以柔和清晰的长元音结尾。

对尊长,人们用"古鲁"称呼,意是"老师""长者",对大人物用"圣雄"尊称,如圣雄泰戈尔、圣雄甘地等。"巴尔"意为"先生""老爷"。在日常生活中使用最多的是在姓名之后加一个"吉",以加重语气,表示尊敬和亲热,如妈吉达(妈妈)、古鲁吉(老师)等,这种称呼在对面交谈及演说时常用。

由于宗教、种姓、职位的不同,称呼习惯也很不相同。对于穆斯林和基督教徒,应称其为"萨赫伯"(先生),如果称一位穆斯林老人为"哈吉",这个叫法意为"去过麦加的朝圣者",无论他是否去过,他都会非常高兴;而对锡克教徒,只有称呼他为"赛尔达热",才是表示尊重。

印度夫妻之间直接叫名字是完全不可以的,其严重程度比违反法律规定还厉害,因为这与宗教信仰有密切关系,谁也不敢越雷池一步。

在前印度教时期,也就是婆罗门教时期,原始的种姓制度已经出现,界定了现代印度主要的四大种姓(实质上是五大种姓,因贱民不被认可为一个种姓)。"种姓"这个汉译,非常准确地传达出了它的含义,比英译 Caste 的含义更丰富,更接近原义。原因在于,caset 强调了"种",而忽略了"姓"。

事实上,现代印度社会里的种姓数量已经多达上万,这上万个种姓都是从五个阶层中分化出来的,印度学研究中称作亚种姓(sub—caste),梵文音译成 Jati。很多印度人的姓氏,往往就是他们的 Jati。理论上的四大种姓(Varna)分别是婆罗门(Brahmin,神职人员)、刹帝利(Kshatriya,武士)、吠舍(Vaishya,平民)、首陀罗(sudra,奴隶),另外还有一个贱民阶层,被称作不可接触者(有点类似日本的"秽多")。但经过历史的演变,种姓制度本身已经变得非常复杂,已经很难完全按照四大 Varna 严格区分。

如印度的圣雄甘地,他的家族属于古吉拉特的班尼亚种姓(吠舍的一个 Jati),但甘地的祖父担任过波尔班达和朱纳卡德两个土邦的首相;甘地的父亲卡巴·甘地则担任过拉奇科特和樊康那两个土邦的首相。而且班尼亚 Jati 是印度教中的毗湿奴教徒(印度教中有湿婆崇拜、黑天崇拜、毗湿奴崇拜、各类女神崇拜等不同信仰)。如果从四大 Varna 的分野来看,吠舍的出身是不能让甘地在印度教社会里得到如此崇高的地位的。但班尼亚 Jati 的政治地位以及甘地在南非印度裔民主斗争中取得的声望,使他得以在英国殖民统治的特殊环境下跨越传统种姓制度的壁垒,成为印度宗教社会的领袖。

世界十国三大姓

每一个地方和国家都有使用最多的姓氏。以下是十个国家的三大姓:
中国——张、王、李。

法国——马丁、勒法夫瑞、贝纳。
德国——萧兹、穆勒、施密特。
英国——史密斯、琼斯、威廉斯。
朝鲜——金、朴、尹。
荷兰——德夫力斯、德杨、波尔。
西班牙——加西亚、弗朗德兹、冈查列兹。
瑞典——翰森、安德森、卡尔森。
美国——史密斯、詹森、威廉斯。
苏联——伊凡诺夫、瓦西里耶夫、彼得洛夫。

英美人姓名及称谓

英美人姓名的排列是一般是名在前姓在后。如约翰·维尔逊,约翰是名,维尔逊是姓。又如爱德华·亚当·戴维斯,爱德华是教名,亚当是本人名,戴维斯为姓。但一些出身贵族的人常常把姓放在前面。也有的人把母姓或与家庭关系密切者的姓作为名字的第二节。在西方,还有人沿袭用父名或父辈名,在名后缀以小(Junior)或罗马数字以示区别。如小约翰·维廉,乔治三世,史密斯第三。

妇女在结婚前都有自己的姓名,结婚后一般是自己的名加丈夫的姓。如玛丽·怀特女士与约翰·戴维斯先生结婚,婚后女方姓名为玛丽·戴维斯。

书写时常把名字缩写为一个字头,但姓不缩写,如 G. W. Thomson,D. C. SulliVan 等。

以英文为本国文字的国家,姓名组成称呼基本与英、美人一样。

法国人姓名及称谓

法国人姓名也是名在前姓在后,一般由二节或三节组成。前一、二节为个人名,最后一节为姓。有时姓名可达四、五节,多是教名和由长辈起的名字。但现在长名字越来越少。如亨利·勒内·阿贝尔·居伊·德·莫泊桑,一般简称居伊·德·莫泊桑。

法文名字中常常有 Le、La、de 等表示贵族身份的词,译成中文时,应与姓连译,如 LaFantaine 拉方丹,LeGoff 勒戈夫,deGaulle 戴高乐等。

妇女姓名的口头称呼基本同英文姓名。如姓名叫雅克琳·布尔热瓦的小姐与弗朗索瓦·马丹结为夫妇,婚后该女士称马丹夫人,姓名为雅克琳·马丹。

西班牙人和葡萄牙人姓名及称谓

西班牙人姓名常有三、四节,前一、二节为本人名字,倒数第二节为父姓,最后一节为母姓。一般以父姓为自己的姓,但少数人也有用母姓为本人的姓。如迭戈·罗德里格斯·德席尔瓦一贝拉斯克斯,德席尔瓦是父姓,贝拉斯克斯是母姓。已结婚妇女常把母姓去掉而加上丈夫的姓。通常口头称呼常称父姓,或第一节名字加父姓。如西班牙前元首弗朗西斯科·佛朗哥(Francisco Franco),全名是弗朗西斯科·保利诺·埃梅内希尔多·特奥杜洛·佛朗哥·巴蒙德。前四节为个人名字,倒数第二节为父姓,最后一节为母姓。简称时,用第一节名字加父姓。

葡萄牙人姓名也多由三、四节组成,前一、二节是个人名字,接着是母姓,最后为父姓。简称时个人名一般加父姓。西文与葡文中男性的姓名多以"0"结尾,女性的姓名多以"a"结尾。冠词、介词与姓连译。

俄罗斯人姓名及称谓

俄罗斯人姓名一般由三节组成。如伊万·伊万诺维奇·伊万诺夫,伊万为本人名字,伊万诺维奇为父名,意为伊万之子,伊万诺夫为姓。妇女姓名多以娃、娅结尾。妇女婚前用父亲的姓,婚后多用丈夫的姓,但本人名字和父名不变。俄罗斯人姓名排列通常是名字、父名、姓,但也可以把姓放在最前面,名字和父名都可缩写,只写第一个字母。

匈牙利人的姓名及称谓

匈牙利人的姓名,姓在前名在后,由两节组成。如纳吉·山多尔,简称纳吉。有的妇女结婚后改用丈夫的姓名,只是在丈夫姓名后再加词尾"ne",译为"妮",是夫人的意思。姓名连用时加在名字之后,只用姓时加在姓之后。如瓦什·伊斯特万妮或瓦什妮是瓦什·伊斯特万的夫人。妇女也可保留自己的姓和名。

阿拉伯人姓名及称谓

阿拉伯人姓名一般由三或四节组成。第一节为本人名字,第二节为父名,第三节为祖父名,第四节为姓,如沙特阿拉伯前国王费萨尔的姓名是 Faisalibn Abdul Azizibn Abdul Rahmanal Saud 译为费萨尔·伊本·阿卜杜勒·阿齐兹·伊本·阿卜杜勒·拉赫曼·沙特。其中费萨尔为本人名,阿卜杜勒·阿齐兹为父名,阿卜杜勒·拉赫曼为祖父名,沙特为姓。正式场合应用全名,但有时可省略祖父名,有时还可以省略父名,简称时只称本人名字。

阿拉伯人名字前头常带有一些称号,如埃米尔(Amir 或 Emjr)为王子、亲王、酋长之意;伊玛姆(1mam)是清真寺领拜人之意;赛义德(sayed)是先生、老爷之意;谢赫(sheikh)是长老、酋长、村长、族长之意。这些称号有的已转为人名。

在阿文中 aJ 或 el 是冠词，ibn（伊本）、ben（本）或 ould（乌尔德）表示是"某人之子"，Abu（阿布）或 um（乌姆）表示是"某人之父""某人之母"。称呼中这些词均不能省略。如 Ahmed Ben Bell 译为艾哈迈德·本·贝拉，简称为本·贝拉。

阿文姓名用词常具有一定含义。如穆罕默德（Mohammed）是借用伊斯兰教创始人的名字；马哈茂德（Mahamoud）是受赞扬的意思；哈桑（Hassan）是好的意思；阿明（Amin）意为忠诚的；萨利赫（Saleh）意为正直的等。

日本人姓名及称谓

日本人的姓名顺序与我国相同，即姓前名后，但姓名字数常常比我国汉族姓名字数多。最常见的由四字组成，如小坂正雄、吉田正一、福田英夫等。前二字为姓，后二字为名。但又由于姓与名的字数并不固定，二者往往不易区分，因而事先一定要向来访者了解清楚，在正式场合中应把姓与名分开书写，如"二阶堂进"，"藤田茂"等。

一般口头都称呼姓，正式场合称全名。日本人姓名常用汉字书写，但读音则完全不同。如"山本"应读作 Yamamoto，"三岛"应读作 Mishima，"日下"应读作 Kusaka。

宗教神话

世界宗教

　　世界性三大宗教为基督教、伊斯兰数和佛教,而其他宗教则生要为民族性宗教或地域性宗教。中国人习惯上称中国有五大宗教,即天主教、基督教(指基督新教)、伊斯兰教、佛教和道教,而实际上只是在世界三大宗教基础上加上了中国传统宗教——道教。天主教与新教(中国人俗称基督教)乃基督教三大教派中的两大教派,另一大派是东正教。这三大教派虽各自独立、自成体系,但仍被视为同属一教。

　　当然,社会上也流行有世界七大宗教或十大宗教之说,但分法不一,大体包括有基督教、伊斯兰教、佛教、道教、犹太教、印度教(及其前身婆罗门教)、神道教、摩尼教(基于琐罗亚斯德教)、锡克教等。西方人还将中国人传统信仰"儒教"也算作一大宗教。这些宗教都是由民族宗教或古代宗教发展演变而来,与它们各自的文化进程和历史命运息息相关。

　　宗教的目的是为求人类与自然界的融洽,因此宗教中有求雨去干旱、歇地震以及其他消除灾害的祈祷方式,同时也崇拜河流山脉、岩石森林等。例如,对印度教的教徒来说,最神圣的是恒河;乔登河对基督教徒又有特殊的意义;日本的神道教崇拜富士山,而墨西哥人崇拜火山。麦加的穆斯林人将"黑石头"视为神圣,认为它是安拉自天上赐给人们的。在基督教的仪式中,常青树作为一种象征永生的标志经常被种在墓地里。佛教之于莲花和菩提树,日本神道教之于针叶树都连带有经济影响。

　　人们对牛的崇拜可能和月亮有关,尤其是印度教,有人推论,这是因为牛角的形状颇似新月形。因对牛的崇拜导致了人类祖先对牛的驯养。

　　自然界的灾害常使宗教有各种不同的祈祷形式。美国的大平原区的教堂,在干旱年代有求雨的仪式,以求甘霖。中国的华北地区常受蝗虫之害,因此当地建了许多的猛王庙,有的地区竟多达900多座,以期蝗虫离去,保佑谷物丰收。

　　三个重要的宗教基督教、伊斯兰教和犹太教都是一神教。有些地理学家想从自然环境中解释其原因:这三种教都发源于中东的沙漠地区。在佛教分支中,最相近于一神教的喇嘛教也发源在中国西藏、蒙古的沙漠地区。这些希伯来人、阿拉伯人、中国西藏人、蒙古人整年整月放牧于单调的自然环境之中,茫茫沙漠,一片寂静,而月明星皎,种种肃穆容易使牧民相信万物为一人所主宰。

　　美国地理学家曾经调查过美国西南部教徒对自然界的看法。大致说来,大部分

（72%）西班牙后裔的天主教徒认为人类应该归顺自然；摩门教（55%）认为人类应与自然寻求和谐，其方法是正常生活，不喝酒，不吸烟，而且努力工作；而一半盎格鲁后裔的得克萨斯的新教徒（48%）认为，人们控制自然界的能力是可以避免自然界的灾害的；2/3 的印第安人则认为人类应该寻求与大自然的和谐。

宗教崇拜和人类的经济生活尤其息息相关。比如说在欧洲和美国的基督教集会中常有饮酒的仪式，象征酒是耶稣的血，而葡萄是酿酒的主要原料，这样就促使葡萄遍布于地中海的沿岸，而不只限于阿尔卑斯山的南麓了。6~9 世纪，葡萄又移植到德国莱茵河。同样，北美洲的天主教徒也将葡萄移种到西岸加利福尼亚州。事实上，酒与宗教的关系在基督教兴起以前就已非常明显。葡萄园的种植和酒的酿造在史前时期从地中海地区向西方发展与崇拜上帝是息息相关的。

宗教和牲畜的养殖关系可从直布罗陀海峡隔开的西班牙和摩洛哥两地看出来。在西班牙罗马天主教地区，猪的养殖极为普遍，可是在非洲这一边的伊斯兰教盛行的摩洛哥，就见不到猪的踪影了，因为伊斯兰教是禁食猪肉的。

信仰印度教的人对牛极为崇拜，不能宰杀作为食物，因此大批牛的存在妨碍了更合理的土地利用。同时宗教仪式通常选择在播种作物或者捕鱼的日子里举行，这种宗教假日或禁止某种食物自然影响到一地的经济发展。

罗马天主教徒在周五禁食肉类，因此大大地促进了渔业的生产。基督教对鱼是十分重视的，并在传统上崇拜渔夫，因此在天主教的国家里，捕鱼业极为发达，这也促进了鱼类的航业运输，从沿海运往内地。相反，印度教的信奉者是不吃鱼的。虽然印度经常缺乏食物，而其沿岸地区的鱼类极多，但并不能促进印度捕鱼业的发展。

伊斯兰教不准饮酒，可是基督教的各支派对禁酒各有看法，有的是可以通融的。在美国，像圣公会、美以美会、摩门会和安息会都是赞成禁酒的，可是，罗马天主教、路德教以及其他支派允许饮酒。这种对酒的不同态度，对于酒的销售影响极为明显。美国的得克萨斯州提供了一个有趣的例子，在得克萨斯州的北部居民，大都为天主教和路德教徒，酒的销售量极大，被称为"湿"区；而该州的南部多为圣公会和美以美会的信奉者，酒的销售量急剧减少，被称为"干"区。这种宗教与经济的关系，在地域分布上是十分有趣的。

宗教对旅游、交通和贸易运输都有密切的影响。宗教的发源地常是信徒朝拜进香的圣地，因此成为旅游中心。阿拉伯半岛的麦加和麦地那，是穆斯林的朝拜圣地，麦加只是一个人口不足 20 万的小城，可是 1968 年，从各地前来朝拜的人竟达 37.5 万。可以想象，这种大批的朝圣者自然对交通的发展和贸易的繁荣都有促进作用。在中世纪的欧洲，道路与桥梁的修建有许多是因为朝圣的缘故，僧侣往往帮助修建，并且建造旅馆'。在瑞士阿尔卑斯山的圣·哥特哈得通道仍有许多旅舍的遗迹。朗特是一个位于法国南方的小镇，人口只有 1.6 万，可是每年有 2 万多罗马天主教徒前来朝圣，它的旅馆之多仅次于巴黎。印度的瓦拉纳西位于恒河沿岸，是印度教的朝拜圣地。日本的伊势是神道教的圣地。加拿大的博普里则是罗马教徒的朝拜圣地。

宗教在地面建筑最突出的表现是它的教堂。各式教堂的面积、功用、式样、材料都各不相同，罗马天主教的教堂被认为是上帝的居住地，一般说来，比较宽敞高大，装饰繁华，十分醒目。同样，在天主教及东正教的区域里多有耶稣钉在十字架上的图像、十字架和神殿以及各种各样的宗教标志，然而在新教区就没有这样的标志和殿堂了。伊斯兰教和犹太教就没有基督教那么讲究的教堂。犹太教长期与基督教共存，教堂建筑也受其影响，比较高大而醒目。

各种宗教对死者的归宿方式也各不相同。印度教、佛教和神道教实行火葬而不用坟墓，让人死后不在地面上留下任何痕迹。然而埃及就用金字塔来埋葬他们的英雄，大都建造在不能耕种的土地上。基督教、伊斯兰教都用土葬并立墓碑。中国西藏的喇嘛教则实行"天葬"。将死者的尸体斩碎割裂，和以面粉任由老鹰取食后，飞向天空，认为是最好的归宿。

佛教的经典和标记

大乘和小乘佛教的经典，包括经藏（释迦牟尼说法的言论汇集）、律藏（佛教戒律和规章制度的汇集）、论藏（释迦牟尼后来大弟子对其理论、思想的阐述汇集），故称三藏经，或称"大藏经"。藏传佛教大藏经称为《甘珠尔》和《丹珠尔》。《甘珠尔》意为佛语部；《丹珠尔》意为论部。

佛教的旗帜或佛像的胸间，往往有"卐"的标记。这标记武则天将其定音为"万"，意为太阳光芒四射或燃烧的火。后来作为佛教吉祥的标记，以表示吉祥万德。佛教的标志也往往以法轮表示，因为佛之法论如车轮辗转可摧破众生烦恼。

伊斯兰教

伊斯兰教是与佛教和基督教并列的世界三大宗教之一，公元 7 世纪初诞生于阿拉伯半岛。它是由伊斯兰教的先知穆罕默德所创，目前世界上有 10 亿多信徒，他们大多分布在阿拉伯国家以及中非、北非、中亚、西亚、东南亚和印度、巴基斯坦、中国；有些国家还以伊斯兰教为国教。

伊斯兰教诞生于阿拉伯半岛的社会大变动时期。当时岛上四方割据，战乱频繁，内忧外患，危机重重。在宗教信仰上，原始宗教盛行，人们崇拜自然物体，并且各个部落都有自己的神，同时，犹太教和基督教也开始向半岛传播，但它们的学说并不适合这种形势。实现半岛的和平统一和社会安宁是阿拉伯社会的出路，这时候先知穆罕默德出现了，他以"安拉是唯一的真神"为口号，提出禁止高利贷，"施舍济贫""和平安宁"等主张，反映了当时社会的要求。伊斯兰教就是在这样一个转折的时刻诞生的。

伊斯兰教认为除了安拉再没有神，反对信多神、拜偶像，伊斯兰，是阿拉伯语的音译，本意"顺从"。顺从安拉旨意的人，即"顺从者"，阿拉伯语叫"穆斯林"，是伊斯兰教徒的通称。在中国，穆斯林也称安拉为"胡大"或"真主"。穆斯林都相信穆罕默德是"先知"，是"安拉的使者"，是奉安拉之命向人类传布伊斯兰教的。伊斯兰教的历史，从穆罕默德开始传教之年算起，至今已有近一千四百多年，全世界的伊斯兰教徒分布在九十多个国家和地区，但不论在什么地方，穆斯林之间都互称兄弟，或叫"朵斯梯"，彼此见面出"色俩目",或简称道"色兰",以示问候。色俩目或色兰,阿拉伯语作"安色俩目尔来库姆",即"愿安拉赐给你平安",回答时说"瓦尔来库姆色俩目",意思是"愿安拉也赐给你安宁"。

从公元 7 世纪初直到 17 世纪,在伊斯兰的名义下,以阿拉伯半岛为中心,曾经建立了伍麦叶王朝、阿拔斯王朝、印度莫卧儿王朝、土耳其奥斯曼帝国等一系列大大小小的王朝帝国;随着时代变迁,这些盛极一时的王朝都已成为历史陈迹,但是,作为世界性宗教的伊斯兰教却始终没有陨落;它从一个民族的宗教成为一个帝国的精神源泉,尔后又成为一种宗教、文化、政治的力量,一种人们的生活方式,并且在世界范围内不断发展着。

什叶派

什叶派是与逊尼派、哈瓦利吉派、穆尔吉埃派并称为早期伊斯兰的四大政治派别。"什叶"的意思为"党人""派别"。该派以拥护穆罕默德的堂弟、女婿阿里及其后裔担任穆斯林的首领——伊玛目为其主要特征。目前全世界约有什叶派穆斯林 8000 万人,主要分布在伊朗、伊拉克、巴基斯坦、印度、土耳其、阿富汗、黎巴嫩、沙特阿拉伯、也门、巴林等地区。

伊斯兰教的圣地和节日

三大圣地:麦加、麦地那、耶路撒冷。

主要节日有开斋节(伊斯兰教历 10 月 1 日),古尔邦节(伊斯兰教历 12 月 10 日),圣纪(穆罕默德诞辰教历 3 月 12 日)。

教父

"教父"是古代基督教著述家的泛称,意为教会父老。他们的著作大都对后世基督教教义和神学有较深影响,被尊为教会传统之重要组成部分,是研究基督教史和神学思想史的重要依据。对于教父的定义和时限原来并不明确,后来一般指基督教创教之初至六七世纪间被认为维护正统教义的教会首脑(主教、长老等)或神学家;还有人把 10~12 世纪前的一些神学家也包括在内。根据语言划分,可分为东派的希腊教父和西派的拉丁教父。最后的希腊教父一般认为是大马士革的约翰或稍晚的佛提乌。拉丁教父则到格列高利一世为止,也有人将埃里金纳,甚至安瑟伦和明谷的伯尔纳认作拉丁教父的结束。

初期的尼西亚前教父,又称"使徒教父"。著作有《巴拿巴书》《克雷芒前书》2 卷、《赫马牧人书》《波利卡普致腓立比人书》并附《波利卡普殉教记》和《安提阿的依纳爵书信》。据考证,这些著作的希腊文原本始出于公元 1 世纪后期至 2 世纪中期;有些古代的新约目录曾将其中部分书卷列入正经。传说这些作者皆曾直接接触过使徒,有些还是使徒的门生。有些较迟的使徒教父集还增收了帕皮亚和夸德拉都的残篇以及匿名书信《致狄奥格内都》《十二使徒遗训》《克雷芒殉教记》和《依纳爵殉教记》。近代考证家则多对这些增补抱怀疑态度。

尼西亚后教父的文化水平和理论深度都高于前教父，因为国教化后，加入官方教会的知识分子明显增多。这些教父的精力已不在护教著作，而是集中于斥责异端和确立正统教义和神学。三一论、基督论等"教义神学"的基本命题，都是通过本阶段的"正逆"斗争，在帝国政权的直接干预下得到颁定的。在西罗马帝国灭亡前后，奥古斯丁在同摩尼教、阿里乌派、多纳图派、贝拉基主义等的斗争中，几乎接触到了后世"系统神学"中的大部分课题。这期间还出现了一些专科性的教父，如古代教会史之父犹西比乌、圣经编译家和考证家哲罗姆等。6世纪、7世纪后的不少教父则实为中世纪早期经院哲学家，如埃里金纳、安瑟伦等。

西方三圣

阿弥陀佛（接引佛）、观世音菩萨和大势至菩萨合称"阿弥陀三尊"，又叫"西方三圣"。

阿弥陀佛是西方极乐世界的教主。佛经上讲，这里无任何悲痛和苦恼，居民们可以尽情享受诸种快乐，所以叫"极乐"。阿弥陀佛又被称作接引佛。

观音，亦称观世音，是西方三圣之一，阿弥陀佛的左胁侍，是佛教救苦救难的化身。

大势至菩萨的梵文音译是摩诃那钵，他是西方极乐世界阿弥陀佛的右胁侍。据《观无量寿经》所述，他"以智慧光普照一切，令离三涂（指堕入地狱、饿鬼、畜生"三恶道"），得无上力，是故号此菩萨名大势至"。

千手观音的由来

观音菩萨虽然在佛国中并非首脑，却是善男信女最崇拜的对象，因为他"大慈大悲，救苦救难"。他的名字也很有意思，一个著名的法师解释"观世音"这三个字："非眼观之观，乃智观之观，世音即所观之境"，即是说他是洞察世间一切的觉者。在唐朝，因同唐太宗李世民的名字相讳，所以简称观音。据说凡遇难众生只要诵念他的名号，"菩萨即时观其声音"前往拯救解脱，并能消灾得福。吴承思的《西游记》又把观音描绘得如此可爱，佛法无边，孙悟空这样恨天恨地，一见到观音便"志心朝礼"，五体投地。这本《西游记》又偏偏这样脍炙人口，以

千手观音

至家喻户晓，这个菩萨形象也随之深入人心了。

　　按佛经上记载，观音本是古代印度一个国家的太子，名叫不晌，后来做了和尚，成了菩萨，可见观音菩萨本来是男性。我国唐代以前庙中的观音塑像也是男性，后来却塑成女性了。

　　观音是男的，怎么又变成了女的呢？有三种说法。第一，佛经上说观世音菩萨在"普渡众生"时能做三十二种变化，金阁寺塑的千手观音是他的变相之一，既然他有三十二种变化，甚至可以变成"千手千眼"的人，那么变成女人当然是很不费力的了。这种看法在元代以前还只在民间流传，到了元代，连许多佛门弟子也公开承认观世音是女性了。第二个说法，即在佛教诸佛、菩萨中还没有一个是女性，如果有个女菩萨，还可以弥补佛教的缺陷——男菩萨不便执行的任务，如送子之类，可以由女菩萨去执行。因此，自元代起，公开宣传观世音是女的。第三种说法：元代有一本《观世音菩萨传略》，书上说观世音菩萨是我国东周妙庄王第三个女儿，当她最初下定决心出家当尼姑时，妙庄王坚决不允，命令她以剑自刎，结果剑不仅没有伤害她，反而断为千节。庄王又命令将她闷死，使灵魂坠入地狱，但管地狱的阎王爷使她复活于普陀山附近的一朵莲花上。她在那里生活，为人治病。后来妙庄王病了，她挖下自己的双眼，砍下自己的双手，制成药给父亲吃，使父病痊愈。妙庄王为了纪念自己的女儿，让工匠塑一个"全手全眼观音像"，但塑匠听错了，塑了一个"千手千眼观音像"，这就是"千手千眼观音像"的来历。据《千手经》，观世音除双眼双手以外，左右各具二十手，手中各有一眼，成四十手，四十眼，每一手中又各有二十五手，二十五眼，而成千手千眼。其含意是"渡一切众生，毫无阻挡。"相传，他的道场设在浙江省的普陀山，生日是二月十九日，成道日（即出家之日）是六月十九，涅槃日（即得道升天之日）是九月十九日，佛教徒届时举行纪念活动。

世界穆斯林大会

　　世界穆斯林大会1926年在麦加成立。此后，该组织长期处于瘫痪状态。1949年，在卡拉奇召开第三届代表大会，决定重新恢复组织活动。1951年在卡拉奇建立常设组织。世界穆斯林大会在联合国享有"非政治性咨询机构"的地位，总部设在卡拉奇，在吉隆坡、摩加迪沙、纽约等地设有地区性的办事机构。

　　大会宗旨是在世界各地传播伊斯兰教，宣传超国家、超民族、超地区的泛伊斯兰主义，维护和增进穆斯林国家的团结、合作，抵制马克思主义无神论和西方世俗化倾向的影响。

　　主要机构：①代表大会，是最高权力机构，不定期召开。②执行委员会，由大会选举产生，包括主席、副主席、秘书长等七人。每年召开一次会议，听取秘书长工作报告。③秘书处，是常设机构，由秘书长主持工作。

"清真"的来历

汉语中"清真"一词,从我国南北朝时期便开始使用。但从南北朝到宋朝约800多年的时间里,"清真"一词在文人笔下只是用来赞美品格高尚的人物或描写清雅幽美的环境。

唐宋以后,"清真"一词开始与宗教相联系。因宗教都自称"清道",又都主张"清静无为",故喜用"清真"一词。明中叶后,回族穆斯林赋予"清真"一词以新的含义。他们认为"清"者是指真主"超然无染、不拘方位","真"者是指"真主永存、独一至尊"。

伊斯兰教信仰的中心是:"万物非主,唯一有真主。穆罕默德,是主使者。"这两句话一般被称为"清真言"。这样,直至解放前,在我国社会上都把伊斯兰教称为清真教。后来,人们把按照伊斯兰教的风俗习惯制作的各种食品称为"清真食品"或"清真糕点"。此外还有"清真餐厅""清真小吃店"等。现在,"清真"一词已成为一般的流行用语了。

古罗马神话

古罗马神话包括神的传说和同神的传说相关的地方历史传说两部分,与丰富多彩的古希腊神话相比,它要简单、朴素得多。

古罗马人认为,每一种事物,每一个人,甚至每一个人的每一种具体活动,都包含有某种神秘的内在力量或精灵,人们崇敬他们,同时祈求他们的帮助和保护。古罗马的神一部分是罗马及其周围邻近部族原有的,一部分是外来的。古代意大利以农牧为主,传统的罗马神也大多同农牧有关,主要的有:土地神拉尔,家神佩纳特斯,灶神维斯塔,门神雅努斯,战神马尔斯,播种神萨图尔努斯,森林和原野之神皮库斯,地界神泰尔米努斯,丰收女神克雷斯,酒神利柏尔,果实女神利柏拉,花神弗洛拉等。主神尤皮特、神后尤诺、技艺女神弥涅尔瓦是从北方的伊特鲁里亚传来的。尤皮特和尤诺起初具有相同的职能,司掌风雨、收获、事业的成功和胜利等,后来随着罗马国家的发展,尤皮特的地位逐渐提高,成为罗马最高的神;尤诺则分离出来,作为尤皮特的妻子,司掌婚姻和生育。

古罗马的神起初不是拟人的,而是带有万物生灵和拜物教的许多特点,后来在伊特鲁里亚人和希腊人的影响下,罗马人也开始赋予神以人形,并为他们建造庙宇。随着罗马人对意大利半岛南部希腊移民地区的征服和向巴尔干半岛的扩张,罗马人同希腊文化的接触越来越密切,希腊神话传入罗马,罗马神话很快丰富起来。罗马神承袭了希腊神的形象和传说,出现了罗马神和希腊神的混同过程,罗马的尤皮特、尤诺等,分别同以宙斯为首的希腊诸神混同起来。在这一混同过程中,罗马神的面貌发生了很大的变化。有些神司掌的范围迅速扩大,如弥涅尔瓦,她已不仅是技艺女神,还成了智慧的象征,成为医生、雕塑家、乐师、诗人的保护神;有些神的职能也有很大变动,如狄安娜同阿尔忒弥斯混同后具有后者的全部职能,并且由于阿尔忒弥斯首先是由平民引进罗马的,狄安娜又成了平民和奴隶的保护神；有些神的地位迅速提高，如由于阿佛罗狄忒同传说中的罗马人的祖先埃涅阿斯有关，同她混合的维纳斯便受到特别的敬奉。有些希腊神话传入罗马后，吸收了地方传说中类似的成分，如关于赫拉克勒斯的传说传入罗马后，增加了他在意大利建立的业绩；有些为希腊特有而罗马没有的神，则被罗马人原封不动地接受下来，如阿波罗传入罗马后，立即成为罗马主要的神之一。在希腊神话影响下，罗马人也把一些抽象的道德概念，如和谐、勇武、诚实等，均尊奉为神。

古罗马也曾流行过一些当地的传说，它们往往同罗马远古历史有关，并且同希腊英雄传说，特别是特洛伊战争的传说密切相连。在这些传说中，以埃涅阿斯从海上漂泊至意大利的传说和罗慕洛兄弟建立罗马城的传说最为有名，它们流传广泛，对罗马文学的影响也大。

随着罗马向东方扩张，许多东方神和传说传入罗马，公元前 3 世纪，弗里吉亚女神库柏勒的神像被隆重地运进罗马。帝国时期广泛流传的东方神有波斯的弥特拉、埃及的伊希斯等。在罗马奴隶制逐渐衰落的情况下，这些新传入的神主要具有宗教崇拜性质，各种性质相近的神互相混同，逐渐产生单一神的概念。公元 313 年米兰令宣布基督教为国教，世俗神话被正式排挤出去。

恒君神话

三国史纪记载，从前，桓任有一个叫桓熊（统治天之神）的儿子，桓熊总是向往着人间世界，桓任知道了儿子的心事，就给他 3 个天符印（檀君继承此建立了高丽。这在证明桓熊的血统的同时也证明了他统治了人间）让他统治人间世界。恒熊率领 3 个天符印和 3000 名臣下来到太白山顶的神潭水边，在这儿建立了叫"辛栖"的村庄。他令风、雨、云与其他神一道统治人间，使人间逐渐和平富足起来。此时，生活在"辛栖"村的熊和老虎来找桓熊，求他把它们变成人。桓熊给了他们一些艾草和 20 个蒜，他说，从今天起 100 天不能看太阳，只能吃艾草和蒜，只要有耐心等待就可以变成人。于是熊和老虎就躲在洞窟吃桓熊给的艾草和蒜生活。但不久急性子的老虎坚持不了了，它放弃了成为人的决心跑了出去，而有耐力的熊克服困难，结果第 21 天时终于变成了美丽的女人。变成女人的熊女（变成女人后的熊名）想怀孕，为此她每天到神潭水去祈祷。一直注意她的桓熊将自己变为英俊的青年，跟她结了婚，生下了既是地上最早的人，又是韩国始祖的檀君。檀君长大以后在平壤建立了国家，名为古朝鲜。之后檀君到"阿萨达"，成了山神。据说，当时他的年龄是 1908 岁。

印度教三大主神之——湿婆

印度教毁灭之神湿婆（Shiva），前身是印度河文明时代的生殖之神"兽主"和吠陀风暴之神鲁陀罗，兼具生殖与毁灭、创造与破坏双重性格，呈现各种奇谲怪诞的不同相貌，主要有林伽相、恐怖相、温柔相、超人相、三面相、舞王相、璃伽之主相、半女之主相等变相,林伽(男根)是湿婆最基本的象征。

在印度教造像中,湿婆通常是瑜伽苦行者打扮,遍身涂灰,缠发椎髻,头戴一弯新月,颈绕一条长蛇,胸饰一串骷髅璎珞,腰间围着一张虎皮,四臂手持三叉戟、斧头、手鼓、棍棒或母鹿。他额头上长着第三只眼睛,可以喷射神火把一切烧成灰烬。传说爱神迦摩在湿婆修苦行时打扰了他,湿婆第三只眼里喷射的神火把爱神烧得形销骨灭,但爱神并没有死,只不过没有了形体,所以说爱是无形的。

湿婆还富于自我牺牲精神。当恒河女神从雪山天国降凡之际,湿婆为了避免水势过猛淹没众生,他亲自以头接水,让恒河在他的发绺间流转千年缓冲后再流到人间。

传说和神话中的怪物

从纪元前到中世纪之间,有几本游记和自然历史的书籍流传很广,而人们对书中所描写的形形色色的荒诞怪兽深信不疑。如罗马作家老普林尼的《自然历史》37卷,是一部搜集2000多种前人著述的浩瀚巨著。1500年后,希伯来语和宇宙志学者塞巴斯蒂安·芒斯特所著《天地万物志》,其中有许多蛇怪的插图及描述。瑞士博物学家康拉德·冯·格纳斯在他的《动物史》中还描绘了独角兽和长有翅膀的龙。

许多国家的神话中都有长着翅膀的龙,它们大多口吐烈焰,鼻冒黑烟。这种怪物的出现,可能源于史前期关于亚洲野蛮游牧民族的传说,欧洲人视亚洲骑马的入侵者为妖怪。

半狮半鹫的怪物具有鹰的头和翅膀,狮子的身体,尾巴则是蛇尾或狮尾。它一般是金银财宝的守护神。

蛇怪又称鸡身蛇尾怪,是一种可怕的大毒蛇。老普林尼描写它是长着黄色顶冠的蛇。据说这种蛇来自一个球形卵,后来由一只蟾蜍孵化而成的。蛇怪的长相狰狞,即便它自己在镜子中瞧见自己的模样也会被吓死。因而杀死蛇怪的唯一办法是拿镜子照它。

美人鱼生活在大海里,其腰部以上是女人,腰部以下是鱼体和鱼尾。在爱尔兰传说中,美人鱼是被爱尔兰的守护圣使者帕特里克驱逐出尘世的不信教妇女变成的。

海妖在《动物史》中也有描绘,它身长300英尺,卷曲攀附在行驶的海船上。

独角兽是传说的动物中最为可爱动人的一种。它是一匹白色骏马,长着4条羚羊腿,一只带螺旋纹的长角耸立于额头中央,刺向前方。角从根至尖为白、黑、红三色。关于独角兽的记载最早见于希腊历史学者蒂细亚斯的著作,他可能是综合了印度的犀牛、羚羊及旅行家的传闻来描写独角兽的。到了中世纪,独角兽成了爱情和纯贞的象征,只能由柔美的少女所驯服。中世纪最精巧的花毯图案都取材于"少女与独角兽"的故事。

长在植物上的羔羊是将神话和事实混为一体的产物。有人说它是长在亚洲国家的一种蕨类植物,有奇形怪状的根系,可能被人想象成四条腿和一个头的样子。此外还因为其根部纤维中带有血液状的红色汁液。

金凳子——阿散蒂人的传统圣物

在加纳的历史名城——库马西市中心水池中央的大转盘上,竖立着一个雕刻精巧的金凳子,这是阿散蒂人世代相传的圣物。

17世纪末,阿散蒂部落建立了以奥赛·屠土为国王的阿散蒂王国,建都于库马西。相传有一天,阿散蒂人正在集会,突然一片乌云从天边掠过,电闪雷鸣,一只用黄金镶嵌的金凳子从空中徐徐落下,落到国王奥赛·屠土的膝上。这时阿散蒂的大祭司安诺基向众人宣布:这只自天而降的金凳子,是我们的命根子,它容纳着阿散蒂人的灵魂和智慧,是阿散蒂人幸福的依托,也是国王奥赛·屠土最高权力的象征。为了对金凳子表示忠诚和与金凳子共存亡的决心,奥赛·屠土和酋长们各自剪下自己的一片指甲和一绺头发,由安诺基制成药浆,涂在金凳子上,剩下的药浆分给他们饮下。从此以后,这只饰金的木凳就成为阿散蒂人的圣物,由忠诚的卫士日夜守护着。西方殖民主义者入侵后,阿散蒂人为保卫神圣的金凳子,维护民族独立,从1807年以后的100年间,共进行了8次抗击英国殖民者入侵的斗争,英国殖民者企图夺取金凳子的野心始终未能得逞,最后英国殖民当局被迫宣布:金凳子永远属于阿散蒂人。

鸽子和橄榄枝象征和平的由来

据圣经《旧约》记载,上帝耶和华创造人类始祖亚当和夏娃以后,地上人丁兴旺起来。但耶和华看到世上人欲横流,非常恼怒,决定毁灭地上的人类和牲畜。而亚当的后代,希伯来的族长挪亚(又译诺亚)对上帝非常虔诚,上帝为了他家人和牲畜的安全,以免在用洪水毁灭人类和地上一切生物时遭受灾难,便吩咐挪亚准备方舟,以避免洪水淹没。

当挪亚600岁时,果然发了洪水。他遵照上帝的吩咐,带领家人、牲畜、飞鸟、昆虫上了方舟。过了7天,滂沱大雨倾泻而下,持续了40个昼夜,洪水淹没了高山峻岭,吞没了一切房屋和土地。而挪亚一家却坐在方舟里,在水中漂荡,安然无恙。当洪水下退时,挪亚打开方舟的窗户,三次放出鸽子。第一次,鸽子无处落脚而飞回来了,证明洪水还没有退去;第二次,鸽子口里衔着橄榄枝回来,可见洪水已退,树上长出了嫩枝绿叶;第三次,鸽子不再回来了,这说明地上可以立足和觅食。于是,挪亚一家便从方舟里走出来。这里,鸽子衔橄榄枝回来,是告诉人们灾难已过,平安来临。后来,人们就以鸽子和橄榄枝来象征和平。

塞浦路斯的"维纳斯诞生石"

在西方,维纳斯是家喻户晓、妇孺皆知的爱神和美神。在古希腊神话传说中,爱与美女神叫阿佛洛狄特,是众神之王宙斯的女儿。罗马时代称她为维纳斯,是人们崇拜的诸神之一,建有许多她的神庙。中世纪教会思想统治时期,她被当作"异教女妖",塑像多遭焚毁。到文艺复兴时期,人们为冲破宗教禁欲主义的思想牢笼,把她当作新时代的天使,推崇异常,从此,维纳斯名扬四海。

相传维纳斯的诞生地在塞浦路斯彼特拉·图·罗米欧,距海滨城市利马索尔17英里。这里没有人烟,北边是起伏的山丘,南边则是地中海。在碧波粼粼的浅海中,兀立着3块巨石。中间一块高约10多米,拔海而出,亭亭玉立,如出水芙蓉,这便是传说中的维纳斯诞生石,她从这块海石里冉冉升起,赤身裸体地在碧空中飘浮。风神把她吹向岸边,山林女神捧起锦衣,欢呼她把美和爱带到人间。

塞浦路斯有许多关于维纳斯的传说,在西北小城波利斯,还有著名的"爱神浴池",传说美神曾经常在这里洗澡。塞浦路斯人把自己美丽的国家称为"爱神的故乡"。

文艺女神缪斯们

据说,古希腊的天神宙斯和记忆女神漠涅摩辛涅生了九位管文学和艺术的女神。她们生在奥林匹斯山山麓的庇厄里亚,因此又叫庇厄里亚得女神。九位司管文艺的女神,在太阳神阿波罗的领导下,掌管着天上人间的一切文学艺术。她们各有分工:手捧笛子、头戴鲜花圈的欧忒耳珀专管音乐;头戴桂冠的喀利俄珀专管叙事诗(史诗);手握琴的厄拉托专管爱情诗;头戴金冠,手拿短剑与帝杖的墨尔波墨涅专管悲剧;头戴野花冠、手拿牧童杖与假面具的塔利亚专管牧歌喜剧;迈着轻捷脚步、手拿七弦琴的忒耳普西科拉专管舞蹈;克利俄专管历史;乌拉尼亚专管天文;波吕许漠尼亚专管颂歌。

希腊神话中的奥林匹斯众神家族

希腊神话是古希腊人关于神和英雄传说的总汇,以人民口头创作的形式在史前时代氏族公社各时期久远流传,并逐渐完整和系统化。它反映了人类在童年时代对于自然现象和社会现象的认识和解说。"奥林匹斯众神家族"就是古希腊人按照人类父权制家庭的形式创造出来的。主要的神有12个:最高天神宙斯,被认为是众神和万民的君父,掌管雷电;宙斯的姐姐和妻子赫拉是空气女神,掌管婚姻和生育;宙斯的哥哥海神波赛冬能呼风唤雨,他创造了马,并把驭马技术传给了希腊人;宙斯的姐姐和情人得墨特耳,是农业女神;宙斯的另一位姐姐赫斯提亚是灶神;宙斯与赫拉的两个儿子是战神阿瑞斯和火神、匠神赫斐斯托斯;其他诸神多为宙斯和情人所生,太阳神阿波罗和月神阿耳忒弥斯是孪生兄妹。智慧女神雅典娜、爱神和美神阿佛洛狄特是宙斯之女,众神使者赫耳墨斯是宙斯之子。这个大家族的成员还有酒神狄俄倪索斯,9个文艺女神缪斯,3个命运女神摩伊拉,3个复仇女神厄尼厄斯以及偷"天火"给人类的"恩神"普罗米修斯等。

古希腊人创造出来的天神有1000个,他们与人同性、同形,同人一样具有七情六欲,喜怒哀乐;也和凡人一样具有正直、勇敢、残忍、妒忌等品性;同样也受爱情的折磨与困扰。这些栩栩如生的众神形象不仅反映了当时人们的爱憎感情,也反映了古希腊人们认识自然和征服自然的愿望和斗争精神。

古希腊神话中的女神——雅典娜

雅典娜是古希腊神话中的智慧女神。传说她是最高天神宙斯和聪慧女神墨提斯所生的。宙斯害怕将来的儿女比他更强有力，就把怀孕的妻子一口吞了下去。后来宙斯感到头部疼痛，就叫匠神用铜斧把他的头顶劈开，全身戎装、右手持矛、左手持盾的雅典娜大声呐喊着从宙斯的头里跳了出来。因此，雅典娜具有宙斯的威力和墨提斯的智慧。

雅典娜雕像

雅典娜又称帕拉斯，因为有一双明亮的蓝眼睛，又被称为"明眼女神"。她向希腊人传授了纺纱、织布、造车、造船、冶金、铸铁、制鞋以及雕刻等各种本领；她还发明了犁和耙，驯服了牛和羊，因而又是农业和园艺的保护神。此外，雅典娜还被尊为战争之神，法律和秩序的保护神。

雅典城是由雅典娜女神的名字而得名的。传说她曾与海神波赛冬争夺该城，众神表示谁给人类一件有用的东西谁胜。波赛冬用三叉戟敲了一下这个城的岩石，里面立即跳出一匹战马，这是战争的象征。雅典娜则用长枪敲了一下岩石，从里面长出一株丰产的油橄榄树，这是和平的象征。从此，雅典娜就成了该城的保护神。

在雅典的卫城中，古希腊人建筑了崇奉雅典娜女神的帕特农神庙。它以白色大理石砌成，有46根圆柱(每根高10.43米)。神庙里原有古希腊雕刻家菲狄亚斯用黄金和象牙镶成的雅典娜雕像，像高12米，一身戎装。帕特农神庙自中世纪后屡遭破坏，现仅存残迹。

人类恩神普罗米修斯

普罗米修斯是希腊神话中造福人类的恩神。他是提坦族的后裔伊阿珀托都的儿子。传说他用泥土和河水按照神的形象塑造了人，智慧女神对人吹一口气，使人有了灵魂和呼吸，人类便逐渐繁殖起来。普罗米修斯又教给人类观察星辰、计算数目、驯服动物、掌握医药等多种生产和生活的技能。以后，他又用茴香管把天火偷下来带到人间，从此人类进入了文明时代。因此他触怒了主神宙斯，宙斯派强力和暴力两仆用铁链将他吊在高加索山崖，并派神鹰啄食他的肝脏，夜间伤口愈合，天明神鹰又来啄食，让他永受折磨和痛苦。但是普罗米修斯坚忍不屈，宁受折磨也不投降。过了许多世纪以后，神鹰被大力士赫拉克勒斯射死，他才得以解救。普罗米修斯不畏强暴、殉身不恤的精神为历代文学家所歌颂。古希腊悲剧家埃斯库罗斯和英国诗人雪莱，根据他的传说分别写出了悲剧《被缚的普罗米修斯》和诗剧《解放了的普罗米修斯》。

邮政交通

邮票的分类

　　要说邮票的种类,可不是一句话两句话能讲得透的。这是一个大题目,细讲起来,完全可以写一部书。这里只能简要地讲一下,然后再选择主要的票种,较详细地介绍一下。

　　邮票的种类可按发行目的和用处、印刷特点、材质、形状等不同的分类方法,分为以下几大类。

邮票

　　1. 按发行目的和用途来划分主要有普通邮票、纪念邮票、特种邮票、航空邮票、欠资邮票、附捐邮票、包裹邮票、快递邮票、军用邮票、挂号邮票、公事邮票、火箭邮政邮票、印刷品邮票、唱片邮票等。

　　2. 按使用区域来划分主要有国内邮件邮票、国外邮件邮票、限地区使用邮票、多国通用邮票、战俘营邮票、占领邮票等。

　　3. 按发行形式来划分主要有加盖邮票、改值邮票、对剖邮票、正式发行邮票、未发行邮票、临时邮票、暂代邮票等。

　　4. 按发行年代来划分主要有古典邮票、早期邮票、中期邮票、现代邮票等。

　　5. 按发行机构来划分主要有国家邮政邮票、地方邮政邮票、流亡邮政邮票、非官方邮票、半官方邮票、国际组织邮票等。

　　6. 按邮票的制作特点来划分主要有小型张、小全张、小版张、小本票、盘卷邮票、电子邮票、发光邮票、不干胶邮票,有齿孔邮票、无齿孔邮票、有背胶邮票、无背胶邮票等。

　　7. 按制作材质来划分主要有纸质邮票、丝绸邮票、塑料邮票、木材邮票、尼龙邮票、金箔邮票、银箔邮票、铝箔邮票、钢箔邮票等。

　　8. 按邮票印制版别来划分主要有凸版邮票、凹版邮票、平版邮票、混合版邮票、誊写版邮票、压印邮票、原版邮票、再版邮票等。

　　9. 按邮票的形状来划分主要有正方形邮票、长方形邮票、菱形邮票、梯形邮票、三角形邮票、椭圆形邮票、圆形邮票、多边形邮票、水果形邮票、钻石形邮票、地图形邮票等。

　　10. 按邮票已呈现的状态来划分主要有崭新邮票、信销邮票、盖销邮票、洗胶邮票等。

上述从不同角度来对邮票进行分类，可以清楚地看到，邮票是多么丰富多彩。

邮票齿孔的由来

当你撕下一张邮票贴在信封上时，你可能没有察觉到，邮票的齿孔给我们带来多少方便。这小小的邮票齿孔的问世还有过一段有趣的故事呢！

1840 年 5 月 6 日，世界上第一枚邮票在英国诞生时，邮票是没有齿孔的。邮局工作人员是用剪刀将几十枚连成整张的邮票一张一张地剪开，出售给用户，这样既麻烦，又不容易裁剪整齐。

1848 年冬季的一天，英国伦敦下着大雪，一位记者在市中心的一家饭店里，把当天的新闻写成稿件，分装在几个大信封里，准备寄往外地的几家报馆。他取出刚刚从邮局买来的一大张邮票，准备剪开，贴在信封上，可是到处找不到剪刀。怎么办？他灵机一动，从衣襟上取下别在西装领带上的一根别针，用针尖在邮票空隙间刺了一连串均匀的小孔，然后轻轻一撕就拉开了。

这时，一个在铁路上工作的名叫亨利·阿察尔的爱尔兰青年目睹了这个情景，他联想起车票票根上的齿孔就自言自语道：如果能制作一架打孔机，把每张邮票的空隙间都打上齿孔，使用起来该多方便啊！

于是，他就凭着新闻记者的启示和自己工作中的联想，于 1847 年 10 月 1 日向邮政总长提出了他的申请，经邮局技术师认可，推荐给邮票税票总监批准，终于制造了两台打孔机。第 1 台装有两个滚轮切刀，用来打出由短切口组成的横向和纵向齿孔。第 2 台装有双刃刀，用以在纸上冲出许多行切口。

打孔机经阿察尔进一步改进后，于 1850 年 1 月转让给萨默塞特印刷厂，1850 年 8 月，由邮票税票总监批准，1852 年 5 月 21 日，调查委员会认可并批准购进。阿察尔型的新打孔机由戴维·纳皮尔父子公司制造，安装在萨默塞特印刷厂，1854 年 1 月 28 日，有齿邮票正式使用。

第一个发行通用有齿邮票的国家是英国，随后是瑞典。接着挪威、美国、加拿大也分别在 1856 年、1857 年、1858 年相继使用打孔机。

邮票上的齿孔度是法国巴黎的雅克·阿马勒勒·勒格朗博士在 1866 年发明的。这是测量在 2 厘米长的线段内齿孔数的简单方法，一直沿用至今，并且能使集邮家精确地表述齿孔的各种变异。一枚标有"齿孔 14 度"的邮票，就意味着它的四边上每 2 厘米（0.787 英寸）有 14 个孔。标记"齿孔 15×14 度"的邮票，就意味着它的上下边线每 2 厘米有 15 个孔，两侧边每 2 厘米有 14 个孔。

邮政编码的几位数都代表什么

为了实现邮件分拣自动化和邮政网络数字化，加快邮件传递速度，目前世界上已有

40 多个国家先后实行了邮政编码制度,并以此作为衡量一个国家通信技术和邮政服务水平的标准之一。各国邮政编码规则并不统一。

我国邮政编码的编码规则

我国采用四级六位编码制,前两位表示省、市、自治区,第三位代表邮区,第四位代表县、市,最后两位代表投递区的位置。

例如:邮政编码"130021","13"代表吉林省,"00"代表省会长春,"21"代表所在投递区。

美国邮政编码的编码规则

美国的邮政编码包括 5 个数字,跟在州名的后面,右边的第一个数字,从 0 到 9,代表美国的十大邮区,右边第 2 个和第 3 个代表这个邮区里的邮政中心,最后两个数字代表具体的城镇里的邮区划分。

1981 年,美国部分地区的邮政编码升到了 9 位,简称 ZIP+4,后加的四位数更加细分了邮区,此外还出现过 ZIP+6,这些附加数位的邮政编码只在小范围内使用。

法国邮政编码的编码规则

法国邮政编码始于 1972 年,共 6 个数字,前两位代表省,后三位分别代表城市、地区或邮政分局。

日本邮政编码的编码规则

日本邮政研制的新型邮政编码系统于 1998 年 2 月 2 日投入使用。研制该系统的目的是为了满足日益扩展的邮政机械化作业的需要,提高作业效率,同时确保为用户提供稳定、廉价又优质的服务。其主要特点如下:

邮政编码数字的位数:7 位,在前三位与后四位数字之间使用字符"~";文字结构:目前全部使用数字;新旧邮政编码系统之间的联系:旧的编码中的三位或五位数字作为新编码的前几位数字;新编码的特殊性:将地址的每一小部分(如 cho、oaza)分别指定为一个数字,连接在现有的邮政编码之后。大型企业和其他商务中心可以拥有专门的编码。

邮戳

邮戳上一般标明邮件寄出收到的时间地点,是研究邮政的重要组成部分。现代的纪念性邮戳更有文字和图案说明特定的事件,邮戳已经成为集邮收藏中的重要一项。

邮票出现前就有邮戳,世界上最古老的邮戳是英国的"别休泼邮戳"。1661 年,英国的邮务长亨利·别休泼就发明推广使用了邮戳。我国 1878 年诞生"大龙"邮票,而 1872 年就开始使用的上海海关总税务司的椭圆形印章(英文字样),是表示邮资运费付讫的邮戳。1878 年,清政府正式发行邮票,使用的是海关英文地名戳和汉文地名戳。1897 年,清政府正式创办了大清邮政,诞生了具有传统文化风格的"八卦"字样的邮戳,以每卦表示一个地名,后因邮局不断增加,八卦式已不适用,故废除了八卦戳,改用大圆戳。到了 1903 年 11 月,清政府邮政总办规定,从 1904 年起,邮戳改用干支纪年邮戳。1912 年清政府垮台后,干支纪年改为"民国"年份。到 1937 年,才出现外圈为钉齿形邮戳。新中国成立后,最初使用的是单线边三格式邮戳,地名、日期改为从左至右排列,纪年改为公元年份，并以阿拉伯数字表示。1957 年 1 月 1 日起，邮电部颁发了新式邮戳，使用直径为 25 毫米的汉字圆形邮戳，戳面分五格：上半圆环、上月牙、字钉槽、下月牙和下半圆环。除了这种普通邮戳外，如今还有各种专题纪念邮戳。

邮资邮简

在 19 世纪二三十年代，英国寄信是按邮程距离及信件的重量收费的，且邮费昂贵，贵得连国会议员都难以承受。为了减少邮费，不少人写信时都在一张纸的一面写信，然后翻过来折叠成信封状，写上收信人的姓名和地址，封口后即交付邮寄，这种既可用做信纸又可折叠成信封邮寄的邮政用品称为邮简，也称信笺或信。后来邮政部门发行这种邮简称为邮制邮简，而非邮政部门印刷的则称为非邮制邮简。

邮制邮简上印有邮资图案或"邮资已付"字样的称邮资邮简；非邮制邮简无权加印邮资图案，需加贴邮票才能交付邮寄。

1840 年 5 月与黑便士和蓝便士邮票同时发行的还有一种叫作马尔雷迪的邮资邮简，是世界上最早的邮资邮简，它是因设计者英国画家马尔雷迪（W. MaI ready）而得名。马尔雷迪因擅长画儿童书籍插图和信封设计而著名。马尔雷迪邮资邮简全套两枚，即 1 便士黑色和 2 便士蓝色两种。这种邮资邮简封面的上部正中画有一个小岛，小岛上有一位英国绅士、一头雄狮和一个米字徽，代表英伦三岛；几位长有翅膀的天使飞向四面八方，将信息传向世界各地；周围的大陆上是从事商务、劳作和创作的人群。画面两侧分别画有两个家庭在阅读信件的情景。下面印有"邮资 1 便士"或"邮资 2 便士"字样。附图是一枚 1 便士黑色马尔雷迪邮资邮简的实寄品，是从伯明翰寄往雷迪奇的。邮简销红色马耳他十字邮戳，背销"1840 年 5 月 29 日"伯明翰收寄日戳，未盖雷迪奇落地戳。

最早的留声机

电唱机最早叫留声机，诞生于 1877 年。世界上第一个发明留声机的人就是誉满全球的发明大王——爱迪生。

1877 年 8 月 15 日"会说话的机器"诞生，轰动了全世界。1877 年 12 月，爱迪生公开使用了留声机，外界舆论马上把他誉为"科学家之拿破仑"，留声机是 19 世纪最令人振奋的三大发明之一。即将开幕的巴黎世界博览会立即把它作为新展品展出，就连当时美国总统海斯也在留声机旁转了两个多小时。

最早的电话机

1875 年，世界上第一台电话问世，这台电话的发明者是一位苏格兰青年，名叫亚·

贝尔。

亚·贝尔和助手沃特森经过无数次试验,几年艰苦的研究,终于发明了第一台电话机。这两位科学家的发明对后代生活有很大的影响。

电话机上的"﹡"和"#"键都有什么用处

"#"一般为重拨键,基础型脉冲按键电话机大都附有这种"#"键。在打出电话由于暂停而听到忙音时,搁上话筒再取下,听到拨号音后,按一下"#"键,即可重复上次拨打的电话号码,如仍打不通,可以多次拨打。但有的按键电话机上的"#"键作用不同,所以要认真阅读电话机说明书。

"﹡"一般为暂停键,基础型脉冲按键电话机中大都附有这种"﹡"键。用户打外线时,如打不通,则使用"﹡"键,等听到公共网的拨号音(二次拨号音)再放开,公共网自动交换机才能正确动作。如只照上面所述办法使用"#"重拨键,而不按"﹡"键暂停,万一公共网交换机的拨号音来慢了,就要发生不正确的动作。

有的话机的"﹡"键是作静默键使用的,即按下此键时,话机发话电路断开,此时用户和别人说话的声音对方听不到。因此,话机用户使用前要阅读该电话机说明书,以说明书所说为准。

"R"称作记发器再启动键,用于程控交换机的话机。如使用三方通话、会议电话等特种业务时,可按程控交换机特种业务的要求,使用此键,这时会按规定中断话机直流电话一个特定的瞬间,以重新启动程控交换机的记发器电路。

国际求救电话

在香港,紧急救助电话为"999",但万一身处荒山野岭,手提电话又未能接收本身网络的信号,岂不求救无援?

现时全球所有 GSM 移动电话及网络都具有"112"紧急救助功能。当需要求助而手提电话身处的地方不能接收本身的网络信号时,用户只需致电"112",GSM 会自动通过该处其他网络发射站的讯号,接拨到当地的紧急求救电话单位。为了方便求援,用户亦可在免输入密码及无须识别卡的情况下致电"112"。

假如用户身在香港,"112"会接拨到香港警察"999"控制中心;而身处边境或国内,则会接拨到电话录音,要求用户选择"110"(警察)或"119"(消防)。

最早的报纸

西方有不少人认为最早的报纸是罗马帝国恺撒大帝在公元前 59 年所创办的《每日

记文》，这是一种传递紧急军情的官报，但是这种报纸的寿命不长，不久就停办了。就办报年代而言，我国的邸报要比《每日记文》早得多。

西汉实行郡县制，全国分成若干个郡，郡再分成若干个县。各郡在京城长安设立驻京办事处（那时叫"邸"），派有常驻代表，相当于皇帝和各郡首长之间的联络官。这些联络官定期把皇帝的御旨、臣僚奏议等官文书以及宫廷大事等有关的政治情报，写在竹简或绢帛上，这就叫"邸报"，然后派遣信使，通过驿道，传送给各郡长官。最早的"邸报"出现在西汉初年，即公元前2世纪左右，比罗马帝国的《每日记文》大约要早1个世纪左右。

最早的无线电通信机

1820年，奥斯特发表了著名的奥斯特实验，第一次揭示了电流能够产生磁的物理现象。在此基础上，法拉第于1831年发现了电磁感应定律。到了1873年，麦克斯韦提出电磁场理论，并描述了电磁波的一些基本性能。1888年，赫兹成功地在导线中激起了高频振荡，并在导线周围测得了电磁场，从而用实验证实了电磁波的存在。这一切都为无线电通信的发明奠定了坚实的基础。

自赫兹的实验发表以后，人们就产生了制造利用电磁波传递信息的无线电通信机的构想，并做了大量的实验，结果都没有成功。直到1895年5月7日，亚历山大·斯捷潘诺维奇·波波夫在俄国物理化学学会会议上第一次公开表演了他所发明的称为"雷电指示器"的无线电接收机。第二年在同一学会的会议上又表演了距离为250米的无线电通信。接着，意大利科学家马可尼将无线电通信付诸实用，并申请了专利权。

波波夫发明这架最早的无线电通信机是利用火花放电来产生高频电磁振荡的。按下电键K后，电池E供给的电流流过初级线圈T1，使铁芯C磁化而吸动衔铁B；于是初级电路断开，铁芯内磁通消失，衔铁B回到原位，初级电路重新接通。每次铁芯内磁通消失时，次级线圈T2中就感应出很高的电势，使天线A和金属球M1充电，直至使两个金属球M1M2之间击穿时为止。这时天线A与地线G之间积累起来的相反电荷通过两球间的电离空气火花放电。这种火花放电具有高频振荡特性，振荡频率由天线和导线等的电感和电容量决定。这种高频阻尼振荡由天线A辐射到空间，这就是发射出去的无线电信号。无线电信号由天线接收进来，经金属检波器检波，继电器1和3配合动作，由小锤按高频信号电流的长短击振出长短不等的铃声，或由记录系统将信号用点、划的形式记录在纸条上。

波波夫发明的火花式电报机是世界上最早的无线电通信机。尽管它存在不少缺点，不能在很宽的频带范围内产生电磁振荡，发送的信号十分简单，但它却开创了无线电技术的新时代，其意义是非常深远的。这种电报机一直沿用到20世纪20年代以前，直到采用电子管后才被取代。

最早的无线电广播

1906 年 12 月 24 日即圣诞节前夕的晚上 8 点钟左右,美国匹兹堡大学教授费森登通过马萨诸塞州布朗特岩的国家电器公司 128 米高的无线电塔成功地进行了一次广播。广播的节目有读圣经路加福音中的圣诞故事,小提琴演奏曲,还播送了德国音乐家韩德尔所做的《舒缓曲》等。人们听到电波传来的精彩节目,感到十分惊奇。这是人类历史上第一次进行的正式的无线电广播。在 1900 年 11 月,费森登教授曾进行过一次演说广播,但声音极不清楚,未被重视。不过,第一次成功的无线电广播,应该是 1902 年美国人内桑·史特波斐德在肯塔基州穆雷市所做的一次试验广播。

史特波斐德只读过小学,他如饥似渴地自学电气方面的知识,后来成了发明家。1886 年,他从杂志上看到德国人赫兹关于电波的谈话,从中得到了启发,并试图把它应用到无线广播上。当时,电话的发明家贝尔也在思考这个问题,但他的着眼点在有线广播,而史特波斐德则着眼于无线广播。经过不断的研制,终于有了成果。他在附近的村庄里放置了 5 台接收机,又在穆雷广场放上话筒。一切准备工作就绪了,他却紧张得不知播送些什么才好,只得把儿子巴纳特叫来,让他在话筒前说话,吹奏口琴。试验成功了,巴纳特·史特波斐德因此而成为世界上第一个无线广播员。

他在穆雷市广播成功之后,又在费城进行了广播,获得华盛顿专利局的专利权。现在,肯塔基州立穆雷大学还树有"无线广播之父"的纪念碑。

人行横道的来历

人行横道又叫斑马线,源于古罗马时代的跳石。早在古罗马时期的庞贝城的一些街道上,车马与行人交叉行驶,经常使市内交通堵塞,还不断发生事故。为此,人们便将人行道与马车道分开,并把人行道加高,还在靠近马路口的地方砌起一块块凸出路面的石头——跳石,作为指示行人过街的标志。行人可以踩着这些跳石,慢慢穿过马路,而马车运行时,跳石刚好在马车的两个轮子中间。后来,许多城市都使用这种方法。19 世纪末期,随着汽车的发明,城市内更是车流滚滚,加之人们在街道上随意横穿,阻碍了交通,从前的那种跳石已无法避免交通事故的频频发生。20 世纪 50 年代初期,英国人在街道上设计出了一种横格状的人行横道线,规定行人横过街道时,只能走人行横道,于是伦敦街头出现了一道道赫然醒目的横线,看上去这些横线像斑马身上的白斑纹,因而人们称它为斑马线。司机驾驶汽车看到这条条白线时,会自动减速缓行或停下,让行人安全通过。斑马线至今在街道上仍然随处可见。

圣马力诺共和国没有红绿灯

圣马力诺共和国是欧洲最古老的国家之一，该国风景秀丽，每逢旅行旺季，街市人头涌动，车流不息。圣马力诺只有2万多人口，却拥有各种汽车5万辆，按理说，交通状况应该是拥挤不堪的。但实际上，在圣马力诺行车，道路顺畅，极少有堵车现象，偶尔塞车也不必担心，很快就会自动化解。

尤为令人惊奇的是，该国境内各种大小交叉路口看不到一个红绿灯信号。没有红绿灯，交通却井然有序，这其中的奥妙就在于圣马力诺的公路设计、交通管理十分科学。该国的道路几乎全是单行线和环行线，开车人如果不进家门或停车场，一直开到底，就会不知不觉地又原路返回了。

在没有信号的交叉路口，驾驶人员均自觉遵守小路让大路、支线让主线的规则。各路口上都标有醒目的"停"字，凡经此汇入主干的汽车都必须停车观望等候，确实看清干线无车时才能驶入。在圣马力诺，人人都自觉遵守交通规则，这已形成习惯。

目前世界上最安全的飞机

世界最昂贵的"空军一号"的机尾印有美国国旗，机翼上有美国空军的标记和英文缩写。从外表看，机身涂着银、蓝、白三色，尾翼上漆有一面星条旗，前舱门的右下方有一个总统座机标志：一个爪握橄榄枝与13支箭的秃鹰（美国国徽），四周写有"美利坚合众国总统"字样。

"空军一号"内置有当今最先进的电脑、通讯、医疗器材，简直就像白宫和五角大楼的缩影。美国总统不但可以在机内办公，还可享受家居般的方便生活。卧房、浴室、厨房、餐厅等，设备齐全。总统有一个相当隐秘且宽敞的隔间。他和第一夫人有个起居室，室内有一张可折叠的沙发床、木头制的橱柜、纯皮的椅套、长毛的地毯、电动的窗帘。机内还有一间浴室，不单淋浴设备齐全，还有一面大镜子、一个面盆、一个电动剃刀桌、一套现代化抽水马桶。起居室的隔壁，就是总统办公室，由一个原木桌和皮套椅组成。蓝色的石英钟挂在墙上，包括美国本土、华盛顿特区与到达地点的时间。另外，还有一个非常现代化的医疗中心。房间里，有三个头等舱大小的座椅、两个卧铺、一个洗脸台、一台冰箱专为冷藏血液与药品用，一个装满医疗器材的橱子；还有一个可折叠的手术桌，配上高敏感度的灯光。医疗中心的所有设备完全是采用最新式的尖端器材，不论发生了任何紧急状况，它都能立时发挥急救功能，甚至比一般的医院急诊室更为现代化。另外还有一间工作室，里面包括了最新的录放影设备、投射片荧幕、地图吊挂以及其他会议室的任何必需设施。在华丽的餐桌上，有一块木制结构的厚板子镶在桌面上，底下隐藏着一些电线与录音设备及随时可以卡断的系统，以确保通讯安全与清晰的电话交谈。专机上包括了两个具有厨房功能的地方，都放有微波炉、烤箱等。当然，为了飞机上的安全，这些器材都是特别设计的,不会造成危险。机上设备齐全,白宫幕僚在地上做的一切事,在空中也能做。最有意思的是,飞机内的电视荧屏可收到来自世界各地的节目。而且,每一个隔间内都有这么一个电视机。若想看任何节目录像,只要拿起座椅旁的电话,通知有关人员,便可收看到节目。

这架总统座机的内部,包含87座电话机、10台电脑、一架大得足以供应一个律师事务所的影印机、一台传真机以及57架天线,几个座椅边有两架电话机。白色的电话是一般用的,而米黄色电话是过滤杂音的辨视声音沟通系统,电话声音极为清晰。在上屋机舱内,有专人负责这些对外的通讯操作。机身内壁的电子设备操纵整架飞机复杂的通讯网络,只要拿起座椅旁的电话,接线员便会立刻回答。这些电讯设备能很快地传到世界各地,给你想要说话的任何人,包括即使手边没有对方电话号码,接线员都会想尽办法帮你查询接通。

黑匣子是什么

被当作飞机飞行状况"见证人"的黑匣子,其实并非黑色,而是常呈橙红色。因为它能帮助破解飞行事故(尤其是飞机在失事瞬间和失事前一段时间的飞行状况)的秘密,因此叫"黑匣子"。

黑匣子外壳坚实,为长方体,约等于四、五块砖头垒在一起一般大。内部为电气器件,实质上是一台收发信机。在飞机飞行过程中,它能将机内传感器所收集到的各种信息及时接收下来,并自动转换成相应的数字信号连续进行记录;当飞机失事时,黑匣子会依靠紧急定位发射机自动向四面八方发射出特定频率(例如37.5千赫),类似心跳般有规律的无线电信号将"宣告"自己所处的方位,以便搜寻者溯波寻找。1974年,一架波音707坠入水深3000多米的海底,就是靠这种无线电定位信号找到黑匣子的。因为匣内电池容量有限,定位发信机通常只能连续工作个把月,如果打捞不及时,黑匣子就会销声匿迹。

每架飞机上通常有两个黑匣子,它们的学名分别叫"飞行数据记录仪"和"机舱话音记录器"。前者主要记录飞机的各种飞行数据,包括飞行姿态、飞行轨迹(航迹)、飞行速度、加速度、经纬度、航向以及作用在飞机上的各种外力,如阻力、升力、推力等,共约200多种数据,可保留20多小时的飞行参数。超过这个时间,数据记录仪就自动吐故纳新,旧数据被新数据覆盖。机舱话音记录器主要记录机组人员和地面人员的通话、机组人员之间的对话以及驾驶舱内出现的各种音响(包括飞机发动机的运转声音)等。它的工作原理类似普通磁带录音机,磁带周而复始运行不停地洗旧录新,总是录留下最后半小时的各种声音。一次飞行通常要经历8个阶段(起飞、初始爬升、爬升、巡航、下降、开始进场、最后进场、着陆),每一阶段的情况,都逃不过黑匣子的"耳朵"。

世界最早的交通安全法规

据考,世界上最早的交通法规是美国交通学专家威廉·菲尔普斯·伊诺制定的。

1867 年的一天,9 岁的伊诺在马车里目睹了纽约市一个十字路口交通堵塞达 30 分钟之久的状况,这给他留下了很深的印象。以后他常跟家里人到欧美去旅行,每到一处,就观察当地的交通秩序,考察交通事故问题,并写下了大量的笔记。1880 年,他在报刊上发表了两篇颇有见地的论文,从而引起人们的重视,之后纽约市的警察局决定请他出面制定交通法规。

他在整理了自己考察笔记的基础上,起草了世界上第一个交通法规——《驾车的规则》,其条文 1903 年在美国正式颁布,由此把美国的汽车交通带入高效安全的世界。此后,世界各国积极仿效,交通法规随着交通事业的发展而发展,其法规体系日益完善和趋于合理。

世界各国形形色色交通罚单开具方式

加拿大电子罚单取代传统纸条

从 2005 年 8 月 18 日开始,加拿大首都渥太华交警手里的纸和笔已换成一个掌上电脑,先进的电子罚单已取代传统的纸条。渥太华警察局长文斯·比万介绍说,他们使用的掌上电脑中安装了一个叫作"钱包传票"的电子罚单系统软件,预先设置了各种交通违章项目,采用的是交通部的标准措辞,这样就避免了因警察用词偏差而导致罚单失效,同时也避免了因字体潦草而难以辨认等问题。

韩国罚单印有清晰的违章照片

在汉城街道上,很少看到交警的身影。韩国建立了完备的交通设施系统,在干道、高架桥等重要地段都安装了无人监视器,超速、违反信号、逆行等都将无一例外地记录在案。一旦违章,罚单上就印有清晰的照片,而且何时何地如何违章、罚款多少、过期不缴处理办法等均一清二楚,让人心服口服。

美国开具罚单存入个人档案

美国道路交通违章的处罚统一由各州、市、县法院负责执行,各地法院均设一个民事法庭专门处理交通违章。

美国各州、市、县的交通违章罚款标准都不一样,且每年由立法机关根据当年各类交通违章的特点及地方市民收入的实际标准而重新审定一次。

在美国,不论何种交通违章,只要被开具罚单和接受处罚,违章记录即永久性地存入个人有关档案中,这些记录在本人晋升、信用、保险、求职等方面会产生一定的负面影响。

法国一般不向轻微违章者寄罚单

法国接收交通罚金的部门是地方税务局而不是交管局,法国很少有交警因多开罚单而拿奖金的现象。法国交通管理的主要特点是"立法细而执法粗"。一般来说，只要违章不是很明显，没有严重影响交通，交管部门不会向轻微违章者寄罚单，但一旦发现重大违章，那么立即寄达驾车人手中。

新西兰警察每月有开罚单任务

新西兰警察大部分在街上抓超速驾驶者，每个警察每月要开多少张罚单都有任务。根据新西兰警察部长提供的数据，2004 年，警察开出的交通罚单有 39 万多张，仅警察罚款收入一项，一年就达 4 亿多新元，新西兰人称警察为街头印钞机。2005 年这个数字，因为就在 2 月底，一项新的更为严厉的交通罚款条例投入了实施。

自行车的历史

自行车发明至今已有 200 多年的历史。今天，自行车作为交通代步、锻炼身体、越野旅游、运动比赛以及少量货物运送工具，已遍及世界的每个角落。那么，我们是否知道自行车的发展历史呢？

快车——最早的自行车

在 1791 年夏季的一天，路易十六王宫的大草坪上聚集了许多男士和女士。突然，传来一阵"得得"声，并伴着很响的"轧轧"声，瞬间，人们看到一位名叫孔特·德·希拉克的男士狂奔着从槌球场中间穿过。不过，希拉克不是像普通人那样奔跑，而是坐在一只奇怪的装着轮子的"木马"上，两只脚以奔跑的动作蹬踏着地面。当希拉克到达草坪的尽头时，他转过"木马"又跑了回来。人们为希拉克的"滚动木马"所吸引，称之为"快行脚"，真正的自行车历史从此真实地开始。

自行车

脚蹬——双脚开始离开地面

1863 年的一天，法国人皮埃尔·米乔克斯骑着一辆早期二轮脚踏车出了家门，在巴黎圣马丁大街上的人全都凝视着他。为什么？原来，米乔克斯的双脚始终没接触过地面！米乔克斯是实现不用双脚蹬踏地面骑自行车的第一人。这时许多型号的自行车重达 100 磅。

无橡皮轮胎——一年卖出 400 辆

1865 年，米乔克斯经营的马车店一年中销售出了 400 辆经他改进的装脚蹬的无橡皮轮胎自行车。但这时的自行车被人称为"颠散骨头的车子"，减震功能还差得多。

大小轮——终于把重量减下来

1869 年，在法国举行的第一届自行车展上，出现了前轮大、后轮小的自行车。1871 年，英格兰考文垂市的詹姆士·斯塔雷造出了第一辆名为"Ariel"的大小轮自行车。这种车子特别轻，斯塔雷也被人们称为"自行车工业之父"。大小轮自行车是第一种在世界主要工业国流行的自行车。

安全型——在妇女中流行

1879年,英国的 H. J. 劳森研制出了30磅重、二轮的链条驱动自行车。这种车车轮小、重量轻,骑车者坐在前轮之后,即使急刹车骑车者也不会翻过车把。这种自行车受到妇女们的欢迎,凡按这种设计思想制造的自行车被称为"安全型自行车"。

三轮车——为了更安全

三轮车两只后轮较大,链条带动后轮,有良好的平衡作用,而且利于推动整个车子前进。1890年法国标致公司制造的三轮车能运载110磅的货物,这使其具有了特殊的商业价值。

充气轮胎——安全型自行车第一项重要改进

1885年,苏格兰的约翰·博伊德·邓禄普研制成功充气轮胎自行车。

变速装置——轻量赛车发展的关键

1888年制造的"DeuxVicesses"自行车是早期的二速自行车之一。目前,由最初的二速已发展到了18速的变速装置。

随着轻型人力车的流行,在若干年后,时髦的当代赛车可能被看得如同安全型自行车一样老式,如同早期的大小轮自行车那样奇怪。

商业货币

广告秕史

　　广告是一个信息行业,遍及世界各国。查考广告的历史,可谓源远流长。古代希腊的雅典城内有一种管理日常生活的半官方人物,经常在街上叫喊,口头告示民众关于货物上市的行情。在古罗马时,人们在街道建筑物的墙壁和大柱上刻写文字和图画,如竞技场的表演预告,遗失狗的主人寻找爱犬的启事,补鞋匠的广告等。最有趣的是,古罗马的医生每到一处,就摆起摊头大声喧嚷,以招揽病人,有的甚至当众示范开刀,并用笛声掩盖病人痛苦的喊叫。

　　在中世纪的欧洲,第一批叫卖者出现于法国的巴黎。巴黎的浴室工人伫立在十字路口,高喊"洗热水澡",接待沐浴者。后来,巴黎街头也出现叫卖的小商贩,把广告式的吆喝配上优美动听的小调,即使后来广告招贴取代了叫卖,许多曲调仍在人们中流传。如有一首叫卖篦梳的小调:"黄杨篦梳,抓头虱之宝,包你头发,干净完好。"

　　18世纪下半叶以后,广告已逐渐渗进社会生活的各个领域,甚至走进了出版的书籍中。小说家巴尔扎克由于债台高筑,遂同意在他的小说《赛查·康罗托盛衰记》的一个章节里,为圣马丁街的烧酒商安排一则广告。这样巴尔扎克成了第一个广告作家。1827年法国《立宪报》增加版面用以刊登有关地产、商业、工业等各类广告,从此开始了报纸刊登广告的做法。后来,法国实业家吉拉丹创办了一份《知识报》,大篇幅刊登广告,使报纸与广告的关系进一步密切起来。

拍卖与联合拍货

　　拍卖是资本主义商业中的一种买卖方式,是由取得正式准许证的拍卖行来经营的。拍卖之前,拍卖商大登广告,在广告上附有各种待售物品的细目详情,写明拍卖品展出的时间及地点,若在广告上没能列出细目,则印成目录,将拍卖品分类分批编号排列。拍卖时,拍卖人邀请购买者集中于拍卖室,对各种待售物品依次叫价,出价最高者为买主。叫价的方式有上增和下减两种。上增是先由拍卖人喊一最低价格,而后由竞买者争相加价,估计无人会加价时,拍卖人拉长噪音高喊:"要卖了! 要卖了! 卖掉了!"话音一落,即以一木槌或木板桌上一拍,表示成交。下减则先由拍卖人喊一最高价格,若无人购买,逐次落价，直至有人应声，便在案上一拍，交易即成。这就是"拍案成交"。

"联合拍货"，是一伙购买人事先勾结起来，指定其中一人作为唯一的出价人，其余的人不与其竞争，不互相拆台，以图用最低价格买进拍卖品。事成以后，才又在同伙内进行一次真正的拍卖转售。

相传，拍卖这一买卖方式为古罗马人所首创。他们在战争中掳获的战利品往往以这种方式出售。拍卖时，在场地上悬一长矛或将长矛插在地上作为标志，有意购买者则围聚拢来购买，这叫"矛下交易"。在 18～19 世纪的英国，拍卖货物常借助蜡烛进行，拍卖人点一根短烛，在蜡烛燃完以前，竞买者可以争相加价，蜡烛一灭，交易即成。

理发店的三色柱标志

世界各地的理发店门前，都有一个转动的红、蓝、白三色灯柱，以招徕顾客。三色柱中的红色代表动脉，蓝色代表静脉，白色代表纱布，这些为什么成了理发店的标志呢？原来，西欧中世纪流行一种这样的说法：人生病主要是因为体内各元素不平衡，只要引出多余的元素，就会恢复健康。血液被认为是最容易引出的一种"元素"，放血是康复之始，但医生又不肯动手放血，这事就常委托理发师来做，于是理发师成了业余外科医师。1504年经英格兰国王批准，理发师正式打出外科医师的牌子，三色柱也就成了他们行医和理发的标志。1745 年英王乔治二世敕令成立皇家外科医学会，外科医师从此与理发师分家，但理发店门前还是以三色柱为招牌，并一直沿用至今。

关于三色柱的由来，另有两种传说。一说在法国资产阶级革命期间，一位理发师巧妙而机智地保护了一位革命者，后来为表彰他的贡献，便在理发店门口装饰起象征法国国旗的红、蓝、白三色柱。另一说在法国资产阶级革命时期，地下工作者分散在各区活动。为了便于联络，商定以理发店的花柱为标志。规定哪间理发店的花柱旋转了，革命者就在哪里活动。后来花柱便成了革命的象征。世界各国的理发店觉得这种装饰既雅致又新颖，且能吸引顾客，于是纷纷仿效。

世界上最早的超市

据说世界上第一家超市于 1952 年首先在美国诞生。开张那天人们尚不知超市为何物，纷纷抱着好奇的心态前往光顾，并把逛超市作为一种时尚。但没过多久，人们逐渐尝到了超市便利的甜头，上超市购物又成为人们日常的一种需要。于是乎，超市像雨后春笋似的遍布世界各地。

最大的纸币

明朝洪武八年（1375年）发行的大明宝钞，额面分为一百文、二百文、三百文、四百文、五百文和一贯等六种。其中一贯钞是大明宝钞中纸面最大者，钞料为桑皮纸，高35厘米，宽29厘米。四周有龙纹花栏，上面横题"大明通行宝钞"，右为"大明宝钞"，左为"天下通行"，中间有钱贯的图样，上面写一贯。下面则印"户部奏准印造大明宝钞与铜钱通行，伪造者斩，告捕者赏银贰百伍拾两，仍给犯人财产"，末印洪武年月日。

纸币上的文明

《世界名片——各国货币上的人物故事》一书的卷首语中有一句话是这样说的："通篇浏览本书，可以从中了解各国货币设计者和决策者的风格和倾向。比如，法国是一个崇尚哲学与艺术的国家，所以在各种面值的法郎上，印有本国作曲家、画家、哲学家的肖像；美国最自豪的是它的制度，而制度的建立者主要靠开明的有作为的政治家，因此，它就把著名的政治家的肖像印在了纸币上，如华盛顿、林肯、格兰特等；英国人喜欢他们的女王，所以在各种英镑的正面全部都是伊丽莎白二世的肖像；俄罗斯人怀念彼得一世，但又不可能找到他的照片，因为那时还没有发明照相技术，于是就把他的雕像的照片印在了新版卢布上。"

书前的目录是以洲来排列的，目录分列各个国家的货币，同时也排列纸币上的历史人物。看一个国家的纸币，也可以看出一个国家的文明程度，再进一步说，也可以看出一个国家的政治制度，这就是纸币上的文明。

因为纸币上的历史人物大体反映了一个国家的基本价值取向，是民主国家还是极权国家，都反映在纸币上，一目了然。书中列出的亚洲国家，纸币上的历史人物大多是国王，只有实行宪政的国家，纸币上不是国王。像日本，一千元纸币上是作家夏目漱石，一万元纸币是明治时代的启蒙思想家福泽谕吉。以色列纸币上共有四个历史人物：两个总理，一个总统，一个作家。韩国纸币上是一个诗人。苏联解体以后的哈萨克斯坦县属亚洲，它的纸币上是一个诗人。非洲大体上也是这个规律。欧洲除了英国以外，其他国家纸币上没有一个国王。就连阿尔巴尼亚，纸币上也是诗人弗拉舍利和民族英雄斯坎德培。罗马尼亚纸币上是一个诗人爱明奈斯库，也许这是政治转型后的情况。俄罗斯纸币用彼得一世的雕像，这在过去是不可想象的。欧洲纸币上通常只有四种人：学者、作家、科学家、音乐家，只有个别总督和民族英雄。美洲和大洋洲以总统为多，个别是科学家和民族英雄。澳大利亚是两个科学家。

为什么民主国家就不愿意把国王的像放在纸币上？这与他们的政治文化精神有很大关系。美国纸币上是总统、政治家和科学家，虽然从名词上看总统也有"国王"的意味，但美国总统和国王是不一样的，因为总统是选出来的，而国王的天下要么是世袭来的，要么就是夺来的。纸币上的文明,其实就是国家的政治文明,也就是一个国家自由和民主的标志。

汇率及其标价

汇率亦称汇价,是指用一国货币表示的另一国货币的价格,或者说,是两国货币之间的比率或比价。在外汇买卖或兑换中,汇率如同商品价格一样,总是要受到外汇供求关系的影响而不断地发生变化。这种受外汇供求关系影响而不断变化的汇率,就是我们通常所说的外汇行市。

在确定两国货币之间的比率或比价时,首先要确定是以本国货币表示外国货币的价格,还是以外国货币表示本国货币的价格。这种用以标出汇价的方法,通常被称为汇率的标价方法,它分为直接标价法和间接标价法。

直接标价法是指以一定单位的外国货币(如1、100、10000外币单位)作为标准,折算成若干本国货币来表示其汇率的标价方法。在直接标价法下,外国货币的数额固定不变,汇率的上升或下降都以相对的本国货币的数量的变化来表示。以一定单位的外国货币折算成本国货币的数量比以前增多,表明外国货币汇率上升或本国货币汇率下跌,即外国货币币值上升或本国货币币值下跌。相反,以一定单位的外国货币折算成本国货币的数额比以前减少,则表明外国货币汇率下跌或本国货币汇率上升,即外国货币币值下跌或本国货币币值上升。目前,世界上除英国和美国以外,绝大多数国家和地区都采用直接标价法。我国国家外汇管理局公布的人民币外汇牌价,也使用直接标价法。

间接标价法是以一定单位的本国货币作为标准,折算成若干外国货币来表示其汇率的标价方法。在间接标价法下,本国货币的数额固定不变,汇率的上升或下跌都以相对的外国货币的数额的变化来表示。以一定单位的本国货币折算成外国货币的数额比以前增多,表明本国货币汇率上升或外国货币汇率下跌,即本国货币币值上升或外国货币币值下跌。相反,以一定单位的本国货币折算成外国货币的数额比以前减少,则表明本国货币汇率下跌或外国货币汇率上升,即本国货币币值下跌或外国货币币值上升。目前,世界上采用间接标价法的只有英国和美国。英国由于资本主义发展较早,侵占有大量殖民地,英镑在历史上一直是国际贸易计价和结算的标准,加上英镑的计价单位较大,从计算上看,用1英镑等于若干外国货币比较方便,故英国一直采用间接标价法。美国原来一直采用直接标价法,二战后,由于美元在国际结算和国际储备中取得统治地位,故从1978年9月1日起,改用间接标价法,但对英镑仍沿用直接标价法。

彩票的由来

清朝末年,曾任驻美国、西班牙、秘鲁大使的崔国因于1890年农历三月赴西班牙递交国书期间,对西班牙做过详细考察,他在其《出使美、日、秘日记》中记载了有关彩票的由来。

西班牙原系老牌帝国主义国家,在世界各地占有许多殖民地。后来国势日衰,财政入不敷出,为了填补空虚的国库,课金多如牛毛,无论何人都按每月收入多寡缴税,舟、车、狗、马以及上饭馆都要纳税,剧院上等座按票价十分之一抽税。政府还发行彩票(奖券)以敛财。其所售彩票款,提取四分之一充国库,每年进款 500 万比塞塔左右,成为国家一大财源,余者提除用费外,分一二三四五等给中彩者。抽签办法与现在大致相同:把号数和彩码分别放在两个空球之中,一球出号码,另一球出彩码。如一球摇出头彩,另一球摇出一号,则一号中头彩;一球摇出无彩,另一球摇出二号,二号则无中。当时用儿童转球,凡持彩票者均予参观,当众开奖。因无舞弊,又迎合人们的侥幸心理,买者颇多。

西班牙彩票渐行渐广,打进了"国际市场",法国、德国等均起效行。而美国却于 1890 年正式宣布禁止彩票入口,不准邮寄,不准银行兑换,不准携带进口,一经查获,全部没收。西班牙彩票约在 19 世纪 60 年代初起也在我国上海发行。开始每年得利银 48 万两;到 19 世纪 90 年代每年得利银近 100 万两。到 19 世纪末,其敛耗我国民财约白银两三千万两,由于清政府不闻不问,银钱大量外流,损失颇重。

彩票

外汇

外汇是指能用于多边国际结算的以外国货币表示的各种支付手段(包括外币现钞)。外汇必须具备三个基本特征:①外汇是以外币计值或表示的金融资产,任何以外币计值或表示的实物资产和无形资产并不构成外汇;②外汇必须具有可靠的物资偿付的保证,能为各国所普遍接受;③外汇必须具有充分的可兑换性,能用于多边国际结算。在当今世界上,并非所有的外国货币都同时具备以上三个基本特征,因此,不能将外汇简单地理解为外国货币。

由于国际贸易的不断扩大,国际资本的流动日趋频繁,国际劳务合作及其他各种形式的经济交往日益发展,单靠外币来清偿国际上的债权债务已远远不能满足需要。于是,代替现金作非现金结算的各种支付手段,如以外国货币表示的外币支付凭证(包括票据、银行存款凭证、邮政储蓄凭证等),外国有价证券(包括政府公债、公司债券、国库券、息票等)以及其他能变现成外国货币或能代表外币现金使用的支付手段,相应地在国际经济往来中出现。实际上,我们平时所说的外汇,绝大部分就是由这些外币支付凭证和有价证券构成的,而外币现钞(包括钞票如铸币等)只占了极小的一部分。

文学常识

古希腊文学的人文色彩

古希腊文学仿佛一棵根深叶茂的参天大树,浓荫覆盖着整个西方。要阅读欧洲文学,无论是古是今,不通晓一些它的始祖——古希腊文学都是有困难的。本章包括古希腊神话、荷马史诗、古希腊悲剧以及古希腊喜剧等充满人文色彩的古希腊文学。

心灵的飞翔:古希腊神话故事

古希腊神话是世界上最系统,对人类文明影响最深远的神话。它的体系完整宏大,故事内容丰富、寓意深刻,是欧洲文学的起源,是古希腊民族对世界朴素认识的艺术显现,反映了原始社会时期的古希腊人的历史观、宗教观以及道德观。它以口述的形式在古希腊各民族中流传,是古希腊各民族共同创造的精神文化结晶。几千年来,古希腊神话一直以其充满想象的艺术魅力在世界各国代代相传。它是全人类不可再生的文化遗产。是古希腊留给后世的非常宝贵的精神财富,是史无前例的巨大杰作。

古希腊神话的产生、发展经历了相当漫长的时期,这一过程与古希腊民族的形成是同步的。古希腊神话的最初形态是一些在民间广为流传的故事片段,其中一些成为民间艺人或行吟诗人演唱的重要题材。古希腊是多民族混居、多种文化交融的地方,所以古希腊神话中的神祇也多来自古希腊以外的地域。这些神话在古希腊民族的迁徙、征战、交流过程中逐渐传遍整个古希腊世界。古希腊人世世代代口述、传唱这些神话故事,在传唱中又经过不断地加工补充,故事的内容越来越人格化,逐渐形成了一个比较完整的神话系统。神话的最早文字记载见于荷马和赫西奥德的作品。经过埃斯库罗斯、索福克勒斯、欧里庇德斯等诗人的进一步加工整理,古希腊神话完成了从口述文学到书面文学体系的蜕变。

古希腊神话包括宇宙形成、诸神世系、人的起源、诸神争霸、英雄传说、洪水神话和冥府神话等几个类型。

古希腊神话内容包括神的故事和英雄传说两个部分。神的故事涉及宇宙和人类的起源、神的产生及其谱系等内容。传说古希腊有奥林匹斯十二大神,他们掌管自然与生活的各种现象和事物,并组成以宙斯为中心的奥林匹斯神统体系。宙斯是诸神和人类之父,是这个大家族的家长。他的职权广及人类生活的各个层面。他主宰着人间的法律和道德,他在奥林匹斯诸神中拥有最高的权力和尊严。其他主神有海神波塞冬、月神阿耳忒弥斯、爱和美的女神阿佛洛狄忒、工匠和火之神赫菲斯托斯、战神阿瑞斯、神使赫耳墨斯等。奥林匹斯诸神最早都是自然力的象征,后来其中的人文属性逐渐增强。他们的生活习惯是氏族贵族式的,他们的道德规范代表着贵族精神。诸神的层级制度反映了父系社会的等级阶层,这个家族就是人类社会生活的写照。

心灵的振奋:古希腊文学——荷马史诗

"荷马史诗"即"英雄史诗",它是古希腊文学辉煌的代表,长期以来被看成是欧洲叙事诗的典范。相传最初由一个名为荷马的游吟诗人所作,因而得名。

荷马史诗分《伊利亚特》和《奥德赛》两部,各 24 卷。《伊利亚特》共计 15693 行,《奥德赛》有 12110 行。这两部史诗最初可能仅是古代传说的口头文学,主要借助乐师的背诵得以流传。荷马若确有其人,应为两部史诗的整理定型者,两部史诗根据民间流传的短歌综合汇编而成。这两部史诗都以特洛伊战争为题材,主要记载了古希腊先民在与异族和大自然的斗争过程中所创造的英雄业绩。《伊利亚特》记叙了古希腊人征服特洛伊人的经过,详细描写了阿喀琉斯的愤怒及战后 51 天内发生的事情。《奥德赛》描写了参加特洛伊战争的奥德赛在班师途中迷失道路、辗转回乡的经过及其沿途的所见所闻。荷马史诗通过塑造一系列个性鲜明、英勇善战、拥有无穷力量及智慧的英雄人物,歌颂了古希腊全民族的光荣史迹及勇敢、正义、无私、勤劳的品质,赞扬了克服一切困难的乐观主义精神,肯定了人与生活的价值。

荷马史诗的语言质朴、比喻奇特、形象鲜明、情节生动,堪称世界文学中的经典之作、远古社会生活的百科全书。它在西方古典文学史上占有无可取代的地位,被认为是最伟大的古代史诗。荷马史诗不仅在文学艺术方面具有重要价值,在历史学、地理学、考古学和民俗学等方面也有很多研究价值,其影响渗透到古希腊社会生活的各个领域,对后世的文学发展也有着重要影响。

心灵的净化:古希腊悲剧起源

古希腊悲剧起初是源于祭祀酒神狄俄尼索斯的庆典活动。在后来漫长的演进过程中,这种原始的祭祀活动逐渐演变成一种有合唱歌队伴奏,有演员表演,同时依靠幕布、背景、面具等塑造环境的艺术形式,由此成为西方戏剧的雏形。在公元前 534 年左右,有"古希腊悲剧之祖"之称的狄斯比斯把酒神颂中合唱的赞歌和悲歌改成了对话式的台词,由此开启了古希腊悲剧的时代。后来抒情诗人斯泰西科拉斯(前 632~前 553 年)和阿里昂(生卒年不详)又把随心所欲的狂歌乱舞改成有指挥、有节奏的表演,并将指挥者由最初的一人逐渐增加,同时令指挥者一边指挥,一边念台词。这样指挥者渐渐发展成为悲剧演员。以后的史诗和抒情诗也促进了悲剧的形成与发展。荷马史诗不仅为悲剧提供了素材来源,它的表现形式也为悲剧提供了借鉴。其中史诗中采用的扬抑抑格六音步诗行写成的大段对话,成了悲剧对话的典范。悲剧对话的抑扬格六音步诗行形式又是诗人从抒情诗引入的。悲剧的合唱歌采用抒情诗中合唱琴歌的形式。在以后雅典平民与贵族之间的斗争中又进一步促进了悲剧的发展。公元前 6 世纪,僭主庇士特拉妥利用"酒神节"作为与贵族斗争的工具。在他的支持下,"酒神颂"成为雅典全民性节庆活动,从而为"酒神节"祭礼向悲剧的转化提供了现实条件。雅典的民主政体将剧场变成政治与教化的讲坛。伯里克利时曾兴建"狄俄尼索斯剧场",举办盛大的戏剧比赛。当时雅典政府有规定,人民不分贫富,都必须观看戏剧。为补偿平民因看戏耽误的收入,政府还会发给"戏剧观赏津贴"。当时悲剧演员的社会地位很高,受到人们的尊重,悲剧在这种背景下空前繁荣。

在古希腊悲剧艺术极大发展的背景下,古希腊诞生了三位著名的悲剧诗人,他们代表了古希腊悲剧艺术"兴起—繁荣—衰落"各个时期的最高成就。其一是被誉为"悲剧之父"的埃斯库罗斯,他的代表作有《被缚的普罗米修斯》;其二是被誉为"戏剧艺术的荷马"的索福克勒斯,其代表作有《俄狄浦斯王》,标志着古希腊悲剧艺术结构趋于完美,从而使"俄狄浦斯情结"成为后世心理学家讨论的"恋母情结"的代名词;其三是有"心理戏剧的鼻祖"之称的欧里庇德斯,其代表作是《美狄亚》。三大悲剧家虽然生于一个大时代,但其时代感受各异。埃斯库罗斯的悲剧多取材于神话传说,其结局通常以"不祥"揭示"命运"的必然,被称为"命运悲剧"。索福克勒斯的悲剧虽然也取材于神话传说,但他对人的刻画相当注重独特的个性,故通常被称为"性格悲剧"。欧里庇得斯的悲剧取材广泛,于神话外另外加进许多现实内容,由于他的悲剧多以爱情为推动力,且善于对人物性格、命运作奇异处理,因而其悲剧被称为"爱情创造悲剧"。

心灵的观照:古希腊喜剧历史

古希腊喜剧有着悠久的历史。一般认为,喜剧与悲剧同样都源于酒神祭祀,即从祭祀酒神的狂欢歌舞及民间滑稽戏演变而来。早期喜剧内容较为粗俗,服饰夸张、怪诞,有着一个大的男性生殖器象征,剧中多有粗语。后来雅典逐渐发展为喜剧的中心。公元前486 年,喜剧在酒神祭祀上首次正式演出。公元前 440 年左右,喜剧再次在酒神祭祀上演出。参加喜剧演出的演员一般为三四个,有时增加个别配角,此外还有一个二十四人的合唱队。合唱队在喜剧演出中必不可少,许多剧目都是因合唱队的歌曲而得名,如《蛙》《鸟》等。喜剧大都反映现实生活,剧中的主人公一般不是神或王侯将相,而只是些普普通通的人,所用语言虽然仍是诗,但更接近日常用语。其结构也比较松弛。由于它有比较自由的创作内容,因而其创作方法也较悲剧更为自由。古希腊喜剧产生于雅典民主政治时代,正因如此,它才可以讽喻政治,嘲讽名士,如《云》就有讽刺苏格拉底的内容,当时民主政治的各个方面,几乎都以夸张的形式出现在喜剧舞台上,甚至古希腊人所崇拜的某些神,也受到过大为不恭的对待。但是,喜剧并不否认神的存在,也不攻击民主制度。

喜剧一般由六部分组成:序曲,即叙述性的开场;合唱队入场,向观众致辞。同时发表剧作者的意见;对驳场,两位剧中人就剧的主旨展开的辩论,一位表示反对,一位表示赞成,通常第一位发言者总是失败者;评议场,所有角色都下场后,合唱队长直接向观众讲话,所谈与剧情关系甚小,随后是合唱;插曲,主要为合唱;终曲,它的突出特点是狂欢,结束时常有放荡不羁的舞蹈。全剧的主题思想主要集中在对驳场。

古希伯来文学的宗教化

律法书

《创世记》《出埃及记》《利未记》《民数记》和《申命记》合称为"摩西五经"。这部分成书最早，公元前 444 年就被确定为圣经，多是关于创世纪、伊甸园和诺亚方舟等神话故事。内容包括《拉麦之歌》《掘井歌》等最早的歌谣；关于创造天地、乐园禁果、洪水方舟等的神话以及关于亚伯拉罕、约瑟、雅各、摩西等人的传说。

《创世记》是古希伯来神话传说的主要部分，其中关于天地起源、人类创造、伊甸乐园、洪水方舟等神话，以其简劲而古朴的情调、典雅而隽永的品格，对后世的文学艺术产生了相当深远的影响，尤以约瑟的故事最广为流传。《出埃及记》是一部英雄史诗，叙述了首领摩西为了组织以色列族人逃脱埃及人的奴役而在沙漠中流徙的情景。《利未记》与《民数记》写旷野中艰苦战斗的生活。《申命记》写摩西在约旦河东岸向民众演讲，宣布神的法纪的情景。《申命记》成书于约公元前 6 世纪，是五经中成书最晚的一卷，古希伯来散文的修辞技巧高深之处都在其中得以显现。

历史书

历史书共计有《约书亚记》《出埃及记》《士师记》《撒母耳记》(上、下)、《列王记》(上、下)、《历代志》(上、下)、《以斯拉记》《尼希米记》等 10 卷，是以色列—犹太国的兴亡史为主线。成书年代大约在公元前 600～前 300 年之间。《约书亚记》主要描写渡河征服迦南的经过；《士师记》是"士师时代"与强邻战斗的英雄史传；《撒母耳记》上下两卷以色列—犹太王国的建立和发展为背景，主要叙述扫罗和大卫两个开国元勋的事迹；《列王记》上下两卷记述大卫以后列王的故事，着重描写了所罗门时代的繁华；《历代志》是后出的古希伯来民族的通史。其中强调了爱国主义思想；《以斯拉记》和《尼希米记》是复国重建时期领导人物的传记。这些史书中有许多部分显示了古希伯来散文的特色：简洁、生动，既有史实，又有传说故事和诗歌插曲，富于传奇超凡的永恒艺术感染力。

《先知书》

《先知书》是古希伯来文学中的一束奇葩。它包括《以赛亚书》《耶利米书》《以西结书》等 15 卷，主要内容多是阐述犹太教义，评议多种社会问题，预言古希伯来社会的未来。

《先知书》即指《旧约》第二部分，它又分为前、后《先知书》两部分。犹太教认为先知在犹太民族历史上，是作为神意的代言人而出现的，他们可以引用过去的历史，也可以预言未来的事情,借以劝告人们遵守同上帝的契约和律法。犹太人还将他们的民族领袖摩西看成是最伟大的先知。其继承人约书亚及随后的撒母耳、以利亚等也都被列为先知。遗憾的是这些先知没有留下著述,他们的事迹仅能在《先知书》中略见一二。

先知们往往在社会危机之时大声疾呼,发表政论或诗歌作品借以斥责富人的残暴、官僚的腐败及社会风气的堕落,他们通常具有不怕牺牲的殉道精神。如阿摩司在以色列国灭亡之前 30 年所写《阿摩司书》,就曾警告过亡国之危;耶利米也曾因直言谏诤而多次被监禁,后来他见君臣大批被囚而作著名的《哀歌》;《哈巴谷书》叙述了尼布甲尼撒的军队凶暴而贪得无厌,从而斥责了强国蹂躏弱小;《以赛亚书》谴责社会风气的堕落,同时给苦难中的人民带来了希望。

诗文杂著

诗文杂著是古希伯来文学中价值最高的诗歌。是《旧约》作品中的主要部分。《诗篇》是抒情诗集,其中收录有 150 篇诗,相传是大卫所写,其实不是一人之作,有些是几百年后"巴比伦之囚"的悲歌。抒情诗《耶利米哀歌》《诗篇》和《雅歌》等作为古希伯来诗歌的高峰。被列入世界古典文学珍品之林。古希伯来的哲学诗集被称为"智慧书",其中《箴言》一书集民间谚语之大成;《传道书》则以优美的文笔反映了及时行乐的思想。"智慧文学"的双璧《传道书》和《约伯记》同被誉为"世界哲理诗最优秀的作品"。《约伯记》为雄浑的哲学剧曲,主要探讨了好人为何受苦的问题,反对当时流行的现世报应说。《耶利米哀歌》五首,主要为哀亡国之痛。此外,《先知书》中的《以赛亚书》《阿摩司书》《何西阿书》《哈巴谷书》《耶利米书》《弥迦书》等,也都是以诗歌的形式写作,而且在当时的经、史类书中也载有不少诗歌。其中艺术技巧高超的诗篇还使用了贯顶体、气纳体这两种独特的诗律。

古希伯来的小说产生较晚,《路得记》和《以斯帖记》分别被看成是古代世界文学史上最早的、成熟的小说作品。与此同时代的《但以理书》,用想象中的幻境,借历史上亡国之君艰难复国的故事,激励受奴役的古希伯来人奋起反抗。恩格斯认为这部小说通过但以理之口说出"关于波斯、马其顿的世界统治的兴衰和古罗马的世界统治开始的预言",是为了"使读者能够接受最后关于以色列人会克服一切苦难,终将胜利的预言"。不仅如此,《旧约》作品还创造出许多独具特色的文学样式,先知文学、启示文学、福音书文学以及诗剧及较成熟的小说均有涉及,《箴言》和《约伯记》等开启了智慧文学的先河。《旧约》中的小说具有一些独特的叙事技巧,而且《旧约》作品中对反复、反衬、反讽、象征、隐喻、拟人、夸张、双关、对照等艺术手法的运用也使其文学意味更为浓郁。

城市文学

西欧各国从 11 世纪起,由于手工业与农业的分工以及商业的发展,逐渐产生了城市,从而出现了从事工商业的市民阶级。以后在不断地斗争中城市得以发展,这时,在西欧许多国家还发生了"异端"运动,开始形成世俗文化。

城市文学的产生就是同城市斗争以及"异端"思想密切相连的。为了适应市民对文化娱乐的要求,基于民间文学,10~11世纪时作为欧洲中世纪世俗文学之一的城市文学出现了。其作者主要是城市里的街头说唱者,在内容上城市文学与教会文学不同,它更加强调现实性,多涉及对僧侣及封建主的嘲弄,着重反映现实生活及市民阶层的思想感情,包括中世纪城市生活和新兴资产阶级思想愿望。其内容形式丰富多样,风格生动活泼。城市文学的出现,在中世纪文化的发展中具有重大意义。它主要运用讽刺的艺术手法,时而尖锐,时而温和,这主要取决于作者的社会立场。此外,城市文学在一定程度上还接受了封建文学及教会文学的隐喻、寓言、梦境等手法,其风格简单朴素,语言生动鲜明,但有时稍显粗俗。在文学样式上,城市文学创造性地形成了韵文故事、讽刺故事诗等新型体裁,主要包括韵文故事、讽刺故事诗、抒情诗以及市民戏剧等。

由于法国是西欧城市发展最早的国家之一,因而其城市文学的发展也最为突出。"韵文故事"是当时法国最流行的一种城市文学类型,数量很多,但现今多已散佚。它的特点是故事性和讽刺性都非常强。作者将社会生活以生动的语言写成了引人入胜的故事,将骑士和僧侣的丑态揶揄尽致,同时也暴露了市民的贪婪自私。"韵文故事"所反映的社会面很广,从骑士、僧侣、法官到商人、手工业者、农民、仆役以及乞丐都可能成为其描写的对象。其中的代表作有《布吕南》《驴的遗嘱》《以辩论征服天堂的农民》《农民医生》等。在《布吕南》中,作者揭露了乡村教士的贪婪本性,想骗取农民的牛,结果却赔了自己的牛。《驴的遗嘱》谴责了教会以"遗赠"之名,强夺农民的财产。

除了法国比较有特色的"韵文故事"外,在城市文学中还有一种非常重要的民间创作,代表作品有《列那狐传奇》《玫瑰传奇》等经典之作。

鼎立的三种文学形式

古典主义文学

古典主义文学是指17世纪流行于西欧特别是法国的一个重要的文学思潮,因其在文艺理论及创作实践上以古希腊、古罗马文学为典范,故而得名。它继承了文艺复兴的崇古传统,发展成歌功颂德的宫廷文艺。古典主义挑选题材严格,讲究典雅和规范化,具有政治上拥护王权、思想上崇尚理性、艺术上模仿古人的基本特征,特别是它提出了"三一律"等戏剧创作规则。

古典主义文学以法国成就尤为突出。法国古典主义文学兴起于17世纪30~40年代,在60~70年代达到极盛。弗朗索瓦·德·马莱布是法国古典主义文学的开创者,他反对七星诗社丰富语言的方法,不主张运用古字、复合字、技术用语等,他提倡语言的准确、明晰、和谐、庄重,从而达到语言的"纯洁"化。在诗歌创作上,他也反对七星诗社所主张的跨行、元音重复,他主张用韵严格,对诗节的长短严格规定,倾向于冷漠地表达,他认为诗歌主要应为说理。马莱布奏响了法国古典主义的旋律,继此之后法国古典主义悲剧也取得了辉煌的成就,其创始人是皮埃尔·高乃依(1606~1684年)。高乃依写过30多个剧本,较为重要的有《熙德之歌》《贺拉斯》《西拿》《波利耶克特》。他的突出风格是庄严崇高,这也成为古典主义所追求的理想美。其剧本题材与内容崇高庄严,高乃依主张悲剧应该写"著名的、非同寻常的、严峻的情节",其情节的"猛烈程度能与责任和血亲的法则相对抗"。高乃依之后古典主义悲剧的第二个代表是让·拉辛(1639~1699年)。他创作的《安德罗玛克》以女主人公为保全儿子生命所做的努力为主线,刻画了为满足自己情欲而不顾国家利益和义务的人物形象,谴责了贵族阶级的情欲横流。拉辛的后期作品还有《爱丝苔尔》《阿塔莉》,这时拉辛将"三一律"运用到出神入化的地步,从而把古典主义悲剧艺术的发展推向高峰。此外,拉辛沿袭古希腊悲剧的命运观念,其剧本着重描绘导致悲剧的必然过程,这使得拉辛的剧本更具悲剧性。除了诗歌和戏剧,这时期法国古典主义的散文创作也较有特色,代表人物有布莱兹·帕斯卡尔(1623~1662年)、拉法耶特夫人(1634~1693年)、让·德·拉布吕耶尔(1645~1696年)、弗朗索瓦·德·费纳龙(1651~1715年)等。

在英国。古典主义文学也取得了一定的成就,但它模仿法国古典主义的痕迹比较明显,独创性不高。约翰·德莱顿(1631~1700年)是英国古典主义的倡导者与实践者。这时德国的约翰·克里斯托弗·高特舍特(1700~1766年)的《批判诗学试论》推崇理性,倡导"三一律",对德国民族语言的规范及剧坛的整顿都做出了贡献,他的理论推动了启蒙精神的发扬。

古典主义在欧洲流行了200多年,后来被19世纪的浪漫主义思潮所取代。

巴洛克文学

巴洛克文学产生于16世纪下半叶,17世纪上半叶时达到兴盛。"巴洛克"一词来源于西班牙文barruco,16世纪时首先出现在首饰行业中,意即"一颗不圆的珍珠"。而后这个词的含义几经变化,现在人们多把16世纪的建筑称为具有巴洛克风格的造型艺术,这种艺术以富丽繁复、精雕细刻为特点。巴洛克文学的风格与此相仿,故而得名。

巴洛克文学源于西班牙和意大利,盛于法国。意大利巴洛克文学的代表是贾姆巴蒂斯塔·马里诺(1569~1625年)。他的长诗《阿多尼斯》叙述了爱神维纳斯与美少年阿多尼斯之间的爱情纠葛,其中作者还编织了许多插曲,诗句华丽,形成一种"马里诺诗体",并引起各国诗人的纷纷仿效。

在西班牙巴洛克文学的发展历程中有两个代表人物,即诗人贡戈拉·伊·阿尔戈特(1561~1627年)和佩特罗·卡尔德隆(1600~1681年)。阿尔戈特的歌谣和十四行诗风格幽默、活泼。他的成就主要是叙事诗与寓言诗。其作品《孤独》描写了渔民与惊涛骇浪的搏斗,文中比喻新奇,典故冷僻,形象奇特,词汇夸张,句式对偶,形成了"夸饰主义",又名"贡戈拉主义",这种文学手法因此成为17世纪西班牙文学中巴洛克时期的代表倾向,影响深远。佩特罗·卡尔德隆是继维加之后西班牙又一位著名戏剧家和诗人。他的《人生如梦》描写了波兰王子塞希斯蒙多的不平凡经历。在文中王子是人生的象征,他的反抗表示对宿命论的否定,但其不足之处是作者仅希冀在宗教中寻找出路。剧本结构严谨,辞藻精美,经常以象征和隐喻来加强效果。

总体说来,巴洛克文学发展了一种新的美学趣味和倾向,它不甘于固有的价值体系,它的出现是与当时的社会愿望和需要相适应的。巴洛克文学的成就不高,有重大影响和重要价值的作家及作品并不多,尽管如此,巴洛克文学的艺术手法对于 19 世纪浪漫主义文学的产生仍起到了直接的推动作用,对 19 世纪以来的拉美文学也有深刻影响。

清教徒文学

17 世纪的英国文学以反映清教徒思想的作品最为出色,它是英国资产阶级革命的产物。这场革命披着宗教的外衣而展开,斗争主要是在保王的国教与革命的清教之间进行。清教徒反对国教奢华的宗教仪式及贵族侈靡的生活方式,他们敌视戏剧娱乐活动,提倡勤俭节约,鼓励资本积累。清教徒的思想是 17 世纪英国资产阶级人生观的代表,反映了时代的精神。伊丽莎白女王憎恨清教徒,斯图亚特王朝也加紧迫害清教徒。及至 17 世纪 40 年代,资产阶级终于竖起清教的旗帜,他们以《圣经》武装思想,掀起了反对封建专制的革命运动。在这种背景下遂产生了清教徒文学,其中以约翰·弥尔顿(1608~1674 年)和约翰·班扬(1628~1688 年)为代表。

弥尔顿,清教徒公证人家庭出身,他一直积极投身于反封建的政治斗争,曾发表过《论出版自由》《为英国人民声辩》《论国王和官吏的职权》等雄健泼辣的政论文章。他晚年失明,经本人口授完成了三大诗作:《失乐园》《复乐园》和《力士参孙》。作于 1667 年的《失乐园》是一部宏大的史诗,取材于《圣经》,总计一万行。这部史诗的价值在于其赞美了撒旦的反抗。史诗中虽然有歌颂上帝的诗句,但都显得苍白无力,弥尔顿实际上是把上帝塑造成暴君的形象,描绘撒旦与上帝的对抗洋溢着炽烈的感情。在《失乐园》中弥尔顿歌颂了撒旦的有勇有谋,敢作敢为,不屈不挠,从而将其塑造成一个革命战士的形象,体现了诗人清教徒的革命思想。史诗还采用了抑扬格五音步无韵诗体,行文气势磅礴,热情澎湃。这三部长诗集中表现了诗人对复辟时期现实的不满,以及对清教徒思想的赞颂。在创作风格上弥尔顿继承了荷马史诗的优秀传统,在描绘场面时多运用丰富的想象力,从而使人物的性格刻画更鲜明,同时他还接受了中世纪文学的象征和寓意手法。这种史诗形式为 19 世纪的新型史诗和诗体小说开辟了道路。

与弥尔顿同时代的班扬也是个清教徒作家,他曾因宣扬清教思想而遭 12 年囚禁。他创作的《天路历程》以梦境寓意的形式,揭示了复辟时期腐败与淫乱的社会风气和人民不满的现实。

光明照亮愚昧

狂飙突进运动

18 世纪德国还未摆脱"三十年战争"的阴影,整个国家分裂为数以百计的小邦国及一些帝国城市,国家的分裂由此导致了经济的落后。尽管德国的政治闭塞混乱,但德国知识界却在英法启蒙运动的影响下率先觉醒。对比落后的社会现实,许多学者开始构建精神领域里的理想王国,由此造成了德国的社会鄙陋和文学辉煌的强烈反差。德国启蒙文学首要的任务便是要为消灭封建割据,实现民族统一而努力奋斗,创造具有近代意义的民族文学,宣传弘扬自我、突出个性反抗的反叛精神,以唤起鄙俗气息严重的市民阶级的觉醒。

应时代发展的要求,18世纪70年代,德国在全国范围内兴起了一场声势浩大的文学启蒙运动,这也是德国文学史上首次全国性的文学运动,即狂飙突进运动。"狂飙突进"的名称源于作家克林格的剧本《狂飙与突进》。运动的参加者反对封建枷锁,他们鼓吹个性,崇拜天才,主张民族统一,提倡创作具有民族风格的文学。他们还重视学习中世纪留传下来的民歌和民谣。他们学习了卢梭"返归自然"的思想,将现实社会的文明视为假文明。主张建立合乎"自然人性"的理想社会,歌颂大自然、儿童及淳朴的人民。狂飙突进运动促进了德国民族意识与个性的觉醒,它对德国的启蒙文学向更为繁荣的新阶段发展起到了推动作用。

在狂飙运动中的作家多为市民阶级出身的青年,歌德和席勒以其高水平的创作成为这一运动的中坚力量,而赫尔德(1744~1803年)则成了这一运动的理论家。他曾于1770年与歌德相会在斯特拉斯堡,标志着狂飙运动的开始。赫尔德在《论德国现代文学片段》等著作中,大篇幅地论述了文学的民族性、个性、天才与自然性,他极力推崇荷马、莎士比亚,对后来的狂飙突进作家产生了极大的影响。尽管狂飙突进运动写下了德国启蒙文学发展中辉煌的一页,但是后来由于德国社会的落后,该运动终未能发展为政治革命,到18世纪80年代中期之后此运动逐渐沉寂下来。

百科全书派

狄德罗

在18世纪法国启蒙运动的发展中,百科全书派成了一面色彩鲜艳的旗帜。它有别于一般的文学流派,此文学流派因其成员参与编纂、出版《百科全书》的活动而得名。

百科全书派的领袖狄德罗出生于法国朗格尔,19岁时获得了巴黎大学文学硕士学位。在之后自谋生路期间,他得以广泛接触社会。从而磨炼了自己的斗志。1743年,他结识了卢梭。1745年,他应出版商之请,开始负责《百科全书》的编纂工作。在此期间,狄德罗还创作了许多杰出的哲学著作,如《哲学思想录》《论盲人书简》《怀疑论者的散步》等,由于书中宣传了无神论思想,因而触怒了当权者,结果狄德罗被判入狱三个月。出狱后。他更加坚定《百科全书》的编纂,决心通过此书的出版,引起人们思想方法的改变,从而带来人类精神革命。他集中了一批志同道合者,以传播知识为手段,向反动的宗教与社会势力发起猛烈进攻。参加这项工作的人员极为广泛,包括文学家、旅行家、工程师、航海家、医师和军事家等,几乎涵盖了各个知识领域具有先进思想的一切杰出代表。其中启蒙主义作家孟德斯鸠和伏尔泰曾为《百科全书》写过文艺批评和历史的稿件,卢梭参与了音乐方面条目的编写,哲学家爱尔维修、霍尔巴哈以及空想社会主义者摩莱里、马布利等人,也都是《百科全书》哲学方面的编纂者。虽然他们的观点不尽相同,但彼此能相互协作。从此,以《百科全书》的编写和出版为中心,形成了法国启蒙运动的高潮,参加《百科全书》编写的这些人士在历史上被称为"百科全书派"。

百科全书派的核心是以狄德罗为首的一批唯物主义者,他们基本具有反对封建特权制度和天主教会的政治倾向,百科全书派向往合理的社会,他们认为人的本性是美好的,在人们的努力下世界是可以被建成幸福之地的,世界上的罪恶归根结底都是源于教育和有害的制度。他们还提出迷信、成见与愚昧无知是人类的大敌,主张一切制度和观点都应在理性的审判庭上接受批判与衡量。百科全书派推崇机械工艺,重视体力劳动,这种思想孕育了资产阶级务实谋利的精神。

感伤主义文学

感伤主义文学是18世纪60年代至80年代末在欧洲产生的资产阶级启蒙运动中的一种文艺思潮,又称主情主义。这种文学思潮因排斥理性,崇尚感情,有时也被称为前浪漫主义。感伤主义最早源于英国,后来传入法国、俄国及德国等主要欧洲国家。

产业革命以后,现实矛盾不断加剧,这时人们对理性社会逐渐产生怀疑,但实际中又苦于无从解决,因而人们只得寄希望于艺术和情感,借以表达对现实的不满与逃避。感伤主义这一潮流的出现在文学形式方面将欧洲引入了一个新的阶段。此思潮不仅成为19世纪初欧洲声势浩大的浪漫主义文学运动的先驱,而且也可以将它看成是现代派文学的源头。传统小说多是基于情节的发展,遵循因果规律,力图重组现实生活,而感伤主义却开辟了一种以心理为载体,同时融入外部现实世界的投影的新的叙事方式。

"感伤主义"因英国作家劳伦斯·斯泰恩的小说《感伤旅行》而得名。由于英国资本主义的迅速发展,社会矛盾日益加剧,中下层资产阶级文人对当时的社会贫富不均深感不安,他们担心自身的社会地位与物质生活失去保障,其感伤情绪逐渐堆积并日渐浓厚,于是在文学上便出现了这种感伤主义的情绪表现。感伤主义作家夸大感情的作用,他们追求对人物的心情和不幸遭遇的细致描写,从而引起读者的同情和强烈共鸣,作者希望表现的是他们对社会现实的不满及对劳动人民的怜悯之心,因而这类作品具有鲜明的资产阶级人道主义思想,突出反映了新兴资产阶级的愿望与要求。他们多以生、死、黑夜、孤独等为题材,抒发自己的哀思与失意,这时期作品通常格调悲哀,语言晦暗,弥漫着悲观失望的情调。感伤主义的作品还多以第一人称形式叙述,作者喜用哀歌、旅行日记、回忆录、书简等文学体裁。

在众多的感伤主义文学的作者中,比较有代表性的是英国的斯特恩、哥尔斯密斯、葛雷,法国的卢梭、伏尔泰,俄国的卡拉姆津,德国的里希特等。

海德尔堡浪漫派

19世纪时一批作家在海德堡创办了《隐士报》,形成了一个新的文学派别——海德尔堡浪漫派。1805年以后形成的"海德尔堡浪漫派",以克莱门斯·布伦塔诺(1778～1842年)和阿希姆·冯·阿尔尼姆(1781～1838年)为主要代表。布伦塔诺的抒情诗《催眠歌》《罗雷莱》,颇具民歌风味,其诗情浓郁。后来布伦塔诺与阿尔尼姆还合作出版了民歌集《男孩的神奇号角》,其中他们搜集了德国近三百年的民歌,同时二人还进行了许多的文学改写和再创作,丰富了德语诗歌宝库。在"海德尔堡浪漫派"中,雅各布·格林(1785～1863年)和威廉·格林(1786～1859年)也是当时较为著名的语言学家和民间文学研究者,格林两兄弟编成的《儿童与家庭童话集》,其中所搜集的童话成为世界文化遗产中的瑰宝。其中有许多作品成为童话作品中的典范,如《灰姑娘》《白雪公主》等。这些童话讲究语言平易、通俗、生动,在结构上形成了有代表性的"童话模式"。约瑟夫·冯·艾兴多夫(1788～1857年)也是海德尔堡浪漫派的一个抒情诗人,他的诗主要以自然景色的描写为主。其创作于1826年的小说《一个无用人的生涯》将现实与梦幻、诗与插曲结合起来,全文充满了浪漫的情调。1809年以后,德国浪漫主义以柏林为中心得到进一步发展。在这批文学作家中,克莱斯特(1777～1811年)的喜剧《破瓮记》抨击了普鲁士官场和司法制度的腐败,全剧以民间喜剧的幽默讽刺为特色。同时期的霍夫曼(1776～1822年)创作的《金罐》充满了童话色彩。他的另一部作品《小查克斯》又以离奇怪诞的写作手法,无情地鞭笞了19世纪德国乌烟瘴气的社会现实,从而表达了作者对真善美终将战胜假恶丑的坚定信念。后来的沙米索(1781～1838年)曾作《彼得·施莱米尔的奇妙故事》,作者以辛辣的笔调,嘲讽并批判了拜金主义的丑恶。

湖畔派

湖畔派是指19世纪在英国浪漫主义运动中较早产生的一个文学流派。其主要代表有华兹华斯(1770～1850年)、柯勒律治(1772～1834年)和骚塞(1774～1843年)。由于他们三人都曾在英国西北部的昆布兰湖区隐居过,并先后在格拉斯米尔和文德美尔两个湖畔居住,他们以诗赞美湖光山色,因而有"湖畔派诗人"之称。

湖畔派的诞生以华兹华斯和柯勒律治在1798年出版的《抒情歌谣集》为标志。后来华兹华斯于1800年在诗集再版时撰写的《序言》成为英国浪漫主义向古典主义宣战的艺术纲领,后来华兹华斯还被授予"桂冠诗人"的称号。由于湖畔派诗人反对古典主义传统法则,他们宣扬浪漫主义的艺术手法,故湖畔派诗人又有"浪漫派的反抗"之称。

湖畔派诗人都具有"回到大自然中去"的思想倾向。在诗歌选材上,他们提倡以描写下层人民的日常生活为主,强调内心的深刻探索与感情的自然流露;在诗体方面,他们又主张发展民间诗歌的艺术传统;在语言上采用民间口语,并充分发挥诗人的想象力。湖畔派的理论与实践结束了英国古典主义诗学的统治时代,这一流派对英国诗歌的改革和发展产生了很大影响。

湖畔派诗人起初对法国革命表示同情,后来随着革命的深入,他们因为害怕革命而退却,进而逃避现实,眷恋过去,他们对中世纪的宗法制过分美化,幻想从古老的封建社会中寻找精神的安慰与寄托。当湖畔派诗人的这种消极倾向日益明显的时候,青年诗人拜伦、雪莱在文坛上日渐显露锋芒,他们与湖畔派诗人展开辩论。拜伦在其 1809 年完成的讽刺长诗《英格兰诗人和苏格兰评论家》中,不仅回击了消极浪漫主义者对其诗作的诋毁,而且严厉谴责了湖畔派诗人的消极倾向。由于他们敢于向湖畔派诗人宣战做斗争,因而受到英国绅士们的斥责,称之为撒旦,即文学史上的"撒旦派"。

一般说,湖畔派诗人代表了消极浪漫主义倾向,而撒旦派倾向于积极的浪漫主义精神。虽然湖畔派诗人在与古典主义的斗争中曾做出过贡献,其在诗歌艺术上也较有造诣,但其历史地位远逊于撒旦派。

其他思潮和流派

玄学诗派

玄学诗派是 17 世纪初在英国形成的一个诗歌流派。此派的主要代表有约翰·多恩(1573~1631 年),其代表作有《世界的解剖》《关于灵魂的历程》《神圣的十四行诗》等。后来德莱顿批评多恩"诗中的玄学成分太多",后来以多恩为首的一派诗人就被称为玄学派。除了多恩外,此派还包括赫伯特、马韦尔、亨利·金、克拉肖、特勒贺恩、克利夫兰、沃恩、凯利、考利、拉夫莱斯等。其中有些诗人在风格与内容上介于"玄学派"与"骑士派"之间,如克利夫兰、凯利、拉夫莱斯。

继德莱顿的批评后,18 世纪英国批评家约翰逊又进一步对玄学派的特点进行了分析,他认为"玄学派诗人都是学者",他们在诗歌中"把截然不同的意象结合在一起,从外表绝不相似的事物中发现隐藏着的相似点","把最不伦不类的思想观念勉强地束缚在一起"。

玄学派诗歌的形式主要有爱情诗、宗教诗、挽歌、诗简、讽刺诗、冥想诗等。爱情诗以辩论说理的方式,从哲学、科学、神学中摄取意象,反映出玄学诗人对文艺复兴时期流行的彼特拉克式"甜蜜的"抒情诗的反对。他们的宗教诗和其他诗歌则多侧重表达信仰上的苦闷、疑虑、探索与和解。此派诗歌讲究内容复杂,多充满了浓郁的宗教神秘色彩。他们的诗歌中充满了紧张的心情以及对人的感情所做的议论与分析。此派诗人擅于运用新奇的形象、机巧的比喻与多变的节奏,从而表达诗人对爱情和信仰的玄思冥想,反映了诗人对灵与肉两方面平衡性的追求。玄学派诗人还追求精雕细琢的形式,多采用出人意料的比喻。

玄学派诗歌被认为是对文艺复兴时期人文主义诗歌的反响,它反映了 17 世纪初人文主义肯定生活、歌颂爱情与个性解放的思想传统所遇到的危机。玄学派诗歌的情绪与"一战"后普遍存在的怀疑气氛很符合,同时也符合对维多利亚和爱德华两朝的温情和庸俗道德观念的不满情绪的反映,体现了作家追求新的生活体验与表现方式的要求。尽管如此,它仍成为 17 世纪英国文学的衰落的标志。

骑士派

17 世纪上半叶的英国,在诗歌方面的主要代表除了玄学派还有骑士派。骑士派诗人大多为朝臣、骑士,他们在内战中积极为国王效力,他们是革命战争中查理一世的忠实拥护者,他们的诗歌也多取材于爱情,在艺术上骑士派师法本·琼森,主张诗歌创作的音调优美,明白晓畅。在诗歌的语言运用以及技巧表达上骑士派也甚为讲究。此派以罗伯特·赫里克(1591~1674 年)为首的封建没落骑士派为主要成员。

"骑士派"的诗歌主要描写了宫廷中的调情作乐与好战骑士为君杀敌的荣誉感,他们宣扬及时行乐。此外赫里克还写过不少清新的田园抒情诗和爱情诗,例如《樱桃熟了》《致水仙》《快摘玫瑰花苞》《疯姑娘之歌》等诗篇都是英国诗歌中广为传颂的名作。他的许多诗还曾被谱曲传唱。现今传世的赫里克的诗歌约有 1400 首诗,分别收录在《雅歌》与《西方乐土》中。除了赫里克外,骑士派的代表作家还有托马斯·步鲁(1595~1639 年)、约翰·萨克金(1609~1642 年)以及理查德·勒甫雷斯(1618~1657 年)等。

"玄学诗派"与"骑士派"作为 17 世纪上半叶英国诗歌的两大流派,其共同特征是二者都宣扬玄虚浮华、雕章琢句。而两派中又以"玄学诗派"影响更为深远,20 世纪这种思想流派在叶芝和艾略特身上均有明显反映。

沙龙文学

"沙龙"本为法语"Salon"的译音,它原意是指法国上层人物住宅中豪华的会客厅。自 17 世纪开始,巴黎的名人,其中多半为名媛贵妇经常把客厅变成著名的社交场所。进出沙龙者,既有诗人、小说家、戏剧家、音乐家、画家,又有哲学家、评论家和政治家等。他们来自各个领域,他们的志趣相投,欢聚一堂通常都是一边呷着饮料,欣赏典雅的音乐,一边就共同感兴趣的各种问题抱膝长谈。这种谈话讲究无拘无束。后来,人们将这种形式的聚会命名为"沙龙",此后这种文化形式风靡于欧美各国文化界,19 世纪沙龙文学进入它的鼎盛时期。正宗的"沙龙"一般具有如下特点:定期在晚间举行,因为灯光常常可以营造出一种朦胧的、浪漫主义的美感,这种氛围会极大地激起与会者的情趣、谈锋和灵感;人数不多,仅在小圈子里活动;三三两两,自愿结合,各抒己见,注重谈论自由。

沙龙文学是 17 世纪出现于西欧上流社会的一种贵族文学流派。这种文学多是指在文艺座谈中朗诵或演出的文艺作品,其中又多以小说、诗歌为主,在作品中侧重表达了那些失去往日尊贵地位的封建贵族对中世纪的缅怀,作品中还有许多男女悲欢离合的艳情故事的描写,同时对田园牧歌式的生活也有叙述。沙龙文学多为矫揉造作、晦涩难懂之作,其中充满了没落贵族庸俗无聊的趣味。法国的大戏剧家莫里哀曾于 1659 年创作了喜剧《可笑的女才子》,便是对沙龙文学故作姿态的风尚进行辛辣讽刺的经典之作。

新现实主义

新现实主义是 20 世纪 40 年代中期在意大利兴起的一种文艺思潮。它是抵抗运动的产物,是对抵抗运动的理想与要求的反映。从诞生到衰退这一文艺思潮大致历经十余年,并经过了不同发展阶段。拥护这一派的作家多为经过反法西斯战争洗礼的进步作家、艺术家,他们高举争取社会进步、民主、平等的思想旗帜,坚持以忠实地反映历史真实与社会现实为艺术纲领。在选择题材上,新现实主义者着重突出南方问题,成功塑造了现代意大利文学史上反法西斯战士、游击队员、夺取土地的暴动者等一批新主人公形象。新现实主义的作品形式大体有特写、回忆录、长篇小说等,其语言真挚、朴实,生活气息浓郁,闪耀着民主精神的光芒。由于他们的努力。使意大利文学重回现实主义的道路,并具有了新的特征,因此得名新现实主义。

尽管如此,早期新现实主义的作品仍然存在不容忽视的缺陷。新现实主义作家不能正确、深刻地理解自己描绘的事实,他们缺乏对事实本身的艺术概括与揭示。他们虽然尖锐地提出问题,但却无法挖掘问题的症结,更不清楚解决办法,因而在他们的作品中常常流露出小资产阶级意识与哀伤的情调。因此,新现实主义者对资本主义制度的批判是软弱的、有限度的。

新现实主义者继承了 19 世纪末 20 世纪初意大利真实主义文学的传统,开创了战后意大利文学的新局面。这一流派不仅影响了同时代的作家,当代许多著名作家,如莫拉维亚、普拉托利尼、维多里尼、卡尔维诺等,其成就的取得也在一定程度上与新现实主义是不可分割的。

唯美主义文学

唯美主义文学是 19 世纪后期在英国艺术和文学领域中出现的一场组织松散的运动。它提倡"为艺术而艺术"。强调超然于生活的纯粹美,力图实现对形式完美和艺术技巧的追求,它的兴起是对社会功利哲学、市侩习气及庸俗作风的挑战。通常,人们将唯美主义和彼时发生在法国的象征主义或颓废主义运动视出一脉,将"唯美主义文学"看成是这场国际性文艺运动的英国分支。它发生在维多利亚时代晚期,大致从 1868 年延续至 1901 年,在学术界一般以奥斯卡·王尔德被捕作为唯美主义运动结束的标志。这场运动成为反维多利亚风潮的一部分,它同时具有后浪漫主义的特征。

所谓"唯美主义",即主张以艺术的形式美作为绝对的美。这里所说的"美",主要指脱离现实的技巧美。因此,有时学术界也将唯美主义称为"耽美主义"或"美的至上主义"。19 世纪末英国唯美主义运动的形成,主要受两大要素的影响:一是佩特(1839~1894 年)的快乐主义的批评;二是莫里斯(1834~1896 年)的生活艺术化的思想。比德认为,掌握知识,罗列材料,以满足正确的美的定义并非文艺批评家的职责所在,他认为文艺批评家应该具有一种特殊的气质,即善于感受美的对象的能力,将自己与书本中的内容紧密联系起来的能力,从探讨中得到快感和乐趣的追求,这才是审美批评的根本。莫里斯认为,自由地伸展是改造社会的目的,竭力实现日常生活的艺术化。任何一个文明社会,如若不能为它的成员提供此种环境,那么世界的存在就失去了意义。佩特和莫里斯的上述观点,为唯美主义的发展奠定了理论基础。后来英国诗坛中又出现了先拉斐尔派的主要代表罗塞蒂(1828~1882年)以及史文朋(1837~1909年)等许多著名文学研究者,经过他们的努力,终于促成了唯美主义运动的展开。

帕尔纳斯派

帕尔纳斯派,或称"高蹈派",它是19世纪法国的文学流派,他们因专辑《当代帕尔纳斯》而得名,戈蒂耶是帕尔纳斯派的先驱。帕尔纳斯派是反对浪漫派的一种新潮流,他们主张诗歌的客观化,同时要求诗歌科学化,重视分析,崇尚理性,企图在诗歌中融入自然科学、历史学和哲学的观点。在诗歌形式上,帕尔纳斯派反对浪漫派宣扬的诗歌的自由、松散,他们提倡严格的诗律。这一文学流派的出现是19世纪后半期科学思想和实证主义哲学在诗歌领域的反映。因此也可以说帕尔纳斯派是诗歌发展中自然主义潮流的表现。

勒孔特·德·李勒为当时帕尔纳斯派的主要领袖,此外加入帕尔纳斯派创作活动的,还有何塞·马里亚·德·埃雷迪亚、泰奥多尔·德·邦维尔、卡蒂尔·孟戴斯、维利耶·德·利尔·亚当、苏利·普吕多姆、科佩、莱昂·迪耶尔克斯、阿克曼夫人、兰波、魏尔伦、马拉美等数十人。他们都将戈蒂耶遵奉为宗师。戈蒂耶(1811年~1872年)是唯美主义倡导者,他曾在《〈莫班小姐〉序》中明确提出"为艺术而艺术"的口号。自此追随其后的帕尔纳斯派便将"为艺术而艺术"作为本派座右铭,同时又由于受当代科学及古希腊文化的影响,他们的诗歌创作在追求雕塑美、造型美、静观美方面出现刻意化的倾向,结果导致了他们在反驳浪漫主义直露、随意的同时,自己却走向了冰冷死寂,缺乏诗意的境地。尽管如此,这一思想流派对一代诗风的形成仍然起了一定的作用,例如邦维尔曾写出《法国诗歌格律简论》,这部作品在当时被视为诗歌写作的指南。

新浪漫主义

新浪漫主义是19世纪末20世纪初在欧洲广为流行的一种文学流派。在德国和奥地利新浪漫主义常常被认为是象征主义文学的一部分。新浪漫主义诗歌主张艺术产品的产出过程,就是在单纯实践态度与符号化态度之间的转化,是取消了感觉的理性秩序,而使诗人与读者共同达到本性的还原,进而投身于原始混沌幻想的一种直接感知与审美的过程。在语言的具体运用上,新浪漫主义提出了"反修辞"的特种修辞概念,他们同时认为,辞格、辞藻与辞趣在诗人的创作过程中应该有同等的机会被自动或自觉地使用。因此,这些修辞具有同等重要的意义。新浪漫主义进一步提出诗歌创作必须抒情。他们的这一主张是基于其艺术本源、语言动机及文化背景而提出的,这种提法同时囊括了纯粹抒情诗以及由边缘艺术领域衍生发展而来的诗小说、散文诗、现代诗剧艺术和有声诗歌等多种形式。新浪漫主义反对将"唯灵"或"唯美"作为新生代诗歌的方向。他们更赞成诗人在自由本性的驱使下,以艺术规律来驾驭语言文字,以美学的角度来对艺术产品的真伪进行品评,高举真诚的诗歌创作的旗帜。

"新浪漫主义"的作品多着力于对心灵的刻画与揭示,强调神秘的直觉体验,对反映客观现实世界的内容则多予以回避。但是,这种文学创作的理念导致了新浪漫主义者对奇特怪异的情节和语言之美刻意追求,致使作品往往晦涩难懂。他们还以叔本华悲观主义和尼采的超人哲学作为其思想理论基础。这一派的代表作家有德国诗人盖欧尔格、英国小说家斯蒂文森、比利时剧作家梅特林克等。

决意派

决意派是20世纪60年代在加拿大魁北克地区出现的一个激进文学流派。这一文学流派的成员以《决意》杂志(1963~1968年)为核心进行创作,其成员主要为加拿大法语区的青年作家。

在第二次世界大战后国际民族解放运动日渐高涨的形势下,法裔加拿大人的民族意识逐渐觉醒。他们开始寻求摆脱英国和美国的影响,为成为一个有独立语言文化的政治实体而努力。60年代伴随魁北克的政治、经济形势的急剧变化,这种要求也发生了改变。1963年。一些青年作家,根据法国作家萨特提出的"我们作家在写作生涯中,在文章和著作中,每天都要表明我们的主意",他们以"表明主意"为名称,创办了《决意》杂志及"决意"出版社。他们认为文学作品应基于鲜明的立场,认为资产阶级自由派所进行的反教会统治及争取民族独立的革命太平静,不彻底。他们认为反教会、争取民族独立的斗争应该与争取社会主义的斗争紧密结合;他们强调作家的创作应以现实为出发点,注重为"此时""此地"写作,对逃避现实,缅怀过去的做法他们通常持反对态度;他们赞同以蒙特利尔工人区流行的称之为"朱阿勒"的口语进行写作。"朱阿勒"是一种混杂大量英语词汇,在发音、语法方面均不符合法语规范的通俗口语,他们主张以这种语言写作,并非对"朱阿勒"的肯定,而只是希望通过此种语言形式来揭露魁北克在文化语言方面受压制、被奴役的现状。《决意》杂志曾就"朱阿勒"能否作为文学语言展开讨论,此讨论在魁北克社会引起了巨大反响,在唤醒魁北克人的民族意识方面起到了推动作用,反映了魁北克人对自己身份确认的愿望。

蒙特利尔文学社

蒙特利尔文学社是19世纪末20世纪初在加拿大蒙特利尔市兴起的文学团体。1867年加拿大改为联邦制,魁北克省加入联邦政府,从而改变了法裔人由于殖民统治而造成的长期与外界完全隔绝的局面。这时魁北克出现了一批知识分子。他们不满于加拿大法语文学的现状,要求更广泛了解各国的文化新发展,以便丰富本民族的文学。1895年冬,蒙特利尔文学社正式成立,其成员有学生、艺术家、新闻记者、律师和医生等,著名诗人弗雷歇特任该社的名誉主席。蒙特利尔文学社的成员定期举行聚会。对国际上文学艺术和科学的最新成就及时介绍,同时他们也介绍本地区青年诗人的创作,该社成员经常以公开演出或朗诵的形式传播魁北克作家的剧作或诗歌,这在魁北克文化界产生了极大影响。文学社还曾经出版过两期社刊——《拉姆泽堡之夜》和《蒙特利尔文学社之夜》,上面主要刊登了社员的创作及评论文章。20世纪初他们还曾出版文学刊物《乡土》,提倡乡土文学。文学社积极鼓励青年作家进行创作,他们的创新主张,打破了文学上长期以来沉寂的局面,从而推动了 20 世纪加拿大法语文学的发展。

文学社最有成就的诗人是埃米尔·内利冈,他被认为是加拿大法语文学中最具才华的诗人。他的诗深受法国象征派诗人影响,多讲究色彩、音韵与意境,着重表达诗人挣扎于现实与理想的不可调和的矛盾中间所产生的内心痛苦,其著名的诗篇有《饮酒抒情》《金舟》等。除了内利冈以外,文学社还有沙尔·吉尔、阿蒂·德·比西耶尔、贡扎夫·德索尼耶、让·沙博诺和日耳曼·博利约等许多诗人。

新批评派

新批评派是 20 世纪 20~50 年代在英美批评界影响较大的一支批评流派,它得名于美国约·兰塞姆所著的论文集《新批评》。这部文集对托马斯·艾略特等人的批评见解与以文字分析为主的批评方法大加赞扬,因而被称之为"新批评",以区别于 19 世纪以来学院派提出的传统的批评。

20 世纪初英国作家休姆和美国作家庞德提出了强调准确的意象和语言艺术的主张,这成为新批评派理论的开端。20 年代艾略特和理查兹又分别提出象征主义的诗歌主张和文字分析的批评方法,从而为新批评派的发展又进一步奠定了基本理论基础,二人自此也成为新批评派的主要代表人物。新批评派成员众多,主张庞杂,但他们具有一些共同的倾向:他们往往以象征派的美学观点为立足点,把作品看成是独立的、客观的象征物,是与外界绝缘的自给自足的有机体,并称为"有机形式主义";他们还认为文学的本质无非就是一种特殊的语言形式,批评的任务即对作品进行文字分析,探究作品各部分间的相互作用与隐秘关系,即"字义分析"。新批评派以象征主义的美学理论为基础,在具体方法上主要采用字义分析进行评论。

艾略特的著名论文《传统与个人才能》从反浪漫主义的角度提出了"非人格化"的学说。针对浪漫主义者提出的诗歌是诗人感情表现的观点,艾略特认为主观的感受仅为素材。要想真正进入作品,必须要经过非人格化的,将个人情绪转变为普遍性、艺术性情绪,将经验转化为艺术的过程。对浪漫派主张的直接抒情的表现手法,艾略特在《哈姆雷特》一文中指出"在艺术形式中唯一表现情绪的途径是寻找'客观对应物'"。这正符合象征主义以特定事物来暗示情思的创作方法。

理查兹还曾提出诗歌语言是一种特殊的、不反映客观真实的情绪性语言,他认为诗歌文字由于受上下文的影响而多具有复杂的意义,这些见解的提出对新批评派强调文字分析和诗歌含义的丰富性与复杂性起到了推动作用。

除了艾略特和理查兹两位新批评派的代表作家,20 世纪三四十年代新批评派还涌现出很多卓有成就的作家,主要有燕卜荪、兰塞姆、布鲁克斯、泰特等。

精神分析派

精神分析派即将弗洛伊德精神分析学理论应用于文学作品分析的现代批评流派。精神分析学的创始人弗洛伊德(1856~1939 年)曾是维也纳的一位精神病医生,他当时正处在近代科学,尤其是生命科学蓬勃发展的兴旺时期。在当时的学术界。达尔文进化论的提出将人与其他生命形式有机地联系起来,使人最终成为自然科学研究的对象。德国科学家费希纳也对人的精神活动可以进行定量分析做出了论证,从而使当时的心理学取得了与其他自然科学同等的地位。

所谓精神分析,就是指通过心理现象的分析达到对隐匿在内心深处的精神原因的揭示。弗洛伊德认为,这些原因基本都是深藏在潜意识领域,而且大多与性欲有关,此两点构成了弗洛伊德精神分析学理论的基本前提。弗洛伊德特别强调精神活动的潜意识方面,他将人的精神活动比作一座冰山,露于水面之上的是意识领域,仅占很小的部分。淹没于意识水平之下的为潜意识领域,是精神活动的绝大部分,而且是具有重要决定意义的部分。对于潜意识领域他还进一步加以区分,把十分容易进入意识领域的部分称为"前意识",而将很难或很少进入意识领域的部分称为"潜意识"。弗洛伊德认为精神过程主要受三个决定因素的影响,即"本我""自我"和"超我"。"本我"经常处于隐意识领域,"自我"和"超自我"一般来讲则可以进入意识领域,一个人的性格和心理状态的形成主要取决于这三者之间的关系。

虽然精神分析派的解释稍显牵强,但它的某些概念和术语被现代各种新的批评流派广泛地运用,例如梅尔维尔在《白鲸》中就采用了本我、自我、超我的理论。

黑幕揭发运动

黑幕揭发运动是 19 世纪末 20 世纪初美国在社会问题成堆的历史环境下,一批新闻记者和文学家等知识分子主要针对当时的社会弊端而发起的一场社会文化批判运动。"黑幕揭发"是当时美国的新闻记者参与社会并监督其发展的主要运作方式,这场运动直接推动了美国进步主义的改革。其中致力于社会改革和社会正义的作家、新闻工作者被称为"黑幕揭发者",其代表人物为辛克莱。他们广泛利用当时已经大众化的传媒——期刊,借助深度的解析与犀利的言论抨击了在社会转型过程中所产生的种种不公和腐败现象,这些黑幕揭发者还与政界、商界及知识界的其他进步力量团结一起,他们通过激活公众舆论、促使民众觉醒及支持立法等各种方式,抑制了社会达尔文主义思潮的传播,避免了当时可能出现的社会失序倾向,从而巩固了生产力发展的成果和既有的社会体制。

黑幕揭发者主要对国家政府、地方机构以及大工业集团中存在的营私舞弊现象进行尖刻的揭露,他们还借助这种宣传的影响力进而迫使有关部门对相关问题予以解决。从其渗透面来讲,黑幕揭发者们不仅善于发现问题并及时督促政府解决了其中的相当一部分,同时他们的举措还对当时的社会价值转型以及社会良知的觉醒起到了一定的催化作用,实质上黑幕揭发运动可以看成是 20 世纪初在美国掀起的一场新文化运动。

不可否认,为了追求轰动的效应,一些黑幕揭发者在报道中多采取了煽情的手法。但从总体上看,黑幕揭发者的主流目标在于对社会黑暗的积极批判以及对麻木民众的唤醒。此后美国发生的进步主义改革在很大程度上与黑幕揭发运动都是不可分离的。尽管黑幕揭发运动历时不久,然而其影响的深广度在新闻和文学史界则是罕见的,在动荡又复杂的社会变革中黑幕揭发运动的发起有助于美国人形成共识,它为最终完成社会转型进行了全民族的心理调适准备。黑幕揭发报道也成为美国当今威力最强大的新闻舆论监督样式——调查性报道的先声。

魏玛古典主义

　　德国文学史上的"魏玛古典主义"时期指的是 1786 年歌德进行第一次意大利旅行之后的一个历史阶段，是以有着亲密关系的歌德和席勒为主要代表的文学繁荣时代。由于两人形成了大致相同的将古典人道主义作为崇高理想的美学观，又在同居都魏玛，因此而得名。这段时期始于 1794 年，终于 1805 年。魏玛古典主义的作品诞生于一个非常动荡的历史时期，是对启蒙运动的乐观主义、理性主义。以及狂飙突进运动的个人主义、创造事业的激情的总和。魏玛古典主义在政治上反对德国大革命的激进，力求通过审美教育来陶冶性情，从而培养出完整和谐的个性。在艺术上，则以古希腊艺术为榜样，把"高贵的单纯"和"静穆的伟大"作为最高理想，追求庄严肃穆、完整和谐。它克服了两个运动的单一性弊端（启蒙运动注入了太多的理性，而狂飙突进运动则存在过多的感情），其目标是消除极端，促使不同力量之间和谐发展。

　　魏玛古典主义最重要的主题是人道和宽容，最重要的体裁是戏剧。优美的语言在那时的文学中是具有典型意义的。歌德与席勒合作了十年，他们的努力促成了德国文学的繁荣和"古典时期"的到来。但实际上，魏玛古典主义是德国启蒙文学发展的最后一个阶段，它于 1805 年伴随着席勒的逝世而宣告终结。

文学名著

荷马史诗

公元前 11 世纪到公元前 9 世纪的希腊史称作"荷马时代",因荷马史诗而得名。荷马史诗是这一时期唯一的文字史料。荷马史诗相传是由盲诗人荷马写成,实际上它是许多民间行吟歌手的集体口头创作。史诗包括了迈锡尼文明以来多少世纪的口头传说,到公元前 6 世纪才写成文字。它作为史料,不仅反映了公元前 11 世纪到公元前 9 世纪的社会情况,而且反映了迈锡尼文明。

荷马史诗包括《伊利亚特》和《奥德赛》两部分。由这两部史诗组成的荷马史诗,语言简练,情节生动,形象鲜明,结构严密,是古代世界一部著名的杰作。

《伊利亚特》叙述希腊联军围攻小亚细亚的城市特洛伊的故事,以希腊联军统帅阿加米农和勇将阿溪里的争吵为中心,集中地描写了战争结束前几十天发生的事件。希腊联军围攻特洛伊十年未克,而勇将阿溪里愤恨统帅阿加米农夺其女俘,不肯出战,后因其好友战死,乃复出战。特洛伊王子赫克托英勇地与阿溪里作战身死,特洛伊国王普利安姆哀求讨回赫克托的尸体,举行葬礼,《伊利亚特》描写的故事至此结束。

《奥德赛》叙述伊大卡国王奥德赛在攻陷特洛伊后归国途中十年漂泊的故事。它集中描写的只是这十年中最后一年零几十天的事情。奥德赛受神明捉弄,归国途中在海上漂流了十年,到处遭难,最后受诸神怜悯始得归家。当奥德赛流落异域时,伊大卡及邻国的贵族们欺其妻弱子幼,向其妻皮涅罗普求婚,迫她改嫁,皮涅罗普用尽了各种方法拖延。最后奥德赛扮成乞丐归家,与其子杀尽求婚者,恢复了他在伊大卡的权力。

希腊戏剧:《普罗米修斯》三部曲

《普罗米修斯》三部曲是古希腊戏剧的重要代表作,其作者埃斯库罗斯被誉为"古希腊悲剧之父"。《普罗米修斯》是由《被缚的普罗米修斯》《被释的普罗米修斯》与《带火的普罗米修斯》三部悲剧组成的三联剧。

第一部《被缚的普罗米修斯》是埃斯库罗斯剧作中最为杰出的一部。其情节取材于希腊神话中普罗米修斯盗天火赐予人类的故事,讲述了宙斯与普罗米修斯之间的矛盾,但作者赋予它丰富的现实意义,以反映当时雅典民主派与寡头派的斗争。第二部是《被释的普罗米修斯》(已失传),写宙斯与普罗米修斯和解,赫拉克勒斯把普罗米修斯释放。第三部是《带火的普罗米修斯》,写雅典人崇拜恩神普罗米修斯,举行火炬游行。

普罗米修斯在剧中是一位庄严、高大的英雄。这位人类文明的缔造者，人类的保护神，为了人类的进步与幸福，不惜做出最大的牺牲，蒙受了最残酷的酷刑。作者把这场斗争提高到关系人类命运的高度，歌颂普罗米修斯为了正义的事业，甘愿忍受无边痛苦的崇高精神。马克思赞誉他为"哲学日历中最高尚的圣者和殉道者"。

柏拉图：《斐德罗篇》和《会饮篇》

《柏拉图全集》是古希腊哲学家柏拉图（公元前 427 年～公元前 345 年）的作品集。其中译本共分四卷，收录了被公认为信实可靠的全部柏拉图对话和书信。

《柏拉图全集》中《斐德罗篇》和《会饮篇》是柏拉图最伟大的两篇对话之一。两篇合在一起提供了柏拉图关于爱的思想。

《斐德罗篇》是一篇斐德罗与苏格拉底的交谈。斐德罗把手头拥有的一篇文章读给苏格拉底听，这篇文章受到人们的赞叹，而苏格拉底对此表示反对，因为作者认为爱主要是一种肉体的欲望。在苏格拉底看来，爱是一种冲动，充满着美和善，是一种提升灵魂、使之能够踏上通往真理之路的神圣的迷狂。这种冲动首先朝着哲学前进，在爱恋可见的、肉体的美时寻求更加高尚的东西，用柏拉图的话来说就是寻求"超越的东西"。

《会饮篇》是关于理念论和美学思想的一篇重要对话，其中强调和讨论了爱的本性。《会饮篇》致力于歌颂爱情的智慧，肯定爱情是一种希望永恒占有美的东西，也就是善的东西的欲望。最美的东西不是肉体的、变灭的、物质的东西，而是永恒的、精神的东西，因此真正的爱情应该是精神的，而不是物质的，这也是所谓"柏拉图式的爱"。智慧是最美的，所以真正的爱情必然属于"爱智慧的哲学家"。对话中，对爱的对象性的描写是基于真、善、美之上，通过爱欲赋予的双重视野，即"爱是什么"和"爱有什么用"，以爱欲经验和哲学沉思的形式发展，以达到"美本身"。柏拉图说明了美是永恒的，不生不灭，不增不减。对话讲述的故事生动，描述出的苏格拉底的形象也最为细致，表达出了柏拉图的内心信念——不可见的事物是永久和最重要的。

维吉尔：《埃涅阿斯纪》

《埃涅阿斯纪》是古罗马最杰出的诗人维吉尔（公元前 70 年～公元前 19 年）创作的史诗。诗人于公元前 29 年开始写作此诗，逝世前完成初稿，逝世后由友人发表。

全诗 12 卷，1 万余行，叙述英雄埃涅阿斯在特洛伊城被希腊军队攻陷后离开故土，历尽艰辛，到达意大利建立新的邦国的故事（其后代建立罗马），以当地部落首领图尔努斯与埃涅阿斯决斗被杀结束。史诗借用神话传说歌颂罗马国家，歌颂奥古斯都统治的历史必然性。其情节结构模仿了荷马史诗，但具体描写有自己的特色。全诗情节生动，故事性强，语言凝练。《埃涅阿斯纪》是欧洲文学史上第一部个人创作的史诗，自问世到现在，一直受到很高评价。

奥维德:《变形记》

《变形记》是古罗马诗人奥维德(公元前43年~公元前18年)的代表作。全书共15卷,共有大小故事250篇,把古代希腊、罗马的神话故事、英雄传说和一些历史人物汇在一起,按时间顺序,从开天辟地一直写到当代罗马。作者根据卢克莱修"一切在变"的唯物理论和毕达哥拉斯"灵魂轮回"的唯心学说,利用各种形式的变形以及种种艺术手法,把一个个故事联成一个整体。他借助丰富的想象力,运用高度的艺术技巧,特别注意人物心理描写,把传世的许多神话传说描写得生动有趣。全书以恺撒遇刺变为星辰、屋大维建立了统治作为结束,以歌颂罗马帝国的伟大和奥古斯都的英明。这是一部希腊、罗马神话的总集,为后代的作家、艺术家提供了丰富的材料,但丁、乔叟、莎士比亚、莫里哀、歌德等伟大作家都很推崇这部作品,并受到它的影响。

圣经:新约和旧约

圣经是亚伯拉罕诸教(包括基督新教、天主教、东正教、犹太教等各宗教)的宗教经典,由旧约与新约组成。

旧约是希伯来人古代典籍的总汇,其中包括神话、经书、律法、历史书、先知书和诗文集,内容十分丰富,是各种体裁的书汇集在一起,成为一部价值无限的典籍,不但其诗文部分艺术价值极高,其他部分也都具有很高的艺术魅力。

新约是耶稣基督及使徒们的言行和故事的记录。新约包括福音书、历史书、使徒书信和启示录。

《罗兰之歌》

《罗兰之歌》是法国英雄史诗,中世纪武功歌的代表作品。全诗共分为291节,长4002行,以当时民间语言罗曼语写成。《罗兰之歌》是以帝王将相武功为内容的叙事诗,在欧洲称为纪功歌。

《罗兰之歌》是一部以查理大帝远征西班牙,因国内发生叛乱而返回,途中遭到巴斯克人的袭击这段史实为依据的爱国主义诗篇。史诗中的查理大帝、罗兰和奥里维等英雄为之奋斗的事业是保卫祖国,而加奈隆则是为私利出卖国家利益而叛变和封建主尔虞我诈的体现者。

罗兰是史诗中最动人的英雄形象。他热爱自己的国家,忠于查理大帝,面对10万敌军毫不畏惧,表现出非凡的英雄气概,最终战死沙场。

《罗兰之歌》是欧洲中世纪的一部伟大史诗,浑厚质朴。有人赞誉说它有荷马宽阔流动的优美,但丁豪放有力的笔致。若用历史观点阅读,今天的读者依然会认为这是一部卓越不凡的大作。

但丁:《神曲》

《神曲》是意大利诗人阿利盖利·但丁(1265~1321年)的长诗,是他呕心沥血、经历14年之久的忧愤之作,是他的代表作。

《神曲》分为《地狱》《炼狱》《天堂》三部。诗人采用中世纪流行的梦幻文学的形式,描写了一个幻游地狱、炼狱、天堂三界的故事。《神曲》以哀切、悲惨的地狱开始,而结局的天堂是光明、愉快的,正如诗人创作这部作品的目的——为了给人类指出一条从黑暗走向光明的途径。对迷路、游地狱、炼狱和天堂的描写,象征着人类经过迷惘和错误,经过苦难和考验,走向光明与至善的历程。

《神曲》通过作者与地狱、炼狱和天堂中各种著名人物的对话,反映出中古文化领域的成就和哲学、科学、神学、艺术等方面的问题,具有百科全书的性质。在这部长达14000余行的诗中,但丁坚决反对蒙昧主义,表达了追求真理的思想,也隐约展露出人文主义思想的萌芽。

薄伽丘:《十日谈》

薄伽丘(1313~1375年)。意大利人文主义作家。他拥护佛罗伦萨的共和政权,积极参加反对封建贵族的斗争,提倡古典文化。著有长篇传奇、史诗、叙事诗、十四行诗、短篇故事集等,代表作是短篇小说集《十日谈》。

《十日谈》讲述了十个青年男女,为躲避黑死病在乡间住了十天,每人每天讲一个故事,十天一共讲了100个故事。作者通过这些故事,反映出14世纪意大利的社会现实,展现出各个阶级的人物形象,揭露出封建贵族的罪恶,抨击了教会的腐化和教士的荒淫,否定了中世纪的宗教世界观和禁欲主义道德观。整部作品文笔精练,语言丰富,善于刻画心理和描绘自然,奠定了意大利散文的基础,并对西欧现实主义文学的发展产生了深远的影响。

薄伽丘雕像

托马斯·莫尔:《乌托邦》

托马斯·莫尔(1478~1535年)是西方"文艺复兴"时期的重要人文主义者,是空想社会主义理论的伟大创始人,他的名著《乌托邦》是这一理论的第一部代表作。

莫尔在该书中结合当时英国社会的现实,真实地揭露了资本原始积累时期广大劳动群众的痛苦生活,深刻地批判了资产阶级和封建统治者的血腥罪恶,并且通过对一个虚构的"乌托邦"岛国的细致描写,表达了他对理想社会的政治和经济制度的卓越设想。莫尔的空想社会主义理论的重要意义在于：它在资本主义生产方式产生的初期，就深刻地看到了它的许多矛盾和弊病，预见到了万恶的私有制社会必将为没有剥削和压迫的公有制社会所代替，从而为后来的空想社会主义理论的发展以及科学社会主义理论的产生起到了重要的先驱作用。

拉伯雷：《巨人传》

《巨人传》是欧洲文艺复兴时期的一部杰作，法国长篇小说的发端。这部作品写作历时 30 多年，共分五卷。第一卷写巨人高康大的出生、受教育和抵御外敌，以及建立特来美修道院的故事；第二卷主要是讲述高康大之子庞大固埃的出生、求学巴黎和结识巴奴日的经过；第三卷就巴奴日是否应该结婚的问题引出了各种奇谈妙论；第四五卷描写了为探求婚姻问题的答案，庞大固埃和巴奴日、约翰修士一道外出寻找象征智慧源泉的"神瓶"的奇异经历。

作者以神话船的人物形象，荒诞不拘的故事情节，妙趣横生和粗俗油滑的语言风格，表现了反封建、反教会的严肃主题，歌颂了新兴资产阶级"巨人"般的力量，描绘了人文主义的乌托邦式的理想，具有鲜明的时代特点和丰富的思想内容。

蒙田：《蒙田随笔集》

《蒙田随笔集》是 16 世纪法国文艺复兴后期著名的人文主义学者蒙田（1533～1592年）的代表作，与《培根人生论》和《帕斯卡尔思想录》一起，被人们誉为欧洲近代哲理散文三大经典。

作品内容包罗万象，融书本知识和生活经验于一体，是 16 世纪各种知识的总汇，有"生活的哲学"之称。蒙田以智者的眼光，在作品中考察大千世界的众生相，反思探索人与人生，肯定人的价值和欲望，批判教会和封建制度，主张打破古典权威，充满了人性自由、科学知识的人文思想。

《蒙田随笔集》中名篇有：《论读书》《论美》《论爱情》《论狡猾》《论逆境》《论死亡》《论迷信》《教信仰的统一》等。

《蒙田随笔集》入选了英国作家毛姆开列的"真正杰作文学书"书目和美国学者唐斯开列的"塑造当代文明的 111 本书"书目。

塞万提斯：《堂吉诃德》

《堂吉诃德》是欧洲文艺复兴时期最重要的长篇小说之一。它的作者是西班牙文豪塞万提斯（1547～1616 年）。小说全名为《奇情异想的绅士堂吉诃德·德·拉·曼却》。

本书主要描写一个瘦弱的没落贵族吉诃德因迷恋古代骑士小说，竟像古代骑士那样用破甲驽马装扮起来，以丑陋的牧猪女作美赛天仙的崇拜贵妇，再以矮胖的农民桑丘·潘札做侍从，三次出发周游全国，去创建扶弱锄强的骑士业绩，以致闹出不少笑话，到处碰壁受辱,被打成重伤或被当作疯子遣送回家。小说塑造了可笑、可敬、可悲的吉诃德和既求实胆小又聪明公正的农民桑丘这两个世界文学中的著名典型人物,将现实主义和浪漫主义有机地结合起来。小说还揭露了 16 世纪末到 17 世纪初正在走向衰落的西班牙王国的各种矛盾,谴责了贵族阶级的荒淫腐朽,展现了人民的痛苦和斗争,触及了政治、经济、道德、文化和风俗等诸方面的问题。

莎士比亚:《哈姆雷特》

《哈姆雷特》又名《王子复仇记》,是文艺复兴时期英国大剧作家威廉·莎士比亚(1564~1616 年)戏剧创作的最高成就,它同《麦克白》《李尔王》和《奥赛罗》一起组成莎士比亚"四大悲剧"。

《哈姆雷特》取材于《丹麦史》中的一个古老的故事,写的是丹麦王子哈姆雷特为父复仇的故事:丹麦王驾崩,守夜卫兵看见老王幽魂出现,告知哈姆雷特王子。而叔父克劳迪服丧未满即娶其兄嫂继承王位。王子与幽魂对话,获知叔父谋害父王之真相。王子装疯卖傻,为证实真相导演了一出老王被毒杀的短剧,请新王与新后观赏。叔父当场色变,母后以为王子疯了。奥菲莉亚遭情人失踪及丧父之痛投河自杀,引起雷奥提斯心头之恨,与克劳迪王共谋比剑时涂剧毒于剑锋,酒内下毒,加害王子,不料被葛楚皇后误饮,雷奥提斯自己亦为毒剑所伤,临死告知王子真相,王子报了父仇,自己亦壮烈牺牲。

剧情写的是中世纪的丹麦宫廷,但很容易使人联想到 16 世纪末 17 世纪初的英国现实。莎士比亚把中世纪的封建复仇故事,改写成了一部深刻反映时代面貌、具有强烈反封建意识的悲剧,哈姆雷特的形象也成为世界文学史中著名的艺术典型之一。

弥尔顿:《失乐园》

弥尔顿

《失乐园》是继《伊利亚特》《奥德赛》和《神曲》后最伟大的史诗作品。作者是 17 世纪英国诗人约翰·弥尔顿(1608~1674 年)。弥尔顿在世时首先是一位伟大的精神斗士。早年投身英国资产阶级革命。到了晚年,备受政治上的失利和双目失明双重打击的弥尔顿仍然保持了坚定的斗志。作为学问渊博的人文主义者,身体力行的清教徒革命者,他将满腔激情投入到自己的文学作品中,通过口述的方式写出了三部文学史上不朽的长篇诗作:《失乐园》《复乐园》《力士参孙》。

《失乐园》是描写人类堕落的长篇史诗,讲述了人祖亚当和夏娃在伊甸园中原本纯真无邪,因魔鬼撒旦的诱惑而反抗上帝的旨意,以致堕落致罪的过程。诗中的主角撒旦(以恶魔之名出现)是第一个背叛上帝,发动天国叛乱的堕落天使,他的同伴也是被逐出天国的天使。为了唆使亚当与夏娃反抗上帝,撒旦经历了各种危险和考验。在这部复杂的作品中,人类失去乐园的故事表达了作者的清教主义,对撒旦的描写则倾注着他的革命思想,正是那些歌颂叛逆者的响亮诗行构成了诗中最动人的篇章。

莫里哀:《伪君子》

《伪君子》是 17 世纪法国古典主义剧作家莫里哀(1622~1673 年)喜剧艺术的最高成果,是世界戏剧史上的经典著作。

《伪君子》是五幕诗体喜剧,讲述了宗教骗子达尔杜弗以伪装的虔诚骗得富商奥尔贡的信任,成为他家的上宾。奥尔贡背弃女儿原有婚约,欲招达尔杜弗为婿,还取消了儿子的继承权,把财产全部奉送给了骗子。奥尔贡的做法遭到全家人反对,他们巧妙地揭露了达尔杜弗的真相,使奥尔贡幡然悔悟。骗子凶相毕露,企图陷害奥尔贡,但得到了应有的惩罚。通过达尔杜弗这一形象,莫里哀深刻地揭露了教会和贵族上流社会的伪善、狠毒、荒淫无耻和贪婪,突出地批判了宗教伪善的欺骗性和危险性。

《伪君子》是一部讽刺教会僧侣的力作,强烈的战斗性和高度的艺术性使它在莫里哀的创作中占有特殊的地位。这部喜剧艺术上按照古典主义原则创作,结构严谨,层次分明,语言犀利。

笛福:《鲁滨逊漂流记》

《鲁滨逊漂流记》是英国著名作家丹尼尔·笛福(1660~1731 年)的代表作,这是一部流传很广、影响很大的文学名著,它表现了强烈的资产阶级进取精神和启蒙意识。

小说以 1704 年苏格兰水手赛尔科克在荒岛上的真实经历为原型,讲述的是英国人鲁滨逊出海冒险的故事。鲁滨逊三次出海经商,结果最后一次船触礁沉没,只有他一人幸存,逃到一个孤岛上。他自力更生,艰苦奋斗,与大自然、当地野人做斗争,一个人度过了二十多个春秋。后来他救了一个被水手背叛的船长,共同夺回了船只,终于重返故土。作品歌颂了资本主义原始积累时期冒险进取的精神,在歌颂人和自然界斗争的同时又极力美化殖民掠夺行为。鲁滨逊成为资产阶级企事业家的英雄典型。

作品细腻逼真,情节虽为虚构,却每每能使读者产生身临其境的感觉。这也是其作品备受世界各国人民所喜爱的原因之一。

斯威夫特:《格列佛游记》

《格列佛游记》是 18 世纪英国杰出的政论家和讽刺小说家乔纳森·斯威夫特(1667~1745 年)的代表作。

《格列佛游记》是一部奇书,它不是单纯的少儿读物,而是饱寓讽刺和批判的文学杰作。全书共四卷,假托船长里梅尔·格列佛的口气叙述了他四次航海的经历,到过小人国、大人国、飞岛国和慧骃国等奇异国家。作者通过这种幻想旅行的方式来影射和讽刺现实,对英国的资本主义制度进行了深刻的揭露和辛辣的讽刺,甚至直截了当地批评英国王朝的腐败和社会的黑暗。

作者把艺术虚构和现实讽刺巧妙地结合在一起,而且自如地运用了反语、对比、夸张影射等各种讽刺手法,表现出了高度的讽刺艺术技巧。

伏尔泰:《老实人》

《老实人》是法国著名启蒙思想家伏尔泰(1694~1778年)最出色的哲理小说。

《老实人》的主题是批判盲目乐观主义哲学。小说的主人公老实人开始时相信邦葛罗斯(他的老师)的乐观主义哲学:在这个世界上,一切事物都是完美的。但是残酷的社会现实粉碎了他的梦想。他是一位男爵收养的私生子,由于他爱上男爵的女儿,结果被赶出了家门,从此他四处漂泊流浪,一路上遭遇种种的折磨和灾难,看到人与人之间的冷漠、陷害、迷信,可是他仍然坚信他的完美世界观。直到他到了一个黄金国,国内遍地都是黄金、碧玉和宝石。人人过着自由平等、快乐而富裕的生活。他终于慢慢认识到社会的残酷和冷漠,于是他抛弃了以往的哲学思想,并开始相信人生应该通过劳动来获得幸福,因为劳动使人们远离三大痛苦:烦恼、过错和欲望,这是让生活轻松的唯一办法。作品中揭露了封建君主的专制蛮横,天主教会的虚伪和压迫愚弄人民的残暴,以及战争给人民带来的灾难,表现了对人民悲惨命运的同情,同时也揭露了他们的天真无知。

菲尔丁:《汤姆·琼斯》

《汤姆·琼斯》是18世纪英国戏剧家和小说家亨利·菲尔丁(1707~1754年)的代表作,它标志着18世纪英国现实主义小说的最高成就,是英国小说史上划时代的杰作。

《汤姆·琼斯》是以第三人称叙述的传记体小说,共18部。主要讲的是主人公弃婴汤姆·琼斯自幼遭到遗弃,在成长中不断受小人布寺菲中伤,最后遭恩丰兼养父奥维资误解,被逐出家门,同时也与恋人苏菲娅失散。这一对恋人分别历尽磨难与诱惑,苦尽甘来,汤姆·琼姆的身世之谜大白,重获奥维资恩宠,并与苏菲娅结成眷属,永享幸福。

《汤姆·琼斯》道德寓意的核心是"德性"高贵的原则。然而,把《汤姆·琼斯》看作是对旧社会道德规范的重新肯定则是一种误读。从本质上讲,小说表现了对当时英国进行社会改造的要求和对新的道德规范的呼唤。这种道德规范通过作品叙述者的反复重申而得到强调。作者对道德的关注点不在某个阶级或某个人的理想,而在于对人类规范的阐释。因此,作者赋予《汤姆·琼斯》的主题思想主要是批判贵族社会中的伪善文明,肯定合乎启蒙学派民主观念的"自然道德"。作者通过汤姆和布立菲的对比集中表现了这一思想。

卢梭:《新爱洛伊丝》

《新爱洛伊丝》是法国杰出的启蒙思想家让·雅克·卢梭(1712~1778年)的代表作。

作品共分六卷,计 163 封信,全都围绕一个鲜明的主题:通过纯洁的爱情,建立美好的家庭,进而建立良好的社会。"出自造物主之手的东西,都是好的,而一到了人的手里,就全变坏了。"这是卢梭在他的另一部著名小说《爱弥儿》中开宗明义的第一句话,它代表了卢梭的全部思想,贯穿了他所有的著作,特别是在《新爱洛伊丝》中,通过书中人物的塑造和社会风尚的描绘,反复加以表述。他得出的结论是,要使人成为善良的人,就要有一个良好的社会秩序;只有从爱美德开始,树立良好的德行,人类社会才能成为一个合乎自然秩序的社会。为了论证这一点,他在《新爱洛伊丝》中塑造了几个他心目中的典型。

朱莉和她的家庭教师圣普乐相爱,遭到她父亲德丹治男爵的反对,一对有情人被迫分离。朱莉迫于父命,和一个与自己在年龄及信仰上都有极大差距的俄国贵族沃尔玛结婚。圣普乐始终眷恋着朱莉,而朱莉也没有忘记昔日的情侣,但作为妻子,她又坚贞地忠实于自己的丈夫。沃尔玛对两个青年人曾经的爱也表示充分理解,并对他们的美德完全信任,还把圣普乐接到自己家里,待以真诚的友谊。

歌德:《浮士德》

《浮士德》是德国伟大诗人约翰·沃尔夫冈·歌德(1749~1832 年)以毕生心血来完成的一部杰作。它与荷马史诗、但丁的《神曲》等齐名,被文学史家认为是史诗性的巨著。

《浮士德》以诗剧的形式写作,共分两部,12111 行。第一部共 25 场,不分幕,第二部分为 5 幕。全剧没有首尾连贯的情节,而是以主人公浮士德思想的发展变化为线索,写他探索真理的一生。

《浮士德》构思宏伟,内容复杂,结构庞大,风格多变,融现实主义和浪漫主义于一体,将真实的描写与奔放的想象、当代的生活与古代的神话传说杂糅一处,善于运用矛盾对比之法安排场面、配置人物、时庄时谐、有讽有颂、形式多样、色彩斑驳,达到了极高的艺术境界。《浮士德》是迄今为止德国文学史上最伟大的作品。作为一部历史经验的艺术结晶,它闪烁着人类智慧的光芒,显示了永久的魅力。

席勒:《阴谋与爱情》

《阴谋与爱情》是 18 世纪德国杰出诗人和戏剧家席勒(1759~1805 年)青年时期的代表作,写于 1782 年。它直接取材于德国现实,表现了强烈的反封建精神,因此也是德国"狂飙突进"运动的最优秀作品之一。

剧本的主人公是一对热恋的青年。斐迪南是某公国宰相的儿子,他爱上了音乐师的女儿露伊斯。但是,宰相迫使他与公爵的情妇结婚,目的是控制公爵,独揽大权。斐迪南不从,秘书伍尔牧便策划了阴谋,逮捕音乐师,逼迫露伊斯为救父亲而

席勒

给宫廷侍卫写假情书,使斐迪南怀疑露伊斯不忠。斐迪南中计,给露伊斯服了毒药。露伊斯在临死前揭露真情,斐迪南在悲痛中也服下毒药。最后,一对情人牺牲,罪人也被囚入监狱。

全剧通过这样一个爱情悲剧把18世纪德国的社会矛盾搬上了舞台,揭露了封建统治者的暴行,歌颂了市民阶级的反抗精神。同时由于它把爱情悲剧和宫廷的政治阴谋联系在一起,大大加强了剧本对封建统治的揭露力量。

简·奥斯汀:《傲慢与偏见》

《傲慢与偏见》是闻名遐迩的英国现实主义女性小说家简·奥斯汀(1775~1817年)的杰作。

奥斯汀在这部小说中通过班纳特五个女儿对待终身大事的不同处理,表现出乡镇中产阶级家庭出身的少女对婚姻爱情问题的不同态度,从而反映了作者本人的婚姻观:为了财产、金钱和地位而结婚是错误的,而结婚不考虑上述因素也是愚蠢的。因此,她既反对为金钱而结婚,也反对把婚姻当儿戏。她强调理想婚姻的重要性,并把男女双方感情作为缔结理想婚姻的基石。

书中的女主人公伊丽莎白是班纳特的女儿,为富豪子弟达西所爱。达西不顾门第和财富的差距,向她求婚,却遭到拒绝。伊丽莎白对他的误会和偏见是一个原因,但主要的是她讨厌他的傲慢。因为达西的这种傲慢实际上是地位差异的反映,只要存在这种傲慢,他与伊丽莎白之间就不可能有共同的思想感情,也不可能有理想的婚姻。后来,伊丽莎白亲眼观察了达西的为人处世和一系列所作所为,特别是看到他改变了过去那种骄傲自负的神态,消除了对他的误会和偏见,最终与他缔结了美满姻缘。

伊丽莎白对达西先后几次求婚的不同态度,实际上反映了女性对人格独立和平等权利的追求。这是伊丽莎白这一人物形象的进步意义。

这部作品以日常生活为素材,一反当时社会上流行的感伤小说的内容和矫揉造作的写作方法,生动地反映了18世纪末到19世纪初处于保守和闭塞状态下的英国乡镇生活和世态人情。这部社会风情画式的小说不仅在当时吸引着广大的读者,时至今日,仍给读者以独特的艺术享受。

司汤达:《红与黑》

《红与黑》是法国批判现实主义文学的创始人司汤达(1783~1842年)的代表作品,是19世纪法国第一部重要的现实主义杰作,对19世纪欧洲文学产生了深远的影响。

小说以于连的生活经历为经,以复辟时期法国的社会生活为纬,广泛地反映当时阶级斗争的紧张气氛,在广阔的社会背景下清晰地勾勒出一幅复辟时期社会的生动画面。

于连是韦里埃小城一个木匠的儿子,年轻英俊、意志坚强、精明能干,从小希望借助个人奋斗跻身上流社会。王朝复辟后,于连通过穿上红军服从军而飞黄腾达的道路被堵塞,只好决定穿上黑色教会服装向上爬。去市长家当家庭教师是于连踏入社会的第一步,基于对市长的报复心理和试练自己胆量的冒险心态,于连和市长夫人之间产生了暧昧关系。事情败露后,于连进入贝桑松神学院既而又随比拉尔院长来到巴黎,成为德·拉莫尔侯爵的秘书。由于于连的聪明和个性,他不仅受到了侯爵赏识,而且赢得了侯爵小姐的芳心。二人秘密结婚,拉莫尔先生对这门婚事虽然暴跳如雷,但也无可奈何,于连也因此得到了骑士称号、中尉军衔和20600法郎年收入的庄园。好景不长,正当于连踌躇满志之际,他又陷入了贵族阶级和教会设下的圈套,最终被送上了断头台,成为统治阶级阴谋的牺牲品。

小说中,作者司汤达以其细致有力的笔触描写了于连的矛盾性格和悲剧命运,揭示了小资产阶级对复辟社会强烈的反抗以及在反抗中表现出来的妥协性、动摇性和软弱性。作者司汤达曾说:"这部小说并非小说……而是认认真真地描写19世纪30年代压在法国人民头上的历届政府所带来的社会风气。"

拜伦:《唐璜》

《唐璜》是英国19世纪初期伟大的浪漫主义诗人乔治·戈登·拜伦(1788~1824年)的代表诗作,但仅完成16000行。

全诗共16歌。第1~第6歌描写唐璜因爱情风波而远离故乡西班牙,遭遇海上沉船,后在希腊岛上和海盗女儿恋爱,在君士坦丁堡的奴隶市场被卖到苏丹后宫。第7~第9歌描写唐璜从苏丹后宫逃走后参加1790年俄国围攻伊斯迈尔城的战役,因作战有功被送到彼得堡。长诗的最后部分描写唐璜作为俄国女皇的使节到了英国。

唐璜是中世纪西班牙民间传说人物,他出身贵族,起初为否定宗教禁欲主义的叛逆者,后来发展成为玩世不恭的个人主义狂徒,跟随鬼魂沉沦地狱。作者们几乎都按照传说,把他作为纨绔子弟的代表,表现和批评他和他所属阶级的荒淫、诡诈、残酷、虚伪等习性和行为。拜伦笔下的唐璜,对其形象稍有改变。诗中表现了唐璜的善良和正义,通过他的种种浪漫奇遇,描写了欧洲社会的人物百态、山水名城和社会风情。画面广阔,内容丰富,堪称一座艺术宝库。

雪莱:《被释的普罗米修斯》

著名诗剧《被释的普罗米修斯》是英国著名浪漫主义诗人波西·比希·雪莱(1792~1822年)的一部重要的代表作品。

作品取材于古希腊的神话故事和希腊戏剧家创作的悲剧,而又经过作者的加工改造。诗剧的主要内容是,众神之主朱比特在巨人普罗米修斯的帮助下登上王位,而后实行专制统治,给人类带来痛苦和灾难。普罗米修斯为了拯救人类,从天上偷来智慧之火,朱比特以怨报德把他锁在鹰鸥难越的高加索悬崖上,并嘱天鹰每日啄他的心,历经3000年,但他坚贞不屈,深信朱比特的末日终将来到。后来朱比特果然被打入地狱,普罗米修斯也被大力士赫拉克勒斯从悬崖上解救下来,整个宇宙光明一片,人类万物幸福欢庆。

这部披着浪漫主义神话外衣的诗剧,根植于19世纪初期的英国现实社会,是现实的阶级斗争和诗人的政治理想的曲折反映。它真实揭露了专制统治给劳动人民带来的痛苦和灾难,歌颂了人民群众反抗专制统治的革命精神和英雄气概,表达了诗人建立自由平等的美好社会的崇高理想。

普希金:《叶甫盖尼·奥涅金》

《叶甫盖尼·奥涅金》是俄国作家普希金(1799~1837年)的代表作。

作品的主人公是贵族青年奥涅金,他有过和一般贵族青年相似的奢靡的生活道路,但是当时的时代气氛、进步的启蒙思想、亚当·斯密的《国富论》、卢梭的《社会契约论》、拜伦颂扬自由和个性解放的诗歌,都对他产生了影响,使他对现实的态度发生了变化。他开始厌倦上流社会空虚无聊的生活,抱着对新生活的渴望来到乡村,并试图从事农事改革。但是,华而不实的贵族教育没有给予他任何实际工作的能力,好逸恶劳的恶习已在他身上打下了深深的烙印,加之周围地主的非难和反对,奥涅金到头来仍处于无所事事、苦闷和彷徨的境地,染上了典型的时代病——忧郁症。

这部诗体小说反映了19世纪20年代俄国的社会生活,真实地表现了那个时代俄国青年的苦闷、探求和觉醒,提出了许多重要的社会问题,因此俄国批评家别林斯基把它称为"俄罗斯生活的百科全书和最富人民性的作品"。

巴尔扎克:《人间喜剧》

《人间喜剧》是法国19世纪批判现实主义文学的伟大代表巴尔扎克(1799~1850年)的代表作。包括91部长篇小说和中、短篇小说,分为"风俗研究""哲学研究"和"分析研究"三个部分。"风俗研究"是其中的主要部分,在这里又分"私人生活场景""外省生活场景""巴黎生活场景""政治生活场景""军人生活场景"和"乡村生活场景"六个方面。作品最初定名为《社会研究》,后来受了但丁《神曲》的启示,才改用《人间喜剧》这个名字。

巴尔扎克

《人间喜剧》描写了19世纪前半期法国封建主义和资本主义交替的历史时期。这个时期的特征是,金钱逐渐代替了贵族头衔。1830年革命以后,金钱统治的威力尤为强大。资产阶级以捞钱为生活目标,他们通过各种方法和手段来达到目的,而更多的是用欺诈和暴力进行掠夺。巴尔扎克在《人间喜剧》中,描绘了从拿破仑帝国、复辟王朝到七月王朝这一历史时期法国社会的不同阶级、不同阶层、不同职业、不同的活动场所,使作品成为一个由2000多个人物构成的广阔的社会画面,从中可以看出封建主义必然为资本主义所代替的规律,以及资本主义制度的某些弊病。

大仲马:《基督山伯爵》

《基督山伯爵》的作者是法国作家大仲马(1802~1870年),全书共分4部:第一部写的是主人公狱中遭遇和越狱后的报恩行动;第二、三、四部,叙述主人公复仇的曲折经过。

小说以基督山扬善惩恶、报恩复仇为故事发展的中心线索,主要情节跌宕起伏,迂回曲折,从中又演化出若干次要情节,小插曲紧凑精彩,却不喧宾夺主,情节离奇却不违反生活真实。全书出色地运用了"悬念""突发""发现""戏剧"等手法,在叙述上有较大的叙述密度和复杂的人物关系。这一切使这部小说充满了叙述的张力,洋溢着叙述本身所产生的美。因此,《基督山伯爵》被公认为通俗小说的典范。这部小说出版后,很快就赢得了广大读者的青睐,被翻译成几十种文字出版,在法国和美国多次被拍成电影。

雨果:《悲惨世界》

《悲惨世界》发表于1862年,是法国浪漫主义大文豪维克多·雨果(1802~1885年)的代表作品,是法国文学领域最著名的小说之一。

主人公冉·阿让原是个诚实的工人,一直帮助穷困的姐姐抚养七个可怜的孩子。有一年冬天,他找不到工作,为了不让孩子饿死而偷了一块面包,被判五年徒刑;又因不堪忍受狱中之苦四次逃跑,刑期加到19年。出狱之后,他找不到工作,连住宿的地方都没有。后来他受到一位主教的感化决心去恶从善,改名换姓埋头工作,十年后成为成功的商人并当上市长。这时,以前缉拿过他的警长沙威出现,一心要找他的麻烦。在此期间,冉·阿让得知了妓女芳汀的悲惨遭遇,并承诺照顾她的私生女柯赛特。然而法律不容他,社会不容他,连他辛辛苦苦带大的孤女也误解他,他多年舍己救人,最后却在孤寂中走向死亡,这是悲惨世界中的悲惨典型。作品还通过一个不幸女子芳汀的一生和她的私生女柯赛特的遭遇来揭示社会逼良为娼、儿童身心受虐的悲惨现实,从而全面展开对社会的批判。

《悲惨世界》在反映现实生活方面达到了很高的成就,这里有惊心动魄的历史事件,巴黎的贫民窟、修道院、法庭、监狱、资产者的沙龙、大学生居住的拉丁区,构成广阔而典型的19世纪法国的社会画面。但占主导地位的还是浪漫主义风格,雨果倡导的美丑对照原则在人物塑造、场景描写等多方面得到广泛地运用。作者善于用夸张的手法塑造不同寻常的人物,用虚构的偶然因素来推动情节的发展,同时小说还充满着浓郁的抒情气氛,整部小说弥漫着浪漫主义气息。

果戈理:《死魂灵》

俄国作家果戈理(1809~1850年)的代表作《死魂灵》是俄国批判现实主义文学发展的基石,也是果戈理现实主义创作发展的顶峰。别林斯基高度赞扬它是"俄国文坛上划时代的巨著",是一部"高出于俄国文学过去以及现在所有作品之上的","既是民族的,同时又是高度艺术的作品"。

小说描写了一个投机钻营的骗子——六等文官乞乞科夫买卖死魂灵的故事。乞乞科夫来到某市先用一个多星期的时间打通了上至省长下至建筑技师的大小官员的关系，而后去市郊向地主们收买已经死去但尚未注销户口的农奴，准备把他们当作活的农奴抵押给监管委员会，骗取大笔押金。他走访了一个又一个地主，经过激烈的讨价还价，买到一大批死魂灵，当他高高兴兴地凭着早已打通的关系迅速办好了法定的买卖手续后，其罪恶勾当被人揭穿，检察官竟被谣传吓死，乞乞科夫只好匆匆逃走。

《死魂灵》在作者锋利的笔下，将形形色色贪婪愚昧的地主、腐化堕落的官吏，以及广大农奴的悲惨处境等可怕的现实，揭露得淋漓尽致，从而以其深刻的思想内容、鲜明的批判倾向和巨大的艺术力量成为俄国批判现实主义文学的奠基杰作，是俄国文学，也是世界文学中讽刺作品的典范。

萨克雷：《名利场》

《名利场》是18世纪英国批判现实主义作家萨克雷(1811～1863年)所著的一部长篇小说，写于1848年。

小说主要情节可分两条线索。一条线索描写已故穷画师的女儿蓓基在离开平克顿女子寄宿学校后，暂住在富家小姐爱米丽亚家中，企图勾引爱米丽亚的哥哥以进入上流社会。此事失败后，蓓基去毕脱·克劳雷爵士家当家庭教师，同时施展逢迎、拍马和勾搭等手段。而当毕脱丧偶后向蓓基求婚时，她却已秘密嫁给了爵士的儿子罗登。另一条线索写纯洁的姑娘爱米丽亚钟情于轻浮空虚的军官乔治·奥斯本，冲破重重障碍终于和他结婚。但丈夫很快就厌弃她，另寻新欢。爱米丽亚一味痴情，即使在丈夫死后仍不肯改嫁。最后，蓓基道出乔治生前曾约自己私奔的事实，爱米丽亚才另嫁他人。蓓基后来又与年老丑陋的斯丹恩勋爵私通，因私情为丈夫窥破而遭抛弃。而斯丹恩则误以为罗登夫妇设局诈骗，也与蓓基一刀两断，蓓基就此潦倒。她晚年从另一个情夫约瑟夫手中得到一笔遗产，开始热心于慈善事业。

作者萨克雷在小说中栩栩如生地勾勒出一幅现实中的名利场的画面，把生活中尔虞我诈、欺骗背叛、势利虚荣等丑恶行径表现得淋漓尽致。作者最后写道："啊！虚荣中的虚荣！在这世界上我们又有谁是幸福的呢？我们又有谁如愿以偿了呢？而就算如此，又有谁满足了呢？"

狄更斯：《艰难时世》

《艰难时世》是19世纪英国著名批判现实主义作家查理·狄更斯(1812～1870年)的代表作，出版于1854年。

小说主要围绕葛雷梗这个资产阶级代表人物展开。葛雷梗是资本家、议员和教育家。他把只重实利的资产阶级功利主义哲学作为评价一切事物的准绳，也作为他的教育思想的出发点。为了功利，他把女儿露易莎嫁给年龄比她大30岁的资本家庞德贝。在他的教育思想影响下，他的儿子盗窃银行，并且嫁祸于纺织工人斯蒂芬，导致斯蒂芬的死亡。最后，葛雷梗在马戏团小丑的女儿西丝的温情感化下，接受基督教"信心、希望与仁爱"的精神，变成了一个善良的资本家。爱战胜了功利主义。

夏洛蒂·勃朗特:《简·爱》

《简·爱》是英国19世纪著名女作家夏洛蒂·勃朗特(1816~1855年)的代表作。人们普遍认为《简·爱》是夏洛蒂·勃朗特"诗意的生平"的写照,是一部具有自传色彩的作品。

全书共分为三部。第一部从简·爱幼年时写起,失去双亲的简·爱寄住在加兹海得舅妈李德太太家,受到李德太太诸多不公平的对待。第二部从简·爱爱上罗彻斯特写起。罗彻斯特也深爱着简·爱,但正当他们要结婚时,简·爱发现罗彻斯特原来有妻子,这让简·爱十分的绝望。第三部描述离开桑弗尔德庄园后的简·爱所经历的另一段不平凡的境遇。身无分文流浪街头的简·爱,终因体力不支倒地,被好心的牧师圣约翰和他的两个妹妹收留。

不久,圣约翰发现简·爱是他的表妹,并向简·爱求婚。正当简·爱犹豫是否要嫁给表哥时,她想起了罗彻斯特。当简·爱回到桑弗尔德庄园时,整个庄园变成一片废墟。最终,简·爱与烧瞎了双眼的罗彻斯特结婚。

《简·爱》通过简·爱与罗彻斯特间的爱情故事,反映了在金钱与地位凌驾于一切之上的社会里,出身贫苦、无依无靠的女教师简·爱的曲折遭遇,塑造了一个不屈于世俗压力、独立自主、积极进取的女性形象。她蔑视权贵的骄横,嘲笑他们的愚蠢,显示出自强自立的人格和美好的理想。作品所表达出的思想,即妇女不甘于社会指定她们的地位,而且要求在工作上以及婚姻上独立平等的思想,在当时产生了不同凡响的影响。

艾米莉·勃朗特:《呼啸山庄》

《呼啸山庄》是英国女作家艾米莉·勃朗特(1818~1848年)的代表作。

《呼啸山庄》通过一个爱情与复仇的故事,向人们展示了一幅畸形社会的生活画面,勾勒出被这个畸形社会扭曲了的人性及其造成的种种可怖的事件。整个故事的情节通过四个阶段逐步铺开。第一阶段叙述了希斯克利夫与凯瑟琳朝夕相处的童年生活,以及他们对辛德雷专横暴虐的反抗。第二阶段着重描写凯瑟琳因为虚荣、无知和愚昧,背弃了希斯克利夫,成了画眉田庄的女主人。第三阶段以大量笔墨描绘希斯克利夫如何在绝望中把满腔仇恨化为报仇雪耻的计谋和行动。最后阶段尽管只交代了希斯克利夫的死亡,却突出地揭示了当他了解哈里顿和凯蒂相爱后,思想上经历的一种崭新的变化——人性的复苏,从而使这出具有恐怖色彩的爱情悲剧透出一束令人快慰的希望之光。

《呼啸山庄》出版后一直被人认为是英国文学史上一部"最奇特的小说",是一部"奥秘莫测"的"怪书",原因在于它一反同时代作品普遍存在的伤感主义情调,而以强烈的爱、狂暴的恨及由之而起的无情的报复,取代了低沉的伤感和忧郁。它宛如一首奇特的抒情诗,字里行间充满着丰富的想象和狂飙般猛烈的情感,具有震撼人心的艺术力量。

屠格涅夫:《父与子》

《父与子》是 19 世纪俄国优秀的现实主义作家屠格涅夫(1818~1883 年)创作的最高成就,写于 1860 年到 1861 年。

《父与子》描写的是父辈与子辈的冲突。这一冲突在屠格涅夫笔下被染上了时代的色彩。巴扎罗夫代表了 19 世纪 60 年代的年青一代——激进的平民知识分子,而巴威尔和尼古拉则代表了保守的自由主义贵族的老一代人。当然,在对待年轻人的态度上,父辈中的人们态度各有不同,尼古拉比较温和,希望理解子辈,想跟上时代,只是不太成功;巴威尔则固执己见,信奉贵族自由主义,对年轻人的反叛耿耿于怀。父与子的冲突在广义上表现为巴威尔和巴扎罗夫之间的对立,由此,作者通过巴扎罗夫塑造了时代"新人"的形象。

屠格涅夫在《父与子》中所表现得不全是生理、心理意义上两代人的代沟,更渗透着不同社会阵营之间政治思想的分歧,从而揭示出当时俄国民主主义对贵族自由主义的胜利。

惠特曼:《草叶集》

《草叶集》是 19 世纪美国杰出诗人瓦尔特·惠特曼(1819~1892 年)的浪漫主义诗歌总集。《草叶集》得名于集中的一句诗:"哪里有土,哪里有水,哪里就长着草。"影射了美国千万个像惠特曼一样顽强奋斗的普通劳动者。《草叶集》是 19 世纪中期美国时代精神的真实写照,代表着美国浪漫主义文学的高峰,也是世界文学宝库中的珍品。

草叶是最普通、最有生命力的东西,象征着当时正在蓬勃发展的美国。诗集通过"自我"感受和"自我"形象,热情歌颂了资本主义上升时期的美国。同时《草叶集》对大自然、对自我有着泛神主义的歌颂,极力赞美大自然的壮丽、神奇和伟大。

《草叶集》是世界闻名的佳作,开创了美国民族诗歌的新时代。作者在诗歌形式上有大胆的创新,创造了"自由体"的诗歌形式,打破了传统的诗歌格律,以断句作为韵律的基础,节奏自由奔放,汪洋恣肆,舒卷自如,具有一泻千里的气势和无所不包的容量。

波德莱尔:《恶之花》

《恶之花》是法国诗人波德莱尔(1821~1867 年)的代表作。1857 年出版时,收诗 100 首。1861 年再版时,增为 129 首。以后多次重版,陆续有所增印。《恶之花》以其大胆直率得罪了当局,其超前意识和现代观念更触犯和激怒了保守势力,结果招致一场残酷而不公平的围攻。波德莱尔被指控为伤风败俗,亵渎宗教,上了法庭,最后被迫删除当局认为大逆不道的六首所谓"淫诗",即《累斯博斯》《入地狱的女子》《首饰》《忘川》《致大喜过望的少妇》和《吸血鬼的化身》。

《恶之花》的"恶"字,法文原意不仅指恶劣与罪恶,也指疾病与痛苦。波德莱尔在他的诗集的扉页上写给诗人戈蒂耶的献词中,称他的诗篇为"病态之花",认为他的作品是一种"病态"的艺术。他对于使他遭受"病"的折磨的现实世界怀有深刻的仇恨。他给友人的信中说:"在这部残酷的书中,我注入了自己的全部思想,整个的心(经过改装的),整个宗教意识,以及全部仇恨。"

福楼拜:《包法利夫人》

《包法利夫人》是法国现实主义文学大师福楼拜(1821~1880 年)的作品。

1852 年起,福楼拜花了四年多时间写成长篇小说《包法利夫人》。小说以简洁、细腻的笔触,再现了 19 世纪中叶法国的外省生活。女主人公爱玛在修道院度过青年时代,受到浪漫主义思潮的影响。成年后,嫁给平庸的市镇医生包法利。失望之余,为纨绔子弟罗道耳弗所惑。成了他的情妇。但罗道耳弗只是逢场作戏,不久便对她心生厌倦,远离而去。爱玛遂又成了赖昂的情妇。为了满足私欲,爱玛借高利贷,导致破产,最后服毒自尽。

《包法利夫人》的发表和出版在当时的法国曾经引起过一场官司。封建卫道士认为,爱玛的经历对女人是一种诱惑;而福楼拜则认为,这不是诱惑,而是警戒。结果福楼拜赢了。在小说中,福楼拜冷静地剖析爱玛走向毁灭的主、客观原因,不动声色地将一群鄙俗自私的正人君子和一个"不正经"的女人做对比,深深地刺痛了政府当局和一般资产者。小说产生强烈的批判效果,关键是作者成功地运用了典型化的手段,以高度的概括力突出了当时社会的特征。小说所记叙的只是法国某村镇发生的一起自杀案件,而作者的同时代人却可以从中认出自己所在的城镇和周围形形色色人物的嘴脸。莫泊桑说:"《包法利夫人》中,每个人物都是一种典型,都集中了同类人物内在气质的各个特点,因而成为这一类型中最逼真、最突出的形象。"同时,小说还通过富有特征意义的细节及事件的组合,来达到批判揭露的目的。

陀思妥耶夫斯基:《罪与罚》

《罪与罚》的作者是俄国 19 世纪杰出作家陀思妥耶夫斯基(1821~1881 年)。它发表于 1866 年,是一部卓越的社会心理小说,是最能代表陀思妥耶夫斯基艺术风格的一部作品。

小说以主人公拉斯柯尔尼科夫犯罪及犯罪后受到良心和道德惩罚为主线,广泛地描写了俄国城市贫民走投无路的悲惨境遇和日趋尖锐的社会矛盾。作者笔下的圣彼得堡是一派暗无天日的景象:某市场上聚集着眼睛被打得发青的妓女;污浊的河水中挣扎着投河自尽的女工;穷困潦倒的小公务员被马车撞倒在街头;发疯的女人带着孩子沿街乞讨。与此同时,高利贷老太婆瞪大着凶狠的眼睛,要榨干穷人的最后一滴血汗;满身铜臭的市侩不惜用诱骗、诬陷的手段残害"小人物",以达到利己的目的;而荒淫无度的贵族地主为满足自己的兽欲,不断干出令人发指的勾当⋯⋯

本文以惊险、凶杀等扣人心弦的紧张情节,把赤贫、奴役、酗酒、犯罪等现实生活图景和对于犯罪心理、社会思潮、伦理道德等问题的探讨有机地联系在一起,反映出农奴制改

革以后,俄国社会在资本主义冲击下所发生的动荡和变化。

易卜生:《玩偶之家》

亨利克·易卜生(1828~1906年),欧洲近现代现实主义喜剧的杰出代表,被誉为"现代戏剧之父"。《玩偶之家》是他的代表作。

《玩偶之家》描写了海尔茂夫妇的家庭关系由和睦转为决裂的故事。海尔茂的妻子娜拉是一个活泼热情、天真可爱的妇人,她热爱她的丈夫。海尔茂一次得了重病,无钱疗养,为了治好丈夫的病,娜拉不惜假冒父亲的笔迹,以父亲的名义暗中向人借债。海尔茂病好之后,发现她冒名签字,认为这事有损他的名誉,对她大发脾气,甚至要剥夺她教育儿女的权利。这时,娜拉如梦初醒,认识到海尔茂是一个伪君子,而自己只是一个玩偶。她最终勇敢地离开了这个"玩偶之家"。

小说通过娜拉逐渐觉醒的过程,深刻揭露出资产阶级社会的法律、宗教、道德、爱情、婚姻等的虚伪和不合理;通过娜拉最后的出走,提出了妇女应从男人的奴役之下解放出来的问题。易卜生肯定了娜拉的出走,认为她的行为具有进步的社会意义,在当时的妇女解放运动中,起过积极作用。

列夫·托尔斯泰:《复活》

《复活》是俄国伟大批判现实主义作家列夫·托尔斯泰(1828~1910年)的代表作,写于1889年至1899年。

小说描写了贵族聂赫留朵出席法庭陪审时,发现被诬告杀人并被错判罪名的妓女,正是他十年前诱骗过的农奴小女玛斯洛娃,于是他良心觉醒,开始悔悟,极力要为她申冤。上诉失败后,他又陪她去西伯利亚,终于感动了她。最后两个人都在精神和道德上"复活"了。

小说对沙皇时代的俄国社会作了空前深刻的揭露和空前激烈的批判。它反映了俄国千百万农民推翻专制政府和官办教会的统治,消灭地主阶级和资本主义的强烈愿望。托尔斯泰通过小说的描写,提出了俄国革命所要解决的重大的社会问题,所以列宁很赞赏他,说:"他在自己的晚期作品里,对现代一切国家制度、教会制度、社会制度和经济制度做了激烈的批判","撕下了一切假面具",达到了"最清醒的现实主义"。

列夫·托尔斯泰

哈代:《德伯家的苔丝》

《德伯家的苔丝》是英国作家托马斯·哈代(1840~1928年)的代表作,也是欧洲批判现实主义文学的优秀作品之一。

小说描写了一位农村姑娘的悲惨命运。女主人公苔丝是一个勤劳善良、美丽淳朴的农家姑娘,同时在她身上又有着可贵的坚强、自尊和大胆反抗厄运的品格。为了摆脱穷困,她的母亲打发她去有钱的本家亚雷家做工,结果遭到亚雷的蹂躏,失去了清白。此时的她不仅要面对生活的贫困,还要抵御道德的压力。后来她与具有自由思想的安玑·克莱真心相爱。新婚之夜,苔丝为了忠实自己的丈夫,向安玑讲述了自己以往的过失,表现出很大的勇气。当丈夫不能谅解,幸福破灭时,她又忍住痛苦,咬紧牙关,毅然地独立谋生。最后,她在对亚雷忍无可忍的情况下,杀死这个毁了她一生的仇人。苔丝的悲剧是在工业资本日益占领农村,个体劳动者丧失了生产资料,沦为雇佣劳动者的大背景下出现的。作者哈代对苔丝的不幸满怀同情,在小说的副标题中称女主人公为"一个纯洁的女人",公开地向维多利亚时代虚伪的社会道德挑战。同时他大声疾呼:"哪儿是保护苔丝的天使呢? 哪儿是她一心信仰的上帝呢?"

莫泊桑:《漂亮朋友》

《漂亮朋友》是法国著名作家莫泊桑(1850~1893年)在1885年发表的一部长篇小说。

小说讲述了退职的下级军官杜洛瓦在巴黎发迹的经过,描写了政界、金融界、新闻界人物的贪婪无耻、淫乐好色。小说中,爱情已经沦为一种工具,一把扶梯。主人翁杜洛瓦利用自己俊朗的外表,以及独特的魅力,吸引了不少名媛贵妇,从而不断地往上流社会攀登。作者在成功刻画杜洛瓦这一形象的同时,还为我们塑造了当时的三种女性:弗雷斯蒂埃夫人热衷权势,爱情和婚姻对于她来说只是寻求同盟者的手段;德玛莱尔夫人充满幻想,对待爱情多少有些逢场作戏;瓦尔特夫人为人严谨,恪守妇道,可是一旦坠入情网便不能自拔。

《漂亮朋友》把目光投向新闻界和政界,向我们展示了法国19世纪上流社会尔虞我诈、泯灭人性的社会现实,堪称一部揭露深刻、讽刺犀利的社会小说。

契诃夫:《套中人》

《套中人》是俄国19世纪批判现实主义杰出作家契诃夫(1860~1904年)短篇小说的代表作之一,写于1898年,主人公是一位在中学里教希腊语的中年教师,名叫别里科夫。别里科夫是个漫画式的人物,哪怕在艳阳天出门,他也总是穿着鞋套,带着雨伞。他的雨伞、怀表、削铅笔的小折刀等一切能包裹起来的东西,都总是装在套子里,就连他的脸也好像装在套子里,因为他总是把脸藏在竖起的衣领里面,戴着黑眼镜,耳朵里塞上棉花,坐出租马车的时候也要车夫把车篷支起来。这仅仅是他抵挡恐惧的外在表现。另一方面,一切被禁止的东西都让他感到心里踏实,清楚明了,而对一切没有被政府明令禁止的事物他都觉得可疑,害怕,他的一句时时挂在嘴边的口头禅是:"千万别闹出什么乱子来。"别里科夫像害怕瘟疫一样害怕一切新事物,害怕一切超出平凡庸俗的生活常规以外的东西。

在专制制度腐朽没落的年代,作者用别里科夫这个典型来加以鞭挞,正是要激发人们改变这种窒息的社会。他借小说中猎人之口说道:"不成,不能再照这样生活下去啦!"

欧·亨利:《麦琪的礼物》

《麦琪的礼物》是美国著名短篇小说家欧·亨利(1862~1910年)的代表作品。全篇以一对穷困的年轻夫妇杰姆与德拉相互赠送圣诞礼物为中心线,刻画了他们捉襟见肘的生活与相互体贴的感情。杰姆与德拉情深意笃,圣诞节前夕,他们私下为购买赠送对方的礼物而失去了最心爱的东西:妻子给丈夫买了一条白金表链而卖掉了她引以为荣的美丽长发;丈夫为妻子买了一套发梳。而卖掉了金表……

《麦琪的礼物》的精彩构思,对话般亲切的语言,微带忧郁的情调,使这个短篇小说在缕缕情感的光束中显露出丰厚的内涵,激发读者对爱情、金钱价值的思考。作家细致地写出德拉无钱为丈夫买礼物的焦灼心情,写德拉的美发,甚至写德拉上街卖发和买表链的全过程,却惜墨如金地避开了吉姆卖金表买发梳的经过。作家可以细致地描写吉姆回家后德拉担心失去美发会伤害吉姆的爱所做的一连串解释,却在吉姆讲完卖金表的事之后戛然而止。全文时而细致入微,时而寥寥数笔,读者仍能从那些不着文字之处领悟作家的弦外之音。这种寄实于虚,并兼用暗示和略写的手法,是《麦琪的礼物》所独具的。

杰克·伦敦:《马丁·伊登》

自传体小说《马丁·伊登》是美国著名现实主义文学家杰克·伦敦(1876~1916年)的代表作。

小说描写了一个出身于劳动者的现实主义作家在资本主义社会中的命运。马丁·伊登决心要在文学创作中建立一番事业,他忍受了巨大的痛苦,克服了重重障碍,终于获得了声誉、爱情和财富。但他成名以后,背离了劳动人民。他自称是个人主义者,信奉"捷足先登,强者必胜"的原则,而他在上流社会里看到的资产阶级各种人物全是势利的市侩,甚至他所爱的罗丝也使他失望。他感到理想破灭,精神极度空虚,终于自杀。作者在小说中否定马丁·伊登的个人主义思想,把主人公的个人奋斗写成悲剧。对资本主义社会做了尖锐批判,但他没有指出未来的希望。

萧伯纳:《巴巴拉少校》

《巴巴拉少校》是英国著名作家乔治·伯纳·肖(萧伯纳)(1856~1950年)的一部喜

剧作品。

《巴巴拉少校》以救世军为题材,反映了贫富不均和劳资冲突等尖锐的社会问题。喜剧的主人公巴巴拉是个有理想的青年,虔诚的基督教徒,救世军中的少校。她认为宗教是整个社会的基础,所有的人都是上帝的女儿,而她的理想就是在救世军中拯救穷人的灵魂。救世军的慈善事业需要金钱,由于经费短缺,巴巴拉所在的救世军收容所面临困难。巴巴拉的父亲安德谢夫是军火商。他出于个人的目的,在参观收容所时当场捐出5000英镑。巴巴拉起初说服救世军,希望他们不接受父亲的金钱,她和父亲的冲突,是经济和信仰的冲突,理想和现实的冲突。巴巴拉后来在别人的劝说下,还是要了这笔钱。人们在安德谢夫走后,感谢他的善行。巴巴拉的幻想破灭,痛苦地摘下救世军领章,别在父亲的衣领上。而当安德谢夫要收买救世军时,她终于屈服,相信是"威士忌大王"鲍吉尔和军火商救活了穷人。如果她离开父亲,就是"离开生活"。巴巴拉的转变虽然显得唐突,但也并非完全不可能。巴巴拉的精神苦闷,也表达了一些和上层社会有千丝万缕联系的青年知识分子的苦闷。

《巴巴拉少校》不仅抨击了社会上贫富悬殊等丑恶现象,还揭露了资本家培养工人贵族的阴险用心。资本家在工厂里建立一套等级制度,借此分化瓦解工人队伍。安德谢夫收买救世军,就是为了利用各种慈善措施来缓和工人们日益增长的不满情绪。可以说,萧伯纳对资本主义社会的批判是犀利的,辛辣的,但是,由于他在政治上是个改良主义者,他在剧本中提出了"百万富翁的社会主义"这个反动口号,他认为社会主义会给百万富翁带来最大的利益,也只有依靠百万富翁才能建设社会主义。

罗曼·罗兰:《约翰·克利斯朵夫》

《约翰·克利斯朵夫》是法国著名作家罗曼·罗兰(1866~1944年)的代表作。

《约翰·克利斯朵夫》开创了"长河小说"这一艺术体裁。作品以音乐家约翰·克利斯朵夫一生的奋斗为经,以第一次世界大战前二三十年间的欧洲生活为纬,反映了世纪之交一代知识分子的精神探索,表现出作家反对现存秩序的进步立场和坚持人类进步文化的艺术观点。整部作品就像一条由许多支流汇集而成的大河,奔腾不息。《约翰·克利斯朵夫》又是一部"音乐小说",这不仅是因为小说写的是音乐家的一生,而且整部小说无处不富有音乐色彩。主人公的喜怒哀乐、悲欢离合,巧妙地被编织在交响乐般的旋律之中,形成了一个和谐而完美的整体。

作品还运用了大量的象征手法,使得这首"交响乐"显得更加多姿多彩。主人公诞生时,暴涨的莱茵河河水的隆隆声伴随着婴儿的啼哭声;童年时期,主人公学习提琴和作曲时的明朗钢琴旋律与莱茵河的奔腾声时时交融;主人公精神震荡或创作思潮翻滚时,又常常与莱茵河的水声、涛声相交织;主人公弥留之际,在梦中又见到莱茵河,心灵达到和谐。时而平静时而汹涌的莱茵河成了这位艺术家一生顽强奋斗的象征。作品的主要人物都有象征含义:约翰·克利斯朵夫是力的象征,奥里维和葛莱莉亚分别象征着法国的理想主义和意大利的艺术美。三者的友谊和爱情构成了作者所追求的充满生气、摆脱旧习、和谐美好的人道主义理想世界。

高尔基：《童年》

《童年》是伟大的俄国无产阶级作家马克西姆·高尔基(1868~1936年)著名的自传体三部曲中的第一部。三部曲分别是《童年》(1913)、《在人间》(1916)、《我的大学》(1923)。三部曲描写了"我"的成长过程。从中我们可以了解到高尔基的成长历程。

《童年》讲述的是孤独孩童"我"的成长故事。小说以一个孩子的独特视角来审视整个社会及人生。"我"寄居的外祖父家是一个充满仇恨，笼罩着浓厚小市民习气的家庭，是一个令人窒息的家庭。此外，小说也展现了当时整个社会的腐败、没落而趋向灭亡的过程。小说通过"我"幼年时代痛苦生活的叙述，实际反映了作家童年时代的艰难生活及对光明与真理的不懈追求，同时也展现了19世纪末俄国社会的广阔社会画卷。

普鲁斯特：《追忆似水年华》

《追忆似水年华》是法国现代著名作家马赛尔·普鲁斯特(1871~1922年)的代表作。这部长篇剧作从创作到完成历时15年，包括7部15卷，是作者倾尽心力之作。由于它代表着西方小说创作理念的根本转变，一直被誉为意识流小说的里程碑。

在《追忆似水年华》中，除了第一部第二卷用第三人称描写斯万的爱情故事之外，其余部分均采用叙述者的第一人称叙述。小说的叙事是从叙述者在病榻上的不眠之夜开始的。叙述者"我"名叫马赛尔，是巴黎一位家境富裕而又体弱多病的青年。由于病痛折磨，他常彻夜难眠，因此常将不眠之夜中的大部分时间用来追忆往昔的岁月，包括在贡布雷度过的童年，在巴尔贝克、巴黎、威尼斯以及其他地方度过的日子。追忆中，那些他所到过的地方，所认识的人，以及所见所闻的许多往事都像潺潺流水，连绵不绝地涌现。

《追忆似水年华》是一部蕴涵深厚思想内涵、有着多重交叉主题的艺术作品。这里有对社会生活、人情世态的真实描写，展示了19世纪末至20世纪初法国上流社会的生活图景与历史变迁，对黄金时代的法国贵族、资产阶级进行了温和的讽刺，其非凡气度可与巴尔扎克的《人间喜剧》相媲美。这里也有对人的内心奥妙的探索，对复杂多变的精神世界的展示，是"我"认识自我、认识世界、认识人生的内心经历的记录，其细腻程度正如一句法国俗语"把一根头发劈成四根"。正如拉蒙·费尔南代都在《法国20世纪文学》中所指出的："它不仅是一个时代的历史，同时也是一种意识的历史。这种双重的意义以及二者结合在一起，恰恰就是这部作品所具有的深刻的独创性。"

德莱塞：《美国的悲剧》

长篇小说《美国的悲剧》是20世纪美国杰出的现实主义作家西奥多·德莱塞(1871~1945年)的代表作。

《美国的悲剧》共三卷，以1906年美国纽约州发生的意外情杀案为情节基础，叙述了一个美国普通青年为追逐金钱财势堕落为杀人犯的悲剧。小说的主人公克莱德·格里菲斯出生在一个传教士家庭,从小跟父母沿街布道卖唱。他通过耳濡目染,对世俗生活和资本主义花花世界早已充满幻想和向往。当过一阵旅馆的茶房后,他受到伯父的提携,当上了工厂的工头,与女工洛蓓塔有了私情。后又得到了大工厂主女儿桑德拉的青睐。他为了能与桑德拉结婚,实现飞黄腾达的美梦,便设下圈套,使得已有身孕的洛蓓塔坠入湖中淹死。事发后,他被判死刑,那时他才22岁。

小说细致地描写了克莱德短暂的一生,通过他利己主义世界观的形成和发展,他的苦闷、挣扎、堕落和毁灭,对资本主义社会提出了强烈而沉痛的控诉。小说令人信服地揭示出资本主义的社会制度及其生活方式是造成克莱德悲剧的根源。克莱德是资本主义制度的产物,也是这种制度的牺牲品。克莱德的悲剧是个人悲剧,更是社会悲剧。

托马斯·曼:《布登勃洛克一家》

《布登勃洛克一家》的副标题是"一个家庭的没落",发表于1901年,在托马斯·曼(1875~1955年)1929年获得诺贝尔文学奖的受奖证书上特别提到"这部作品日益被公认为当代文学中经典作品之一"。

小说的故事发生在19世纪30年代至70年代,正是资本主义在德国迅速发展的时期。约翰·布登勃洛克公司已经有上百年的历史,它有自己的粮栈、货船、农庄和地产,主人又是尼德兰的参议员,经济实力和社会地位非常显赫。这个家族在"忠厚诚实"的幌子下,通过大量剥削发财致富,过着骄奢淫逸的生活。随着德国资本主义逐步发展到垄断阶段,他们按照旧的方式经商,已不能适应新的形势,不得不在接连不断的失败中走向灭亡。新的垄断资本家哈根施特罗姆不受传统的约束,野心勃勃,使用掠夺和吞并的手段,终于击败了布登勃洛克家族。布登勃洛克家族的没落和哈根施特罗姆家族的兴起,真实地反映了德国19世纪下半叶帝国主义垄断经济开始取代旧式资本主义商业经济的历史发展进程。

作者在这部小说中,形象地描绘了德国从自由资本主义走向垄断资本主义的历史发展过程,通过一个旧式资产阶级家庭在道德和经济上的没落,刻画了资本主义社会中人与人之间赤裸裸的金钱关系,揭示了弱肉强食的资本主义法则。这部长篇小说,具有深刻的思想内容和卓越的艺术技巧,是20世纪德国批判现实主义文学的重要代表作。

乔伊斯:《尤利西斯》

《尤利西斯》是爱尔兰现代著名小说家詹姆斯·乔伊斯(1882~1941年)的代表作,被誉为意识流小说开山之作,在20世纪现代小说中享有盛名。

《尤利西斯》是一部描写西方社会现代人的严肃作品,提出了人的生活质量和价值标准等重要问题。乔伊斯一反传统的写作方法,使用极为怪诞的手法,展现发生在都柏林一天18个小时中的种种事情,每一小时为一章,最后一章描写女主人公的性心理,整章只有前后两个标点符号,堪称文学一绝。加以本书因是否属淫书的争论,在西方曾两上法庭,解禁后其影响更大。

《尤利西斯》记录了都柏林三个平凡人物一天的琐碎生活,它通过人物的身心感受,逼真、细腻地描写了都柏林从早到晚万花筒般的生活情景。但小说既无曲折动人的故事情节,亦无戏剧性的矛盾冲突,而是以一种冷淡超然的态度,自由随意地反映都柏林生活的各个侧面。

更主要的是描写了西方现代人无所适从的精神漂泊,这是贯穿全书的主要线索。作者通过回忆、幻觉、自由联想、内心独白等艺术手段,展示人物内心深处如行云流水般的意识活动,特别是人类最隐蔽、最黑暗、最神秘的潜意识方面,达到了前所未有的广度和深度,这是一般传统作家无法比拟和难以企及的,这也是《尤利西斯》最杰出的艺术成就。

《尤利西斯》以其深邃的思想内涵和大胆的艺术革新成为 20 世纪最伟大的小说之一,并奠定了乔伊斯在世界文学史上的重要地位。

卡夫卡:《变形记》

短篇小说《变形记》是奥地利现代著名小说家弗兰茨·卡夫卡(1883~1924 年)的作品。

《变形记》揭露了资本主义社会中人在重重压迫下掌握不了自己的命运以致"异化"的现象。小说的主人公格里高尔·萨姆沙是一家公司的旅行推销员,长年累月到处奔波,挣钱养家糊口。一天早晨,他从不安的睡梦中醒来,发现自己变成了一只甲壳虫。他感到十分恐慌,担心失去工作,也无法见人。他的父母和妹妹见到这个情景,大为震惊。父亲不理他,母亲很悲伤,妹妹也开始怜悯他,给他送食物和打扫卫生,但后来她感到厌倦了,格里高尔的饮食就没有保证,房间也越来越肮脏。由于少了格里高尔的工资收入,家里人只得另找门路谋生,他们出租房屋,以增加收益。一天,格里高尔被妹妹的小提琴吸引出来,暴露在房客面前,全家大乱,房客吵着要退租,妹妹表示无法忍受,要把他赶走。格里高尔就在当晚悄然死去,全家仿佛卸掉了一个沉重的负担,从此开始新的生活。

异化现象是资本主义社会中普遍而且典型的现象。卡夫卡描写的格里高尔在生活重担的压迫下从"人"变成了一只大甲虫,表面上看,似乎是荒诞无稽的。但是,通过变形这个象征的手法,却揭示了一个普遍的真理:在资本主义社会中,人所创造的物,例如金钱、机器、生产方式等,作为异己的、统治人的力量同人相对立,他们操纵着人,把人变成了奴隶,并最终把人变成了"非人"。卡夫卡通过受压抑的小职员变成一只甲壳虫后的思想和活动,深刻地揭露了资本主义时期人与人之间赤裸裸的利害关系,这种别具一格的描写使《变形记》成为一篇独特的文学作品。

劳伦斯:《虹》

长篇小说《虹》是 20 世纪初叶英国著名的小说家和诗人劳伦斯(1885~1930 年)的代表作。

《虹》通过一家三代人的遭遇,描述了工业革命给传统的乡村带来的巨大变化,同时以巨大的热情和深度,探索有关性的心理问题。第一代人的生活带有田园诗的色彩,同时也预示古老文明即将结束。第二代人精神的苦闷和呆滞的目光,是令人窒息的工业化社会的最好注解。第三代人的探索具有积极的社会意义,表达了人们要冲破狭窄的生活圈子,渴望一种自然和谐的生活。

《虹》不仅从两性关系上探讨资本主义社会对人性的摧残,而且对资本主义的经济关系进行了深刻的批判。小说的第十二章谈到了矿工们的悲惨命运。工人们在非人的条件下工作,离开了矿井,就变成了"毫无意义的躯体"。对于他们的妻子来说,他们只是养家活命的机器。小说无情地揭露了资本主义条件下劳动的异化,劳动者成为资本和机器的附庸和奴隶。《虹》以丰富而深刻的思想内容,史诗般的画面,以及对两性关系严肃而充满热情的探索,成为英国现代主义小说的一部经典作品。

艾略特:《荒原》

《荒原》是英国著名诗人托马斯·史登斯·艾略特(1888～1965年)的成名作和影响最深远的作品,是现代英美诗歌的里程碑,在20世纪西方诗坛上具有划时代的意义。它不仅是象征主义诗歌的高峰,而且为欧美现代主义诗歌的发展开辟了新的道路。

《荒原》由五章组成:《死者葬仪》《对弈》《火戒》《水淹之死》和《雷霆的话》。全诗涉及六种语言,引用了大量的神话故事、历史典故和多部文学作品中的名句,通过严谨的结构,借助象征、暗示和联想,构成一部完整、博大的诗篇。

《荒原》是表现现代西方人精神崩溃的史诗,它高度概括了一战之后的西方社会生活,浸透了诗人的忧虑和绝望,蕴涵着深刻的悲剧性。《荒原》既是西方文明没落的象征,也是现代西方人精神衰败的象征。诗中那座"缥缈的城市"伦敦,正是西方现代社会的缩影。在这里,人们没有信仰,没有希望,醉生梦死,放纵情欲,犹如失去灵魂的行尸走肉。诗人在此触及20世纪西方世界的一个根本问题:在一个丧失了价值标准的社会里,人的生存意义必然受到怀疑,人的出路也必然成为一个难以索解的困惑谜题。

帕斯捷尔纳克:《日瓦戈医生》

《日瓦戈医生》是苏联当代作家帕斯捷尔纳克(1890～1960年)的长篇小说,写于1955年。

日瓦戈生于富翁家庭,后来父亲破产自杀,家道中落,接着十岁时母亲去世后沦为孤儿,由舅父抚养。他大学毕业后与教授女儿东尼娅结婚,成为一名外科医生。接下来,经过一战、二月革命、十月革命、国内战争的洗礼,日瓦戈沦落到妻离子散、穷困潦倒、病魔缠身,最后心脏病发作,猝死街头。

小说以作品主人公日瓦戈的生活遭遇为主要情节线索,有意避开对重大历史事件的直接描述,而是将重心放在对俄国知识分子命运的展示上。它通过几个主要人物——日瓦戈、拉里莎、帕沙·安季波夫等在历史大变革中的感受、遭遇和命运,反映了那个错综复杂的时代的风气和革命的艰难曲折,揭示了战乱所造成的深重灾难和巨大牺牲,展示了知识分子接受革命和新生活的苦难历程,同时也暴露了革命中的某些偏颇和失误。

小说发表之后,人们普遍认为在《战争与和平》之后,这一部作品是唯一能够在精神上作为一个如此广阔和如此具有历史意义的时期的概括与写照。《日瓦戈医生》是一部不朽的史诗,在西方得到了高度评价,但在苏联国内却被指责为是"仇视社会主义"的作品,被称为"世界第一本政治禁书"。

1958年,帕斯捷尔纳克凭借《日瓦戈医生》获诺贝尔文学奖。

福克纳:《喧哗与骚动》

长篇小说《喧哗与骚动》是20世纪美国著名作家威廉·福克纳(1897～1962年)本人

最钟爱的作品,也是首次全面体现作家的思想倾向和纯熟技巧的作品。作为"约克纳帕塔法世系"小说的扛鼎之作,是备受推崇的美国南方文学杰作;作为一部复线结果的纯意识流小说,是广受好评的现代文学经典。

小说讲述的是南方没落地主康普生一家的家族悲剧。老康普生游手好闲、嗜酒贪杯,其妻自私冷酷、怨天尤人。长子昆丁绝望地抱住南方所谓的旧传统不放,因妹妹凯蒂风流成性、有辱南方淑女身份而恨疚交加,竟至溺水自杀。次子杰生冷酷贪婪,三子班吉则是个白痴,33岁时只有三岁小儿的智能。本书通过这三个儿子的内心独白,围绕凯蒂的堕落展开,最后则由黑人女佣迪尔西对前三部分的"有限视角"做补充,归结全书。

《喧哗与骚动》通过康普生一家的没落,大量运用多视角叙述方法及意识流手法,为美国南方传统和贵族精神谱写了一曲挽歌。

海明威:《老人与海》

《老人与海》是现代美国小说作家海明威(1899~1961年)创作于1952年的一部中篇小说,也是作者生前发表的最后一部小说。它一经问世,便在国际上引起了强烈的反响,在当时的文学界掀起了一阵"海明威热"。它再次向人们证实了海明威作为20世纪美国杰出小说家的不可动摇的地位和卓越的功绩。这篇小说相继获得了1952年美国普利策奖和1954年诺贝尔文学奖。

小说描写了孤独年迈的古巴老渔夫桑地亚哥一人出海远航捕鱼的故事。老人在海上漂流了84天,仍然一无所获。此后经过两天两夜的生死搏斗,终于捕获一条特大的马林鱼,但是在回行途中一大群鲨鱼围上来,尽管老人奋力拼搏,终于抵挡不住凶猛鲨鱼的进攻,等他回到海岸时,马林鱼只剩下一副巨大的白骨架。

海明威在这部作品中倾注了他对于下层人民,对于劳动者的热爱与深刻理解,同时也表现了他对于真正人性的执着追求。海明威在20世纪30年代以后发表的一些短篇小说中,描写了一些拳击师、斗牛士、猎人,他在这些来自下层的人物身上塑造了一种百折不挠、坚强不屈、敢于面对暴力和死亡的"硬汉子"性格,无论在怎样危难困苦的逆境中,他们都保持了人的尊严和勇气。桑地亚哥就是这种"硬汉"性格的发展和升华。小说中的大海和鲨鱼象征着神秘的命运与不可知的世界,而老人与之进行的惊心动魄的殊死搏斗则表现了无与伦比的力量和勇气,完美地体现了人"可以被消灭,但不能被打败"这样一种崇高、伟大的精神。

纳博科夫:《洛丽塔》

《洛丽塔》是当代著名俄裔美国作家、学者和翻译家弗拉基米尔·纳博科夫(1899~1977年)流传最广、争议最多的作品,也是研究者最为青睐的作品。它既是作家个人艺术风格的集中体现,也是后现代主义文学闻名遐迩的经典作品。

故事描述一位中年教授亨伯特不可救药地爱上了房东12岁的女儿洛丽塔,近乎病态的执迷把他引向毁灭的结局。由于小说的题材"乱伦与恋童"为道德社会之禁忌,因而该书虽广泛流传但却遭到持久而激烈的非议。

《洛丽塔》本身已经外延为一种现象,一种"病症"。另有一种较为流行的解读是,《洛丽塔》并不单纯是性的小说。它影射了以欧洲为代表的传统精英文化向以美国为代表的现代流行文化的臣服，表达的是前者的悲哀无奈和后者的傲慢狂欢。

作为一份病历，《洛丽塔》无疑会成为精神病学界的一本经典之作。作为一部艺术作品，它超越了赎罪的各个方面。而在我们看来，比科学意义和文学价值更为重要的，就是这部书对严肃的读者所应具有的道德影响，因为在这项深刻的个人研究中，暗含着一个普遍的教训。任性的孩子、自私自利的母亲、气喘吁吁的疯子——这些角色不仅是一个独特的故事中栩栩如生的人物，他们提醒我们注意危险的倾向，他们指出具有强大影响的邪恶。《洛丽塔》应该使我们大家——父母、社会服务人员、教育工作者有更大的警觉和远见，为在一个更为安全的世界上培养出更为优秀的一个人而做出努力。

1962 年，电影大师库布里克将《洛丽塔》搬上了银幕。

萨特：《恶心》

发表于 1938 年的日记体长篇小说《恶心》是法国著名作家让·保尔·萨特（1905～1980 年）的代表作，也是存在主义文学的经典作品之一，被誉为 20 世纪最重要的小说之一。

《恶心》总结并体现了萨特的生活和思想，是其小说创作的最高成就。这部短小精悍但思想上极有挑战意味的小说以日记的形式写成。主人公安东尼·罗康丹是一个孤独的学者，他为了撰写一个 18 世纪默默无闻但令人难以捉摸的贵族的传记，来到了凄凉的布威尔城。罗康丹对生活中微乎其微的偶然性的发现引发了一场生存危机，于是他决定以小说写作来逃避这场危机。他要写一部小说去深深触动读者，迫使他们去获取他自己已经取得的解脱意识。这就使作品成了一部自我创造的小说，一部叙述自己的诞生、颂扬艺术的威力并补偿生存之平庸的小说。正是萨特后来对这种可能性的蔑视，才使他在 20 世纪 50 年代否定自己的早期作品，并完全放弃了小说的创作。

《恶心》的故事情节虽无波澜起伏，但主人公的心理变化却是有层次的。从对生活的意义感到困惑，到发现个别事物令自己"恶心"，随后这种感觉不断扩大、上升，直至一切都令自己"作呕"，被"恶心"所包围，最后主人公决定试着去自我拯救。这条心理线索十分清晰。小说在很大程度上可以被视作一部用文学语言写成的哲学著作，主人公的内省过程和心理感受都有特定的哲学依据。"恶心"这种纯生理和心理的感受实际上成为表述人的存在、内心感受和现实空间之间关系的一个哲学概念。

肖洛霍夫：《静静的顿河》

《静静的顿河》是苏联当代著名作家肖洛霍夫（1905～1984 年）的代表作，也是 20 世纪世界文学界一部很有影响的重要作品。

全书共四部，分别在 1928 年、1929 年、1933 年、1940 年出版，以第一次世界大战、1917 年二月革命和十月革命、国内战争这一动荡历史时期为背景，通过顿河地域哥萨克在战争和革命过程中的遭遇，反映出由于革命和战争的结果，人们在风尚、生活和心理状态中所发生的巨大变动。主人公葛利高里体现了中农阶层在革命进程中摇摆不定的特点，也体现了哥萨克这一特殊社会阶层的传统观念，他的悲剧命运与这些特点和他所处的历史潮流息息相关。在小说中个人传记和个人感情波动相结合。小说具有史诗与悲剧相结合的艺术风格。风景描写洋溢着顿河草原的气息，衬托着人物的心境。

肖洛霍夫因这部巨著获得 1965 年诺贝尔文学奖。

贝克特：《等待戈多》

《等待戈多》是爱尔兰剧作家塞缪尔·贝克特（1906～1989 年）最重要的作品，也是荒诞派戏剧的经典之作。

肖洛霍夫

本书主人公是两个流浪汉，背景是一片荒野，路旁只有一棵枯树，两个流浪汉就在树下等待着一个叫"戈多"的人，说着语无伦次的话，做些流浪汉莫名其妙的动作以打发时间。最后有一个男孩来告诉两个流浪汉"戈多今天不来了，明晚准来"，第一幕就算结束。第二幕就是第一幕的重复，只是当知道戈多又不来的时候，他们就想上吊，结果裤带一拉就断，于是只能毫无希望地等待下去。

剧中突出的是一种"等待意识"，并由此派生出人的焦虑、不安、无奈与绝望。两个流浪汉把全部希望都寄托在"戈多"身上，但这个"戈多"是谁呢？他们并不清楚。也许"戈多"是上帝？但这个上帝又显然不是《圣经》中的那个上帝，而是一种能够赋予世界和人的存在以意义的抽象而神秘的力量。两个流浪汉不安地等待，实际上体现了现代西方人最基本的生存状态。他们等待"戈多"，却不知道"戈多"是否真的要来。甚至不清楚"戈多"是否真的存在。他们想要离开。却又害怕"戈多"的惩罚。事实上，"戈多"并不存在于他们之外，而是存在于他们的内心，是他们几度空虚的心灵所需要的一个外化物。他们自欺欺人地不愿意正视这一点，因为承认它就无异于否定了他们所存身的世界的终极意义，剥夺了自己苟延残喘的最后一个借口。明知"戈多"不会来，还要痛苦无奈地等下去，这种信仰危机时代的悲剧人生态度。是对现代人在一个荒诞世界中尴尬处境的触目惊心的表现。因此，两个流浪汉就是两个现代受难者的形象。

海勒：《第二十二条军规》

《第二十二条军规》是美国黑色幽默派代表作家约瑟夫·海勒（1923～1999 年）的代表作，也是"黑色幽默"小说最重要的作品之一。

小说写的是第二次世界大战末。在意大利厄尔巴岛以南八英里的地中海的一个美国空军基地——皮亚诺萨岛上，轰炸手约塞连上尉像一只惊弓之鸟，在一片混乱、荒谬与恐怖中，置一切权威、信条于不顾，为保存自己的性命而进行着几近疯狂的努力。在这个岛上。他生活的唯一目的就是逃避作战飞行。于是，他一次又一次地装病住进医院，因为他发现唯有这里才是最好的藏身之地。最后，他终于开了小差，逃到瑞典。

《第二十二条军规》是一部严肃的、讽刺性极强的小说。通过这部小说，约瑟夫·海勒将他眼中的美国社会展现在读者眼前。这个社会处于一种有组织的混乱、一种制度化了的疯狂之中，这个社会的一切只服从"第二十二条军规"的荒诞逻辑。这样一种病态的、荒诞的社会只有海勒的想象力才能够包容它，只有"黑色幽默"这样的创作手法才能够较好地表现它。通过"第二十二条军规"这个象征。读者也可以看到战争、美国社会及其官僚机构的荒诞、疯狂和不可理喻。由于这部小说揭示了美国社会真实的一面，因此它不仅在西方社会里具有普遍的意义并被译成十多种文字，而且对于我们中国读者认识、了解当代美国社会以及由这个社会造就的一代没有理想、没有信仰、没有人生目标的美国人，无疑具有极高的价值。

马尔克斯：《百年孤独》

被誉为"再现拉丁美洲历史社会图景的鸿篇巨制"的《百年孤独》，是加西亚·马尔克斯（1928年~）的代表作，也是拉丁美洲魔幻现实主义文学作品的代表作。

小说以马贡多村镇为背景，描写布恩地亚家族七代人的命运，从而折射出哥伦比亚乃至整个拉丁美洲一个多世纪的历史进程，从政治、经济、文化等诸多方面探讨了拉美地区贫困落后的原因。作家以生动、富于幻想的笔触，勾画出这片神奇大陆上丰富的自然与人文景观，反映了复杂、多变的社会生活，深入揭示了该地区人民的精神特征，小说因而成为一部气势恢宏的史诗性作品。

加西亚·马尔克斯主要是以《百年孤独》这部小说获得诺贝尔文学奖的，瑞典文学院在给加西亚·马尔克斯的评语中说，作者在《百年孤独》中"创造了一个独特的天地，那个由他虚构出来的小镇。从20世纪50年代末，他的小说就把我们引进了这个奇特的地方。那里会聚了不可思议的奇迹和最纯粹的现实生活，作者的想象力在驰骋翱翔。荒诞不经的传说、具体的村镇生活、比拟与影射、细腻的景物描写，都像新闻报道一样准确地再现出来"。的确，在这部小说中，作者根据拉丁美洲血淋淋的历史事实，凭借自己丰富的想象，描绘出了神话一般奇妙的世界。从小镇马孔多的建立、发展直到毁灭的百年历程中。活灵活现地反映了拉丁美洲百年的兴衰，马孔多镇很像是整个拉丁美洲的缩影。

文学之最

外国文学作家之最

最早的喜剧作家:阿里斯托芬
最早的悲剧作家:埃斯库罗斯
中世纪的最后一位诗人和新时代的最初一位诗人:但丁
最高产的诗人、剧作家:维加
文学史上使用笔名最多的一位作家:司汤达
第一位被流放一生的作家:亚当·密茨凯维奇
最高产的小说家:大仲马
世界童话之王:安徒生
最早写自由体诗的人:惠特曼
文学史上的科幻小说之父:凡尔纳
文学史上的现代戏剧之父:易卜生
文学史上最长寿的女作家:野上弥生子
社会主义革命文学之父:高尔基
文学史上第一对合葬的文学巨人:席勒与歌德
第一个获得诺贝尔文学奖的人:苏利·普吕多姆
第一位获得诺贝尔文学奖的女作家:赛尔玛·拉格洛夫
第一个没有写完处女作的作家:二叶亭四迷
第一位获得诺贝尔文学奖的首相:温斯顿·丘吉尔
文学史上最早的图画诗人:吉约姆·阿波里奈尔
当代最著名的三大传记作家:莫洛亚、特罗亚和茨威格
稿酬最高的作家:李普曼
退稿次数最多的作家:约翰·克里西
第一位辞去总统职务而专事创作的作家:桑戈尔
第一位文盲作家:穆罕默德·姆拉贝

丘吉尔

写作速度最快的女作家：芭芭拉·卡特兰

外国文学作品之最

古希腊最伟大的悲剧：《俄狄浦斯王》

最早的寓言集：《伊索寓言》

最早系统阐述文艺理论的著作：《诗学》

现存最完整的早期英雄史诗：《裴欧沃夫》

最早的长篇小说：《源氏物语》

欧洲文学史上的第一部现实主义巨著：《十日谈》

欧洲文学史上第一部心理小说：《菲娅美达哀歌》

被拍成电影最多的文学名著：《罗密欧与朱丽叶》

最早的对话体空想社会主义小说：《乌托邦》

第一部书信体长篇小说：《少年维特之烦恼》

最早的一部流浪汉小说：《小癞子》

写作时间最长的诗剧：《浮士德》

第一部长篇科学幻想小说：《法兰肯斯坦》

文学史上影响最大的一部小说：《汤姆叔叔的小屋》

文学史上第一部社会主义的现实主义作品：《母亲》

第一部真实描写第一次世界大战的巨著：《炮火》

文学史上第一部靠杂志才能读懂的小说：《芬尼坚守灵夜》

文学史上第一部描写革命领袖的长诗：《列宁》

文学史上第一部被"判"千年刑的经典：《洛莉塔》

第一部荒诞派戏剧：《秃头歌女》

第一部扑克牌小说：《第一号创作》

正式出版发行的最小的书：儿歌集《蚂蚁》

最短的童话：《一支燃着的烟》

最短的现代小说：《末日》

声望和荣誉最高的文学奖：诺贝尔文学奖

最短的信：雨果的信

最有趣的情诗：《情书》

文学史上的第一个革命无产者的形象：《小市民》中的尼尔

桂冠诗人之最

最年轻的桂冠诗人：劳伦斯·尤斯顿（1688～1730 年），他在 1718 年 12 月 24 日被命名时，仅 30 岁零 3 个月。

年龄最大的桂冠诗人：73 岁的威廉·华茨华（1770～1850 年），他是在 1843 年 4 月 6 日荣获此誉的。

活得最长的桂冠诗人:约翰·梅斯菲尔德,他死于1967年5月12日,享年88岁零345天。

享有桂冠年限最长的诗人:阿尔弗莱德·但尼生(1809~1892年),他1850年11月19日获此殊荣,1892年10月6日逝世于办公室,共41年零322天。

外国文学中的神话传说人物

主宰宇宙的天神:宙斯
寻取金羊毛的神:阿尔戈船英雄
创造之神:大梵天
谷物女神:得墨忒耳
文艺、科学女神:缪斯
冰雷巨人:伊密尔
狮身人面:斯芬克斯
古埃及的太阳神:拉
古希腊的太阳神:阿波罗
盗火英雄:普罗米修斯
毁灭之神:湿婆
智慧女神:雅典娜
保护之神:毗湿奴
机智勇敢之神:奥德修斯
丰饶之神和冥世之王:奥西里斯
大力神:赫拉克勒斯

历届诺贝尔文学奖获奖作家及作品

1901年:苏利·普吕多姆(法国诗人)《孤独与沉思》。
1902年:特奥多尔·蒙森(德国历史学家)《罗马风云》。
1903年:比昂斯滕·比昂松(挪威诗人、作家、社会活动家)《挑战的手套》。
1904年:弗雷德里克·米斯特拉尔(法国诗人)《金岛》。
1904年:何塞·德·埃切加赖(西班牙剧作家)《伟大的牵线人》。
1905年:亨利克·显克维支(波兰作家)《第三个女人》。
1906年:乔祖埃·卡尔杜齐(意大利古典主义诗人)《青春诗》。
1907年:约瑟夫·鲁德亚德·吉卜林(英国小说家、诗人)《老虎! 老虎!》。
1908年:鲁道尔夫·欧肯(德国哲学家)《精神生活漫笔》。
1909年:塞尔玛·拉格洛夫(瑞典女作家)《骑鹅旅行记》。
1910年:保尔·海泽(德国作家)《特雷庇姑娘》。
1911年:莫里斯·梅特林克(比利时剧作家、散文家)《花的智慧》。
1912年:盖哈特·霍普特曼(德国剧作家、诗人)《群鼠》。

1913 年:罗宾德拉纳特·泰戈尔(印度诗人、社会活动家)《吉檀迦利·饥饿石头》。
1914 年:未颁奖。
1915 年:罗曼·罗兰(法国进步作家、社会活动家)《约翰·克利斯朵夫》。
1916 年:魏尔纳·海顿斯坦姆(瑞典诗人)《朝圣年代》。
1917 年:卡尔·耶勒鲁普(丹麦作家)《磨坊血案》。
1917 年:亨利克·彭托皮丹(丹麦作家)《天国》。
1918 年:未颁奖。
1919 年:卡尔·施皮特勒(瑞士作家)《奥林比亚的春天》。
1920 年:克努特·汉姆生(挪威作家)《大地硕果—畜牧曲》。
1921 年:阿纳托尔·法朗士(法国小说家)《苔伊丝》。
1922 年:哈辛特·贝纳文特·伊·马丁内斯(西班牙剧作家)《不吉利的姑娘》。
1923 年:威廉·勃特勒·叶芝(爱尔兰诗人、剧作家)《丽达与天鹅》。
1924 年:弗拉迪斯拉夫·莱蒙特(波兰作家)《福地》。
1925 年:乔治·萧伯纳(爱尔兰剧作家)《圣女贞德》。
1926 年:格拉齐亚·黛莱达(意大利女作家)《邪恶之路》。
1927 年:亨利·柏格森(法国哲学家)《创造进化论》。
1928 年:西格里德·温塞特(挪威女小说家)《新娘—主人—十字架》。
1929 年:保尔·托马斯·曼(德国小说家、散文家)《魔山》。
1930 年:辛克莱·刘易斯(美国小说家)《巴比特》。
1931 年:埃利克·阿克塞尔·卡尔费尔德(瑞典诗人)《荒原和爱情》。
1932 年:约翰·高尔斯华绥(英国小说家、剧作家)《有产者》。
1933 年:伊凡·亚历克塞维奇·蒲宁(俄国作家)《米佳的爱》。
1934 年:路伊吉·皮兰德娄(意大利说家、戏剧家)《寻找自我》。
1935 年:未颁奖。
1936 年:尤金·奥尼尔(美国戏剧家)《天边外》。
1937 年:罗杰·马丁·杜·加尔(法国小说家)《蒂伯一家》。
1938 年:赛珍珠(珀尔·塞登斯特里克·布克)(美国女作家)《大地》。
1939 年:弗兰斯·埃米尔·西伦佩(芬兰作家)《少女西丽亚》。
1940~1943 年:未颁奖。
1944 年:约翰内斯·威廉·扬森(丹麦小说家、诗人)《漫长的旅行》。
1945 年:加夫列拉·米斯特拉尔(智利女诗人)《柔情》。
1946 年:赫尔曼·黑塞(德国作家)《荒原狼》。
1947 年:安德烈·纪德(法国作家、评论家)《田园交响曲》。
1948 年:托马斯·斯特恩斯·艾略特(英国诗人、剧作家、批评家)《四个四重奏》。
1949 年:威廉·福克纳(美国作家)《当我弥留之际》。
1950 年:帕特兰·亚瑟·威廉·罗素(英国数学家、文学家、哲学家)《哲学—数学—文学》。
1951 年:帕尔·费比安·拉格奎斯特(瑞典诗人、戏剧家、小说家)《大盗巴拉巴》。
1952 年:弗朗索瓦·莫里亚克(法国作家)《爱的荒漠》。

1953 年：温斯特·丘吉尔(英国政治家、历史学家、传记作家)《不需要的战争》。

1954 年：欧内斯特·海明威(美国作家、记者)《老人与海》。

1955 年：赫尔多尔·奇里扬·拉克斯内斯(冰岛小说家、剧作家)《渔家女》。

1956 年：胡安·拉蒙·希梅内斯(西班牙诗人)《悲哀的咏叹调》。

1957 年：阿尔贝·加缪(法国小说家、戏剧家、评论家)《局外人·鼠疫》。

1958 年：鲍里斯·列昂尼多维奇·帕斯捷尔纳克(苏联俄罗斯诗人、小说家)《日瓦戈医生》。

1959 年：萨瓦多尔·夸西莫多(意大利诗人)《水与土》。

1960 年：圣琼·佩斯(法国诗人)《蓝色恋歌》。

1961 年：伊沃·安德里奇(南斯拉夫小说家)《桥·小姐》。

1962 年：约翰·斯坦贝克(美国小说家)《鼠与人》。

1963 年：乔治·塞菲里斯(希腊诗人)《"画眉鸟"号》。

1964 年：让·保尔·萨特(法国哲学家、作家)《苍蝇》。

1965 年：米哈伊尔·亚历山大罗维奇·肖洛霍夫(苏联作家)《静静的顿河》。

1966 年：萨缪尔·约瑟夫·阿格农(以色列作家)《行为之书》。

1966 年：奈莉·萨克斯(瑞典女诗人)《逃亡》。

1967 年：安赫尔·阿斯图里亚斯(危地马拉诗人、小说家)《玉米人》。

1968 年：川端康成(日本小说家)《雪国·千只鹤·古都》。

1969 年：萨缪尔·贝克特(爱尔兰作家)《等待戈多》。

1970 年：亚历山大·索尔仁尼琴(苏联小说家)《癌病房》。

1971 年：巴勃鲁·聂鲁达(智利诗人)《情诗·哀诗·赞诗》。

1972 年：亨利希·伯尔(德国小说家)《女士及众生相》。

1973 年：帕特里克·怀特(澳大利亚小说家、剧作家)《风暴眼》。

1974 年：哈里·埃德蒙·马丁逊(瑞典诗人)《露珠里的世界》。

1975 年：埃乌杰尼奥·蒙塔莱(意大利诗人)《生活之恶》。

1976 年：索尔·贝娄(美国作家)《赫索格》。

1977 年：阿莱克桑德雷·梅洛(西班牙诗人)《天堂的影子》。

1978 年：艾萨克·巴什维斯·辛格(美国作家)《魔术师·原野王》。

1979 年：奥德修斯·埃里蒂斯(希腊诗人)《英雄挽歌》。

1980 年：切斯拉夫·米沃什(波兰诗人、作家)《拆散的笔记簿》。

1981 年：埃利亚斯·卡内蒂(英国德语作家)《迷茫》。

1982 年：加夫列尔·加西亚·马尔克斯(哥伦比亚记者、作家)《霍乱时期的爱情》。

1983 年：威廉·戈尔丁(英国作家)《蝇王·金字塔》。

1984 年：雅罗斯拉夫·塞弗尔特(捷克诗人)《紫罗兰》。

1985 年：克洛德·西蒙(法国小说家)《弗兰德公路·农事诗》。

1986 年：沃尔·索因卡(尼日利亚剧作家、诗人、小说家、评论家)《雄狮与宝石》。

1987 年：约瑟夫·布罗茨基(苏裔美籍诗人)《从彼得堡到斯德哥尔摩》。

1988 年：纳吉布·马哈福兹(埃及作家)《街魂》。

1989 年：卡米洛·何塞·塞拉(西班牙小说家)《为亡灵弹奏》。

1990 年:奥克塔维奥·帕斯(墨西哥诗人)《太阳石》。

1991 年:内丁·戈迪默(南非女作家)《七月的人民》。

1992 年:德里克·沃尔科特(圣卢西亚诗人)《西印度群岛》。

1993 年:托尼·莫里森(美国女作家)。

1994 年:大江健三郎(日本小说家)。

1995 年:希尼(爱尔兰诗人)。

1996 年:希姆博尔斯卡(波兰女诗人)。

1997 年:达里奥·福(意大利讽刺剧作家)。

1998 年:若泽·萨拉马戈(葡萄牙记者、作家)。

1999 年:君特·格拉斯(德国作家)《铁皮鼓哈里》。

2000 年:高行健(法籍华人,剧作家、小说家)《灵山》。

2001 年:维·苏·奈保尔(印度裔英国作家)。

2002 年:凯尔泰斯,伊姆雷(匈牙利作家)。

2003 年:库切(南非作家)。

2004 年:埃尔弗里德·耶利内克(奥地利女作家)。

2005 年:哈罗德·品特(英国剧作家)。

2006 年:奥罕·帕慕克(土耳其作家)。

2007 年:多丽丝·莱辛(英国女作家)。

世界奇书博览

金书:发掘于斯里兰卡古都阿努拉达普拉的一座古庙中,全书共 7 页,都用纯金薄箔制成,是记载古印度史诗的全书。

铜书:春秋末年,郑国子产铸刑鼎,把法律条文刻在上面。公元前 451 年,罗马的十二铜表法也是刻在黄铜上面的。

铁书:保存在保加利亚西部的加布罗夫斯克市,由弗拉茨·安格尔·科斯把书铸成,书重 4 公斤,共 22 页,记载了该市著名格言和谚语。

钢书:陈列在南美洲巴西圣保罗市中心广场上,共有 1000 页,均用不锈钢薄板铸刻并装订,书中记录了圣保罗市的历史变迁、风土人情和名胜古迹。

石书:珍藏在缅甸古城曼德勒,是世界上最大、最重的石书;共 730 页,每页由一整块两吨多重的大理石板制成,宣扬佛教哲学。

泥书:在叙利亚发现的世界上最古老的辞书,由量 15000 多张黏土薄片组成。

青铜书:保加利亚博物馆保存有一本全部用青铜制成的书,共 22 页,重 4 公斤,内容全为格言。

石头书:缅甸有一本石头书,共 703 页,每页重 2 公斤,全书共重 1460 公斤(包括封面、封底)。据专家说,此书是 19 世纪中叶由 100 名石匠花了 9 年时间雕刻成的佛经。

羊皮书:在公元前,地中海沿岸各国多用羊皮制书,封面和封底用两块木板制作,外用羊皮包上,里面用布做衬。书背加铜制装饰品,全书很像精制的珠宝盒。

树书:德国有一种树书,它放置在木质的盒子里,书脊用树皮制作,书脊上压印出该书的德文及拉丁文名称。

帽子书:秘鲁有一种帽子书,即在每顶帽子上用布围成多层帽圈,再在每层上贴上书页。这样,一顶帽子就相当于一本书。

指甲书:日本利用最新电子技术,出版了一本名叫《花语》的书。全书100多页,仅重0.0076克,约有指甲厚。

砖书:在叙利亚和伊拉克境内,发掘出一批2000多年前的砖书,是用黏土烧制而成。这些书,记载了古代亚述帝国时期的故事。

立体书:英国儿童出版社出版了一本有关历史名胜的书,书中的建筑物是用硬纸仿照实物式样,按比例绘制而成。立体感极强。

鸟语书:俄罗斯出版了一种鸟语书,该书可使读者了解各种鸟鸣的意思。

防水书:英国有一种名叫《鱼类学家指南》的书,用特制的聚乙烯纸印成,专供从事航海和捕鱼者阅读,有较强防水性能。

竹书:我国出土的考古文物,刻有《孙子兵法》等内容的竹简就是竹书。

木书:在朝鲜朴而古客刹的古塔基座内,发现了一本印在木块上的经书。

世界著名文学家与文学名著

阿拉伯民间文学的精华:《一千零一夜》

荷马(古希腊):《荷马史诗》(《伊利亚特》和《奥德赛》)

世界最早的寓言集:《伊索寓言》

迦梨陀娑(印度):《沙恭达罗》

泰戈尔(印度):《吉檀迦利》《飞鸟集》

紫式部(日本):《源氏物语》

小林多喜二(日本):《蟹工船》《为党生活的人》

马尔克斯(哥伦比亚):《百年孤独》

塞万提斯(西班牙):《堂吉诃德》

安徒生(丹麦):《安徒生童话选》

易卜生(挪威):《玩偶之家》

拉格洛夫(瑞典):《骑鹅旅行记》

卡夫卡(奥地利):《变形记》

乔伊斯(爱尔兰):《尤利西斯》

裴多菲(匈牙利):《自由与爱情》

乔叟(英国):《坎特伯雷故事集》

莎士比亚(英国):《哈姆雷特》《罗密欧与朱丽叶》《威尼斯商人》

弥尔顿(英国):《失乐园》《复乐园》

笛福(英国):《鲁滨逊漂流记》

斯威夫特(英国):《格列佛游记》

菲尔丁(英国):《汤姆·琼斯》

拜伦(英国)《哈尔德·哈罗尔德游记》

雪莱(英国):《西风颂》

济慈(英国):《夜莺颂》

狄更斯(英国):《大卫·科波菲尔》

哈代(英国):《德伯家的苔丝》《无名的裘德》

萧伯纳(爱尔兰):《伤心之家》

柯南道尔(英国):《福尔摩斯探案》

伏尼契(英国):《牛虻》

简·奥斯丁(英国):《傲慢与偏见》

萨克雷(英国):《名利场》

夏洛蒂·勃朗特(英国):《简·爱》

艾米丽·勃朗特(英国):《呼啸山庄》

劳伦斯(英国):《查特莱夫人的情人》

拉伯雷(法国):《巨人传》

拉封丹(法国):《寓言诗》

古典主义喜剧大师莫里哀(法国):《伪君子》

司汤达(法国):《红与黑》

巴尔扎克(法国):《人间喜剧》《高老头》

大仲马(法国):《三个火枪手》《基督山伯爵》

小仲马(法国):《茶花女》

雨果(法国):《巴黎圣母院》《悲惨世界》

欧仁·鲍狄埃(法国):《国际歌》

福楼拜(法国):《包法利夫人》

左拉(法国):《萌芽》

莫泊桑(法国):《羊脂球》

加缪(法国):《鼠疫》

萨特(法国):《恶心》

普鲁斯特(法国):《追忆逝水年华》

卢梭(法国):《忏悔录》《新爱洛伊丝》

歌德(德国):《浮士德》《少年维特之烦恼》

席勒(德国):《阴谋与爱情》《强盗》

格林兄弟(德国):《格林童话》

海涅(德国):《德国——一个冬天的童话》《西里西亚织工之歌》

托马斯·曼(德国):《布登勃洛克一家》

但丁(意大利):《神曲》

薄伽丘(意大利):《十日谈》

普希金(俄国):《叶甫盖尼·奥涅金》

果戈理(俄国):《死魂灵》

列夫·托尔斯泰(俄国):《安娜·卡列尼娜》《复活》

屠格涅夫(俄国):《父与子》

陀思妥耶夫斯基(俄国):《罪与罚》
契诃夫(俄国):《装在套子里的人》《变色龙》
高尔基(苏联):《母亲》《海燕》
马雅可夫斯基(苏联):《列宁》
法捷耶夫(苏联):《毁灭》《青年近卫军》
奥斯特洛夫斯基(苏联):《钢铁是怎样炼成的》
肖洛霍夫(苏联):《静静的顿河》
惠特曼(美国):《草叶集》
马克·吐温(美国):《哈克贝利·费恩历险记》
德莱塞(美国):《嘉莉妹妹》《美国的悲剧》
杰克·伦敦(美国):《马丁·伊登》
福克纳(美国):《喧哗与骚动》
海明威(美国):《永别了,武器》《老人与海》
罗曼·罗兰(美国):《约翰·克利斯朵夫》
霍桑(美国):《红字》

与世界历史密切相关的十部书

《君王论》:1517 年出版,尼古拉·马基维利(意大利)。该书分 26 章,研究如何获得权力和保持权力的理论,并以历史上的君王为例进行阐述。

《天体运行论》:1543 年出版,尼古拉·哥白尼(波兰)。该书建立了当代天文学的理论基础。

《血液循环论》:1628 年出版,威廉·哈维(英国)。此书论述并解释了哈维 1616 年的重大发现,这个发现是在动物身上血液是循环的。这是研究生理学和解剖学的重大进展,对世界医学,人类健康产生巨大影响。

《自然哲学的数学原理》:1687 年出版,伊萨克·牛顿(英国)。书中提出牛顿运动定律和万有引力定律,从而开始了一个新的科学发现和科学实践的时代。

《常识》:1776 年发表,汤马斯·潘恩(英国)。此书号召人民争取独立和自由。

《国富论》:1776 年出版。亚当·斯密(英国)。该书认为,国家财富就是工农业所创的大量商品,要增加商品数量,就必须实行劳动分工、允许自由竞争。

《汤姆叔叔的小屋》:1852 年出版,哈里耶特·比彻·斯陀夫人(美国)。这是一部揭露奴隶制度的小说,此书的副标题是《下层人的生活》。

《物种起源》:1859 年出版,查理斯·达尔文(英国)。该书所阐明的进化论,虽然现在已经被人们接受,但在当时的确是革命性的理论。

《海军强国对历史的影响》:又称《海军战略论》,1890 年出版,阿尔弗雷·萨耶·马汉(美国)。该书论证了强大海军对保卫一个国家主权的重要性。

《资本论》:1867 年出版第一卷,1894 年出版,卡尔·马克思(德国)。该书是研究资本主义社会的著作,采用了辩证唯物主义的分析方法。

世界文学名著中的"三部曲"

列夫·托尔斯泰的自传体三部曲:《童年》《少年》《青年》;
高尔基的自传体三部曲:《童年》《在人间》《我的大学》;
巴尔扎克的"幻灭"三部曲:《两个诗人》《外省大人物在巴黎》《发明家的苦难》;
左拉的"三城市"三部曲:《鲁尔德》《罗马》《巴黎》;
萨特的"自由之路"三部曲:《成年》《弥留》《灵之死》;
凡尔纳的三部曲:《格兰特船长的儿女》《海底两万里》《神秘岛》;
博马舍的"费加罗"三部曲:《赛维勒的理发师》《费加罗的婚礼》《有罪的母亲》;
阿·托尔斯泰的"苦难的历程"三部曲:《两姊妹》《一九一八年》《阴暗的早晨》;
德莱塞的"欲望"三部曲:《金融家》《巨大》《斯多噶》。

莎士比亚的四大悲剧

指《哈姆雷特》《奥赛罗》《李尔王》《麦克白》。

世界十大文豪

(1)古希腊诗人荷马。
(2)意大利诗人但丁。
(3)德国诗人、剧作家、思想家歌德。
(4)英国积极浪漫主义诗人拜伦。
(5)英国文艺复兴时期戏剧家、诗人莎士比亚。
(6)法国著名作家雨果。
(7)印度作家、诗人和社会活动家泰戈尔。
(8)俄国文学巨匠列夫·托尔斯泰。
(9)苏联无产阶级文学的奠基人高尔基。
(10)中国现代伟大的文学家、思想家鲁迅。

世界十大古典悲剧作家及作品

《普罗米修斯》(古希腊·埃斯库罗斯)
《俄狄浦斯王》(古希腊·索福克勒斯)
《美狄亚》(古希腊·欧里比德斯)
《奥赛罗》(英国·莎士比亚)
《万尼亚舅舅》(俄国·契诃夫)
《大雷雨》(俄国·奥斯特洛夫斯基)

《阴谋与爱情》(德国·席勒)

《哀格蒙特》(德国·歌德)

《安德洛玛刻》(法国·拉辛)

《熙德》(法国·高乃依)

世界十大古典喜剧作家及作品

《鸟》(古希腊·阿里斯托芬)

《一仆二主》(意大利·哥尔多尼)

《威尼斯商人》(英国·莎士比亚)

《伪君子》(法国·莫里哀)

《贫穷与傲慢》(丹麦·霍尔堡)

《钦差大臣》(俄国·果戈理)

《破瓮记》(德国·克莱斯特)

《费加罗的婚礼》(法国·博马舍)

《造谣学校》(英国·谢立丹)

《温德米尔夫人的扇子》(英国·王尔德)

图书趣谈

最早的书

1993 年 10 月,郭店楚简出土于沙洋县纪山镇郭店一号楚墓。这是一次轰动全世界的考古大发现。

郭店楚简是迄今为止世界上发现最早的原装书。全书共 804 枚简,其中有字简 726 枚,简上字数 13000 余个。经古文字专家研究整理得知,郭店楚简全部为先秦时期的 18 篇典籍。其内容为儒家和道家两派著作。道家著作有《老子》三篇(甲、乙、丙)和《太一生水》,儒家著作有《缁衣》《鲁穆公问子思》《穷达以时》《五行》《唐虞之道》《忠信之道》《成之闻之》《尊德义》《性自命出》《六德》《语丛》(四篇)。众所周知,秦始皇的焚书坑儒政策使先秦大量的学术典籍付之一炬,但郭店楚简在此之前深埋地下,逃过了这一劫难,得以重见天日。

郭店楚简的出土解决了中国儒家思想发展史上遗留的重要学术问题,填补了孔孟之间一百多年的思想理论空白;向我们展示了先秦时期儒道两家和平共处的信息,为我们提供了一种最古老的宇宙生成模式。

郭店楚简内容丰富,价值独特。1998 年《郭店楚墓竹简》一书由文物出版社出版并向海内外公开发行后,引起了中外学者研究古书的热潮。德国著名汉学家瓦格纳教授称"世界上只有 1947 年埃及出土的大批基督教的佚书可与郭店楚简的出土相提并论"。美国哈佛大学杜维明教授这样评价:郭店楚简出土以后整个中国哲学史、中国学术史都需要重写。目前,在我国许多高等院校还专门开设了郭店楚简的课程,中学的历史教科书中也将因郭店楚简的出土增添新的内容。

铅书·铜书·铁书·钢书

17 世纪末,有人曾在罗马买到一本书,外皮与正文 6 页,都是铅板做的。

春秋战国时,青铜被铸成各种器物,如鼎、钟、爵、盘之类。春秋末年,郑国子产铸刑鼎,就把法律条文刻在上面。公元前 451 年,罗马的十二铜表法也是刻在黄铜上面的。

保加利亚西部的加布罗夫斯克市保存着由弗拉茨·安格尔·科斯托夫铸成的一本铁书。这本书重 4 公斤,全书共 22 页,幅面尺寸为 18×22 厘米。书的内容是该市的著名格言和谚语。

在南美洲巴西圣保罗市中心广场上，陈列着一部钢书。这部共有 1000 页的奇书，均用不锈钢薄板铸刻并装订，书中记录着圣保罗市的历史沿革、风土人情和名胜古迹。

最昂贵的书

1967~1971 年由爱尔兰大学出版社出版的《1800~1900 年的大不列颠国会文件》的书皮用掉 334000 张印第安山羊皮，书的金边用掉价值 39000 美元的黄金，这套书重达 3.64 吨，价值 56000 美元。另一本纽约出版的《美国的鸟类》，全书 4 册，重 188 公斤，定价 51000 美元。再有一本《世界末日》，封面用铜、金子和宝石装饰，重达 200 余公斤，书中有 551 个金字。1964 年，一个日本人出价 400 万法郎想购买此书，被书主拒绝。

最大的百科全书

举世闻名的《永乐大典》，是明朝永乐年间修纂的一部大型图书，编辑《永乐大典》前后足足花了 6 年时间。全书 22877 卷，目录 60 卷，分装 11095 册，约 3 亿 7 千万多字。辑录的图书包括经、史、子、集、释藏、道经、北剧、南戏、评话、工技、农艺、医学等七八千种。上起先秦，下达明初，是我国文化遗产的珍品，也是世界上最大的百科全书。

最大的书和最小的书

《不丹：跨越一个王国的视觉之旅》，作者是美国麻省理工学院科学家迈克尔·霍利。这本限量发行 500 册的书高 1.52 米，宽 2.13 米，以世界上最大的书而被录入吉尼斯世界纪录。

英国著名拍卖行佳士得在 2006 年 3 月 16 日拍卖一部世界上最小的书《主祷文》。书本没有指头大，但是，里面包括了德文、西班 牙文、法文、荷兰文和瑞典文的《主祷文》祷词。

泥书

叙利亚发现了世界上最古老的辞书，是由 15000 多张粘土薄片组成的。古代阿西利亚也曾出产一种粘土书，其书每页 32 厘米见方，厚 2.5 厘米，一本书少则十几页，多则几百页，重量和体积都相当可观。

竹书

中国最早的正式书籍竹简就是竹书,它盛行于春秋战国时期至汉魏。印度至今仍有竹书,工匠在用火烤过的扁平竹皮上刻上文字,做成竹书,作为手工艺品出售。

木书

与竹书差不多同时,木书也在中国出现了,它叫作"牍",木书与竹书合称"简牍"。在朝鲜的一座古塔基座内,也曾发现一本印在木块上的经书,据考证大概是公元700年前后的印刷品。公元1世纪左右还出现了一种制作奇特的木书,它的做法是:在当书页用的薄木板上浇上溶蜡,趁蜡未干时将其刮平,待蜡凝固后,用尖棒在蜡上写字,然后用绳子将数块写上字的木板串接在一起,就成了书。

草书

埃及尼罗河上游生长一种灯芯草,茎高约6尺,有人称它为"埃及芦草",也就是所谓"纸草"。古代当地人将纸草加工成几公尺或三四十公尺的长卷,在上面写字,称作"纸草书"。据说公元前25世纪就有了这种书。目前巴黎一家博物馆还保存有4500年前写的一卷纸草书样本。

树皮书

古代拉丁人喜欢用树皮写字,德国卡塞尔市博物馆就保存着用树皮写的书,每本书的脊背上还钉有金色小牌,上用德文和拉丁文两种文字注明书名。

树叶书

世界上以树叶做书的不乏其例。据说印度人最早将椰子树叶切成长45~60厘米、宽70厘米的"纸片",晾干后两面均可书写文字,装订成册后再加上用木板做的封面,就成为一本书。印度、缅甸、斯里兰卡当年的佛经就是用这种材料做的。除了椰子树叶外,缅甸还有用棕榈叶做的书。这种书一般以40~90厘米长、3.8~7.6厘米宽的棕榈叶为书页,用特别的"墨水"把经文写在叶上,再用线从叶子中间穿过串联起来,并可以折叠成扇形。在我国云南西双版纳傣族村寨里,有一种高达十五六米的棕榈树,傣语叫"戈兰",学名叫"贝叶棕",它的叶子过去常被用来刻写经文,称"贝叶经"。西双版纳原有的 500 多座佛寺里保存这样的贝叶经 5 万册。

羊皮书

羊皮曾经是重要的书籍材料。公元前 2 世纪,柏加马斯国王曾用羊皮写字。小亚细亚佩尔加梅城的人们也把小羊皮或羊皮在石灰水中洗净、晾干、绷在框架上,用原石将它打磨,然后写上文字,这种书可以长期保存。

塑书

近年来,随着科学技术的日益发达,已经出现了用高强塑料印制的"塑书"。这种书印刷精美,图片清晰,不易撕坏,可以清洗,适宜作幼儿读物和广告图册。

闻香书

法国巴黎一个品酒师发明并出版了一种专供闻的书。书共 30 面,带有 54 个很小的瓶子,装有各种芳香物质,有桃、山楂、桂皮、麝香、干草、软木等香味和法国上等葡萄酒味,当你需要品尝某一种香味时,只要打开相应的一页,扑鼻的香味便缕缕散出。英国也出版过一种闻香书,当读者用手摸书上的西瓜、苹果、松子图案时,便可闻到它们的香味,这'是因为书上的图案是用带有不同香味的纸剪贴上去的。

取暖书

在伊拉克古城尼尼威遗址,发掘出一大批两千年前的砖形书,它们全用泥土烧成,记载着古代亚述帝国的故事。考古学家研究发现,这种砖形书经火烧后可保持相当长时间的热量,不亚于现在的保温瓶。

发光书

美国曾出版一种用含磷油墨印制的书,这种书在夜间没有灯光时也可阅读,因为用这种油墨印出来的字可以发光。

立体书

英国儿童读物出版社曾出版一种表现历史名胜的立体书。书中的建筑物是用硬纸依照实物按比例绘制成的,一打开书本,就会出现立体建筑物。

空无一字的书

纽约一家出版社曾别出心裁地出版过一种空无一字的书。这本书的书名叫《什么也没有的书》,书中篇幅虽多达 200 页,却真的空无一字。这本怪书很快便以每本 3 美元的价格售出 11500 册,这使得出版者大为振奋,又拟定出版该书的"姊妹篇"。

会说话的书

英国曾出版一种名叫《企鹅》的画册,此书的封底放有薄膜小唱片和一枚小唱针,只要用手指轻轻转动小唱片,就能听到书中老太太、小女孩和小矮人的说话声。南斯拉夫曾出版一种专供学习外语用的图书,书中每行文字下面都嵌入一道粗线条,阅读时,只需用一个大小与钢笔差不多的特制装置沿这条粗线滑动,读者就会听到悦耳的声音。

织出来的书

1894 年东京曾出版一本拉封丹寓言集,此书不是印刷的,而是织出来的,现保存于莫斯科国家历史图书馆。

蛛丝装订的书

莫斯科综合技术博物馆展出一本小巧玲珑的书。该书用蛛丝装订而成,蛛丝的平均直径为 0.002 毫米。

带锁的书

苏联里加市一个旧书店曾收购到一本题为《宇宙志》的巨型古书。此书用羊皮装帧,封面加了一把锁。这是瑞士地理学家终斯特的杰作。书中记述了欧洲、亚洲、非洲三大洲的地理概况,并有大量地图、插图和版画。

可以穿的书

美国流行过一种可以穿的系列丛书。这种书把图文印在一种特殊的布料上,读者看书时将书页全部打开,便成了书中主人公穿的特别服装。譬如书是一本警察抓歹徒的小说,那么书打开后就是一件标准的警服,还配有腰带、徽章、手铐和警棍。这种书折起来可以放在书架上,打开则可挂在衣橱里。

读者把头套进领洞,就成为书中的主人公了。

制成帽子的书

秘鲁歌德伯泽人有一种书,看上去是一顶顶帽子,帽子用 10 多层布围成帽围,每层布上都粘着书页。当地人认为,书是文明的象征,是至高无上的,制成帽子就表示崇敬。

印在床单上的书

美国作家桑德拉·霍克曼曾出版过一本印在床单和衣服的诗集。她说:"读者可以在上床后和穿衣服时读我的诗,学到知识,读完后又可以将我的诗送到自助洗衣房去洗。这比一本正经地在幽暗,脏乱的图书馆里啃书效果好得多。"

不怕水的书

英国博物学家皮特·斯科特曾出版过一种用特别的聚乙烯纸印成的书,名叫《鱼类学家指南》。因它不怕水,所以可供从事航海和捕鱼的人阅读。意大利蒙达多里出版社也曾出版过一种用聚氯乙烯基薄膜印刷的书,供人在海滨浴场阅读。读者不仅不必担心书被水弄湿,不耐烦时还可拿书作枕头躺下休息,因为这种书的封面可以充气。

电子书

联邦德国曾出版一本电子辞书,重量仅 70 克,却包括了 4000 条辞目。

使用时只要把想查阅的单词的开头两个字母输入书盒中,按几个电钮,电子书就会马上显示出所要查找的内容。

可以洗的书

少年儿童很喜欢看书,可是一会儿一本新书就弄脏了、撕坏了,为了解决这个问题,一些出版社尝试用塑料或塑料薄膜纸印刷幼儿读物获得成功。四川出版了一本撕不烂、脏了又可以洗的书——《塑料识字图册》。这种书无毒,放在水里洗画页色彩不会脱落,也不会损坏画面,在夏天,书页也不会粘结。

缩微图书

文献资料、图书浩如烟海,如何储存、管理和使用呢?国外很早就开始搞文献资料缩微化管理。缩微是文献资料储存、管理、使用的一种先进技术。

它采用专用光学照相及其他设备,将文书档案、技术图纸、情报资料、图书等文献资料缩小若干倍拍摄在感光材料上,制成缩微复制品,进行储存、传递和使用。缩微复制品可把原件体积缩小成米粒大小,储存长达 500 年以上。几十架的文献资料,经过缩微后,仅需几个小盒便可存放。使用时,可用阅读器或数控查阅机查找,必要时还可将所需资料复印或影印还原。

会变的书

这种书利用积木组合的原理,使人物变化无穷。四川少儿出版社出版的别具一格的彩色画书《七十二变》,就是属于这类会变化的书。这本书只有 14 页,每页只画有一个人物像,乍看起来很简单,可是当你翻动时,它能"变"出 2744 个($14×14×14 = 2744$)图案来。它是怎样变的呢?书的第一页,画的是手持金箍棒的孙悟空,重合在它后面的 13 幅大小一致的人物造型,都是他在《西游记》故事中变幻过的"化身",其中有"传令小妖""小童陈关保""金蟾大王""牛魔王"等等。重合在一起的人物画被裁开,分为头、身、腿三截,无论读者怎样翻动,画面都可组成不同形象、不同动作、不同服饰的有趣形象,配搭十分巧妙,使人屡看不厌。

最大的报纸和最小的报纸

1859 年在美国纽约出版的开张最大的《星座》报,长 1.2 米、宽 90 厘米。

1829 年在梵蒂冈城出版的《罗马日报》只有手掌那么大，现收藏在联邦德国西部边境的古城亚琛报纸博物馆里。

出版速度最快的书

美国班坦图书公司于 1980 年 2 月出版的《冰上奇迹》一书，全书由组稿到出书仅用了 46 小时 15 分钟。全书共 80 页，附有大量照片，印数为 25000 册。

最早的竹木简古写本

我国最早的竹木简古写本是《仪礼》。1959 年考古学家在武威汉墓中发现了 504 根竹、木简，据初步考订，其中有 469 根是西汉末年所抄写的《仪礼》。这是我国目前已发现的最早的比较完整的古写本书。

最早的帛写书

我国现存最早的帛写书是《缯书》。《缯书》距今已有两千多年，1942 年 9 月在湖南长沙东郊子弹库的纸源冲的战国楚墓中出土。这是一件用毛笔墨书、彩绘在丝织品上的帛书，高约 30 厘米、长约 39 厘米。帛的中间写有长篇文字，分左右两部分，左方 13 行，右方倒写 11 行，共计 600 多字。所用字体为战国时代的古文，有的文字漫漶不清，多不可识。文字四周有植物、怪兽、三头戴角人像等 12 尊，图像间注有说明文字。《缯书》于 1946 年被美国人柯克思诓骗掠夺到华盛顿，现藏耶鲁大学图书馆。

最早的纸写书

我国现存最早的纸写书是晋人手抄的《三国志》。手抄本《三国志》是陈寿撰成后不久抄写的，现有甲乙两种抄本。甲本于 1924 年在新疆鄯善县出土，是《吴书·虞翻传》《吴臧·张温传》的部分内容，共计 80 行，1090 余字，中有残缺。原本流入日本，国内有新印本流传。乙本于 1965 年 1 月在新疆吐鲁番市英沙古城附近的一座佛塔遗址中发现，是《吴书·吴主权传》和《魏书·臧洪传》的残卷，共 40 行，计有 570 余字，中有残缺。甲、乙两种抄本均隶书体，行款工整，但非一人抄写。乙本抄书年代早于甲本，但相距时间不会太长。

最早的军用地图

我国是世界上最早应用地图的国家之一。"禹铸九鼎图"则讲的是夏禹时曾铸过9只大铜鼎,顶上镌刻着九州的山川形势、草木禽兽物产图,当为我国最早的地形图。这9只大铜鼎在周朝末年被销毁。

谁也没有想到,在1973年12月发掘的长沙马王堆三号汉墓中,一下子发现了3幅画在绢帛上的地图,其中一幅长98厘米、宽78厘米的《驻军图》,用黑、红、田青三色绘成。根据与该图同时出土的一件木牍上记载,可知该墓的下葬时间为汉文帝十二年(公元前168年),那么成图时间相当于在2100年前左右,比过去认为最古老的罗马托勒密地图早300多年,是目前世界上发现最早的彩色军用地图。

最古老的星图

星图是人们观测恒星、认识星空的一种形象记录,根据其坐标位置我们就可以比较方便地认识天上的星星,因而,它的意义就好像我们平时用的地图一样。

星图的绘制,在我国有比较悠久的历史。敦煌星图大概绘制于唐代初期,内容非常丰富,图上共画有1367颗星。图形部分是按顺序从12月份开始沿赤道上下连续分化成12幅星图,最后是紫薇星图。文字部分采用了《礼记·月令》和《汉书·天文志》中的材料。从图文上看,这份星图可能是一个古老的抄本,是世界上留存的古星图中星数最多而又最古老的。

世界八大图书馆

1989年,联合国教科文组织在一份报告中列出了八个世界第一流图书馆,它们在藏书量和设备完善等方面是长期被各国人民公认的。它们是下列八大图书馆:

1. 莫斯科国立列宁图书馆,藏书3000万册(包括期刊和丛书);
2. 华盛顿的美国国会图书馆,藏书2200万册;
3. 伦敦大英图书馆,藏书1500万册;
4. 列宁格勒图书馆,藏书1200万册;
5. 美国哈佛大学图书馆,藏书1100万册;
6. 巴黎的法国国立图书馆,藏书1100万册;
7. 东京的日本国会图书馆,藏书800万册;
8. 埃及的亚历山大图书馆,藏书400万册。该馆所藏关于地中海地区及阿拉伯民族史籍为世界之冠。

清代七大藏书阁

北京的文渊阁和文源阁、承德避暑山庄的文津阁、沈阳的文溯阁、镇江金山寺内的文宗阁、扬州的文汇阁和杭州的文澜阁为清代七大藏书阁,是珍藏《四库全书》的书库。

七大藏书阁,皆以"文"为首,第二个字多从水旁,象征中华文化源远流长。二百多年来,七大藏书阁在帝国主义的蹂躏下,有的已遭厄运。文渊阁于 1900 年随着中外罕见的园林杰作——圆明园被八国联军抢掠一空之后,被付之一炬。文宗阁和文汇阁在 19 世纪中叶毁于战火。

两份珍贵的羊皮纸档案

羊皮纸是一种非常坚固并类似纸张的书写材料,用兽皮加工制成,兽皮中因羊皮居多,故统称为羊皮纸。

《独立宣言》和《美国宪法》是美国最珍贵的两份文件,均以羊皮纸作为书写材料,是两份极珍贵的羊皮纸档案。它们从 1922 年起存放在美国国会图书馆内。1951 年 9 月,为了长期保存这两份珍贵档案,隆重举行了入盒仪式,将它们装入其中充有氦气的密闭的玻璃青铜盒子内,并覆有滤光器,以阻止有害光线进入盒内。1952 年 12 月,国会图书馆又将其移交给了国家档案馆。移交时,美国出动了仪仗队、军乐队、护旗队、摩托车队、坦克和大批军警护送。移交后,在国家档案馆内举行了庄严隆重的入柜仪式。入柜仪式由当时美国最高法院院长文森主持,总统杜鲁门到会讲话。仪式上把装有这两份珍贵档案的青铜盒子放进展览柜内,这个展览柜白天升上地面,在展览厅内供人参观,晚上被电动钳子钳住,送到地下 6 米深的一个安全库内。如遇火灾或地震等突然灾害,展览柜只需几秒钟就会进入地下安全库房内。这一套安全防护措施技术在世界上独占鳌头。

纸草和纸草档案

纸草,又称纸莎草,它是古代的莎草科植物,也是古代人们用作书写的一种材料,它对埃及古代文化的发展、传播和保存起了独特的作用。纸莎草主要生长在古埃及的尼罗河河谷和尼罗河三角洲的沼泽地带,它类似香蒲,是一种芦苇类水栖植物,外皮薄而坚韧,茎内有网状木髓和甜而芳香的汁液,全株高约 7~10 英尺,茎部最大直径可达 4 英寸,近根部可以食用,根可作燃料,网状木髓可用于制造书写的材料。古埃及人制造纸草纸的主要工序是:取纸草茎内的木髓,纵向剖成薄片,放入水中浸泡,然后取出锤打,用几层重叠压平,晒干磨光,即成可书写的纸草纸。埃及人书写的方法是:一般用薄灯芯草笔或芦苇笔蘸着煤烟、树胶、水或乌贼汁、树胶、水配成的黑墨水,在纸草纸上书写。由于纸草得来容易,分量轻且便于书写,所以古代埃及、近东,乃至希腊罗马都把它用作书写的材料,从而出现了大量记载古代灿烂文化的纸草档案。

迄今发现的最早的纸草档案,是古埃及第一王朝的墓葬中出土的约公元前 3000 年的纸草文献。还有记载公元前 1750 年左右,埃及中王国末期的一次奴隶贫民起义的"伊浦味陈词",即"莱丁纸草";记述公元前 2 世纪埃及社会经济关系的,迄今发现的最长最大的古埃及纸草档案,即"哈里斯大纸草"。此外,还发现 2500 多部希腊罗马文学著作的纸草抄本,其中包括亚里士多德著名的《雅典宪法》。

18~19 世纪纸草档案的大量出土,为研究古代地中海地区的历史提供了重要文献,引起了学者们的关注。因此,19 世纪下半期,产生了专门研究古代纸草档案的"纸草文献学"。在中国修复古文物的启迪下,曾是埃及驻华大使的哈桑·拉加卜已对古代大量纸草档案复制成功。而且,目前纸草工艺在失传 1000 多年后也得到复兴。

世界最大的图书馆

世界上规模最大的图书馆是美国华盛顿国会山上的美国国会图书馆,它是一座由三幢大楼组成的宏伟建筑。在阅览室大厅的圆屋顶下,有世界历史名人如柏拉图、牛顿,哥伦布、莎士比亚等雕像俯视着人们,使来到这里的每一个人都感到好像进入神圣的殿堂。

这座图书馆创建于 1800 年 4 月 24 日,是美国早期启蒙运动胜利的产物,在第三任总统杰斐逊的 6400 多卷藏书的基础上,以后迅速扩大,至今藏有 470 多种语言的各种资料,已超过 7560 万件,其中仅图书就拥有 362.4 万种,1893 万册以上,成为世界最著名的藏书库。

国会图书馆有一项主要任务,就是随时回答国会提出的各式各样的问题。图书馆和国会大厦之间横跨着一条长 335 米的气动运输管道,传递资料非常迅速。图书馆平均每天收到的问题有 2000 个,有的问题几分钟就能回答,有的则需要研究几个月才能答复。图书馆各个部门都用计算机管理,它的现代化水平在全世界图书馆中是最高的。

现在该馆共有工作人员 5440 人,其中专业职员有 3000 人,顾问 800 人,全馆共分八个部门,其中最大的部门是国会研究服务部,工作人员有 1000 名,为国会的议员以及其他的工作人员忙碌着,平均每 9.5 秒就有一本书籍或资料送往国会大厦。

力保文化遗产——瑞典皇家图书馆

美丽的北欧水城斯德哥尔摩是一座文化名城,而建于 17 世纪的世界最大图书馆之一的瑞典皇家图书馆,无疑是这个城市中最辉煌的一座文明之塔。

位于斯德哥尔摩的瑞典皇家图书馆是瑞典的国家图书馆,建成于 1877 年,现已成为斯德哥尔摩市中心的历史里程碑,具有很高的建筑水平和文化价值。

图书馆大楼位于斯德哥尔摩最受人喜欢的公园之一——Humle 公园一侧。该公园是斯德哥尔摩的中心地带,是居住和工作在这个城市的人们喜爱的娱乐区,也是周围孩子们的游戏场。为了适应图书馆发展的需要,1997年,皇家图书馆完成了老馆的扩建和修复工程,在大楼下开挖了地下室,用于存放不断增加的图书,这些书架已经长达70~80公里。

皇家图书馆也是瑞典最重要的文化和研究机关之一。它的使命是保存瑞典的文化遗产,支持和促进瑞典的科学与研究,促进图书馆的国内和国际协作。它收藏和保存所有在瑞典出版的各类出版物;采集有关瑞典的人文科学方面的外文文献;保存手稿、地图、图片等特种文献;建立瑞典的全国文献联合目录等。目前皇家图书馆的馆藏图书达200多万册。

任何读者都可以通过皇家馆书目系统和瑞典图书馆联合编目系统(LIBRIs),查到皇家馆的藏书情况。拥有皇家图书馆借阅卡的读者,可以在网上预定借阅。

建筑艺术的珍品——法国国家图书馆

法国国家图书馆是欧洲历史最悠久的国家图书馆,前身是建立于14世纪的皇家图书馆,1720年向公众开放,是世界上最早接受国内出版物呈缴本的图书馆。

风光旖旎的塞纳河右岸,矗立着一个远眺形状如四本打开的书似的玻璃建筑群,曾被密特朗赞誉为法兰西建筑艺术珍品,那就是法国国家图书馆新馆,开放于1996年12月20日。老馆坐落在巴黎黎塞留大街。

图书馆继承法国王室收藏,经280多年的成长,藏书丰富,达1200多万册,期刊35万册,只供阅读或复制。自建的数字图书馆是目前世界上最大的免费数字图书馆之一,收藏了图书馆从中世纪到20世纪初的珍贵藏品,包括86000多种书刊资料和30多万幅静态影像,数字图书馆免费向全世界读者提供法国文化精品,博得很高的声誉。在网上还能查询馆藏书目和国家联合书目,查到书目信息后,可通过网上预订系统订阅书刊和阅览座位,读者就不愁借不到书或者没有座位了,不管是否近水楼台都能先得月。图书馆在为视障读者服务上独具匠心,在建筑方面提供了坡道、升降设施,在阅览室中备有专门的有声读物或盲文书;有的阅览室中设有专间,并配有阅读机、视障专座、放大机等,通过阅读机,视障读者可使用盲文或通过语音提示的帮助来上网,并使印刷资料数字化然后转换成语音信息。

文化谜团

英国诗人拜伦长期流浪

英国诗人乔治·戈登·诺艾尔·拜伦(1788~1824)是享誉世界的 19 世纪浪漫主义文学的杰出代表,他那些热情洋溢、雄浑壮阔的诗篇不仅震撼了 19 世纪的欧洲,而且即使在今天也不失其灿烂的光芒。但就是这位独步当时文坛的诗人却于 1816 年离开了自己的祖国,此后再也没有重返故土,直至 1824 年 4 月 19 日在希腊迈索隆吉翁病逝。只是在死后诗人的遗骸才被运回英国,葬在其故宅纽斯台德寺院附近一个偏僻的教堂墓地中,而他的心却永远留在了希腊。

就在流浪意大利威尼斯的时候,拜伦曾经含着热泪在长诗《别波》中写道:"英国哟!我爱你,尽管你有那么多缺陷。"可见诗人还是热恋着自己祖国的,可是他为何要于 1816 年远离生他养他的故国,并从此一去不复返呢? 对于这个问题,世界各国的文史专家们长期争论不休,成了一桩历史公案。大体说来,有以下三种观点。

英国自由主义史学家麦考莱认为是英国上流社会的颐誉无常促使拜伦远离国土。1809 年拜伦第一次离开英国,到地中海沿岸各地游历,先后到过葡萄牙、西班牙、马耳他、阿尔巴尼亚,最后到达久恋之邦——希腊。1811 年拜伦结束长途旅行回到英国,随着诗作《恰尔德·哈罗德游记》等的不断问世,拜伦"一朝醒来,发现自己已经成名了"。诗人及其长诗即刻成了伦敦社交界的热门话题。而在贵妇中间,拜伦的声名更是如日中天,他的诗才,他的俊逸,他神秘的性格和举止等,正好投合了她们喜欢刺激的嗜好。她们赞美拜伦,憧憬拜伦,投身在拜伦脚下向他顶礼膜拜。请帖像雨点一样洒来,人人以一睹诗人风采为荣,拜伦成了英国社交界的王子。但到 1814 年伦敦全城却又开始了对拜伦的攻击,嚣张的责难出现在报刊上。那些显贵们不仅攻击拜伦的诗,还攻击他的政见、他的人格。甚至于痛骂他的跛脚。为寻求避风港,1815 年初拜伦与安娜贝拉·密尔班克成婚,但一年后两人又分居。这下,把婚姻制度的神圣视作信条的中产阶级也恼怒了,他们谴责拜伦的残酷和背德乱伦,上流社会的沙龙更是唯恐避之不及,纷纷对诗人关上了大门。这和出版《恰尔德·哈罗德游记》时的光景比较起来,真有天壤之别,拜伦感到不可思议。诗人悲愤地写道:"如果那些喊喊喳喳的流言都是真的,我没有脸面居住在英国,如果那都是谣言,我也不稀罕这个英国,""况且'除了它,另有一个世界在'"。于是拜伦决定出国漂流。

另一说认为拜伦是由于其政治信仰而见弃于英国社会。持此说的主要是苏联学者,如叶利斯特拉托娃所著《拜伦》一书。该书指出,拜伦是以政治活动家和演说家的姿态在他的祖国出现的,他捍卫人权,抗议任何形式的暴政,他的政治理想是当时美国的资产阶级共和国。在如何解决卢德运动所产生的经济、社会、政治等方面,拜伦不仅与托利党的寡头统治,而且与在野辉格党都有着严重的分歧。拜伦一再在上议院发表演说攻击本国政府。为暴动工人辩护,还作诗赞美英国的敌人拿破仑。拜伦在议会的大胆发言,他的诗歌所号召的政治和宗教自由思想,——这一切使他成为统治集团的眼中钉。而拜伦坚决声明,对于敌人他不会做任何让步,"能够忍耐的,我将尽量忍耐;不能忍耐的,我将反抗,他们至多不过使我离开这个社会。对这个社会我一向不奉,一向没满意过。"英国资产阶级贵族统治集团不能摧垮拜伦,也不能他放下武器,于是她们只能把诗人逐出国门。

最后是家庭婚姻变故说。亨利·托马斯与黛娜·莉·托马斯合著的《英美著名诗人传》认为拜伦不是那种喜欢成家立业的人,而他的妻子密尔班克却是当时英国社会中见识平庸的女人,既不会惹是生非,也不能宽宥别人的过失。拜伦那种愤世嫉俗的幽默并不投合其夫的世俗之心。婚后一年拜伦夫人就带着刚出生不久的女儿离开了丈夫。诗人那创痛的心灵无论如何再也撑不起爱情的风帆了,他要到国外去追求放浪自在的私生活,让悠悠岁月来医治这心灵的巨创。

在笔者看来,这种种解释皆在情理之中,但又不尽皆然。一个人做出一个重大决断,既有客观因素造成的必然性,同时又存在诱发这种必然结果产生的偶发因素。那么最后促使拜伦决定长期流落异乡的偶然因素又是什么呢?

莎士比亚其人

"世界文化巨人"威廉·莎士比亚是欧洲文艺复兴时期最伟大的戏剧家和杰出的诗人,他出生于英国埃文河畔斯特拉特福镇的一个商人家庭。21 岁时离家外出谋生,当过剧场的杂役、演员,继而成为一个剧作家。莎士比亚一生中创作了 37 部戏剧,154 首十四行诗和两首长诗。除了两首长诗是他生前自己发表的以外,莎氏的全部作品都是在他死后由别人搜集成书的。举世闻名的四大悲剧《哈姆雷特》《奥赛罗》《李尔王》和《麦克白》更是奠定了莎士比亚在世界文学史上的崇高地位。革命导师马克思和恩格斯在许多场合都给予莎士比亚很高的评价。马克思在 1859 年 4 月 19 日写给斐拉萨尔的信中批评了"席勒式地把个人变成时代精神的单纯的传声筒"的创作方法。提出了"莎士比亚化"的重要观点(《马克思恩格斯选集》第四卷,第 340 页)。恩格斯在同年 5 月 18 日给拉萨尔的信中称赞"莎士比亚剧作的情节的生动性和丰富性的完美的融合"(《马克思恩格斯选集》第四卷,第 343 页)。

莎士比亚作品深刻而生动地反映了 16 世纪到 17 世纪英国的时代现实,他汲取欧洲各国的新文化新思想,集中地代表了整个欧洲文艺复兴时期的文学成就。作者艺术修养高、生活感受深,善于思考,勤于创作,剧作情节生动丰富,语言精练优美,塑造了许多性格鲜明的典型形象,描写了当时英国封建制度解体和资本主义兴起时期各种社会力量的冲突,提倡个性解放,反对封建束缚和神权桎梏,人们称誉他的作品是"时代的灵魂"。莎士比亚的名字早已越出国界,成为世界各国人民所崇敬的文化巨人。就像我国研究《红楼梦》的"红学"一样，莎士比亚在世界文化史上雄视百代，研究莎士比亚早已在国际上成为一种专门的学问，称为"莎学"。

可是，在文化史学界存在着一个争论了几个世纪的"莎士比亚真伪问题"：以演员威廉·莎士比亚的名字发表的那些精彩伟大的作品，究竟是他本人写的，还是别人创作后用假托的笔名发表的。莎士比亚是众人皆知的伟大剧作家，但他的身世却有许多不为世人所知之处，他未曾留下只字片言。有关莎士比亚生平材料奇缺。在莎士比亚女婿霍尔医生的日记中，也找不到其岳父是著名剧作家的任何说明。不可思议的是当时没有一个人明确地说明那些作品是演员莎士比亚创作的。在莎士比亚去世时也没有引起任何人的重视，没有一个人按照当时的习俗为他写一首哀诗。因此，即使像拜伦和狄更斯这样的大作家也怀疑莎士比亚是否写过那些杰作，狄更斯还曾经表示一定要揭开"莎士比亚真伪之谜"。

最初提出这种怀疑论的是美国作家德丽雅·佩肯，他认为："莎剧的真正作者应当是英国著名哲学家弗兰西斯·培根。"理由是：其一，莎剧上至天文下至地理，外及异邦内及宫闱，内容可谓博大精深，出身卑微并且未曾上过大学的演员莎士比亚是写不出来的，而出于造诣精深的哲人培根之手更合乎情理。其二，莎士比亚所处时代正是英国伊丽莎白王朝政治、宗教的社会大动荡时期，上流社会以写剧演戏为有伤风化的耻事，但在剑桥大学和牛津大学的知识分子阶层仍有一些学者暗地演戏，为之撰写剧本的人或许迫于社会原因，就虚拟一个"莎士比亚"的笔名。与所有的人相比，培根文才过众，阅历丰富，应是当然的剧作者。其三，在哲学家培根的笔记和莎剧剧本中居然可以找出内容为"莎士比亚作品系培根所著"的密码来，从莎士比亚的初版作品和培根笔记的内容来看，两者有难以想象的相似之处。

1955年，美国的文艺批评家卡尔文·霍夫曼提出了一个轰动一时的莎士比亚"新候选人"，他认为莎氏作品是同时代的著名剧作家克利斯托弗·马洛所作。与演员莎士比亚同年出生的马洛是一个才华横溢的作家，曾就读于剑桥大学，写过著名戏剧《汤姆兰大帝》。表现在这位剧作家作品中的情节，文体，形象都出奇的相似，因而卡尔文·霍夫曼肯定这些剧本出于马洛一人之手。1593年，马洛假借遇害之名逃离英伦三岛，只身来到欧洲大陆，他在以后漫长的岁月中把写成的戏剧作品以威廉·莎士比亚的笔名寄回英国国内发表上演。

要推翻莎士比亚的著作权，就像要完全驳倒种种"怀疑论者一样"，是非常困难的。直到现在，人们仍然肯定莎士比亚作品为演员莎士比亚所作。随着新材料的发现和新技术在历史研究中的不断运用，莎士比亚作品的真正主人必然昭然于天下。

杀害普希金的凶手是谁

亚历山大·谢尔盖耶维奇·普希金是一位伟大的俄国诗人，俄罗斯近代文学的奠基者和俄罗斯文学语言的创建者。1799年，诗人诞生在莫斯科的一个贵族地主家庭。他少年时代就从事文学创作活动，青年时代深受启蒙思想的影响，憎恶沙皇的农奴专制统治，歌颂进步和自由，向贵族传统文学提出挑战。1820年，普希金根据民间故事和传说写成的第一部长篇叙事诗《鲁斯兰和柳德米拉》,被看作是近代俄国诗歌转变的开始。诗人普希金具有多方面的文学才华,他短暂的一生写了大量抒情诗、叙事诗、诗剧、小说、童话、文学批评和政论文章。183 年完成的诗体小说《叶甫盖尼·奥涅金》更为作者赢得了"世界第一流大诗人"的崇高荣誉。俄国文豪高尔基称赞这部作品"真实地描绘了时代的面貌",著名文学批评家别林斯基把它称誉为"俄罗斯生活的百科全书"。1837 年 2 月,正当诗人才华焕发的盛年,普希金却在与一个名叫丹特斯的法国保王党人的决斗中惨遭杀害,过早地离开了人世间。

事情的经过是这样的:1828 年 12 月,普希金在莫斯科一个舞蹈教师家的舞会上,结识了公认为"莫斯科第一美人"的娜塔莉娅·尼古拉耶芙娜·冈察罗娃,两人一见钟情,不久便正式结婚。当时普希金在沙俄外交部供职,他夫人经常出入上流社会。1834年,一位法国波旁王朝的亡命者乔治·丹特斯来到普希金夫妇所在的彼得堡,在沙皇禁卫军骑兵团任职,风流潇洒的丹特斯很快就结识了冈察罗娃,并且开始如痴如狂地追求她。在这种忍无可忍的情况下,普希金为了维护自己的荣誉而向丹特斯要求决斗。在决斗场上,丹特斯趁诗人还没有做好准备就首先开枪,使普希金受了致命的重伤,不久便溘然而逝。彼得堡有数万人到诗人生前的住处吊唁,报纸在刊登噩耗时说:"俄罗斯诗歌的太阳陨落了!"在《诗人之死》的诗文中写道:"一个法国纨绔子弟,用罪恶的手,扼杀了美、自由和诗。整个俄罗斯在哭泣,整个俄罗斯愤怒了:交出丹特斯! 还我普希金!"

杀害一代"诗豪"的真正凶手是谁? 人们在痛悼这位"俄罗斯诗歌的太阳"之时,也在深思着这样一个问题:杀害普希金的凶手难道仅仅是丹特斯一个人吗?

杀害普希金的凶手究竟是谁? 在文学史学界,多数人的观点是认为丹特斯是杀我凶手,而另一些专家学者则更进一步提出:丹特斯是杀人的直接凶手,而沙皇尼古拉一世是残杀诗人的间接凶手。各家论说互不一致,孰是孰非,难以定论。当读友们在欣赏品味普希金那隽永的诗句时,必定对杀害诗人的凶手感到愤慨,而希望及早解开个中之谜。

屠格涅夫之死

被誉为俄国文坛"三巨头"之一的屠格涅夫,终于没能再次回到祖国。1883 年 9 月 3 日下午 2 时,屠格涅夫在法国巴黎的布日瓦尔逝世,结束了长期漂流海外的流亡生涯。在为死者超度的宗教仪式上,屠格涅夫的灵柩周围站满了定居在法国首都的全体俄国侨民,很多妇女和作家的崇拜者都从各国赶来,向这位文豪表示最后的敬意。他的那些异国文坛挚友一边护送他的灵柩去车站,一边回忆着彼此的友好交往。遵照作家的遗愿,他的遗体从法国运回彼得堡,葬在沃尔科夫墓地别林斯基的墓旁。屠格涅夫生前曾向他的一位朋友说过:"等到我们归天,你将看到人们如何对待我们。"事实应验了作家的自信。他的葬礼果然像普希金的葬礼一样轰动了彼得堡,其盛况是继普希金之后人们所未见过的。成千上万的人群护送他的灵柩去墓地;恐怖党发表了一篇悼念他的声明;俄国所有监狱里的政治犯敬献了一个花圈,安放在他的灵柩上:年轻的一代在他生前对他抱有不信任的敌意,给他凄凉的人生增添了那么多痛苦,而今,在他逝世后却终于向他的遗体表示了无限的敬意。古往今来,似乎唯独死亡才会使人们宽恕一位天才。

屠格涅夫死而无憾。有兴趣的是,他究竟是怎么死的呢?是患病而死,还是另有其因?如果是因病而死,那患的又是什么病呢?这些问题一时还很难取得一致意见。

有一种看法认为屠格涅夫患的是心绞痛病,作家因此病而死。从1882年起,屠格涅夫即抱病在身;第二年,大夫给他做了手术,切除了一个囊肿。当时法国的著名医生夏尔科曾为作家看病数年,经他长期观察、诊断,认为他患的是心绞痛病。虽然医生给他用了药,但他还是剧痛难忍,不能入眠,吃尽了苦头。时间一长,即不治而死。

有的学者以为屠格涅夫之死和他的爱情生活有关。他和维亚尔杜夫人那种似爱非爱的特殊关系,长期折磨着作家,伴随着病情的加重。屠格涅夫终于衰竭而死。维亚尔杜夫人是法国著名歌唱家,但长得相当难看:双眼鼓起,面部线条粗犷,驼背。但这是一种吸引人的丑陋。一位比利时画家曾说:"她奇丑无比,但要是我再见到她的话,我会爱上她的。"1843年11月。维亚尔杜夫人随意大利歌剧团到彼得堡演出,开始和屠格涅夫认识,成为终生密友。他多次出国和侨居国外都同她有关,她给他的创作留下了深刻的痕迹。屠格涅夫对维亚尔杜夫人的一往情深在彼得堡人人皆知。第二年夏天,作家到巴黎去看望维亚尔杜夫人,在那儿成了她的丈夫和孩子们的朋友。过了一年,她到德国演出,他又追随到那里。1850年作家回到俄国,但他仍一心思念着她。1856年克里米亚战争结束。作家又去了法国,像从前那样追随在维亚尔杜夫人左右。1871年普法战争结束后,作家同维亚尔杜一家迁居巴黎,直到逝世。作家一生的最后10年就是在杜埃街48号维亚尔杜夫妇的楼上度过的。然而,这毕竟是一种心绪纷乱的幸福。屠格涅夫一生都陷在这种欲罢不能、欲行又止的境地中,对维亚尔杜夫人永远抱着不舍的眷恋。也有好几次,作家曾想摆脱她对自己的影响,但每次都以失败告终。就这样,心灵的苦痛和无情的病魔一起加快了作家的死亡。

然而,国外一些研究屠格涅夫生平和创作生涯的学者、专家都认为作家实际上是患脊椎癌而致死的。国际知名的文学传记作家、法国的安德烈·莫洛亚在其研究专著《屠格涅夫传》中,曾写道:"屠格涅夫因患癌而去世。所谓的心绞痛实际上可能就是脊髓癌。"苏联学者鲍戈斯洛夫斯基在《屠格涅夫》一书中,明确指出:"伊凡·谢尔盖耶维奇·屠格涅夫死于脊椎癌。"根据他的记载:1882年3月,屠格涅夫患上重病;次年4月,健康状况恶化,他被从巴黎转送至布日瓦尔。5月12日,他写信给若,波隆斯卡娅谈到自己的病情已无望好转。6月底,他写最后一封信给列夫,托尔斯泰,吁请他重新从事文学活动。8月,屠格涅夫把短篇小说《尽头》口授给波·维亚尔杜(即维亚尔杜夫人)。9月3日,屠格涅夫在下午2时去世。当时的文献记录也可证明屠格涅夫确系死于脊椎癌:(1)作家生前曾感到背部剧烈疼痛。(2)作家死后,法医做了详尽的尸体解剖,发现作家的三节椎骨受损。我国外国文学研究学者也都主张此说。如玉智量写道:"1882年初患脊椎癌,次年9月3日病逝于巴黎。"(见《中国大百科全书·外国文学》)郭家申说:"1882年,他的脊椎癌病发,终于不治。"(见《外国名作家传·中》)

伊索其人和《伊索寓言》

伊索和他的寓言故事集是大家所熟悉的。《伊索寓言》约350篇,大多是古希腊民间的讽喻小品,还有印度、阿拉伯和基督教的故事,取材于半历史、半神话的野兽王国的事情,诙谐幽默,脍炙人口,世界上绝大多数国家都有这本书的译本,它对西方伦理道德、政治思想影响很大。然而,人们很难设想,这本蜚声文坛的杰作竟然出自一位奴隶出身的寓言鼻祖——伊索。

根据希罗多德(约公元前 484~前 425 年)记载,伊索生活在公元前 6 世纪中叶左右,是萨摩斯岛雅得蒙的被释奴隶。萨摩斯、萨尔狄斯、色雷斯的美塞姆布里亚和普里吉亚的科狄奥乌姆都可以认为是他的出生地。后来,又有许多关于伊索的趣闻轶事,大多不足凭信。相传其人相貌丑陋,但思维敏捷,足智多谋,能言善辩,例如,他和其他奴隶到埃非苏斯,他在必须驮运的行李物件中选了一大筐面包。这筐子比其他隶雌子重一倍。对此,他受到伙伴们嘲笑,但到天黑时;作为他口粮的面包都被吃光,筐子变得空空如也。再如,在僭主庇西特拉图(约公元前 600~前 527 年)统治时期,伊索来到雅典,以《乞请国王青蛙》的故事,告诫人们不要犯上作乱。后来,伊索受宠于吕底亚国王克洛伊索斯,在萨尔狄斯宫廷中做事。有一次,他竟然有幸参加希腊七贤宴会,不久,又受命到德尔斐神庙送礼,在一次骚乱中,不幸被特尔斐人投到山崖下摔死。他死后约 200 年,吕留波斯为伊索塑了一尊雕像,并把他竖在希腊七贤塑像之前。

历史上许多人都提到了伊索和他的作品。大哲学家柏拉图告诉我们,他的老师苏格拉底于公元前 399 年在监狱中把伊索寓言改成韵文。百科全书式学者亚里士多德(公元前 384~前 322 年)的《修辞学》中有《狐狸和刺猬》的故事。大雄辩家德摩斯梯尼(公元前 384.~前 322 年)曾用《狼与小羊》劝说雅典人不要把他出卖给飞利浦。演说家摩特里乌斯法案里乌斯(约公元前 345~前 283 年)曾分 10 册出版了他所收集的寓言。奥古斯都时期的自由民费德鲁斯用拉丁文把寓言改成诗体。大约 2 世纪,亚历山大·塞佛鲁斯大帝的儿子的家庭教师、罗马人巴布里乌斯把寓言改写成希腊文。4 世纪,阿维阿努斯把 42 个寓言故事写成拉丁文哀歌体对句。大约 14 世纪,马克西姆斯·普拉努底斯教士收集汇编了这些寓言,使伊索寓言广为流传。

过去也有人认为,伊索这个名字事实上就是寓言这个词的同义语。伊索,或者某一个像他那样的人,为了使世人明辨是非,最先以简洁、明快的风格讲述所收集的某些寓言故事,在这一过程中,他当然加进了一些自己的内容,从而使伊索这个名字和寓言之间的关系变得密不可分。所有这些具有伊索风格的寓言年复一年。世世代代经口头流传下来,最后都被归结为出自伊索的手笔。例如,在西亚远古苏美尔时期和古巴比伦的泥板文书中,古埃及的大纸草里,还有古印度梵文《五卷书》,佛教经典《本生经》《嘉言集》,小亚细亚《旧约全书》中的《士师记》,以及公元前 8 世纪希腊的《田功农时》,都有这种伊索风格的寓言。

莫里哀之死

莫里哀(1622~1673 年),原名让—巴蒂斯特·波克兰,1622 年 1 月 15 日诞生于巴黎富商让·波克兰家,1644 年 6 月 28 日首次使用艺名莫里哀,他是 17 世纪法国最伟大的剧作家,是继莎士比亚之后欧洲戏剧史上成就最大、影响最深的戏剧家。18 世纪之后,莫里哀的名字超越法国国界,在欧洲各国享有广泛的声誉,其作品成为世界戏剧艺术宝库中的珍品。

到目前为止,确知莫里哀所写的作品有30出戏和不多的几首诗,其中有一出戏是在他照顾年老贫困的高乃依时,与高乃依合写的。莫里哀既是编剧、导演和演员,又是剧团负责人。

一个编剧,死无葬身之地,但其作品却是法兰西喜剧院创办300年来上演次数最多的剧目。据载,从1680年法兰西喜剧院创立到1978年底,该院共上演莫里哀的剧作29664场,而名列第二与第三的拉辛与高乃依的剧作仅被演出过8669场和7019场。

一个作家,身后无手稿流传,却仍被称为"法语创作中最全面而最完满的诗歌天才"。

一个演员,不肯离开舞台,宁愿放弃法兰西学院"四十名不朽者之一的荣誉"。然而,法兰西学院却主动为他塑了一尊半身像,并将此像立于学院的地界内,石像上刻着:他的光荣什么也不少,我们的光荣却少了他。

这些颇有兴味的事情都发生在一个人身上,他被伏奠称为:"描绘法兰西的画家"。

莫里哀20岁时开始从事戏剧事业,直到他51岁死,他一直刻苦,不断努力,使自己的艺术水平达到了炉火纯青的地步。但是。几十年来的生活并不平坦,复杂艰苦的斗争和数不清的磨难锻炼了他的意志,也影响了他的身体健康,使他过早地离开了人世。

1673年2月17日,在路易十四时代法国巴黎的王宫剧院里。灯火辉煌,人声嘈杂,池座里和包厢里到处挤满了观众。舞台上,大灯光照耀得通明雪亮,这里正在上演莫里哀的著名喜剧《无病呻吟》,这已是该剧的第四次公演,莫里哀本人亲自扮演剧中主角阿尔冈。此时的莫里哀已经51岁,而且是抱病演出。在那天的演出中,莫里哀本来就是勉强从事的,然而,他却以惊人的毅力,忍着病体的疼痛,在舞台上坚持到最后。他那高超的剧作和精湛的演技,时时博得台下观众一阵阵热烈的赞扬声和欢呼声。然而,莫里哀在台上,一边表演,一边忍不住咳嗽,难受得直皱眉头。观众还以为这是他主演"心病者"的绝妙表演,急忙投以热烈的掌声。但当演到最后一场时,莫里哀已有些支撑不住,他忍不住打了一个痉挛,细心的观众已经发现他的病态,很是吃惊,莫里哀也注意到了台下观众的反应,他鼓起全身力气,大笑一声才遮掩了过去。戏演完后,莫里哀并未休息,而是步入后台,询问观众对演出的反映,最后才回到家里。回家后他却咳血不止,两个修女把他扶上了座椅。莫里哀在她们俩人的胳膊里咽下最后一口气。此时是当夜10点钟,离他卸妆下台还不到3个小时。

后人对莫里哀这位喜剧大师的死因十分关注,进行了许多探讨。但是,莫里哀到底死于何因,长期以来一直是一个悬而未解的谜。

不少人认为,莫里哀的死亡原因是他得了一种"想象"不到的病,但这种想象不到的病究竟是什么病则无答案。

还有一种意见认为,莫里哀晚年遭受了种种不幸。1671年冬季,他因积劳成疾而染上了肺病,后因病情加重而病倒了好几个月。1672年2月,他的健康状况刚有好转,他又遇上了种种打击:他在戏剧事业上长期合作的老朋友玛德隆·贝扎尔去世;他的爱子也不幸死去。噩耗传来,使莫里哀悲不已,又加重了他自己的病情。在这种情况下。莫里哀仍坚持写戏、坚持演出,最后病死于肺病。另有一种观点是,莫里哀的死因是多方面的,绝非仅肺病一种。他长期的创作、紧张的排演和疲劳的巡回演出;艰辛的生活、痛苦的流浪、家庭生活的不幸、晚年丧友丧子；激烈的竞争、错综复杂的政治角逐，特别是1672年冬他与其老朋友、音乐家吕理发生争执，被国王路易十四免去了文艺总管的职务，国王对他的宠信日减，这一切不幸使晚年的莫里哀更是雪上加霜，大大加重了他的病情，最后使他丧生。

《不列颠百科全书》对莫里哀的死有过一段记述："1673年2月17日，莫里哀演出第九场《无病呻吟》时，在舞台上昏倒，被人抬到家中即与世长辞。"在这里，对莫里哀的死因未加说明，而是有意回避了。

时至今日，莫里哀到底死于何因仍无一个较一致的答案，这个问题尚待进一步研究。

白雪公主之谜

鹅毛大雪在天空中飞舞着，有一个王后坐在窗前，正在做针线活儿，一不留神，针刺破了她的手指，三滴红红的鲜血落在窗台上的雪花上。她若有所思地凝视着点缀在白雪上的鲜红血滴，又看了看乌木窗台，说道："但愿我小女儿的皮肤长得白里透红，看起来就像这洁白的雪和鲜红的血一样，那么艳丽，那么娇嫩，头发长得就像这窗子的乌木一般又黑又亮！"……

世界各国的人们几乎都是知道格林童话《白雪公主》的故事，故事是那么感人：白雪公主的母亲不幸早逝，父亲娶了容貌漂亮但心肠恶毒的后母，后母嫉妒白雪公主的美丽，一再加害于她，但是白雪公主得到七个小矮人的帮助和一个英俊王子的爱情，终于战胜后母，获得自由幸福地生活的权利。

这个童话真是让人回味无穷：

……白雪公主一个人非常害怕，她在森林里到处徘徊，寻找出去的路。野兽在她身旁吼叫，但却没有一个去伤害她。到了晚上，她来到了一间小房子跟前。当她确定这间房子没有人时，就推门走进去想休息一下，因为她已经实在走不动了，一进门，她就发现房子里的一切都布置得井井有条，十分整洁干净。一张桌子上铺着白布，上面摆放着七个小盘子，每个盘子里都装有一块面包和其他一些吃的东西，盘子旁边依次放着七个装满葡萄酒的玻璃杯，七把刀子和叉子等，靠墙还并排放着七张小床。此时她感到又饿又渴，也顾不得这是谁的了，走上前去从每块面包上切了一小块吃了，又把每只玻璃杯里的酒喝了一点点。吃过喝过之后，她觉得非常疲倦，想躺下休息休息，于是来到那些床前，七张床的每一张她几乎都试过了，不是这一张太长，就是那一张太短，直到试了第七张床才合适。她在上面躺下来，很快就睡着了……

由19世纪德国民间文学研究者格林兄弟编写的童话《白雪公主》传遍了全世界，人们好奇地提出这样的问题：究竟白雪公主是否真有其人？魔镜是真是假？小矮人又来自何方？

人们仔细研究格林童话内的故事，发现原本都是在德国民间代代口耳相传的故事，格林兄弟把它们结集整理出版，成为流传后世的重要作品。这些民间故事并非全都是凭空想象，部分是可追溯得到源流的，例如在卡塞尔的沙巴堡，据说便是睡公主的府邸，睡公主古堡兴建于14世纪，但除了外貌仍保持原状之外，内部已完全变为一间豪华酒店，有 16 间以不同动物为主题的房间,只要肯付出最少 250 马克便可住进公主的官邸。古堡每一天都有各种活动和表演,当然少不了重演《睡公主》的浪漫故事。

很多人猜测白雪公主的故事可能也有原型。经过 17 年的考证的讨论,德国西南部小镇洛尔的童话学者说,白雪公主来自他们的家乡。洛尔童话协会主席巴特尔斯说,白雪公主名叫玛丽亚·冯·埃特尔,是于 1729 年 6 月 15 日在洛尔出生的贵族。巴特尔斯不说:"玛丽亚小时因染天花视力受损,瑞存的记录都说她是善良好心的女孩子。或许人们下意识地站在玛丽亚一边对抗后母,因此将她后母塑造成心肠恶毒的人。"

玛亚成长的古堡现在变成了一座博物馆。馆内有一面"会说话的"镜子——这种发声玩具在 18 世纪曾风行一时,而洛尔当年正是制造这种"魔镜"的中心。这块镜子的主人不是别人,正是玛丽亚的"恶毒"后母,即父亲菲利普的第二任妻子克劳迪娅。

七名小矮人则是来自西部比伯的矿场,由于矿洞窄小,只能容得下身材矮小的矿工;他们为免被落石所伤,通常会戴着色彩鲜艳的头巾。而毒苹果则是涂上了当地盛产的颠茄提炼出来的毒素。

雅各·路德维希·卡尔·格林生于 1785 年,卒于 1863 年;威廉·卡尔·格林生于 1786 年,卒于 1859 年。这兄弟两人都是语言学家和童话作家,他们早年学习法律,后来一同研究德国文化史和语言学,合编了脍炙人口的《儿童与家庭童话集》,他们还合编过《德国传说》和《德语词典》(未完成)。格林兄弟在卡塞尔成住了三十多年,童话故事的搜集和编写工作亦主要在这儿完成,两人在 1812~1815 年间居住过的房子现改建成格林兄弟博物馆,把他们在这城市中留下的一点一滴保存下来。格林兄弟的手稿、生活过的房间、生平事迹介绍等都可在馆内看到。

童话之路全长 600 多公里,由德国中部一直伸延至北部,起点哈瑙距离法兰克福仅需约 20 分钟的车程,是格林两兄弟诞生并居住至 5 岁左右的地方。哈瑙在 18 世纪时以黄金和宝石工艺闻名,经济颇为富裕在这时代出现的格林兄弟,家境亦不俗。格林一家居住的房屋原本就在哈瑙的市广场旁边,可惜在二次大战时遭空袭,被夷为平地,原址只留下一块纪念碑。但同样在广场之上的格林兄弟纪念铜像则完整无缺,铜像上站着的是哥哥雅各,弟弟威廉则坐着看书,原来威廉身体一向孱弱,雅各让座给弟弟,正代表了兄弟情深,事实上格林两兄弟不但一起搜集和编写童话故事,一生中大部分时间亦一起生活。

也许是格林童话给人们的印象太深了,在哈默尔恩礼堂的壁钟上,每日彩衣吹笛人都会带同一大堆黑白老鼠破门而出,为市民报时。《彩衣吹笛人》有根有据并非虚构,取材自 1284 年的小孩集体失踪事件,而故事发生的地点正是哈默尔恩。1284 年的 6 月 26 日,有 130 个小孩突然失踪,对此传说多多,如有的说被野兽吃掉、有的说掉进水里淹死,民间亦有被拐走的说法,格林童话中《彩衣吹笛人》说的是,当时哈默尔恩鼠祸为患,村民聘请了能用笛声诱鼠出城的彩衣人驱鼠,鼠害消除后村民却拒付报酬。一个星期天,彩衣人趁村民上礼拜堂之际,用笛声诱走全城小孩子作为报复。这算是格林兄弟对小孩失踪案的另一种诠释吧。

“铁面人”身份之谜

　　“铁面人”是人类历史最富传奇色彩的人物之一。1789 年 7 月 14 日清晨,愤怒的巴黎市民,成千上万地向巴士底狱奔去。他们有的拿着火枪,有的握着长矛,有的手举斧头,呐喊着摧毁了巴士底狱。在监狱的入口处他们发现了一行字,上面写着:囚犯号码64389000,铁面。可铁面人到底是谁?却无从考证,从此囚犯的身份成了一个永远的谜。

　　最早在作品中提到了“铁面人”的,是法国思想家、哲学家伏尔泰,在他的名为《路易十四时代》一书中,有这样的记述:1661 年,圣玛格丽特岛上的一座城堡迎来一位特殊的客人,那个身材颀长、举止典雅的年轻人。之所以说他是特殊的客人,是因为他的头上被罩着一个特制的铁皮面罩。无论是在其被秘密押解的途中,还是在被囚禁期间都被严令禁止摘掉。在面罩的下颌部位,装有钢制的弹簧,用以解决年轻人吃饭、喝水等问题。因此,从来没有人见到过这个年轻人的真正面目。

　　在圣玛格丽特岛上关押了一段时间后,这个年轻人又被秘密押送到了巴士底狱,那个在当时一被提起就令人不寒而栗的巴黎政治犯监狱。在那里,年轻人受到了特殊的待遇:可口的饭菜、精美的衣着、舒适的住所,甚至他还可以自由地弹奏吉他,有专门的医生为他定期检查身体。而年轻人无论怎样都对自己的身世守口如瓶。因此,所有的监护人员对他的了解也仅限于举止典雅,谈吐风趣,再无更多的信息。1703 年。这个在监狱中度过了大半生的神秘人突然死去,当晚便被葬在圣保罗教区。随着他的神秘离世,他原本神秘的身世也似乎更加神秘了。

　　伏尔泰的记述到此为止。他还说过:“这个囚犯无疑是个重要的人物”,“他被送到圣玛格丽特岛时,欧洲并没有什么重要人物失踪。”以上种种对于“铁面人”的描述,为后人留下了无限的想象空间。

　　1929 年英国的电影公司根据法国著名作家大仲马的小说《布拉热洛公爵》进行改编,首次将“铁面人”的故事搬上银幕,在当时引起了轰动。1939 年和 1998 年美国的电影公司又两度将其搬上银幕,电视剧也是拍了又拍。电影中,那个神秘的“铁面人”被扮演成法国国王路易十四,他在残酷的宫廷斗争中,被权臣用一个跟他长相酷似的人“调包”,过着不见天日的“铁面生涯”。

　　那个神秘的“铁面人”究竟是谁呢?据说在 18 世纪,法国国王路易十五、路易十六都曾下令调查过“铁面人”,但调查的结果却无人知晓,只是传说路易十六曾明确表示,要严守“铁面人”的秘密。

　　几个世纪以来,人们对“铁面人”身份的猜测,众说纷纭,概括出来,有以下几种。

　　第一种猜测认为,“铁面人”是路易十四的生父多热。此种观点的代表是法国社科院院士潘约里,在他 1965 年出版的《铁面罩》一书中,有详细的论述。

　　根据史料记载,路易十三与王后安娜一直不合,两人长期分居。为了缓和他们夫妻的关系,当时担任首相的红衣大主教黎塞留曾从中调解,使得路易十三与王后重归于好。但是,在国王与王后分居期间,王后已经与贵族多热有了孩子。孩子出生后,为了避人耳目,多热被迫流落他乡。孩子后来长大成人,并继承了路易十三的王位,成了路易十四。

多热闻讯后悄悄返回,将实情告诉了路易十四。岂料,路易十四居然不认他!面对如此尴尬的局面,路易十四既害怕丑闻暴露,又不好对生身父亲下毒手,只好想了个绝招,给他戴上面罩,送进监狱里度过余生。这种说法在法国大革命后流传甚广且影响深远。但这种说法中也有很多的疑点,根据对当时巴士底狱监狱中犯人材料的原始记载,"铁面人"突然死去时,年纪大约在45岁左右,而当时的路易十四已经是65岁的高龄了,问题是显而易见的。除非为调查所提供的原始材料是当时的监狱按照某些指令故意如此记载的,否则这种说法根本无法成立。

第二种猜测认为,"铁面人"是当时的法官兼警察头子拉雷尼。这种观点是在1934年出版的《皇后的医生》中提出的,该书的作者是维尔那多。

维尔那多在书中写道:拉雷尼的叔叔帕·科其涅是一位著名的医生,在宫中服侍路易十三的妻子安娜。路易十三死后,他奉命解剖尸体,谁知竟然发现死者并非路易十四的生父。他将此事告诉了拉雷尼。路易十四得知后,为防止丑闻外泄,于是下令逮捕拉雷尼并给他戴上铁面罩,以防止被人认出来。这种观点也有很多的漏洞:如,为什么只抓拉雷尼而不抓帕·科其涅?即使是抓了拉雷尼,他不过是一个小小的警察头子,没有必要对他好生善待,直接砍头不是更稳妥更保险吗?并且,据后来查证,拉雷尼于1680年在自己的故乡善终。

第三种说法认为,"铁面人"是路易十四时期的财政大臣富凯。这种观点早在19世纪就出现了,1970年,法国记者阿列斯再次论证了这一观点。在他出版的《蒙面人——最后揭开的一个谜》中,他运用了大量的材料对这一观点进行了阐述。他在书中分析说,富凯是路易十四的宠臣,因侵吞公款在1661年被捕入狱,后被法院判处终身流放。后来,路易十四下令就地处死富凯,因此富凯于1680年3月23日猝死狱中,尸体被当局秘密处理。阿列斯认为,死者并非富凯本人,而是一个替身。因为虽然富凯犯了罪,路易十四无法公开赦免他,但富凯毕竟是他的宠臣,他不希望富凯受苦,于是给富凯戴上面罩,并在监狱中提供舒适的环境与衣食。富凯则感念主子对自己的特殊恩情,因此,对自己的身世守口如瓶。果真如此吗?如果真是这样了,那么这个"铁面人"在死时应该是个老态龙钟的老人了,这可又与当时的监狱记载和有关史料相矛盾。

第四种观点是由法国历史学家托拜恩提出的。他认为"铁面人"是意大利的马基奥里伯爵。

为了对自己的观点进行充分的论证,他曾同巴黎国立图书馆的一位管理员一起查阅了当时巴士底狱囚犯的全部档案资料,根据资料分析认为,当时路易十四曾经企图将意大利曼图亚斯公爵领地的卡赞列要塞据为己有,为此他派人与公爵接触,并答应公爵在事成之后给公爵10万艾克。公爵在慎重考虑之后派自己的亲信马基奥里伯爵前往法国谈判。谈判中,路易十四企图用金钱贿赂马基奥里,没曾想,马基奥里不为金钱所动,反而将此事告诉了公爵夫人。没曾想,公爵夫人居然与路易十四有暧昧的关系,因此路易十四很快就知道了马基奥里的行动,于是他把马基奥里变成了阶下囚。

无论哪种观点,似乎都有一定的道理,但同时也有很多的漏洞。时至今日,"铁面人"的身份依然是个谜,历史为后人留下了太多的难题,也许有些难题将永远无法解开。

雅典娜诞生的传说

有人说，不平凡的人大抵有不平凡的身世。严格说来，如此断言未免过于轻率。不过，这话用在雅典娜（Athena）身上倒是十分恰当。希腊神话传说中的这位智慧女神的身世确实相当不凡，她那不寻常的诞生就足以令人惊叹不已。

传说雅典娜是天神宙斯和智慧女神墨提斯所生之女，临产前墨提斯对宙斯说，将要出生的孩子一定会比宙斯更强壮、更聪明。宙斯生怕孩子降生后会危及他在奥林匹斯山的统治地位，于是他便把墨提斯一口吞到肚子里去了。不料，宙斯突然感到头痛欲裂，赶忙叫火神赫费斯托斯用斧子劈开他的脑袋，谁知这时满身铠甲的雅典娜却从宙斯脑袋里呼叫着蹦了出来。

这段离奇的传说给人们留下了一连串的问号。雅典娜为什么不是脱胎于母腹，而是由父亲产出呢？更令人费解的是这位女神不同常人，为什么偏偏从脑袋里蹦出来呢？

固然，作为神话传说，我们不必考究其本身的真实性。但是，众所周知，表面看来离奇古怪的神话实际上都是以一定的社会背景为其历史依据的，它在一定程度上是对原始人类历史的反映。那么，雅典娜诞生的传说是怎么来的？它反映了一种什么样的社会背景呢？这是一个值得探讨的问题。长期以来许多学者对此做了深入探讨，从各种不同角度提出了不同的看法。归纳起来主要有以下三种：

有人认为，这段传说意在说明雅典娜是宙斯的化身，因为化身法是早期神话中常用的造神手法。这种方法可使彼此孤立的神之间产生一种类似于人类的血缘关系，从而构成一定的体系，以增强神话的故事性和神秘色彩。

但是，更多的人则认为，这个传说反映的不仅是神话创作的手法问题，更主要的是它反映了早期人类的一定的历史状况。持这种观点的人认为，这段传说实际上反映了人类父权制开始取代母权制的情况。因为雅典娜说过，我不是母亲所生的人。我，一个处女，是从我父亲宙斯的头里跳出来的。因此，我拥护父亲和儿子的权利，而反对母亲的权利。类似的传说也是早期神话中常见的。如中国神话传说中有"鲧复生禹"；《圣经》中所说的人类的女始祖夏娃是用男始祖亚当的肋骨做成的。这些传说与雅典娜诞生传说的含义相同，意味着这时候女人已经依附于男人，母权制已被父权制所取代。有的人还对此做了进一步的论证，他们指出这很有可能是"产翁习俗"的反映。"产翁习俗"是怎么回事呢？简单地说就是母亲生孩子，父亲坐月子。原始社会早期，由于实行群婚，人们只知其母，不知其父，世系只能按母亲划分，后来，对偶婚出现后，父亲为了取代母亲对孩子的权利，便用代母亲坐月子的方式证明孩子是他生的。这种习俗今天我们仍可在一些民族中看到。这种观点旁征博引，论证较圆满，但详加分析，也并不是无懈可击的。这种观点如果成立，还必须解决如下两个问题：第一、据传说雅典娜的母亲，即所谓的天后赫拉竟是宙斯的同胞姐姐，他们在洪水灾难中死里逃生，并结为夫妻。再造了人类的丢卡利翁和皮拉原来也是堂兄妹。从这里可明显看出族内婚的痕迹，如果说人类在族内婚阶段就已出现父权的观念，那是绝对不可能的。第二，希腊父权制取代母机制是在英雄时代，这早已成定论，可是从神话描写看雅典娜出生距英雄时代还有一段相当长的时间，是否能说这一过程自雅典娜诞生时已开始,尚待探讨。

第三种观点认为,这段传说之所以离奇古怪,恐怕与雅典娜在希腊神话传说中的地位和作用有关。因为雅典娜在希腊神话中被认为是聪明过人的智慧女神,所以把她说成是智慧女神和天神宙斯的女儿,并让她从宙斯的脑袋里蹦出来。似乎这便意味着她同时继承了墨提斯和宙斯两人的智慧,自然会有超人的智慧。这样一来,雅典娜成为人们公认的智慧女神,也就在情理之中了。而为了给这位女神提供一个施展其聪明才智的广阔舞台,神话的创作者又煞费苦心地让宙斯把那位老智慧女神吞进肚子里。于是聪明的母亲便"隐居"了,因为世上没有了这位聪明的母亲。会更显示出其女儿过人的智慧。这种观点圆满地解释了这段传说中令人费解的情节,并且没有涉及复杂的社会背景,所以很少漏洞,但是这只能算是一种推论,是否正确,也很难说。

综上所述,以上三种观点各有道理,但都不能成为定论。之所以如此,可能有这样一些原因:第一,早期神话产生于前逻辑的非理性的、原始的心理状态,与现代人的思维形式大不相同,而现代人分析研究时则是借助于现代逻辑思维进行的。这必然导致一定的差距。也就是说把现代文明的衣服套在前文明的个体身上,其不合体是难免的。第二,作为神话,它本身就具有两重性。一是现实的,世俗的,这是在神秘外衣掩盖下的历史。其二是虚幻的,即非历史的部分。两者交织在一起,因而神话中想象与现实、历史与宗教的界限总是模糊的。第三,神话材料本身都是"历史的"。它是以传说的形式积淀下来的人类早期各个不同时代的产物,本身就缺乏严格的时间概念。仅仅凭神话内容去断定其严格的时代概念是不可能的。也是不科学的。第四,历史本来就是极为复杂的。尽管今天在理论上可以划出一些不同的历史时代,但严格说来也还是相对的。事实上各个时代之间始终是你中有我、我中有你的。这种情况在人类的早期历史中更为突出。即使在信史中也很难找出各个时代之间相区别的明显标志、划出严格的界限。

主要由于这样几种原因,这个问题至今仍无法定论,尚待进一步探索研究。

古城迈锡尼的神话与宝藏

喜欢神话和宝藏的人,一定会喜欢位于希腊南岛伯罗奔尼斯东北部的古城迈锡尼。根据公元前8世纪希腊著名诗人荷马史诗里的记载,那里有许多神话故事和宝藏,以及良好的建筑屋。

据荷马的史诗记载,这城是宙斯的儿子伯西斯发现的,伯西斯也是神话里的英勇战士,他曾切断那头上长满了毒蛇的女魔马都沙的头。

迈锡尼古城的发现,要归功于德国商人苏力曼对荷马史诗记载的执着,他深信迈锡尼这地方有大量的宝藏。当苏力曼经商暴富后,他就来到了迈锡尼,认真地去开辟和追随这神秘的地方和他向往的梦。他在1874年开始开掘,结果两年后,他真的发了掘一个埋藏的旧世界,他发现了许多墓地和石头耀。又发现了阿迦曼农王的金面罩,他用荷马的史诗去诠释历史和那神秘的希腊,使他梦想成真,成为当时有名气的考古学家。

苏力曼沿着一条壮观和长达40米的石头走廊前进,来到了一个由两片巨石板铺成的门楣,其中的一块石板有9米之长,大概118吨重,经过了这道门,进入了一个很特别的洞窟。洞窟的设计是一个呈蜂窝型圆顶的石头建筑,但是整个蜂窝建筑没有用一块小石或水泥接合,由此可见那公元前 16 世纪迈锡尼时代高超的建筑技术。

苏力曼本以为这座宝库是迈锡尼国王阿迦曼农王的古墓,所以又把这黑暗坚固的石墓叫作阿迦曼农墓。阿迦曼农王就是荷马史诗里讨伐特洛依国的幕后英雄。这座特殊石墓是迈锡尼保存最完整的建筑,而且是较早期的皇族墓地。

沿着石路北行,就看见了很多巨石围墙,围墙组成一个很大的城堡,靠门处有一组圆形的贵族古墓,现已成为废墟。城堡的门上面,有两头狮子面对面支撑着一条柱子的石板雕,非常有趣,考古学家认为那是象征皇族权势的门饰。

在城堡内不远处,有另一组皇家贵族的墓井,墓井共有 6 个,又有另外一层石墙保护着,整组呈圆形。苏力曼深信这 6 个墓井是阿迦曼农王和他的随从的墓。当他打开第一个石墓时,他发现了一个紧戴在尸体脸上设计精致的金面具。他又发现了共有 13 千克重的金饰和用具物件。后来考古学家鉴定那些出土尸体、面具和物品比阿迦曼农王早了300 年,推翻了苏力曼深信是"阿迦曼农王石墓和他的金面具"之说。

城堡内除了皇族墓地,还有皇室的宫殿、楼阁,冠冕厅和居所。城堡靠高山处,还有水槽建筑。东面有商人的住宅,苏力曼在此发现了一些陶器、香油料的容器。从这些出土物品,可见迈锡尼古城当时是一个商人、政要和皇家贵族占领的有权力而且富有的城市。

苏力曼发现的金面具、金盒、金盘、金容器、金制的儿童葬衣和面具、饰物、金丝条和种种刀剑,已离开那神秘的迈锡尼古墓,在雅典的国家考古博物馆展出。

但那神秘的迈锡尼古城废墟,还是充满了神话和魅力,向游客招手,待发现者再发现它的宝藏和秘密。

传说中的津巴布韦藏金之地

提到非洲,人们可能马上就会想到坐落在北部非洲埃及的金字塔和狮身人面像,而假如你所关注的是人类的古代文明的话,那么请不要忘记坐落在南部非洲的津巴布韦,那里的古代遗址同样也在悠远的古代闪耀着文明的辉煌。

在津巴布韦,这里的大部分居民是班图语系的马绍纳人和马塔贝莱人。而在班图语中,津巴布韦之所以叫作"津巴布韦",源于遍布于当地的 200 座大大小小的石头城,马绍纳人把其中的任何一座都叫作"津巴布韦"。

津巴布韦这个名字之所以给人以无限的遐思,原因在于它在当地的班图语中的意思是"可敬的石屋""石屋";另外有些人认为津巴布韦是塞肖纳语"马津布韦"的谐音,它的意思应该是"酋长住宅"。也有的人认为它是恩戈尼语"津比万比韦"的变音,因而它的意思是"富饶的矿山"。如此等等,给津巴布韦这个非洲南部的内陆国家和其中的古代遗迹笼罩了迷人的色彩。

1868 年的一天,欧洲的一位探险家正在非洲这块神奇的古大陆上旅行,他正在津巴布韦的维多利亚堡东南约 30 千米的密林丛莽中追逐一只野兽,偶然间发现了一座石头城的残垣断壁,这就是后来闻名世界的"大津巴布韦"。尽管当时这儿只不过是一大片石头城的废墟,却依然显得神秘而尊贵,因年代不明而显得高深莫测。在此之后的 1871

年,德国地理学家卡尔·莫赫曾说:"那是一大片聚在一起的石头建筑,没有屋顶,用灰色花岗岩石块以精巧的技术建成,有些还曾雕刻。山上那些高大的石墙分明是欧洲人的建筑。"这位高傲的欧洲学者之所以说是"欧洲人的建筑",是因为他根本不相信在被白人蔑称为"黑暗大陆"的非洲腹地,古人文明之花居然开放得如此绚烂,它是自身固有的,绝非外人嫁接的。

"大津巴布韦"虽然饱经世纪的桑田变化,大部分已沦为废墟,但仍然有一些部分显示着宏伟的气象,并且一直遗存到了当今。

作为主体建筑,大津巴布韦最辉煌的一处位于山下的平地上。因为它外围的城墙呈椭圆形,周长256米,内径长89米,宽67米,被称为椭圆形大围墙。该处围墙高近10米,厚约5米,所围的总面积约为4600平方米。在东、西、北三面城墙上开有3个门,门顶都有巨大的花岗岩石砌成的圆拱形。围墙的顶上,雕刻着细长的质地坚硬的图案花纹,有的拱面顶端还雕刻着一只形状奇特的石鸟。在围墙的东南部,还有一道同围墙平行的、相隔1米左右的石墙,与围墙形成一条长达百米的狭窄通道,通道尽头是一个类似院子的半封闭区域。围墙里面建有圆锥形石头高塔、石碑、地窖、水井和一些石崖的废基,像是古表宫廷的遗迹。围墙附近还有许多小的房屋,这些低矮的颓垣残壁有可能是一般官员或仆人的住宅区。

在椭圆形大围墙的外面,有一连串形成堡垒的城墙。城墙内有错综复杂的通道、石阶和走廊等。沿着一条陡峭缝隙开凿出来的石梯拾级而上,就可以来到另一处主体建筑:卫城。卫城建在椭圆形大围墙旁边约90米高的悬崖上,居高临下,俯瞰着整个山谷。卫城的城墙随着岩石而起伏,自然地与大弧丘浑融一体。围城全部由花岗岩石砌成,构筑坚固,气势雄伟,可能是一座要塞,供防御之用。卫城的内部,又有许多残破的房屋和复杂交错的通道。在这处遗址上,有冶炼黄金的痕迹。另有一处形似祭坛的建筑,也许是古人们举行宗教仪式的场所。

在整个大津巴布韦的建筑群中,最神秘莫测也最令人费解的是椭圆形大围墙内的圆锥塔。这是一座下粗上细的实心花岗岩建筑,高约20余米,没有任何文字标记。它主要是用雕凿成砖块的平整花岗石堆砌而成,按一定的图案线条规则地砌起。石砖之间没有使用灰浆或其他种类黏合剂结合的任何痕迹,然而石砖之间的连接极为严密,其缝隙竟连薄刃也难以插进去。圆锥塔的外观神秘新奇、精致美观,而且坚固异常,不知经历了多少岁月风雨的磨砺。

自从1868年以来,一批批的欧洲探险家和科学家兴趣盎然地来到非洲南部,在津巴布韦这块突然间变得神奇的土地上寻踪觅迹。反复考察,为的是想要弄清"大津巴布韦"的内在奥秘。神秘的圆塔是他们考察的首选。英格兰考古学家本特曾花费极大的财力和人力在圆锥塔的周围大规模挖掘了一条地道穿过圆锥塔,企图寻找一个入口。为此他搬开了许多石块,但发现塔是实心的,这个入口至今也没有找到——也许它根本就没有人口。这样一来,考古学家们不禁疑窦丛生:这座直刺蓝天的巨塔究竟是干什么用的呢?

人们对此众说纷纭。有人认为该塔的外表形状与当地的粮仓相似,也许是个巨大的粮仓。但由于证明整个塔是个实心的整体,根本就没有用来贮藏粮食的空间。也有人认为它是男性生殖器官的象征物,是古代某种宗教仪式所用的,它代表某种蓬勃的部落精神或部落酋长至高无上的权力。但这些说法最终因缺乏有力的证据,加上又没有史料记载而缺乏说服力。圆锥塔却依然故我,孤自站在那里缄默不言,笑看来客,保守着自己被岁月深藏的秘密。

在 19 世纪末,好事的欧洲人纷纷漂洋过海,竞相来看"津巴布韦"。由于无可考证,他们只能凭借自己的主观臆测来解释"津巴布韦"之谜,但是他们总是用既有的观点来解释问题,竭力否定这个古文明遗址的非洲渊源说,生拉硬扯地将其文明内涵与已属文明连在一起。

对于欧洲人来说,大津巴布韦应该是存在于神话中的黄金国度。他们认为石头城很像欧洲史书上记载的古代以色列国王所罗门的某些圣殿,很可能就是在《圣经·旧约》中提到的所罗门国王的金矿所在地。而卫城就是模仿所罗门国王在摩利亚山上修建的耶和华殿建造的。那座椭圆形的大圆墙则是为了模仿古埃塞俄比亚女王示巴访问所罗门时在耶路撒冷住过的行宫而建筑的。

这种主观臆测,一度激起了欧洲人到石头城寻找黄金的狂热。不少欧洲人来到石头城后,雇用当地的马绍纳人,配以舶来的先进机械在宝贵的遗址上四处乱挖,掘地三尺,把珍贵的文物劫掠一空。除了坚硬的花岗岩石块,其他的一切能拿者尽被拿走,所有那些有可能说明历史真相的文物资料,在还没来得及真正展开研究之前,就遭到了毁灭性的破坏。在后来的岁月里,人们在"津巴布韦"的周围发掘出大量的文物。其中有奇怪的生产工具、锋利的作战武器和精美的装饰品等,还有一些是来自遥远的中国的陶瓷碎片、阿拉伯地区的玻璃珠子、波斯的彩色瓷器以及印度佛教念珠等。由这些出土文物至少可以看出,消失于遥远年代的石头城曾经与古代的华夏及阿拉伯、波斯和印度有过悠久的文化和贸易往来。而众所周知,在中国、阿拉伯和波斯的历史典籍中有关大津巴布韦的记载却极其鲜见。

也许,这些舶来品是从第三者手中转手贸易而得,那么这些第三者又是一些什么人呢?我们无从知晓。由壮观的大圆锥塔就可以看出,其建造垒砌技术已达到了很高的程度,也就是说,圆锥塔的建筑技术足以用文明的字眼来形容。圆锥塔的建设者们在很早以前就已经掌握了建筑学、几何学、力学等方面的高深知识。

这一座座大大小小、远远近近的石头建筑究竟是用来做什么的呢?人们至今也没有弄明白。直到现在所有的只是猜测:有些人认为这里可能是一个业已消失的古老王国的皇城,也有人认为它只是一个巨大的宗教场所。与其他文明遗址不同的是,所有这些石头建筑上都没有任何文字,也没有雕刻的图案或壁画,在这方面与美洲的玛雅城或东南亚的吴哥寺上成片的浮雕迥然有异。而流传下来的世界文典中又没有任何记载,真可以说是无迹可寻。与此相关的问题只能是,何种人在何时运用何种工具和方法来营造了这座宏大瑰丽的石头城?石头城的建造者与当今生活在津巴布韦的马绍纳人和马塔贝莱人有什么样的渊源关系?如果它的建设者是外来人,为什么他们又在某一天突然遗弃了这个地方呢?

由于 1830 年当地曾发生过著名的祖鲁战争,人们由此推测,居住在大津巴布韦的原居民都被全部赶走了,那么他们又迁居到何处了呢?令人不解的是:现在在这片土地上生活的只不过是马绍纳族的一个分支——卡兰加人。他们大多数仍旧居住在非洲低矮、简陋的传统窝棚里,其日常生活和宗教仪式与这些大堆的石块毫无关系。

20 世纪初,关于上述问题,欧美国家的考古学家展开激烈的争论。英国考古学家麦基弗认为，大津巴布韦的建筑风格丝毫也没有古代东方或西方欧洲任何时期的痕迹，因此它只能是出自非洲原居民之手。而另一位英国考古学家霍尔却认为，自古以来非洲原居民就没有修建联建筑的传统，在非洲其他地方也找不到相同的例子，因此，大津巴布韦绝不可能是非洲原居民所建。两派学说都有支持者，但都苦于缺乏证据，谁也无法说服对方。没有人统计过需要多少工人、工作多少时间，才能使这样一座伟大的文明古城屹立在非洲茂密的丛林中，也许他们是怀着对统治者至高无上的权力崇拜。

罗慕洛"抢亲"

据普鲁塔克记载，罗马人有一个习俗，凡是新娘出嫁，人们往往愉快地呼喊"塔拉西乌斯"；结婚时，新娘不能自己跨过丈夫家的门槛，必须由别人抢去，而新娘的头发则用矛头掠开。这个习俗起源于罗慕洛诱抢萨宾妇女事件。

相传，罗慕洛建立了罗马城之后，看到城内大多数男子都没有妻子，而邻邦人又不愿意把自己的女儿送到他们那里去，便决定采用欺骗的办法。他放出风声，说他发现了隐藏在地下的"康苏斯"神的祭坛，并决定8月18日在城内举行盛大的康苏斯节日庆祝仪式。这一天，罗马人举行献祭和赛会，罗马城内热闹非凡，许多萨宾人和其他人都被吸引到那里。正当节日庆祝活动进行得热火朝天的时候，突然，罗慕洛站起身来，折叠了一下自己的外袍，早已准备好的罗马青年立即拔出剑来，呼喊着冲了出去，抢走了萨宾妇女，其他的萨宾人和邻邦人仓皇逃走。在抢夺萨宾妇女的人中间，几个地位低下的人抢走了一个姿容美丽、如花似玉的少女，一些地位显赫的人看了眼红，说要把她带给杰出而有声望的青年塔拉西乌斯。这番话立即得到了其他人的赞成，于是他们边走边呼喊着塔拉西乌斯的名字，以表示对他的敬意。塔拉西乌斯结婚后生活得很幸福。因此，"塔拉西号"就成为罗马人结婚时呼喊的口号。但是，也有人说，这个口号是对新娘嚷的，意思是"纺织"，用以激励新娘辛勤劳动。

罗慕洛诱抢萨宾嫩的事件发生以后，萨宾人与罗马人之间便爆发了战争。但是，萨宾妇女已经和自己的丈夫熟悉，当两军决战的关键时刻，出现了战争史上从来没有见到过的奇异场面，被罗马人强夺的萨宾妇女不顾危险，像着了魔似的奔向战场，有的披头散发，有的抱着孩子，她们对着战场上的死尸堆，失声恸哭自己的丈夫、父亲，喊着亲人的名字，在两军阵前跑来跑去。这动人心弦的场面，引起了双方军队的同情，于是。双方士兵们都主动向后撤离。妇女们站在战线中间开始劝说，恳求罗马人不要拆散已经密不可分的夫妻和母子。于是双方达成了和解。罗马人和萨宾人变成了一个公社，罗慕洛和萨宾人的统帅塔提乌斯共同统治公社。塔提乌斯死后，罗慕洛单独统治这个公社，直至他被玛尔斯用战车带到天堂为止。这就是罗马人结婚习俗的来历。

"彩衣笛手"

在德国下萨克森州的威悉河畔，有一座古老的哈默尔恩小城镇。据说在1284年，该城遭受了鼠疫的袭击，那一年城里来了一位身穿五颜六色服装的"彩衣笛手"，在城里一条"无鼓街"上带走了 130 位天真无邪的孩子，从此音讯杳无，踪迹难觅。迄今为止，哈默尔恩城的"无鼓街"上还有一块刻有记载这一悲惨事件的碑石："1284 年 6 月 26 日，哈默尔恩城的 130 个孩子，被身穿斑斓彩衣的笛手带走，从此杳无踪影……"。到底是谁带走了这些孩子？这和老鼠有什么关联？这 130 位孩子为什么出走？他们又到哪里去了呢？从 17 世纪以来，学者们就开始对这些问题争论不休，持续了几百年而未能做出令人满意的回答。"彩衣笛手"的历史真相究竟如何？目前这个未解之谜每年吸引着数十万游客到哈默尔恩城观光旅行，试解谜底。

有的专家学者认为："彩衣笛手"纯粹是子虚乌有杜撰故事。如同欧美许多历史文学作品中的古老传说一样，它成为后代许多小说家、诗人、剧作家和作曲家的灵感源泉和创作素材。这个民间故事之所以盛传不衰，因为其中包含了一个道德寓言和政治性的讽喻哲理。根据这个传说，在哈默尔恩遭受鼠疫袭击的那一年，来了一位身穿彩衣而来路不明的陌生人，他答应以事先商定的款项为酬劳，将城里的老鼠全部赶走。于是他便吹响手中的笛子，老鼠便鬼使神差地跟着他到城外的威悉河里全部淹死了，但忘恩负义的市民拒不遵守诺言，迟迟不肯支付报酬给他。这位"彩衣笛手"随即吹起笛子，城里的 130 个孩子便跟在他的身后，朝城墙东边的哥本山而去，那里大地开裂，将孩子们吞没殆尽。这些学者指出："彩衣笛手"的故事神乎其神，这个不幸的结局更使民间传说增强了感染力、说服力。这个传说故事的目的是要求人们牢记不可忘恩负义的道德规范，并且讽刺了那些夸夸其谈而不守信用的人，它没有以历史上的真人真事作为依据。

另外一些学者经过考辨论证后认为："彩衣笛手"在历史上真有其人其事。莫里斯·谢博尔特为了解开谜团，翻阅了哈默尔恩博物馆记载这一奇异故事的大量纪念文物和历史书籍，他认为要了解事情的真相，必须首先将捕鼠之事弄得一清二楚。近代科学知识证明了"彩衣笛手"用笛子来诱引捕杀老鼠是完全可行的，他利用高频率的笛声使老鼠的神经紧张而产生紊乱，从而诱使它们纷纷拥入河中自杀。历史上英国就有人使用过一种锡笛，捉鼠人利用锡笛发出的高频率的抖颤音调将成千上万的老鼠驱入陷阱内。在中世纪，在欧洲大陆横行鼠疫是司空见惯不足为奇的。因此，出现一个巡游的抓鼠人利用高频率的笛声把老鼠引向河中淹死，是完全可能的。

那么，"彩衣笛手"又是谁呢？失踪的 130 位孩子又到哪里去了呢？一生中大部分时间用于探究这一历史悬案的汉斯·多贝廷认为"彩衣笛手"是一位蓄有胡须、身材壮实而和蔼可亲的老者，名叫尼古拉·施皮格尔伯格。事情真相是在 1284 年 6 月 26 日的宗教节日，他带领哈默尔恩城的 130 位少年向东迁移到波罗的海沿岸的波美拉尼亚一带去了。尼古拉·施皮格尔伯格是一位德国的移民官，在 1284 年前后经常来往于哈默尔恩和波美拉尼亚之间他的两个弟弟也是负责转运移民的官员，曾经在哈释尔恩城附遇定居过。据史料记载，当 130 位孩子失踪时，施皮格尔伯格也同时销声匿迹了。1284 年 7 月 8 日，在孩子们失踪后的第 11 天。有人在德国什切青港还见到过施皮格尔伯格。什切青港是当时移民的必经之地，距哈默尔恩城大约 250 英里，正好 12 天左右的路程。当时，对于 13 世纪人口稠密的德国城镇来说，人们迫切希望向东迁移开发垦殖，东部被称为"福地乐土"，那里盛产肉类、蜂蜜、小麦，当地斯拉夫人和匈牙利人也欢迎德国移民，他们可以增强防卫力量，用于阻挡来自俄罗斯的侵略和掠夺。于是受王公贵族的支持，当时德国东迁的移民不断增加。在这样的历史背景下，施皮格尔伯格带了 130 个少年向东部迁移是不足为怪的。经过周密细致的考证，汉斯·多贝廷认为在当时的东迁途中，他们所乘坐的航船在波美拉尼亚海岸附近沉没了，施应格尔伯格与130位少年一同罹难了。这就是中世纪记载中所说的哈默尔恩城130个孩子杳然无踪的原委。

直到现在，每逢一年夏季6月26日的宗教节日，哈默尔恩城还上演有关"彩衣笛手"的戏剧，舞台上突出表现儿童扮演的老鼠和当年失踪的少年，几百位孩子还跟在一个身穿彩色服装的笛手后面，在全城穿街走巷。哈默尔恩每年吸引20万名游客到这里观光游览，其中不乏穷究"彩衣笛子"谜底的人。

美洲真有青春泉吗

地理大发现后，美丽而神奇的美洲展现在欧洲人面前，其迷人的风光，奇异的人种和神秘的色彩使之逐渐变成为欧洲人探索各种神奇奥秘事物的场所。16世纪和17世纪初，西班牙人在美洲跋山涉水到处寻找青春泉便是其中典型的一例。

早在12世纪神圣罗马帝国皇帝腓特烈一世(红胡子)的掌玺大臣克里斯蒂安·德马古西亚大主教组织第三次十字军远征时，在其散布的蛊惑人心的宣传中就出现了青春泉的说法。后来在一些法著作里描述说，青春泉的泉水是从天堂的一条河里流出来的；说有56名老兵在这种泉水中洗澡后恢复了其青年时期的体质。此外，一个托名为胡安·德曼德维拉的人宣传道，在其一次幻游中在这种泉水中洗过澡；并说泉水具有各种香味和滋味，且每小时更换一次。到16世纪初，在美洲的加勒比人和卢卡约人中间也传说有个地方有一条河，其水可使人返老还童。欧美大陆上的这些传说，激励了去美洲冒险的一批批西班牙人去找寻神奇的青春泉。

西班牙殖民者胡安·庞塞·德莱昂(1460~1521年)获得王室特许，从1512年起按照中世纪的绘图，寻找青春泉的所在地"比米尼岛"。次年，他又接受了比米尼(可能是巴哈马群岛的安德罗斯岛)和佛罗里达的先锋官委任状。其时，他半信半疑地听到有人发现"如此著名的……使人返老还童的泉水"的消息，在"现今业已形成的自然力几乎同上帝一样(强大的)"基础上，最后相信了青春泉的存在。这样，他就成为第一个在今佛罗里达和巴哈马寻找神奇泉水的人。

埃尔南多·德索托率领的西班牙远征队的一个士兵，在佛罗里达度过了17年，他怀着能返老还童的希望，到处找寻有青春泉水的"约旦河"。据他说，庞塞·德莱昂曾想发现这条河，但是始终没有找到它。1562~1564年间，一个想在佛罗里达定居的法国人曾估计，"约旦河"就在奇科利亚以北不远的地方可以找到；另一个法国人也散布说，他曾同一些250岁以上的人交谈过，他们是些喝过青春泉水的人。直到17世纪末人们还在谈论发现青春泉的事。

在西班牙人对佛罗里达实行殖民化的过程中，人们不断地探索找寻令人神往的青春泉。最终，西班牙的兵士和僧侣在穿过奇科利亚而到达弗吉尼亚的阿哈坎土地时，在途中发现了许多至今还很著名的温泉，它们虽然不能使人返老还童，但至少可以减轻人们的病痛和解渴。这些是否就是西班牙人不辞劳苦找寻的青春泉呢？

关于青春泉的传闻，大西洋两岸的史家们也意见纷纭。西班牙历史学家奥维耶多

(1478~1557年)断言,它是"神话和捏造出来的事情";而西班冠编年史家戈马拉(1511~1566年?)和秘鲁作家加西拉索(1539~1616年),在其著作中只限于转录认为青春泉存在的报道;但是西班牙史学家埃雷拉(1559~1625年)在其《通史》中提到,佛罗里达的一个老酋长的轶事,他在一种神奇的泉水中洗了澡出来后,恢复了精力,娶了一个新妻,并生了几个儿女。然而,人们不禁要问,美洲真的有青春泉来吗?

裴多菲之死

　　席卷欧洲的1848年资产阶级革命刚刚爆发,匈牙利民族解放战争的炮火便在多瑙河畔打响。年届25岁的进步诗人裴多菲·山陀尔以极大热情投入革命运动,他一方面以火热的诗篇号召人民为民族解放而战斗,同时毅然拿起武器投身神圣而残酷的战场,并因卓著的军事才能而获得少校军衔及一枚勋章。

　　匈牙利革命的熊熊烈火极大震撼了奥地利哈布斯堡王朝的统治,奥地利帝国摇摇欲坠。号称欧洲宪兵的沙皇俄国便勾结奥地利开始镇压匈牙利革命。1849年5月8日,沙皇尼古拉一世发表武装干涉匈牙利宣言,并派14万军队分两路进入匈牙利。匈牙利革命军在奥俄两面夹攻的困境中展开了最艰苦也是最后阶段的战斗。7月22日,身为军人的裴多菲同结婚不满2年的爱妻森德莱·尤丽亚诀别。来到驻扎在特兰西瓦尼亚的贝姆将军的军队中。此时,贝姆的军队已经陷入俄奥联军的重重包围之中。7月31日凌晨,最后的较量开始了。裴多菲不顾贝姆的命令,离开后备部队冲到战场的最前线。

裴多菲

　　裴多菲为他的祖国献出了年仅26岁的宝贵生命,实践了"生命诚可贵,爱情价更高;若为自由故,二者皆可抛"的铮铮誓言。正因为如此,鲁迅先生《<勇敢的约翰>校后记》里写道:诗人"死在哥萨克兵的矛尖上"。尽管这是中外学界比较一致的看法,即裴多菲死在瑟克什堡激战,他的尸体同许多匈牙利爱国志士一道被埋葬在有1000多名英灵的大坟冢里;但这并非唯一的说法,因为埋葬时并没有人明确地知道其中究竟有没有诗人的尸体,于是便引出关于裴多菲之死的其他解释。在匈牙利革命失败后的30年内、有许多人并不相信瑟克什堡战场上警告过裴多菲要隐蔽并目击哥萨克兵刺杀过程的那位军医的话,而认为裴多菲不曾战死,仍然活着。这种传说还见诸全国多种报刊和人房代表大会的发言稿,匈牙利人民似乎接受不了诗人战死的悲剧。他们认为裴多菲是被沙俄军队俘虏,并被押到遥远的西伯利亚矿区做苦役。一位被释放的匈牙利战俘返回祖国后发表演说和文章,说西伯利亚的战俘中有一位彼得罗维奇·山陀尔,并多次和他谈过话。他认为这个山陀尔就是裴多菲。波兰革命家维尼耶夫斯基和马利诺夫斯基在西伯利亚服役期间,也都曾见过彼得罗维奇·山陀尔。

更为奇巧的是,西伯利亚东部的布里亚特自治共和国境内的巴尔古金村民中。长期流传着一个名为彼得罗维奇的政治流放犯的故事,乡民们传颂着他的事迹,能描绘出他生前的音容笑貌,并完好保护着葬有这位神秘囚徒遗骸的坟墓。这一情况辗转传到了研究裴多菲的机构,一个由苏联、美国、匈牙利等国的专家组成的科学考察委员会便前往巴尔古金进行了调音,并鉴定了墓中遗骸。苏联科学院西伯利亚分院巴尔古金研究中心将1989年9月21日举行的第二次国际鉴定会议纪要整理成科学报告,报道了许多与裴多菲十分相像的情况。人类学家的鉴定结果表明:墓主身材矮小,瘦弱,前额宽阔,年龄约32岁半,左腿微瘸,缺三个手指,左手比右手动作灵活,左上第三颗牙歪斜且向前突出。而裴多菲的传记亦有传主身体瘦小,弯腰很困难,跛脚,因伤缺三指,左撇子等记载。现代诗人约凯亦在回忆裴多菲时说:"他笑的时候,就露出上面那颗锋利的小虎牙"。这些难道都仅仅是巧合吗?研究报告还指出:裴多菲在战斗结束后被农民救出,隐藏了一段时间后才遭逮捕,被捕后裴多菲化名为彼得罗维奇,战俘营中其他被俘的战友深爱这位坚强的诗人,并没有供出他的真名,于是裴多菲以彼得罗维奇之名被流放到了西伯利亚。

巴尔古金的村民还传说,彼得罗维奇与美丽少女阿努什卡·库兹涅佐娃结为伉俪并喜得爱子;这位神秘人物心灵手巧,擅长钳工、木工,还会配制草药为村民治病;每逢周六他还给村民演节目,而且长于写诗作画,喜欢徒步旅行。而这些又与裴多菲的生平极为相似。传记作家耶舒写道:裴多菲青少年时代常到铁匠作坊去,会用斧子;他曾是巡回剧团演员;由于身体欠佳而常常自己配药治疗;他精于绘画和舞台设计,酷爱散步。此外,裴多菲患有慢性肺病,而考察队亦认为彼得罗维奇死于肺结核。这些又都是偶然的巧合吗?

然而,匈牙利仍有相当一些人对考察报告持怀疑态度,认为上述种种说法仍带有假设和推测性质,还不足相信。

另外,19世纪50年代还有人传说,裴多菲既没有战死,也不曾被沙俄军队俘虏,而是患了疯病,成为流落在多瑙河两岸的乞丐,曾有人在乡下的酒馆里见过他。

苏格拉底死因之谜

公元前399年,古希腊著名哲学家苏格拉底被控以传播异说、毒害青年、反对民主之罪被法庭判处死刑。在受审期间,他拒绝了朋友们帮助他越狱逃跑的计划,打发走妻子和亲属,与他的朋友克里托等侃侃而谈。最后在讲了一番关于灵魂不死的问题后,从狱卒手中接过毒药,服毒身亡。

苏格拉底(sokrates,前469年~前399)出生于希腊雅典城邦。他的父亲是石匠,母亲是接生婆。苏格拉底作为一位哲学家,不喜欢独坐书斋,而是愿意经常接触平民。他喜欢打着赤脚,穿行于雅典的大街小巷,心平气和地与各行各业的人们探讨各种各样的问题。

苏格拉底最早提出神秘的目的论。他认为世界是由神灵创造的。一切都是神灵为了一定目的而安排的。比如,神给人眼睛是为了让人看;给人耳朵是为了让人听;给人鼻子是为了让人嗅。他自称"通晓神谕",常有"灵机"。他说哲学的目的不在于认识自然,而在于认识自己。以"自知其无知"为标榜,宣称自己不是智者而是"爱智者"。他认为研究自然是一种亵渎神明的行为。从而贬低自然科学的存在价值。

苏格拉底还提出"知识即美德,无知即罪恶",主张"真知必行,知行合一"。他主张有知识的人才具有美德,才能治理国家。强调知识的对象是"善"。他有时认为快乐即善,有时又认为禁欲克己的生活即善的生活。

苏格拉底有一个著名的方法:产婆术。他从自己母亲为人接生孩子受到启发,自称是知识的接生婆。在柏拉图的《泰阿泰德篇》中曾记载苏格拉底曾宣称,他自己虽无知,但能帮助别人获得知识,正像他自己的母亲虽年老不能生育,但可以为别人接生。他在和别人讨论问题时,能敏锐地抓住核心概念,

伊索因为才智出众被从奴隶解放为自由民,在成为自由民以后,他曾经游历希腊各地,也曾在吕底亚为官,在他充当国王特使去德尔菲时被诬告亵渎神灵,公元前560年的一天,伊索被德尔菲奴隶主押到爱琴海边一块高耸的岩石上,被推下了山岩……

伊索在世时,他的寓言就在人民中间以口头文学的形式广为流传了,但当时并未编成书。公元前3世纪左右,伊索死后的二、三百年,一个希腊人把当时流行的200多个故事汇编成书,题为《伊索故事集成》,但可惜没有流传下来。公元前1世纪初,一个获释的希腊奴隶,以此书为材料,用拉丁韵文写了寓言100余篇,同时,又有一个人用希腊文写了寓言122篇。到公元4世纪,又有一个罗马人用拉丁韵文写了42篇寓言。以上三种韵文体都保存下来。后来,又有人把韵文改变散文,加进印度、阿拉伯和基督教的故事,并多次汇设法使对方陷入自相矛盾的境地,对其启发,使之逐步达到所谓普遍性的认识。也就是催生了对方深藏于意识中的思想。

苏格拉底是个很特殊的人物,他即有大批热烈的崇敬者,也有大批激烈的反对者。他是个个性十分鲜明的雅典公民。他自称是神灵赐予雅典的一只"牛虻",时时叮咬雅典这匹硕大的骏马,为的是让它始终能够精神焕发。可是有人认为,苏格拉底不像他自己所说的只不过是一只"牛虻",他其实是一个危险分子。就在公元前423年,雅典上演阿里斯托芬的喜剧《云》,此剧将苏格拉底描绘成一个不敬宙斯、伤风败俗、专教别人干坏事的无赖。公元前399年,阿里斯托芬的《云》被法庭利用为苏格拉底犯有渎神罪的证据,有人因此认为苏格拉底被处死是罪有应得。

有的人认为,苏格拉底被处死的根本原因在于他曾组织过一个贵族小集团,进行仇视平民的活动。但从他的出身来看,他生长在一个普通的小手工业者家庭,年轻时还从事过石匠工作,而且他一直反对物质享乐,应该说他与贵族始终保持着距离。虽然他的学生中有不少人出身贵族,但这并不能说明苏格拉底倾向贵族。他整天打着赤脚与平民百姓津津探讨人生哲理,这怎么能说他仇视平民呢?显然对苏格拉底的这种认识是站不住脚的。

公元前404.年,雅典由于在伯罗奔尼撒战争中失败,由斯巴达支持的"三十僭主"取代了民主政体。三十僭主的头目就是苏格拉底的学生克利提阿斯。苏格拉底敢于抵制克利提阿斯的非法命令,公开表示对他的反对。有一次,克利提阿斯要苏格拉底带领四个人去逮捕一个叫列昂的富人,侵夺其财产。但苏格拉底公然违命,愤然离去。克利提阿斯对自己的老师也相当反感,他不准苏格拉底反对民主政体有失偏颇,因为他同样反对三十僭主统治。也许正是他这种疾恶如仇的品质,使得无论民主派还是三十僭主的统

治者都不喜欢他。所以有人认为,苏格拉底被处死是一桩历史性的悲剧。

法庭判决苏格拉底毒害青年,说来也大可商榷。他一直注重美德的培养。他反对人们追求物质享受和社会地位,强调人应该注重自身的素质和德行的完善,过一种文明而俭朴的生活,他甚至规劝过克利提阿斯要潜心向善,这哪里是要"败坏社会公德"呢?

在得知自己将被判决之前,苏格拉底理直气壮地宣称自己无罪。他觉得自己的言行不仅不是犯罪,反而是有利于社会;他认为自己应该得到在雅典王城的圆顶厅终生享受国家提供的免费餐的待遇。后来,在一些朋友的规劝下,苏格拉底稍做让步,提议法庭对自己罚款 30 明那。可是法庭却执意判处他死刑。对此,苏格拉底无怨无恨,表示自己应该服从国家的法律和法庭的判决。

苏格拉底死了,但两千年来人们对他的死争论不休。在他当时被人控告后。他的学生柏拉图和色诺芬就勇敢地站出来为他申辩,捍卫老师的尊严。这些申辩言论保存在《苏格拉底的答辩》《会饮篇》和《回忆苏格拉底》等著作中。

柏拉图的对话录《斐多》描绘了苏格拉底饮鸩当日与门徒关于正义和不朽所做的探讨,他因信念而选择死亡,而对死亡尚能毫无惧色侃侃而谈,在历史上还没有先例。

如果他要苟且偷生,完全可以逃往其他城邦,或答应从此以后保持缄默,不再与人探讨。但他却不肯放弃他的信念,宁可一死。

在苏格拉底一案中,一方是追求真理、舍生取义的伟大哲人,另一方则是以民主自由为标榜,被视为民主政治源头的雅典城邦。法庭审判第一轮投票,以 280 票对 220 票判处苏格拉底有罪。这时轮到苏格拉底为自己辩护,他不仅坚称自己无罪,甚至骄傲地宣称自己有助于城邦应该得到城邦的优礼有加,终于激怒了陪审团,第二轮投票中居然以 360 票对 140 票判处了苏格拉底死刑。雅典民主派显然被苏格拉底的自辩弄得恼羞成怒。

苏格拉底既无确凿的犯罪行为,其言论也没有导致直接的伤害,因此判决是否合理让人议论纷纷。但足见苏格拉底对当代及后世影响巨大,令某些人反感和惧怕。苏格拉底生前曾教导过大批学生,虽然他被处死了,但其思想却不乏继承人与发扬光大者。

柏拉图的"乌托邦"之谜

公元前 407 年左右的某一个夜晚,在外忙碌一天的苏格拉底回到了自己简陋的住处,倒头就进入了梦乡,这个夜晚苏格拉底做了一个让他自己都觉着不可思议的梦:梦见在一个遥远的地方,苏格拉底正坐着思索问题,突然一个美丽的天鹅从远处飞来,打断了他的思路,他正要抬头看看发生了什么事,没想到这只天鹅一下子就站在了他的膝盖上,转眼间羽毛丰满起来,然后唱着动听的歌儿飞走了。这奇怪的梦到底意味着什么呢?苏格拉底百思不得其解。第二天,有一个身材高大,长相英俊的青年来拜访,苏格拉底大为吃惊,苏格拉底的智慧也让这位青年佩服得五体投地,两人大有相见恨晚的感觉,那青年当即拜苏格拉底为师,苏格拉底也欣然收他为徒。联想到昨天晚上的梦,苏格拉底顿然醒悟:莫非是上帝给他派来了这么一个徒弟,他会成为自己最有出息的学生。这个青年就是柏拉图。

公元前 427 年,柏拉图出生在雅典的一个显赫的贵族世家,他的父亲是古代国王的后裔，母亲是伟大的立法者梭伦的后代。他的原名叫亚里斯多克功，他的一个老师见他身材高大，体格健壮，便给他取了一个外号，叫他"柏拉图"，意即"大块头"。从此，柏拉图接受了这个名字，其真名反而少为人知了。因为出身名门贵族，柏拉图少年时代受到了最好的教育，他广泛地学习哲学、天文学、数学等等，也曾一度沉浸在音乐、美术和文学的陶冶中。二十岁时，柏拉图为苏格拉底的人格魅力所迷惑。像中了催眠的符咒一般将喜欢的诗歌焚毁，忘却了钟情的戏剧和运动，去追随这位大师。他跟随苏格拉底求学，有十年左右。二十九岁那年，苏格拉底的死对柏拉图刺激很大，他因此突然卧病不起，以至失去了赶赴狱中与老师诀别的机会。后来他愤然离开了雅典，周游世界，到过埃及、昔兰尼、麦加拉和南意大利。公元前 388 年，柏拉图去了西西里岛的叙拉古，他想用自己的政治学说说服叙拉古国王，遭到了对方的拒绝，辗转中成为战俘，幸得友人为其赎身，才回到雅典。

柏拉图

公元前 387 年，四十岁的柏拉图回到了雅典，他创办了著名的阿卡德米亚（Academia）学园，因此柏拉图学派也叫学园派。英语所谓学院、研究院、学会——Academy 即从此衍义。这是希腊也是欧洲第一所有正式名称、有具体地点的正规学府。柏拉图后半生的四十年时间，基本上在这个学园中度过，在学园中，他找到了他一生真正的工作，那就是他哲学思想的形成。柏拉图一生以对话的形式表达他的哲学思想，把他瑰丽的思想表述在三十多篇优雅动人、深奥机智的对话中。这些对话的语言充满迷人的魅力，弥漫着幽默睿智的气息，被人称为"贵妇人哲学"。

柏拉图把世界分理性世界和感官世界，他以著名的"洞穴比喻"来解释感官世界和理性世界的关系。他把人们生活的感官世界比喻为黑暗的地下洞穴，洞穴中的人们背向洞口，双腿和脖子被束缚着，不能回头，只能看到洞穴的后壁，根本看不到洞穴之外阳光普照的真实世界，即理性世界。如果洞穴中的人设法挣脱了锁链，终于爬出洞穴，看到了外面的真实世界，他就会逐渐发现自己的无知。哲学家就是从现实的影子出发，去追寻自然界所有现象背后的真实概念，他们是追求真理的人。

柏拉图的《理想国》是其代表作，西方哲家几乎都认为这篇对话是一部"哲学大全"。柏拉图设计了一个体现公正的、真善美统一的理想国，这个国家的统治者是最优秀的老年人——哲学家。在柏拉图的构想中，一个国家应该像人体由头、胸、腹三个部分组成一样，国家的头是统治者，胸是战士，腹是群众。统治者必须有智慧，卫士必须要勇敢，群众则应当节制。这三个等级各司其职、各安其位，国家就能达到和谐与公正，处于至善的最佳状态。这种最佳状态也必须由理性来统治。就像人体由头部来掌管一样，国家必须由哲学王来统治。柏拉图的理想国对后世影响很大，他所虚构的"乌托邦"多次被后人继续构想，甚至得到实现。直至 20 世纪，理想国的幽灵还在许多国家游荡。

由此可见，在西方柏拉图就是哲学奥林匹斯山上的宙斯。

亚里士多德之谜

亚里士多德(Aristode),公元前384年生于富拉基亚的斯塔基尔希腊移民区,他的父亲是马其顿国王的侍医,亚里士多德17岁时,就被父亲送到当时著名的柏拉图学园,在那里他学习了20年。由于他勤奋刻苦,涉猎广泛,很受老师柏拉图看重。可是,柏拉图又说:"要给亚里士多德戴上缰绳。"意思说,亚里士多德非常聪明,思维敏捷,不同于一般人;不加以管教,就不能成为柏拉图期望的人。

在学园里,亚里士多德经常和柏拉图争论,他不同意柏拉图把真实存在看成是"人的理念"的唯心观点。亚里士多德很尊敬他的老师,但是,在很多问题上,他又有着自己独立的思考和见解。他曾说过这样一句话:"我爱我的老师,但是我更爱真理。"

亚里士多德

亚里士多德对世界的贡献之大,令人震惊。他至少撰写了170种著作,其中流传下来的47种。他的科学著作涉及天文学、动物学、胚胎学、地理学、地质学、物理学、解剖学、生理学,他的写作涉及德、形而上学、心理学、经济学、神学、政治学、修辞学、教育学、诗歌、风俗,以及雅典宪法。

亚里士多德把科学分为三类:一、理论的科学(数学、自然科学、后被称为形而上学的第一哲学);二、实践的科学(伦理学、政学、经济学、战略学、修辞学);三、创造的科学,即诗学。同时,他认为分析学或逻辑学则是一切科学的工具。

在天文学方面,亚里士多德创立了运行的天体是物质实体的学说。他认为最外层的恒星球层是由处于宇宙边缘的原动天或者不动的推动者推动的。原动天或不动的推动者统率着一切天体和整个宇宙。亚里士多德设想,天体和地球由各种不同材料组成。一切处于月层下面的东西都是由四种元素土、水、气、火组成,天体则由第五种,而且更纯洁的元素"精英"组成。

在生物学方面,亚里士多德考察过小鸡和其他动物在胚胎成长期中形成的发展,动物初生的成熟程度是他的动物分类法的一个重要标准。亚里士多德曾指出鲸鱼是胎生的。他还认为,各种生物形成一个连续的序次,从植物到人逐渐完善起来。

在物理学方面,亚里士多德认为,各物体只有在一个不断作用着的推动者直接接触下,才能保持运动,否则物体就会停止。这种推动者或在物体内部,如生物;或在物体外面,如物体受到外力推动或拉引那样。均匀的物体,只能靠外来的推动而运动,因此,任何运动,都是通过接触而产生的。亚里士多德反对原子论的"世界是由真空和原子组成"的观点。他认为空间必须是一个物质的连续体。

亚里士多德的著作《工具论》《形而上学》《物理学》《伦理学》《政治学》《诗学》等,对后来的哲学和科学的发展影响颇深。还可以说,在希腊科学史上,亚里士多德标志着一个转折点，因为他是最后提出一个整个世界体系的人。

《工具论》主要论述了演绎法，为形式逻辑奠定了基础，对这门科学的发展具有深远的影响。

《物理学》讨论了自然哲学存在的原理：物质与形式、运动、时间和空间等方面的问题。他认为要使一个物体运动不已，需要有一个不断起作用的原因。

《论天》一书中开始讨论物质和可毁灭的东西，并进而讨论了发生和毁灭。在这个发生和毁灭的过程中，相互对立的原则冷和热、湿和燥两两相互作用，而产生了火气土水四种元素。

《气象学》讨论了天和地之间的区域，即行星、彗星和流星的地带；其中还有一些关于视觉、色彩视觉和虹的原始学说。第四册里叙述了一些原始的化学观念。在现在看来，亚里士多德的气象学远不如他的生物学著作那样令人满意，然而这部著作在中世纪后期却有很大的影响。

亚里士多德的其他重要著作有：《形而上学》《伦理学》《政治学》和《分析前篇和后篇》等。这些著作对后来的哲学和科学的发展起了很大的影响。

在哲学方面，亚里士多德最大的贡献在于创立了形式逻辑这一重要分支学科。逻辑思维是亚里士多德在众多领域建树卓越的支柱，这种思维方式自始至终贯穿于他的研究、统计和思考之中。

柏拉图死后，亚里士多德离开学园。从公元前343年起，他给当时的马其顿王国王太子亚历山大当老师。亚历山大继承王位后，亚里士多德来到雅典办学。

他首先提出了对青年学生必须进行"智育、德育、体育"三方面的教育，并且提出了划分年级的学制。他主张，对于7岁到14岁的儿童，国家应该为他们办小学，让他们学习体操、语文、算术、图画和唱歌。对于14岁到21岁的青少年，国家应该为他们办中学，教他们历史、数学和哲学，他创办了吕克昂学园。这个学校是古希腊科学发展的主要中心之一。亚历山大国王十分支持亚里士多德办学，据说先后提供了800金塔兰（每塔兰重合黄金60磅）的经费。亚里士多德在学园里建立了欧洲第一个图书馆，里面珍藏了许多自然科学和法律方面的书籍。

亚里士多德的教学思想是建立在他的人性论、认识论及其对于儿童身心发展考察的基础之上的。他把人的灵魂分为两个部分，一是非理性灵魂，其功能是本能、感觉、欲望等，二是理性灵魂，其功能是思维、理解、认识等。他认为在人的认识过程中，灵魂的主要基本功能是感觉和思考。灵魂借助于感觉器官而感知外界事物，那被感觉的东西是不以人的意志为转移的，从而承认感觉在认识过程中的地位和作用。

亚里士多德为其哲学学校设立了"百科全书"式的课程。他主张学生在德、智、体、美等方面全面发展，且在不同时期各有所侧重。幼儿期以身体发展（体育）为主；少年期以童乐教育为核心，以德、智、美为主要内容；高年级要学习文法、修辞、诗歌、文学、哲学、伦理学、政治学以及算术、几何、天文、音乐等学科。但不管怎样，重心都应放在发展学生的智力上。他特别强调音乐在培养儿童一般修养上的作用。

在教学方法上，亚里士多德重视练习与实践的作用。如在音乐教学中，他经常安排儿童登台演奏，现场体验，熟练技术，提高水平。在师生关系上，亚里士多德不是对导师一味言听计从，唯唯诺诺，而是在继承的基础上敢于思考、坚持真理、勇于挑战。

亚里士多德集中古代知识于一身,在他死后几百年中,没有一个人像他那样对知识有过系统考察和全面掌握。他的著作是古代的百科全书。恩格斯称他是"最博学的人"。

在亚里士多德之前,科学还处于胚胎时期,亚里士多德孕育了这一胎儿并使它降生。希腊人之前的文化都是用超自然的力量来解释自然界的每种神秘变化的,到处都是神的作用。

公元前 323 年,亚历山大死后,雅典人激烈地反对马其顿的统治。有人告发了曾做过亚历山大老师的亚里士多德,准备将他逮捕。亚里士多德的学生及时得到消息,帮助护送着他们的老师,逃出雅典,来到亚里士多德的故乡优卑斯亚岛的卡尔喀斯城避难。第二年夏天,这位伟大的思想家、哲学家、在凄凉的境遇中死去。

但亚里士多德影响深远,亚里士多德的思想对西方文化产生了深刻的影响。在上古及中古时期,他的著作被译成拉丁文、叙利亚文、阿拉伯文、意大利文、希伯来文、德语和英语。以后的希腊学者研究及推崇他的著作,拜占庭的学者也是如此。他的思想是中世纪基督教思想和伊斯兰经院派哲学的支柱。伊斯兰世界最重要的思想家阿威罗伊,将伊斯兰的传统学说与亚里士多德的理性主义融合成自身的思想体系。

随着亚里士多德作品的不断被发现,中世纪出现了一个研究亚里士多德主义的新时代,学者们以此作为求得各方面真知识的基础。

亚里士多德作为古希腊一位集大成的学者,他的智慧从何而来呢?

维吉尔的诗是抄袭的吗

维吉尔是古罗马最伟大的诗人。在他生前,他的作品一直被贬斥。在他死后,随着时代的变迁,他的诗却被推崇备至。

维吉尔出生在意大利曼图亚安第斯的一个农庄,童年是在克列蒙纳度过的。当时他的父亲依靠任职宫廷时节省的钱财,买了一座农场从事养蜂工作。在静谧的农场里,那林野、那溪水都给诗人留下了终生难忘的回忆和无比的快乐。十二岁以后,他先后在克列蒙纳、米兰和罗马接受教育,对希腊、罗马作家特别是诗人有透彻的了解,并且在修辞学和哲学方面受过完备的训练。他的青少年时代是在内战中度过的。他的地产曾被退伍军人强占,后来大概经过有权势的友人斡旋后才收回。他对长年内乱深恶痛绝,对于军事和政治生活从不参与。成名后,他很少去罗马,每当在大街上人们尾随他指指点点时,他便就近躲入人家避开他们。甚至当罗马大帝屋大维将一个流放者的财产赠予他时,他也没有接受。

维吉尔身材高大魁梧面色黝黑,有一副农人的相貌。但是他的健康情况并不好,特别是常患胃病、喉病及头痛病,还有出血现象。可能由于这方面的原因,他终身未娶,只是爱国少年,尤其钟爱受过教育的塞贝斯和亚历山大。在他一生大部分的时间里,他的言语和思想都非常贞洁,以至于他在那不勒斯被大家称作"处女"。他几乎像一位隐士,毕生的心血都用在诗和有关诗的研究上,他仿佛是为诗歌而生的一位天才。

据研究,维吉尔第一次尝试作诗时仍然是个孩子,他写了关于一个名叫巴列斯达的男教师的两行诗,此人因有抢劫的坏名而被石头砸死。后来他写了《卡达勒普顿》《普列阿培亚》《讽刺诗》《狄赖》，十六岁时又写了《白鹭》和《蚊虫》。《蚊虫》的故事是这样的：一个牧羊人因为暑热而熟睡在一棵树下，一条蛇向他爬来，同时从沼泽地飞来一只蚊虫叮咬了他的前额，牧羊人立即打死蚊虫，并杀死了蛇。但是上述这些诗作是否为维吉尔所作，目前还有争议。维吉尔确实可考的最早诗作是在公元前 42 年到前 37 年间写的十首《牧歌》。这些《牧歌》是田园的速写，是罗马有史以来最富旋律美的六行诗，充满了哀思的柔情与罗曼蒂克的热爱。人们从他的诗中仿佛可以听到伐木人的快活歌声，感受到蜜蜂忙碌的飞翔声，体会到那个空虚失望的农民像千千万万的其他农人一样丧失了土地。《牧歌》一发表就获得成功，致使歌唱家也常在舞台上演唱它。公元前 36 年到公元前 29 年，维吉尔又发表了著名的《农事诗》。在诗中，他用精心雕琢的诗篇，忠实地描述了土壤的种类及处理、播种及收割的季节、橄榄与葡萄的种植、牛马羊的饲养以及对蜜蜂的照顾。他用体谅和同情的态度描述了一般的农家动物，他永远不厌其烦地欣赏它们单纯的个性、真挚的感人力量以及形体的完美，他真实地再现了辛苦与荣耀的变迁、令人疲困的劳动、无休止地与昆虫战斗、旱灾与暴风雨的无情洗劫。由于当时罗马迫切需要恢复农业，以解决因粮食匮乏所产生的威胁，维吉尔的《农事诗》真实地反映了这种要求，因此受到当权的屋大维的重视，他接连四天聆听维吉尔朗诵长达两各行的《农事诗》。当然，最终使维吉尔成为伟大诗人的还是《埃涅阿斯纪》。

《埃涅阿斯纪》写于公元前 30 年到公元前 19 年，长达十二卷。这首卷帙浩繁的史诗叙述了特洛伊城被希腊人攻陷后，埃涅阿斯从那里逃出，最后到意大利建立罗马的故事。公元前 31 年，屋大维战胜安东尼，结束了内战，成为罗马世界的唯一统治者。他努力唤起罗马人的民族自豪感，并要罗马人重视自己古老的宗教和传统的道德观念。屋大维和维吉尔都认为罗马肩负着神圣的使命，先是征服世界，然后在各民族中传播文明和法制。《埃涅阿斯纪》正好表现了罗马民族的成就和屋大维时代的理想。维吉尔用十一年写的《埃涅阿斯纪》没有最后定稿就去世了。据说，他死前表示要把诗稿烧掉，幸亏他的异父兄弟没有按照他的要求去做，否则我们今天就不会看到这样划时代的巨作了。

维吉尔一生并非坦途，除了糟糕的身体外，他在成年时就失去了双亲，他的两个弟弟也很早死去，可以说在人生的早期阶段，他就饱尝失去亲人的痛苦和病痛的煎熬。更让他痛苦的是，他在诗歌上取得巨大成功的同时，也承受了来自各方面人士对其作品的诋毁。《牧歌》问世后，一个名叫努米托里乌斯的人写了一本题为《反牧歌》的诗集，这是一本非常乏味的讽刺模拟作品。卡维利乌斯·皮克托写了一本题为《对埃涅阿斯的鞭笞》也是反对《埃涅阿斯纪》的。马尔库斯·维普珊尼乌斯认为维吉尔是一种矫揉造作的新语言风格的发明者，这种语言既不铺张又不简洁，是用通俗的词汇组成的，因而是不明白的语言。赫伦尼乌斯专门搜集他的不足之处，而佩勒利乌斯·福斯图斯专门搜集他的剽窃。更有甚者，克文图斯·屋大维乌斯·阿维图斯所编的八卷题为《相似》一书中，收罗了维吉尔所有借用来的诗句，并附有他们的出处。面对大量的指责，维吉尔愤怒地回敬："我的批评家们为什么不也尝试一下同样的剽窃？假如他们这样做了，他们就会懂得，从荷马那里偷窃一行诗不比从赫库利斯那里偷来大棒容易一些。"也许正因为这些毫无道理的指责，维吉尔才决定临终前把《埃涅阿斯纪》焚毁。到了后世，维吉尔的作品才真正受到公正的待遇。他的诗成为人们学习拉丁文的必读课本。到了中世纪，基督教徒又用《埃涅阿斯纪》的内容去附会他们的教义，如预言基督的诞生。意大利的但丁在《神曲》中把维吉尔当成把作者从地狱和炼狱引到天国门口的向导。英国的弥尔顿的著名作品《失乐园》就完全以《埃涅阿斯纪》为楷模。

维吉尔的诗歌终于在历经岁月的洗礼后,被公认为在形式和伦理内容上都达到了尽善尽美的境界。

菲特烈为何被称为"文艺复兴者"

在欧洲中世纪,曾经出现过一个神圣罗马帝国。公元962年,德意志国王、萨克森王朝的奥托一世的罗马由教皇约翰十二世加冕称帝,成为罗马的监护人和罗马天主教世界的最高统治者。从公元1157年起,帝国被称为神圣罗马帝国,其极盛时期的疆域包括近代的德意志、奥地利、意大利北部和中部、捷克斯洛伐克、法国东部、荷兰和瑞士。公元13世纪,神圣罗马帝国出现了一位著名的皇帝,他就是菲特烈二世(1194~1250)。

菲特烈走上权力顶峰的历程并不平坦。母亲在四十二岁时才生下他。他自幼就在不受重视甚至贫困中成长,以至于巴勒莫一些稍具怜悯心的公民常常带些食物给这位无人照顾的皇帝遗孤。他被允许在那些人种混杂的首都街道市场上自由游荡,随心所欲地结交朋友。他虽然没有接受过系统的教育,却以其敏锐的心智,从其所见所闻中学习了阿拉伯文、希腊文以及一些犹太人的典故,熟悉了不同的种族、服饰、风俗、信仰,成为一个知识精深博大的人。在复杂的政治、军事形势中,经过艰辛的努力,菲特烈最后在公元1220年在罗马圣彼得大教堂由教皇加冕为神圣罗马帝国皇帝。对于菲特烈,有人称赞他为"欧洲第一等的人才",有的人称赞他为"世界上最奇妙的改造者及不世出的奇才"。其实,菲特烈对后世的影响不仅仅表现在政治上,更重要的是其个性与思想影响了文艺复兴时代的人文主义者和哲学家,被誉为文艺复兴时代前一世纪的"文艺复兴者"。

菲特烈在动乱时代长大,确信没有强有力的中央政权,人们将因犯罪、无知和战争而毁灭自己或导致贫困。他认为社会的秩序较人民的自由更具价值,并认为有能维持秩序的统治者得尽享一切荣华。为此,他制定法典,剥夺贵族的立法、司法及铸币的权力,而将这些权力集中在国家手里,显示出开明专制主义和国家集权制度的萌芽思想。为了使统一强大的国家更加庄严神圣,而无须依赖敌视他的基督教,他力图恢复罗马皇帝所拥有的威严与光荣。在他精致的硬币上,没有印上任何基督教字样,只刻着"罗马帝国恺撒奥古斯丁",反面是罗马鹰,周围环绕着他的名字。他还告谕他的臣民,皇帝在某种意义上就是上帝的儿子,他制定的法律就是神圣正义的法典化。

对于拥有世俗权力的教皇,菲特烈公开地敌视,也因此被称为"敌基督者"。在平定意大利各地的叛乱中,他发布改革宣言,谴责教士恣意放肆,不断地搜刮财富,而他们虔敬的心却在逐渐消失。在西西里,他没收教会的财产来支持其战争。他逐渐地平定叛乱,从每一个城市带走基督徒作为人质。如果这些城市再叛乱,他就将这些人质乱刀砍死。在犯人中,如果发现有人是教皇的信差,就砍掉他们的手足。由于信仰伊斯兰教的阿拉伯人不易为基督徒的眼泪和威胁所动,菲特烈故意利用他们作刽子手。

菲特烈尽管没有受过正规的教育,却博学多才。他能说九种语言,写七种文字,可以用阿拉伯文和卡米尔通信,用希腊文和他的女婿通信,用拉丁文和西方世界通信。他的一些同伴还将罗马古典文学翻译成拉丁文形式。他们热切地探寻并效法古典文学的精神,几乎预示着文艺复兴的人文主义的到来。菲特烈自己还是个诗人,他用意大利文写的诗曾经受到但丁的赞赏。到了晚年,他对科学和哲学更为重视。他博览许多阿拉伯文的重要著作,将伊斯兰教与犹太教的科学及哲学家带到自己的宫廷,酬以巨款,要他们将希腊及伊斯兰教的科学古籍翻译成拉丁文。他非常爱好数学,曾说服埃及苏丹将一个非常著名的数学家哈尼非送给他,他还与当时基督教世界中最伟大的数学家费伯纳西关系密切。他不仅向宫中的学者质询科学及哲学问题,也向远在埃及、阿拉伯、叙利亚和伊拉克的许多学者求教。他拥有一些动物园,并根据小心观察动物交尾期及饲育期所作的记录来制定禁止狩猎期的有关法律。他解剖尸体,并拥有令人惊异的解剖学知识。为避免四周学者的学问随着他们的离世而消失,菲特烈在公元 1224 年建立了一所那不勒斯大学。这是中世纪不受教会约束的为数不多的大学。在这所大学里,他高薪聘请在科学及各种艺术方面有高深造诣的学者来任教,设立奖学金以使那些家境清寒而优秀的学生得以就学。为防止人才外流,他禁止在他统治的西西里的青年到别处接受更高等的教育,并希望那不勒斯能很快成立一所法律学校,以训练公共行政人才。

在某一限度内,菲特烈给予王国内各种不同信仰崇拜的人以自由。尽管希腊东正教徒、天主教徒、伊斯兰教徒和犹太教徒都不能在大学里任教,也不能任官职,但是他们都被允许平安无事地举行其宗教礼拜。伊斯兰教徒及犹太人必须穿着他们自己的服装,以便和基督徒有所区别。他对犹太人采取特殊政策,不仅宫中有几位犹太学者,而且在公元 1235 年,当福达的犹太人被控告在仪式中杀死一个基督徒小孩并取他的血时,他竟然祖护他们,谴责这仅是一个残忍的传说。

文艺复兴时代专制君主们刚健狂妄的才智表现,正是菲特烈个性与思想的反映,但却没有他所具有的优雅与风度。在菲特烈的思想及宫廷中,古代典籍代替了《圣经》,科学理性的思索代替了信仰,自然代替了上帝,必然之现象代替了上帝的保佑。正因为如此,菲特烈被认为是文艺复兴时代前一世纪的"文艺复兴者"。但是菲特烈毕竟生活在基督世界里,他的自由思想不可避免地打上了时代的烙印。在他患痢疾病倒时,他竟然要求教皇赦罪,最终获得宽恕。去世时,这位自由思想者穿着的依然是僧侣的长袍。

诗人乔叟之谜

威斯敏斯特教堂不是一般的教堂。相传东撒克逊第一个信奉基督教的国王塞伯特在泰晤士河中一个小岛上建一教堂。该岛后来即被称为威斯敏斯特,意为西部礼拜堂。根据确凿记载,圣邓斯坦在约公元 960 年扩建和改建了这座教堂,成为一座隐修院。公元 1065 年,英格兰国王爱德华在原址上重建了一座十字形平面教堂,后来称为威斯敏斯特教堂。自威廉一世以后,除两位未加冕的英王爱德华五世及爱德华八世外,历代英王均在此加冕。许多国王和名人也葬在此。乔叟(约 1342～1400)可能是第一个葬在此处的伟大诗人。

乔叟能够葬在该处,这对一个平民来说的确是一种殊荣。对于乔叟为何能葬在该处,人们却说法不一,有人只简单地认为恰好他死时借住在该处,所以葬在那里。其实,乔叟能够葬在那里，主要与他和政府的关系以及他在诗歌上所取得的伟大成就有很大关系。

乔叟出生于伦敦一个富裕的中产阶级家庭，他的父亲是一个很有地位的酒商。乔叟早期的教育情况不详，只知道他除精通本国语言英语外，还通晓法语、拉丁语和意大利语。公元1357年，他进入宫廷，成为克拉伦公爵的家仆。两年后，他被调往法国作战，失败被俘，不久由爱德华三世赎回。公元1367年，他当上了英国皇家卫士，随国王爱德华三世到处领略英国风光。派遣文人担任外交使命，这在当时是一种惬意的时尚，特别是对拥有语言天赋的乔叟来说再合适不过了。公元1372年，他与其他两位代表出使到意大利的热那亚商谈贸易协定。公元1378年，他与贝克利·爱德华男爵前往米兰。公元1374年到1386年，他充任关税与补助金监督。公元1385年，他受命为肯特郡的调解法官。公元1386年，他被选入国会。可以说，乔叟作为一介文人，在英国充任了很多公职，先后得到了爱德三世、查理二世和亨利四世的信任和帮助。如乔叟退休后，经济状况日益窘迫，最后甚至为了六先令八便士这点小数目，也低头求助于国王。公元1394年，为了解决他的生计问题，查理二世赐给他每年二十镑的年金，以终其一生。但这笔钱并不够用，他再次向国王乞求每年赏一大桶酒，结果也如愿以偿。乔叟与国王这种密切关系，特别是公元1381年他被查理二世任命为威斯敏斯特及有关皇家宅邸之司账，从此与威斯敏斯特结下了不解之缘。这应该是他能够葬在该处的一个重要原因。

乔叟死后之所以能够享受那样的殊荣，还因为他是英国莎士比亚时代以前最杰出的作家和最伟大的诗人之一。他的第一部重要作品是公元1369年至1370年创作的《公爵夫人的书》。这是一首悼亡诗，全诗一千三百余行。他在这首诗里巧妙地运用第一人称来叙述，展示了他运用中古英语诗句表现日常会话的技巧及在宫廷诗歌传统的范围内塑造现实人物形象的动力。14世纪70年代，乔叟创作的最主要作品是《声誉之宫》，全诗长达两千余行。该诗表明他已经能够得心应手地运用八音节双韵体诗，确立了轻松、逗笑和略带讽刺的笔调。14世纪80年代，他还创作了包括《百鸟会议》《贞节妇女的传说》《特罗伊拉斯和克莱西斯》在内的大量诗篇，其写作技巧日趋成熟。当然，给乔叟带来不朽声誉的还是他的《坎特伯雷故事集》。

《坎特伯雷故事集》创作于14世纪90年代，虽然乔叟未能完成原先的创作计划，但是全诗已经构成一个有机的整体，而不是拼凑在一起的残篇。在这首长诗中，他叙述了约三十名朝圣者骑马从伦敦前往坎特伯雷城朝拜殉教圣人托马斯·阿·贝克特的圣祠。他借他们的口讲述了积存在自己心头已经半个世纪以来的故事与思想。这种把很多故事编辑在一起的手法，虽然曾经使用过多次，但以这次最成功。意大利薄伽丘在《十日谈》里搜集了一百多个不同阶层的男女人物，但他却没有突出展示他们不同的性格。乔叟却塑造了迥异而又真实的人物，用这些人物表现英国生活，似乎历史上的芸芸众生更为真切。这些人有骑士之子，有侍候骑士及骑士扈从的家仆，有迷人的修女，有喜好狩猎的酒肉和尚，有榨取信徒口袋无出其右的修道士，有年轻的哲学学子，有一位充满神圣思想与善行的穷牧师，有鼻顶上有颗疣、上面长着一撮像母猪耳朵上的鬃毛一样红毛的磨坊老板，另外还有商人、讼师、自由产业人、木匠、织布匠、染匠、厨子和船夫。这些人不仅真正生活在大地上，并且真正在熙熙攘攘地来往。他们能爱、能恨、能哭、能笑，他们沿路策马前行时，我们不仅听到他们所说的故事，还可以从中感受到他们本身的烦恼、争吵与人生观念。诗中若干对自然美景的赞颂,虽然有些陈词,但是由于出自作者的内心,加以语言的自然流畅、浑然天成,也展示出极其活泼的画面。诗中药涵着浓重的幽默,总的来说是健康的,真实地展示了面对清教徒的枯燥生活,酒足饭饱的英国人那种称心如意的幽默和狡猾的机智。诗中所使用的东英格兰中部方言,成为后世足以表达思想上一切典雅和精致的英国文学语言。

尽管一直担任公职,受到历代国王的推崇,并且创作出当时就颇受欢迎的诗篇,但是乔叟晚年生活一直处于入不敷出的状态。由于喜欢豪饮,他经常欠债。1898 年,他因欠十四镑钱而受到控诉,竟然无力偿还。一个伟大的诗人就这样走到了人生的尽头。还好,他被葬在威斯敏斯特教堂,这也算是对他的一点慰藉吧!

薄伽丘的情感之谜

薄伽丘(1313~1375)是欧洲文学史上最重要的人物之一,意大利文艺复兴时期人文主义的先驱。他不仅以其《十日谈》名垂后世,还以与玛利亚·阿奎诺的恋情而名噪一时。这个女人几乎支配了薄伽丘在《十日谈》以前的文学活动,这令许多人迷惑不解。

玛利亚·阿奎诺是个私生女。她十五岁嫁给阿奎诺伯爵,但是不久她就发现她的丈夫根本无法满足她的生理需求。她鼓励一连串的人来充当她的情人,补足她丈夫的缺陷,并鼓励他们把自己的财产花费在她的服饰上。她成了那不勒斯城最放荡的女人。在公元 1331 年复活节前周星期六的一个弥撒上,薄伽丘第一次见到了玛利亚·阿奎诺。对于薄伽丘而言,她比希腊女神阿佛洛蒂特更美艳,世界上没有什么东西能比她的金黄色秀发更为可爱,也没有一件东西比她那双淘气的眼睛更令人迷醉。总之,她的妖冶美丽撞击着薄伽丘这位十八岁年轻人的心,他称她为"小火焰",渴望把自己烧灼在她的情火中。他忘记了教会的法规,忘记了小火焰所学过的戒律。数月以来,他所想的只是如何去亲近她。他单独到教堂做礼拜,为的是希望她能在场;他徘徊在她窗前的街道上,默默地注视着她映照的窗上的倩影;听说她在巴亚,他就赶到那里去,仅仅为了一睹她的芳容。他追求小火焰长达五年之久,一直等到别人的钱袋空了,她才接受了他的爱。但是一年耗费昂贵的幽会使得通奸的刀口都变得迟钝了,小火焰已经对薄伽丘没有了新鲜感,并别有用心地抱怨他看别的女人。正好薄伽丘的钱也花光了,于是小火焰就去找别的食物,将他毫不犹豫地抛在了脑后。

薄伽丘追求小火焰有五年之久,与她真正相处不过一年,但就是这六年如水的光阴却左右着他的文学创作。他写下了很多有关思慕、燃烧、激烈爱情的十四行诗。为了她,他还写了一首冗长而沉闷的散文诗《菲洛柯洛》,该诗是中世纪恋爱故事的一个翻版。较好的作品,是他运用八行诗节写成的《菲洛斯特拉托》。不久,薄伽丘又创作了史诗《苔塞伊达》献给他的小火焰。该史诗讲述帕勒蒙和阿奇特两兄弟为了一个女人艾米莉亚的爱而引起的流血之争,最后胜者死在了她的爱抚的怀抱中,在经过相当长的迟疑后,她却接受了失败者的爱。即便诗中充满了骑士般的爱情故事,但是长达九千八百九十六行的冗长叙述却使得读者难以卒读。不过由于对现实生活的观察敏锐,描写能够深入人的内心,并且讲究典故和辞藻,薄伽丘创作的这些献给小火焰的情诗很快就在国内外产生了影响。公元 1341 年,薄伽丘离开了那不勒斯,前往佛罗伦萨城。但是小火焰对他的影响并没有因为他离开那不勒斯而消失,他仍然生活在对小火焰的美好回忆中。公元 1342 年到 1343 年,他完成了寓言诗集《爱情的幻影》献给小火焰,用四千四百行三行体回忆他们私通的快乐时光。公元 1343 年到 1344 年,他完成了具有心理洞察力的散文小说《小火焰》在这部小说中,小火焰被安排诉说她与薄伽丘越轨的行为。为了自己的光荣,他还让小火焰宣布是他弃她而去,而不是她把他给甩了。公元 1348 年瘟疫后不久,薄伽丘开始撰写使他声名远播的《十日谈》。小火焰似乎已死于瘟疫中,更何况薄伽丘已经不是毛头小伙了,三十五岁的他已经从欲望的炽热温度降了下来,这使得他能够平静地用小火焰的名字作为《十日谈》中最不过分雕琢的说书人之一。小火焰逐渐退出了他的生活。

到了年近五十岁时,薄伽丘却突然陷于后悔写《十日谈》或年轻的荒淫诗的情绪中,当然也包括他写的大量献给小火焰的作品。公元 1361 年,一个垂死的僧侣送来一封信,谴责他罪恶的生活和快乐的故事(指《十日谈》里的故事),然后预言如果他迟迟不改,他将很快死掉,并且死后在地狱中永远受苦恼。薄伽丘相信算命和评梦的谬说,也相信众魔之说。僧侣的来信使他很痛苦。于是在"文艺复兴之父"彼特拉克的劝说下,他把意大利情诗和短篇故事集《十日谈》的写作转移到对拉丁文、希腊文古典名著的热情研究上,成为欧洲第一位希腊人文主义者。

对于薄伽丘而言,他年轻时之所以迷恋于小火焰,很可能与早年的经历有关。他是个私生子,在婴孩时期就被带到靠近佛罗伦萨城的一个地方,在继母的管教下度过了极不快乐的童年。公元 1323 年,在他十岁的时候,他被送到那不勒斯去学徒,学习理财和经商。他恨商业,宣称自己偏爱贫穷和诗歌,倾心于奥维德,以他的《变形记》和《女英雄情书集》自娱,而且还背诵了大部分的《爱情的艺术》。他曾经激动地写道:"维纳斯的圣火可能使最冷酷的胸膛燃烧。"但是他的父亲不允许他爱钱胜过爱美,于是他以学习教会法作为条件离开了经商的工作,并准备开始浪漫的生活。这可能是他与小火焰相恋并长期难以忘怀小火焰的最主要的情结吧,因为小火焰点燃了他冷酷的胸膛,使他忘记了过去不痛快的时光,第一次感受到人世间温馨浪漫的爱情。